Friderici Jacobs

Anthologia Graeca Commentarius

Friderici Jacobs

Anthologia Graeca Commentarius

ISBN/EAN: 9783741130212

Manufactured in Europe, USA, Canada, Australia, Japa

Cover: Foto ©Andreas Hilbeck / pixelio.de

Manufactured and distributed by brebook publishing software (www.brebook.com)

Friderici Jacobs

Anthologia Graeca Commentarius

FRIDERICI JACOBS

ANIMADVERSIONES

IN

EPIGRAMMATA

ANTHOLOGIAE

GRAECAE

SECUNDUM ORDINEM ANALECTORUM

BRUNCKII.

VOLUMINIS PRIMI

PARS POSTERIOR.

LIPSIAE
IN BIBLIOPOLIO DYCKIO
MDCCXCVIII.

SIMMIAE FRAGMENTA.

f. 204. I. In Planud. p. 379. St. 517. W. Σιμμίου inſcribitur. Cod. Vat. p. 162. Σιμμίου γραμματικοῦ. Prius diſtichon laudat *Suidas* v. ξαλοκ. „ξαλος αἴξ eſt ibex ſeu caper montanus. Gallis *Bouquentin*. Germanis *Steinbock*; de quo operae pretium eſt „legere, quae congeſſit *S. Bocbart* in Hieroz. L. III. 23. „Pandari arcus ap. Homer. Il. δ. 105. ex ibicis corni„bus fabricatos, quem male mulierum eruditiſſima *ſua* „chevre ſauvage vertit. Nam de mare poëta loquitur, „et notum eſt, in hoc genere ſeminis cornua eſſe ad„modum exigua. Editi libri et *Suid.*: ἀγραύλοιο διὰ „τρίχος, quod *Reiskius* in ἀκρίτριχος mutavit.„ *Brunck*. διάτριχος habet Vat. Memoratu dignus eſt locus *Philoſtrati* Icon. I. 10. p. 778. Amphionis lyram deſcribentis: τὸ μὲν γὰρ κέρας αἰγὸς ἰξάλου ποιητικί φασι· χρῆται δὲ αὐτῷ ὁ μὲν μουσικὸς εἰς τὴν λύραν, ὁ δὲ τοξότης ἐς τὰ οἰκεῖα μέλανα καὶ πρόσωτα ὁμοῦ τὰ κέρατα. — V. 2. *Suidas* ἰωὴν ἐπὶ χέρσι, quod *Kaſterus* praeferendum cenſet vulgari ſcripturae ἰωὰ ἐπὶ χλωραῖς. In Vat. eſt ἰωὴν, quod *Brunck*. in ἰωαὶν mutavit. κέρας ſubaudiendum. *Schol.* in marg. Wechel.: σπέρουσι γὰρ τὰ τοιμένα ποιμένες. *Longus* L. II. p. 52. 13. οἱ τράγοι μὲν οἱ τοῦ Δάφνιδος καὶ οἱ αἶγες αὐτὸν ἐν ταῖς κέρασι κορυμβιζόμενοι εἶχον. At, ſi de *ibice* poëta egit, hoc vix locum habuit. Fortaſſe aliquid latet, quod nunc non expedio. — V. 4. ὅλως Cod. Vat. In marg. γρ. ἕτλην. Utrumque male. Sincera lectio eſt in Planud. cujus veteres editt., Aſcenſiana excepta, apertiſſ legunt.

A 2

II. Sine auctoris nomine legitur ap. *Diog. Laërt.*
III. 43. p. 189. et in Planud. p. 191. St. 278. W.
Simmiae tribuit Cod. Vat. p. 216. gentili non addito.
Simmiae Thebani, Socratis discipuli, esse censet *Brunckius*. Probabilis conjectura. Cum tamen certa indicia
desint, in Lips. editione nihil novare volui. — V. 2.
Διε. *Diog.* 9εϊoc Plan. et Vat. Scriptum est hoc carmen
in Platonem, cui prius nomen Aristoclis fuit. Ap. *Diogen.*
exstat: ἡδὺς ἐγὼ κεῖμαι ἡ. Ἀ. — V. 3. Si quis unquam
sapientiae famam consecutus est, hic fuit. Color est,
ut ap. *Pindarum* Ol. n. 85. εἰ δέ τιν᾽ ἀνέρα ἔχοντα
᾽Ολυμπίου ἐκτὸς τρίμα - σαν, ᾖ Τάρταλος ἐντος; *Diogen.*
τοῦτον ἔχει πλείστην. Planud ἔντος ἔχει πολύν. Ex utraque lectione suam conflavit *Brunckius*. — Tum Planud./
καὶ φθόνου οὐ φέρεται. Sic quoque Vat. Invidiam gloriae
superavit. Sallust. B. Jug. c. X. *Quod difficillimum inter mortales, gloria invidiam vicisti.*
III. Planud. p. 260. St. 576. W. *Simii* nomen
praefixum habet. Vat. Cod. p. 309. Σιμμίου, οἱ δὲ Σιμίου. Hujus esse, acute docuit *Brunckius* ex *Albens.* XI.
p. 491. C. ubi *Simmias* carmen Γοργοῦς nomine inscriptum laudatur. Gorgo autem, quae in Epigrammate
nostro commemoratur, et cujus nomine illud poëma inscriptum fuit, a poëta amatam fuisse, credere licet. Depravatum hoc nomen in Planud. ubi Γοργώ legitur.
v Γοργώ praeter Vatic. membr. et Planudeae codd. habet
etiam Florent. editio. Error typographicus Aldinae
v pr. in ceteras editiones dimanavit, a quo sibi caverunt
n tamen Petrus et Jo. Maria Niciliui Sabienses, quorum
n rarissima editio anni 1550. nomen recte excusum
n habet. " *Brunck.* Idem error sublatus ex edit. filiorum
Aldi. Hoc ignorans *Huetius* p. 25. γοργώ aut νυργώ legendum suspicabatur. — V. 1. ἡ om. Vat. qui et φλαν
σ. μυρίζη legit. — V. 4. ααδομένων tres Aldinae et Vat.
a pr. manu. In eodem cod. correxit quidam κηδομένων.

L 204.

Volgo legitur ἀηλεφύων. Noftrum eſt ex emend. Salmaſii.

IV. Planud. p. 267. St. 385. W. cum infigni di-
verſitate. Sic, ut in Analectis legitur hoc carmen, ad
marginem Wecheliannae correxit *Salmaſius*. Eſt in per-
dicem mortuam, qua auceps olim ad captandas perdices
uſus fuerat. Hoc aucupii genus commemorat *Xenoph.*
M. Socr. II. 1. 4. οὐκοῦν καὶ ἄλλα ὑπὸ Δαγντίας, οἷον αἴ τε
ἔγνυγες καὶ αἱ πέρδικες πρὸς τὴν τῆς θηλείας φωνὴν τῇ ἐπιθυμίᾳ
καὶ τῇ ἐλπίδι τῶν ἀφροδισίων φερόμενοι — ταῖς θηρέτροις ἐμ-
πίπτουσι. Vide inprimis *Aelian.* H. A. IV. 16. et *Gesner.*
Hiſt. Aviom T. II. p. 612. — V. 1. 2. laudat *Suidas*
in ἰρίες. Vulgo ἔρως legitur. Sed illud praeter *Suidam*
agnoſcit Vat. Cod. (ubi ἰρίοις legi perperam ait *Dorvill.*
in Miſc. Obſſ. IX. p. 114.) et Planudeae quidem Codd. —

V. 2. In contextu Vat. ἐχέσεις ἐπὶ τ γήρων ἀπὸ στομάτων.
In calce: ἐχέεσαν ἐπὶ γήρων ἀπὸ στομάτων. In Planud.
ἐχέσεις ἐπὶ γ. ἀ. στόμστος. — V. 3. 4. laudat *Suidas* in
βαλίαν Tom. I. p. 413. qui Συρτῶν βαλίους legit. In
Plan. Συρτῶν βυρίους. In Vat. Cod. ſic, ut ap. *Suidam;*
Συρτόεντα repofuit *Dorvill.* ad Charit. p. 525. ubi hoc
carmen emendatius profert; idque ipſum in margine
Codicis notatum eſſe, ait *Brunckius*. Quod verum eſſe
dubito. In Apogr. certe Gothano, quod marginis lect.
diligenter commemorat, nihil notatum. — βαλίους, ma-
culoſas, exemplis illuſtrat *Arnald.* Lect. Gr. p. 200. —
V. 4. ἔχετο *Suid.*

Ex Tom. II. p. 525.] *V*. Ex poëmate, cui titulus
fuit Ἀπόλλων, fragmentum ſervavit *Tzetza* Chil. VII.
690. p. 233. περὶ τῶν ὁμωνύμων δὲ, τῶν καὶ συνεπιφάλλων,
Σιμμίας ἐν Ἀπόλλωνι κατ' ἔπος οὕτω γράφει. Τηλυγέτων . . . .
Apollo videtur loqui, quem ap. Hyperboreos eximie
cultum fuiſſe conſtat. Vide, quae collegit *Spanhem.* ad
Callim. H. in Del. 281. p. 557. De eorum felicitate

et omnium rerum abundantia (λητιὰς δήμος) locus est
egregius ap. *Plinium* L. IV. 26. Tom. I. p. 219. *He-*
rodotus L. IV. 32. p. 294. fqq. *Salmaf.* in Exercit. Plin.
p. 145. fqq. — V. 3. pro ταχίων ap. Τzετzam legitur
ϑοῶν. De Maſſagetis *Herodotus* L. I. 215. p. 102.
Μασσαγέται Ἰσσηδόνας εἷλε καὶ ἄνακτας· ἀποθρίζων γὰρ πεστιζουσι·
καὶ τοξόται τε καὶ αἰχμηϑόροι. *Herodotum* exſcripſit *Strabo*
L. XI. p. 780. fq. — V. 6. Καμπάσων. Hujus fluminis
qui inter veteres mentionem fecerit, nondum vidi. —
V. 7. ἰλαίμσι in Ed. *Lectii*, ubi latinus Interpres vertit:
Exinde veni paludes circa virides; unde eum apparet legiſſe ἑλείους. Si ſincera eſt lectio Pronckiana, cujus
tamen auctoritatem ignoro, ſenſus eſt: *Veni ad inſulas*
viridibus oleis munitas, i. e. *circumdatas*. περὶ abſolute
eſt poſitum. Tum vero ſaltem ἑλέταις ſcribam. ἐρημαὶ
νάσοι an hoc ſenſu a poëta potuerit poni, ignoro equidem; diverſa ratione *Callimachus* ἐρημικὰς νάσους dixit in
Hymn. in Del. 23. αἶσαι μὲν ἀργέσται πυλεωτέρων ἐρημαί.
Fortaſſe *Simmias* dederat: ἐλείοις ſive ἑλέταις π. χλωρὴν
ἐρημικὰ Νάσους, ὑπέδμαιτί τ' ἵνωπ. Montes et regiones
abietibus oliviſque conſitas obſcuriores videri et tantum
non nigras, ἐρημικὰς, nemo ignorat. — V. 9. Hos vſſ.
usque ad finem laudat *Stephanus Byz.* in Ἡμίκυνες, *h*
Ἀπολλωνίᾳ. Qui error ipſi *Salmaſio* tenebras offudit, ut
h. l. *Apollonio* tribueret in Exerc. Plin. p. 707. A. Verum vidit *Th. Gale* ad *Parthen.* Narr. Cap. XXXIII. —
γένος omittit *Steph.* — V. 10. τῶν ἂ. ἰϕάνεϑεν. Τzετz.
τοὺς ὅμοις καὶ ὑστερίων ἀπικυρίας. *Steph.* Haec ſic ſcribe-
bat *Salmaſ.* τοὺς ὅμαν κ. ὑστερίων ἄνας κράς. — V. 11.
ἐρημικὰς *Steph.* ἐρημικὰς *Salmaſ.* — V. 12. τάλγη Τzετzα. —
V. 13. ἔνομα κλυτὸν diviſim Τzετz. Fuſe Cynocephalos
deſcripſit *Creſias* p. 830. fq.

SIMMIAE ALAE.

v. 205.] Hoc carmen, quod *Hephaestio* laudat p. 31. cum reliquis figuratis carminibus *Simmiae* et *Theocriti* paſſim eſt editum ad calcem Eidylliorum *Theocriti*. Uberrimo commentario inſtruxit ea *Salmaſius* ſimul cum Inſcriptionibus Herodis p. 183 – 198. et poſt eum *Fortunius Licetus* in Encyclopaedia ad alas divini Amoris, Patav. 1640. 4. quem *Fabricius* laudat. Mihi enim, ut hac editione uterer, non contigit. In vernaculam vertit et illuſtravit cl *Sonntag* in libro, cui titulus: *Zur Unterhaltung für Freunde der alten Literatur*, Faſc. I. p. 28 – 43. *Simmiae* carmina, ſed vehementer depravata, explicare conatus eſt, infelici ſucceſſo, *Claudius Auberius Triuncurianus* ad calcem *Theocriti* p. 243. ſqq. ed. Genav. 1639. Exſtant *Alae* in Cod. Vat. p. 672. bis ſcriptae, cum Scholiis, ex quibus nonnulla dedit *Brunck*. in Lect. p. 43. ex *Salmaſii* commentario ductu. Hic deſcribam, prout in Codice leguntur: Αὐτὸς ὁ Ἔρως ὑπὲρ ἑαυτοῦ λέγων, ὅτι πάντα αὐτῷ εἴκει καὶ τὸ δεῖ τῆς καὶ τὸ δι' ὑφαινῷ καὶ θαλάττη. τὸ δὲ σχῆμα τοῦ πτερυγίου οὐκ ἔχει ἀπὸ τοῦ πρώτου ἐπὶ τὸ ἔσχατον τὴν ἀνάγνωσιν, ἀς ἐπὶ τοῦ πελέκεως καὶ τοῦ ᾠοῦ· τὸ δὲ μέτρον τοῦ πτερυγίου καὶ τοῦ πελέκεως, χαριεσμένων κατὰ στίχον ἀφαιρουμένης συζυγίας· ὁμοῖ δὲ οὐ τὸν ἀσύσημον ἔρωτα, τὸν Ἀφροδίτης, ἀλλὰ τὸν ἀρθρὸν τῆς γενεσιοργόν, οὗ καὶ Πλάτων μέμνηται ἐν τοῖς ἐπαιρετικαῖς διαλόγοις, ὅτι πρὸς Θρασύμαχον περὶ Ἴωνά τε καὶ ἀνθρώπινον ὕμνον διαλεγόντων ἔρωτος. καὶ ταῦτα μὲν οὕτως.

Poſt ipſum carmen ſequitur Scholion ſimile ei, quod ſimul cum Alis edidit *Zacharias Callliergus* in Theocrit. anni 1516. 8. In Vat. Cod. ſic legitur: Τοῦτο ἡ ἀνάγνωσις ὡς γέγραπται βούλεται νοεῖσθαι ἑνεκά γε τοῦ νοῦ· ἀλλὰ διὰ τὰ μέτρα ἀπὸ τοῦ πρώτου ἐπὶ τὸν ἔσχατον ὄρχη, ἵνα τὰ ἀντίστροφα ᾖ μεταλλήλοις, ταύτῃ γὰρ τὸ πρῶτον ἀναγνώτας, εἶτα τὸ πανύστατον προφέρεσθαι καὶ ἀναλόγον ἄνωθεν τὸ δεύτερον. καὶ οὕτως ὁ τρίτος, ἕως ἂν ἐπὶ τὸ βραχύτατον ἀφίκῃ.

Ὁ δὲ λόγος· λέγει μὲν ὁ "Ἔρως· ὁ δὲ νοῦς ἅπαξ οὕτως ἔχει· ἐρεῖς με τὴν γῆς τε ἄνακτα καὶ τὸν οὐρανὸν ἄλλῃ ἰδρύσαντα" μηδὲν φροντίσῃς, εἰ τηλίκαρδε (L. τηλικόςδε) ὢν τελείου ἔργα ποιῶ, ἢ εἰ τελειότατός εἰμι· τότε γὰρ ἐγενόμην, ὅτι ἡ 'Ανάγκη ἦρχεν καὶ πάντα ὑπῆκεν (ὑπεῖκεν) ταῖς τῆς γῆς γνώμαις, ὅσα ἔστι ἐν ἀέρι καὶ αἰθέρι· οὐκ εἰμὶ δὲ ὁ 'Αφροδίτας υἱὸς· καλοῦμαι δὲ "Ἔρως (L. ἀέριος) καὶ οὐδὲν δὲ (f. ἐνδέμει sive εἰν), ut est ap. *Callierg.*) ἔπραξα· τὰ πάντα δὲ μοι πείθονται· ὑπεῖξαν δέ μοι αἱ γαῖ· τε καὶ θαλάσσῃ μυχοὶ καὶ ὁ οὐρανὸς, ἐν ᾧ τὸ ἀρχαῖον κομιζόμην σκῆπτρον καὶ ἐθίμαζον θεοῖς.

Ἔχω δὲ νῦν, μὲν ἀπὸ τοῦ πρώτου ἐπὶ τὸ ἔσχατον ἔρχω, ὡς προείρηται. Ἀμμωνίδαν δὲ τὸν οὐρανὸν· "Ἡσίοδος· γαῖα μὲν δαίμονα ἔνιστιν· ἀπὸ δ' δαίμονος οὐρανὸς. His lectis commentarium in paucis deliderabis. Verlus funt choriambici In ampbibrachyn vel bacchium definentes. Decrefcunt autem, ut primus fit hexameter, fecundus pentameter, et fic porro. V. fextus ex bacchio, feptimus ex amphibrachy conftat, fola claufula remanente. Verfus legendi funt eo ordine, quo hic exfcriptos vides. Inepte enim Scholiaftes fenfum conftare ait, licet a primo verfu ad ultimum, a fecundo ad penultimum progrediaris. In quo vehementer errat, ut *Salmafius* jam monuit p. 187. et quivis experiendo cognofcere poterit. — V. I. fic, ut ap. *Bruuckius* eft, legitur in Enchir. *Hephaeftionis* p. 31. ed. Parif. nifi quod ibi ἡδράσαντα habetur. ἱδρήσαντα praebet Cod. Vat. qui βαθύτερον a pr. man. exhibet. In edit. *Callierg:* λεύει (fic Cod. Vat.) με τὸν γᾶς τε βαθύτερον ἔναντ' ἐκμοπάδαν ἄλυδος ἡδράσαντα. Pofteriores edit. reliqua emendantes in verfus exitu legunt τὰν ἄλα δ' ἡδράσαντα. quod ductum viderur ex *Callierg* Scholiafte: τὸν οὐρανοῦ ἄλα ἡδράσαντα. Senfum *Salmafius* fic explicavit: Vide me, qui latae terrae rex fum, quique coelum in alia fede conftitui, i. e. qui Coelum folio depuli et illa sede deturbavi, quam obtinebat, cum Terrae imperaret et dominaretur, meque in ejus locum intuli et aliam eam sedem quaerere coëgi. Ἀχμνίδης· ἰ Κόρων καὶ ὁ Οὐρανός, Ἄκμων· γὰρ ταῖς. *Hefych.* Idem: Ἄκμων. ἀκαμής. Κρόνος. Οὐρανός. Conf. inprimis *Callimachi* Fr. CXLVII. et *Schellenberg.* ad *Antimachi* Reliq. p. 73. Eadem fere de Amore praedicat *Orpheus* Hymn. LVII. 4. πάντων κλυὶ ἰαὲ ἐχέντα Αἰθέρος ἀθανάτου, πάντου,, χθονὸς — ἠδ᾽ ὅσα Τάρταρος εὐρὺς ἔχει πόντος; 9´ ἁλίαντος. — V. 2. Ne mireris genus meum, quamvis pueri, densa barba obductae esse. Amor barbatus, quia omnium deorum antiquissimus. Apud *Lucianum* D. D. II. 1. Tom: II. p. 4. ed. Bip. cum Amor apud Jovem excusasset imperitiam suam atque infantiam, ille, σὺ παιδίον, ἄ´Ερως, ait, ἵς ἀεχαιότερος εἰ πολλῷ τοῦ Ἰαπετοῦ; ἢ διότι μὴ πώγωνα, κηδὴ πολιὰς ἔφυσας, διὰ ταῦτα καὶ βρέφος ἀξιοῖς νομίζεσθαι, γέρων καὶ πανοῦργος; ὤν; Hic versus in edit. *Calliergi* sic legitur: μ τί. εἰ πέντες ὦν ὅσαπερ βεβρωθότα λογνὰ γένεια. Haec ad veram lectionem ducebant, quam obscuraverunt posteriores, qui exhibent ὅσαπερ καὶ λέχνα ἔχει γένεια. *Scaliger* in Anthol. Lat. Burmanni Tom. I. p. 38. πολὺ conjicit, dorice pro πολύς. In Cod. Vat. βεβρωθότα λογνῷ γ. Et metro et sensui satisfacit emendatio *Salmasii*, quam *Brunckius* exhibuit. — V. 3. *Antiquissimus enim fum:* quippe qui in lucem sum editus, cum omnia Necessitatis legibus parebant. *Plato* in Tim. p. 48. Α. μεμιγμένη γὰρ οὖν ἡ τοῦδε τοῦ κόσμου γένεσις, ἐξ ἀνάγκης τε καὶ νοῦ συστάσεως ἐγεννήθη. ἔχρων´ est ex *Salmasii* correctione. Vulgo enim ἔχρῃ´, quod etiam in Vat. membranis est. — V. 4. Haec quoque ad generis vetustatem significandam faciunt. Ante Uranum Tellus omnibus animantibus imperabat, tristi imperio, quippe quod, ante Amorem natum, nullo suavitatis condimento temperabatur. Hic versus depravatissimus ap. *Calliergum*: πάντα δ᾽ ἐκράτει καὶ φρυλαῖσι λυγραῖς. Cod. Vat.: ἐκράτει καὶ φρυλαῖς ἐ

Ediri ante *Salmafium*: πάντα δ' ὑπέλαβεν φθόνεση λυγγαῖς, qua lectione et ipſa verae ſcripturae veſtigia obliterata ſunt. Unice verum eſt, quod *Salmafius* ex Scholiaſte elicuit: καὶ πάντα ὑσῆυν (ὑπέλαβεν) τοῖς τῆς γῆς γνώμαις. Fortaſſe φράζει' λυγγαῖς ad oracula quoque Telluris referendae ſunt, Cf. *Heſiodum* Theog. 463. et 626. — V. 5. πάντα bεn Cod. Vat. loco pr. πὼϑ' ἴσα ἴρτοι loco ſec. ἔρπετὰ animalia cujuscunque tandem generis. Vide *Iuspp.* ad *Callimachi* Fragm. CCXXVIII. ἴρπτη eſt *verſari*, *incedere*, docente *Valckenario* ad Adoniaz. p. 400. At ſed non apud Dorienſes tantum, ut contendit idem ad Hippol. p. 227. — V. 8. Veneris filium ſe eſſe negat, ut a vulgari Amore diſtinguatur. Quae ſequuntur, *Salmafius* minus recte expoſuit, qui etiam verba δινεότας λέξεις pro ſignificatione vulgaris Amoris habet, qui incerto vagoque impetu modo ad hos, modo ad illos feratur. Reſtituenda potius Codicis lectio δυνάται δ' λέξ. hoc eſt: *Non Veneris filius ſum, ſed aliger et aereus;* ut prius terreſtrem, poſterius coeleſtem Amorem deſignet. Amor ille coſmogonicus non minus alatus fuit, atque alius. *Ariſtophan.* Av. v. 645. ἔβλαστεν "Ερως ὁ ποθεινὸς, Στίλβαν νῶτον πτερύγαιν χρυσαῖν, λέξεις vero idem, qui vulgo εὐφρόνας appellatur. Scribitur hic verſus ap. *Callierg.* ſic: ὠνυτὰς δ' ἄρσες καλέομαι. Poſteriores αὐτὸς "L. καλεῦμαι. λέξεις habet Vat. — V. 10. Uranii Amoris eſt, nihil per vim, omnia perſuaſione efficere. Ante Amorem natum vis obtinebat. Ap. *Platonem* in Conv. p. 195. C. Agathon Amorem antiquiſſimum deorum eſſe negans, τὰ παλαιὰ πρῶγματα περὶ θεοὺς, ait, ἃ 'Ηςίοδός καὶ Παρμενίδης λέγουσιν, 'Ανάγκῃ, οὐκ "Ερωτι γεγονέναι, εἰ ἐκεῖνοι ἀληθῆ ἔλεγον, οὐ γὰρ ἂν ἐκτομαὶ οὐδὲ δεσμοὶ ἀλλήλων ἐγίγνοντο καὶ ἄλλα πολλὰ καὶ βίαια, εἰ "Ερως ἐν αὐτοῖς ἦν, ἀλλὰ φιλία καὶ εἰρήνη, ἅσπερ νῦν. Saepe ſibi in amore opponuntur βία et πειθώ, *vis* et *perſuaſio*; de qua antitheſi vide notata ad *Auſip.* *Sidon.* Ep. II. —. *Callierg.* habet: οὔτε γὰρ ἴκμενα βίας

1205. ў. 207. 208.   ΩΟΥΜ.   11

πρώτω δὲ παιδεῖ. Aliae editt. οὔτε γὰρ ἴσχυσα θιάζειν περάγω
ὦ παιδεῖ. Vat. Cod. fic habet, ut *Callierg*ꝰ, cujus Scholiaftes hoc loco plenior. Schol. Cod. Vat. haec fic interpretatur: καὶ εἰδὼς ἱπράξα βία, ἀλλὰ τὸ πάντα πρώτως
παιδεῖ. Hinc lux affulfit obfcuratis verbis. *Salmaf.* edidit
ἴαγνω βίᾳψι, fed poftea veriorem putavit conjecturam,
quam *Brunckius* in contextum recepit. τὰν uterque Scholiaftes agnofcit. — V. 11. *Callierg.* εἶχεν τ' ἱμοί, et in
exitu verfus χάλκεος non habet. Aliae editt.: γαῖα, ϑαλάσσας τε μυχοὶ, οὐρανὸν τὰς τι ϑεὸς μοι εἶχεν, antiqua fcriptura penitus obliterata. In Cod. Vat. hic verfus bis
legitur:

εἶχε δέ μοι γαῖα ϑαλάσσας τε μυχὸς οὐρανὸς τι.

Εἶτα

εἶχεν δέ μοι γᾶς τε μυχοὶ χάλκεος οὐρανὸς τι.

Ex duobus his verfibus, mutilis ac corruptis, unum conflavit *Salmafius*. Idem praeterea tentavit εἶχε δέ μοι,
five εἶχεν ἱμοί, propter Scholia: ὁπεῖξεν δέ μοι εἰ γῆς τε
καὶ ϑαλάσσας μυχοὶ καὶ ὁ οὐρανός. Hinc ille probabiliter
conjecit, Scholiaften legiffe: εἶξεν ἱμοί γᾶς τε ϑαλάσσας
τε μυχοὶ, χάλκεος οὐρανός τι, fenfu nihil diverfo. —
V. 12. *Callierges*: τᾶσδ' ἔχων διππεφασμένη α. σ. κρασίβος ϑ. ϑ.
Vulgo fere item, nifi quod in fine verfus emendatum
eft: διαβρπέ τι σφν ϑέμιστος. In Cod. Vat. Γερμνον δέ ϑεοῖς ϑ.
Priorem verfus partem emendavit *Salmafius*, fenfu et
metro poftulante. τὰν pronominis relativi vice fungitur.
Amor fe Telluri, Mari et Coelo fceptrum, quod olim
tenuerant, eripuiffe ait. ἴαγμον ejusdem *Salmafii* conjectura eft.

OVUM

ῶ. 207. et 208.} Legitur in Cod. Vat. p. 675. πα-
ραντίνου Πολλῶν ἀδν χαλιλλίνος. In fine: Ἰπλλον διαπεντάνιστρο
βελλίτω εἰν ἡ Δοριάδα ἡ Σαμμίων, ὑμφότερον μίαν. Simmias

tribuit *Hephaest.* in Enchir. p. 65. ed. Parif. cujus verba, quia poëmatio noſtro lucem affondunt, adſcribenda ſunt. ἀντίστροφα carmina Grammaticus eſſe ait, ὧν κατὰ θέσιν μὲν γέγραπται, τὸ μὲν τῷ κατὰ τὴν αὐτὴν τάξιν παραβάλλεται ἀλλήλοις τὸ ἐπιστρέφοντα· ἀλλὰ τὸ πρῶτον καὶ τῶ τέλους τῷ πρώτῳ παραβάλλεται τῷ ἀπὸ τῆς ἀρχῆς· καὶ τὸ δεύτερον ἀπὸ τέλους τῷ δευτέρῳ τῷ ἀπ' ἀρχῆς· τὸ δὲ τρίτον καὶ τέλους τῷ τρίτῳ· καὶ ἐπὶ τῶν λοιπῶν οὕτω. ταύτης δὲ τῆς ἰδέας ἐστὶ τὸ 'ᾠὸν τοῦ Σιμμίου καὶ ἄλλα ποίγνια. Eadem repetit p. 68. ubi *Simmiae Rhodii* Ovum denno laudat. Scholia, quae in Vat. Cod. reperiuntur, deſcripta in apogr. Bodheriano, *Brunckius* edidit in Lect. p. 40. Nos omnia dabimus ad codicis fidem. Statim poſt titulum leguntur haec: Παραινεῖ ὁ ποιητὴς τὸν ἀκροατὴν λαβεῖν τῆς (Cod. τις) ᾠρίδος κηδόνος τὸ ᾠόν, μετὰ πολλῆς προθυμίας· ἰδεῖν γὰρ ἔστιν ἡ φωνὴ τῆς ᾠρίδος κηδόνος·* τοῦτο δὲ ἀν' ὁ μεγαλοτονώτατος τῶν θεῶν 'Ἑρμῆς ἔγνον ὁ λόγος παρέχε· κολοβοι δὲ ἀπὸ μονοβάμονος μέτρον ἐπὶ μέγα αὔξει. Poſt ipſos verſus aliud argumentum legitur: ἀπὸ τοῦ πρώτου ἔξεις ἐπὶ τὸ τελευταῖον, καταιὸν καὶ πόλιν ἐκεῖνον καλύψας. φησὶ δὲ ὁ νοῦς· τοῦτο τὸ ᾠὸν ὁ ποιητὴς φησιν ἐξ κηδόνος γινέσθαι καὶ τῆς ἑαυτοῦ φροντίδος· παρακαλεῖ οὖν ἀξιωθῆναι μεθ' ἠδονῆς τὸ ᾠὸν· δέξασθαι δὲ, φησί, κἄν, τοῦτο παραινεῖ (f. παραινεῖται) ὑφ' Ἑρμοῦ τάχει χρησαμένου καὶ τὰ μέτρα καὶ τοὺς ῥυθμοὺς ἀνομοίους ὄντας ἀποδείξαντα ὁμοίους. ἀλληγορεῖ δὲ παρειπάζον τὴν τῶν πολλῶν ὁρμὴν τοῦ θεοῦ νεβρὸς, οἱ ἐκρέει τῆς μητρὸς τοῦ γάλακτος ἐπιθυμοῦσαι. οὕτω φησὶ εκρτήσαντα τὸν 'Ἑρμῆν εὐρύθμως ἐκρτήμασι μέτρῳ ἐναφθογγίζομενον παραδοῦναι τῆς Δωρίας κηδόνος· τοῦτο δὲ φασιν, ὅτι 'Ῥόδος αὐτός, ἡ δὲ 'Ῥόδος μία τῶν νήσων τῶν Δωρίων. Ante *Salmaſium,* qui hoc quoque carmen explicuit, p. 159 — 182. nemo ejus ſenſum recte intellexerat; quin ne illud quidem viderant viri doctiſſimi, quo ordine verſus legendi eſſent. Quare noli mirari, eorum conatus iuſeliciter ceſſiſſe. Plurimum operae in eo redius conſtituendo et emendando fruſtra infumfit

Jof. Scaliger, qui in vulgata impreſſione omnia corrupta
eſſe cenſebat, et ea, e quibus vix ullum ſenſum elicere
poſſis. Summi hujus viri conjecturas repetere ſuper-
vacaneum eſt. Indicabimus igitur vulgatam lectionem
cum Codicis Vat. variantibus, et praeſertim ea, quae
Salmaſius ad hoc carmen illuſtrandum attulit, breviter
enotabimus. Allegoricum eſt carmen, quaeque in eo
de Ovo dicuntur, de ipſo carmine, in Ovi formam
compoſito, accipienda ſunt. ἄρχον ἀμφλας ἀηδόνος ipſius
poëtae opus eſt. Poëtas ἀηδόνας appellari, docuimus, ad
Epigr. *Noſſidii* XII. nec non ipſa carmina *luſciniai*;
vide not. ad *Callim*. Ep. XLVII. Doricam ſe luſciniam
vocat, quia Rhodius eſt, ut Schol. recte monuit. Argumentum *Salmaſius* in hunc modum concinnavit: Invitat
lectorem *Simmias* ad ovum illud ſuum, ingenii ſui
foetum, benevole excipiendum: *Accipe*, inquit, *bonum, Doricae luſciniae foetum. Lubenter autem et
promto animo ſuscipe. Nam matre pura et dulciloqua editum eſt. Mercurius autem deorum nuncius*, hoc eſt ἄγγος
προφορικός, *illud apprehendit, et in hominum genus edidit,
matris alis ſurreptum, quibus fovebatur*. His verbis
nihil aliud niſi editio hujus opusculi a poëta adornata
ſignificatur. *Juſſit autem Mercurius iſtud ovum a monometro incipiens, atque ad decimum verſum ſemper creſcen-
do procedere*. Deinde poëta Mercurii motum et pedum
ſupploſionem in percutiendis iſtis metris comparat hinnuleorum citatis greſſibus, qui matris veſtigia ſequuntur, et illius deſiderio interim vagientes lupum aut leonem ex latibulis ſuis excitant; eodem plane modo Mercurium in iſtius carminis metris, multiplicibus quidem
illis, fingendis et citato pede ad numerum feriendis eſſe
verſatum. Haec fere *Salmaſius*, quae nos nonnihil con-
traximus. Jam videamus ſingula, eum verſuum ordinem ſequentes, quem ſenſus poſtulat, quique p. 208.
conſpicitur. — V. 2. editt. veter. ἀγηθῆ, ἀγηθὸς et ἀγηθίου.

Vat. Cod. ἕτρων. contextum *Doricae matris opus.* Carmina texere et contexere dicuntur poëtae. *Antip. Sidon.* Ep LXX. κωδᾷ 'Λςθιστα ποταμήγε δδρ' Ελικωνιάει, ubi vid. not. — V. 5. Vulgo τί νέ᾽ ἀδν. In Cod. eſt τᾷ τίί᾽ —. *En tibi ovum hoc ovum. Leonid. Tar.* Ep. XXIX. 11. καὶ λεγέτω᾽ τᾷ τοῦθ᾽, Ηράκλεις. *Salmaſ.* τᾶ᾽ mutavit in τοῦτο, ut hic verſus reſponderet antithetico. In *adv.* prior ſyllaba corripitur propter ſequentem vocalem, cujus licentiae exempla vide ap. *Salmaſ.* p. 167. — V. 7. Vulgo *δὲ ἀγνὰ Λίγνιά μιν κ᾽ ἀμᾷ μητρὸς ὠδὶς.* In ed. Criſpini: *ἀμφιμάτριος.* In Cod. Vat. *hiï γὰρ ἀγνὰ Λ. μ. ἀμφὶ μάτρος ω᾽.* Haec ex ingenio emendavit *Salmaſ.* ut verſus evaderet jambicus trimeter catalecticus. Senſum ſic explicat: *nam purae et dulciloquae matris partu editum eſt.* Mihi haec nondum perſanata videntur. — V. 9. In Commelin. Ἔρμᾶς ἔλιιζε κ. In ed. Criſp. *κείωζε.* Codex Ἔρμᾶ᾽ ſωξε. Quod *Salmaſius* perperam mutavit, notante *Schneidero*, cujus obſervationem exhibet *Brunckius:* ὠίωξε genuinum eſt et minime mutandum. *Ariſtoph.* » Acharn. 869. καὶ τέλθτα τὰς γλάχωνος ἀντιιέξεν χαμαί. »ubi videnda Scholia Biſeti. Vid. etiam *Hesych.* in ωἀντίωιξεν, male ſic ſcripto pro ἀντιιέξεν, ut βοινίω pro πλαιλω.ᵃ Mercurius hoc ovum mortalibus projecit, i. e. edidit et publici juris ſecit. Vulgo «ετρώοι legitur pro στεροῦσι. In Cod. ἕτρως. — V. 10. Pro φᾶλ᾽ ἱε βρατὸν Commel. φίλος λιεβροτὰν. Criſp. φίλος λιτωροτόν. — V. 11, *in metro monobamos, a verſu monometro.* Schol. μονοβάμονος δὲ μέτρον, ὅτι ἀπὸ ἑκαςίφτων εἰς δεκάμετρον τρεψέλθεν. In contextu Cod. μονοβάμονος. Vulgo: ὅμε δ᾽ ὄρεας ἐκ μ. μ. μέτων νέμει.θ᾽ ὄνξε, ſive νάφει. δεν ἀίξε. — V. 12. ἄκρεν διαδὰ *δε.* usque ad verſum medium, qui decimus eſt, ſi duos priores monometros pro uno habeas. Ille igitur totius carminis et ſummus eſt et longiſſimus. Corruptiſſime vulgo: *κριθμὰν δ᾽ εἰς ἀκρος δέκα δ᾽ Ιχνίαν κόσμον νέμεττα βυθμίν.* In ed. Criſp. ἀ. τ. ἄκρεν λ. Ιχνίαν κόσμον τύπε βυθμίν.

Cod. e quo reliqua emendata funt, in fine verfus habet: ινεμ⁰ς νέμοντι |ν3μῷ. quod *Salmafius* mutavit in
ώεμων νέμοντι ᾖ. Eidem noftra quoque lectio debetur,
Vide tamen, an melior evadat fenfus, fi legas:

— — λομείν τε πάντα ἰν3μῷ.

π omnia rhythmo exornare, juffit fcil., Λωγτ. — V. 13.
Edit. Crifp. 3οῦς δ' ὑπερθεν από λέχεος φ. κ. πολλοί τίαντες
In Cod. Vat. 3οῦς. δ' ὑπερθ' από λέχεος φέρω νύμα τελλὸ
αἰφανους. Ad veram lectionem duxit Scholion: τάδε
λέχριον φέρων νύμα πολλών ευφέλων, ὅτι πλάγιον τὸ μέτρον καὶ
τὸν ὀρθὸν, ἀλλὰ κατὰ μακρὸν εὐξαιόμενον. Hinc orta *Salmafii*
emendatio, quam *Brunckius* exprellit. Idem et aliam
propofuit, ut fervato *dab* legeretur:

3εδε δ' ὑπερθ' από λέχεος νύμα πολλά ευφέλων αἰφανετε.

Fateor, mihi fenfum hujus verfus non fatis planum videri; nec *Salmafius* cum diferto explicuit, cujus haec funt:
„*νύμα* hoc loco non από τοῦ νεῖν, fed a νέω vel νέομαι,
„quod eft vado et incedo. λέχριον νύμα πολλῶν ευφέλων
„Mercurii, hoc eft λέγω, dixit propter varietatem et in-
„aequalitatem pedum et metrorum, quibus hoc poëma
„contextum eft. ευφέλας autem πόδας dixit, ut Euripides
„ὀρομάδα πόδα in Helena, et μανιάδας δυσνήματα in Orefte.
„Sic Claudianus *victrici folo* dixit, et Julianus Ante-
„ceffor *victricus calculum*. Sic τάλλοι ἰρομάδες in quodam
„Galliambico ap. Hephaeftionem: τάλλαι μητρὸς ὀρεινς
„φιλίθυρσοι ἰρομάδες." — V. 14. In hoc verfu nihil
difcrepat vulgata fcriptura. Cod. a pr. man. ἰχνη et 3έσω.
In fine verf. αἰδόν. Mercurium poëta fingit pedibus
rhythmi poëtici rationem, verfuum menfuram et modum, indicantem. Παρίδον αὐδὰ ipfa funt carminis verba,
ατραιέαν μυθλέντων *Salmaf*. interpretatur de metrorum
varietate a monometris incipientium. Haud fcio, an longe praeftet: — μυλλόντων αὐδὸν, vocem *fuaviter fonanς*

ram, five: ὑμίοντα, ut ad similitudinem versuum antitheticorum respiciatur. Nam revera hoc carmen est *ψευδίων*, *versii metri*; sed in hac ipsa varietate hanc legem observavit poëta, ut primum versum eodem metro metiretur, quo ultimum, secundum eodem, quo penultimum, et sic porro; quo fit, ut hi versus antithetici, 1. et 22. 2. et 21. 3. et 20. sqq. ὑμίοντα sint sive similiter sonantes et cadentes. — V. 15. Edit. Crisp. *Ξενίων τ' αἰόλαις κἀλλ' ἀλλὰ εἰν ὁρωπίλαι ἱ. τ.* et sic edit. Commel. nisi quod ibi *ἀλλὰ οἱ* legitur. Nostrum est ex Cod. Vat. qui hic egregie opem tulit. Mercurius metrum pedibus percutions dicitur *ἀλλα ἀλλάσσειν νεβροῖς*, gressum cum hinnuleis permutare, hinnuleorum celeritatem exaequare. — V. 16. Edit. Crisp. *τὰν' ἀμφότω ματρὸς φ. σόβῳ βόαν α. μ. l. μ.* Aliae *τὸν' ἐφρύτι* et *τάδ' ἀμφότι σόβῳ φίλας μ. βόντ' — —.* Cod. Vat. *ταίν' ἀμφότω σόβῳ φίλας ματρὸς βόντ' αἶψα μεθ' ἱμερόεντα μαζόν,* quae cum antiquorum editt. lectione comparata *Salmasio* eam lectionem suppeditarunt, quae ap. *Brunckium* habetur. — V. 17. Crisp. edit. *πέλας κραιπνοῖς ὁ. ἀ. l. π. ὰ κατὰ βόθμεν ἴχνος τιθέντας.* Aliae — *τοῖς λέξαι κατεφυθμέναι.* Parum hic juvant membratae, in quibus sic habetur: *πέλας κραιπνοῖς ὁστρέψων ἱερόν ποσουλόζον κατερυθμας ἴχνος τιθέντες.* Bene haec emendavit *Salmasius.* Forsaffe tamen pro *πέλας κραιπνοῖς,* quod in editt. est et scriptis, *μάλα κραιπνοῖς* legi debet. — *κατ' ἴχνος, dilectae matris persequuntur vestigia.* — V. 18. Vulgo *λυχαὶ δ' εἰσίν τ.* et in fine *τανυσφύρων τ' ἄντρα* N. Cod. Vat. *βλαχαὶ δ' εἰσίν τις διβότων ἀνορέων νέμων ἔξω τ. τ' ἄντρα* N. *Salmasius ἂν* inseruit ante *ἄντρα.* Idem *σωυφότων* dedit, ut hic par responderet verbis superioribus *ὑψὰ ἀκραν.* Sed nihil opus. Prior enim in *ἀκραν* corripi potest. *ὧιν* positum pro *ἱμὴν. Balatus hinnuleorum, qui solitarii vagantur, permeans montes et in Nympharum antra penetrat.* — V. 19. Edit. Crisp. *καὶ τᾶς ὁμαθμεν* (al. *ὁμαθυμαν*) *ἀμφίπαλτω αἴθ' οὐδ' ἂν ᾖς ἐν κάλυκες*
δεξό-

I. 207. 208. ΟVΥΜ. 17

δεξάμενα (ἐξέμενος al.) σνυύτητα (al. σνυύτητα). Codex Vat. fic, ut *Brunckius* poſt *Salmaſium* edidit; niſi quod σνυύτητν in fine habet. *Scholiaſtes*: σύνυντατω ἀντὶ τοῦ ταυτότητι. Idem ad ἀμφίπαλτον· ἀμφίπαλτον δὲ μᾶλλον τὴν φωνὴν τὴν περὶ ἑαυτὴν συλλαμβάνει καὶ ἠχοῦσαν. *Salmaſius* συνυτέραν corrigebat; deinde ſententiam mutans συνυαντέραν ſincerum eſſe pronuntiavit. Acoles ν frequenter in ου permutant. Vide *Korn*. ad Gregor. p. 179. Fera in antri receſſu hinnuleorum balatum auribus accipit. — V. 20. Edit. Criſp. Ηὐτα περιωψὲ (al. περίωτον) βαλισὸν κ. s. μ. π. ααιομένης (καιόμενος al.) μ. i. τ. Cod. Vat.

ƒ. στεφανωτὸν ἐκλιπων, cetera, ut *Br*. habet. Fera ſpeloncam, laxeum cubile ſuum, celeriter linquit, maculoſae matris vagantem pullum interimere cupiens. Cum στεφανωτος comparandus *Sophoclis* Phil. 160. ὅπου διφόϑυπον στεγίνης ηὔτως. — βαλίας. de cervis. *Eurip*. Hecub. 90. βαλίαν ἔλαφον. Plura vide ap. *Arnald*. in Lect. Gr. p. 200. — V. 21. Edit. Criſp. καὶ τὸ δ' ὀπερδε ωὼν (ὀπερδὲς ωὼν al.) μαϑϑων ἄ. ἰγ' ἱκ λασίαν ὀφιοβόλει (ὁ γαλαείας ὀφιθέλαν al.) d. d. Γεσσι ἐπόγκαις. Cod. Vat.: καὶ τᾶδ' ὅπα ῥοδὰς ἡκῶν μαϑϑων·ἀψιφ ἴγε ʹλασίαν τιφοβόλων ἐντοφίοι Ἴσσντ' ἀυαγκαις. Hic ἐωοὰν legi poſt βὰδ; reticuit *Salmaſius*, quem in hoc verſu genuinam *Simmiae* manum aſſecutum eſſe, dubitare licet. Nihil tamen equidem tentaverim in loco tam lubrico. Exitus verſus bene ſe habet. λάσιος ἄγκος, *horrida et hirſuta convallis*. — V. 22. Edit. Criſp. ταῖς δὲ δαίμων αλυτᾶις (al. αλυτᾶις) ϑεῖος ποοὶ (al. ποοὶ) ποδῶν πολύπλανα μετρῆ (μιϑίει al.) μέτρα μολπαῖς. Cod. Vat. ταῖς δὲ δαίμων αλυτᾶις ἴσω ϑεοῖς ποσὶ ἐνδον πολύπλανα μεϑίει μέτρα μολπαῖς. Verba ſecundum *Salmaſii* emendationem in hunc modum jungenda ſunt: ταῖς δὲ δαίμων ἴσα ϑέωτοι ποσὶ ἐνδον μεϑίει τὰ πολύπλανα μέτρα αλυτὰς μολπαῖς. Mercurium in multiplicibus hujus carminis metris percutiendis cum hinnuleis contendiſſe ait. πονὶ ἐνδον ad

Vol. I. P. a.   B

illam metrorum percussionem refert *Salmasius*, *voluptuosa*, ex variis metrorum generibus commissa.

SECURIS.

¶. 209. et 210.] Legitur in Vatic. Cod. p. 671. Hoc quoque carmen *Hephaestio Simmiae* tribuit in Enchirid. p. 3 ·. Interpretatus est praeter *Claudium Auberium Triumcuriauum* p. 274. sqq. *Salmasius* p. 199. sqq. Plurimum lucis huic carmini accendunt Scholia Cod. Vat. quorum particulam dedit *Brunckius* ex *Salmasii* notis. Argumentum igitur Scholiastae in hunc modum legitur: Τὴν πέλεκυν τοῦτον Ἐπειὸς ἀνετίθησι τῇ Ἀθηνᾷ, ᾧ πεποιήκασι τὸν δούρειον ἵππον. τὸ μέτρον δὲ χωριαμβικὸν ἑξάμετρον ἀπὸ καταληκτικοῦ ἑξαμέτρου, καταλήγον δὲ εἰς μονόμετρον ἰαμβικόν· τὸ αὐτὸ δὲ μέτρον τῇ στερυγίᾳ, ἀλλὰ διαιρέσει, καθ' ὃ μὲν τέλους ἔχει τὸ πρῶτον κῶλον πρὸς τὸ τελευταῖον. Quo ordine versus legendi sint, bis repetitur; primum recte: δεῖ τὸν καταγινώσκοντα καὶ ἐξηγούμενον μετὰ τὸ πρῶτον κῶλον τὸ τελευταῖον λέγειν, εἶτα τὸ δεύτερον ἐπ' ἐκείνῳ, καὶ μετ' αὐτὸ τὸ διότερον ἀπὸ τέλους καὶ οὕτως καθεξῆς ἕως τοῦ μέσου, ὥστε τὸ μέσον τέλος εἶναι. Deinde falso dicit, sensum etiam constare, si ab ultimo verso ad primum adscenderis. Quae cum falsissima sint, describere piget.

Quatuor priorum versuum sensum sic explicant Scholia: τὸ ἑξῆς· Ἀνέρωθε τῇ Ἀθηνᾷ δῶρον ὁ Φωκεὺς ἄνασσα Ἐπειὸς τέλεσσεν, τῆμος ἀμφιπωλῶν ἀνεστήλιξεν ἐν θεμέθλοις ἄνακτας. Sequitur alia paraphrasis, quam *Salmasius* quoque exscripsit p. 201.

Οὗτος γέγραπται μὲν εἰς τὸν Ἐπειοῦ (Codd. Ἐπειὼν) πέλεκυν· λέγει δὲ εἶναι δῶρον τῇ Ἀθηνᾷ, ὁ Φωκεὺς Ἐπειὸς τῆς τέχνης καὶ ἐμπειρίας χάριν ἀνέτεινεν (Codd. ἀνέτιλεν) καθ' ὅσον, ᾧ ποτε τὸν θεοσσιμαστον (Codd. τῶν ποιητῶν) πύργον κατήρειπε τὸ τεῖχος, ὑπῆκε τῷ Ἱπποπτεύτῃ καὶ πορεντόν τὴν πόλιν ἔπαυσε. διὰ γὰρ τοῦ Ἵππου εἴλον Ἴλιον οἱ Ἕλληνες, καὶ τοὺς

βαθυκολπτους δυνατας in μάχην ιεναι· 'Αχαιαι, ἃς οὐκ ἔν
σφυρίζοις τραπέζαις, ἀλλὰ ἀπὸ ἀγροῦ καθαρὸν πῶμα ἴφερε τοῖς
'Αχαιοις. νῦν δὲ ἐχαίρυσι εἰς τὰς Ὁμήρου ποιήσεις διὰ τὴν Ἀθηνᾶς χάριν. μακάρος οὖν, ἐν (ἢ om. Cod.) οὐ ἀπὸ ἰοχής εἶκος,
ἴκας· ἴδες. τῳ γὰρ τοιούτῳ καὶ εὐτομπία ἐπὶ παρακολουθεῖ.
'Ανδρεσία δὲ ἡ ἐπανδρος Sch. (Sic Vat. Brunckii Codd.
ἐκ' ἀνδρὸς θεοῦ.) αἴμαι δὲ, ὅτι διὰ τοῦ τοιούτου ὀνόματος τὴν
ευψέπον καὶ ἀνδρείαν ἐσήμανεν. Defcripfimus hoc Scholion
fecundum emendationes *Brunckii*, notatis eum Cod.
Vatic. tum Codicum, quibus *Brunckius* ufus eft, varie-
tatibus.

V. 1. In Cod. Vat. ἐρατίννας μηλοσύνας legitur; fed
fupra fcriptum ἀραιφαῖς ἐμοσύνας. Prius editi habent;
etiam *Calliergi* edit. et *Hephaeftio*, qui hunc verfum laudat. ἐρατίννας metrum non fert, quod eft choriambicum.
In ῥίσιν haefit *Salmafius*, qui ῥίσν praetulit, quod in
membranis effe ait. Sed ibi fcriptum ῥὶς, omiffo ν fina-
li, quod lineola plerumque exprimitur. Nec metro
timendum, fi ῥίσιν fervaretis. Paffim enim hoc verbum
reperitur priore correpta. Cf. *Clark*. ad Il. ρ. 43. —
V. 2. ἠ κικα. editi. τῳ ῥίτι Cod. *Scaliger* ἱππικα conjiciebat. Sed metro confulendam erat. Dicitur Epeus
fecuri, qua equum illum ligneum fabricavit, altas Trojae
turres diruiffe, poëta tribuente inftrumento id, quod
machinae, illa fecuri expolitae, tribuendum erat. In
hac fententia *Scaligerum* offendiffe, mirari fubit. In fine
verfus ἀντέρωτι vulgo. ἀντέρθετ Cod. Vat. — V. 3.
Vulgo τέμος. Noftrum eft in Cod. qui etiam κωρὶ legit.
Sic faltem apogr. noftrum. Sed fere fufpicor, in membranis effe κωρι, i. e. κωρί, ut editi legunt. — Idem
ταρὸν habet. Edit. Callierg. ταρόνω. — V. 4. χρυσα-
ψίζ, quod vulgo deeft cum metri detrimento, *Salmafus*
ex membranis reftituit, fufpicatus tamen, olim fuiffet

χρυσοβαφῆ ἅπαντα. Bene fecit, quod huic conjecturae parum tribuit vir doctissimus. Licuit poëtae, ubi de uno agebat, plurali uti; nisi forte Priamum et Priami filios intelligi voluit. — V. 5. ἐναρίθμιος vulgo, quod metrum respuit. ἰνάριθμος Vat. Cod. Editi etiam ἡ προμέχουσιν male legunt. — V. 6. Vulgo ἀλλ᾿ ἀνὰ ἀρ. ε=θαρὶν νᾶμα αἰμίζε (νᾶμιζε Aubrr.) δυςαλυίς. Membranae doctam lectionem θαξᾶν exhibent, καθαρὸν superscripto. Hesych. θαραῖς. ταχέων. ἱλαραῖς. καλαῖς. καθαραῖς. κούζαις. λινκαῖς. ταχίναις ubi interpp. nostrum locum excitaverunt. δυςαλής Salmasius metri causa scripsit. Quod ad sensum attinet, vide notata ad Simonid. Ep. CVII. 2. — V. 7. νῦν, nunc, equo fabricato, qui Trojae ruinam perfecit, ἔβα ἐς Ὅμ. κέλευθον, iter sibi fecit in Homeri carmina, quae ejus nomen nobilitaverunt. Ὁμήρων κέλευθον recte Schol. τὴν Ὁμήρου νοίησιν interpretatur. Nota sunt Pindarica Isthm. δ. 1. 2. ἐστὶ μοι θεῶν ἕκατι Μυρία πάντᾳ κέλευθος. i. e. μυρία ὁδὸς εἰς τοὺς ὕμνους. et αἶμας, quod νίαμ proprie denotat, passim pro censu usurpatur. Callim. H. in Jov. 78. ubi vide Ernest. — V. 8 ἀγνὸν ed. Callierg., ἀγνὰ δ᾿ ν. Aubrr. et Commel. Nostrum est ex Cod. Vat. quem Salmasius in reliquis quoque secutus est. Salmasii autem lectiones expressit Brunckius. Postremae syllabae verbi ἀμφιδέρχθης; superscriptum εἰ. — Vers. 11. vulgo τὸν βίορ legitur, et vers. sequ. κνέει, adversante metro. κνεῖ autem positum pro ὑπάρχει, vivit, spirat, exsistitque.

Inter eos versus, qui securim nostram constituunt, vulgo legitur versus, quem manubrii loco esse volunt:

τὸν βίον (al. βίαν) ἐλευτὸς εἶδε (ja Commel.) θνοῖς, ἃς
οὔτε ἰοβόϊ γεγαῶς
πτλότερπα μοῦντος μέτρα μολπᾶς.

quem a sciolo additum esse judicavit Is. Vossius ad Scylacem p. 103. et Salmasius, qui eum nec cum reliquis exire, nec per se spectatum sensum praebere idoneum docuit. Priora tamen, quibus *Salmafius* utitur, argumenta vix quidquam efficiunt, cum, antiquarum editionum lectione neglecta, Commelinianae edit. lectiones impugnet. Recte vero idem animadvertit, πολύπρωτα μέτρα defumtam effe ex *Simmiae* Ovo, ubi poëta fe πολυ- πλόκοις μέτροις ufum effe ait, idque recte, cum diverfiffima metrorum genera conjunxerit, cum contra in noftro carmine unum choriambicum metrum dominetur. Deinde docte notavit, Epeum, cum fecurim dedicaret, manubrium non fine caufa idonea exemiffe; quandoquidem, quae diis dedicabantur et appendebantur, ea morís erat parte fui mutilari, ne in hominum ufum cederent. Confer *Ariftophanis* Eqq. 847. et 858.

ASCLEPIADAE SAMII
ET ALIORUM EJUSDEM NOMINIS POETARUM EPIGRAMMATA.

———

¶. 211.] *I*. Cod. Vat. p. 547. ubi *Afclepiadae Adramytteno* tribuitur. Edidit *Kloss* ad *Tyrtaeum* p. 26. *Toup*. ad *Theocritum* T. II. p. 215. et hinc *Schneiderus* in Per. crit. p. 37. Scriptum in puerum, olim, dum aetate florebat, difficilem, nunc fero commodum. — V. 1. αἰτεῖς. Verbum proprium de meretricibus et pueris meretoriis. *Menander* ap. *Plutarch*. T. II. p. 19. A. meretriculam defcribens ἐἰωθυῖαν, λεγουσιν, αἰτοῦσαν τινά. Pleno *Strato* Ep. LIV. τὴν χάριν μοι μόλων προσνέγκας, ὡς ἐπίλωλα. Μισθὸν ἴσως αἰτεῖς. Nihil hac lectione verius, quam tamen tentare conatus eft *Weftonus* in HermeL p. 80. five ἐπῴεις, five ἀδξεῖς legendum exiftimans, quod in apogr. Musgrav. ἐντεῖς reperiffet. Ut hic prima lanugo, quae tempora genasque obumbrat, ὑπὸ κροτάφοισιν ἰγνυν dicitur, fic ap. *Xenophontem* in Sym-

poſ. p. 515. 41. Critobulo περὶ τὰ ὦτα ἀρτι ἰουλος καθάρ-
σα. Ap. *Theocrit.* Eid. XV. 85. Adonis conſpicitur -
πρῶτον ἰουλος ὑπὸ κροτάφων καταβάλλων. *Callimachus* in Hecale Fragm. XLIV. ὁρμοῖ που ἀρχαίῳ ἐπέτρεχε μαστὸς ἰουλος.
Conf. *Strаton.* Ep. IX. et quae in puerum formoſum
cecinit *Horat.* IV. Carm. X. — V. 3. εὖτε λέγεις. Repu-
diatus ab iis, quibus te offers, barbam tibi et pilos priore forma gratiores eſſe inepte ſimulas. Pro ὅλων Codex
ὅλων. — κρίσσονας. Parоemiacum. Fontem locutionis
Schneiderus indicavit ap. *Homerum* eſſe Od. ξ. 214. ubi
Ulyſſes, ſe olim fortem et robore conſpicuum fuiſſe,
gloriatus, ἀλλ᾽ ἔμπης, inquit, καλάμην γε σ᾽ ὀΐομαι εἰσορῶντα
γνώσεαι — ; quem verſum laudavit *Ariſtoteles* Rhetor.
III. 10. ὅταν γὰρ εἴπῃ τὸ γῆρας καλάμην, ἐποίησε μάθησιν καὶ
γνῶσιν διὰ τοῦ γένους· ἄμφω γὰρ ἀνηνθηκότα. Ex *Aſclepiade*
formaſſe profecit *Statyllius Flacc.* Ep. II. et *Strato* Ep.
LVII. *Lucianus* de Alexandro §. 5. Tom. V. p. 68.
ed. Bip. μειράκιον μὲν οὖν ἔτι ἦν, πάνυ ὡραῖον, ὡς ἔφην ἀπὸ
τῆς καλάμης τεκμαίρεσθαι. *Ariſtaen.* L. II. Ep. L. p. 72. ad
puellam, ἴθου ταῖς σαῖς ὁπωρίναις τὴν ὥραν τρυγῶν· μετ᾽
ὀλίγον ἴσως γερόντων.

II. Cod. Vat. p. 580. Edidit *Kloss* ex chartis Vi-
narienſ. ubi eſt LXXXII. p. 69. *Warton* ad *Theocrit.*
T. II. p. 223. Imitatus eſt hoc diſtichon *Meleager* Ep.
VIII. IX. Idem parodia expreſſit *Philipp.* Ep. XXXVII.
Pro καὶ Cod. καὶς legit.

III. Cod. Vat. p. 580. Ἀσκληπιάδου ἢ Ποσειδίππου.
Edidit *Kloss.* in Muſ. Strat. p. 69, et *Warton.* ad *Theocrit.* T. II. p. 33. Emendavit, lectioniaque varietatem
enotavit *Schneiderus* in Per. crit. p. 63. Pro τείνων' *Kloſſius*
γείνων', quod merum eſt typographi ſphalma; nam in
ſchedis Vinar., ut in omnibus apogr., τείνων' legitur. —
Ad ἀργυρίων *Bruncinus* monuit haec : πλεγάρεοι ὥρας, ὑπὸ
νπτασεε ἑαυτοῖ. Id ſi cui non placuerit, ἀργυρίων repo-

ønat, aut cum *Salmafio winar' lobbes bryopin φ*. Ego
vulgatā lectione non offendor.ᵃ Nulla profecto caufa
eſt, cur vulgata mutetur. Quid enim? minusne *Aſclepiadae* licuit Amori *humeros argenteos* tribuere, quam
Pindaro Veneri *argenteos pedes?* Pyth. Od. 9. 16. ὑπέλυσε
δ' ἀγγοφόπεζ' Ἀφροδίτα. quem verſum fortaſſe reſpexit
Euſtath. ad Il. α. p. 34. 51. — V. 3. Cod. φίλ' ἄγλαον.
Hoc praeferebat *Schneiderus*. In apogr. Vinar. junctim
φιλάγλαον, ex *Salmafii* emendatione, ni fallor. Hoc
epitheton Mercurio palaeſtrae praeſidi bene tribui, judicat *Brunckius*. — In fine corrigendum τίτανα, ut Cod.
habet.

IV. Cod. Vat. p. 108. Planud. p. 472. St. 614. W.
Amatoris verba, qui corollas, lacrymis ſuis irrigatas,
ad pueri januam appendit. — V. 1. ἐκυκλάκ de janua,
cujus duo ſunt oſtia, alterum inferius, alterum ſuperius,
illuſtrat *Salmaſ*. in Plin. p. 651. B. C. Poëta coronam
in ſuperiori januae parte ſuspendiſſe putandus eſt, ut
lacrymarum imber in pueri, per inferius oſtium pro-
deuntis, caput deſtillet. — μὶ προπετῶς. neque temere
et ante tempus folia concutire. — V. 3. »Mallem ἀ-
πρων ὡς κατέθρεξα. quo modo vitatur hiatus et verſus
fit concinnior.ᵃ *Brunck*. *Tibullus* II. El. VI. 31. *illius
dona ſepulcro Et madefacta meis ferta feram lacrymis*.
Magis huc facit *Ovidius* Metam. XIV. 708. de Iphide:
*Interdum madidas lacrymarum rore coronas Poſtibus in-
tendit*. Ceterum Cod. ut in compoſitis ſolet, κατ' ἰβρέα.
— V. 4. αὐτὸν a manu rec. in αὐτὴν mutatum eſt. —
V. 5. ἡδὺν ὄντα. lacrymarum imbrem. *Catull*. LXVIII. 55:
*Moeſta neque aſſiduo tabeſcere lumina fletu Ceſſarent, tri-
ſtique imbre madere genae*. Ovid. Triſt. I. 3. 18. *Imbre
per indignas uſque cadente genas*. — V. 6. τλᾶθι δάκρυα
νῦν Planudese edit, ex duo codd. regii, quos *Brunckius*
conſuluit. Cod. Vat. τλᾶθι νῦν δάκρυα. Juſtum verborum
ordinem reſtituit *Dorvill*. in Vann. crit. p. 189. Cete-

rum in Cod. Vat. manus rec. ultra correxit. Comparandos inprimis Xenoph. Ephes. I. 9. p. 15. καὶ ἰδού, δάκρυα μὲν ἀνεῖχον ἡμᾶ, καὶ ἡ καλή σου κόμη ἐπίπτε πέπα τὸ ἴρωπον ἡμῶν, καὶ συμφύντες ἀλλήλοις ἐνεμεγνύθμεν, ἀνταβρέχομεν δὲ καὶ τοὺς στεφάνους τοῖς παρ' ἀλλήλων δάκρυσιν, ἵν' ἡμῖν καὶ οὕτω συνεφθεῖν.

¶. 212.] *V.* Cod. Vat. p. 585. Hoc carmine, quod *Brunckius* primus edidiſſe videtur, ſi recte intelligo, poëta amoris inter Damidem quendam et puerum initia celebrat. Omnia in eo amore adhuc placida, nulla ſuſpicio, nullus furor. Hinc eſt, quod Cupidinem, quem in Damidis domum ex matris ſinu avolaſſe ait, puſillum et infantem fingat. Pueri fidem verſu 3. et 4. ſignificat. — V. 1. ἀν' εὐθέρατος. propter id ipſum, quod parvus eſt, et minime malitioſus puer. Pro.ζμεῖν, quod ex *Brunckii* ingenio profectum videtur, Cod. ὑψοῖ habet. Elegans eſt emendatio; an vera, non dixerim. — V. 3. αὐτοῦ Cod. — , V. 4. οὐ πολλοῖς εὐφρᾶς, non δημότοις, ſive πεφίοντες, qualem amorem ſe aſpernari ait *Callim.* Fp. L — Verſus exitus in Cod. ſic legitur: διες' ἐνευηφόρεμμαι. In apogr. Lipſ. corruptius ἀνεμφερόμαι. Dubito, an recte emendaverit *Brunckius*. Scribendum puto:

οὐ πολλαῖς εὐφρᾶς εἷς ἐνὶ συμφέρομαι.

Antip. Theſſ. Ep. XXII. τυχαῖοσι κόπηιλος οὐσπαῖος νῦν ἐνὶς ὁλοι μια. Saepiſſime factum, ut *s* aliaeque literae, ex calligraphorum ductibus ortae, temere inculcarentur; quod cum hoc quoque loco factum eſſet, ἑες' ſcriptum pro εἰς. Metro in hac emendatione non verendum. Conſ. not. ad *Platon.* Ep. XXX. 2.

VI. Cod. Vat. p. 594. Hoc quoque Epigr. ante *Brunckium* nemo edidiſſe videtur. De Antigene agitur, Philocratis Diauli fil. illecebris capto. Ipſe Antigenes loqui videtur. Puſillum adhuc eſſe Amorem ſuum ait; ſive adhuc ſub ipſa amoris initia moratus, ſive ad pueri, quem depetit, aetatem refpiciens. Hunc fenfum in carmine paulo obfcuriore latere exiftimo; an recte exiftimem, judicent alii. — V. 1. τυξοζάφων πιλάφοις Codex. Cum in Lipf. divifim fcribatur οὐδ' ἀρπις, Reiskius hoc pro ἁρπίας five ἅρπας putabat dictum. Optima eft Brunckii emendatio σύρονκος. — V. 2. pro ἀνιστρέφονται, quod, fi recte memini, in apogr. Lipf. habetur, Cod. legit ὑποστρέφονται. Scribendum puto:

παρὰ τὴν Κύπριν ἔτι τρέφεται.

adhuc in matris gremio nutritur. Appulejus Metam. X. p. 680. *Sed mulier illa, quamdiu primis elementis Cupido parvulus nutriebatur, imbecillis adhuc ejus viribus, filentio refiftebat.* Mox junge φίλτρα κατὰ ψυχῆς Ἀντιγένους. Amorem, quamvis infantem, tamen jam incantamenta balbutire ait, quibus Antigenis animam defigat. Μάτην κρατεῖν Codex, quod cur mutatum fit, ignoro. Μάτας pugillares effe videntur, quibus incantamenti formula infcripta fuit. Paufanias L. V. p. 449. miraculum in Lydia a Mago factum narrans, ἰσρῶν, ait. βώβαφα καὶ οὐδέν δε συνετὰ Ἕλλησιν· ὀφθήναι δὲ ἐκλεγόμενος ἐκ βιβλίου. Quod τρανλίζοντα nobis Amorem fingit, in eo et infantiae et venuftatis cujusdam fignificatio eft. Martialis L. V. 35. de puella fex annorum, quam mire amabat: *Inter tam veteres ludas lafciva patronos, Et nomen blaefo garrias ore meum.* Cf. *Lucret.* IV. 1157. Alexandro Sophiftae Herodes dono dabat Διὰ τὸ Καλόντα παιδία ψελλιζόμενα, ἐπειδὴ ἥκουσαν αὐτὸν χαίροντα νέαις φωναῖς. Philoftrat. Vit. Soph. L. II. p. 574. Alcibiadem τραυλίζοντα ut hoc ipfo linguae vitio Athenienfibus placentem, nemo ignorat. — Ceterum Cod. et φιλομήτορος et ψυχὴ legit. Unde emendatio manaverit, Brunckius non indicavit.

VII. Cod. Vat. p. 594. Prius diftichon laudat Salmaf. in Plin. p. 898. P. Cupidinem poëta laudat, qui Cleandrum et Eubiotum, ejusdem virtutis et remulheria

pueros, conjunxerit. Primi verficuli lectio incerta eſt.
Cod. Vat. ἄγριν ἔρωτι καλᾷ μίξε καλόν. In apogr. Lipſ.
ἄγριν (fic) ἔρωτι καλᾷ μίξις καλόν. Salmaſ.: ἔρως τι καλῷ
μίξας καλόν. Bronckii lectio non fatisfaciebat *Wyttenbachio*, qui in Bibl. crit. I. Part. II. p. 35. τι καλῷ μίξῳ
καλόν tentavit. Quo fenfu haec dicta fint, neminem
fallit; quid legendum fit, mihi expeditum non videtur.
Secundum *Platonem* in Conviv. p. 195. B. Amor μετὰ
νέου καὶ ἕπεται τε καὶ ἔστιν· ὁ γὰρ παλαιὸς λόγος εὖ ἔχει, ὡς
ὅμοιον ὁμοίῳ ἀεὶ πελάζει. quae in ufum fuum convertit
Ariſtaen. l. Ep. X. p. 22. *Melanippides* ap. *Plutarchum*
T. II. p. 758. C. Amor, ait, γλυκὺ θέρος ἀνδρὸς ὑποσπείρων
σφετέραν νηδὺν, τὰ ξέαντα μίγνυσι τοῖς καλλίστοις. In fequentibus poëta hoc videtur dicere, Cleandri et Eubioti non
effe eam conjunctionem, qualis exſiſtat rebus pretiofis
illis quidem, fed diſſimillibus, nec ejusdem generis,
inter fe conjunctis et compoſitis. Ad haec illuſtranda
facit *Ariſtaenus*. l. c. p. 27. ἄλλαις δὲ Κυλίνσγτυ Ἀπανττῳ
συνάστων, οὐ μάλιβλον ἂν ἐπιμίξαις λαγῴῳ, ἀλλ᾽ ἐκατέρωθεν
ὁ γάμος ἔσται χρυσοῦς. et p. 28. ὅτερ δὲ χρυσόκολλα ἡ νέα
τῷ χρυσῷ, μάλιστα συνίστησι προσφυῶς. *Martialis* L. IV.
Ep. XIII.:

Claudia, Rufe, meo nubit Peregrina Pudenti:
Macte eſto taedis, o Hymenaee, tuis.
Tam bene rara fuo mifcentur cinnama nardo,
Maſſica Theſeis vos bene vina favis.
Nec melius teneris junguntur vitibus ulmi,
Nec plus lotos aquas, litora myrtus amas.

In noſtro autem loco mirari fubit, quod aurum fmaragdo jundum nihil fplendoris habere (οἷα ἰνδεῖν) dicitur. Plane aliter fenfit Auctor carminis in Anthol. Lat.
III. 272. *Fulgiebas ardenti jungatur faphyrus auro.* et
Lucret. IV. 1119. *Scilicet ex grandes viridi cum luce fmaragdi Auro includuntur.* Solinus c. XX. p. 30. U. *Hemo-*

rect pretio ad smaragdos: viret pallidum: nihil jucundius
aurum decem. Vide Salmas. p. 170. A. B. et 138. D.
Haec efficiunt, ut mendum in hoc versu latere suspicer.
Haesitabundus corrigo:

ἢ μήτ' ἔνθεν, μήτε γένει τ' δὲ ἴσῃ.

Hoc admisso, poëta auro, quo smaragdus includitur,
suum quidem splendorem concedens, utrique eandem
lucem, idem genus esse negat. Idque recte. ἔνθες in
coloribus frequens, de lapillis quoque usurpatur. Laudare suffecerit Philostrat. Vit. Apollon. III. 8. p. 100.
λίθους, τὰ μὲν εἴδος ἀνθηρὰς, καὶ πάντα ἀπαυγάζοντας χρώ-
ματα. τε post γένει intendit, ut in κεῖ τε. — V. 3. Cod.
ἴρινι legit, quod manifeste vitiosum.
VIII. Cod. Vat. p. 575. Edidit Klotz. ad Tyrt.
p. 111. Schneider. Per. crit. p. 119. Amoris se cruciatibus consumi poëta queritur; nec tamen Amores flocci
facere, utrum vivat, an pereat. Posterius jucunda imagine adhibita significavit. Amores, pro delicatorum puerorum more, talis fingit ludere, et huic ludo unice
intentos, minime curare, si qua ipsorum victima pereat.
Amores talis ludentes habemus ap. Philostrat. Icon.
p. 872. Apollon. Rhod. L. III. 115. sqq. Lucian. D. D.
IV. 3. p. 211. Schneiderus propter verba ὡς τὰ πέρος,
quae quo referentur, non haberent, distichon, quod
inter Meleagri carmina legitur nr. LXXIII. Asclepiadae
tribuendum, idque huic carmini praefigendum existimabat. Non persuadet. Verba ὡς τὰ πέρος refero ad ἧ
τι κάϑε. Me mortuo ludere pergitis, ut ante meum fecistis
obitum. — Ad v. 1. conf. Propert. II. 7. 79. Sic igitur
prima moriere aetate, Properti? Sed morere. — V. 2.
Klotzius ἃ ἔρωτες τί μᾶλλον — edidit, veram tamen
lectionem perspiciens.

IX. Mutilum et sine auctoris nomine in Planudea
exstat p. 485. St. 629. W. Postremum distichon ex

codd. primus adjecit *Reisk.* in Not. poët. p. 198. In Cod. Vat. legitur p. 576. Poëta animum suam tristitia dejectum erigere studet.— V. 2. *οὔ τι μήτι.* Vulgaris consolandi formula, *Non sibi hoc soli, ut Cicero* ait Tusc. Quaest. III. 33. *Euripidi* inprimis usitata, cujus loca collegit *Valcken.* in Diatr. p. 179. B. C. — V. 4. *τί ζῆν ἐν ἐσολῆ τίθεσαι; cur vivus in cinere poneris?* i. e. cur tempus lacrymando consumens, vitae voluptatibus non magis frueris, quam qui vita defuncti sunt? — ¶. 213.] V. 5. *ζωρὸν τὸ μα.* Tibull. III. 6. 62. *Tu, puer, i, liquidum fortius adde merum.* De *ζωροποτία* vide *Casaub.* ad *Athen.* p. 423, ad *Theophrast.* Char. IV. p. 54. — Verba *Μενύλως ἑὼς* ducta ex *Alcaeo,* cujus fragmentum servavit *Athen.* p. 481. *πίνωμεν· τί τὸν λύχνον ὀμμένομεν;* *δάκτυλος ἀμέρα. καδδ᾽ ἀνέλων Κυλίχναις μεγάλαισι καὶ ποικίλαις.* Paroemiam, quam perperam interpretatur *Apostol.* VI. 77. illustravit *Reines.* in Var. Lect. I. 23. p. 105. Similia collegit *Alberti* in Obss. phil. p. 56. sqq. ad verba *Matthaei* VI. 27. *τίς δ᾽ ἐξ ὑμῶν μεριμνῶν δύναται προςθεῖναι ἐπὶ τὴν ἡλικίαν αὐτοῦ πῆχυν ἕνα;* cum quibus inprimis comparandus *Mimnermus* Fr. II. *πήχυιον ἐπὶ χρόνον ἄνθεσιν ἥβης τερπόμεθα.* — De die convivari suadet *Asclepiades.* Paucae diei supersunt horae; bibamus igitur. An potius lucernam noctemque cadentem exspectare libet? Scribendum itaque, accentu mutato, ᾗ πέλι -. *Ion Chius* ap. Schol. *Aristoph.* Pac. 835. *καὶ τι τερφθεῖται Ἀστέρα μένωμεν,* quem versum frustra tentavit *Valcken.* ad Hippol. p. 173. C. — In Planud. *αεμμένην.* Apographorum aberrationes enotare nihil attinet. — V. 7. *πίνωμεν ὡς γὰρ ἕως* Cod. Vat. In marg. Cod. Lips. γρ. *γλυκερῶς* notatum; idque ipsum exhibet *Weisten.* qui hoc distichon profert, cum multis similibus, ad N. T. II. p. 170. *πίνωμεν γλυκερῶς* dedit *Majus* in Obss. sacris p. 119. Hanc lectionem, quam schedae Viner. perspicue exhibent, ex *Salmasii* ingenio profectam esse suspicor. *Hesych. γλυκερῶ. γλυκυτέρω*

Ἰσμήν. ἰσθμῶν. Similiter hanc vocem ex *Pausania* interpretatur *Eustath.* ad Od. p. 230. 16. — μετὰ τὸν χρόνον. *Jam se primos uox fabulaeque Manet.* Horat. L Carm. IV. 17.

X. Cod. Vat. p. 590. Primus edidit *Albersi* ad *Hesych.* v. ἄγασιν. *Reiske* in Notit. Poët. p. 198. *Schneiderus* in Peric. crit. p. 100. Crebra pocula intima pectoris arcana prodere et *operta recludere* (*Horat.* L Epist. V. 16.) Nicagorae exemplo docet. — V. 1. αἶνος ἔρωτος ἵμερχεε. *In vino veritas.* Theocrit. Eid. XXIX. 1. — V. 2. in Cod. fic fcribitur: ἄγασιν ἐν πολλαῖς Νικαγόρου προπόσεις. Hic *Guyetus*, five potius *Salmasius*, correxisse dicitur al πολλαὶ — προπόσεις. ἄγασιν in ἄγασαι mutatum *Alberti* illustrat ex *Hesychio*: Ἄγασιν, θαυμάζειν. Ἐτάζεσθαι. πληνθαι. βασανίζεσθαι. Et hoc fortasse verum. De vino *Horat.* III. Carm. 21. 13. *Tu lene tormentum ingenio admoves.* Non fieri tamen potest, quin elegans habeatur, et contextui fortasse accommodatior conjectura *Wyttenbachii* in Bibl. crit. T. L. P. II. p. 35.:

μήνισαν αἱ πολλαὶ Νικαγόρου προπόσεις.

Comparandus inprimis *Antiphanes* ap. *Athen.* II. p. 38. B. C.:

κρίψαι, Φοιβία,
ἀπαντα τἄλλα τις δύναιτ᾽ ἄν, πλὴν δυοῖν,
οἴνου τε πίνων, οἷς ἐρωτά τ᾽ ἰσχνεών·
ἀμφότερα μηνύει γὰρ ἀπὸ τῶν βλεμμάτων
καὶ τῶν λόγων ταῦθ᾽· ὥστε τοὺς ἀρνουμένους
μάλιστα ταῦτα καταφανεῖς πᾶσιν ποιεῖ.

Horat. Epod. XI. 12. *Convivioram et pocitis In quais amentem et languor et silensium Arguit et latere Petitus imo spiritus.* quae partim ducta videntur ex *Callimachi* Ep. XII. — Idem *Horatius* I. Carm. XIII. 6. *humor et in genas Furtim labitur, arguens, Quam lentis penitus macerer ignibus.* in quibus fingula verba ex graecoco quaedam poëtae expressa videntur. *Aristaenet.* II. 17. p. 99. ἔλεγχός ἐστι ταῦτα ψυχῆς ἐρώσης· μάκεινα διὰ τοῦτο τὸ σύμβολα ἐστεμμένες πέθηκε. Conf. *Ruhn.* Ep. XX. — V. 3. Cod. καὶ διάσταξι ἀντὶ ἀστραπές. A nostra lectione nihil discrepabat *Alberti* apographum, ad *Salmafii* fortaffe mentem emendatum. — V. 4. σὺν ἡμῖν στέφανος. *Callimach.* Ep. XII. 4. τὰ δὲ ῥόδα φυλλοβολεῦντα τὸν ἀνδρός ἐπὶ προτέρου πάντ᾽ ἐχέοντο χαμαί, ubi vide not. — Ceterum non praetermittendum est, *Schneiderum* ex *Nicagoras* nomine, quo utitur *Hedylus* Epigr. I., suspicari, hoc quoque carmen eidem fortaffe poëtae tribuendum esse.

XI. Cod. Vat. p. 592. Edidit *Warton* ad Theocr. T. II. p. 66. Puellae verba esse videntur, quae se ab amante neglectam conqueritur. — V. 1. ἰθλίβετο. Duplicem explicationem patitur. Sive dicit, se olim saevam fuisse in Archeadem. *Hefych.* θλίβειν — λυττᾶν καὶ ὅτι τις ἐλεγχει. Est enim simpliciter urgere, vexare, ut ap. *Leonid. Alex.* Ep. XXXV. νῦν ἐπὶ τοῖσιν θλίβομαι. *Phocylid.* ἐν Νουθ. 17. μὴ θλίβε πτωτα. Sive fenfus est: Olim amplexibus Archeadem fovi; nunc ille me negligit. Hoc verius et suavius. *Meleager* Ep. V. 8. θλίβεις δ᾽ εἴδωμεν τοτίδον ὑπὸ χλαμύδι. Hoc sensu *Horatius* I. Carm. V. 1. *Quis multa gracilis te puer in rosa Perfusus liquidis urges odoribus.* — Pro τέλειον Cod. Vat. τέλειοι habet; nec aliter est in Cod. Bibl. Bodl. et ap. *Bernard.* qui hujos verfus particulam cum sequente protulit ad *Thom. Mag.* p. 353. Vir doctus ap *Wartonum* in Addend. p. 350. ἰθλίβετο conjicit, et τὰ γλαῖνα, i. e. τὰ γλίνα. Inepte. — V. 3. Vel jucundiffimus amor non semper jocundus. Sed ipsi dolores novam amori fomentum subjiciunt. In hunc sensum meretricula ap. *Aristaenet.* II. 1. p. 71. χαρίεστατον οἶδα τὸ ἐμαρτὸν ὑπεστίζων τοὺς νέους· τοῦτο γὰρ τὸν ἀφροδίσιον ἐρεθιστίλλει τὸν ἔρον. *Plutarch.* T. II. p. 764. B. ὡς ἥλιος ἐν νεφῶν καὶ μετ᾽ ὀμίχλην θεραπότερος, οὕτως ἔρως μετ᾽ ὀργὰς καὶ ζηλοτυπίας ἱλαρότερον διαλλα-

γίνται, ἥλων καὶ δριμύτερος. Ovid. Amor. II. 19. 8. *Nil
ego, quod nullo tempore laedas, amo.* Anth. Lat. I. 96.
p. 79. *Jurgia conflat Amor, ut blandius oret amantes.* —
In Cod. Vat. μαλυχρὸς et καὶ legitur. In fine versus
Warton κινητὸς exhibet. — V. 4. ἡλίαν Cod.

XII. Vat. Cod. p. 594. Primus edidit, sed cor-
ruptissime, ut in Cod. legitur, *Bernard.* ad Thom. Mag.
p. 61. V. 1. Ἰνίετωιτωτας. V. 2. ἴεται. V. 3. ἢ' ὑπὲρ
ᾱ. Σὸν οεταέφ. Quaedam apogr. *ἐν τεταέφ*, alia al π. legunt. *Brunckius* haec notavit: „In puellam cum ado-
„lescentibus ludentem et virilem indutam vestem.
„Versu quarto alia apogr. *τὸν ττέαφ*. Paulo intricatior
„constructio corruptelae suspicionem movet. Ordo erit:
„ἧς ἐν αὐτ τῶν πετάεφ οὔσης χλαμὺς ὑπὲρ ὤμων περιβεβλημένη
„γυμνὸν μηρὸν ἔφαινε." Huic interpretationi speciem
conciliaveris, comparando *Appulej.* Met. X. p. 737.
*Adest luculentus puer nudus, nisi quod ephebica chlamyda
sinistram tegebat humerum.* ad quem locum Intpp. com-
parant *Mart. Capell.* de Nupt. Phil. p. 3. *Ac jam pu-
bescentes genae feminudum eum incedere chlamydeque in-
dusum parva involucumque cetera, humerorum cacumen ob-
nubere sine magno risu Cypridis non sinebant.* χλαμὺς et
πέτασος, ut epheborum, passim simul commemorantur.
Vide ad *Meleagr.* Ep. IX. Vereor tamen, ut sana sint
verba, ἧς ὑπὲρ ὤμων, sive, ut in Cod. est, ἢ' ὑπὲρ ὤμων,
post quae fortasse pentameter cum hexametro periit.
Suspicabar olim:

*Ἱμερὸν ἀστράπτουσα κατ' ὄμματος, ἡνίδ', ἐράστων
ἐν θιάσῳ, γυμνὸν μηρὸν ἔφαινε χλαμύς.*

Dorcion, cum, chlamyde induta, nudo femore, in
amantium choro incedit, amorem ab oculis suis jaculari
videtur. *Aristaen.* l. Ep. 1. Ἔρως ἐκαθίσεν τὴν παιδουμένην
ἐπιτοξεύσειν ταῖς τῶν ὀμμάτων βολαῖς. Puellam mihi fingebam
cum pueris aut cursu certantem aut in sylvis venantem;

cursores enim et venatores curta chlamyde induti esse
solent. Cf. *Gratian.* Cyneg. 338. Eam amantium caterva comitatur, ut famosum illum puerum in tabula
picta ap. *Philostr.* L. I. Icon. XXVIII. p. 803. ἰμάντων
ἐν Σιδηρ. ut ἥλικων Σιδωνος *Eurip.* Iph. T. 1146. Σιδηρ
νέρτωμι κυθίας *Anacreon* XXXIX. 23. ubi vide *Fischer.*
p. 151. ἐπιεργατίνες ἰχθυβόλων θλαυος *Leonid.* Tar. XLI.
10. — Ne quid tamen diffimulem, non multum confido huic conjecturae propter caufas fupra commemoratas. ἐν τινάκφ, fi verum eft, dictum, ut *in vestibus esse*,
quam formulam illuftravit *Broukhuf.* ad *Propert.*
IV. 2. 28.

XIII. Cod. Vat p. 594. Edidit et emendavit *Pierson*
ad Moer. p. 50. exque eo *Koen.* ad Gregor. de Dial.
p. 73. Amores precatur poëta, ut aut quiefcere fe patiantur, aut graviffimis armis ipfum invadentes in cinerem convertant. — V. 1. Apogr. quo *Pierf.* utebatur,
τοῦτ' ἔτι vitiofe habebat. In fine verf. ἔρωτος eft in Vat.
et apogr. Lipf. — λοιπὸν ψυχῆς. *Theocris.* ad amatum
puerum Eid. XXIX. 5. τὸ γὰρ ἐμιν τᾶς ζοάς ἴχω, ζῶ τὸν
σὸν ἴδιον, τὸ δὲ λοιπὸν ἐτελευτα. — V. 2. Varie aberrant
apographa, unde variae conjecturae enatae, quas prudens praetereo. Codicis lectio eft optima, nifi quod θεῖν
pro θεῶν praebet. — V. 3. Cod. Vat. ἡ μὴ καὶ τάξως
βάλλετε. *Brunckius Salmasii* emendationem exhibuit.
Pierfon. ἡ μή — καὶ τάξεις μὴ β. conjiciebat. Seq. verfu
καὶ πάντος in Cod. habetur, cujus mutandi caufa non
erat. Hunc locum in mente habuit *Meleag.* Ep. XXVIII.
βάλλε δ' ἐπ' ἐμοὶ ὀρύτα συμφίς Οὗ φάξεις ἴδη· πᾶσα γάρ ἔστι
νίστε. *Theophylact. Simoc.* Epift. IX. ἐμοὶ δὲ καὶ ἀνηθαλώθωσαν αἱ ὀρίνες τῷ ὄρυτι καὶ δαλοῦ δίκην τὸ συμπεπρίσκον ἀναπάλλουσαι. Similia vota facit *Propert.* II. El. VII. 75.
*Nunc quoniam ifta tibi placuit fententia, cedam. Tela,
precor, pueri, promite acuta magis. Figite certantes, argue hanc mihi folvite vitam, Sanguis eris vobis maxima
palma*

palma mori. — V. 5. ἐνετειλκεδὲ γὰρ ἐνίας. Livor apud
Lucian. T. III. p. 132. ἐπειδὴ τοὺς ἐν πόντῳ μακρὰς κατανάλωκεν. Alciphron L. III. 19. p. 318. ἐγὼ δὲ ὑπὸ τῶν πόνων
καὶ τῆς ἀκαλλὴς κατέσκληκα. Vide T. Hemsterh. ad Lucian.
T. II. p. 539. ed. Bip. — V. 6. Depravatissime membranae: ἐξ ὑμῶν τούτων ἔλυσε β. ί. et sic apogr. Voss.
Alia apogr. ἐλύετε. Quod *Bruckius* in contextu posuit,
ex *Koenii* emendatione est, vera fortasse, certe ingeniosa. Mihi in mentem venit:

  ἐξότερον τούτων εἴ γ' ἔτι, βέλλων' ἔχετε.

Si quid habetis gravius et acerbius, nec hoc recusa. ἕξω
de doloribus, qui intima penetrant. *Callimach.* H. in
Dian. 21. ἐξελοῦσα ὑπ' ὀλλίσσει γυναῖκας Τειρμέσσαι. *Pindar.*
Nem. I. 81. ἐξελαῖς ἀνίαισι τυποίς. Idem Nem. XI. 63.
ἀπροσίκτων δ' ἐρώτων ἐξύτεραι μαίλαι. — Aliter hunc locum
tentavit *Gisb. Wakefield* in Silv. crit. T. II. p. 156. ἐξ
(i. e. ἐξ ἥ five ἔτι τι ἧς) ὑμῶν τούτοις ἔστ' ἴτι, β. ί. hoc fine
dubio sensu, nam interpretationem non addidit vir
doctissimus: *si quid praeterea habetis, hoc quoque habere
volo.*

§. 214.] XIV. Cod. Vat. p. 109. Edidit *Reiskius*
in Misc. Lipf. IX. p. 301. nr. 329. *Toup.* in Em. ad
Suid. P. II. p. 191. Prius distichon excitavit *Suidas* v.
Θεσμοφόρος. Meretricem poëta exspectat, quae ei noctem
promiserat. Expressit hoc carmen *Paul. Silent.* Ep.
XXVIII. — V. 1. ἀ 'περίεττος Νικώ. *Aeschrio* T. I. p. 189.
'Εγὼ Φιλαινίς, ὁ 'πίφαντος ἀνθρώποις. ubi vid. not. Nico meretrix, de qua in hoc Samii poëtae carmine agitur, fortasse est Νικώ illa ἡ Σαμία, quam callidissimis meretricibus annumerat *Athen.* V. p. 220. F. — V. 3. φυλακή,
monente *Reiskio*, prima est vigilia, quae ad mediam fere
noctem extendebatur. Mendacem puellam ad mediam
usque noctem exspectantem *somnus* denique *aufert* (*Horat.* I. Serm. V. 83.), quare lucernam, Veneris ministram

ftram, (cf. *Meleagr.* Ep. CII. 5.) exftingui jubet. Hoc
fenfu poëtae verba mihi quidem accipienda videntur.
XV. Cod. Vat. p. 109. Edidit *Reisks* in Mifc. Lipf.
nr. 330. p. 302. Scriptum in Nicaretam, Cleophontis,
quem crebro de feneftra videnat, amore irretitum. Longe diverfo fenfu accepit *Reiskius*, cui vitiofa lectio verf. 3.
βλιεφῶντα tenebras objiciebat. Idem v. 1. βιβλημένον edidit, quae eft membranarum lectio, optime five a *Brunckio*, five a *Salmafio* emendata. πρόσωπον Πάθοις μεμελημέ-
νων venuftatem fignificat oris, ubi Cupidines Amoresa-
que verfantur. *Tymn.* Ep. II. Ὄργιοι δ᾽ Χάρισιν μεμελημένον, ubi notata vide. — V. 2. Cod. ὑψιλάφαν habet; fuperfcriptum ἄγκλων. Feneftrae in fuperiore parte aedium
defcribuntur. Ad feneftram ftare meretricum erat.
Vide *Winkelm.* Hift. Art. p. 121. Hinc lucem lucrantur
verfus *Praxillae* ap. Hephaeft. p. 24.:

ὦ διὰ τῶν θυρίδων καλὸν ἐμβλέπουσα,
παρθένε τὰν κεφαλὰν, τὰ δ᾽ ἔνερθε νύμφα.

— V. 3. αἱ χαροπαί, fuavis oculorum Cleophontis, qui
ad Nicaretae, ut ridetur, januam comiffatum ire folebat,
fplendor. Ἱμέραται. An puellam pueri illius defiderio
pallefcere et confumi ait? Mulier ἀνὴρ ἐκεῖνῃ ἠδέ μεμέλ-
ηκεν fecundum *Pallad.* Ep. XI. Pulcritudinem et rofam
ἐξιμέραν χρότης Σίρας. Ep. LXXIII. De μαχαλίζεσθαι pro
tabefcere pofito exempla collegit *Wetften.* ad N. T. II.
p. 661.

XVI. Cod. Vat. p. 110. Edidit *Rubnk.* ad Julium
Rufin. p. 259. ubi comparat *Aufon.* Ep. XCIV.:

Punica surgentes redimibat zona papillas
Hermiones: zonae textum elegion eras.
Qui legis hunc titulum, Paphie tibi mandat, amet me:
Exemploque meo neminem amare vetes.

Reisk. Mifc. Lipf. T. IX. p. 304. nr. 333. — V. 1. Ἔρα-
σθαργή πον' ἐγώ σε. Cod. Vat. *Reisk. Rubnken.* - Murationis

a *Brunckio* factae caufam faris gravem non video. De πιθανῳ vide *Rubnkm.* ad HermeſL Fleg. 96. p. 299. — αὐν ἰκαιζει. Cod. Vat. ἰχείσῃ *Rubnk.* — V. 2. ζάνεν ᾗ ἐκθέων τωιαλλων. Non tam zona ex floribus contexta, quam variis floridisque coloribus ornata fuiſſe videtur. Veſtes coloriæ, quibus meretrices utebantur, ἀνθιναὶ appellari folent. Cf. *Salmaſ.* ad Scr. Hiſt. Aug. T. II. p. 559. Apud *Platonem* de Rep. L. VIII. p. 557. C. ubi urbem civibus cujuslibet generis habitatam pulcherrimam videri ait, ᾥσπερ ἱμάτιον ποικίλον, πάσιν ἄνθεσιν πεποικιλμένον, five adjectivum ποικίλον, five πεποικιλμένον inducendum videtur. Zonae auro variatae frequenter commemorantur. Loca collegit *Winſtrm.* ad N. T. I. p. 257. ſq. Literatam zonam qui meminerit, novi neminem. Monile bujus generis defcribitur ap. *Ariſtaen.* l. 1. p. 3. περίκειται ἀ- θαιόλλητον περιδήξιον, ἐν ᾧ τοὔνομα γέγραπται τῆς καλῆς ' γράμματα δ' ἐστι τῶν λιθιδίων θέσις. — V. 3. δι' ἴλον. *Rubnk.* et *Reiſk.*

XVII. Cod. Vat. p. 110. Edidit *Pierſon.* In Verifim. p. 145. *Reiſk.* in Mifc. Lipf. Tom. IX. p. 305. nr. 335. Vulnere, quod Philaenion meretrix ipfi inflixerit, perire fe ait. Pro ἴτρωτε, quod eſt in Cod. nonnulla apogr. ἴετρωσε legunt, quod tamen emeudavit *Pierſon.* et *Bernard.* in Epiſt. ad Reiſk. p. 492. — ιὶ Μ. Si vulnus parvum eſt et invifibile, dolor tamen usque ad unguiculos penetravit. Nulla in amorem remedia valere docens *Propertius* II. 1. 75. *Quippe,* ait, *ubi non couffas, nec apertos cernimus ictus, Unde tamen varietas tot mala, caeca via eſt.* — δύεται εἰς ψυχα. Similiter *ex unguiculis perpraviſcere* dixit *Appul.* Met. X. p. 720. quod ductum ex *Plauti* Sticho V. 5. 20. — V. 3. δι' οχμιω Cod. quod apogr. quaedam in δι ἀχ. corruperunt. Vociferatio, ut Amoris, apis ſtimulo vulnerati, ap. *Anacr.* XL. 8. Διλλα, μᾶτερ, εἶπεν, 'Ολωλα κᾀποθνῄσκω. "Οφις μ' ἔτυψε μικρὸν. — Sequentia an quisquam intellexerit, dubito.

Reiskius quidem vertit: *lucidi in meretricem somnolentes aut potius attigi regnum Plutonis.* Quae quomodo cum superioribus quadrent, equidem non perspicio. νυστάζειν non solum est dormire, sed etiam connivere, conniventibus oculis adspicere, tum, significatione translata, supine agere. Εἰς ἑταίραν igitur νυστάζειν dicitur, qui non fixis, sed conniventibus oculis non attento, sed supino animo puellam adspexerat. Quod cum faceret, ingens tamen vulnus pectore concepit. Non autem ἐνέβην legendum videtur, quod sensum non facit, sed

ἴσβην, ὅ δ' ἴσχυος τ' Ἀΐδα.

exstinctus sum, et parum absit, quin jam ad inferos descenderim. Haec cum praecedentibus non male cohaerent. ἴσβη. ἐσβέσθη. *Suidas.* fortasse ex Epigrammate ap. *Atben*. X. p. 436. E. ἴσβη δ' ἀνήρ, Ἄνθρωπ', in χενᾶς ξωρoτερά κύλικος. Vulgarior forma est ἐσέσβη, quod pro τέθνηκε positum illustravit *Valcken.* in Diatr. p. 57. et *Rubnken.* ad Tim. p. 40. — Nonnulla apogr. ἴσχυον' jonctim. τε post ὅδε positum intendit, *et etiam*, majus quid et gravius enuntiari significans. — Pro Ἀΐδα Cod. Ἀΐδαυ, i. e. Ἀΐδη.

XVIII. Cod. Vat. p. 111. Prius distichon cum parte vers. 3. protulit *Cunaeus* ad *Nonni* Dionys. p. 115. Integrum carmen dedit *Reisk.* Misc. Lips. IX. p. 306. nr. 336. Hinc *Toup.* ad Suid. P. I. p. 191. Amantis a puella exclusi similemque ei olim contumeliam imprecantis verba. — V. 1. νέξ. *Sidera sunt testes et matutino pruina. Propert*. II. 7. 91. — Pro οἷά μ' *Cunaeus* οἷον, apogr. Lips. οἷαν legit. — ὑβρίζεις. Vat. Cod. — V. 2. οἷον φιλ' ἐξ ἑκάτης. Cod. *Toupius* vertit: *quali contumelia me afficeris Pythias, amica mea, ex dolo malo. Brunckius* autem jungere mallit: οἷον φίλη, ἐξ ἑκάτης, quae speciem quidem prae se fert amici animi, sed simulatam et fallacem. Sic certe jejunitati verborum οὖσα φίλη nonnihil auxilii ferror, quamvis longe simplicius eſt jungere, ὁρίζει ἐξ ἑκάτης. Fortaſſe depravatus eſt locus. Si das, in οὖσα priorem ſyllabam, ex praecedente forte natam, genuinum expuliſſe, ſyllabae relictae α φαρ eo ducunt, ut ſcriptum fuiſſe exiſtimes:

οὖς μ' ὁρίζει
Πυθέας ὁ Νικαεὺς, τὴν ζαφελῆ, 'ξ ἑκάτης.

quali contumelia Pythias me, ſimplicem hominem, dolofe aegras affecerit. Speciem huic conjecturae conciliavit locus Horatii I. Serm. V. 82. Hic ego mendacem ſtultiſſimus usque puellam Ad mediam noctem exſpecto. ubi mendax respondet verbis ἐξ ἑκάτης, ſtultiſſimus τῷ ζαφελῆς. — V. 3. κληθείς. Similia collegit, hoc hemiſtichio non omiſſo, Waſſe ad Thucyd. L. L. I I 8. p. 389. ed. Bip. — V. 4. μέμψετ' Cod. In apogr. Lipſ. ουκ μέμψετ', quod Reisk. mutavit in μέμψ' (pro μέμψῃ) h᾽ ἡμᾶς. Temptus μέμψεται ἑκατέρως, ut ad puellam dirigatur oratio. In Vat. Cod. non ἀντε, ſed παρὰ legitur ante προθύροισ. Imprecatio eſt, qualis ap. Horat. I. Carm. XXV. 9. Invicem moechas anus arrogantes Flebis in ſolo Levis ungipertu. Epod. XV. 23. Ebro translatos marito matrebis amores, Aſt ega viciſſim riſera. Ovidius A. A. III. 69. Tempus erit, qua tu, quae nunc excludis amantem, Frigida deſerta nocte jacebis anus. Vide not. ad Sirenon. Ep. XXXV. 5.

§. 215.] XIX. Cod. Vat. p. 111. Edidit Reisk. in Miſc. Lipſ. IX. p. 310. nr. 339. Non bene cohaerere haec tria diſticha, Brunckius monuit: inter primum et ſecundum, ſicut inter hoc et tertium, quaedam deeſſe videri. Dubito, an recte ſic ſtatuerit Vir doctiſſimus. Si quid excidit, débet eſſe poſt ἔχων in verſ. 3. quamvis fortaſſe et ibi, paucis mutatis, ſenſus evadet integer. Poëta vino et amore ſaucius, intempeſta nocte ad pueri limina emiſſarum ibat. Nihil eum prohibebat nox et imber; omnia pueri' fuperabat defiderium. Attamen Jovem, qui ipfe haud raro ad puerorum puellarumque januas vigilaffet, minus in puerum faevire par erat. Hinc Jovem his vocibus compellat: Quousque tandem excitabis pluviam? Quiefce, precor, Jupiter! Te ipfum enim, quid amor valeat, ufus et experientia docuit. Sic haec omnia fatis bene cohaerere fateberis. Jam fingula videamus. — V. 1. Cod. omittit τὸ. τὸ τρίτον ἄλγος αἶνος. vinum, quod praeter noctem et imbrem amantibus grave eſt, quandoquidem comiffantium greſſum impedit. Hanc interpretationem contextus fuadet. ἄλγος de caufa doloris, ut ap. *Menecrat.* T. I. p. 476. de muliere, quae trium liberorum mortem viderat, τέτρατον ἄλγος ἔνιστι. Ad fenfum facit Anth. Lat. Tom. I. p. 539. *Ut Venus enervat vires, fic copia vini Et sensus greſſus, debilitasque pedes.* — V. 3. legendum puto:

ἀλλ᾽ ὁ καλὸς μόσχος πλέον ἰσχύει· ἢ τὸ γὰρ οὕτως
ἤλυθες — —

ἴσχυεν eſt in Cod. Vat. Verbis ἢ τὸ γὰρ — Jovem poëta alloquitur, caufam, cur id faciat, praemittens. Nihil frequentius cum apud poëtas, tum apud pedeſtres. Vide *Valcken.* ad Herodot. VI. p. 443. 30. Deinde v. 5. correxerim:

(τοῦτο δ᾽ ἔπος τὸν᾽ ἴβυκα βαρρυμένος) ἄχρι τίνος, Ζεῦ;

Quae uncinis inclufa funt, ad orationis initium referri debent. Probabiliter, ut puto, τοῦτο δ᾽ ἔπος τὸν᾽, cujus lectionis veſtigia funt in vulgata: τοῦτος ἐστί. *Apollonid.* Ep. XX. τοῦτο δ᾽ ἔπος τὸν᾽ ἴλαξαν. *Meleager.* Ep. XXXVII. τοῦτ᾽ ἔβησαν ἔπος. *Leonidas Tar.* LXI. τῷδ᾽ ἔπος ἐν γαίᾳ τοῦτον ἄπυον. *Marc. Argent.* Ep. XXV. τοῦτ᾽ ἔπος εἶπον. — V. 8. αὐτός. *Reisk.* Conf. *Meleager* Ep. XV. αὐτὸς Ἔρωτες Ἕλικος ἔχων ἐπὶ σεῖς δάκρυσι δυσφορέων.

XX. Sine auctoris nomine legitur in Planud. p. 487. St. 632. W. *Afclepiadae* vindicat Cod. Vat. p. 111. —

V. 1. ἀλλ᾿ ὥρας. Vid. not. in *Meleag.* Ep. X. *Catullus.*
LXVIII. 57. *Qualis in aerii perlucens vertice montis Rivus
muscoso prosilit e lapide — Dulce viatori lasso in sudore
levamen, Cum gravis exustos aestus hiulcat agros.* — vat.
τατέ ut nautae laetantur, cum poſt tristem hiemem
vernos conſpiciunt flores. Haec vario modo accipi poſ-
funt. Mihi maxime probatur ea interpretatio, ut poëta
dicat, nautas poſt tempeſtatem terrae variis floribus
pictae adſpectu laetari. Apud *Aeſchylum* in Agam. 909.
Clytaemneſtra ſimulatum ſuum de viri adventu gaudium
ſignificans, hunc, inquit, appellaverim

— γῆν φανεῖσαν ναυτίλοις παρ᾿ ἐλπίδα,
κάλλιστον ἦμαρ εἰσιδεῖν ἐκ χείματος,
'Οδοιπόρῳ διψῶντι πηγαῖον ῥέος.

— V. 3. ἀλλ᾿ ἢ καὶ ἑτέραν. Planud. In Cod. Vat. ἡδεῖαν
δ᾿ ἐστὶν ἆρ. in marg. γρ. ἥλιεται. Mox verſu ult. idem
ἀλπεῖται, quae ſoloeca lectio in Analectorum textum caſu
invecta eſt. *Scaliger* margini Ald. adſcripſit ἀνετωι. Proba
eſt vulgata. μία χλαῖνα. ut *Theocrit.* Eid. XVIII. 19. ad
Menelaum: Ζανὸς τοι θυγάτηρ ὑπὸ τὰν μίαν ἔχιτο χλαῖναν.
Apud *Lucian.* in Amor. T. II. p. 452. ἰεὶ δὲ τῶν νέων
ἔφη, ὡς 'Αλκιβιάδου Σωκράτης, ἢς ὑπὸ μιᾷ χλαμύδι κατρφὲ
ὅπως κοιμηθῇ, recte χλανίδι emendavit *Dorvill.* ad Charit. p. 385. *Athen.* L. V. p. 219. B. ὃς 'Αλκιβιάδης συντ
κοιμᾶθη ὑπὸ τὴν αὐτὴν γενόμενος χλαῖναν. Eadem ratione locutus eſt *Euripides* in Peliae Fragm. VI. ἕναν δ᾿ ὑπ᾿ ἐνδυτὴς
χλαίνης εὐγνωὺς τίθης. Ovid. I. Amor. IV. 47. *Saepe mihi
dominaeque meae properata voluptas Veſte ſub injecta
dulce peregit opus. Propert.* l. 4. 14. *Gaudia ſub tacita
ducere veſte.* ubi nihil cum *Burmanno* mutaverim. *Veſti-
tumbratum facere* dixit *Petron.* p. 35. ubi vide Intpp.

XXI. Vat. Cod. p. 100. *Aſclepiadae* tribuit. In
Planud. p. 486. St. 631. W. ſine auctoris nomine proſtat. — V. 1. ἡ Ἁδυφ. Similiter *Theocrit.* Eid. L. 63.

τὸν γὰρ καλὸν Οὔτι τε εἰς Ἀΐδην γε τὸν ἐκλελαθόντα φυλαξεῖς.
Hujosmodi amantium cantilenas irridet rapax meretrix
ap. *Aristaenet*. L. I. 14. p. 36. — V. 3. ἐν ζωσιν. *Theocrit*. IV. 42. *Lucret*. L. III. 927. *Brevis hic est fructus
bonaeillis: Jam fueris, neque post unquam revocare licebit*.
XXII. Cod. Vat. p. 118. Planud. p. 452. St. 587. W.
In tribadas Veneris iram provocat. — V. 1. „Νέμιτο
„eſt lectio Vat. Cod. quam doctorum virorum aſſecutae
„jam fuerant conjecturae. Eandem Cod. repraeſentnt
„in ultimo verſu, ubi cave, ne quid mutes, nam in fa-
„lebras incides." *Brunck*. Qui Νέμιν emendavit *Valckenar*. ad Ammon. p. 152. verſu 4. tentat: μοιῦται
αὐτὰς τάς — οτ accuſativus ab αὐτομαλοῦσι pendeat, in
quas pronae nubant. Ante oculos habebat vir doctiſſimus
pravam Planudeae lectionem: μέσσε τὰς αὐτας τάς π. σ. φ.
quae correctione indigebat, ſed leniore. — V. 2. Cod.
Vat. ταὶς αὐτοῖς. male. Veneris legibus non obtemperan-
tes mulieres εἰς ἕτερα αὐτομαλοῦν ait, i. e. tetram eas et
perverſam voluptatem ſectari, a natura et Veneris legibus abhorrentem. *Lucian*. Meretr. Dial. V. p. 289.
ἑταιρίστρια — τοιαύτας γὰρ ἐν Λέσβῳ λέγουσι γυναίκας, ὑπὸ
μὲν ἀνδρῶν οὐκ ἐθελούσας αὐτὸ πάσχειν, γυναιξὶ δὲ αὐτὰς πλη-
σιαζοῦσας, ὥσπερ ἄνδρας. Ad noſtrum locum egregie facit
Epiſt. ad Roman. l. 26. αἵ τε θήλειαι αὐτῶν μετήλλαξαν τὴν
φυσικὴν χρῆσιν εἰς τὴν παρὰ φύσιν, i. e. εἰς ἕτερα αὐτομαλοῦσι.
Samias quoque mulieres foedam illam libidinem exer-
cuiſſe, ſuſpicari licet ex *Plutarcho* T. II. p. 303. C. qui
eas ὑπὸ τρυφῆς καὶ ὕβρεως βιάλοντε ποιεῖν ait. Samios luxu
corruptos ſcimus ex *Heraclide Pontico* ap. *Athen*. XII.
p. 526. A. — V. 3. ά omittit Vat. Cod.

XXIII. Cod. Vat. p. 115. ut *Aſclepiadae* profert.
Meleagro tribuit Planud. p. 451. St. 585. W. Poeta
intempeſta nocte ad Helenae meretricis limina vigilans
de amoris, quo conſumitur, impotentia queritur. —
V. 1. μένω ἐπὶ Πυριάδε δόμοι, ἡ νὺξ ſcilicet. Nox ad oc-

casum vergit. ἐπὶ μέσον πλ. Vergilias in media cursus sui
parte collocatas significare videtur. Voluit poëta simul
noctis horam et anni tempus indicare. Cum Vergilius
exoriuntur aestatis initio, ineunte hyeme occidunt, dimi-
dium cursus in autumnum incidit. Conf. *Hesiod.* Ἔ. καὶ Ἡ.
383. et 614. et *Pfaff.* de Ort. et Occ. Sider. p. 35.
49. sq. *Broderus* mediam fortasse hyemem pinguius
significari suspicatus est, quia Vergilius *ὀχένος καὶ χεῖμα-*
τος ἀρχομένου σημαίνειν dicuntur ap. *Aratum* v. 266.
Quum autem nox et sidera ad occasum vergunt, tempus
frigidissimum. *Propers.* I. 16. 23. *Me mediae noctes, me*
sidera prona (in occasum) *jacentem Frigidaque Eoo me*
dolet aura gelu. Idem II. 7. 91. *Sidera sunt testes et ma-*
tutina pruina Et furtim misero janua aperta mihi. —
νιτερωμαι in Cod. Vat. ντερωμαι scribitur. *Theodorus Mar-*
cilius νιτεωμαι tentavit, *Scaliger* ἀνεεομαι· uterque frustra,
judice *Bentlejo* ad Horat. L. Carm. 25. 7. — ¶. 216.]
V. 4. Cypris arcu et sagittis armata ap. *Theocrit.* Eid.
XI. 15. ἐχθίστην ἔχων ὑπομάχδιον ἴλαος Κύπριος ἐκ μεγάλας,
ἆ εἰ ἴπαντι πάξι βέλεμνον. — Arcte jungenda verba ἀνιοςθω
ἐκ τόξοις, i. e. τοξολίτευτον καὶ ἀνιπεῖν. Vide ad *Meleagr.*
Ep. XVII. 2.

XXIV. Cod. Vat. p. 119. ubi in marg. legitur:
ζήτω τὴν ἵππον. quod ad carminis initium spectat. Planud. p. 452. St. 587. W. In Didymam, fuscam puellam, cujus amore poëta flagrabat. — V. 1. τῷ θαλλῷ.
Florem pulcritudinis significari putat Brod. et Opsop.:
θαλλὸν enim esse τὸν τὸ πιθνλός. *Josephus Scaliger* ap.
Huetium p. 44. Ἡ θαλλὰ Δ. conjicit, quod sibi non sa-
pere ait doctissimus Praesul. Quum *Scaligeri* interpretatione careamus, suspicari licet, eum de prisco unius
Horarum nomine cogitasse, quae ϴαλλὰ vocabatur.
Vide *Kuhn.* ad *Pollut.* VIII. 106. et *Facium* ad *Pausan.*
IX. 35. p. 111. — *Toupius* in Addend. ad Theocrit.
p. 396. huc traxit locutionem θαλλὸν πρινεῖν, quae

proprie ufurpata de pastoribus, qui pecori viridem fru-
ticem ostentant eoque ad sequendum proliciunt, ad
multa alia transfertur, docente *Ruhnkenio* ad Tim. p. 137.
At merito hanc *Toupii* interpretationem improbavit faga-
cissimus *Tzetzii* interpres, legendumque docuit: τὰ 'ϕθαλμὰ
διδύμες με ε. *Cynthia prima fuit miferum me cepit ocellis*.
Longus I. p. 19. 10. τᾶς δὲ μαστημβρίας ἀτιλθεύσης ὑγίωτο·
ᾖδη τῶν ὀϕθαλμῶν ἀμοιζ αὐτᾶς. Felicissimam hanc correctionem judicat *Wyttenbachius* in Bibl. crit. III. P, U.
p. 111. — V. 2. δὲ πυρός. *Agathias* Ep. XLI. διπλοῦς,
ἔσσετ ἔχει πύθον ἐν φρεσίν· ἴσα γὰρ αὐτῷ Κυπρῷ ταπυμένῳ τήκε-
ται ὁ πραλίς. Vide ad *Meleagr*. Ep. XV. — V. 3. Pastor
apud *Theocr*. Eid. X. 26. βομβεῦσα χορεύουσα, Σύρον καλέοντι τὸ
πάντες ἴσχυλὸν, ἀλιέκαυστον· ἐγὼ δὲ μῶνος μελίχλωρον. Similis
color in *Philodemi* Ep. XXI. 7. 8. — In verfus exitu
Bruckius Planudeam lect. expressit. Cod. Vat. ἀλλὰ
τὸ μεῖνον. — Nota et elegans hujus carminis conversio.

XXV. Cod. Vat. p. 88. Planud. p. 472. St. 614. W.
In Heracleam, quae, cum lucernae lumine invocato
noctem poetae promisisset, fidem fefellit. — V. 1. τηϛ'
δείνα. Cod. Vat. — αἰ θιὰς αἰ. Lucernam, cujus crepitus
ominofus existimabatur, pro nomine habebant. Epigr.
Incert. LXI. εἶως 'Απόλλων θνητοῖς μάντις ἔσῃ καὶ σὺ παρὰ
τρίποδι. — V. 4. ὑποφευθείς. Vide not. ad *Meleagr*.
CII. 5. — Verf. 3. Cod. Vat. ἀνάμπυς, quod non prae-
stare judicat *Brunck*. et ἐν' Ἀν.

XXVI. Cod. Vat. p. 97. Planud. p. 473. St. 614. W.
Ingente tempestate in poetam comissabundum furente,
hic ad Jovem converfus, fe nec his, nec gravioribus
tempestatibus prohibitum iri ait, quominus comissatio-
nes agat. Jove enim prohibente, alium esse deum,
Ipfo Jove majorem, qui eum in quamcunque partem tra-
hat impellatque. Similis argumenti vide Inc. Epigr.

XXV. et XLVII. — V. 1. τάχι. Planud. et Vat. Cod. Haud scio, an ludenti poëtae obversata sit Promethei constantia et animi robur ap. *Aeschylum* v. 1000.:

πρὸς ταῦτα, ῥιπτέσθω μὲν αἰθαλοῦσσα φλὲξ,
βρυκωντίζω δὲ μφέλι καὶ βροντήμασι
χθονίοις κυκάτω πάντα καὶ ταρασσέτω·
γνάμψει γὰρ οὐδὲν τῶνδ᾽ ἐμ᾽, ὥστε καὶ φράσαι,
πρὸς οὗ χρεών νιν ἐκπεσεῖν τυραννίδος.

— V. 3. „In hoc et sq. versu lectionem dedi Vatic. „Cod. quae quantum vulgatae in Planudea praestet, qui„vis facile intelliget. Distichon hoc habet *Suidas* in κυ„μαίνομαι, ubi itidem ἐφῆς ζῆν: at minus placet διαθῆς. „*Kusterum* latuit locus, unde desumtum esset, nec eum „recte indagavit *Toupius* Cur. noviss. p. 79. (236. Lips.) „distichon enim, cum quo hocce conjungit, quodque „pars est Epigr. XXIV. inter ἀδέσποτα, nullam cum eo „sententiae relationem habet." *Brunck*. In Planud. legitur τῷ δέ μ᾽ κφείης καὶ διαθῆς.

XXVII. Cod. Vat. p. 114. Edidit *Reisk.* in Misc. Lips. T. IX. p. 317. nr. 345. Mutilum esse hoc carmen, quippe cui ab initio multa desint, et praeterea valde corruptum *Brunckius* judicat. Posterius in oculos incurrit; prius an verum sit, dubito. Poëta in convivii apparatu occupatus ostenditur, cum servo nonnulla mandat, rationem emtorum ab eo postulat, cum eo rixatur etc. Elegans carmen et fere mimicum. — V. 1. καρίνας Cod. exhibet. *Reiskius*, qui καιάδες habet, de pernis Caricis interpretatur, quae an in honore aliquo apud veteres fuerint, penitus ignoramus. Equidem primam vocem depravatam putans, Καρίων pro servi nomine accipio. Quis non noverit Chremyli in *Aristophanis* Pluto servum, hoc nomine appellatum? *Lucian.* T. I. p. 437. Καρίων ὁ ἐμὸς οἰκέτης. *Euphron* ap. *Athen.* IX. p. 377. D. ὅταν ἐρωτᾶις, Καρίων, διακτῆι. Ne autem syllabarum

mensuram obstare putes, cum ϰαρίων primam necessario
producat (vide *Brunck.* ad Aristoph. Plut. 1099. p. 285.)
synizesis admittenda, et nomen ϰαρίων raptim ut disyllabum pronuntiandum est. Quod autem *Bruackius* ait,
Codicis scripturam esse ϰαρίων, id nostrum apogr. non
affirmat, in quo liquide ϰαρίων. Jam adscribam *Salmasii*
notam, quam *Brunckio* debemus: „*An* ϰαρίων? *Theocrit.:*
„ϰαλαεεν ϰαρίων κενα γυνεει. *At quo sensu* vox χάρνν *sp.*
„*Theocritum est*, hic vix locum habere potest. κατάβας hic
„sive κελακας, utrumque enim scribitur, intestinorum quid
„esse videtur et τῷ χαλάδις cognatum. *An legendum:* τῶν
„ϰοιλιων ἡμῖν λάβε’ κάλα δέ? i. e. δύο μέρη, δύο μέτρα, aut
„*simile quid. Deux pairs de saucissons.* κελάς et κόλαψ
„*apud Lexicographos non comparent.*“ Haec ille. Quae
quam obscura sint, quam parum elegantia, nemo non
videt. Non minus haeremus in ultimis hujus versiculi
verbis, ἀλλὰ τῶδ’ ἔξεις, quae *Reiskius* frustra conatus est
explicare. Mibi scribendum videtur:

Τρεῖς, ϰαρίων, ἡμῖν λάβε κόλλικας — ἀλλ’ ἄγε τρίβον —
καὶ τόντε στεφάνους, τῶν μελάνων δ’ ἀκίνακ͞.

Primum, quod scripsi κόλλικας pro Codicis lect. κολάκας,
recte me fecisse arbitror. Sunt enim κόλλικες panis genus
exquisitius, ut apparet ex *Nicochare* ap. *Athen.* XIV.
p. 645. C. ἐγὼ μὲν ἄρτους, μάζαν, ἀθάρην, ἄλφιτα, κόλλικας,
ὀβελίαν, καὶ μελιττοῦταν, ἴτριστονς — quae coqui verba
videntur. *Archestratus* ap. eundem L. III. p. 112. B.
κόλλιξ Θεσσαλικός σοι ὑπαρχέτω, ἐν καλέουσι Κεῖνοι κρημματίαν,
οἱ δ’ ἄλλοι χόνδρεβον ἄρτον. Hinc Comicus ϰολλικοφάγε Βοιωτίδιον, in Acharn. 872. ubi *Kusterus* quaedam notavit.
Deinde, cum in reliquis numerus definiatur, hic quoque
recte mibi emendasse videor τρεῖς κόλλικας. Verba
interposita, ἀλλ’ ἄγε τρέχον, tanquam solliciti domini,
ut omnia, quae mandaturus est, satis cito peragat servus, orationem, ni fallor, haud paulo vividiorem red-

dunt. Valde autem juvat conjecturam nostram, quod *Posidippus*, in Epigr. ex nostro expresso, eodem modo locutus est, Tom. II. p. 48. XII.:

Παιδάριον, βαλίσας περὶ Ἀρίστιον, εἰπὲ τὸ πρῶτον
ἡμιδεὶς σίμψαι, χροῦς γὰρ ἤκιεε δέο
ἀσφαλέας, οἶμαι δ', ὅτι καὶ πλέον. ἀλλὰ τρέχαζε·
ὥρας γὰρ πέμπτης πάντες ἐθριζόμεθα.

— V. 2. In Cod. est τὸν ἰελίων ἰὲ τὀτεεξ secundum *Brunckium*. In nostro autem apogr. τετοεεξ, ut etiam in Lips. in cujus marg. τι τὸ πάξ habetur. *Reiskius* τιτορας emendavit. *Salmasius* notaverat: la τῶν ἰελίων στιφάνων δυλαβή. τὸ πάξ, τὸ τοντελῶς, πάντας, κατὰ τὸ πᾶν Αn legendum τὸ πᾶν? — Nostra lectio *Brunckii* ingenio debetur. *Hesych*. ἐυτεεξ. σύμπαν. Quinque coronas afferri jubet, omnes ex rosis contextas. — V. 3. Cum his mandatis acceptis servus se pecuniam habere negasset, indignatus dominus, Quid ais? clamat. Te pecuniam habere negas? — Tum eum rationem pecuniae, in ejusdem convivii apparatum jam impensae, poscit. — τὸν Λαπίθην in convicio dicitur. *Eustath*. In Il. s. p. 407. 41. τάχα δὲ καὶ ψευδόμενος ἀλαζονεύεται κατὰ Λαπίθην, εἰπτὼν κομικῶς. λέγονται γὰρ, φασί, σκωπτικῶς Λαπίθαι δ εὐχμαστίαι. Cf. eund. ad Odyss. φ. p. 760. 27. Conf. *Hesych*. in Λαπίτην et Λαπιστίς. Suid. in τρεχαῖτε· τὸ τρεχαῖ τις τὸν Λαπίθην λεγετίν. — V. 5. ποῖα ἠλικιὰς; verba sunt heri. Respondet famulus, οὐδέν. Interrogationis signum tollendum. Tum herus, redde rationes tuas: famulum jubet calculos afferre." Haec *Brunckius*. Mihi autem servus nec hic, nec in alia hujus carminis parte loqui viderur. Fortasse scribendum:

οὐδὲν ἔχεις; οὐδέν; — φέρε τὸν λόγον.

Te nihil habere, ais? nihil? — Interrogandi signum post οὐδὲν ponit Codex. — V. 6. *Suidas* in αἰνοῦσι verba ἐν μηδένι ἀινεῖσθαι profert, quae hinc petita arbitramur

Toup. in Em. in Suid. p. 227. et *Oudendorp.* ad Them.
M. p. 535. quem edi. — V. 217.] V. 7. Jam herus,
fervo dictante, impenfas in rationem refert. Conf.
Luciani Dial. Mort. IV. — Sine integrioris codicis ope
hoc diftichon fanari poffe negat *Brunckius:* pro ἄλλας
μὲν fortaffe *Lilac*, fc. ἀρχμάς, fcribendum effe; nec fibi
difplicere *Reiskii* emendationem οὖν fcribentis: In
apogr. Lipf. οὖν legitur. — V. 8. σκίμβροι Ἰτσμυνες χέ-
ζοντες Cod. Vat. In apogr. Lipf. Ιτσμυηχίες σχαδόντες. Si
licet in talibus experiri ingenium, fcribendum dixerim:

ἀλλ᾽, λαγῶς, σκίμβροι, σκαμβίδι, σχαδόνες.

Ut hic favi cum placentis fefaminis junguntur, fic *Ephip-
pus* ap. *Athen.* L. XIV. p. 642. F. μέλι, σκαμβίδες, inter
alia bellaria. Ibidem *Amphis* p. 642. A. ἀλ, σκαμαί.
Philippides p. 640. D. Πλακοῦντες, ἐπιδορπίσματ᾽, ἀλ, σέ-
σαμα, Ὅλη (fort. Κοπτὴν,) λίγοντέ μ᾽ ἐπικλᾶν γ᾽ ἐν ἡμέρᾳ.
Vulgo: τὴν ἡμέραν. — V. 9. Tam multis jam enumeratis, rationis conficiendae confilium herus abjicit, et nova mandat. Nomen Ἀλέξεα, quod etiam apud *Callimachum* occurrit Ep. XLIII., *Salmafio* fufpectum fuit,
qui ἄκραν conjicit. τὴν ἐν τῷ ἄκρᾳ τῆς Μύκης οἰκοῦσαν. Sic
Horat. Epift. ad *Pifones*: *Aemilium circa ludum faber
imus*. Nihil hic movendum effe, facile apparet. In
apogr. Lipf. Aλεχρα habetur. — V. 10. Cod. Vat. μυρό-
πωλιν. — ηλργυρίας *Salmaf. An ἀρχμάς? an γλαυκᾶς?
„Vide Hefychium in γλαυκᾶς λαυροστικαί. In fq. Epigr.
„γλαυκίσκους. Sed fallitur: γλαυκίσκος eft nomen pifcis,
„qui et γλαυκῆς." *Brunck.* Rectius *Reiske* pyxides un-
guentarias intellexit. *Pollux* VI. 105. ubi de vafis un-
guentariis agit, θεριμόταται δ᾽ ἐν Ἀθήναις, inquit, αἴργαι καὶ
μύθλιον δι᾽ ἐργάζου, ᾗ τὰ μύρα ἐντίθεμεν. Ad fequentem
verf. *Brunckius* haec fcripfit: „Scriptura codicis eft:
„βλάχων ὅτι αὐτὸ ἐφίλησεν ἐξῆς, ἂν καινή. *Salmaf.* Forte le-
„gendum: βλάχων ὅτι αὐτὸ ἐφίλησεν, ἂν κενή. βλάχρις: τοὺς

„βραχόντα;. τὸ ἰφίλγκα *pudoris causa positum videtur*
„*pro* ἐνύγκα. Sed vir doctissimus non undequaque recte,
„βραχὴν scribendum erat: ὅτι ἰφίλγκαι πίστιν τὴν ἑαυχὴν
„Mallem tamen βράχκαι. Sq. vers. pro μπτη recte reponit
„μάλη *Pierson* ad Herodiani Philetaerum p. 443. Lite-
„rae Λ et Λ a librariis saepe permutatae." Haec doctissimus editor. Ad *Piersoni* emendationem firmandam inprimis facit *Lucianus* in Catapl. T. I. p. 643. προσέλλω
μοι, ὦ Ἑρμῆ, τὸν λόχνον αὐτοῦ καὶ τὴν κλίνην' μαρτυρήσουσι
γὰρ αὐτῷ παρελθόντες, εἶα πράττοντι συσσιστανται αὐτῷ.
Marc. Argens. Ep. IV. τὰ λοιπὰ σιγῶ, μάρτυς ἴσθ' οἶς λόγνος
ἐσσγράψετο. *Juvenal.* Sat. XI. 77. *Testis mihi lectulus et*
lar, Ad quem pervenit lecti sonus. Mira hic comminiscitur
Reiskius, quae describere piget.

XXVIII. Cod. Vat. p. 115. Edidit *Reisk.* in Misc.
Lips. T. IX. p. 454. nr. 349. unde *Toup.* Em. in Suid.
T. I. p. 248. Argumentum, ut in praecedente carmine.
— V. 1. καρ' Ἀφύτην. Sic liquido apogr. nostrum. *Schnei-*
derus tanquam Vat. Cod. lectionem notavit παρὰ Μίλητον.
— γλαυκίσκος. Piscem cibo aptissimum esse notavit *Ari-*
stotel. H. N. VIII. 30. Qualis sit, hodie ignoratur. Vide
Camus Notes sur Arist. p. 382. — φυκίδα. Etiam φυκίδιον
et φυκίον vocantur. Disputavit de hoc pisce *Schneiderus*
ad Aelian. H. A. XII. 28. p. 394. — V. 3. „καρὶς καρίς
„pisciculus est ex μαλακοστρέκων genere, squilla gibba,
„chevrette. De prosodia nominis καρίς vide Casaub. ad
„Athen. p. 204." *Brunckius*. Laudat h. vers. *Suid.* in
καρίς. Unum ex tribus squillarum generibus καρὶς καρίς,
secundum *Aristot.* H. A. IV. 2. idque esu optimum.
Conf. *Rondelet.* des Poiss. XVIII. 8. Apicium earum
caussa iter in Libyam suscepisse, narrat *Athen.* L. I. p. 7. B.
In loco *Philoxeni* ap. *Athen.* IV. p. 147. B. καὶ ξανθαὶ
μαλακρέδες αἱ πόθον παρῆλθον, scribendum videtur *ai καρίδες.*
— V. 5. Στυβερίον *Reisk.* Vocem στυμερὸς, quae in Cod.
deest, *Toupius* supplevit. *Lucian.* Ver. Hist. T. II. p. 109.

αἱ δὲ δέχονται ἡμᾶς φαίδροις στεφάνοις, οὕτως γὰρ μέγιστοι παρ᾽
αὐτοῖς καρποί. At hic locus; quem vir doctissimus ad conjecturam suam stabiliendam advocavit, parum aut nihil
probat. *Reiskius* πλοχμοὺς supplebat. Possis etiam πλευρὰς
suspicari. *Alcaeus* ap. *Athenaeum* L. XV. p. 674. D. in
versibus Sapphicis, sic scribendis:

ἀλλ᾽ ἀνήτῳ μὲν περὶ ταῖς δέραισιν
παρθένα πλεκτὰς ὐπαθυμιάδας.

— V. 6. τρυφερὸν Cod. Sed cum nomen sit proprium,
accentus retrahendus. Haec fortasse obversabantur
Horatio II. Carm. XI. 18. *quis puer ocyus Restinguet ar-*
dentis Falerni Pocula praetereunte lympha? Quis devium
scortum eliciet domo Lyden?

XXIX. Cod. Vat. p. 117. Ἀσκληπιάδου ἢ Ποσειδίππου
εἰς Πλαγγὼ ἑταίραν. Edidit *Reich.* in Carm. Sep. p. 201
quem sensus hujus carminis penitus fugit. Nequidem
digito monstrasse contentus fuit *Reisk.* in Misc. Lips. IX.
p. 463. nr. 358. et *Dorvill.* ad Charit. p. 158. Spectari
in eo ad pendulam illam Venerem, cujus fructu etiam
mulieres tribades delectabantur; alternis se inscenden-
tes, monuit *Brunckius* ad *Aristoph.* Lysistr. 677. Plan-
gon tribas purpureum flagellum et frena, in victoriae
de Philaenide partae memoriam, Veneri, ut videtur,
dedicat. Nomen puellae v. 2. πλαγγὼ scribitur in Cod.
Πλαγγών, Atticae mulieris nomen, crebro occurrit in Orat.
Demosth. T. II. p. 994. sqq. et 1008. sqq. ed. *Reisk.* —
εὔιππον ἐρῷ. Si victoria in gymnicis certaminibus dedicatio esset, Neptuni templum esse putarem; nunc,
cum equestre illud certamen, de quo h. l. agitur, ad
Venerem referri debeat, hujus deae templum significari
videtur. — αἵλης. ἵππος ὁ γυμνός. quam vocem ad ne-
quitiam passim transtulit *Aristophanes*, Lysistr. 61. et in
Pac. 899. ubi certamina describere simulans, de Veneris
palaestra agit: Τρίτος δὲ μετὰ ταῦθ᾽ ὑποχρεμίσας ἄζετε,
Ἡνίκα

Ἡνίκα δὲ ωδῖνας ἀλύπτα παρακαλύπται. Ἄνωθεν ἱππαιμένην καὶ ἱπποταζομένην ωφαίνων dixit *Artemidor.* Oneir. L. β 2. p. 74. Philaenida cum nominat poëta Samius, celebrem fortaſſe Philaenida reſpexit, de qua vid. ad *Aeſchrionis* Epigr. p. 189. τὴν πολύκαρπον. Epitheton deſidero, quod magis ad rem praeſentem faciat. Fortaſſe:

πανδάκεα κέλητι Φιλαινίδα τὴν πολυκαρπον.

quod et equo convenit et mulieri, equi vicibus fungenti. Il. ε. 31. πολυκαρπας ἵππω. Il. φ. 814. πολύκαρπμος Μυρίνα. Vide de hoc adjectivo aliisque compoſitis *Bochart*. Hieroz. T. I. p. 121. ſq. — V. 4. Cod. ἱστοπέδην. *Brunckius* ſequutus eſt *Dorvillium*, qui ἱστοπέδαν edidit. Variae ſunt doctorum virorum de hoc verſu ſententiae. *Guietus* ap. *Dorv.* per πᾶλον ἱστοπέδαν occiduam coeli plagam, perque eam Plangonis patriam, Siciliam, ſigniſicari exiſtimat. Idem ἀντιφραστικωτέρον conjicit. Merito illam interpretationem improbavit *Dorvill.* qui comparat *Callimach.* H. in Dian. 2. τὸν ἵστον ἀερι φρυστιφαιτιν, et equis *heſperiis* ſive *occiduis* tempus aetatis indicari arbitratur. Plangonem nimirum jam provectiorem fuiſſe aetate et paene vetulam. *Macedonius* Ep. II. Δήομαι ἱστορίν οε' τί δ' ἱστορίς ἐστι γυναικός; Γήρας ἁμετρήτω πληθόμενον φορτίϛι. Poſſe etiam ad ſerum diem referri, quo haec certamina pleromque celebrari ſolebant. *Reiskius* a vero ſenſu procul aberravit, cum hunc verſum de juvenibus ex palaestra circa veſperam redeuntibus et libidine turgentibus interpretatur. At hoc quamvis falſum eſſe probe video, non tamen idcirco, quid verum ſit, dicere poſſum. Cum de Plangonis certamine non aliter ac de certamine equeſtri loquatur poëta, verbis πᾶλον ἀερι φρυστιφαιτιν certaminis initium ſigniſicari videtur, cum equi animoſi certandi cupiditatem hinnitu produnt. De ἱστοπίδης ſive ἱστοπέδαν non habeo quod dicam. Depravatum videtur vocabulum. — V. 5. Victorum more vocem addit mulier, Venerem rogans, ut ſibi gloriam hu-

Jus victoriae propriam et perpetuam faciat. ἀκίνητον
κέρη. *Meleager* CXXIX. ἀκίνητον μυσοπόλον στέφανον.
κέρις pro victoriae praemio videtur positum, ut passim
ap. *Pindarum*. — Pro νίκας, quod in nostro est apogr.
Dorvillius νίκης habet.
  XXX. Cod. Vat. p. 117. Edidit *Dorvill.* ad Charit.
p. 158. *Reiske* Misc. Lips. IX. p. 465. nr. 359. *Toup.*
ad Suid. p. 528. ubi hoc carmen pronuntiat esse compositum in mulierem, quae nullum cum viro haberet
commercium, sed suas res ipsa ageret. Hanc vel marito
junctam vel unam factam instrumenta artis suae, pro
more, Veneri suspendere. Hanc interpretationem
Brunckius impugnat, haec scribens: „Si huic Epigram-
„mati praefixum fuisset a librario lemma, quale esse de-
„bet, quid eo significetur, facile fuisset intellectum, nec
„uiu eam cogitationem incidisset vir doctissimus, instru-
„mentum Veneri dedicatam fuisse ἵλασμα. Est autem
„ἀληθῶς Λυσιδίκης τρυβάνος. Si suas res ipsa egisset, quid
„ei calcari opus fuisset, et eo quidem, qui pedi alligatur,
„εὐκνάμων κίτρον κολέτ?" Haec *Brunckius*. Idem argumentum diversa ratione tractavit *Antipater Sidon.* Ep.
LXXXVII. In nostro Lysidice, quae κίλητα exercuerat,
in quo Iasu ad Venerem acrius excitandam mulieres
nonnunquam stimulos et calcaria adhibuisse probabile
est, gloriatur, se Veneris stadium, nullo stimulo excita-
tam, percurrisse. — V. 1. 2. laudat *Suid.* v. μύωψ. —
In pentametro corrige vitium ed. Lips. ἵδρων pro ἴδρως
exhibentis. — V. 3. 4. protulit *Ruhnken.* ad Bufin.
p. 260. *Suidas* v. ἵππος T. III. p. 565. ἵππος λέγεται
καὶ ὁ ἀρσενικὸς καὶ ἡ 'Εγγράμματι' ᾗ πολὺν ὕστιν ὕστος
ἰχθύσασιν, περὶ μόντος ὁ λέγει. Quae verba ex Cod. Leid.
corrigit *Oudendorp.* ad Thom. M. p. 877. ubi: ὑπτάζειν.
τὸ ὕστιον εἶναι καὶ ῥίθυμον καὶ ἀνετοί ᾖγοστεσθαι. Hanc interpretationem si admiseris, Lysidice se equo non satis
alacri calcaria addidisse ait, ut equites solent. Simul au-

ἰσους ἴσσες illum equum, quem Lyſidice inſcenderat, quique proprio ſenſu ſupinus erat, ſignificat Ariſtoph. in Lyſiſtr. 677. ἱππιάσατεν τὰς ἱππὶ χρῆμα λάσπων γυνή, Καιτι ἄν ἀποκλίνθη τρέχοντος τάς δ' Ἀμαζόνας σκόπει, Ἃς Μίκων ἔγραψ' ἐφ' ἵππων μαχομένας τοῖς ἀνδράσιν. Veſp. 498. αφμὶ γ'. ἃ πόρνη χθὲς εἰσιλθοῦσα, τῆς μεσημβρίας. Ὅτι κελητίσαι μ'ἤθελεν, ἐξεύνηθαρά μοι, Ἥρετ', εἰ τὴν Ἱππίαν καθίσταμαι τυραννίδα. Facit huc Murſimachus in Ἱππηρέσιᾳ ap. Athen. IX. p. 402. F. ἐπεὶ δὲ μαθητὰς τοὺς ὀρεῖους, οἵδε ἀναβαλίκει ἐπὶ τοὺς ἵππους μαλιστ' ὠθοῦν καὶ καταβαίνειν, οἴσθ', ὡς φράζω. Turpiter, ſed ingenioſe nequam Ovid II. A. A. 765. Tu quoque, cui regis nitrum Lucina notavit, Ut celer averſis metre Paribus equis. — In fine verſ. Dorvill. cum Cod. Vat. ὀλλίνεσθ' αὐτὴς legit. Sed verſ. contra Codicis ſidem edidit, qui κελὴν habet, quod exquiſitius eſt. — V. 5. Si ipſa equi vice fungebatur Lyſidice, calcari non opus erat, ἦν γὰρ καύνηπος τελεοδρόμος, quae inſignis laus eſt in equo curſorio. Pindar. Ol. I. 32. ἔτι παρ' Ἀλφεῷ σύτο, δέμας ἀκέντητον ἐν δρόμοισι παρέχων. Aelian. H. A. XV. 24. de bobus curſoriis, τὴν δὲ βοῦν τὴν χεῖρα ἐπέχει (auriga), κατέντοι γὰρ θίουσι, ut Schneiderus ex Gesneri emendatione reſtituit. Etiam in notiſſimo Soſipatri Ep. II. olim lectum fuiſſe videtur: ἡ γὰρ ὑπερπαίσαι μέσον ἰμφαίδι μι τοισὶ, Ἵππον καύνητος τὸν Στρυμόνος μάχρον, ubi Cod. νῦν ἄκεντος praebet. Ovidius II. A. A. 729. His tibi ſervandas tener eſt, cum libera damtur Otia, furtivum nec timor urget opus. Cum mora non tuta eſt, totis incumbere remis Utile, et admiſſo ſubdere calcar equo. — ὑπλοι τὸν μέσσι. — In fin. ἐκτμηστεσι Cod.

¶. 218.] XXXI. Cod. Vat. p. 260. Planud. p. 440. St. 574. W. Connarus, puer, victoria de condiſcipulis parta, Muſis gratiam referens, Charetem, perſonam comicam, dedicat. — V. 2. καλὰ γράμματα, Fortaſſe de literis eleganter pictis ſimpliciter; fortaſſe etiam de carmine quodam five fcripto docte compofito accipiendum. γράμμα de poëmate infra Ep. XXXVI. — ἤγραψεν Cod. ut mox ἔλαβεν. — In praemium laboris Connarus tales acceperat, qui pueris dono folebant dari. *Glaucus* Ep. l. Tom. II. p. 347. Inter τάγμα puerilia ἀναγνώσεως, ἃς μάλλ᾽ ἐκμήνατο, recenfet *Leonid. Tar*. Ep. XXXIII. Has etiam puellae amatores folebant pofcere. *Propert*. II. 38. 61. *Et cupit iratam talos me poscere eburnos*. *Paufan*. VI. 24. p. 514. ἀστραγάλων μυριάδων καὶ ταρθένων τάγμα. Hanc ob caufam Phraates Demetrium *ad exprobrationem puerilis levitatis* talis aureis donabat, narrante *Juftino* XXXVIII. 9. cum quibus conf. *Plutarch.* T. II. p. 458. A. — V. 3. Vulgo Μέτοχος. Λέγοντα *Brodaeus* pro doctore et ludimagiftro habet. Ridicule. Recte *Brunckius* perfonam comicam effe vidit. Λέγης nomen in comoediis frequens. Hinc κωμικὸς Λέγητος. *Cicero* In Catone c. XI. *comicos ftultos fenes* ex *Caecilio* laudat. *Propert*. IV. 5. 44. *quum feris aftares comica moecha Getis*. Lupinos, in comoedia pro nummis ufurpatos, *comicum aerum* vocat *Plautus*, ut notarunt Intpp. *Horat*. I. Epift. VII. 23. — V. 4. οθρύφε, i. e. κτύπῳ. fubaudi σύν. *Malim cum puerorum condifcipulorum plaufu*." *Brunck*. In ed. Flor. Japing. quod in fqq. editt. emendatum. Omnes tamen 96υδ μυ, ut etiam Cod. Vat. De faufto acclamantium et affentientium ftrepitu θορύβου paffim ap. veteres dicitur. In *Arifteph*. Eqq. 544. Chorus fpectatores hortatur, ut excitet θόρυβον χρηςτὸν Λυσιστράτῳ, ἵν᾽ ὁ πρεσβύτης ἐκτὸς χαίρων. Apud eund. In Ecclef. 431. juvenis quidam in concione, mulieribus remp. committendam effe, dixiffe fertur: εἴτ᾽ ἐθορύβησαν, ψηλαφησόν, ὡς οὖ λέγοι. De plaufu etiam accipiendus videtur locus in Ranis 769. τίς οὗτος ὁ ἔνδον ἐστὶ θόρυβος, χ᾽ ἡ βοὴ, χ᾽ ὁ λοιδορησμός. quibus verbis diverfa judicantium ftudia fignificantur, aliis plaudentibus, aliis reclamantibus et conviciis ingerentibus. *Libanium* erant qui beatiffimum judicarent ἐπὶ τούτων τῶν ἐπὶ τοῖς λόγοις θορύβων. Orat. I, p. 2, ed. Reisk. θόρυβον καὶ κρότον junxit Demosth. c. Mid. c. VI. Plutarch. T. II. p. 80. E τὰς ἐπὶ ταῖς λέξεσι θορύβους καὶ κρότους θρυττίζων. Ex utroque unum vocabulum conflavit Epicurus, κροτοθορύβους, ap. Plutarch. T. II. p. 45. F. — Ceterum personae tragicae comicaere diis dedicatae passim commemorantur. Vide not. ad Callim. Ep. XXVII. et XXVIII.

XXXII. Anth. Planud. p. 298. St. 438. W. cum lemmate: Ἀσκληπιάδου, οἱ δὲ Ποσειδίππου, εἰς εἰκόνα Βερενίκης. Elegans epigramma et urbanum. Hinc *Stratonicus* p. 440. ed. Wech. τὰς χρυσᾶς εἰκόνα ἢ Βερενίκης ἢ Στρατονίκης. — Vulgo v. 2. κρότημα.

XXXIII. Cod. Vat. p. 479. Ἀσκληπιάδου, τινὲς δὲ Ἀντιπάτρου Θεσσ. *Asclepiadae* soli tribuit Planud. p. 350. St. 490. W. In amethystum Cleopatrae, cui Ebrietatis imago erat insculpta. Etymologia lusum verborum et Cleopatrae adulandi occasionem poëtae praebuit. Similem lusum vide ap. *Platon. Jun.* Ep. II. — V. I. μέθη est ap. *Steph.* cum ed. Flor. tres Aldinae et Ascens. μέθυ legant. Sic etiam scribendum esse vidit *Hutt.* p. 34. In tholo apud Epidaurios picta erat Μέθη, Παυσίου ἔργον, ἐξ ὑαλίνης φιάλης πίνουσα· ἴδοις δ' ἂν ἐν τῇ γραφῇ φιάλην τε ὑάλινον καὶ δι' αὐτῆς γυναικὸς πρόσωπον. *Pausan.* II. 27. p. 173. In Sileni templo ap. Eleos Μέθη οἶνον ἐν ἐκπώματι αὐτῷ δίδωσι. *Pausan.* VI. 24. p. 515. — ἀμέθυσ. Cod. — σοφῆς χερὸς doctí artificis opus. Epigr. inter ἀδέσπ. CCCXV. σοφαὶ χέρες. — τέχνα hoc loco ipsa imago est, quam a lapidis (amethysti) natura alienam esse ait. *Ruf.* Ep. XIII. Polycleti manus αὐταῖς πρόσθε τέχναις πνεῦμα χαρίζονται. Ep. inter ἀδέσπ. CCXXXIII. οἰμοὶ γὰρ τέχνα λύπα. Hoc monendum duxi, quod *Brodaeus* haec verba perperam interpretatum esse videbam. — V. 3. ἐλισσότρη. Vat. ed. Flor. Reliquae ἐλισσότρης. Si

Afclepiadas carmen eft, in Cleopatram, Ptolemaei Philadelphi fororem, compofitum videtur.

XXXIV. Cod. Vat. p. 367. Ἀσκληπιάδου, οἱ δὲ Ἀρχίου. Planud. p. 368. St. 507. W. Ἀσκληπιάδου εἰς τὴν τοῦ Ἡσιόδου. Refpicitur locus ap. *Hefiodum* Theog. 30. fqq. quem ridet *Lucian.* in Disp. c. Hef. L Tom. VIII. p. 147. ed. Bip. Hefiodi ftatuam cum cithara *Paufanias* miratur L. IX. 30. p. 768. quod ille non ad citharam, fed ad lauri ramum canere fit folitus. Conf. *Salmaf.* ad Solin. p. 609. E — V. 4. πράτας. Cod. — ἔνεξ. font — *Dura Medufaei quem praepetis ungula rupis.* Ovid. Met. V. 257. Conf *Anton. Lib.* Met. IX. et not. in Exercit. crit. T. II. p. 33. — V. 7. *Hefiod.* l. c. 31. ἐνέπνευσαν δέ μοι αὐδὴν θείην, ἵνα κλείοιμι τά τ' ἐσσόμενα, πρό τ' ἰόντα· καί μι ἐκέλονθ' ὑμνεῖν μακάρων γένος αἰὲν ἐόντων. — V. 8. Vulgo ἤθελον, ut eft etiam in Cod. Vat. Certa eft emendatio. Hefiodum praeter deorum genus etiam heroas cecinifle, conftat. *Maximus Tyrius* Or. XXXII. 4. T. II. p. 133. ed. *Reisk.* καθάπερ ὁ Ἡσίοδος, χωρὶς μὲν τῶν ἡρώων, ἀπὸ γυναικῶν λεχόμενος, καταλέγων τὰ γένη. Conf. *Harlefium* in *Fabricii* Bibl. Gr. T. I. p. 580.

XXXV. Cod. Vat. p. 209. Planud. p. 279. St. 404. W. In *Erinnae* carmina, paucifima illa quidem, fed pulcherrima. Hinc expreflum Epigr. *Antip. Sidon.* XLVII. et in Epigr. *adesp.* DXXIII. verfus: εἰ δὲ τριηκόντεσσι ταύτας ἐτίζεν ἔσοι Ὁμήρῳ Τῆς καὶ παρθενικῆς ἐνιαυσιδίου φθόγγος. — V. 2. In Cod. Vat. fuperfcriptum: γε. καὶ δοκάτιος. — ᾳ, 219.] V. 3. Eorum labor, *τόνος,* virtute et praeftantia multos aliorum labores fuperat.

XXXVI. Cod. Vat. p. 367. Multi hoc carmen ediderunt. *Berkel.* ad Steph. Byz. v. Αὐλίς. unde *Lennep.* ad Coluth. L. III. p. 168. *Valcken.* ad Schol. Eurip. Phoen. p. 607. *Rubnk.* in Ep. crit. II. p. 292. *Reisk.* in Anth. p. 157. nr. 257. Scriptum in Lyden, puellam *Antimacho* amatam, ex Lydia oriundam. Hanc peculiari carmine, five potius, ut *Propertius* Cynthiam, elegiarum collectione, Lydes nomine inscripta, celebraverat *Antimachus.* Vide inprimis *Schellenbergium* de Antim. Reliq. p. 10. sqq. Huc facit locus *Hermesianactis* in Eleg. v. 41. sqq. quem post *Rubnkenium* nuperrime *Ilgenii* sagacitas feliciffime restituit:

Λύδης δ' Ἀντίμαχος Χρυσηΐδος· ἐκ μὲν ἔρωτος
πληγεὶς, Πακτωλοῦ ῥεῦμ' ἐπέβη ποταμοῦ.
.........δ' .... γαῖαν,
κλαίων αἰάζων τ' ἦλθεν ἀποπρολιπὼν
ἄκρην ἐς Κολοφῶνα· γόων δ' ἐνεπλήσατο βίβλους
ἱράς, ἐκ παντὸς παυσάμενος καμάτου.

— V. 3. τοῦ ἀπὸ Κύρου. Sic est in Cod. Apud *Jmf.* *Silzen*. et sq. r. 'Ἀντίμαχον. Ut divites Croeso, sic nobiles et generosi Codro ejusque soboli comparantur. *Achilles Tat.* L. VI. 12. p. 262. εἴτε ἐστὶ καὶ Κόδρου εὐγενέστερος, εἴτε Κροίσου πλουσιώτερος. *Sotion* ap. *Athen.* L. VIII. p. 336. F. τροίας δὲ τ' ἄλλα, Περικλῆς, Κόδρος, Κίμων. Vide *Schottum* ad *Zenob.* Cent. IV. 3. *Erotmum* in Adag. Chil. II. Cent. VIII. 33. — V. 3. Cod. Αὐδὴν. sic et vorf. 1. Αυλή. — In Lyde celebranda et Musas et Antimachum operam posuisse, versus postremus ait. — Ceterum de hoc *Antimachi* carmine longe aliter judicavit *Callimachus*, quantum intelligi potest ex versiculo, quem e Scholiis *Dionys. Perieg.* erutum *Rubnkenius* posuit in Fragm. nr. CCCCXLI. Λύδη καὶ παχὺ γράμμα καὶ οὐ τορόν. De Lydes argumento locus est classicus ap. *Plutarch.* T. II. p. 106. D.

XXXVII. Cod. Vat. p. 612. Hoc carmen *Brunckius* primus videtur edidisse. Constat ex versibus jambicis tetrametris catalecticis, et jambico trimetro *μεύρῳ*. Scriptum in Botryis cujusdam filiam, qui cum jam aliquos in literis profectus fecisset, immatura morte extinctus est. — V. 1. graviter in Codice laborat, εἰ τὸ πασῶν ὅσας ἄκουσα. In apogr. Lipſ. ὡς pro ὅσας habetur. In Brunckii lectione ἀσκουσαν verum videtur. An idem in ζαρτὸν poëtae manum affecutus ſit, non dixerim. — V. 2. ἀντρίαν. Cod. Μέτρης Siculum nomen. Fuit Meſſenae Μέτρας ἑορτῆς πατρῴαν. Athen. L. VII. p. 322. A. — V. 4. Ex hoc verſo intelligitur, juvenem, quem poëta luget, rhetoricae operam dediſſe. Hoc enim eſt τὰ πρῶτα λέγειν. Cf. Eraeſti Lexic. Rhetor. p. 353. — V. 6. ἴσσον et ἐπῳδὰν Cod. Vat. In apogr. Lipſ. ἰσσάω.

XXXVIII. Cod. Vat. p. 243. Planud. p. 256. St. 370. W. Naufragus haud procul a mari ſepultus loquitur. — V. 3. ἅλα μὲν ὀθέν. Haec ad maris rapacitatem ſpectant. κρύγων. ἁλαθέις. ὁγαθὸν. Suid. ὁγαθὸν ἀφίμμον. Heſych.

XXXIX. Cod. Vat. p. 286. Planud. p. 249. St. 361. W. In Euhippi, Meleſagorae ſilii, qui naufragio perierat, cenotaphium. — V. 1. σῆμα. dune Ald. et Aſcenſ. — ἀπὸ ὄψμα. nihil niſi nomen, cippo inſculptum.

LEONIDAE TARENTINI
EPIGRAMMATA.

¶. 220.] I. Cod. Vat. p. 118. Ἀντιγένην εἰς Μοῦσαί καὶ Σατύρων τὰς αὐλητρίδας. Leo Allatius in Catal. Symmictων L. VII. Vide Fabricii Bibl. Gr. T. XIV. p. 14. Dorville ad Charit. p. 31. unde Pierſon. v. 5 — 10. exhibuit ad Moeris p. 211. Reiske in Miſc. Lipſ. IX. p. 470. nr. 362. Duo Antigenidae filiae Muſis artis ſuae inſtrumenta dedicant. — V. 1. „Male et contra cod. fidem „Dorville Ἀντιγενίδεω dedit. Scriptura Cod. eſt per ν, nec ſic Leo Allatius l. c. Antigenides hic Θηβαῖος fuit „αὐλητὴς, ſi Salmaſio fides, qui hoc in margine notavit.“

Brunck. Virum doctissimum de Antigenide, celeberrimo musico, sic loqui miror. *Suidas:* Ἀντιγενίδης, Σατύρου, Θηβαῖος μουσικός, αὐλητὴς φιλόξενον. οὗτος ὑπεδύσατο Μιλησίας πρῶτος ὑπρέσατο, καὶ κρoμυτὸν ἐν τῷ Κομαστῇ ὑφοράλλετο ἱμάτιον. ἔγραψέ μέλη. Plures hujus nominis fuisse, temporum ratio evincit. Hic, de quo *Suidas,* cum Philoxeni aetate vixisse dicatur, floruit circa Ol. XCV. Vide *Diodor. Sic.* T. I. p. 679. Hunc nihil diversum esse puto ab eo, cujus *Harpocration* mentionem facit p. 43. quamvis eum υἱὸν Διονυσίου esse dicat. Mutilus fortasse locus est, et Διονυσίου ad Dionysium tyrannum spectat, in cujus aula una cum *Philoxeno* vixisse videtur. Hunc fuisse puto, quem Pericles arcessisse dicitur, ut Alcibiadem tibiis canere doceret, ap. *Gellium* N. A. XV. 17. quod factum videri potest circa Ol. LXXXVII. Adhuc Epaminondae aetate superfuisse, colligere licet ex *Plutarch.* T. II. p. 193. F. quamvis eum tum temporis (circa Ol. CII.) aetate admodum provectum fuisse oportuit. In descriptione nuptiarum Iphicratis cum Cotyis filia Antigenidam tibiis cecinisse, narrat *Anaxandrides* ap. *Athen.* IV. p. 131. B. Alexander autem, Antigenide τὸν ἁρμάτιον νόμον canente, exarsisse animo, et arma corripuisse fertur ap. *Plutarch.* T. II. p. 335. A. Hoc jam in veterem illum Antigenidam minime quadrat. Quare suspicor, alium fuisse eum, qui in *Philoxeni* fabulis tibias inflasse dicitur; alium vero, qui Epaminondae, Iphicratis et Alexandri aetate vixerit. Alter eorum simplicem tibiae cantum immutavit. *Theophr.* H. Plant. L. IV. p. 469. quem vertit *Plin.* H. N. XVI. 66. *usque ad Antigeniden tibicinem, cum adhuc simplici musica uterentur.* Conf. *Salmas.* in Solin. p. 85. A. D. Qui ejus modos imitarentur, Ἀντιγενίδειοι vocantur ap. *Plutarch.* T. II. p. 1138. A. B. Facete dictum veteris illius, ni fallor, laudat *Athen.* XIV. p. 631. F. qui populum tibicini vehementer plaudentem cum audisset, Quid est? ait.

immane peccatum commiseris necesse est. Ad eundem referendum est, quod *Cicero* habet in Bruto c. 50. *Quare sibicen Antigenidas discipulo suae frigenti ad populum, Mihi cane et Musis.* — Haec habebam, quae de Antigenide dicerem; plura etiam reperies ap. *Barthium* in Mémoir. de l'acad. des Inscr. T. XIX. p. 470. sqq. ubi tamen diversae aetatis Antigenidae non distinguuntur. Ejus filiae ταννάλικες vocantur ap. *Leonidam*, i. e. *procerae*, ut recte *Reiskius*. Frustra *Dorvillius* conjecit ταννάλικες. Analogia illius vocabuli est, ut verbi ταννύπους, τὸν ἀνὴρ ἔχων παρατεταμένην, ap. *Homer.* Il. ξ. 385. τανύπεπλος, longis peplis praeditus, Hymn. in Merc. 232. Vide *Ilgen* in Hymn. Homer. p. 305. Apogr. Lips. ταννάλικες. — V. a. Codex Vatic. 3' οἱ Μ. *Brunckius* τοὶ Μ. corrigendum censet; quod jam *Reiskius* dedit. — ἰδυιλων. Hominem simplicem et facilem ἰδυιλον vocat *Aristoph.* in Ran. 82, ubi Schol. ἄπλαστος καὶ ἀπαθόρτως. Vide *Spanhem. Philostrat. Jun.* in Icon. XIII. p. 884. ex poëta nescio quo *Sophoclem* Μουσῶν ἰδυιλον ἀθρήτων vocat. Hinc intelligitur, Antigenidae filias simplices et minime malas Musarum famulas appellari. ἀγεύπιδας Poëtrias *callipygas* vocat *Antip. Thess.* XXIII. — V. 3. ταχυχειλέας, qui celeribus labiis tibias percurrunt. *Reiskius* mutavit in ταχυχειλίας, quod ipsi relinquimus. — αὐλοδόκην, tibiarum buxeam thecam. Nondum inveni, qui hoc vocabulo praeter nostrum usus sit. — V. 5. *Ἰσόγηρον*. i. e. *ἰσογήρων*, ut ap. *Paul. Silent.* Ep. XXV. ubi vide not. Referendum epitheton ad coenas, quibus adstans Satyra arundine canebat. ὑποστηρίζει εὐγήρως. Similiter Ep. ibid. CXIV. ἰδν συμκαλύτερα λόγων. Vide ad *Meleagr.* Ep. LXXI. — V. 7. *συριστῆρα*. Cod. Vat. Dorv. et Reisk. Ut ab ἀρνακτὴς derivatur ἀρνακτῆρ, sic συριστῆρ a συριστήρ Similes formas attigit. *Bentlej.* ad *Callimachi* Ep. II. p. 276. ed. Ern. — παρ' ἀνθρώπος ἰσι. Cod. et versu ultimo αὐλοδος ad αστάντα δόμας. In apogr. Lips. συνήται cu. Noſtram lectionem *Dorvill.* dedit, nihil lectores monens. Satyra, comiſſationibus adhibita, non tibiam inflabat ſolum, ſed ſimul comiſſantium chorum ſaltatione moderabatur. *Virgil.* in Copae init. *Copa Syriſca, caput Graja redimita mitella, Criſpum ſub crotalo docta movere latus, Ebria fumoſa ſaltat laſcive taberna, Ad cubitum raucos excutiens calamos.* — αὐλίοις δέραις. (In Cod. δέρας eſſe videtur.) Illuſtrat *Dorvill.* l. c. et *Valck.* ad Adoniaz. 43. p. 352. C. Huc facit *Paul. Silent.* Ep. XXIX. φιλακρήτοις μετὰ κῶμον Ἐτύμκλειν αὐλίαις ὑφαπαλίνοντι δέρας.

II. Cod. Vat. p. 176. *Reisk.* in Anth. p. 22, nr. 457. Mulier poſt puerperium Dianae cypaſſin dedicat. — V. 1. et 2. laudat *Suidas* v. κύπασσις, cujus veteres editt. et codd., uno Pariſino excepto, κίθυνα legunt. In explicanda voce κύπασσις parum ſibi conſtant veteres. Attigit eam *Toup.* ad Suid. P. II. p. 247. Qui lectores ad *Salmaſum* de Pallio p. 262. remittunt, ut inde explicationem petant, ipſum *Salmaſii* librum non inſpexerunt. *Pollux* VII. 60. ὁ κύπασσις λίνου στολίζει, χειροῦν ἐστολίσας, ἄχρι μέσου μηροῦ, ὡς Ἰων φησί· ἐσχατὸς λίνου κύπασσις δὲ μηρὸν μέσον Ἑσταλμένος. Qui verſus ex *Ionis* Omphale videtur petitus. Conf. *Diorimi* Ep. III. Pollucis interpretationi adverſatur *Suidas*: κύπασσις, εἶδος γυναικείου. Ἐνδεδυμένος κύπασσιν, φαινομόν, πέδηρη. Male vulgo vertitur: *Induitat cypaſſim et punicam veſtem talarem.* At ſi talaris fuit cypaſſis, male *Pollux* interpretatus eſt; hic ſi recte, *Suidas* erravit. Uterque tamen veteris ſcriptoris auctoritate nititur; *Pollux* quidem graviſſima. Niſi igitur duo cypaſſidum genera fuiſſe dicamus, vocabulum πέδηρη aliter explicandum venit. Hoc autem non neceſſario de veſte talari accipi debet, ſed *fimbriatam* quoque ſignificat, ſecundum ipſum *Suidam*: πέδηρις. ἕως τῶν ποδῶν χιτών. εἰ δὲ τὸ σαββατοπλουμένον εἰς τὴν ἀκρώρειαν τῆς στολῆς ἐν πιφόρας ἢ βάσεις μᾶλλον. Is hac altera significatione πέπλος pro infima veste accipitur, cui ἔργετο τὸ μᾶλλον. Inter militares vestes ζώματα καὶ κατυπτῖδας enumerat *Alcaeus* in splendido fragmento ap. *Athen.* XIV. p. 627. B. κατυπτῖδιον hinc derivatum usurpavit *Hipponax* ap. *Tzetz.* ad Lycophr. 855. ἃς χλαίνας Ἰστιαίᾳστι καὶ κατυπτῖδιον. κατύπτρια Περσικὰς memorat *Hecataeus* ap. *Harpocrat.* v. p. 124. qui ex Glossographis πρῶτος eίιας interpretatur, αἱ μὲν γυναικεῖαι, οἱ δὲ ἀνδρεῖοι. — V. 2. ναρθήκιον θέμαι. *Kusterus* de Minervae templo accipiebat; nec mirum. Alterum enim hujus carminis distichon eum latebat. — V. 3. Structura hujus distichi paulo intricatior. Verba sic junxerim: ὅτι (αὐτός) βαρυπαθέας (κατὰ) νηδὺν ἐπ᾽ ἀίσσων (i. e. ἀίσσοντα) ἄχθος ἐν τᾷ μὴν λόχια. — In Cod. est Λυτεῖ, cujus correctionem metrum flagitabat, eamque adhibuit *Reiskius*. Idem vitium inhaeret Ep· inter *Miscell.* CXIV. Tom. III. p. 173. quod hinc expressum est:

Ζώμά τοι, ὦ Λυτοῖ (l. Λυτῷα), καὶ ἐνθρύπτοντα εὔκασον,
καὶ μίτραν, μαστοῖς σφιγκτὰ περιπλαμέναν,
θέκατο Τιμάεσσα, δυσωδίνοιο γενέθλας
ἐργαλέον ὑπάτῳ μηνὶ φυγοῦσα βάρος.

III. Cod. Vat. p. 176. *Reiske* in Anth. p. 21. nr. 455. et van *Goens* ad Porphyr. de Antro Nymph. p. 115. Expressum hinc Ep. *Marci Argent.* XX. cujus emendatio ex nostro carmine petenda est. — V. 1. Cod. εἰωθυῖα. Junge ἐν τέκνου θέκατο. Post puerperium Ambrosia Ilithyae, quae ei dolores allevaverat, vestes, quibus, cum pareret, induta fuit, dedicat. — V. 2. προσπέλου. Cod. — V. 4. νύμα. Illustrat *Reiske*, laudato Schol. Apollon. Rh. IV. 1492. νύμα ἐστι τοῦ νύμφη, κατὰ συγκοπήν. Adde Interpp. *Hesychii* v. νύμα et *Eustath.* ad Il. ζ. p. 656. 58. *Caseub.* ad Athen. II. p. 129. 54.

IV. Cod. Vat. p. 178. Edidit *Kuster.* ad Suid. v. ἀμφίτων Tom. I. p. 152. *Reiske* in Anth. p. 23.

nr. 459. Recenfentur fabri lignarii inftrumenta. Imitatus est *Philipp. Theſſ.* Ep. XV. — V. 1. χαράκτων, accentu mutato, *Kuſt.* et *Reiſk.* Hic tamen magis inclinat in χαρακτά, *limae falcatae.* — Ad v. 10. *Brunckius* haec notavit: »Nemini fufpicionem movere debet, aliquid in »hoc carmine fuiſſe interpolatum, repetitio vocis τορεῖς. »Hujus enim inftrumenti multae funt et diverſae fpe»cies. In v. 2. κέλων οἱ ταχινοὶ τορεῖς inftrumentum no»tat, quod gallice vocatur *tarriere de charpentier, de fro*»*taigner.* γόμφων τορεῖς eſt quod vocamus *une arille.*« Ex his *Brunckii* verbis colligo, eum in apogr. Buheriano οἱ ταχινοὶ τορεῖς reperiſſe, idque pro ipfa Codicis habuiſſe lectionem. Hic autem βοτὶς habet, ut *Kuſterus* edidit, emendatione adscripta τορεῖς. In apogr. Lipſ. vocabulum depravatum plane omittitur; in marg. βίμω notatum invenit *Reiſkius*; qui tentat: κέλων οἱ μαλθῷ ἀυτεῖς. In hunc modum nihil eft quod corrigi nequeat. — V. 3. μίλτεια. vafcula, in quibus rubrica fervatur. Laudat hoc diſtichon *Salmaſ.* in Plin. p. 813. A. *Prope* (αἱ σχεδὸν) *jacent mallei ancipites. Sophocl.* Trachin. 946. ἀμφιπλῆγι θανάτῳ — πελεκύμενος. Idem fonat ἀμφίπληξ, ap. *Euripid.* in Hipp. 781. ubi vide *Valcken.* — μίλτῳ φυρόμενοι. Regula minio colorari folebat; unde paroemia λευκὴ στάθμη de iis, qui omnia indiscriminatim probant, docente *Caſaub.* ad *Theophr.* Char. III. p. 42. *Suidas* v. ἐφελκυσαι, ἐρύσαι τε ἐφελκυσαι μίλτῳ᾿ ἐρι τοῦ ἄφρονι και παρειλιγξαι. *Scholion* ad *Homeri* Il. β. 765. a *Valckenario* editum ad *Ammon.* p. 207. στάθμη γὰρ ἡ τεκτόνικος διαβήτης, ἣν τινα καὶ στάθμην λέγουσιν· ἔστι δὲ σχέδιον λευκῶν χρώματι μίλτῳ (L. μίλτῳ) ἢ μέλανι, ᾧ σημειούμενοι κατορθοῦσι τὰ ξύλα. — V. 5. Primus hemistichium profert *Suidas* in ἀρίς. Quid fit ἀρίς, docet *Brunckius* ad Ep. *Philippi* XV. 2. — ἀντευλημένος. Sic Cod. Apogr. Lipſ. εὖ τυλούμενος. *membrio armata ſecuris.* Odyſſ. ε. 234. ἦκε μέν οἱ πέλεκυν μέγαν — αὐτὰρ ἐν ἄυτῳ στειλειὸν ωχμιλλῆς, ἰνδίτος, τὸ ἀνοχθὲς — V. 6. 7. excitat. Salm. in Plin. p. 774. A. qui τρύπανα vertit *perforacula*, τέρετρα *terebrae*. Suidas, qui v. 7. laudat in τρύπανα, pauperam ἀνύττα, quod fcripturae vitium eſt etiam in marg. apogr. Lipſ. — V. 9. ἀμέξων ἐκπαρων legitur ap. Suid. in ἀμφέξων. Idem in χαριεργὴς habet: ὁ κεχαρισμένα ἐργαζόμενος· ἃ δὲ χαριεργὴ Παλλὰς ἐν τέχναις δήματα παιδομένας. Ex Suidae interpretatione fere fufpiceris, eum in Cod. fuo legiſſe ἃ δὲ χαριεργὴς 'Ἀθάνα ἴνιρ. Codicis lectio ſi ſincera eſt, poëta Minervam 'ἐργάττην, τὴν ἔργων χαριοῦσαν, deſignare voluit. — Cod. praeterea αἳ praebet, et v. feq. ἰνὴς, quod *Brunckius*, a *Schneidero* monitus, in ἴνὴς mutari juſſit.

V. Cod. Vat. p. 179. ἀνάθημα παρὰ Καλλικλέας. Edidit *Majus* in Catal. Bibl. Uſſenb. p. 583. *Reiske* in Anth. p. 26. nr. 464. Illuſtravit *Toup*. ad Suid. p. 243. quem *Brunckius* in plurimis fequitur. Callicles, meretrix, ut videtur, Veneri varia dedicat. — V. 2. πορφυρέην *Reiſk*. Λεσβίδα κόμην ἐσαῖσαν eſſe adſciticiam, modeſte fufpicatus erat *Reiſkius*; *Toupius* idem pro certo affirmat et hoc carmen fupra *Reiſkii* captum eſſe pronuntiat. In *Luciani* Dial. Meretr. V. Tom. VIII. p. 617. ed. Bip. Lesbia mulier ταινίας inſtructa exhibetur. ἴλυγμα de cinno comae purpureae, i. e. fubnigrae, accipiendum videtur. *Dioſcorid*. Ep. XXVIII. περιπλέκεσθε παιρὰς διελίγματα χαίτης, ἰλίγματα per ψάλια interpretatur *Heſych*. — μιλώχην Cod. Quod vitium *Toup*. ſuſtulit, comparans ſimilia, κορούχης et ἰερούχος. Vulgo vocatur ταινία et ταινίδιον. *Pollux* VII. 67. Egerunt de faſciis mamillaribus *Majus* III. Miſcell. 3. *Caperus* in ObſC. I. 6. p. 33. ſq. ταυτὰ μαστῶν *Anacreon* XX. 13. ubi vide *Fiſcher*. μαστόδετα vocavit *Marc. Argent*. Ep. XX. — ἰαλέχροων gemmis *craſſam* ſtrophium fignificare, fruſtra putat *Toupius*. Idem eſt, quod ἰάλεμος, coloris coerulei et fubviridis; de quo colore nonnulla dedit *Salmaſ*. ad Scr. H. Aug. T. L

p. 828. Fortasse etiam *μέλας* color non multum abludit a purpureo, cum constet, antiquorum vitrum colore multo obscuriore fuisse quam nostrum. Vide *Barrels Reisen* T. I. p. 136. Hinc *Hesylas* Ep. III. προφορᾶν Ἀδωνιν ἐξ ἰδεῖν. — V. 15. τρίχας συγκοτρῆσαι. *Suidas* v. ἀνθος'. τῇ κόξιον μέλλοντερο τῶν τριχῶν. ἐν 'κατηγόρησιν' οὐδ ὁδν τριχῶν συγκοτρῆσαι, κόξινον κτλω. quas nollam corruptelae suspicionem movere debent. — Pro τρίχα *Reish.* ζυττῶν, qui apographi error esse videtur. Pectines ebarnei et aerei commemorantur; frequentissimi tamen fuerunt buxei; unde *buxus* pro pectine ap. *Mart. pial.* XIV. 2. *Quid facies nullos, bic invenere capillos, Multifido buxus quae tibi dente datur.* Vide N. Heinf. ad Ovid. Fast. VI. 229. Hadr. *Junium* de Coma VII. p. 391.
— Quod pectinem comae συγκοτρῆσαι vocat, in eo Leonidas Ingenium agnoscimus. συγκοτρῆσαι passim ap. veteres pro cossimere, cohibere usurpatur, ut ap. Herodos. III. p. 273. 71. ubi vide *Valckn.* VI. p. 451. 100. quod multi postea imitati sunt. Hinc πτὸς συγκοτρῆσας, qui crines tanquam nasis quaedam continet. — V. 6. ἂν ᾔδειν τοξοῦσα, five maritum, five divitias nacta, quas fibi fatis putabat.—Cod. lectionem γνοῖα κόσμε Majas in *nitla*, *Raiskius* in Κωσσία mutavit. Κτερὶς emendavit *Toup.*, ut zrὸς ἀνέσις, (vide *Valefium* ad Not. Mauff. in Harpocr. p. 120.) illud autem nove et exquisite de meretrice dictum esse ait, Vir doctus (*Porfon*), qui novam Emendationum in Suidam editionem notis suis ornavit, Tom. IV. p. 457. hacc scripsit: »Suspicor, Bronckium hodie, si res integra »esset, vix editurum esse in 6. versu ἀντερίς, quippe »quod, ipso judice ad Sophocl. Aj. 1077., metrum »jugulet. Probandum etiam erat, Venerem hoc titulo »usquam ornari, quod vix ostendi posse arbitror. Dissentit quoque a Toupio vir elegantissimus Larcherus in »Mémoire sur Venus p. 141.« Vide, an *Leonidas* scripserit:

ἐν ξύλῳ νηχρόν', ἀλγεινῇ Κύπρι.

Hoc Veneris epitheton commemorat *Etymol. M*: Ἀλι-
σιὰς, ἡ Ἀφροδίτη. διὰ τὸ περὶ πᾶν ζῶον ἁλίσεσθαι τὴν θεὸν, πολλῶν ἱστορησάντων, καὶ πλανωμένην. εὐδοκιμώτερον δὲ τὸ ἐν Καλοξὸν
διὰ τοῦ Ἀλίνους ποταμοῦ ῥεύματος. Hic autem ap. *Leonidam*
Venus hoc nomen habet non a flumine Asiae, sed ab
alio ejusdem nominis, quod Lucaniam, non procul a
Tarento, rigat. — Hunc *Alinum* commemorat *Theocrit.*
Eid. V. 123. et *Cicero* plus semel. — V. 7. Cod. hic
et in lemmate καλλικύρα, quod *Reisk.* in καλλικύροισιν
mutavit. καλλικύρου *Toupio* debetur.

VI. Cod. Vat. p. 192. Primus edidit *Kuster.* ad
Suid. Tom. I. p. 452. *Reiske* Anth. p. 49. nr. 509.
In apogr. Lipf. auctoris nomen omissum. In exuvias
ferae cujusdam a pastore occisae. — V. 1. 2. 9. laudat
Suidas in μόνορος, ubi τὸν νομίον habetur, quae est Cod.
lectio. μόνον *Brunckius* reposuit, de apro accipiens. *Suidas*: μόνον, ἄγριος ὗς, μεμονωμένος. Vide *Intpp. Callim.* H.
in Dian. 84. *Oudendorp.* ad Thom. M. p. 916. At
aper vix narrari poterat greges in metum conjecisse.
Neque poëtae verba hunc sensum necessario postulant.
Schol. Callim. l. c.: μόνον ἄγκος, κατὰ μόνας νεμόμενον. id
quod non uni ferarum generi convenit. De *lupo* hanc
vocem usurpari, *Suidas* monuit l. c. ubi addit, ὁ ὁ μονόλυκος. *Lucian.* Epift. Sat. §. 34. μόνιος τῶν λύκων. *Aelianus*
H. A. VII. 47. de lupis: ὁ δὲ τέλειος καὶ μέγιστος καλεῖται
ὑπ᾽ μονόλυκος. quod ductum est ex *Aristophanis Byz.* opere
περὶ ὀνομασίας ἡλικιῶν. Vide *Salmaf.* ad Solin. p. 664. E. F.
et *Bochart.* Hieroz. III. 10. p. 823. 40. Si itaque vera
est *Brunckii* emendatio, non tamen de apro, sed de lupo
verba acceperim. Sed locus *Antipatri Thess.* Ep. LXII.
μόνιος ἐν θάμνοις θηρῶν λύκος ἀνύετται ἄδρα ἕσπερε — fere
efficit, ut *Leonidam* scripsisse existimem:

τὸν μόνιον καὶ ἔναυλα βοᾶν καὶ βότορας ἄνδρας
εἰόμενον, πλαγγὴν τ' οὐχὶ τρέσαντα ΔΥΚΟΝ.

Hac

Hac autem emendatione admissa, alia sese initio versus sponte offert, ut nimirum pro τὸν νομίην scribatur
αἰνοβίην — —
quod ad Cod. lectionem proxime accedit; nam inter νοβίην et νομίην, praeter minimum apicem, nihil plane interest. Lupum metuendum αἰνόλυκον vocat *Leonid. Tar.* Ep. XCIV. — ελαγγή sive de clamoribus et strepitu, quo feras depellere conantur pastores, sive de canum latratu accipe. ελαγγή de canibus usurpavit *Theocris.* Ep. V. — V. 3. εὔαλκής, accentu perperam posito, Cod. Vat. Laudat h. v. *Wetsten.* ad Lucam II. 8. p. 661. — V. 4. ἰυφίμασιν, Suid. et Cod. Vat. — De venatorum more ferarum exuvias et cornua arboribus affigendi vide *Passeratium* ad Catull. p. 44. et *Schotum* in Obss. c. XII.

VII. Cod. Vat. p. 195. *Reisk.* Anth. p. 45. nr. 499. Silene pro filiae suae Aristodices salute vota ad matrem deum facit. — V. 1. παρὶ καλιαὶ (ap. Lips. τεφνκίαις) ἀμφὶ πολεῶνα. Cod. Vat. Regio circa Maeandrum, qui Phrygiam alluit, incendiis subterraneis admodum exposita, πυρκαιαὶ, pars ejus ἡ κατακεκαυμένη appellabatur. *Strabo* XII. p. 579. sq. — Δίδυμα. Vide *Strabon.* XII. p. 567. et 575. *Schol. Apoll. Rhod.* I. 941. Δίδυμον δὲ ὅρος Κυζίκου, ἱερὸν τῆς 'Ρέας· διὰ τὸ διδύμους μαστοὺς ἐν αὐτῷ ἀνέχειν, ὥς φησι Φιλοστέφανος, οὕτω προσαγορευθῆν. σύμπασα δὲ ἡ Φρυγία ἱερὰ τῇ Θεᾷ. — V. 2. μητὶς' Cod. quod jam ap. *Reiskium* emendatum. — §. 222.] V. 4. γάμος, ut nuptiae ap. Latinos, de concubitu. Cf. *Alex. Aetol.* V. 17. *Macedon.* Ep. IV. VII. Hinc πέπρατα κυρσυούνας. ut πέπρατα ζωῆς ap. *Meleagr.* Ep. XXI. βιοτῆς ap. *Phalaec.* Ep. IV. — V. 5. προνάια. παρὰ τὰ προνάια, idque πρόναος, templi vestibulum, videtur indicare. Nota forma adjectivi προνάιος, de eo, qui in vestibulo versatur; unde 'Αθηνη προναία inter Delphorum numina. Vide *Herodot.* I. p. 47. 16. et *Wesseling.* ad Diodor. Sic. XI. 14. Mox scribendum ex mente *Brunckii* καὶ περὶ ῥομβὸν (Cod. ῥομῷ et fic *Reisk.*) praepofitione ad utramque vocem pertinente.

VIII. Cod. Vat. p. 196. Anth. *Reisk.* p. 45. nr. 502. Plurimi hoc carmen expreſſerunt, quos laudat *Meinecke.* Lycomedis filiae, textrices, artis fuae inſtrumenta Minervae, ut videtur, dedicant. Cum divae nomen ab hoc carmine abſit, *Reiskius* v. 3. ἔργον Ἐργάνῃ correxit; verifimilius *Meinecke* v. 1. Ἀθηναίῃ, niſi quod dialecti nullam rationem habuit. Scribe Ἀθαναίᾳ, ut Ep. IX. 7. Sic ex quatuor Lycomedis filiabus una tollitur; quod et ipfum probabile eſt, cum ap. *Archiam* Ep. XI. et *Antip. Sid.* XXII. tres tantum puellae Minervae dona ferant. — V. 1. Λυκομήδης Cod. Vat. quod *Reisk.* correxit. — V. 3. ἔργον τὰ δεκάτας. Sunt qui de decimis operam explicent. At illae non operam fuorum partem, fed ipfa artis inſtrumenta dedicant. Hujus verficuli vitium non fugit *Reiskium*, cujus tamen emendatio, ἔργον Ἐργάτᾳ, et ipfa fuis difficultatibus premitur. Nec fibi fatisfecit vir doctiſſimus, aliam praeterea conjecturam proponens, ἔργον λίξασαι, five πονέομαι· quae omnia longiſſime abſunt a cod. fcriptura. Mihi in mentem venit:

ἔργανα τᾶς τέχνας ποτιθέμια — —

Hoc ipfum enim noſtro loco defiderabamus. *Paul. Silent.* Ep. LI. εὐγραφέες τέχνας ἔργανα ἡμέτερα. *Ariſton* Ep. I. Ἑρμῇ τάδε σύμβολα τέχνας. *Euripides* in Bacch. 1:06. λογχοποιὼν ἔργανα. Frequentius in hac re occurrunt ἅρμενα τέχνας. Vide ad Ep. XII. — *Suidas* v. Ἤτριον, εἰ στήμονες, τήν τε πρόσεργον Ἄτρακτον καὶ τὸν ἄτριον ἀρκτομένον κανόνα τὴν ἱστὸν μελετᾶσθαι. In cod. eſt τὸ νετρία, cui adfcriptum fcholion: νητρία λέγει τοὺς στήμονας. Egregie de ἤτριον et compofitis *Ruhnk.* ad Tim. p. 135. — V. 5. μερῖδα. ἰωιδὸν μερῖδα dixit *Ariſtoph.* in Ran. 1316. idque poſteriores exornarunt; inprimis *Antip. Sidon.* Ep. XXII,

XXVI. — μαστίλα. apogr. Lipſ. Partem hujus diſtichi profert *Salmaſ.* ad Solin. p. 629. G. ubi πήνη et σπάθη illuſtrat; hinc *Bodaeus* ad Theophr. p. 614. Fuſius eadem pertractavit ad Script. H. A. Tom. I. p. 547. ſq. πήνην eſt radius textorius trama involutus. *Hefych.* πηνίσκιον ἢ ἄτρακτος, εἰς ὃν εἱλεῖται ἡ κρόκη. — Ad verſ. 6. *Brunckius* haec notavit: »ἐργαστὰς ταδέα περιβῥυίας, ſeu, uti »apud Suidam legitur in πηνίον, μεταστοτὰς ταδέα ποτιφευγυίας, ſenſu caſſa ſunt. In Vat. Cod. ſcriptum καταστάς. »Salmaſius emendavit ἐργαστὰς, appoſita hac nota: ἐρ»γαστρα videntur eſſe inſtrumenta textoria. At mihi plane »ſunt incognita, tum quoad nomen, tum quoad uſum. »Locus eſt manifeſto corruptus, quod ex comparatione »ſimilium dedicationum apparet. Ubicunque textrices »inſtrumenta ſuae artis deo alicui appendunt, quaſilli »fit mentio, qui hic omiſſus. Archias: δ᾽ τρητόν δ᾽ ἱερὸν »ταλάρων τάλαρον. Antip. Sidon. καὶ τόνδε φιλαλάκατον καλα»θίσκον. Et alibi: Δημὼ μὲν ταλαρίσκον εὔπλοκον. Philippus: »καὶ τάλαρον ἐχαλικωτι ὀφεσμένον. Nicarchus: κέφυλι τὸν »κάλαθόν τε. In omnibus hisce carminibus animadvertes »etiam epitheta materiam, formam et uſum inſtrumen»torum ſigniſicare, nullibi autem detrimenti mentionem »fieri, quod tempus affert aut quotidianus uſus. Hunc »itaque verſum ſic refingendum cenſeo: καστα καὶ καλά»θους ταδέα λαγαλέσας.« Haec *Brunckius*, cujus emendatio tam longe abeſt a ſcriptura codicis, ut, librarios in hunc modum aberrare potuiſſe, nemo facile exiſtimaverit. In Cod. Vat. legitur καταστὰς ταδέα σπιλόγγας. *Reiskius* dedit: καὶ βισκους τ. σπιλόγγας. *Pollux* X. 137. At *riſcus*, quae ciſtella eſt pelle contecta, ad h. l. nihil facit. Idem cogitavit de καὶ ἐρίσκος. conf. *Hefych.* v. et καπτάλους, quod Gloſſator σκωπτὸ ἐγγυὶν interpretatur. *Portus* ad Suidam καὶ ταρσὸς tentaverat; quod nec ipſum *Reiskio* diſplicebat; tantopere in h. l. fluctuabat animo. *Meinecke*, qui recte animadvertit, fracta et attrita instrumenta, nisi in his textricum dedicationibus, in aliis tamen occurrere, conjecit; καὶ ταλάρους τούσδε περιφέγγεας. Propius ad Cod. ductus forταπe fcripferis:

ταλάρους τούσδε κατ' εἰροχαρεῖς.

calathifci lanae affervandae olim deftinatae. Sic *Archias* XI. εἰροχαρῆ τάλαρον. Nofter Ep. fq. ὀρφνίτας ἀλακάμων τάλαρος. *Catull.* Epithal. 378. *Ante pedes autem candentes mollia lanae Vellera virgati cuftodibant calathifci.* *Juvenal.* II. Sat. 54. *Vos lanam trahitis, calathisque peracta referetis Vellera.* Vitium lectionis ortum, ut faepe, ex ultima fyllaba omiffa, unde εντιεροχας factum; quod quam facile in τονεροχας corrumpi potuerit, omnes intelligunt. — V. 7. σπάθας. Textorum inftrumentum, quo tela denfatur. Vide *Pollux* VII. 36. *Hefych.* σπάθητι τὸ ὀρθὸν ὕφος σπάθη κεκροτημένον, καὶ κτενί. Hinc veftimenta πολύσπαστα καὶ πολυσπάθητα, quae τοῖς κρασπέδοις opponuntur, docente *Salmaf.* ad Scr. H. A. T. II. p. 410. et p. 447. — Mox πολυέργους ex conj. in textum venit; nam ap. *Suidam* et in Cod. Vat. πολυέργοιο legitur. Exitus verfus autem in Cod. hic eft, πολυέργητα τοῖς ἐπὶ σπιχραῖ. *Reiskius* dedit, ἐυγέγυρά γ', ὡς ἐπ' ς. quae non magis vera eft lectio, quam ea, quam *Brunckius* in contextu pofuit. Mihi corruptae lectionis veftigia rimanti fcribendum videbatur:

καὶ σπάθας ἐμβριθεῖς, λιτὸν γέρας, οἷα πενιχραὶ
ἐξ ὀλίγων ὀλίγην μοῖραν ἀπαρχόμεθα.

Sic puellae noftrae totum hoc munus, quod Minervae offerunt, λιτὸν γέρας appellant, ejus autem vilitatem paupertate fua excufant. γέρας in hac re dixit *Antip. Sid.* Ep. XVII. sc), πλην εκπτήτα, γέρας θέτο ταῖς Νικιάδα. Id. Ep. X. γέρας ὀρφνίνας Ἀθάνῃ — Ὅστι. *Paul. Silens.* Ep. XLVI. ἔνθετο Λυσίματος γέρας Ἄρει. *Diodorus Zon.* Ep. IV. τὰ μη πολύολβά τε δέξαι Δέρα. Vitium ex metathefi literarum ortum eft. Cum enim forte fcriptum eſſet, ut in Codd. fieri ſulet, ὡ γέρας, hinc primum πυλύγηρας, tum, corruptela magis magisque aucta, πολύγηρα et πολυαργυρα factum eſt. — V. 8. ἐξ ὀλίγων. Agit T. 1. p. 118. ἔργον ἐξ ὀλίγων ὀλίγην δόσιν. Diodor. Zon. Ep. II. in μικρῶν ὀλίγιστα. Xenoph. Mem. Socr. l. 3. 3. θυσίας δὲ ξύων μικρὰς ἀπὸ μικρῶν, οὐδὲν ἡγεῖτο μειοῦσθαι τῶν ἄλλων πολλὰ καὶ μεγάλων πολλὰ καὶ μεγάλα θυόντων.

IX. Cod. Vat. p. 196. Edidit Pierſon. ad Moer. p. 464. Majus in Catal. Uſſenb. p. 582. Reiske in Anth. p. 46. nr. 503. Hinc Toup. Em. in Suid. p. 417. Tres Philomedis filiae Minervae artis inſtrumenta dedicant, a labore textorio ceſſantes. — V. 1. Cod. Vat. φιλοπαίδεω, quod in Apographis varie immutatum eſt. φιλομήδεω, Pierſono teſte, in Pariſino reperitur. Reiske φιλομήθεω edidit. — V. 2. Νευστὴς Cod. — V. 3. μύσυργον Cod. — V. 4. Idem Ἰρφυίτων. calathus, olim lanae vellera ſervans, nunc vacuus. — V. 5. ὑδάτερον, Radio textorio tribuitur, quod veſtimentis proprium eſt. γνῶθι λεπτὸν καὶ εὑέτερον Themiſt. Or. XX. p. 237. C. Vide Pierſon l. c. Ruhnken. ad Tim. p. 135. et qui ibi laudantur. — V. 7. Πανάτιλι Cod. quod Relskius ſervavit, verrens Minervae laniſici; unde apparet, eum hanc vocem derivaſſe a τιλω, de quo verbo vide ad Epigr. praec. v. 5. Πιταιάτιλι emendavit Toup. p 419. certiſſimam emendationem vocans. Derivat a Pitana, urbe Laconiae. Meurſ. in Lacon. IV. 9. Spanhem. ad Callim. p. 293. ſq. Sed hic res uon in Laconia, ſed in Creta agitur. — V. 8. Ex hoc verſu apparet, puellas noſtras poſt hanc dedicationem, ſive quod aetate confectae eſſent, ſive quod in alia caſtra transiiſſent, opus textorium reliquiſſe. Conf. Philipp. Ep. XVIII. Nicarchus Ep. X. Quod ſi comparaveris ſimilia Epigrammata, ut Philippi XIII. XIV. XV. XVI. XVII. facile intelliges, poſtremum diſtichon noſtro carmini male aſſutum eſſe. Quid enim?

quae Minervae caſtra reliquiſſent, num rogare poterant deam, ut ipſis in poſterum victum et opes paret? Qua difficultate ſatis gravi cum hi verſus premantur, alia quaedam accedunt externa, quae eos ad quodvis aliud carmen, quam ad noſtrum, pertinere arguunt. Leonidae carmen, in quo interpretando verſamur, i. e. quatuor priora diſticha, in Codice excipit Epigr. Dioscoridis XII. Hujus primus verſiculus in calce paginae legitur; eum ſequitur recentiore, certe negligentiore, charactere ſcriptum diſtichon:

Ζῶν χάριτας δι σοι ἔδωκα ἐπὶ πλήσαιο μὲν ἴσως
Θυίης δ' εὐσεβέως ἐξ ὀλιγηπεσίων.

In marg. ζτ. i. e. ζήτει. In apogr. Buherlano non ultimum erat, ſed penultimum, deſcriptore nimirum verſibus, quibus certus locus non erat, locum pro ſuo arbitrio aſſignante. Sed addendi erant Epigrammati VIII. quod in eadem pagina legitur, et in cujus fine haec notata ſunt: ζήτει στίχους β. κέτει quae ad hos ipſos verſus, in paginae calce poſitos, remittunt. Verſum ultimum laudat Suid. v. εντός. Penultimum ſic, ut ap. Br. legitur, emendavit Toup. qui laudat Rhiani Ep. VIII. καὶ εἰκοσίω Παλλάδιον Λόγχην πέμπεις υἷα Σμίλεω. Sed de veritate hujus emendationis dubito. ἴσως, quod in verſus fine legitur, librarii nota eſt, qui dubitabat, πλήσαιο ſcribendum eſſet, an πλήσαιμεν. Mihi ſcribendum videtur:

ἀνθ' ὧν χεῖρας και σὺ, 'Αθαναία, περιπλήσαις,
Θυίης δ' εὐσεβέως ἐξ ὀλιγηπεσίων.

ἀνθ' ὧν verum videtur. Noſter Ep. XIX. ἀνθ' ὧν τῷ μὲν πέμπει δ' ἕτερος σύστοχον ἄγρην. Ep. XXX. 7. ἀνθ' ὧν εὔοδρον, Νόμφαις, τόδε δῶμα γέροντος αὔξετε. Cf. Alexandr. Act. Ep. I. Alphaei Mityl. Ep. II. — Apollonid. Ep. VIII.:

τὴν ποτιχρὴν θυσίην,
ἀνθ' ἧς μοι πληθύοντα λίθου θηρόμοσιν αἰεὶ
ἅντυα.

Philipp. Ep. XI. 7. — De voce σισύρη, qua *Leonidas* utitur Ep. XXX. inter Epigrammata *Leonidae Alexandrini*, quibus nonnulla noftri carmina admifla funt, vide *Valcken.* in Diatr. p. 169. C. Hecale ap. *Callimach.* Fr. 454. p. 578. ἡ δ' ἄρτους εἰσύνδεν ἅμα κατέθηκεν ἐλοῦσα. Eos, qui in eodem σισύρτῳ erant, quosque Pythagoras κοινοβίους appellaverat, Charondas ὁμοσιπύους vocavit. Vid. *Cafaub.* ad Athen. I. p. 17. 49. — Apud *Suidam* ἀθεσπίτους perperam legitur.

X. Cod. Vat. p. 197. V. 1 — 4. edidit *Salmaf.* ad Tertull. de Pall. p. 415. Integrum *Kufterus* ad Suid. T. I. p. 436. *Reiske* in Anth. p. 56. nr. 525. Cynici fupellex Veneri dedicatur a Rhodone, formofo puero, cujus amore captus ille cynicam vitam reliquerat. — V. 1. 2. laudat *Suidas* in φλαύρα, et hinc *Petavius* ad Synef. p. 32. ubi φλαύρια illuftrat. Adde *Salmaf.* l. c. Veteres philofophi, et qui vitae fimplicitatem prae fe ferebant, φλαυρίοις utebantur; quae nonnunquam tamen, ut elegantius calceamenti genus, commemorantur. Vide ad Ep. XXXVIII. 3. — Σκύτων Cod. *Suidas* vulgo σκυτίων' in pr. edit. σκίτων, quod verum judicat *Brunckius* ad Eurip. Hec. 65. p. 285. *Ansip. Sid.* Ep. LXXX., Cynicae vitae inftrumenta enarrans, ἃ μία τις πέρα, μία ὑποδαλὶς, εἷς ἂμ' ἐφοίτα Σκίνων, εὐτέχνους ἐνλα σκιοφορούσας. — V. 2. ἱμαιίνα apogr. Lipf. ἱγνυῖται Suid. — §. 223.] V. 3. ὑλσκ. ampulla, guttus. *Cafaub.* ad Theophr. Char. V. p. 75. — V. 5. Commode *Meinecke* attulit Ep. *Meleagri* XXXVII. τὴν ὀρκὸν αἰδοῦς ἐγώ, τὸ δ' ἀπ' ἐφρῦσι κεῖνο φρούγμα Σωφροσύνης σοφίας ψιλὸν πατεὶ κατὰ. — V. 6. Cod. στρεκταῖς, quod *Reiskius* accipiebat de atrio, περὶ ὃ καὶ ἐν ᾧ στρέφονται πολλοί. Male. Veriffima eft *Brunckii* emendatio, στεκταῖς. veftibulum multis domariis exornatum. — Θυμῶ τ' *Kufter.* qui v. 5. οὐδ' ῥ. habet.

XL. Cod. Vat. p. 198. Primum distichon edidit *Salmaſ.* ad Tertull. p. 298. Integrum carmen *Kuſter.* ad Suid. T. II. p. 398. *Reisk.* Anth. p. 59. nr. 530. Argumentum hujus carminis *Kuſteri* verbis dabo: „Est „Epigramma de Poſochare Cynico conceptum, cujus „peram, pellem, baculum, ampullam oleariam et pi„leum poſt ejus mortem a Fame ad myricam ſuspenſa „fuiſſe Leonidas jocatur." Fuit, qui de Limo, formoſo puero, cogitaret; perperam. Fames tropaeum de Poſochare ſtatuiſſe dicitur, quod ille, fame enectus, in agro ad myricam perierat. — V. 1. In Vat. κολλούγτιν, Apogr. Lipſ. ιττυκληρωμένον. Noſtram lectionem *Suidas* exhibet. — στέφος. Vide *Inrpp. Heſychii* v. Nymphae, quae Jaſoni per quietem apparebant, στέφεσιν αἰγείοις κοσμιέναι erant, ap. *Apollon. Rhod.* IV. 1348. ubi vide Schol. Cynici imitabantur Herculem, quem στεφόπεπλον vocat *Lycophr.* 652. *Apoll. Rhod.* IV. 1438. ἐμοὶ δὲ δέμας παλαιοῦ ὑπὸ λύντος ὕμνῳ, λίθωτον. Fortaſſe etiam apud *Theocrit.* XXIV. 138. olim fuit: λέρματα δ᾽ οὐκ ἔκνυτὰ μέσας ἐπὶ ἵστατο ποίμας. Vulgo σήματα legitur. — Pro λιοεύριντι *Kuſterus* legendum cenſebat τοῦτὸ τ᾽ (θ᾽) ἀλοιτοπάτιν. *Reiskius* τὸ λιετόριντ, *baculus*, cui decesſit *ſtulis, delibratus, dedolatus, cortice exutus*. Neutra harum conjecturarum ejusmodi est, ut verius quid inveniendi ſpem adimat. *Meinecke* contulit Homericum εὔστρον, ἐπεὶ τὰ πρῶτα τομὴν ἐν ὄρεσσι λέλοιπε, Il. α. 234. ut igitur verbum λιοτόριντες derivaſſe videatur ab ὅρος et λιιετόπτ· quod linguae analogia non patitur. Mihi depravatum videtur vocabulum. Comparanti *Theocrit.* XXV. 207. στέρψον δὲ βάκτρον εὐαγγές, αὐτόχλωστ, ἐπιτρεφέως κετίνοιο, et *Apollon. Rhod.* II. 33. καλούρικά τε τρηχέαν κάββαλε, τὴν φορέεσκεν, ἐπιτρεφέος κοτίνοιο, probabile viſum eſt, *Leonidam* ſcripſiſſe:

καὶ βάκτρον τοῦτο, τομὴν κοτίνου.

τομὴ non ſolum ſectio, sed etiam id, quod defectum eſt.

De trabibus occurrit ap. *Orpheum* in Argon. 1155. Γαλαγγε φηγός "Ην τοθ' ὑπ' Ἀργόκοις τομαῖς ἠρμόσσατο Παλλάς. Quod si cui displicuerit, is per me legat:

ἐπὶ βένθρον τοῦδ', ἔκλεν ἐκ κοτίνου.

ut fere *Diodor. Zon.* Ep. IV. καὶ τὴν ἐκ κοτίνου κελεύγοσα. *Callimach.* Ep. XXXVII. κοίτουσι, γεροντικὸν ὕπλον, λάφυρε. — V. 3. κάλπιν ἀντλ. omisso τ' Cod. Ap. *Suidam*, qui h. v. protulit in εὐνοῦχος, legitur κάλπιν. Nostram et *Kusterus* dedit. ἀντλίγγ. ampulla nunquam a sordibus purgata. *Lucian.* T. III. p. 18. μετὰ δὲ ἀντλῆματα καὶ ξένα ῥήματα, καὶ σκανδάκις ὑπὸ τῶν πάλαι εἰρημένα — οἱ ἀποστλογγίσθαι μὲν τὸ ἀποξύσασθαι λέγοις, τὸ δὲ ἀλλη θέρεσθαι εἴπωι σπείσθαι. *Hefych.* ἀποστλεγγισμένον. ἀπεξυσμένον. Vide Interpp. *Hefychii* v. στλεγγὶς, et notata ad *Theodorid.* Ep. III. — εὐνοῦχος. Secundum *Suidam* ὁ τὴν κύνα κρατῶν δεσμός' cui interpretationi ceteri omnes contradicunt. *Hefych.* εὐνοῦχος. ἰνδάλμιον. βαλλόντων ἢ μαρσύπιον. *Pollux* V. 31. in apparatu venatorio recensendo, εὐνοῦχις, ait, δέρμα μόσχειον, εἰς ὁ ἐντίθενται τὸ λίνον, τῷ σχήματι τοπιαμένον, ὥσπερ τὰ σύσπαστα βαλλάντια. Cf. eund. X. 64. At vix intelligitur, ad quam rem ejusmodi marsupiom Cynico, pera instructo, utile fuerit. Quare *Suidae* interpretatio, quam linguae analogia patitur, admittenda videtur, praesertim in poëta, quem a doctrinae affectatione minime liberum fuisse constat. εὐνοῦχον ἐχέλευσεν *Ulissis* ad Gratii Cyneg. 401. p. 259. collare sine clavi Interpretatur. Ex hoc loco colligi potest, fuisse Cynicos, qui, quo magis canibus essent similes, collari instructi incederent. — V. 4. laudat Suid, in εὐπάτωνε. — πῖλον. Fortasse quod certam vitae sedem non habens Cynicus noster, per terram errabat. Pileis enim viatores instructi esse solebant. *Graevius* Lect. Heliod. c. XII. p. 60. sq. *Solanus* ad Lucian. T. III. p. 330. ed. Bip. — V. 6. Λιμός. Famem, ut deum, introducit

Alciphron L. III. 60. p. 426. εἰ μὴ ἄρα τοῖς μὲν γυναίοις Ἀφροδίτη ταλαύχος. ταῖς δὲ ἀνδράσιν ὁ Λιμὸς καθίδρυται.

XII. Cod. Vat. p. 198. Edidit *Kuster*. ad Suid. v. λίχνος, ubi laudatur vers. 6. et particula quinti. *Reisk.* Anth. p. 57. nr. 528. Sosippus, venator, senex factus, Mercurio artis instrumenta dedicat. — V. 1. Cod. ἀντεντήρας. *Suidas*, qui h. v. excitat v. ἀντεμφὴ, Μυκαις ἀντεντήρας offert. Nostrum *Kusterus* in suo apogr. invenit. Nec contemnenda emendatio. Sunt tela, quae cum impetu feruntur. *Oppian.* κυνηγ. II. 132. καὶ σύας αἰθυκτῆρας ἐπὶ χθονὸς κυλαίροντας. Halieut. I. 368. φύσσαλοι αἰθυκτῆρες. ubi vide *Schneider*. *Reiskius* ἀνθυκτῆρας edidit, ut essent *arundines retemaricae*, quibus piscis, ne aufugiat, retinetur. Perperam. In hoc enim distichon venatorum arma enumerantur. — Quod ad ποδάγρας attinet, disertam ejus descriptionem dedit *Pollux* V. 32. sqq. Vocatur etiam ποδοστράβη secundum *Hesych.* v. Cf. *Ulitium* ad Gratii Cyneg. 99. p. 130. sq. ἀντεμφὴς referendum ad funem, quo ferarum pedes irretiebantur. Hunc στερέον βρόχον vocat *Pollux* l. c. *Xenoph.* de Venat. IX. 13. καὶ ὁ βρόχος αὐτοῦ ἔστω στιφρός καὶ ἡ σειρά. — V. 3. Profert *Suidas* v. τετραοδίντα, τρυσηθέντα. Ιώθεσαν καὶ — ἀλλήν. Etiam hodie aucupes coturnices tibia, qua earum vocem imitantur, in rete allicere solent. — V. 4. ἀμφιβλησι. Pro ἀμφιβλησστρον dixit *Oppian.* Hal. IV. 149. Vide *Schneider*. p. 414. — V. 5. Cod. παρ' ἠλίξατο τὸ πλεῦν. Posterius habet etiam *Suid.* In apogr. Lips. vitiose παρπήξατο τὸ πλεῦν. *Reiskius*, Codicis lectione servata, vertit: *quia emensus plurimam aetatis partem infirmitate senili vincitur*. Est nimirum τὸ πλεῦν ex Ionum dialecto pro πλέον. At *Leonidas* dorico idiomate utitur. Quare *Toup.* ad Suid. P. I. p. 15. correxit: ἐπεὶ παρεπήξατο τὸν πλοῦν. quod elegans est, et poëta dignum. Poëta ap. *Suidam* in διαπλώσας· ὃ οὐκ ἀκλῆ Πάντα διαπλώσας καὶ οὐκ ἔραττι βίον. *Plato* in Phaedr. p. 85. D.

ἐπὶ σχεδίας ἀνελπιστως διαπλεῦσαι τὸν βίον. *Pindar.* Olymp.
VI. 177. πόθεν δὲ πλέον, καμάτων ἐκτὸς ἐόντα βίον. Schol.:
ἐν τι εὐθυμίᾳ καὶ εὐδαιμονίᾳ ὄντα παρέχει διεξέλεσθαι τὸν βίον.
Quae loca laudat *Wesseling.* ad Herodot. p. 422. 63.
Alia vide ap. *Gataker.* ad M. Anton. p. 67. E. —
ἐλρινίς. *Macedon.* Ep. XXI. μή τις ἐμεῖο αἰπόλος ἀγγελίαν
γήραος ἐλρανίην. Vide, quae collegit *Heinrich* in Obff.
p. 39. *Ἔλπεται* hinc fortaffe fumfit *Phanias* Ep. II. πολιῷ
γυῖα δεθεὶς καμάτῳ. Similiter ἐνέρτεσθαι ἐν καμάτοισιν dixit
Apollon. Rhod. II. 214.

XIII. Cod. Vat. p. 199. *Kuster.* ad Suid. T. I.
p. 204. *Reisk.* in Anth. p. 60. nr. 532. Leonidas Veneri, quae ipfum ex morbo fervaverat, bellaria quaedam dedicat, majora promittens, fi eum majorum par-
ticipem fecerit. — V. 1. *Brunckius* in Analect. Λαθρίη
ediderat. In loct. haec monuit: "Imitati funt huc
"carmen Lentulus Gaetulicus II. 166. III. et Cornelius
"Longinus II. 200. I. ex quorum altero bene hic repo-
"fitum eft *ἐν πυκναῖς* pro corrupto *ἐκ πλάνης,* quod neque
"fenfus neque metrum admittit; nam in *πλάνη* prior
"femper corripitur. In Cod. fcriptum eft Λαθρίη, ad
"quam vocem haec annotavit Salmafius: τὸ Λαθρίη *quid*
"*fit, quaerendum. An Δαλίη?* Ἄρτεμι Δηλία. *Places.* Δαλίη,
"*in πυκναῖς fcribendum videtur.* Nec Δαλίη, nec Λαφρίη, quod
"repofuit Vir cl. ad Suidam III. 263. (p. 526. ed. Lipf.)
"hic locum tenere poteft. Dedicatio enim non Dianae,
"fed Veneri facta, ut ex comparatione Epigrammatum
"Gaetulici et Longini cuique manifeftum erit. Repo-
"nenda eft Cod. lectio Λαθρίη, quod Veneris eft epithe-
"ton: Venus clandeftina, furtiva, quae alio, fed eju-
"dem fignificationis nomine Κυπρία dicitur. Vide He-
"fych. hac voce, et quos ibi laudant interpretes." Haec
Brunckius. Λαφρίη non tam *Toupii* commentum eft,
quam *Reiskii*; qui ipfe tamen huic conjecturae parum
habebat fidei. Codicis lectionem ille interpretatur de

des praefide et tutrice eorum, quibus tenebris et ignoratione opus est, hoc carmen nimirum a *Leonida* exsule scriptum suspicatus. Quae suspicio tota nititur depravata lectione ἰα πλάνης. — Λαϑρία ut nomen puellae occurrit ap. *Pausan.* p. 248. — Mox *Reiskius* vertit, ac si legisset ἔρμα πλάνης, *cersa statio exilii.* — *Toupius* non solum ἰα ταύτης, sed etiam ἰα σπανίης conjecit. Illud ut suavius praeferr; nec dubitare nos sinit *Longini* imitatio. — Pro πτιότιμα apogr. Lipf. τιπότιμα. ππότιμης h. l. non eo sensu accipiendum, quo vulgo de Thessalorum plebe usurpatur, (vide *Rubnken.* ad Tim. p. 212. *Schneider* ad Xenoph. H. Gr. p. 96.) sed *pauperem* simpliciter denotat. — V. 2 ἐλίγης στνόν Cod. non, ut *Brunck.* ait, ἐλίγης τόσν, quod in pluribus apographis reperitur, etiam in *Kusteri.* Conf. ad Ep. IX. 10. — V. 3. *Suidas* excitat in ψώττα et στιότα. — ἰοϑύσαμεν, *bene asservatam.* In Cod. est ἰλαίην. — V. 4. ἀπὸ πρᾶαν Cod. quod *Salmas.* emendavit et post eum *Toupius.* *Nicander* in Alex. 316. ἰνδύτης ἐνταρπαλίοισας ἱρτικῆς; i. e. τῆς εωαῆς πλάσης secundum Schol. *Hesychius:* πράϑη. ευαϑη πλάδυς. Vide *Schneider.* ad Nicandr. p. 177. Aliorum de voce πρόβος sententias collegit *Bodarus a Stapel* ad Theophr. l. 13. p. 42. *Lonculus Gasc.* Ep. III. τρύτην εὐφυλλαν ευαν κὰτ ἀκριμένον. — V. 5. ἀπὸ στέλα Cod. — αἰϑάλου *Kuster.* *Suidas* v. ὑποπτυλλων εύα αἰϑάλη. Vide de hac voce *Villois.* ad Longum p. 74. — In exitu verf. Cod. ττιτάβλοσεν. cui lectioni speciem facit *Gassal.* l. c. τυντέλα τὴν στιφανίης εὐρύνεα. . Sunt quinque acini ab uva decerpti. — ὑποστυθμέλεω, τὴν εἰς τὸν πυθμένα ματαλειφϑεῖσεν. Suid. Libationem poeta facit paucarum guttarum, quae poculi fundo adhaeserant. Commentarii loco sunt versus *Garsulici* — καὶ σταφύλτ στυσάζειν, καὶ Ϛιδύσειν ὀπηϑὸν, τῆς πύλακος βαιᾷ πυθμένα καδϑαμένη. — V. 7. ἰχϑρὸν. Cod. *Reiskius* ἰχϑρὸν αἰα πούης dedit. Initio verf. 7. idem et *Kufter.* ἦν δὲ με χ'ὰς.

[¶.224.] *XIV.* Cod. Vat. p. 200. in marg. ἰοφαλμένοι. Edidit *Kufter.* ad Suid. T. II. p. 314. unde *Toupius* in Em. in Hefych. T. IV. p. 198., *Reiske* in h. p. 61. nr. 534. Hellaonis et parafitae dedicatio ad voracitatis deos. Comparavit *Meinecke Ariston* Ep. I. Tom. II. p. 258. — V. 1. Λαβροσύνα et φιλοχιλᾴ Cod. Parum feliciter *Reisk.* φιλοσώλᾳ, i. e fecundum eum τῷ σαίλλων φιλοῦντι, *vellicare et discerpere amanti*, conjecit. Optima est *Brunck*i lectio. Gulofitatis est *ligurrire*, λείχειν. Λαφυγμὸς ut persona videtur commemorari in *Aristoph.* Nub. 52. ubi delicatam conjugem descriit Strepsiades, ἔζωσεν — Δαπάνης, Λαφυγμοῦ, Κωλιάδος, Γενετυλλίδος. In Achaia deus colebatur Δειπνῶς, ἀπὸ τῶν διάπων ἐχῶν τὴν προσηγορίαν, Munychiae heros Ἀκρατοπότης, apud Spartanos Μάττων καὶ Κέφλων, coquorum nomina, tradente *Athen.* L. II. p. 39. C D. — V. 2. nomen dedicantis in Cod. Δειπζει scribitur. Unde *Brunckius* noverit, belluonem nostrum non fic, ut in Cod. est, fed Deifoam appellatum fuisse, equidem ignoro. Ceterum in hoc versu Cod. Lipf. terminabat unum Epigramma et secernebat illud a sequentibus, interjecto ἄχλον. Quod unde factum sit, non apparet: nec tanti est. — V. 3. 4. ex schedis *Salmasii* protulit *Jungerm.* ad Polluc. X. p. 1274. ἀνέστορας legens, ut est in Cod. qui etiam Λαρισαίους habet. Ollae Larissaeae an alibi occurrant, nescio. *Schneiderus* Λαρισαίους correxit, et Λαρισαίους δημιουργοὺς occurrere in dicto Gorgiae ap. *Aristot.* de Rep. L. III 2. in margine notavit. Prope Larissam, urbem Phthiotidis, Oloosia jacet, quam πόλιν λουσὴν appellat *Homer.* in Cat. Nav. 246. ut *Strabo* ait, ἀπὸ τοῦ λουκόγχλας εἶναι L. IX. p. 440. Ex hac argilla Larissae ollas fuisse factas, verisimile est. — In forma χύτρας haerebat *Reiskius*, qui χύτρας cum *Kustero* dedit. Sed masculinam terminationem asserit *Diphilus* in Epiclero ap. Polluc. X. 99. χύτρον μέγαν παρὰ τοῦ μαγείρου. Similem depravationem paſſus eſt locus *Herodoti* VII. 176. p. 588. 28. ubi cum χύτρους γυναικείους legeretur, *Euſtathius* haec verba excitans ad *Dionyſ. Perieg.* v. 437. χύτρας, formam vulgarem, dedit. *Salmaſ.* ad Solin. p. 83. D). *Ammiani Marcellini* locum laudat ex L. XXII. Sunt *ibi*rma *lutra*, quas *Chytras indigenae vocant.* ubi *Chytros* legendum ſuſpicatur *Bod. a Stapel* ad Theophr. IV. p. 477. — In vocabulo ανάστοφας (ap. Lipſ. †αστο φας) emendando valde trepidat *Reiskius*, qui ex pluribus conjecturis tandem probat αιγάστοφας. *Brunckii* lectionem αιγάστοφας de ollis ventrem implentibus et curantibus male quidam interpretatur; nam ad ipſarum ollarum ventrem reſpicitur. Lagena παχύκοιλος χύτρας dicitur γαστροφορεῖν ap. *Philipp.* Ep. LVIII. γάστρην τρύπα δες dixit *Homer.* Il. v. 348. Vide *Klotz* ad Tytt. p. 54. ſq. — Vera autem videtur *Toupii* emendatio, αντογάστορας. quod epitheton *Leonidae* indolem refert. — V. 5. excitat *Suid.* v. εγερις. ubi ἐγγαστιν. — Ad v. 6. *Brunckius* notavit haec: „Scribe τρυόλλον. τρύον eſt cochlear, ſeu „ſpatha, qua ἔπος inter coquendum agitatur, *τορύνη*, „*Suidas* τορύνη. τὸ κινητήριον τῆς χύτρας. ubi partem hujus „pentametri profert, cum ſcriptura τρυόλλον, quam ha„bent hic Vat. Cod. et Planudes in Ariſtonis Ep. I. „ubi recte dedi τρυόλλον. Quod autem in textu legitur „στρυόλλον, e Salmaſii emendatione eſt, quam nihili eſſe, „nunc agnoſco.“ Haec *Brunckius*, a *Schneidero* erroris admonitus. ἔπος, τορύνην et χύτραν jungit *Ariſtoph.* in Av. 78. ubi *Beckius* eadem in *Platonis* Hipp. maj. p. 349. conjungi monuit. — εγέστιν μάχαιραν *Suidas* explicat. — V. 8. πύκας e Cod. Lipſ. aſſumſit *Reiskius*. Inexſpectata Epigrammatis converſio et plane comica.

XV. Cod. Vat. p. 206. Edidit *Kuſterus* ad Suid. T. III. p. 267. Anonymus in Miſcell. Obſ. Nov. Tom. I. P. III. p. 157. *Reiske* in Anth. p. 68. nr. 552. *Valckenar* ad Theocrit. Adon. p. 350. Mater pictam filii ſui imaginem Baccho dedicat. Morem infantium statuas diis, Dianae inprimis et Luciuae, dedicandi attigit *Dorvill.* in Vann. crit. p. 196. Sed hujus rei alia fuit ratio. Hic mulier filiam Baccho (cujus mysteria quantopere in Magna Graecia floruerint, nuper docuit *Borrigerus* in Proluf. de Orig. Tiroc. an. 1794.) de meliori commendat. — V. 1. „Μίνυθος hic pro nomine proprio habui; hinc notatum a Salmasio ad Hesychium v. μινύθιον, τὸ μικρὸν, καὶ τέκνον. Appellative etiam sumi potest." *Brunck.* Cave appellative sumas; quamvis v. 3. ad nominis analogiam respicitur. Μίνυθος autem vetus nomen apud Siculos fuit. *Micyrbo* servo Anaxilaus, priscus rex Siciliae, liberorum suorum tutelam commisit, secundum *Justin.* IV. 2. Cf. *Macrob.* Sat. I. c. XI. Rheginum, quem Μίνυθον vocat *Herodotus* VII. 170. p. 585. Σμίνυθον nominat *Pausan.* V. p. 447. Vide praeter *Valcken.* ad h. l. *Wesselingium* ad Diod. Sic. X. 48. et 66. Σμίνυθον Macedonem commemorat *Plutarch.* T. II. p. 177. D. — Hoc distichon protulit *Suidas* in γρυτή. Cum γρῦτες vilissima mercium retrimenta sint, (vide *Kuhn.* ad Polluc. I. p. 69.) τὸ γρυτῶδες rem vilem notare videtur. *Longinus* sic vocavit genus dicendi, quod, quia ineptis lenociniis sucatum est, nullius est pretii; vide *Ruhnken.* p. 247. et *Toupium* p. 283. qui nostri carminis non immemor fuit. Fuse hoc vocabulum pertractavit *Salmaf.* ad Scr. H. Aug. T. II. p. 534. sq. — ζῶν, quod mihi nonnihil suspectum esse fateor, *Reiskius* cum γραψαμένω jungit, ut sit ζωγραφισαμένω.

XVI. Cod. Vat. p. 412. Εἰς ἄγαλμα Ἑρμοῦ. Planud. p. 345. St. 484. W. Carmen paulo obscurius. Miccalio, vir pauper, ut calo, Mercurio statuam dedicasse videtur; hanc Μικκαλίωνος ἄγαλμα vocat, ut a Miccalione positam. — V. 1. Cod. Vat. ὑλοφόρον τοῦ ἄγαλμα δ', ὁδοιπόρε, Μικκαλίωνος. unde scribendum videtur τοὔγαλμα. Nomen

viri etiam in Planodea uno duntaxat = fcribitur. Male
Derivatur enim a μίακος. — V. 2. In contextu *Bruc-
ckius* dedit: ἀλλ' ἴθι τόν δ', Ἑρμῆ — quam lectionem a
fua fententia prorfus alienam effe ait in Lect. p. 49.
Scribendum effe: ἀλλ' ἴθι τόν δ' Ἑρμῆς κ. υ. Idem cum
dicit, in *iisis libris* minus cuncinne legi Ἑρμῆς δ' ἀλλ' ἴθι
τὸν κ. υ. fufpiceris procul dubio, eum fuam lectionem
ex libris mfuis fumfiffe; quod fecus puto. In Vaticano
quidem legitur: Ἑρμῆς δ' ἀλλότων κ. υ. quod quamvis
corruptum, nihil tamen a Planodeae lectione difcrepat.
Ceterum verba fecundum notum Graecae linguae idiotifmum fic jungi debent: Ἑρμῆς δη, ὡς οὗτος ὁ ἐλαφρός
τελεστατο ἐπιδεξίοισιν ἐπ' δ. δ. Non latuit deum hujus ca-
lonis pietas, qui in tenui fortuna invenit, quod deo
donaret. — V. 3. ὡς ἐξ οἰζυρῆς. Planud. et Cod. Vat. —
Ultima hujus carminis hoc dicunt: virum bonum, in
quacunque tandem vitae conditione collocatus fit, pauperem divitemve, femper fe bonum et pium praeftare.

XVII. Cod. Vat. p. 413. ὡς παρὰ τοῦ Πανδς, Λεωνίδα
Ταραντίνου. Edidit *Salmaf.* ad Solin. p. 765. F. *Reiske* in
Jenfianis p. 175. ur. 802. Expreffit *Erycius* Ep. V.
Pan venatori et aucupi, rite eum invocantibus, auxilium
promittit. — Hoc Epigramma *Propertius* ante oculos
habuit L. III. El. XI. 41.:

Dique deaeque omnes, quibus eft tutela per agros,
Praebeant veftris verba benigna focis.
Es leporem, quicunque venis, venaberis, hofpes,
Et fi forte meo tramite quaeris avem.
Et me Pana tibi comitem de rupe vocato;
Sive petas calamo praemia, five cane.

— V. 1. λαθύγηφα Cod. et κετεινᾶ. Hoc et *Salm.* et
Jenf. fervarunt. — V. 2. »Perperam vir doctus λατθν
»ἢ λαττὸν mutabat: τοῦδ' ἐπὶ λιοῶν ἔρος fignificat *in me-
»diam hanc convallem duorum monfium.* Glabros montium
»apices

apices non quaerunt aucupes, ubi calamos suos struunt; sed in umbrosis locis et ad aquae rivos capturam esse sciunt." *Brunck.* Vir doctus, quem significat, est *Heringa* in Obss. p. 53. sive *Reiskius*, qui ἀποδν edidit. In eandem conjecturam incidentem *Toupium Brunckii* rationes ab opinione sua revocasse videntur, in Emend. in Hesych. T. IV. p. 339. — V. 3. ἱλασπύν. Cod. ἱλλασπύν. *Salmas.* et *Reisk.* — V. 4. συνεγύω. Cod. Genuinam lectionem dederunt *Salmas. Jens. Reisk.*

§. 225.] XVIII. Cod. Vat. Ἄδηλον. οἱ δὲ Λεωνίδου Ταραντίνου. *Leonidas*, cujus ingenio omnino dignum est, tribuit Planud. p. 418. St. 553. W. Heronax Satyris et Baccho tres vini cados, totidem vinearum primitias, dedicat. V. 2. 3. excit. *Suidas* v. ἰρύγματα. V. 3. 4. in αἴδοι. V. 5. cum parte sexti in ἁνοδ. οἴνοπος μέλας. — V. 2. *Suidas* lectionem πρῶτα ἰρύγματα φ. probat *Brunckius*; *primitias vineae recens consitae, quae primos suos fructus reddebat.* — De φυτάλια vide ad Epigr. ἄδλον. CLXXXIII. — V. 4. πρωτοχύτοιο. i. e. πρώτου. Primum ex uvis vineae, tum demum consitae, expressum vinum describitur.

XIX. Cod. Vat. p. 142. sq. Planud. p. 431. St. 565. W. Tres fratres, venator, auceps et piscator, Pani dona ferunt. Hoc argumentum Anthologiae poëtae usque ad fastidium repetiverunt, quorum imitationes vide in Planud. VI. cap. XV. V. 1. laudat *Suidas* v. ἵμασμός. 1. 2. in ἀγγυτία. — V. 3. Vulgo ἐν ἀπὸ μὲν σύ. In Cod. Vat. ἐν ἀπὸ τᾶς στιπτᾶς. — In versus exitu ἄδμης Cod.

XX. Cod. Vat. p. 196. Planud. p. 424. St. 559. W. Imitando hoc carmen expressit *Antip. Sid.* Ep. XXIII. Tres puellae Dianae instita'm, communi opera elaboratam, dedicant. — V. 1. laudat *Suid.* in σίζα. Vide de hoc vocabulo Intpp. *Hesychii* v. σίζα. Est limbus, qui stolam in ima parte ambit. Dextram ejus partem sinistra elaboraverat, μέχρι παλαιστής ἡ σπιθαμῆς. Altera mensura priore paulo major est. παλαιστὴ est palma, vola manus, non multo latior quatuor digitis. *Hefych.* παλαιστή. σπιθάμη. τὸ τεττάρων δακτύλων μέτρον. σπιθάμη dodrans, duodecim digitorum mensura. σπιθάμη. τὸ μέτρον, τὸ ἀπὸ τοῦ μεγάλου δακτύλου ἐπὶ τὸν μικρὸν διάστημα ἑκτάθέν. *Idem.* Vide *Bodaeum a St.* ad Theophr. L. II. p. 89. Erat igitur limbus admodum latus. — θάτερα, partem oppositam, finistram. — Inter utramque oram Maeander, tertiae puellae opus, cum virginibus pictus erat. *Maeandri* inter ornamenta vestium noti vel ex *Virgilio* Aen. V. 250. *Victori chlamydem auratam, quam plurima circum Purpura Maeandro duplici Meliboea cucurrit.* Nuper etiam rem ex veteribus monumentis illustravit *Boissigerus in den Vascengemälden* Fasc. I. 1. p. 89. — V. 5. νῆμα. Hic opus textum significat; filum ap. *Theocrit.* XXV. 74. μαλακὸν περὶ γούνατι νῆμα Χειρὶ καταστέλλοντι. Vide *Valcken.* ad Adon. p. 372. B. — V. 6. τρὶς ψυχῆς θαλπε. ἀντὶ τοῦ ἐκ ψυχῆς ὑπαρχούσης καὶ ἀσμενιζούσης φιλοφρόνως. Schol. ed. Wech. Dictum est pro vulgari ἐκ ψυχῆς live ἀπὸ ψυχῆς φιλεῖν, quod exemplis illustrat *Weifter.* ad N. T. L p. 478. — ἔργον. ipsum opus, in quo elaborando tres illae mulieres σπουσιῶς sudaverant.

XXI. Cod. Vat. p. 165. fine auctoris nomine. Exftat ap. *Paufan.* L p. 31. et *Plutarch.* in Vit. Pyrrhi c. 26. Tom. III. p. 45. ed. Tubing. Neuter eorum auctoris nomen prodidit. *Leonidae* tribuit Planudea p. 443. St. 576. W. Pyrrhus, cum post expeditionem in Italiam arma in Antigonum, Macedoniae regem, convertisset, eumque, impera in Macedoniam facto, una cum mercenariis Gallorum copiis sudisset fugassetque, Galatorum spolia in Minervae templum dedicavit. *Plutarch.* l. c. ὁ δὲ Πύρρος ἐν εὐτυχήμασι τοσούτοις μέγιστον αὑτῷ πρὸς δόξαν οἰόμενος διαπεπράχθαι τὸ περὶ τοὺς Γαλάτας, τὰ κάλλιστα καὶ λαμπρότατα τῶν λαφύρων ἀνέθηκεν εἰς τὸ ἱερὸν τῆς

Ἰτωνίδος Ἀθηνᾶς, τῇδε τὰ ἐλεγεῖον ἐπιγέγραπται· Τοὺς θυρεοὺς — —
Conf. *Justin.* XXV. 3. Genuinam esse inscriptio-
nem dubitat *Maffei* in Crit. Lapid. p. 31. — V. 1.
τοὺς θυρεοὺς. θυρεός, ἀσπὶς ᾗ σκεπόμεθα secundum *Hesych.*
Verum discrimen est inter θυρεὸν et ἀσπίδα, quod docuit
Perizon. ad Aelian. V. H. III. 24. *Alberti* in ObsT. phil.
p. 374. sq. *Spanhem.* ad Julian. Orat. I. p. 242. qui
etiam ad *Callim.* H. in Del. 184. p. 502. de θυρεῷ disputat, nostri loci non immemor. Veterum grammaticorum interpretationes diligenter collegit *Wassenb.* ad N.
T. II. p. 260. — Ἰτωνίδ. Nomen Itonidis Minerva accepit ab Itone, oppido Thessaliae, secundum *Hecataeum*
ap. *Schol.* in Apoll. Rh. I. 551. Ejus templum, quo
Pyrrhus Gallorum spolia dicavit, situm erat inter Phe-
ras et Larissam, teste *Pausan.* I. p. 31. Scribitur autem
Ἰτωνία, Ἰτωνιὰς et Ἰτωνίς. Conf. *Luc. Holsten.* ad Steph.
Byz. p. 151. et *Spanh.* ad Callim. H. in Cerer. 75.
p. 796. — V. 2. ἰνέμοντ. Plan. Cod. Vat. — V. 4.
Αἰακίδα. Pyrrhus generis sui originem referebat ad
Pisam, Neoptolemi filium. Nota res. Vid. *Pausan.*
L. II. p. 17.

§. 226.] XXII. Ex *Pausania* L. I. p. 31. relatum
est in Append. Planud. p. 504. St. *10. W. Adscripti
fuerant hi versus spoliis Macedonum, quae Pyrrhus,
Antigono devicto, Jovi Dodonaeo dicavit. — V. 1. ἄλλα
ad ἀσπίδας referendum. His armis Macedones olim Asiam
devastarunt, his Graeciam redegerunt in servitutem. —
V. 4. Vulgo ap. *Pausan.* Μακεδονίας legitur. — Ceterum hoc Epigramma *Brunckius Leonidae* ex conjectura
tribuit.

XXIII. Cod. Vat. p. 165. Planud. p. 443. St.
576. W. Agnon arma Lucanis erepta Minervae dedicat.
Tarentini enim Lucanis crebro bella gesserunt; vide
Heynii Opusc. Acad. T. II. p. 227. etiam *Leonidae* aevo,
duce Pyrrho Ol. CXXV. Cf. *Strabo.* p. 429. B. —

V. 1. δρωντος θώρηκας. *loricas lineos* intellige. Vide *Drakenborch.* ad Sil. Ital. IX. 587. *Casaub.* ad Sueton. Galb. c. XIX. — V. 2. νίκας τ᾽ Plan. — V. 3. ταῦτα ἀντὶ et in marg. γρ. τόδ᾽ ἀντὶ, Cod. Vat. — Κορυφασία Cod. et Planud. librariis hanc vocem cum *forma* jungentibus. Minervae Coryphasiae templum fuit in promontorio Coryphasio prope Mothonem, ut diferte tradit *Pausan.* IV. 36. p. 371. Cf. *Valef.* ad Harpocr. p. 40. Docte argutus, ut Sancti Patres folent, *Arnobius* IV. p. 137. *Desistetne illa Minervam se dicere, cui Coryphasiae nomen est, vel ex Coryphae matris signo, vel quod e vertice Jovis palmam forma emicuit?* Jupiter κορυφαλος occurrit ap. *Pausan.* II. p. 121. et ap. eundem ex *Telesillae* fragmento ᾽Αρτεμις κορυφαῖα L. II. 28. p. 175. — V. 4. ᾽Αγων (quod *Brodaeus* pro participio habuit) Εἰανθεύς. Planud. Ελλάδος. Cod. Vat. — Agnonis nomen paffim ap. veteres obvium. Inter comites Alexandri fuit Agnon Teïus. *Plutarch.* Vit. Al. Tom. IV. p. 32. ed. Bry. Agnon, Theramenis pater, Atheniensis, ap. *Xenoph.* Hist. Gr. L. II. 3. 30. Plures hujus nominis vide in Ind. *Thucydidis.* — Ad Οἰανθεὺς *Schneiderus* notarit, commemorari urbem Oeanthem, in Locride ad mare sitam, ap. *Stephan. Byz.* v. et ap. *Pausan.* X. 38. p. 897. sed ap. *Ptolemaeum* p. 210. legi Εὐανθία. Nomen gentile Οἰανθεὺς occurrit ap. *Thucyd.* III. 101. ubi vide *Duckerum*, qui formam Οἰάνθη prae altera probat. — In fine Cod. Vat. βιαζομενον.

XXIV. Cod. Vat. p. 165. Planud. p. 444. St. 577. Wech. Etiam hoc Lucanorum spoliis, in Minervae templo dedicatis, inscriptum. V. 1. 2. laudat Suid. Tom. I. p. 517. Alterum distichon idem v. λαιμπτοι Tom. I. p. 517. — V. 1. Συροδετιδας. scuta oblonga. Nihil diversa videntur a Συρεοις. — ἀλλ χ. omnes. *Brunckius* ὅ τε legendum censebat. — V. 2. ξυστα Cod. Vat. Plan. Suid. Pro ἀξυστα in antiquis *Suidae* edit.

μάκαρσι legitur. — *Maesalc.* Ep. IV. ἀδμῆτες δολιχός. *Homer.* Il. s. 563. αἰχμαῖς ἀργυρέῃσι. — ἀμφίβολοι fortaſſe appellantur haſtae in utraque parte armatae. De cuſpide inferioris partis multa collegit *Borriger. über den Raub der Caſſandra* p. 56. not. 54. Fracta haſta, inferiore cuſpide pugnabant, ut praeclare intelligitur ex *Polyb.* VI. 25. 5. — V. 3. Homericum dicendi genus. Il. ρ. 727. Philoctetae abſentis copiae τόξων γε μὲν ἔργον. *Noſſis* Ep. VI. arma domini ſuis demta οὐ ποθέοντι καμὼν τάχιας, εἰς ἵππον. — V. 4. Παλλάς. Minervam Itoniam ſignificari, temere affirmavit *Broderus*. — ἀμφέχανεν (ſcribe ἀμφέχανε) θάνατος. Anthol. Lat. T. II. p. 45. LXIII. *Mors, quae perpetuo cunctos abſorbes biatu.* Noſter Epigr. LXXXV. οἶον, γαῖ', ἀμφέχανες κεφαλήν. *Sophocles* in Antig. 117. Polynices Thebis inhians φονίαισιν ἀμφιχανὼν κύκλῳ λόγχαις ἑπτάπυλον στόμα ἵπε. Vide *Abreſch.* ad Aeſchyl. L. II. p. 444.

XXV. Cod. Vat. p. 141. Planud. p. 412. St. 547. W. ubi multa carmina ex noſtro expreſſa legun tur. Diophantus piſcator artis inſtrumenta Mercurio, ut videtur, dedicat. — V. 1. στύππινε. Salmaſius ad „dedicationem ſtatuae Regillae p. 87. hic ſcribendum „eſſe contendit σύανσις, de qua ſcriptura videndus Dor „ville ad Charit. p. 442. Supra in Epigr. XIV. 5. Sui „das in edit. principe βύρσιντόν τε κράσπεδον. Vide eun „dem Dorville laudati operis p. 215. et 105. Hoc, ut „Leonidae fere omnia, Dorica fuit dialecto ſcriptum, „cujus formas habet Vat. Cod. in ult. diſt. τέχνας, ἀρ „χαῖαι, τεχνόσυνας." *Brunck.* Vulgatam ſimilis licentiae exemplis defendere licet. *Nicander* Alex. 92. καὶ ἢ σύγ' ἢ μαλάχης ἑλδώσης ἢ φυλλάδα τίξας. Oraculum ap. *Euſeb.* in Praepar. Evang. V. 7. p. 192. B. αἰλαὶ καὶ τομπόσυν πέταγοι. Vide etiam, quae ad noſtram lectionem defen dendam protulit *Toup.* In Addend. ad Theocr. p. 402. ἀγκίστρου ἀκμαπέος αἰχμῇ dixit *Oppian.* Hal. III. 128. —

V. 2. γέμυσιν. Cod. — V. 4. Vulgo σύρμα ὰ. Nec aliter Vat. Cod. In Cod. Mediceo ἄρμενα, teſte *Dorvillio* ad *Charit.* p. 214. qui hinc ἄρμενα elicuit. *Antip. Sidon.* Ep. XV. θέσαν ἄρμενα τέχνας. Ep. klīov. XC. πάντες ἄρμενων ἐργασίας. CXVI. λαμπρὰς ἄρμενων ἐργασίας. — V. 6. ἱστρας vulgo et in Cod. Vat. quam lectionem in noſtro poëta reprehendere non auſim; nec auſus eſt *Dorvillius*, qui ad *Charit.* p. 105. conjecturam ἰστρμοῦς haeſitabundus proponit. Ut hic ἱστρας, remiges, pro ἱστρμοῦς, remigiis, ponuntur, ſic Ep. V. σαγηνευτὴς, quod *piſcatorem* ſignificat, poſitum eſt pro *everriculo*, ſive naſſa, qua piſcatores utuntur. Si hujus loci meminiſſet *Bruckius*, ἰστρμοὺς, quod vocabulum nulla auctoritate nititur, non recepiſſet. — V. 7. ἐνέντεμι τ. Mercurio, ni fallor. In iis quidem carminibus, quae ex noſtro expreſſa ſunt, piſcatores inſtrumenta ſua Mercurio dedicant. Cf. *Oppiani* Halieut. L. III. v. 13. ſqq. et 26. ſq.

XXVI. Planud. p. 343. St. 483. W. *Theocriti*, non *Leonidae*, videbatur *Salmaſio*. In Priapum a Theocrito in bivio collocatum. — V. 2. *Hefych.* ἰστερπνι. ἡτπαλαπ. — καὶ τὸ αἰδοῖον. *Lyſiſtrata Ariſtophanis* in fabula cognomine v. 553. optat, ut Venus viris ἵμερον κατὰ τῶν κόλπων καὶ τῶν μηρῶν κατασταγίση κἆτ' ἐντέρμω τέτανον τυμπὸν τοῖς ἀνδράσι καὶ μεταλιγμένα. — V. 4. τὴν φλίβα. qui fur acceſſeris, laxior redibis, ut eſt in Luſibus. φλίβα, quam Latini *venam* appellant. Vide *Scaliger.* ad Luſus c. XXXIII. *Alcaeus Meſſen.* Ep. III. κευψάμενος γνοίμων τις ἁπὸ φλίβα Μήτρης ἐγέρσας. Polypum, cui ſtimulum venereum ineſſe putabant, φλιβὸς τρεπωτῆρα comice vocat *Xenarchus* ap. *Athen.* L. II. p. 64. A. in quibus verbis interpretandis *Caſaubonus* vehementer a vero aberravit, et, quod miſeris, in errorem ſecum abduxit gallicum *Athenaei* interpretem *Lefebure de Villebrune*, qui vertit: *le polype, ſi promt à changer de couleur*; quo nihil falſius. — Ceterum verba τὴν φλίβα δεξάμενος nimis caſta videbantur

Josepho Scaligero, qui conjecit: τὴν φαῖρ' ἀλεξάμενος — fatis ingeniose; fed mutatione non opus eft.

v. 227.) *XXVII.* Planud. p. 328. St. 467. W. In ſtatuam Mercurii, pecudum cuſtodis, a paſtore poſitam. Mercurius diis paſtoralibus paſſim annumeratur. *Pauſan.* L. II. 3. p. 117. Mercurii ſignum deſcribit, ariete adſtante, ὅτι Ἑρμῆς μάλιστα δοκεῖ θεῶν ἐφορᾶν καὶ αὔξειν ποίμνας, καθὰ δὴ καὶ Ὅμηρος ἐν Ἰλιάδι ἐποίησεν· υἱὸν Φόρβαντος πολυμήλου, τὸν ἴα μάλιστα Ἑρμείας Τρώων ἐφίλει καὶ κτῆσιν ὄπασσε. ex II. ξ. 490. Vide *Arnold.* de Diis Aſſeſſ. p. 137. — V. 1. vulgo εἰγὼν legitur. — V. 4. τοῦ γ' ἀρπακτῆρος μήτι μέλεσθε λόγον. Vulgo. Haec *Brunckius* ſine auctoritate mutaſſe videtur, cum aut nulla aut minima mutatione indigerent; tertium verſum intactum reliquit, qui corruptiſſimus eſt. Scribendum enim, niſi me omnia fallunt:

ἀλλὰ μελεῖτ' ἐν' ὄρει, χλωρᾶς κατεροσμέναι ὕλης, τοῦ δ' ἀρπακτῆρος μή τι μέλεσθε λόγου.

Similiter *Julius Argyps*. Ep. VIII. ubi piſcator ſenio confectus, armis ſuis dedicatis, Ἰχθύσι, ait, ἀλλὰ νέμεσθε γηγηθότες, ὅττι θαλάσσῃ ἄλμας ἔχων Εὔηρος γῆρας διεκθίβριμα.

XXVIII. Cod. Vat. p. 177. Planud. p. 447. St. 580. W. Faber lignarius Minervae inſtrumenta ſua ponit. Pro θεραῖς v. 1. *Suidas* habet Δερις in v. δαιδαλόχειρ. Idem laudat v. 2. voce πριων. v. 3. in ἤντανα.

XXIX. Cod. Vat. p. 409. Planud. p. 56. St. 80. W. Repetivit, quaedam ex Palatinis membranis corrigens, *Salmaſ*. in Inſcript. Herod. p. 13. ſq. Mercurius in eadem ara cum Hercule poſitus, de aſſeſſoris ſui iniquitate conqueritur, quod, quae utrique fuiſſent appoſita, ſolus devorare ſoleat. Mercurii et Herculis ſimulacra ob varias cauſas conjuncta paſſim commemorantur; de qua re vide *Arnoldum* de Diis Aſſ. p. 137. ſqq. quem noſtrum carmen fugit. In ſimili argumento luſit *Antip.*

Sidon. Ep. XXVIII. Ceterum Herculis ἀλληγορία tritum
poëtarum et comicorum et satyricorum argumentum
fuit. Vide, quae notavit *Bergler.* ad *Aristoph.* Ran. 62.
Warton. ad *Theocris.* Eid. VII. 153. XXIV. 136. —
V. 1. οἶτω hic et verſ. ſq. Planudea. αὖτω Cod. — V. 3.
ὁρᾶν Ald. pr. et Aſcenſ. In Lect. Ald. pr. ὁρᾷν, quod
ſeqq. receperunt. — οἷον ἐρχς. ut Amycus ap. *Theocris.*
Eid. XXII. 59. τοιόςδ᾽, οἷον ἐρχς. — V. 5. Hic verſus
cum ſeq. intpp. vehementer exercuit. *Scholiaſt.* recte
intellexit, ſenſum eſſe debere: Erga nos parum amice
facimus. Quod autem apoſiopeſin eſſe ait et verbi el-
lipſin (αὐτοῦ᾽ οὐ καλῶς συμβαίνομεν), in eo egregie ſalli-
tur. Hunc ſenſum reddidit *Grotius*: *Ambo boni vobis:
inter nos non ita; quippe Huc ſi forte pirum quis tulit,
ille voras.* Puſillum mendum obeſſe putabat *Opſopoeus*,
quominus haec emendate legerentur, corrigitque: καλὰ
παθ᾽ αὑτοις. quo nihil efficitur. In hunc modum ſi locus
emendari poſſit, praeferendum ſit περ᾽ αὑτὰ, quod *Scaligero*, ſive, quod *Hemſio* in mentem venit p. 7. καλὰ
παθ᾽ αὑτοις, ἤν τις μοι παραθεὶς, ſubint. ᾖ. Seq. verſc, ubi
vulgo legitur αὐτῷ μοι παραθεὶς, auxilium tulit Vat. Cod.
αὐτομοι παραθεὶς exhibens, unde *Salmaſ.* eam lectionem
procudit, quam *Br.* recepit. Hac admiſſa *Wakefield.*
in Delect. Trag. T. I. p. 218. ἀλλ᾽ ὁ παθ᾽ αὑτοὺς Λ. tentavit, hoc ſenſu: „Ambo quidem hominibus faciles;
„ſed ille, ſi vel immaturos piros apponas nobis, ſtatim
„abſorbuit." qui quomodo ex hac lectione ſatis commode extundi queat, non video. *Caſaubonus*, cujus conjectura proſtat in Schedis Bibl. Bodlej. non admodum
felix: καλὰ περ᾽ αὑτὰ Λυτῷ μοι παραθεῖν — — in Comment.
ad Scr. Hiſt. Aug. T. I. p. 311. poſt verſum quintum
diſtichon periiſſe ſuſpicatus, totum hunc locum integri-
tati reſtituere conatus eſt ſic:

ἄμφω μὲν θνητοῖς ειδέκοι· καλὰ παθ᾽ αὑτοὺς
ἐντίοι, ἐρχαλέος ούτινα τοῦτο βλέπει.

I. 227.   ΕΠΙΓΡΑΜΜΑΤΑ.   89

> ὅσας γὰρ αὐτῇ τις πέρθετο τῆς διελς, αὗτος
> αὐτῷ εἰ παραθεὶς ἐχρέλας, ἠγλέαφεν.

Ad ferendam opem mortalibus, Mercurius ait, concemit facile nostra amborum voluntas: ceterum nobis inter nos parum convenit, propter rapinas hujus et violentiam: nam quidquid in commune ambobus aliquis apposuerit, id omne sibi ille apponit ac vorat. Contra Casaubonum disputat Salmasius, qui aliquid deesse negans, πρὸς αὐτοὺς pro πρὸς ἡμᾶς accipi posse contendebat. Equidem tamen non dubito, quin nonnulla exciderint, fortasse post ἠγλέαφεν· reliqua vero sic correxerim:

> αἱ δὲ τοτ' αὗας
> αἱ τ' ὀμὰς παρθεὶς ἐχρέλας, ἠγλέαφεν.

sive siccas et vetulas, sive acerbas et immaturas apposuerit. — λάττειν et ἠγλάττειν de voracibus passim. Vide Casaubon. Animadv. in Athen. p. 669. 59. L. Bos Obss. crit. p. 83. *Valcken.* ad Ammon. p. 20. sq. — V. 8. τοὺς Planud. Vat. Cod. Mox etiam Planud. εἴτε πάντας δ' εἴτε χόλας. Novissimam vocem Cod. Vat. χόλην scribit. — In πόρθεται haereo. Si vera est lectio, subaudiendum ἠγλέττειν, *deglusire se parat*; ut ap. *Alciphr.* l. 22. p. 84. πρὸς τὰς κατασκευὰς πυργπιζόμενος. Casaubonus tamen in notis mstis ἴξετεν correxit. Hoc verum non videtur. In talibus enim non ἴξετεν, sed πορεύειν usurpari solet. — Ceterum non omittendum est, *Gilbertum Wakefield* pro αὗτε utroque loco αἱ τε legere. — V. 10. Jam Mercurius, cum tantum ex hac societate detrimenti capiat, sacrificaturos rogat, ne dona sua utrique simul, sed singulis separatim dare velint. Hic, quid ἄμφω sibi velit, plane non intelligo; nec sincerum putavit *Jos. Scaliger*, qui ἄφνω conjecit; perperam. Scribendum, ni fallor:

> ἀλλ' ὁ φέρων τι
> ἀμφοῖν, μὴ κατῇ τοῖς δυσὶ παρτιθέτω.

fi quis utrique nostrum aliquid attuleris, ne tamen utriqus in commune, sed partitione facta singulis singula apponas. Huic conjecturae infignem auctoritatem conciliat confenfus acutiffimi viri *Wakefield*, qui in idem incidit. — Pro κοινῇ (five κοινῆ Planud.) Cod. Vat. κοινὰ exhibet — ۷. 228.] V. 11. τῇ Edit. Flor. Aldin. Afcenf. τὴν Cod. Vat. Est in his verbis imitatio *Homeri* Od. I. 347. quam notare non neglexit *Munkerus* ad Anton. Lib. c. X. p. 68. — Pro ἄλλο τὸ Edit. pr. ἄλλοτε, aliae ἄλλο τε legunt. Nec aliter membranae Vat. et *Salmaf. Cafaub.* in notis mfc. ἄλλο ὁδ τοῦτο. — V. 12. ἀσμῷ Cod. Vat. — Pro λόει, quae est *Stephani* emendatio, a Cod. Vat. confirmata, vulgo λόει legitur. *Huetius* p. 7. λυέτω five λόουσι tentabat.

XXX. Cod. Vat. p. 167. fq. Λεωνίδου Ταραντίνου, al ΒΒ Ταρεντοῦ, i. e. Ταρεντίνου. Planud. p. 420. St. 555. W. Pani, Baccho et Nymphis Biton facra facit. Imitatus est hoc carmen *Sabinus* T. II. p. 304. — V. 1. 2. laudat Suid. v. εὐερνής. — V. 3. idem habet in ὠμαλόνερμα. sic enim hanc vocem exhibet fcriptam, confpirans cum Planud. et Cod. Vat. Vide *Verheyk.* ad Anton. Lib. XXI. p. 136. — V. 4. profert in ἀκροβίων, ubi πολυπλοκάμοις legit. — V. 5. ἐυπέφης. Planud. Vat. Cod. ἐνώρης. Plan. Uva, fub pampinorum umbra nutrita, intelligenda videtur. *Nonn.* Dion. V. p. 156. ὑπεότε πεπαλαβύτρυος λέξεται αὐλαξ ὀπώρη. — V. 6. φύλλα. ipfi flores, ni fallor. *Theocris.* Eid. XI. 26. Σίλοις᾽ ὑακίνθοιο φύλλα ᾽Εξ ὄρεος ἐρύσασθαι. XVIII. 39. ἐς λειμώνια φύλλα ἐρύουμες. — V. 8. Ad γλαγερῆς in margine notatum γρ. γλυκερόν. malo.

XXXI. Cod. Vat. p. 174. Planud. p. 433. St. 367. W. Therimachus Pani pedum dedicat, atque deus ipsi venanti et pugnanti affistat, precatur. — V. 4. χεῖρα κατιθύνοις. Jaculantium manus dii dirigere putantur. Il. s. 290. πρόσθεν, βέλος δ᾽ ἴθυνεν Ἀθήνη. — V. 5.

ἐν ταῖς ἐγκαλίαις. Vat. Cod. In marg. γρ. ἐν τε ἐναγκαλίσει
Noſtram lectionem habet Planud. quae tamen in exitu
verſus minus bene δεξιτερῇσι habet, ubi membranae nihil praeſidii ferunt. — Vocem ἐναγκαλίσι illuſtrat *Weſſe-*
ling. ad *Diodor. Sic.* T. I. p. 238. 16. — Cum Therimachus Pana roget, ut ipſi, cum in venatione, tum in
pugna faveat, tela ut in feras, ſic in hoſtes dirigens,
vix dubitandum eſt, quin ſcribi debeat: δέξα καὶ ἀντιπάλων, ſive potius:

δέξε τε ἐναγκαλίαισι παρίσταο δεξιτερῇ σῇ,
πρῶτα διδοὺς ἄγρης, πρῶτα καὶ ἀντιπάλων.

Perpetuus *Leonidae* imitator *Antip. Sid.* Ep. XX. ἀλλ' ὁ
μὲν παρθέλων μὲν πρότος, ὁ δὲ φέροιτο Ἄκρα λέγας, ὁ δ' ἔχω
πρῶτα ἐναγκαλίας. δέξα fortaſſe ex gloſſemate in contextum venit. Si ſervatur, minor erit gravitas, ſenſus idem.

XXXII. Cod. Vat. p. 163. Λεωνίδα. οἱ δὲ Μνασάλκου.
Planud. p. 434. St. 568. W. ſine varietate. Cleolaus
cervi cornua arbori affigit. — V. 1. κλεόβουλος fuit a
pr. manu in Cod. Vat. κλέολας Φιλάνιος commemoratur
ap. *Pauſan.* V. 22. p. 435. Pro λοχίσας *Nicaucke* conjecit τυχίσας, comparato *Homer.* Il. δ. 106. ὑπὸ στέρνοιο
τυχήσας. At κνημῷ hoc loco non, ut vir doctus exiſti-
maſſe videtur, cervi crura, ſed longe aliud ſignificant,
nempe δασεῖς, τραχεῖς καὶ δυςβάτους τόπους. *Heſych. Homer.*
Il. β. 497. πολύκνημον. πολλοὺς ἔχουσαν κνημοὺς· κνημοὶ δὲ
μεταφορικῶς ὑπὸ τῶν ἀνθρωπίνων κνημῶν. *Schol.* Vide *Gesner.*
ad *Orphei* Argon. 635. — λοχήσας ὑπὸ κνημοῖς idem eſt,
quod ap. *Homerum* Il. δ. 106. dicitur δεδεγμένος ἐν προδο-
κῇσι, i. e. παρατηρήσας, λοχήσας. *Theocrit.* Eid. XXV. 227.
αὐτὸς ἐγὼ δάμνοιαν ἄφαρ ουτρώιοι καρφθήναι — δεδεγμένος,
ὀστέ' ἔχοντα. Eſt Latinorum *excipere.* Vide *Burmann.* ad
Propert. II. 15. 23. — V. 2. laudat *Suidas* in Μαλακ-
δρας, ubi ἴσταται. — V. 3. Partem hujus verſiculi profert
dem b. ἐκφορτίς. et majorem diſtichi partem in φράγμα-

τα. — ευρωτὴς proprie infima pars haftae, ut Il. π. 153. tum pro ipfa hafta videtur positum. — ὀκτάιζιζα φρὐγματα, cornua octo ramorum. φρύγματα, τὰ κέρατα, οἷς ἡ τῶν ἐλάφων κεφαλὴ πέφρακται, ἀσφαλιόμενα interpretatur Suidas. — V. 4. ἅλας inepta lectio. Nihil profecto impediebat Cleolaum, quominus ipse cervi, quem interfecerat, cornua pinui affigeret. Scribendum est:

ἥλῳ ἔναξε κἴτυν.

Cleolaus clavo affixit cornua. Haud aliter Glaucon et Corydon venatores in Ep. *Erycii* I. Tom. II. p. 295. καὶ οἱ δολιχάωρα κέρα Ἄλῃ μακρηνόρι παρὰ πλατάνιστον ἔναξαν Εὐρείαν, νομίῳ καλὸν ἄγαλμα θεῷ. ubi Cod. quoque ἅλῃ praebebat, cujus vitium correxit *Kufterus* ad *Suidam* in δολιχάωρα. Hanc emendationem, ante hos quatuor annos prolatam in Emendatt. in Ep. gr. p. 12. nunc firmavit Cod. Vat. auctoritas, ubi ἅλῃ, accentu perperam posito, reperitur. Haec igitur dubitationem non habent. Sed praeterea offendor in epitheto κραναὴν, quod de pinu dictum quem sensum efficiat, non video. Diversa est ratio ejusdem vocabuli in Epigr. *Perfae* VII. κραναῇ κείμεθ᾽ ἐπὶ ξυλόχῳ. Silva recte potest dici *afpera*; pinui idem parum convenit. Suspicatus sum μαλακὴν, sive:

φρύγματα πρὸς τοιαδὴν ἥλος ἔναξε κίτυν.

Simonides Ep. L. μαλία ταναά. *Antipbil.* Ep. XII. πλάτος ἀκρέμαν ταναῆς ὀρόδῳ. *Apollon. Rbod.* I. 1192. ἰὸν ταναῆς ἔρνος ἐλάτης αἰγείροιο. Idem IV. 605. ταναῇσιν ἐπιγρύπτει αἰγείροισιν.

XXXIII. Cod. Vat. p. 200. sine auctoris nomine. Planud. p. 440. St. 573. W. Puer, ephebus factus, Mercurio instrumenta quaedam lusoria dedicat. Simile est Ep. *Theodoridae* T. II. p. 41. — V. I. »σύφηρος ad »verbum *silens pila*, i. e. pila mollis, quae cum jacta »fuerit, in manum recepta, aut humi allisa, sonum quam »minimum reddit.« *Brunck.* Hanc explicationem improbat *Wyttenbachius* in Bibl. crit. Tom. I. P. II. p. 35. et ἄσφυκας corrigit, cogitans de pila artificiose elaborata, qualem Cupidini promittit Venus ap. *Apollon. Rhod.* III. 135. sqq. et. qui poëtam expressit, *Philostrat.* in Icon. VIII. p. 873. μαστὸν σφαῖραν vocat *Glaucus* Ep. I. *Dio Chrysost.* Orat. VIII. p. 281. ludunt οἱ παῖδες ταῖς ἀστραγάλοις καὶ ταῖς σφαίραις ταῖς ποικίλαις. — V. 2. πλεκτόγυον οἶδε ἐργάτων ἴχνος καὶ ψόφον ἀκοντελοῦντος. Suid. *Brodaeus* laudat *Apollon. Rh.* II. 1056. ubi aenea Herculis crepitacula χαλκείην πλεκτόγυον vocat; nihil forte diversa a πλαταγωνίοις, quae describit *Pollux* IX. 127. καλεῖται μὲν γὰρ οὕτω καὶ τὸ ὄστρακον καὶ τὸ σείστρον, ᾧ καταβουκολοῦσιν αἱ τίτθαι ψυχαγωγοῦσαι τὰ δυσκινοῦντα τῶν παιδίων. Hoc distichon in Cod. Vat. recentiore charactere scriptum postponitur posteriori; literis tamen appositis error emendatur. — Pro τρέξητι *Stephanus* etiam τρεξίητι legi monet. — **T. 229.**] V. 3. *Brunchius* exhibuit lect. Planud. In Cod. Vat. corrupte στραγγάλαις αἷς ἐπιμίσγετα. Elegans est usus verbi ἐπιμίσγεσθαι de vehementiori studio usurpati. *Nicias* Ep. VII. apis ἀφ' ὥρηκος ἄνθεσι μεμιγμένη. Vide, quae de hoc verbo collegit *T. Hemsterh.* ad Lucian. T. II. p. 346. ed. Bip. — ῥόμβον. De rhombo, quem pueri flagello agitant; vide Suid. v. *Schol. Apollon. Rhod.* I. 1139.

XXXIV. Cod. Vat. p. 147. Planud. p. 441. St. 574. W. Venator Pani munera quaedam dedicat. — V. 1. αἰγόνυχι. Plan. Margini Wechel. ubi αἰγόνυχι exhibetur, adpictum αἰγονύχει. — V. 2. *Suidas* profert in ἀγρεία καλᾷ. ubi recte ἀγρείας legitur; vulgo ἀγρείη. De hoc platani epitheto vide ad *Mnasalc.* XII. 2. Ap. eandem vero εὔσκιος legitur (in ed. Flor. σκιλις), quod metrum corrumpit. Vide *Kuster.* ad *Aristoph.* Plut. 514. et *Toup.* in Cur. Nov. p. 159. — V. 3. ἰαμβλάφρατι ap. Steph. In tribus Aldin. et ap. Suid. ἰαμβλάφρατον. Capratium describens *Theocrit.* Eid. VII. 18. ἵκοντο δ' ἔσωθι ἀγραυλῶν Δεξιτέρῳ καρύσει. De ῥαβδί vide ad *Archilochi* Fr. IX. 3. Epitheton a *Leonida* clavae tributum *Crinagoras* Priapo tribuit Ep. VI. ἰσστόρθυγγι Πριήπω. — V. 4. ἀ. Vat. Cod. et Steph. Tres Aldinae et Ascens. ἀ. — In exitu versus vulgo λόκεσε. In Cod. Vat. λόκεσ, superscripto ν. — V. 5. Verba γυαλοῦς τι γλαγοσθηγας excitat *Suid.* v. γαῦλος. In antiquis *Suidae* editt. γλαγοσθλας. In uno Cod. Parisi. *Kusterus* γλαγοσθηγας invenit scriptum. *Homer.* Il. v. 641. ὡς ὅτε μυῖαι Σταθμῷ ἐνι βρομέωσι περιγλαγέας κατὰ πέλλας. — In v. ἀγυιῶν *Suidas* laudat ἀγυαιῶν τε κτυπέγχαι. — V. 6. pro καὶ τὰς *Brunckius*, a *Schneidero* monitus, corrigit καὶ τὸν, ut *Suidas* habet in λαμπετῆρι. δι' ἧς διερμένας ὁ νέος. Ex comparatione Epigr. *Diodori Zonae* IV. quod ex nostro expressam videtur, acute suspicatus est *Schneiderus*, in nostro deesse distichon, quod preces continuerit.

XXXV. Bis legitur in Vatic. Cod. p. 203. et 411. Planud. p. 4. St. 8. W. Ruris numinibus Neoptolemus Aeacides libat. Primum distichon laudat *Suidas* in πάγοι. πάγοι. αἱ ἔξοχαι τῶν ὀρῶν καὶ τῶν πετρῶν. In Analectis typothetarum errore *legi* legitur. — V. 2. Ἰῦσσι ex edit. pr. *Suidas* reponendum monet *Brunckius*. Literam a librariis metri causa appictam omittit etiam Vat. Cod. — V. 3.
v.
τέτραι γλαχὶν. Vat. loco pr. πέτρα γλαχίν. Id. loco sec. — Habet hoc distichon *Suid.* in γλαχίν. Intelligenda Mercurii quadrata statua. Vide *Brod.* et *Duiker.* ad Thucyd. L. VI. 27. p. 385. ed. Bip. γλαχῖνα *Eustath.* ad Il. p. 1359. 21. interpretatur τὴν ἄκρον γωνίαν ἤγουν τὸ τῆς αἰχμῆς τμητικόν. Apte igitur τετραγλώχιν de columna quatuor angulos habente. — V. 3. *Suidas* iterum profert in μαῖα. De Mercurio μηλωσόν, pecudum custode, vide ad Epigr. XXVII. — V. 4. αἰγιβότων, *Suid.* — V. 5. ἕρπυλλος a man. sec. Vat. Cod. loco pr.

XXXVI. Planud. p. 337. St. 477. W. Cum lemmate Λεωνίδου, οἱ δὲ Περίτου εἰς ἄγαλμα Πριήπου. Verba οἱ δὲ Περίτου primum accesserunt in Aldina pr. *Brunckius* latere censet Θεοκρίτου. Expressum est hoc carmen in Lusibus XXIV. Anthol. Lat. T. II. p. 498.:

Hic me custodem foecundi villicus horti
Mendosi curam jussit habere loci.
Fur, habeas poenam, licet indignere, feramque
Propter olus, dicas, hoc ego? propter olus.

τὸν ὑπερνοοῦντα, non negligentem (Casaub. XIX. 20), sed apprime attentum. — V. 3. τοῦτο. Idem color in Epigr. Tymn. III. Ἱκετεύω μὴ λαχάνων ἕνεκεν τηδὶ καὶ κολοκυντῶν, Φήσει τις, μὰ λέγειν. Ἱκετεύω· ἀλλὰ λέγω.

XXXVII. Planud. p. 367. St. 506. W. Hoc et sequens Epigr. scriptum in statuam *Anacreontis*, Athenis in arce positam. *Pausan.* I. p. 59. τοῦ δὲ τοῦ Ξανθίππου πλησίον ἕστηκεν Ἀνακρέων ὁ Τήιος, πρῶτος μετὰ Σαπφὼ τὴν Λεσβίαν τὰ πολλὰ ὧν ἔγραψεν ἐρωτικὰ ποιήσας, καὶ οἱ τὸ σχῆμά ἐστιν οἷον ᾄδοντος ἂν ἐν μέθῃ γένοιτο ἄνθρωπος. Vide in eandem statuam *Eugen.* T. II. p. 453. Inprimis autem memorabilia haec *Leonidae* carmina, unde, quale *Anacreontis* in illa statua *σχῆμα* fuerit, praeclare intelligimus. Cf. *Heynium* in Comment. T. X. p. 98. Conspiciebatur senex ille Teius σεσαλαγμένος οἴνῳ, quod ad Satyri descriptionem transtulit *Macedon.* Ep. XXVI. Σάτυρος σεσαλαγμένον οἴνῳ. *Agathias* Ep. XXVI. γαστέρα μὲν σεσαλαγμένην γέρων σύθλῃ βάκχῃ. *Marc. Argentar.* Ep. XVII. ἐν βρομίῳ γυῖα σαλευόμενον. *Clemens Alex.* Paedag. II. p. 179. 35. τὸ σῶμα κεκλιμένον οἴνῳ καὶ κεφαλαντόν. — Insidebat lapidi *coronatus*; pro στρεπτὸν enim vix dubites quin στρωτὸν legendum sit. Primum enim vulgata sensu caret; deinde vinosum senem sine corona conspici nefas. Eorundem vocabulorum confusionem notavimus supra Ep. X. 6. Inciderunt autem in hanc lectionem *Scherl.*

derat in annot. mst. *Heynius* l. c. et *Wakefield* in Delect. Trag. T. II. p. 14. ἱκανὸν λίθον *Heynius* interpretatur de marmore sculpto. Nota sunt ξεστὴ λίθος in Homeri Il. χ. 391. et ξεστὴ λιτὴ Il. π. 407. ubi *Euſtath.* p. 913, 35. ἡ πάντοσε ἴση, τοῦτ᾽ ἔστι περιφερής, quae interpretatio huic quoque loco convenit. Est lapis rotundatus in cylindri formam. Putabam olim:

ἱκανοῦ στεκτὸν ὑπερθε λίθου.

cui conjecturae patrocinatur *Apollon.* Rhod. L. III. 43. ὁ δ᾽ ἄρα μέσην Ἥρην δέμας ἱκανὸν ἀνὰ θρόνον. — V. 3 Λίγια ὄμματα ad Anacreontis amores referenda. Conf. ad *Meleagr.* Ep. XXXIX. 1. Pro ἐν᾽ ὄμμασιν *Schneiderus* ὑπ᾽ corrigit; in quam conjecturam *Wakefieldius* quoque incidit. *Barnesius* in Append. Anacr. p. 499. hy edidit. — ὑγρὰ δεδορκός. sive mollioribus, quales oculos Veneri tribuit *Anacreon* Od. XXIX. 21. ubi vide *Fiſcherum*, sive marcidis vino oculis, quales sunt ebriorum. Vide *Ruhnken.* ad *Rutil.* Lup. L. II. p. 101. — Vestis usque ad talos defluebat. Hoc inter ebrietatis signa numerat *Eugenus* l. c. ὁ περὶ σφυρὸς 'Ρωμαῖκα λώτους τείχη καὶ μοταζυ γῆς Μήδων λέγχκει σύνδεσον. Ebrii esse pallium non colligere, multis exemplis allatis docuit *Boettiger*. in Specim. Edit. Terent. p. 14. — ꝗ. 230.] V. 5. Quae hic ὀφθαλμίδες vocantur, seq. Epigr. sunt βλέφαρα. *Hesych.* Ἀφθαλμίδες, εἶδος ὑποδήματος. *Theocrit.* Eid. VII. 26. πᾶσα λίθος σταλαύου τὸν ὀφθαλμίδων καλθαν. Conf. *Barnes.* ad *Euripid.* Herc. fur. 1304. — εἶτα μοθυνλίξ. Hac voce usus est *Callim.* Fr. 223. τοῦδε μεθυνλίγγος φρενῶν Ἀντιλέχου. Ex vetere tragico ἀλοσαλύξ laudat *Hesych.* v. μεθυστόδες. Vide *Hemsterh.* ad Thom. Mag. p. 24. — V. 6. μικὸν σέλα, ut senex. Phineus ap. *Apollon.* Rhod. L. II. 198. μίκυροι σκυρτόμενοι, βικτοῖς ποσὶν ἐν θρεξξε. *Alciphron* L Ep. 26. p. 104. προσβύτην ἰσθμοι βικτόν. — V. 7. ἰφέμφορα, Wechel. vitiose. μέθυλον Edit. Ald. pr. Sic scriptum nomen ap. *Alciphr.* L. III. 68. p. 443. — Μεγυστέν. Edit. Flor.

Flor. μεγίστην ceterae. Μεγίστην Urfin. — V. 8. Manibus lyram tenet, τὴν διαίρετα. ad quam graves amoris dolores causas. De voce διαίρως vide Branck. ad Theocrit. in Lect. p. 62. — V. 9. Cum labi videretur senex, Bacchum poëta rogat, ut eum tueatur. Hos versus haud scio an *M. Argentarius* ante oculos habuerit Ep. XVII. Tom. II. p. 270. — Θέρεια. Usus est hac forma *Anacreon* ap *Athen.* IV. p. 177. A. ubi verissime *Casaubonus* Θέλλος in Θέρεψ mutavit. At nondum persanatus est locus, qui vulgo sic legitur: τίς ἱμερόων Θέλψας θυμὸν δειβρὸν τέρεν' ἐς ὁμάτων ὑπ' ἀπᾶλὸν ὀρχεῖσθαι. Scribendum videtur: τίς ἔρως φίλων, ἃ Θέρεψ, θυμὸν ἴλιβη τέρενα ἡμέτερον ὑπ' ἀπαλὸν ὀρχεῖσθαι. *Quae cupiditas animum meum invasit.* Glycerium ad Menandrum ἔξω εἰ ἄτερ μίτων Ἀριόντας εἰς Αἴγυπτον, οὐ διώκουσιν, ἀλλὰ διανέμειν θεράποντα. *Alciphr.* L. II. 4. p. 256.

XXXVIII. Legitur in Vat. Cod. in primis post titulum foliis sine varietate. Planud. p. 367. St. 506. W. In eandem Anacreontis statuam. — V. 1. μέθης vulgo. — V. 2. θευκαλίττα. *Eubulus* ap. *Athen.* I. II. p 36. D. de vini viribus: πολλὰ γὰρ εἰς ὃν μικρὸν ἐγγνῶν χωθεὶς Τυφευκαλίζει βᾷστα τοὺς πινοντᾶς. ubi in praecedente versu ἐς γι καὶ σφάλλει πὀδας corrigendum esse suspicatus sum in Emend. in Epigr. gr. p. 14. Utramque vocem jungit *Themist.* Orat. XX. p. 235. D. ὑπερκυλίζοντά τε καὶ σφαλλόμενα. *Apollonid.* Epigr. I. Tom. II. p. 132. λέβρος δ' εἰς βάκχον ὀλιώθη, 'Αχρὶς ἐπὶ σφαλερῷ ζωρότατι γένεσι. Cf. *T. Hemsterh.* ad Lucian. T. II. p. 267. ed. Bip. — V. 3. ἐς ἔχρι. Vulgo. — γνίαν pro ipsis pedibus accipiendum esse, apparet ex praec. Epigr. v. 4. et ex imitatione *Eugenii* supra laudata. γνία, μέλη. ἢ πόδες τοῦ σώματος. *Suid.* ubi corrigendum videtur: γνία, μέλη τοῦ σώματος, ἢ πόδες. Vide Intpp. *Hesychii* in γνία. βλαύτην hoc loco elegantius quoddam calceamentorum genus significare videtur. Conf. *Athen.* L. XII. p. 543. F. et ap. *Harmip.*

pam L. XV. p. 668. A. βλοσυρῆς δ' οὐδεὶς ἔτ' ἔρως λευκῆς.
at fcribendus verfus pro οὐδεὶς ἑτέρας. — V. 5. τὸν χ.
Edit Flor. — V. 6. κάθυλον. Ed. Flor. tres Aldinae et
Afcenf.

XXXIX. Planud. p. 336. St. 475. W, cum lemmate εἰς ἕτερον Πᾶνα, cujus fidei apud ejus auctorem efto.
Viatores hac infcriptione a turbida tepidaque aqua ad
fontem limpidum frigidumque mittuntur. — V. I. ἰλύος
χαρεδρείης θερμὸν, ὕδωρ fcil. aquam e colluvie. Hefych.
χαράδρα, χείμαῤῥος ποταμός· κατάγει δὲ οὗτος πάντοθεν ἐν τῷ
ῥεύματι καὶ κατασύρει χαράδραι. — οἱ κοῖλοι τόποι ἀπὸ τῶν καταφερομένων ὀμβρίων. Vide Fifcber. ad Anacr. p. 355. —
V. 2. ἀπαλλίβοτον. Steph. vitiofe. ἄφες Planud. — V. 4.
ποιμενίᾳ πτενί. Theocrit. Eid. 1. 22. ἔστε ὁ βᾶκος τῆνος ὁ
ποιμενικός. — V. 6. κελαρίζον. Vulgo. — ψυχρότερον νιφάδος. Vide not. ad Meleagri Ep. XVI.

XL. Planud. p. 331. St. 471. W. In Amorem
Thefpienfem, Praxitelis opus. In eodem argumento
plures Anthologiae poëtae verfati funt, quorum carmina leguntur in Planudea l. c. Leonidas expreffiffe videtur Simonidem Ep. XC. Tom. I. p. 143. Non hoc, fed
aliud Amoris fignum, ex aere conflatum, defcripfit Calliftratus in Stat. III. Hoc, quod Leonidas celebrat, marmoreum fuit, et, Nerone imperante, igne confumtum
eft. Vide Paufan. p. 762. De illuftribus Amoris ftatuis
vide difputantem Heynium in Comment. Tom. X. p. 91.
Facit huc Paufanias L. IX. 27. p. 761. Θεσπιεῦσι δὲ ὕστερον χαλκοῦν εἰργάσατο Ἔρωτα Λύσιππος, καὶ ἔτι πρότερον τούτου Πραξιτέλης, λίθου τοῦ Πεντελησίου· καὶ ὅσα μὲν εἶχεν εἰς
Φρύνην καὶ τὸ ἐπὶ Πραξιτέλει τῆς γυναικὸς σόφισμα, ἑτέρωθι ἤδη
μοι δεδήλωται. Refpicit L. I. 20. p. 46. Idem l. c.
Amoris apud Thefpienfes cultum narrat. Conf. Strabon. IX. p. 409. fq. Plutarch. T. II p. 748. P. τὰ ἐρωτικὰ Θεσπιέων ἄγουσιν, ἄγουσι γὰρ ἀγῶνα πενταετηρικόν, ἄφε
τῳ καὶ ταῖς Μούσαις καὶ τῷ Ἔρωτι, φιλοτίμως πάνυ καὶ λαμπρῶς

ἐρᾶς. Hinc *Philoſtratus* in Ep. XLII. p. 933. ἐπειξ δέ μοι μᾶλλ Θεσπιακή τις εἶναι, πάντος γὰρ ἐν τῷ Ἔρωτι ἴσχυς. —
V. 3. ἐν πη. ἐγτα. cujus numen expertus eſt Praxiteles, cujusque exemplar, in ipſius pectore inſidens, expreſſit. Ad verba, ἐν πηρὶ Φρένη διερόμενος, haec notavit *Brunckius*: "Haec non intelligo, quae cautus Brodaeus non magis "quam pruuas attigit. Locus corruptus eſt, et niſi mea "me fallit opinio; ſcribendum eſt — ἐν πυρὶ Φρένας αἰθό- "μενος. Non uno in loco πυρὶ et περὶ ſunt permutata. In "αἰθόμενος autem ſi prima litera A male picta a librario "pro Δ accepta fuit, tantillum hoc vocis corruptelae oc- "caſionem dare potuit." Mihi haec emendatio frigi- diuscula videtur. Depravatam lectionem ſic correxerim:

ἐν παρὰ Φρένη

αἰρόμενος — — —

cui conjecturae patrocinatur imitatio *Tullii Gemini* Ep. II. in eandem ſtatuam:

Ἀντί μ' Ἔρωτος Ἔρωτα, βροτῷ θεὸν ὅπασε Φρένη Πραξιτέλης, μισθὸν καὶ θεῖη εὑρόμενος.

V. 231.] XLI. In Vat. Cod. in primis poſt titulum foliis. Planud. p. 326. St. 466. W. In celeberrimam illam Venerem Anadyomenen, Apellis opus, quam a Cois emtam Auguſtus in templo Veneris genetricis con- ſecravit, narrante *Plinio* L. XXXV. 36. 1 ς. Cf. *Heyn.* in Commentat. X. p. 107. Noſtrum carmen expreſſit *Auſop. Sidon.* Ep. XXXII. ubi reliqua in eandem imagi- nem Epigrammata indicavimus. Peculiari diſputatione noſtrum illuſtravit *Ilgenius* Lipſ. 1785. repetita et aucta in Opuſc. philolog. p. 13. ſqq. unde quae in rem no- ſtram faciant, enotabimus. — V. 1. τὴν διαφυγοῦσαν. De Venere recens nata loquitur *Leonidas*. Ut hic poë- ta, ſic *Himerius*, poëtarum veſtigia premens, Venerem deſcribit, Orat. I. 20. p. 364. ἐκ μέσου τοῦ πελάγους ἀνιοῦσαν, ἔτι τὴν κόρην μετὰ τὴν θάλασσαν ἐξ ἄκρων πλοκάμων στάζουσαι. Spumam maris divae adhuc adhaesisse, sponte intelligitur ex verbis ἀφρῷ μαρμύρουσιν, ubi Cod. Vat. μαρμύρουσαν exhibet; at in ipsorum verborum interpretatione haeremus. *Ruhnkenius*, ubi de verbo μαρμύρειν, docte, ut solet, disputat, Epist. crit. I. p. 67. inter alia haec habet: „Μαρμύρειν, *murmurare*, *murmur*, de maris, „fluminum fontiumque fonitu frequens est apud utriusque linguae poëtas. Quibus praeivit *Homerus* II. σ. „104. περὶ δὲ ῥόος Ὠκεανοῖο Ἀφρῷ μορμύρων ῥέεν ἄσπετος. „Quod cum legisset cultissimus Epigrammatum scriptor „*Leonidas Tarentinus*, praeclare se speravit locuturum, si „diceret: τὰν ἐκφυγοῦσαν ματρὸς ἐν ὠδῖσιν ἔτι Ἀφρῷ τε „μορμύρουσαν ἁλιξῇ Κύπριν. At mihi, ut lenissime dicam, „ipse Homerus talem imitationem non videtur probaturus fuisse." *Brunckius*, ut poëtam a crimine ineptae imitationis vindicaret, corrigere tentavit πλημμύρουσαν, quod verbum abundantiae significationem habet. *Meinecke* conjecit πορφύρουσαν, nitentem, ex *Democrit*. T. II. p. 260. Κύπρις γυμνὴ πορφύρεον σώματος ἄνθος διν μαρμαίρουσαν. Similiter *Ilgen* μαρμαρώσαν legit, *vestigia spumae albentis gerentem*. Praeivit *Hesiodus* in Theog. 190. ἀμφὶ δὲ λευκὸς ἀφρὸς ἀπ᾽ ἀθανάτου χροὸς ὤρνυτο· τῷ δ᾽ ἐνι κούρη ἐθρέφθη. *Himerius* Orat. I. 9. p. 339. ἐς καὶ τὴν Ἀφροδίτην αὐτὴν κατὰ θάλασσαν λευθάσουσαν, ῥέξας τῷ τεμὼ τὰ κύματα, ἔδειξεν ἅλμῃ μαρμαίρουσαν. De verbo μαρμαίρειν et μαρμαρυγή, de corporis nitore usurpato, vide *Dorvill*. ad Charit. p. 167. — εἰδεχθῆ *Ilgen* interpretatur *bene natam*, εὖ λεχινεμένην, *natura pulchram*. Equidem intellexerim de Venere thalamorum praesides quae ad torum nuptialem adducit, tori gaudia praebet. Ad hanc analogiam ap. *Nicandrum* in Ther. 584. arbor vocatur θυρέλαχος, quae per aestatis calorem jucundum lectum, umbrosam sedem, praebet. — V. 3. ἥδε. Haec est lectio Cod. Vat. Vulgo ἤδε, cui lectioni patrocinatur *Ilgen*. Causam illa significari: Apelles, *quia* Venerem ridit, vivam spirantemque expressit; cum contra ἡ δὲ ἐξεμάξατο nihil dicat, nisi, *postquam* viderat Venerem. At haec nonne fere eodem redeunt? — Apte idem comparavit *Platon.* Ep. IX. τοῦ γυμνὴν εἶδέ με Πραξιτέλης; *Lucian.* Ep. III. τὴν Παφίην γυμνὴν οὐδεὶς ἴδεν, εἰ δέ τις εἶδεν, οὗτος ὁ τὴν γυμνὴν στησάμενος Παφίην. — Vitiose edit, vett *ἱμερότατον.* — V. 3. *ἔμψυχον.* Haud infrequens de artis operibus quae vivere et spirare videntur, ut illa ap. *Theocrit.* Eid. XV. θ 3. ἔμψυχ', οὐκ ἐ.υφαντά, ubi exquisita dedit *Valckenar.* p. 377. (*L' Lennep.* ad Phalar. p. 22. — *ἐξεμάξατο.* Hoc quoque proprie de pictoribus et sculptoribus usurpatur, qui speciem aliquam marmore coloribusve expressam repraesentant. Lysippus Alexandri ἴλαον ἐπεμάξατο μορφὰν, ap. *Archelaum* T. II. p. 58. *Philostrat.* in Vit. Apollon. VI. 19. p. 256. οἱ Σκύλλαν δὲ καὶ οἱ Πραξιτέλαι διελθόντες ἐς τὸν οὐρανὸν καὶ ἀπομαξάμενοι τὰ τῶν θεῶν εἴδη, τέχνῃ αὐτὰ ἐποιοῦντο. Hinc de eo, qui alterius mores indolemque refert. *Alciphr.* III. 64. p. 434. ὁ δὲ ταῖς ἐς τὸ ἀκριβέστατον ἐξεμάξατο τὸν διδάσκαλον. *Cyrus* Ep. III. πάντ' ἀπομαξαμένη ἔργα τὰ Πριτελέτης. Quod autem alicujus rei similitudinem refert, *ἐκμαγμα* et *ἐκμαγεῖον* vocatur. Vide *Eustath.* ad Odyss. p. 684. 36. *Hemsterh.* ad Pollac. IX. p. 1116. — V. 5. Obscurum est in Apogr. nostro, utrum *τὸ* an *ἐν* in Cod. legatur. — *Ἰαδαίην κόμαν.* Venerem Anadyomenen comam manibus pressisse, omnes tradiderunt. Comparat *Heynius Ovid.* IV. ex Ponto I. 29. *Dea Aequoreo madidas quae premit imbre comas.* Trist. II. 527. *Sic madidos siccas digitis Venus uda capillos Et modo maternis rella videtur aquis.* Adde *Auson.* Ep. CIV. *Ut complexa manu madidos salis aequore crines Humidulas spuma stringit utraque comas.* — V. 6. γελῶντι πόθος. Vide notata ad *Meleagr.* Ep. LXIX. *Ilgen* his verbis interpretatur: *Hilare desiderium, amor et blanditiae ridens ac residens ex oculis.* — V. 7. *μαζὸς κυδωνιῷ.* De malis cydoniis ductam imaginem plures illustrarunt. *Aristoph.* Acharn. 1197. τὰν τιτθίαν δὲ σκληρὰ καὶ κυδώνια. *Aristaceus.* l. Ep. III. p. 8. τὸν κυλινδοῦντα τῆς πεδευμένης μασθόν. Vide, quae disputavit *Mitscherlich.* ad *Catulli* LXIV. 65. *inJonsses papillas.* — ἀκμῆς ἄγγιλας. Hinc fortaſſe *Philodem.* Ep. XIV. λευκαί με ματευκελροωσιν ἰθειραι — ευιττῆς ἄγγιλαι ἐλικίης. Cf. Ep. XIX. — V. 8. Ipſa Juno et Minerva, hanc Veneris imaginem videntes, pulcritudine ejus ſuam ſpeciem ſuperari fatebuntur. Contra de Venere male picta *Martialis* L. l. Ep. CIII. *Qui pinxit Venerem suam, Lycori, Blanditus, puto, pictor est Minerva.*

XLII. Cod. Vat. p. 476. Planud. p. 303. St. 443. W. ubi plurima ſunt in Myronis vaccam Epigrammata. Noſtrum non eſt ex optimis. Hinc tamen *Philippus* Ep. XLIX. εἰς ἔργα δ᾽ οὐκ εἶδες πρεσβύτης βάσει.

XLIII. Cod. Vat. p. 385. Planud. p. 36. St. 53. W. Ap. *Stob.* in Flor. LXI. p. 389. Gesn. 253. Grot. Luſus in Amoris ex thuris grano ſculpti imaginem. Amor, qui in ipſum Jovem tela torquere audet, Vulcani tandem flammis confumitur. Notabile carmen, cum aliud exemplum thuris ad anaglypha adhibiti vix exſtet. Majores thuris guttas, quae tertiam partem minae exaequent, reperiri narrat *Plin.* L. XII. p. 664. — V. 3. ὀὺ εντε. Tandem aliquando, poſt multa facinora edita, πᾶσαι ἐκεῖσε. *Posidippus* Ep. I. ἐγὼ ἐκεῖσε εἰς ἅμα πολλὰς κεῖμαι. — V. 4. περὶ τυφόμενον. ut ipſe flammarum, quibus mortales excruciat, vim experiatur.

XLIV. Cod. Vat. p. 369. Planud. p. 25. St. 39. W. Pyrus ſe apud dominum excuſare videtur, quod nonniſi immaturos fructus habeat. Poma enim, ſimulatque ad maturitatem pervenerint, a fure quodam decerpi. *Ovid.* in Nuce v. 91. nux ad viam poſita ſe cum arboribus in ſecreto naſcentibus comparat: *Illa ſua, quaecunque tulit, dare dona colono Et plenos fructus annumerare potest. At mihi maturos nunquam licet edere foetus;*

Aure dirumque meae decutiuntur opes. — V. 1. ϑέλλουσαν. vi transitiva, gignantem. ut *Alexander Aetol.* V. 9. ϑαλάμοις μέγαν υἱόν. — V. 3. πεπαίνμεν', i. e. πεπαινόμενα, conjicit *Meineckc*, quia πεπαίνειν in activo non significare videtur *maturescere*. Nec opus est a vulgari significatione recedere, nec vulgatam mutare. Pyrus loquitur; haec, quod dicunt, orationis subjectum est in verbo πεπαίνομεν, a quo pendet accusativus ὀπώρα. *Quoscunque fructus ad maturitatem perduxi.* Gravius est, quod κλάδοις primam h. l. producit; cujus rei insolentia vitii suspicionem fecit *Schneidero*. Fortasse legendum:

ὅσσα γὰρ ἄρτι κλάδοισι πεπαίνομεν — —

ubi vides, quam facile ἄρτι excidere potuerit. Pro ἰθέλουσ' vulgo ὑθέλουσι legitur, quod haud scio an membranarum lectioni praeferendum sit.

§. 232.] *XLV.* Cod. Vat. p. 452. Planud. p. 25. St. 99. W. Ficus matura Democritum arcessit, verba ad viatorem faciens. — In Planudea hoc carmen *Philippo* tribuitur. — V. 1. φιλοπώρταταν. Dubito, utrum de hortulano accipiendum sit, an de homine delicato, pomorum, quae autumnus affert, inprimis amante. Hoc tamen verius videtur. — V. 3. ἡ λευκέρωτος Cod. Vat. Ficos prae maturitate jam albescentes et flavescentes interpretatur *Brodaeus*. Verum peculiare ficorum genus intelligendum videtur. *Athen.* L. III. p. 76. C. Λευκερινεὼς δέ τι εἶδός ἐστι συκῆς, καὶ ἴσως αὕτη ἐστὶν ἢ τὰ λευκὰ σῦκα φέρουσα, μνημονεύει δὲ αὐτῆς Ἕρμιππος ἐν Ἰάμβοις οὕτως· τὰς λευκερινεὼς δὲ χωρὶς ἰσχάδας. Vide *Schneider*. ad Columell. L. X. p. 152. Mox Cod. Vat. ἰριώδεις. — V. 4. τὰς ἀπιους ἰωλόνους. ſoetus arboreos *panes* vocat, propter formam oblongam. Sunt enim ἄπιοι offae oblongae, pastilli, qui κολλύρα vocantur. *Salmaſ.* ad Solin. p. 936. ſq. *Suidas*: κολλύρα, κλάσματα. καὶ ϑραύσματα ἄρτων. Hoc nomine nonnunquam quodvis cibi genus appellatur, teste

Eustathio in Od. p. 628. 3. σέρματα δὲ καὶ ἡ ἀυλὸς τροφὴ ἐκάλει λεγομένη, ὡς Ἀθηναῖος δηλοῖ. Vide *Spanhem.* ad Callim. H. in Cerer. 116. p. 507. Ceterum ἄωρα minime cum *Salmasio* a πῶς derivandum est, quod priorem producit, sed a σῦς. Frequenter commemoratur ἡ ἄωρος τροφή, quae sine ignis adjumento facile comparari potest, ut poma, mel, alia hujus generis. Vide *Wesseling.* ad Diodor Sic. T. II. p 346. sq. *Valcken.* ad Hippol. p. 266. E. — V. 6. ἐκρίτου χρ. Vulgo et in Cod. Vat. Nostra igitur lectio ex conjectura profecta videtur, eaque probabili. *Suid.* ἄχραντον. ἄψαυστον. καθλας, οὗ χεὶρ οὐχ ἥψατο. Eadem lectio obversata esse videtur *Grotio*, cum verteret: *si vis Arboris intactae carpere primos opes.* Foisse, qui *ἀκρίτου* conjicerent, monuit *Brodaeus.*

XLVI. Cod. Vat. p. 369. Planud. p. 25. St. 40. W. Vitis conqueritur de iis, qui uvas immaturas lapidibus decutiant. — V. I. vulgo αὐτοθελεῖς, unde *Arnaldus* in Var. Conj. p. 177. αὐτοτελεῖς fecit. Nostrum est in membranis Vat superscripto tamen εἰς. Genuinum videtur αὐτοθελής. Uvas decerpi facile patiar, modo maturae sint. *Jos. Scaliger* in Not. mstis αὐτοθελεῖς conjecit, sensu non satis opportuno. Pro πάντοτε *Lennep.* ad Coluth. p. 87. πάντας scribi volebat. Vulgata mutatione egere non videtur. Idem τύπτε με corrigit; quam correctionem Cod. Vat. confirmat. Vulgo τύπτετε. *Grotius* vertit: *Sponte mea solco dare, cum maturuit, uvam. Quid miseram saxis, turba proterva, jacis?* Putabam olim:

μὴ σκληροὺς τύπτε δὲ χερμαδίοις.

ne vero immaturas lapidibus petas. σκληρὸς de fructibus dicitur. *Schol. Theocrit.* Eid. XI. 21. φιαρωτέρα σκληροτέρα καίπερ σταφυλῆς. — V. 3. ῥυσίνα. Tres Aldinae et Ascens. - ἄρια frequenter de agris, locisque cultis; vide *Rittershus.* ad *Oppian.* Κυν. II. 151. tum de ejusmodi locorum proventu. Hoc loco *Bacchi* sunt munera

De Lycurgo *infano in nova vite* (cf. *Propert*. III. 15. 23.) vide *Burmann.* ad Anthol. Lat. T. II. p. 652.

XLVII. Cod. Vat. p. 410. Planud. p. 3. St. 6. W. Idem argumentum, *Leonidam* imitatus, tractavit *Meleager* Ep. CXV. ubi vide not. — V. 2. Ἄρης Cod. Vat. ἄχαριν χάριτα. donum, quod gratia non fequitur. — V. 3. κλασσοί. Cod. male. *Conum infignis galeae.* Virgil. Aen. III. 468. — γανόωσα. proprie de metallis fplendentibus. *Schol. Ariftoph.* Acharn. 7. ἠγανώθην. ἐχέρσῳ .... ἀπὸ μεταφορᾶς τῶν λαμπρυναμένων χαλκωμάτων. Hinc γανοῦσα, ap. recentiores praefertim, metalli laminis aliquid obducere. Vide *Cafaub.* ad Athen. I. 6. — V. 4. κλασαραί. Cod. κλάδαρὰς explicatur *vibratilis.* Vide Intpp. *Hefych.* in κλαλαρόμματοι. *oculis mobilibus et quafi fractis praediti.* Melius de hafta *enani et fragili.* accipias verba κλαδαραὶ αἰχμαιας. *Polyb.* VI. 25. 5. δόρατα — λεπτὰ καὶ κλαδαρά. Vide ad Fragm. Tom. V. p. 95. — V. 5. ἐκ δὲ μετώπου. Theocris. Eid. II. 107. ἐκ δὲ μετώπω Ἰδρώς μευ καχλύεσκεν Ἶσον νοτίαισιν δρόσοις. Quem locum *Burmannus* comparavit ad *Propert*. II. 18. 12. *Quae fi forte aliquid vultu mihi dura negares, Frigida de tota fronte cadebat aqua.* *Valerius Aeditus* ap. *Gell.* N. A. XIX. 9. *Per pectus miferum manat fubito mihi fudor.* — V. 7. ἐνδρόμιδα. *Ita corinfero οἱ ἄνδρες, ἄχρι ἰξύθρα, ἶτα συγκλίπτει.* Schol. Locum, quo potandi caufa convenitur, intellexit *Antipater* Sid. Ep. XXIX. ἀντολέμων τὸδ᾽ ἴκανεν ἐν εὐοπλάξι τεχάρσεις Πλάθειν. Vide not. ad *Meleagr.* Ep. CXV. — Pro νυμφίδιον Cod. νυμφάδιον. — V. 9. αἱματόεντα. Anthol. Latin. II. CCXXXI. *Grandia qui exiguis deducis facta figuris, Ad Venerem abeas, nos rubra faeva juvas. Sanguine quae rubeas Gradivum carmine placent.* — *Inftitrom.* Cod. Vat.

XLVIII. Cod. Vat. p. 374. *Leonidae* vindicat carmen, quod Planud. p. 80. St. 116. W. *Antipatro Theffalonicenfi* tribuit. Parvum navigium, deorum praefidio et lavore tutum, magnas fe naves aequare ait. —

V. 1. τοττοπορεῦσαι. Cod. male. διιθύνειν εὐπλοίην idem quod εὐπλοεῖν. Me minus tuto, quam magnas naves, per mare currere dicunt. — ₰. 233.] V. 3. θαλάσσῃ πᾶς ἴσος. Mari omnia paria; nihil intereſt, parvo magnove navigio veharis; ſæpe enim fluctus magna frangunt, minoribus parcunt. Cod. Vat. θαλάσσῃ. — V. 4. ἡ κρίσις. Haec in fortunae arbitrio ſunt poſita. *Dio Chryſoſt.* Or. LXIII. p. 589. τύχης γοῦν ἐν θαλάττῃ γενομένης, εὔπλοι ναῦς. Idem Orat. LXIV. p. 593. de nautis: οὐδὲ γὰρ οἴονται τὴν ψυχὴν, οὔτε σχοινίοις κατεχομένην, οὔτε τηλικούτοις αὑτοῖς σκάζει ξύλον πιθανὸν ἀλλ᾽ ἐπιτρέψαι βραχείᾳ καὶ μεγάλῳ πρότερον, τῇ τύχῃ. — V. 5. Alia plus habeat praeſidii in clavo ceterisque armis nauticis; ego diis confidam unice.

XLIX. Cod. Vat. p. 362. Planud. p. 90. St. 132. W. In Homerum, ceteros poëtas, ut ſol ſtellas, fulgore ſuo exſtinguentem. — V. 1. πᾶσαν σελήνης. Vide ad Epigr. *Aeſopi* T. I. p. 76. — V. 3. *Meleager* Ep. XXXV. καλὰ Μούσαις Ἀντίπα; Ἰαλέπαρα ἔφθιτον ἥλιος. Similis imago obverſabatur *Horatio* II. Ep. I. 13. *Uris enim fulgore ſuo qui praegravas artes Infra ſe poſitas.* — Homerum Μουσέων φέγγος fortaſſe bine appellavit *Antip. Sid.* LXVIII. perpetuus *Leonidae* imitator: Ἑλλάνων βιοτᾷ δεύτερος ἄλιος Μουσέων φέγγος Ὅμηρος.

L. Cod. Vat. p. 410. Planud. p. 57. St. 81. W. Venerem ap. Spartanos armatam eſſe negat *Leonidas*, et in eos, qui aliter dicant, invehitur. Jam vero de armata Spartanorum Venere omnia plena. Eleganter *Plutarch.* T. II. p. 317. F. ὥσπερ οἱ Σπαρτιᾶται τὴν Ἀφροδίτην λέγουσι, διαβαίνουσαι τὸν Εὐρώταν, τὰ μὲν ἔσοπτρα καὶ τοὺς χλιδῶνας καὶ τὸν πιστὸν ἀποθέσθαι, δόρυ δὲ καὶ ἀσπίδα λαβεῖν κοσμουμένην τῷ Λυκούργῳ. Idem Spartae omnia deorum ſimulacra armis inſtructa eſſe ait, cauſamque hujus rei a Charilao redditam aſſert T. II. p. 232. C. Conf. p. 239. A. Vide *Pauſan.* L. III. p. 246. *Gesner.* ad

L 233.   EPIGRAMMATA.   107

Quintil. II. 4. 26. Nisi igitur hoc carmen merus est lusus poëticus in Venerem, vel inter Spartanos sine armis dominantem, ejus acumen non magis perspicio, quam *Heynius*, quem vide in Comment. Tom. X. p. 108. —
V. 1. περὶ τὴν κ. Vulgo. In Vat. Cod. ποτάν. In Plan. ἐπ' pro ποτ' habetur. — V. 2. ἢ ἴξεσι Cod. Gudian. — ὑπλομανῆ. De eo, qui armorum studia magis, quam par est, sequitur, *Synesius* Epist. CV. ἐπεὶ καὶ φιλοπαίγμων ὢν, ὅτε παιδόθεν αὐτῶν ἔσχεν ἐκλεμανῶν καὶ ἱππομανῶν παρὰ τῶ ὄντος. Similia verba, in quibus μαίνεθαι immoderatum desiderium significat, (vide *Cuper.* in Obss. I. 19. p. 134.) collegit *Athen.* L. XI. p. 464. — V. 3. ἀπαλὸν γελάσασα. *Homer.* Od. ξ. 465. *Longus* II. p. 33. ετὲς δὲ παλαιὸν ὁρᾷν τὴν ἀπαλῶν. *Ovidius* Heroid. XVI. 83. *Dulce Venus risit.* — V. 4. εἴπεν. Cod. Vat. — V. 5. ἐπωιδίοις. *Grotius* vertit: *Sed nulio mendax, Historici fingunt, arma gesere deum.* — Fuisse videntur, qui, cum severam Lacedaemoniorum disciplinam, duram vitam, moresque rudes et inhumanos vituperare vellent, vel ea, quae apud alios homines ad formandos animos moresque emolliendos facerent, amorem et Venerem, apud Spartanos ingenium mutasse, Veneremque adeo Lacedaemone armatam esse dicerent. Ejusmodi reprehensores fortasse respexit *Leonidas.*

LI. Cod. Vat. p. 192. Tarentino poëtae vindicat; in Planud. p. 427. St. 562. W. sine auctoris nomine prostat. Scriptum in exuvias leonis, qui, cum vitulum de grege rapuisset, a pastore occisus est. — V. 1. παρὰ τ. λ. ἐπ' αἰφνιδίως Cod. φλοιὸς, qui proprie *cortex* est, unde λοθὲς φλοῖς ap. *Herodot.* III. 98. nonnunquam pro pelle ponitur. αὐτόφλοιον. αὐτόδερμον. *Hesych.* *Nonnus* Dion. XIV. ταυρείην κλέψαντες ἐπιφλοίοισι καλύπτραις. *Schneiderus* ad *Nicandri* Alex. 302. Μαρσὸν γὰρ τε Φοῖβος ὑπὸ φλοιῷ δέσατο γυίων, laudat *Varronem* ap. *Nonium* in *Cortex :*

Sic invitata matura anima corporeum corticem facile reliquit. — V. 2. „βουταλίων corruptum est. Huetius
„p. 41. reponit βουπολίων· Sed a βουπάλος non magis fit
„βουπαλίων, quam a βουπάλος βουπαλίων. Melius scribere-
„tur βουπολάτης. Solus hic bubulcus erat, ut e re narrata
„manifestum." *Brunck.* Melius *Meinecke* tentat βουπαλίων, ut ap. *Antiphil.* Ep. XXX. sive βουπάλων, ut infra
Ep. LXIX. Posterius parum abest, quin verum putem. —
In vers. 3. vulgo verba σύρηλήμενα μέσχεν desiderantur;
nec in Cod. Vat. leguntur. Exhibet ea Codex regius,
olim *Jani Lascaris*, quem *Brunckius* versum mutilum
ex *Suida* supplevisse existimat. Laudat h. v. *Suidas* in
βρύκοντα et σύρηλήμενα. Vide *Toup.* in Cur. Nov. p. 174.
— Pro κατεβρόκοντα, quod *Suidae* debetur, vulgo καταβρόχοντα legunt. Utriusque vocabuli prima origine nihil diversam significationem tradidit *Pierson.* ad Moer.
p. 101. Est βρύκειν avide, dentibus stridentibus, edere;
βρόχειν frendere. — V. 4. laudat *Suid.* in ξύλοχος, ubi
μάσπης et ξόλοχον, ut in Vat. qui praeterea αὖθις habet.
αὖθις primum in Ascens. reperio; vetustiores αὖτις. Εδ-
λοχον, duplici auctoritate munitum, *Leonidae* restituendum censeo. — V. 5. *Suidas* in κατέπιεν, ubi μοσχίμ-
Kusterus, qui versiculi sedem ignorabat, haec inepte
vertit. Cod. Vat. μοσχείω. fortasse pro μοσχείῳ, ut versu 1.
συνᾷ pro συνᾶ. — V. 6. Vulgo οἴχε. Nostrum *Brunckius* in duobus regiis codd. reperit. Sed recipienda
erat lectio a *Suida* servata in ἐχθινῷ· ἐχθινὸν τὸν βουστασίαν, probata a *Toupio* in Cur. nov. p. 174. et firmata auctoritate Cod. Vat. *Addaeus* Ep. I. καὶ λακερὸν οἶδα
γεωμορίαν. *Eubulus* ap. *Athen.* L p. 25. C. νικρὸν στρατιῶν οἶδεν.

LII. Cod. Vat. p. 115. Planud. p. 451. St. 585. W.
Poëta de Amore, ignita ipsi tela nunquam non ingerente, conqueritur. — V. 1. οὐκ ἀδικεῖ. Cod. Vat. ἀδικεῖν.
Haec per ironiam, dissimulato dolore, efferuntur. Nihil

dicam, quod Amorem laedere queat. Dulcis deus; Venus (quae et ipsa ejus vulnera experta est) testis. Jam sequentia praeter opinionem adjicit. — V. 2. δυ δολίου ιέρακος. Arcui, quod Amoris est, tribuitur. *Insidiosis telis paror.* — ¶. 234.] V. 3. τᾶς τιφοῦμαι. Vide ad *Asclepiad.* Ep. XIII. 4. — ἄτρωτον, *sagittam.* Notus Thucydidis locus L. IV. 40. πολλῶ ἂν ἄξιον εἶναι τὸν ἄτρωτον, (λέγει τὸν διστὸν) εἰ τοὺς ἀγαθοὺς διεγίνωσκε. ubi vide *Duckerum.* Laudat h. v. *Suidas* in ἄτρωτον, ubi sic, ut ap. *Branckium,* legitur, assentiente Cod. Vat. Vulgo θερμῷ δ' ἴσα θερμὸν ἰάλλει. — Seq. vers Planud. ἰοβόλος. — De verbo ἀμφᾶν vide *Intpp. Hesychii* v. ἀμφᾶσαι. *Dorville* ad *Charit.* p. 355. et *Valcken.* in Diatr. p. 126. — V. 6. „Ultimum distichon valde corruptum est. tam in Vatic. „membranis, quam in Planudeae codd. qui nihil hic „juvant. Ex illis hoc tantum notavit Salmasius in ultimo „versu: *ίσσομ' ἀλεξόμενος.* Conjecturis indulgere licet. „Sic scribo:

„καί θνητὸς τὸν ἀλιτρὸν ἰοάσει δαίμον' ἀλύξαιμι,
„τισαίμην, τί πλέον δ' ίσσετ' ἀλευομένῳ;

„Clara haec et perspicua. *Si mortalis perniciosum deum „capere possem, ulciscerer: at capere non possum; fugien„dum ergo. Sed etiamsi fugero, quid juvabit? Ipse mul„to velocior me semper attinget.*" *Brunck,* qui alio loco p. 315. se hoc distichon in eam fere sententiam emendasse ait, quam expresserit *Archias* Ep. III. φεύγειν δὴ τὸν Έρωτα κενὸς πόνος· οὐ γὰρ ἀλύξω πεζὸς ὑπὸ πτηνοῦ πυκνὰ διωκόμενος. Anonymus in ed. Steph. exemplo Bibl. Bodlejanae hoc distichon alio pertinere putabat. *Scaliger* in not. mstis et ap. *Huet.* p. 43. conjecit: χώ θνητὸς τὸν ἀλιτρὸν ἴσα, καί θνητὸς ὁ δαίμων Τίσομαι· ἐγκελίμων δ' ἔσθ' ἅ μ' ἀλεξάμενος. quae parum sunt perspicua. *Huetius* ipse corrigit: χώ θνητὸς τὸν ἀλιτρὸν ἴν' ὡς καί θνητὸς ὁ δαίμων Τίσομαι; *An ego mortalis ulciscar perniciosum illum deum* perinde ас fi mortalis effet? verus utique essem, si eum repellerem. Verum haec quoque contorta sunt et Leonidae elegantia minime digna. Nec verbum ἰσοῦμαι, quod a rarioribus est, librariis deberi existimaverim. Hesych. συκαῖ· ἰσχάσι. βοηθεῖ. ubi vide Intpp. Hac igitur voce serrata, legendum suspicor:

εἰ θνητὸς τὸν ἀλιτρὸν ἰσοῦμαι — θαίμονα θνητός; —
ἔσσον ἐγὼ τλήμων ἰσσοῦμ' ἀνεξόμενος.

Haec saltem perspicua sunt. Cum poëta amoris cruciatus primum dolore dissimulato indicasset, se nihil gravius in Amorem dicturum esse professus, doloris violentia superatur, et consilium agitat, quo modo se ejus jugo subducere queat. Mox se ad primum consilium revocat. *Quid?* ait. *Si mortalis scelestum illum valeret —! At quid dico? mortaline deum?* Fieri nequit. Perferam igitur. *Es profecto patienter eum ferens minus miserabilis ero.* Post ἰσοῦμαι est aposiopesis, suppresso verbo ὑφέξω, φούγειν, aliisve similibus. Ultimi versus mutatio minima est. Parvum enim discrimen inter ΗΣΣΩΝ ΕΓΩ ΤΛΗΜΩΝ et ΤΙΣΟΜΑΙ ΕΓΚΛΗΜΩΝ. Sententia apud poëtas passim obvia. *Euripid. Hipp.* 444. Κύπρις γὰρ οὐ φορητός, ἣν πολλὴ ῥυῇ· Ἣ τὸν μὲν εἴκονθ' ἡσυχῇ μετέρχεται, Ὃν δ' ἂν περισσὸν καὶ φρονοῦνθ' εὕρῃ μέγα, Τοῦτον λαβοῦσα, πῶς δοκεῖς, καθύβρισε. *Propert.* I. X. 27. *At quo sis humilis magis et subjectus Amori, Hoc magis effectu saepe fruare bono. Tibull.* I. VIII. 7. *Desine dissimulare: deus crudelius urit, Quos videt invitos succubuisse sibi.* unde *Ovid.* I. *Amor.* II. 17. *Acrius invitos multoque ferocius urit. Plutarch.* T. II. p. 766. E. Ἔρως — ἡμερώτατός ἐστι τοῖς δεχομένοις ἱλαρῶς αὐτόν· βαρὺς δὲ τοῖς ἐκκυδαλιζομένοις. *Aristaenet.* L. II. I. p. 73. οἶσθα, ὅσον Ἔρως ἀντιστρατεύει τοῖς ὑπερφρονοῦσι φιλεῖ. *Xenoph. Ephes.* L. I. p. 8. ταῦτα ἔλεγε, καὶ ὁ θεὸς σφοδρότερος αὐτῷ ἐνέκειτο, καὶ ἄλλοις ἀντικόπτοντα, καὶ οἴδεν μὴ θέλοντα. Sed satis de sententia. Recte autem dedimus ἤσσον τλῆμον, ut *Euripides* in Antigone ap. *Stobaeum* CVI. p. 566. ἔστι δὲ τοῖς τὸ πιστὸν εὐλόγως φέρει τὸν καίριον, οὕτως ἕτερόν ἐστ' ἀνόλβιος. — In διεξίμενος unam literam mutavi, cum in Cod. Vat. διεξίμενος legatur. In *Euripidis* Hippol. 459. nutrix, cum plurimas deas Amoris impotentiae cessisse docuit, ad Phaedram conversa, τὰ δ' οὐκ ἀνέξῃ; ait. Hinc derivatum verbum διεξίμενος et ἀνεξίμενος, *malum patienter perferre*; de quo vide *Dorvill.* ad *Charit.* p. 680.

LIII. In Cod. Vat. post titulum legitur *Leonidae* tributum. In Planud. p. 333. St. 472. W. Μελεάγρου, οἱ δὲ Στράτωνος. — V. 2. ευθίκαι — ἄλλος Cod. Vat. Arcum Scythicum Amori poëta tribuit, ut alii Creticum; Scythae enim arcum peritissime tractabant. — V. 3. τί γὰρ πλέον. Planud. et v. 4. ἔλυγεν. — *Bion* Fragm. XVII. 6. ἐς τί δὲ με στυγνὸν καὶ ἐκαρδίου ὅπλους (f. ὅπλοις) ἔμμεν, ὡς μὴ πικρὸν ἐόντα δυναίμεθα κεῖνον ἀλύξαι. Ad sententiam apprime facit *Sophocl.* in Trachin. 499. Κύπρις — ὅπως κρονίδαν Ἀπάτασεν, οὐ λέγω, οὐδὲ τὸν ἔννυχον Ἀΐδαν, οὐ Ποσειδάωνα τινάκτορα γαίας. Ap *Claudian.* in Raptu Pros. L. I. 221. Jupiter ad Venerem: — *dolis, quibus urere cuncta, Me quoque saepe, soles. Cur ultima regna quiescunt? Nulla sit immunis regio nullumque sub umbris Pellus inaccensum Veneri. Jam tristis Erinnys Sentiet ardores: Acheron, Ditisque severi Ferrea lasciuis mollescant corda sagittis.*

LIV. Cod. Vat. p. 183. Primus edidit *Kuster.* ad Suid. v. ἀμπελικὸν Tom. I. p. 144. *Reiske* in \nth. p 32. nr. 176. Particulas hujus carminis excitat *Suidas* in ἀμπελικὸν. ἐλυγίσλαξ. Δωρὶς μέστη. ὀγδοήκοντα. Cliton, senex octoginta annorum, agelli sui partes enumerat. — V. 1. τῷ om. Cod. In fine versus ἐλυγίσλαξ legit. *Suidas* et apogr. Lips. ἐλυγίσλαξ. Formam, a *Br.* adoptatam, *Kusteri* apogr. praebuit. Notandum verbum, quod, si

sincerum est, ut plura alia a *Leonida* confictum videri
debet. Corruptelae tamen suspicionem movet infinitivus ενείρεσθαι, qui non habet, unde pendeat, nisi fortasse verba in hunc modum conjunxeris: ἠ ἐλεγόλαξ,
ἐλέγε ενείρεσθαι, adjectivo ex composito assumto. —
V. 2. μιτὴς δ' ὁ σχιλών. Cod. — V. 3. τοῦτό τι μετοῖσον
Cod. *Suidas* in v. μετοῖσον, ξυλλέεσθαι, legit: ταῦτά τα
μετοῖσον ἐλεγέξυλον. Fortasse tamen hoc exemplum ad
proximam vocem ἰατρία, τοῖς εντόλεξροτε τόπους, pertinet.
Reiskius μετοῖσον edidit. μετοῖσον *Kusterus*. *Homer.* Il. v.
199. ἐνὸ μετοῖσα πανιά. Vide *Eustath* p. 896. 50.

LV. Cod. Vat. p. 324. Ex Jensianis nr. 11 ξ. repetivit *Heringa* in Obss. crit. p. 269. *Reiske* in Anth.
nr. 764. p. 159. *Toup.* ad Suid. p. 555. Homines hortatur, ut suis contenti, rei familiaris augendae causa
longinquas peregrinationes ne suscipiant. — V. 1. ὅτ-
Ιέροτι. Cod. Alii ἐιΙεροτι. In sensu explicando *Reiskius*
fallitur. Is est, quem diximus: Ne census augendi causa
peregrineris, vitamque exulis agas, ut locuples moriaris.
Curta potius in re tranquillam aetatem exigere studeas.
φθείρεσθαι dicuntur, qui in longinquis itineribus cum
malis et calamitatibus conflictantur. *Eurip.* Helen. 780.
πάντος 'ες πίτους ἅλων ἰςθέιρον πλάνοι. *Dio Chrysost.* Or.
VII. p. 117. D. καὶ μετὰ ταῦτα ὁ Μενέλαος χρόνον μὲν πολὺν
ἰςθέιρετο πανταχόσι τῆς 'Ελλάδος, διαπέμπανο: τὰς ἱαυτοῦ συμ-
φοράς. Vide, quae de hoc verbo disputavit *Bergler.* ad
Alciphr. p. 57. et *Lennep.* ad Phalar. p. 351. — V. 3.
μὴ φθείρ' ἐν χτινοῖ σε σπεριστίβματι. Cod. Haec in apogr.
Buher. sic emendata prostant, ut *Br.* repraesentavit.
Quae emendatio et facillima et verissima est. *Heringa*
tentavit: μὴ φθείρου κιντὰ ἢ ετ π. α, εἰ θέλεις. *Leichius*
in praef. ad Carm. Sep. p. XIV. μὴ φθείρ' εἰ κτενεῖ σε τα
καλὰ, εἰ θέλεις. Non peris homo, si vacuus es nidus cir-
cumvolvis, si exiguus ignis accensus et calefacit *Reiskius*:
μὴ φθείρου, κενοί σε περιστίβεισι καλοί εἰ θέλεις. *Toupius*

deni-

denique cum *Heringa* conspirat, nisi quod scribit, καὶ εἰ σύν. Tantum erroris et conjecturarum prava diftinctio peperit. — V. 5. λιτή τε *Heringa* et *Reisk.* — V. 6. φώστη. mazae genus. Vide *Hesych.* et *Polluc.* VI. 76. *Atben.* L. III. p. 114. F. τὴν μὴ ἄγαν τετριμμένην. L. IV. 149. A. τί δὲ δεῖπνον ἦν τοιοῦτον· τυρὸς καὶ φώστη μάζα ἤμυν χάριν κ. τ. λ. ubi μάζα delendum cenfet *Toupius.* Perperam. *Aristoph.* Vesp. 608. φώστη μάζαν προσενίγκης. — γρήτη. faxum excavatum. Vide *Schol.* ad *Lycophr.* v. 20. *Nicander* in Alex. 77. πέλλησι ἐν γρήγεσιν, ὅτ' εἴσης τῶν ὀμάξαις. *Schol.:* κοίλαις καὶ βαθείαις καὶ λεπτικαῖς. Hunc versum excitat *Suid.* in φώστη, sed corrupte \ ide *Flor. Christian.* in *Aristoph.* Vesp. 608. Totum distichon *Albersi* ad *Hesych.* T. II. p. 1532. — V. 7. ᾧ καὶ. Cod. — χόνδρος ap. *Suidam* ἀλῶν Θρύμβοι. παχὺς ἄλς. Esset igitur, χόνδρος ἀνοφθλίως, sal obsonii loco cum pane sumtus. χόνδρος ἁλὸς est ap. *Aristoph.* in Achatn. 520. *Phoenix Colcph.* ap. Athen. L. \ III. p. 359. F. καὶ ἅλα λεύκιναι χόνδρον. de quo loco vide *Casaub.* p. 623. θυοργία non purus, sed mixtus. Athenienses thymum cum sale commiscebant. *Aristoph.* Achatn. 1099. ἅλας θυμίτας εἶσα, καί, καὶ κρόμματα. quod quid sit, *Schol.* explicuit ad v. 772. θυμιτᾶν ἁλῶν. οἷον μετὰ θύμου τετριμμένων. ἅλας ἡδυσμένος commemorat *Atben.* L. IX. p. 366. B. — Alii χόνδρον de alica accipiunt, sive ptisana e zea facta. ἄρτους χονδρινοὺς ex alica subactos, ad augendum robur inprimis utiles, novimus ex *Atben.* L. III. p. 115. D. Cf. p. 127. *Dioscorid.* II. 118. — Verum hac significatione admissa, epitheta quam vim habeant, non satis video.

LVI. Ccd. Vat. p. 409. Ex Jensian. nr. 139. protulit *Heringa* p. 271. *Reiske* in Anth. p. 170. nr. 90. Ad Mercurium prope hortum et caprarum pascua collocatum. — V. 1. *Salmasius* proferens ad Solin. p. 569. A. εὐλέχανον ὀρεῖνα tanquam membranarum lectionem

exhibet, in quibus πρωτα quidem legitur. Hoc tamen
a viro doctissimo defendi non debebat. Genuinum est
πρωτα, quod *Heringa* reftituit. *Archias* Ep. XXX. ἢ γὰρ
ἔστιν ὀγχναν Μαλαίης - κόρα. *Hermession*. El. 54. πολυσσύεσσα
καλύπτει. — Μάραθον est foeniculi genus, quod ad oculorum caliginem levandam utile putabant. Vide *Har-
duin*. ad Plin. XX. Sect. 95. p 227. et *Bod. a Stapel* ad
Theophr. VI. p. 548. *Hermippus* ap. Athen. L. II. p. 56.
C. πάντες αἰεὶ διβάλλουσι μάραθον εἰς τὰς ἀμάδας. — Σκάν-
διξ latinorum *olus* est et vilem cibum significat, docente
Berglero ad Alciphr. p. 386. Operose de hac planta
disputat *Salmaf.* in Hom. Hyl. Iatr. c. XVII. — V. 2.
male tentat *Heringa:* ἔρμα, καὶ ταύταν, ἃ φίλος αἰεί, ἄγων.
Raikius vocem αἰγιβοτον ab αἰγιβοτος, *pastores*, deducit,
praeter necessitatem corrigens: ἔρμαν καὶ, ταύταν, τὰν
φίλος αἰγιβοσιν. ὁ *Pan*, qui caprimulgis favet, αἰγιβοσις caprarum sunt pascua. *Hesych*. βοτυ. τροφή. Vide Intpp.
in τιθασεύσειν. — ᛫. 235.] V. 3. αἰγινομῶν. *Jacf.* et
v. seq. λεγόντων.
    LVII. Cod. Vat. p. 489. Planud. p. 75. St. 110. W.
ubi plurima leguntur Epigrammata ex nostro expressa.
Priapus, vere ineunte, nautas ad navigationem susci-
piendam hortatur. — V. 3. ἐσσύμενα. Mare, per hiemem tempestatibus agitatum, silet. *Theocrit.* Eid. II. 38.
ὄιθα, σιγῇ μὲν πόντος, σιγῶντι δ' ἀῆται. — V. 5. ἱλαέσαν.
Vulgo. Edit. Ald. sec. et tert. ἱλάεσσαν. γελῶσα. σχολὴ
τὰ τρυμαλεια. Hesych. — V. 7. δ' Ἀλιμενιτας Scaliger tentavit. Non opus est metro auxilium ferri, quod vel sic
salvum est. — V. 8. ἄνθρωπ᾽, ὃς πλώεις ex edit. filiorum
Aldi in posteriores edit. venit. In aliis ὃς πλώεις legitur,
unde *Scaliger* ὃς πλώεις fecit, ut est in Cod. Vat.
    LVIII. Cod. Vat. p. 411. Edidit *Jensius* nr. 142.
unde repetivit *Heringa* in Obss. crit. p. 271. *Reisk.* in
Anth. p. 171. nr. 793. Aristocles Nymphis, ad quarum fontem sitim lenivereat, cornu dedicat, quo ad hau-

riendam aquam fuerat ufus. — V. 1. *Heringa* conjicit
λιοστε, facili quidem conjectura, sed parum certa. *Brunckius* vulgatam propter id, quod sequitur, πέτραν τε ἀργυρέαν, servandam judicat. — V. 3. πέτραν τε ἀργυρέαν et
in fine pentametri μέρμα τεγγόμενα Codex. Hinc *Heringa*
emendandum putabat: χαίροιτ᾽ ἀργυρέαν αἱ (sic pro καὶ dedit *Jens.*) ἱ. ὃ κ. τ. ὑμῶν ὃ κ. μηρία τεγγόμεναι. Sive:
οὐτρείαις ἀργυρέν αἱ ἱ. ὅ. *Reiskius* dedit, conjecturam secutus: πέτρας τε ἀργυρέαν 3᾽ αἱ ἐν ὕδασι κ. τ. ὑμῶν ἃ κ. μ. τεγγόμεναι, de metro securus. Idem pro κάσμα τοῦτο conjecit: Παντὶ ἐγαττέ. *femora quae Panes oppetens*. — Non
opus est his eruditorum somniis. Cum tamen frigeant
verba κάσμα τοῦτο, existimaverim, poëtam scripsisse:
      καὶ ἐν ὕδασι κάσμα τούτοις.
— V. 5. »Scriptum in Cod. χαίροιτ᾽ Ἀριστοκλέη οἳ δ᾽ ἀλοπευτέρας. ubi Salmasius notavit: An Ἀριστοκλέους? Nota
»ΠΕΡΙΦΡΑΣΙΝ δίδωμι εἰς τοῦτο. pro δίδωμι εἰσ τοῦτο. Scilicet
»Ἀριστοκλέους pro Nympharum epitheto habebat. Sed est
»nomen proprium Ἀριστοκλέης. Quod autem καὶ hic eli-
»datur, id contra optimorum poëtarum usum non est,
»et tragicis etiam licitum.« *Brunck.* cujus vide not. ad
Sophocl. Trach. 1221. Ceterum dubito, an hic versus
penitus emendatus sit. Aristocles ipse Παντέρας fuisse
videtur, cum fontem illum inveniret; poculum autem,
quo usus fuerat, Nymphis potius, quam viatoribus, post
eum in eandem regionem ventoris, dedicavit. Fortasse
igitur, servata Codicis scriptura, legendum: Ἀριστοκλέης
Μ, Μαντέρας ὅπως ἰδὼν — et verso sq. ὕδασι. — V. 6.
τοῦτο δ. γέρας. Cod. Unde ἀφεις habeat *Br.* non indicavit. Accipiendum de poculo e bovis capreaeve sylvestris
cornu facto. De ejusmodi poculis dicemus ad *Addaei*
Ep. II. In nummis Bacchus occurrit, cornu bovis incurvum tenens pro cantharo. Vide *Beger.* Thes. Brand.
Tom. I. p. 14. *Spanhem.* de Usu et Praest. Num. T. I.
p. 394.

H 2.

LIX. Planud. p. 284ᵇ. St. 420. W. sine auctoris nomine. *Leonidae* vindicat Cod. Vat. p. 217. nec non Edit. Flor. et Aldinae. Praeclarum Epigramma, quo Diogenes ad Charontem verba faciens inducitur. — V. 1. 2. *Suidas* laudat in πορθμίς. — λυτηρί. *Propert.* III. 16. 23. *Scandenda est torvi publica cymba senis.* — πορθμ. κυανέη, τριστία τηλα ratis, *Propert.* II. 20. 72. *ferruginea cymba Virgilii* Aen. VI. 304. — V. 5. Quod si cymba jam referta est umbris, tamen me récipe: *nam ego sum classi sarcina magna suae*. Ovid. Heroid. II. 68. Laudat hunc verf. *Suid.* in ἀποθλίμενον· una cum quarto in μάρις et ἐυρέσις. Altera loco edit. pr. *ἀ κρυδοεσα* habet, idque *Br*. vulgatae praeferendum censet. Verf. seq. *Suid*. ed. pr. ἀποθλιμένον. Cod. ἐντ ᾳθλιπτην. *Brunckius* ὄντ ᾳθλιπτων legendum esse monet. ut est ap. *Archiam* Ep. XXXIV. qui nostrum carmen expressit: εἰ καὶ συ μό-ρθίθη ὑπ' εἰδώλοισι καμόντων ὀλκάς. *Schneiderus* tamen emendatione opus esse negat, comparans *Homer*. Od. 1. 219. βεῖθυ τορὸν ταρσοί. Sic quoque *Bacchylides* Fr. IX. συμπιτίαν βρίθοντ' κυπαλ. Vel sic tamen *Brunckii* rationem praetulerim. — μάρις proprie cymba, quae apud Aegyptios cadavera in communem sepulturae locum vehebat. Vide *Wesseling*. ad Diodor. Sic. Tom. I. p. 108. 54. — V. 5. πέρη ἰσ' ὅλκια. Cod. — V. 6. φθιμένος. Cod. — ψυαλς. Vide T. *Hemsterh.* ad Lucian. Tom. I. p. 422. — V. 7. ah. Suid. — ἐντετέμησθα. Cod. De verbo πέρμω vide ad Ep. LXIX. 4. — φθι. Plan. — V. 8. λίπην. Plan. λίπα Suid. qui hoc distichon laudat in ἐντετέμησθα. Idem initium verf. 5. profert v. ἰφάλκια. -

¶. 236.] LX. Cod. Vat. p. 163. Planud. p. 437. St. 570. W. Cicada gloriatur, quod in Palladis hasta collocata sit. Ejusmodi Minervae imago an alicubi occurrat, Ignoro. Versus 1. partem cum secundo laudat *Suid*. v. ζαθέων sic enim hoc verbum scribit Lexicographus. De cicadis sole incalescente canentibus vide *Ae-*

lien. H. A. L. III. 28. — V. 3. habet *Suidas* in προίκιος et μελινδέτοισι. *Schol.* ad *Theocrit.* Eid. IV. 16. poëtae verba laudat προίκιον διονάλοι εἴδαρ ἴων, quae *Tosp.* in Anim. ad Schol. p. 212. com noftro loco comparans, corrigit: ἀοιδῆς, Πρώτιστε, διονάλοι πρώτον εἶδαρ ἴων. — V. 4. laudat Suid. in ἔγχι. Ducta funt haec ex *Hefiodi* Scuto 395. τέττιγι, ὅ τε πόεις καὶ βρῶσις θήλυς ἔεργ. Vide *Graev.* in Lect. Hef. c. XIX. Verba θήλυς ἔεργ. per generis metaplasmum dicta, laudat *Athen.* L. V. p 189. E. θῆλυν per πολύγονον et τεσφίμην interpretatur *Apollodor.* ap. Stob. in Ecl. L. I. c. 52. p. 1010. ed. Hecr. — V. 5. 6. excitatur ap. *Suidam* v. εὐτέληκας et 6. iterum v. δωρ. — Pro ὕδει in Vat. Cod. a pr. man. ὕλη legitur, et mox ἐφ' ἱζόμενον. — V. 8. Plannd. ὁμίλον — πολιδέσσι, non fignificat: fiftulas compingit, ut hoc n verbum Stephanus interpretatur in Thefauro, fine n auctoritate nec exemplo. αὐλὸς, ribia, diverfum quid a n *fiftula*. Hanc Pan invenit, illam Minerva. Eadem com- n pofitionis eft ratio, quae in verbo ἀγυιοδεσία. In Pana- n thenaeorum celebratione mufica certamina agebantur, n in quibus ξυναυλία, de qua videndus *Meurfius* Panath. n c. X. Vertendum: *Dios enim virgo tibiarum concen- n tus inflituis*, feu ribias *invenerit eft*. Similia vid. ap. n *Tosp.* ad Suid. P. III. p. 244.ᵃ (p. 510. ed. Lipf.) *Brunck.*

LXI. Vat. Cod. p. 372. Planud. p. 10. St. 19. W. Expreffum ex Epigr. *Evenu* VII. ubi vide not. — V. 1. Πβολος. Vide ad *Simmias* Ep. I. — αἰγός πόσις. Hoc Latini poëtae fibi vindicarunt. *Virgil.* Georg. III. 125. *quem legere ducem, et pecori dixere maritum*. *Horat.* l. Carm. XVII. 6. *quaerunt latentes et thyme devias Olentis uxo- res mariti*. — V. 3. τύψε. Plan. male. *Homer.* Il. A. 519. ἵππος — αὐτρω ἐνιχλήσῃ βαθὺ λήϊον. αὐτω τοῖς ἄθροοι, legisfe Schol. Eft Latinorum *tondere*. Auctor Culicis v. 52. *Tondentur tenero viridantia gramina morfu*. *Virgil.*

Georg. I. 15. *Ter cruram nivei tondens dumeta juvenci.* —
V. 5. πέλι γλυκὺ Plan. γλυκὺ omittit Vat.

LXII. Cod. Vat. p. 373. Planud p. 79. St. 115. W.
In navem onerariam, quam, post multas navigationes,
ignis in terra consumsit. Idem argumentum exornarunt *Antiphil.* Ep. XXVI. *Secundus* Ep. III. *Julian. Aeg.*
Ep. XLV. — V. 2. κειραμένη. *Meinecke* mallet γενομένη,
quod firmaveris ex *Catull.* LXIV. 1. *Peliaco quondam
prognatae vertice pinus Dicuntur liquidas Neptuni
nasse per undas.* Sed parum probabile, poëtam eodem
vocabulo intra tres versus bis usum fuisse. Nec mutatione opus est. κείρεσθαι hic est, quod vulgo τέμνεσθαι dicitur. *Apollon. Rhod.* L. II. 1191. καὶ τάμε χαλκῷ δούρατα
Πηλιάδος κορυφῆς κείρας, τέμνει. *Hesych.* κείραι, τέμνει. Frequenter
ap. historicos, qui agros populantur, τὴν γῆν κείρειν dicuntur. *Thucyd.* I. 64. *Aelian.* V. H. II. 44. Cod. Vat.
versu 1. μ' ἔλαξε. v. 2. κειραμένη legit. — V. 3. γένος.
Planud. — V. 4. Cod. γενομένη. Mare, de cujus furore
omnes vulgo queruntur, mihi mitius fuit et clementius
terra genitrice.

LXIII. Servavit *Stobaeus* in Flor. μ. 493. Grot.
Tit. CXIX. p. 600. Gesn. Viam ad inferos facilem esse
et expeditam docet. — V. 1. *ἰέσσαν* de ambulantibus.
Euripid. in Iphig. A. 137. Δ' ἰέσσαν τὸν πόδα, γύρῳ μᾶλλον
ὀτείχων. et in Troad. 569. εἰρεσίᾳ νεκρῶν ἱεῖται, si recte
emendavimus in Exercit. crit. Tom. I. p. 139. sq. — V. 3.
σκολιοὺς διτρηπτα. fisse. κ σκάλλω, fodio. Vox Lexicis addenda." *Brunck* Perperam. τὸ σκαλιχρὸν est anfractuo-
sum. *Etymol. M.* σκαλιχρόν. σκολιὸν, πολύγυρον. Cf. *Hesych.* v.
ejusque Intpp. — Mox verba ὁδίτης πλάνης πλάνης non
satis commode dicta existimabat *Wakefield.* qui in Sylv.
crit. Tom. III. p. 162. corrigit: οὗ τι σκαλιχρὸς ὁδίτης
πλάνης πλάνης. Generis igitur enallage offensus fuisse non
videtur. Ad sensum verborum equidem non facile of-
fenderim. Ὁδὴς πλάνης πλάνης, via erroris plena sive errore

implicita, ut Latini loquuntur, mihi non displicet. At verſu ſequ. ferri non poteſt particula δὲ, quam idem in *l' οὐ* mutavit. Ceterum cum οὐδεὶς πλάνης inſolentius ſit dictum, nec enuntiationes ita, ut par eſt, connexae ſint, corrigendum eſſe puto:

οὐ γὰρ ἔστι δεσβατος
οὐδὲ σκολιὸς, οὔτ' ἰθὺς ἀτλὰς πλάνη.

neque ullus omnino in eo error eſt. Eurip. Rheſ. 851. ἀτλὰς 'Αχαιῶν οὐδὲν᾽ αἰτιώμεθα. Thucyd. L. VII. 34. τῶν δὲ 'Αθηναίων ναυτῶν μὲν οὐδεμία ἀτλὴς. Polyb. VII. 22. 12. ἄλλως γινώσκοντες οὐδενὸς ἀτλὴς τὸ γεγονὸς. Suidas in ἀτλὴς· ἀτλὴς δὲ οὐδὲν εἶδος τῶν μελλόντων ἔγνωται. — Quod via ad inferos θεία dicitur, id imitatus eſt auctor Ep. inter aliena. CCCCXLIII. εἰς 'Αἴδην θείαν κατήλυσιν. In *Ariſtoph*. Ran. 127. Hercules Baccho eandem viam indicaturus, βούλει, inquit, ταχεῖαν καὶ κατάντη σοι φράσω; ἀντὶ τοῦ καταντικρὺν. Schol. — Perperam v. 5. *Brunckius* κεκμηκότων una voce edidit. Ap. *Groſium* recte τὴν κεκμηκότων, diviſim. *Wakefield.* καὶν emendavit. Minus recte *Leonidas* interpres vertit: *haec via ab umbris ſilentibus frequentatur*; quo ſententiae vis et elegantia corrumpitur. Verte cum *Groſio: Et inveniri prona vel coeco gradu*. κάνθους ἵμασες. Epigr. alien. DCLX. καμμύσαντες τὸ τῆς ψυχῆς ὄμμα. *Philo* Tom. I. p. 645. 31. Conf. *Weiſtm.* ad N. T. L p. 402.

§. 237.] *LXIV.* Cod. Vat. p. 309. Planud. p. 193. St. 282. W. Ariſtocrates, qui vitam coelebs transegerat, morituros homines, ut liberis procreandis dent operam, hortatur. — V. 2. ὀλιγοχρόνιος. Ariſtocratem florente aetate periiſſe, hinc intelligi debet. Quid autem ſit, quod, haec locutus, caput tangat, ignoro. — V. 4. δάκνει. Cod. Vat. De verbo δάκνειν ad animi affectiones translato conſ. *Gataker* ad M. Antonin. p. 333. — V. 5. στυλίσαντι Cod. Hunc locum attigit *Barnbius* ad

Statii Theb. I. 394. p. 135. *Opsopoeus* comparavit *Eurip.* in Iphig. Taur. 57. στύλοι γὰρ οἴκων εἰσὶ παῖδες ἄρσενες *Artemidorus* hunc versum laudans Oneir. II. 10. p. 93. in somniis per columnas liberos significari docet. Clytaemnestra de Agamemnonis dignitate agens ap. *Aeschyl.* in Agam. 906. λέγοιμ᾽ ἂν ἄνδρα τόνδε — ὑψηλῆς στέγης στῦλον ποδήρη, μονογενὲς τέκνον πατρί. Hinc *domum fundare* dicuntur, qui liberos procreant, ap. *Senec.* in Octav. 532. *Dignaque nostram sobole fundare domum.* Ut *columna* ap. Latinos, sic στῦλος de viris, quibus respublica, domus, fides nititur, etiam apud sacros scriptores usurpatum attigit *Gataker.* in Misc. Adv. II. 20. p. 332. sq. — Mox Cod. Vat. καλὸν δ᾽ ἐ. ἱστίησιν. Novissimum manifesto corruptum; sed καλὸς quoque vulgato minus est elegans. — V. 6. In Analect. λαμπρὸς λοίρας exhibetur. *Br.* τλήρως emendavit in Lect. ex Planudeae codd. et Flor. ed. ut ait. Omnes editt. quas consului, idem habent. Pro αὖ *Casaub.* in notis mstis ἂν conjicit. Verf sequenti *Br.* καὶ ἦν reponendum existimat. Vide, an corrigi debeat:

ὁ δ᾽ αὖ λαμπρὸς τλήρως ἰσχαρεῶν
εὐδίαν φαίνοιτ᾽ ἂν, ἐπὶ πολυκαλῖ ὑγρᾳ
διετὰς, καδηέζων καλὸν ἐπεσχέραν.

Sensus est: Cum domus, liberorum quasi columnis non suffulta, ingratum adspectum habeat, ille contra focus splendet, cui semper lignum impositum est, igne nunquam penitus exstincto. Per καλὸν sobolem intelligit, quae genus exstingui et interire non patitur. Facit huc *Esaias* ap. *Clem. Alex.* III. p 555. 25. μὴ λέγετε ὁ ἐπάξας, ὅτι ξύλον εἰμὶ ξηρόν. Focus stare dicitur ἡ πολυκαλῖ ὑγρᾳ, cui semper ligna largiter aggeruntur. His verbis *Brodaeus* suspicatur spectari Homerica in Vita Hom. Herodotea p. 737. 75. ἱκλρὰς μὲν στεφάνης παιδὸς — αἰθομένης δὲ πυρὶς γεραιότερος οἶκος ἰδέσθαι. — V. 10. ἀν ϑρυπτ' ἐκθαψον. Planud. et Cod. Vat. — In fine ἐκκαθρωθεντα Cod. Aristocrates, quod verum et justum esset, intellexit quidem, sed cum pravos mulierum mores nosset, ipse praeceptis suis morem gerere noluit. Apte *Meinecke* contulit *Ovid.* Metam. X. 243. sqq. de Pygmalione, qui — *offensus vitiis, quae plurima menti Feminae natura dedit, sine conjuge coelebs Vivebat.* Sa*farion* Comicus: οὐκ ἂν γυναῖκες, ἀλλ' ὅμως, ὦ ἐμβρυε, Οὐκ ἔστιν αλειν ελαιν ἄνευ κακοῦ — quae cum similibus laudat *Valcken.* ad Eurip. Hippol. p. 234.

LXV. Cod. Vat. p. 236. Planud. p. 267. St. 384. W. In tumulum locustae Philaenidis. — Particulam vers. 1. et 2. excitat Said. v. τυμβειδια. τυμβιτης, ὁ μνημονίτης· εἰ καὶ μικρός ἰδεῖν λᾶας ὁ τυμβειτης ἄμμιν ἐπαρέμαται. In Plan. ἐπ' ὄθεν, quae jungenda esse vidit Vir Doct. ap. *Hastiam* p. 26. In Cod. Plan. legitur εἰ μικρός τις, superscripto γρ. ἔστιν. et mox ἐπ' ὄθεν ὁ παρ' ἡμῖν. — V. 2. τυμβειτης ά. ἐπὶ ἐρίμασαι. Cod. Quamvis parvum cippi marmor et solo fere aequum, nihilominus tamen Philaenis laudanda est. — V. 4. ἐκατηθέντα. ἐκατθίας, οὐκ οἶδας τέττιγος, ἀλλ' ἀτιθεντα, ἐπὶ τῷ ἐχεῖν ἢ καλεθαις. Suid. Conf. *Aelian.* V. H. XI. 44. — V. 5. Hunc versum Br. ex Cod. Vat. emendatum dedit. Cum eo conspirat Suidas in καλαμίτης — καὶ θηλυκῶς καλαμῖτις — et v. ἐφίλατο, ubi δινλοὺς legitur pro ἰοεντῶν. Planud. ἰσκλοὺς δὲ λ. θ. καὶ μ. θανόντων κέυθει' ἰβουνίλων χηραμίτην λαλέγων. Hic Vir Doct. ap. *Hastiam* χηραμίτην emendavit. In Cod. Vat. legitur: καὶ θέτ' ἐφ' ὁμιλίη χηραμίτην πατέγη. Superscriptum γρ. χηραμίτην. In *Brunckii* lectione *Schneidero* nonnulla debentur. Jungit ἐπιχηραμίτη, eamque vocem ad Philaenidem refert. Sine dubio verum δυνθας, somnum adducens, ut in *Phaenni* Ep. II. καρὶς ὑπὸ στεφύγων, τὸν βαθὺν ὕπνον ἔχων. At reliqua ut persanata sint, vereor. Eadem res bis dicitur, ordine perquam incommodo: Philaenis locustam suam per duos annos amavit, eamque, jucundo ejus strepitu gavisa (cf. II. §. 270.), composuit, i. e. sepelivit, νεφος μοριναν απλεξις. Postrema verba nonne satis indicant, in praecedentibus nullam sepulturae mentionem esse factam, sed poëtam de iis, quae locustae viventi contigerint, egisse? Quid si scripserit:

καὶ Ξεφθ' ὑπελθὼν χρυσομηλων κατάγη.

Facile Ξεφθ' in Ξνετος' abire potuisse, nemo non videt. *Meleager* l.p. CXX. Phanium leporem ἐν πλόκοις στέγγουσα λιτρέφει. *Mnasalc.* Ep. XIII. τᾶς πότ' ἱλαφρότατον χῖνος ἰΞρύει γόνυ. — Restitui autem lectionem Cod. χρυσομηλων, quae elegantior est, quam ut a librario proficisci potuerit. χρᾶσθαι κατάγη est *strepitum edere*. *Machon* ap. Athen. L. VIII. p. 349. D. citharoedus διττῶς ἀπέδων, τῇ λύρρ τ' οὐ χρώμενος. Cf. *Casaub.* p. 606. 47. *Herodot.* VIII. 99. βοῇ τε καὶ οἰμωγῇ ἐχρῶντο. Exquisitiorem hujus verbi usum multis exemplis allatis enucleavit *T. Hemsterh.* ad Callim. p. 103. sq. Si quis tamen χρυσωλίν praetulerit, non valde refragabor ejus sententiae, modo non a χρυέω, *privo*, sed a χαίρω deducat. Vid. *Eustath.* ad II. p. 975. 41. — V. 7. ἀπ' ἠέρανε. Vat. — V. 8. τάλαγεν. Vat. — Vulgo πολυτροπίας, quod e membranis emendatum est. πολυστροφία, verbum *Leonidae* proprium, de variis cantus modulationibus accipiendum est. A πολύστροφος, *mobilis*, πολυστροφία, *mobilitas*, *vocis flexibilitas*, derivatur. Canentes autem dicuntur vocem στρέψειν, κάμπτειν, λυγίζειν. *Philostr.* Vit. Apoll. IV. 39. p. 180. καὶ ᾠδὰς ἱκαμπτον, ὁπόσας Νέρων ἀλόγιζέ τε καὶ κακῶς ἔστρεφε. *Aristoph.* in Thesm. 73. κάμπτων ἰὼν Ὄντως κατακάμπτειν τὰς στροφὰς οὐ ἰᾴδιον. Hinc πολυκάμπτως αὐλοῖν, quod idem est ac πολυστρόφως. Vide *Bod. a Stapel* ad Theophr. IV. p. 476. sq. *Kuster.* ad Arist. Nub. 966.

LXVI. Cod. Vat. p. 273. Planud. p. 209. St. 803. W. In Eubulum quendam, virum probum et modeſtum. μνήμην *Brunckii* videtur conjectura, ſed minime probanda. Planud. et Vat. menubr. μνήμες habent. Praeclare *Caſauboni* in ſchedis Bibl. Bodl. μνήμους ἀιθοίλαν. — V. 2. καντὸς λιμέν. *Sophocles* in Aj. 1219. Ἄιδυς κευθς. Electr. 136. ἐξ Ἄιδα παγκοίτω λίμνας. Antigon. 1284. ὁ παγκόβεγρος Ἄιδου λιμήν. Poëta ap. *Plutarchum* T. II. p. 106. C. λιμὴν γὰρ ἅδης κακῶν, ut pro ἐν' ἀλν legendum eſt cum *Ruhnkenio* ad Longin. p. 139, quem vide etiam in Epiſt. crit. p. 286. Adde *Groven.* ad Plauti Caſin. Prolog. 19.

LXVII. Cod. Vat. p. 283. Planud. p. 215. St. 313. W. In ſepulcrum prope viam ſemiapertum, ita ut humani oſſa apparerent. — V. 1. Vulgo τίς ποτ' ἔφ' οἷ; et ¶. 238.] v. 2. τλήμον' ἦν. — *Adrian*. *Homer.* Il. α. 795. ἰστίη χρυσέην ἐς λάρνακα θῆκεν ἑλλόντις. Ep. *Adesp.* DCLXV. ἐμβρίσας δαιρίως λάρνακα μαρμαρέην. — V. 4. λιτῇ παρὰ ζέσται. Cod. ut etiam ſequ. verſ. παρὰ τρίγωπι.

LXVIII. Cod. Vat. p. 283. Planud. p. 215. St. 313. W. Argumentum idem, quod in praecedente. Sepultus loquitur. — V. 2. ἁρμονίης ἀνήρ. Edit. Flor. et tres Ald. In Aſcenſ. ἀ' νορ, quod *Stephan.* repetivit. In Vat. eſt: ἁρμονίης ὦ 'νορ. *Brodaeus* ſic vertit, ac ſi ἁρμονίῃ legerit: *ipſe cohaerentes lapides.* *Opſopoeus* corrigit: ἁρμονίη τε, vertitque: *harmoniaque, o vir, lapisque ſuperincumbens.* quae graecis non clariora ſunt. Vera videtur *Brunckii* correctio; niſi forte fuit: ἁρμονίας τ' ὦ 'νορ — *Homeri* Od. ε. 248. γόμφοισιν δ' ἄρα τήνγε καὶ ἁρμονίῃσιν ἄρασσε, et 361. ὄφρ' ἂν μέν κεν δόυρατ' ἐν ἁρμονίῃσιν ἀρήρῃ. *Heſych*: ἁρμονίης συζεύξεως. *Suidas*: ἁρμονίαι δὲ λέγονται καὶ τὰ συμπατσόμενα τῶν πραβάτων μέρη. — Mox Vat. het κακλημένη. — V. 3. Vulgo κλίτυς. *Opſopoeus* κλίτυς videtur legiſſe, nam *ribias* vertit. κλίτυς eſſent *pernae*. *Euripides* ap. *Athen.* p. 368 πίλλ' κλίτυος νεαρᾶν, ſive potius τέρρεν, ut *Caſaubonus* emendavit. Praeclara Cod.

Vat. σκόληκες, vermes. *Palladas* Ep. CXLIV. πρὸς τοῦτον σκώ-
ληξι βαρὺν, τύμβους τε ῥαφῆναι. *Alciphron* I. Ep. XVII.
p. 66. ἐξειλκύσαμεν μόλθακα ἤδη καὶ σκώληξιν ἐπιβρύοντων
αἰμύλων — ὑπεσαρπῶ editt. vett. — V. 4. ἐπὶ ἱστομάδι.
Cod. Vat. γῆν ἱστοτοκηθῶν illustravit *T. Hemsterh.* et *Al-*
berti ad Hesych. v. — V. 5. Hanc semitam nunc primum homines fecerunt. Hunc versum *Br.* pro libidine
mutavit. In Planud. vitiose legitur τὴν οὖσα πρίν ἴθυν
quae lectio orta est ex depravata Vat. Cod. scriptura,
τὴν οὖσα πρὶν τὴν ἰθὺν ἱ. quae ne litera quidem mutata
sic scribenda sunt:

ἣ γὰρ τὴν οὖσα πρὶν ἴτην ὁδὸν ἐτμήξαντο
ἄνθρωποι — — —

viam, qua nemo olim ambulabat, nunc primum fecerunt
homines. τὴν pro ἣν positum: ἣν ὁδὸν οὖσα πρὶν ἴτην, ταύτην
ἐτμήξαντο. Hesych. ἴτην. ἐπορεύοντο; ἰωνικῶς. Duali autem
Leonidas pro plurali usus est, optimorum poëtarum
exemplo, quorum loca haud pauca collegit *Arnald.* in
Lect. gr. II. §. p. 186. *Ernesti* ad Homeri II. a. 566.
— V. 6. ἤμυνον. sic in Vat. — Ἐγγαῖον. Vulgo
ναχθεῖσαν.

LXIX. Cod. Vat. p. 324. Planud. p. 216. St.
914. W. In Crithonis olim divitis et beati tumulum.
Nomen viri in Cod. Vat. et in vulgatis Plan. editt.
Κρίθων scribitur. In Cod. Planud. regio, quo *Br.* usus
est, Κρίθων. Hoc nomen, quod ap. *Addaeum* occurrit
Ep. L, *Schneidero* monente, *Brunckius* restituendum cen-
suit. — V. 1. ἐπὶ Cod. Idem v. 2. σωλῆκος. — V. 3.
τέγη. De Gygae divitiis, quae ap. poëtas passim commemorantur, (cf. *Alphei* Ep. IV.) vide *Schraderi* Emend.
L. II. p. 130. et *Burm.* ad Propert. II. 20. p. 400.—
V. 4. ποντέχμων. Vulgo. Ex aliis compositis αὐτοχθων,
ἀπτοέχμων, ἱπτέχμων, de quibus Dorum formis egit *Hem-*

ſterb. ad Hefych. Tom. I. p. 1197. apparet, illud vocabulum nonniſi uno μ ſcribendum eſſe. Verbum enim πάσασθαι, unde haec derivantur; ubi *poſſidere* ſignificat, primam ſyllabam conſtanter producit. Vide *Valckenaer.* ad Ammon. p. 189. ſq. et *Ruhnk.* ad Tim. p. 209. — V. 5. τί πλέον μαθνῦμ', ἐπὶ π. μ. Plan. et verſ. ſq. ὁπὶ ἅπαν γαίης. In Vat. ὁπὶ γαίης ἴσης ἴσον ἰ. μ. Haec in talibus antitheſi perquam frequens. *Ovid.* XII. Met. 615. *Jam cinis eſt et de tam magno reſtat Achille Neſcio quid, parvam quod non bene compleat urnam.* Cf. *Propert.* II. 7. 51. Imperii plus, quam par erat, avidis filiis Oedipus imprecatur, χθονὸς λαχεῖν τοσοῦτό γ', ἐνθανεῖν μόνον, ap. *Sophocl.* in Oed. Col. 790. Maxime huc facit praeclarus *Plinii* locus, H. N. II. 68. p. 107. ubi, poſtquam de hominum in augendis poſſeſſionibus cupiditate dixit, *Ut publicos,* ait, *genſium furores transeam, boc in qua conterminos pellimus, furtoque vicini ceſpitem noſtro ſolo adfodimus, ut qui latiſſime rura meta us fueris, ultraque fines exegeris accolas, quota terrae parte gaudeas? vel cum ad menſuram avaritiae ſuae propagaveris, quam tandem portionem ejus defunctus obtineas?*

LXX. In Planud. p. 212. St. 309. W. ἄδηλον eſt. *Leonidae* tribuit Vat. Cod. p. 281. ubi adſcriptum: ζήτει διὰ τὰ ἐφάλματα. *Huetius* p. 21. quatuor haec diſticha male in unum carmen coaluiſſe, atque in totidem Epigrammata dividenda putabat. In quo egregie fallitur. Optime enim ſingulae hujus carminis partes inter ſe cohaerent. Scriptum eſt in Phidonem, Criti filium, qui, cum ipſe vitam reliquiſſet, alios quoque, ut brevis hujus et aerumnoſae vitae onus devolvant, hortatur. — V. 1. δ'ἔφραστο. Plan. ὄνθρωπε. Vat. — πρὸς ἠῶ, ad dias luminis oras, ut *Lucretius* loquitur L. I. 23. — V. 2. χαιρουσ̓. Fd. Ald. pr. χλίσποντες Aſcenſ. — V. 3. ὅτι λίπεται ἡ ἴσον. Vat. ἢ πλέον ἴσον, ut ap. *Stephan.* legitur, primum in Aſcenſ. reperio. Flor. et Aldinae ἢ ἴσον

ἴσον. Comparari meretur locus eximius *Senecae* Ep. XCIX. *Hoc, quod aetatem vocamus humanam, compara immenso: videbis, quam exiguum sit, quod optamus, quod extendimus. Ex hoc quantum lacrymae, quantum solicitudines occupant — quantum valetudo, quantum timor, quantum teneri, aut rudes, aut inutiles anni? — Adjice labores, luctus, pericula, et intelliges, etiam in longissima vita minimam esse, quod vivitur.* — στιγμή. Proverbialis locutionis speciem habet. *Simonides* ap. *Plutarchum* T. II. p. 111. C. τὰ γὰρ χίλια καὶ τὰ μύρια ἔτη στιγμή τίς ἐστιν ἀόριστος, μᾶλλον δὲ μόριόν τι βραχύτατον στιγμῆς. Idem p. 117. E. καὶ ὁ μακρότατος βίος ὀλίγος ἐστὶ καὶ στιγμαῖος πρὸς τὸν ἕτερον αἰῶνα. Quare, qui alios, ut ritae voluptatibus fruantur, admonent, στιγμή inquiunt, χρόνον πᾶς ὁ βίος ἐστί· ζῆν καὶ οὐ παραζῆν προσέχει. ap. eund. p. 13. B. Cf. p. 104. B. — ζ. 239.] V. 7. Phidon homines hortatur, ut portum quaerant, τὴν χειμέριον ζώην vitantes. ζώην ex versu 5. repetitum videtur, cum antea fuerit:

χειμερίην τε ζάλην ὑπαλύσας, ὑμὸ τ' ἐν ἔρμῳ.

Oppian. Hal. L. II. 248. χειμερίην γὰρ κλυδοκύζουσαι ὑπαλύεν. *Aeschyl.* In Agam. 665. χειμῶνι, τόφρα τὴν ζάλην τ' ἐμβρωτάτην. *Plato* in Rep. VI. p. 474. C. οἷον ἐν χειμῶνι καὶ κονιορτοῦ ζάλης ὑπὸ πνεύματος φερομένου. ut haec verba emendavit *Abresch*, in Anim. in Aesch. II. p. 331. Vide inprimis *Suidam* v. ζάλη. Ceterum in Cod. Vat. hoc distichon a superioribus sejunctum legitur cum lemmate: τοῦ αὐτοῦ Λεωνίδα εἰς Φείδωνα τὸν Κρῆτα· sed versus cancellati sunt. Ad versum 6. autem signum est, quod remittit ad calcem paginae, ubi haec habentur: ὑπερβατῶς δύο στίχους καὶ τότε πέντε ἦν τοὺς λοιποὺς στίχους τοῦ ἐπιγράμματος· ἐν τούτοις ἄνθρωπε ἐπεμερίβρωται ἐστίν· ἔτι ἐστὶ τὸ ἐπίγραμμα μετὰ τοῦ Ἐπιδεῖν. Versus, quos grammaticus post versum sextum inferendos monet, legantur in fronte sequentis paginae 282. cum lemmate: ζῆτε τὸν πῶν τοῦ

ἐπιγράμματος ὅτι ἐσφαλμένον. ἴδε ἔχει νῶν οὐκ ἔσφαλται,
ἀλλὰ μᾶλλον σεφώτισται·

ἐκ τοίης ἄνθρωπε ἐπ' ἠεριβαμένοι ὀστῶν
ἁρμονίης ὑγρὸς ἤγρα καὶ νεφέλας.
ἄνερ ἰδ' ὡς ἀχρείων ἐπεὶ περὶ νέμετος ἀχρού
εὐλὰ καίρμιστον λῶπος ἐδ' ἐζομένη.
οἷον τὸ ψιλαθέριον ἀνεψιλωμένον οἷον·
πολλὰ ἀρχαιοῖον στυγνότερον ἐκλιπτῷ.
ἦ οὖν (ἡμῶν) ἐξ νοῦς· ἴασεν εὐθὺς ἄνερ ἐρυνθῇ
οἵης ἐν λιτῇ πεπλημένος βιοτῇ.
αἰὲν τοῦτον σῶ μιμησκόμες ἄχρι ὁμιλῇς
ζωῆς ἰξοίης ἀρμόζεσας κελάμες.

His tenebris fi quis lumen accendere voluerit, caveat
ille, ne tempus frustra infumet. Nam aut egregie fallor,
aut hi versus in lectorum ludibrium conficti sunt ab
otioso grammatico, quales ii, quos protulit *Sextus Empir.*
adv. Gramm. I. 13. 316. p. 287. ubi *Fabricius* frustra
egit interpretem.

LXXI. Cod. Vat. p. 230. Planud. p. 223. St.
325. W. Praxus Samiae cum viatore colloquium. —
V. 1. εὔεα. Plan. — V. 2. καλυτέλους Cod. Vat. a pr.
man. — καὶ τοδασί. Si audimus *Theophrastum* in Char.
XIII. p. 101. hoc epitaphium a περίεργε τοῦ compositum
est. τοῦ περίεργε enim est, γυναικὸς τελιστησάσης, ἐπιγράψαι
ἐπὶ τὸ μνῆμα τοῦ τε ἀνδρὸς αὐτῆς καὶ τοῦ πατρὸς καὶ τῆς μητρὸς καὶ αὐτῆς τῆς γυναικὸς τοὔνομα, καὶ τοδασί ἐστι. Sic
enim pro vulgato ττττσί scribendum cum *Dorvill.* ad
Charit. p. 337. Cf. *Fischerum* in Ind. Theophr. v. τε-
τασί. — V. 5. εὔεα Cod. Vat. Miraberis *Brunckii* in-
constantiam, qui hic Planudeae adhaesit, cum v. 1. οἴεα
ex Cod. correxerit. — V. 7. ζάη. Plan. — Binas hujus
carminis imitationes vide inter Epigr. *Antipatri Sid.*
LXXXV. et LXXXVI.

LXXII. Cod. Vat. p. 278. junctim cum seq. Epigr. ut edidit *L. Holsten.* ad Steph. Byz. v. Λύκαστος p. 192. Recte a *Brunckio* divisa esse, nemo dubitabit. Utrumque scriptum in Prataliden Cretensem, venustate, pugnandi venandique peritia excellentem. — V. 1. Λυκάστῳ Cod. et v. 2. Λυκαστίης. *Antip. Sidon.* Ep. XX. ἡ δὲ φέροιτο δῶρα λόγος. — Versus tertii lacunam *Brunckius* ingeniose explet sic: χθόνδε Μίνωϊ τέρπεεν. Nihil aptius, quam Prataliden, et Cretensem et excellentem virum, Minoi item Cretensi jungi.

LXXIII. Color est, ut in Ep. *Meleagri* LXXXIV. quod hinc ductum videtur. — V. 1. ταυτίων omittitur in contextu. In marg. γρ. ταυτίων. Veram esse lectionem *Brunckianam*, ex Cretensium moribus intelligitur, apud quos Minos — ἵνα μὴ καλυπτενῶσι, τὴν πρὸς τοὺς ἄρρενας ἐνόμισεν ὁμιλίαν, secundum *Aristotel.* in Rep. lL 8. p. 119. *Sosicrates* ap. Athen. L. XIII. p. 561. F. Κρῆτες ἐν ταῖς παρατάξεσι τοὺς καλλίστους τῶν πολιτῶν κοσμήσαντες, διὰ τούτων θύουσι τῷ Ἔρωτι. Cf. *Strabon.* L. X. p. 739. sq. — Cretenses quantum Musicae tribuerint, constat cum ex *Strabone* l. c. p. 738. A. p. 739. C. tum ex *Aristoxeno* ap. Athen. L. XIII. p. 630. B. ὀρχησταὶ δ' οἱ Κρῆτες. — οἱ δὲ Κρῆτες κυνηγετικοὶ, διὰ καὶ ποδώκεις.

LXXIV. Cod. Vat. p. 310. Planud. p. 254. St. 368. W. In cenotaphium Teleutagorae, qui naufragio perierat. — V. 1. κατχεῦσα Vat. Librarius cogitasse videtur de κατεχεῦσα, quod metrum respuit. Τιμάρετε. Edit. Flor. Ald. pr. et fil. Aldi. — V. 2. οὐ πολλῇ νηΐ. non magna nave, unde magnam tibi et praeclaram praedam exspectare posses. Hinc fortasse *Antip. Thess.* Ep. LXIX. θάλασσα — ᾗ πυκναὶ χήρευσι, τὴν ὀδυνηροτάτην θυρίδα τοῦ Ἔμπορον, ἀλλ' ὀλίγῃς τευτλίαις ἱκανοῖς θυκαμένη ναυτηκν. — V. 2. Τελευταγόρεω Vulgo. — §. 240.] V. 3. κατ' ἰχθυόεσαι. Vat. κατεσχεδόεσαι. Tres Aldinae. — V. 5. καύηξα καὶ ἰχθυ-
φόρους

φέρει λαμβάνειν. Vat. ἰχθυβόλοισ. Ed. Flor. Omnes reliquae κατάξῃ ἡ ἰχθυβόλοις. Infra Ep. LXXXII. de naufrago: ἐγγὺ μὲν ἀιζῶοις λαμβάνεσι αἰωλυμαι. *Artemidor.* Oneir. II. 17. p. 105. Μέρη καὶ αἴθυιαι — τοὺς πλέοντας εἰς ἐσχατον αἰώνων κατάγει. *Theos.* Ep. II. Ἀλκυόνη, Ληναία, μέλεις τέχνῃ, quae tractavit *Dorvill.* ad *Charit.* p. 251. Delphinus ἐπὶ τοῖς αἰγιαλοῖς ἐπικυμανθεὶς, βορὰ γίνεται αἰθυίαις τε καὶ λάροις. *Atben.* L. VII. p. 28 ;. C. Idem L. II. p. 44. D. δερκετῆς ἦν καὶ Λάμπρος ὁ Μυσιαδς, περὶ οὖ Φρύνιχῇς φησι Μέρος ὀρνεῶν. quod dictum ex nostro Epigrammate lucem lucratur. De κατάξ vide *T. Hemsterh.* ad Aristoph. Plut. p. 312. — V. 7. κινδὺν. Vat. κεκλυμένον. Plan. — V. 8. Τελεσταγόρην. *Steph.* In Ed. Flor. tribus Ald. et Asc. Τελευταγόρην. Bene notus Telestagoras Naxius ex *Aristotele* ap. *Athen.* VIII. p. 348. B.

LXXV. Ut *Leonidae* legitur in Cod. Vat. p. 311. In Append. Plan. p. 517. St. ²20. W *Theocriti* nomen praesert. Inter cujus carmina crebro est editum. Vide *T. Hemsterh.* ad Hesych. Tom. I. p. 1352. De Orthone Syracusano, qui, cum noctu domum rediret ebrius, in via periit. *Martialis* L. XI. Ep. 83.

A Sinuessanis convivia Philostratus undis
 Conductum repetens nocte jubente larem,
Paene imitatus obit saevis Elpenora fatis,
 Praeceps per longos dum ruis usque gradus.
Non esset, Nymphae, tam magna pericula passus,
 Si potius vestras ille bibisset aquas.

— V. 1. Vulgo συγκαθεὺς. Male apogr. *Hemsterh.* Ὄρθων.
— V. 2. χειμερίας vulgo. — V. 3. ἀντὶ δὲ πολλᾶς πατρίδος. Vulgo. In Cod. Vat. πολλᾶς. quod in apogr. *Hemsterh.* in φίλας mutatum erat. *Jo. Auratus* tentavit ἀντὶ καλιᾶς. *Stephan.* πέλλας. *Heinsius* βώλου. *Reiskius* εὐνᾶς. Habes, quod eligas. *Toupius* in vulgata acquiescendum putabat, γῆς subaudiens: *pro patria terra aeque multa et praecla-*

ra, peregrino tumulo exceptus sum. Theocrit. Eid. XVII.
76. πολλὰς μὲν πρώτοι γαίας. Infortunium fuiſſe, ſi quis
exigua terra conderetur. Eid. V. 43. μή ἄλλον ὑπὲρ
συγκεαμένος, ὑβὶ, ταφῆτε. Nec Valckenarius quidquam mutandum putat. Equidem, parum abeſt, quin in horum
virorum ſententia acquieſcam, quorum tamen auctoritas vix efficiet, ut antitheſis in verbis, πολλὰς πατρίδος
et ὀθνείην, juſta ſit et elegans. Comparanti mihi Addaei
Ep. IX. Αἰγαίην κείμαι βῶλον ἐφεσσάμενος - noſtrum locum
vetere mendo deturpari probabile viſum eſt. Quid ſi
Leonidas ſcripſerit:

ἀντὶ δὲ πάτρης
ὀθνείην κείμαι βῶλον ἐφεσσάμενος.

Haec ſaltem concinna ſunt. ὀθνείην βῶλον apte de ſepulcro in terra peregrina. Dioscorides Ep. XXI. Φιλόμηλος —
ξείνῳ Μέμφις ἔπρηξε τάφῳ. Ἔνθα δραμὼν Νείλου ὁ πολὺς μου
ὕδατι λάβρῳ Τηνίδος τὸν ὀλίγην βῶλιν ἐπηρέψατο. — Ceterum pro ὅσα μέρος vulgo πάτρος legitur. — V. 4. ὀθνείην
Vat. In apogr. Pariſin. ν'ρίω male pro κείμαι.

LXXVI. Cod. Vat. p. 312. in marg. notatum: ζητ.
μήποτε δύο εἰσὶν ἐπιγράμματα ἐπʼ ἴσης. quae inepta eſt
ſuſpicio. Edidit Jenſius nr. 21. Reiſk. in Anth. p. 121.
nr. 672. Scriptum in Promachum naufragum, cujus
tamen cadaver undae in patriam detulerant. — V. 1.
ταυτίλαι. Cod. Pro βαθεῖη Reiſkius βραχείη poſuit, ut juſta
ſit oppoſitio inter μακρᾷ et βραχείη, ut Ep. XLVIII: βραχὺ
μὲν εκάφος. Nihil novandum. Nullum navigii genus con-
fidentiam facere debet; quamvis longa et alta ſit navis,
nihil contra iratum mare valet. Senſus eſt, ut Ep. XLVIII.
ἀλλὰ θαλάσσης τῶν ἴσων. — V. 2. τίς ἄνεμος genuina eſt
Cod. lectio, quam ſponte ſua indagavit Heringa in Obſſ.
crit. p. 194. cum ap. Jenſium legeretur εἰς ἄνεμον. quod
ipſe editor in τε ἄνεμον mutandum cenſebat. — V. 3.
Pro ποτὴ ἅμα, quae eſt Cod. lectio, emendavi ποτὴ μίαν,

l. 240.

»uti legendum effe manifeftum eft ex praecedenti *εἰς*
ἄνεμος." *Brunck.* Fallitur vir doctiffimus; nam nulla
plane eft relatio inter verba *εἰς ἄνεμος* et *ποτὶ μία*. *Reis-*
kius ποτὶ, κυλόκυμα δέ v. dedit, *fluctum decumanum*, de
qua voce vide notata *Voffii* ad Catull. p. 228. fq. Fortaffe non *ἅμα* folum, fed etiam *ποτὶ* depravatum eft.
Poffis etiam fufpicari — *ποτὶ* . *μάλα κῦμα δέ v. ἐθρῶ —*
οι fit κῦμα ἐθρῶν unda vehementior. Non multum tamen
huic conjecturae tribuo. — V. 4. *εἰς κολπὴν Brunckii*
videtur effe emendatio, nifi forraffe jam in Buheriano
apogr. fic emendatum reperit. Codex legit *ἐς κολπὴν*,
quod cur mutaretur, caufa non erat. Eft mare de-
hifcens, ut docent Intpp. *Polluc*. I. 108. Cum hoc epitheto comparatum vehementer friget *Brunckii καλήν.* —
V. 5. *οὐ μὴν δέ*. *Jenfius:* unde *Heringa τὸ δαίμων* fecit.
Veram lectionem *Reiskius* vidit. — *ἐπὶ γαῖη. Jenf.* et
Reisk. contra Cod. fidem. — V. 6. *ἴλαξε* Cod. Hoc fi
verum, praecedente verfu *οὐ μὲν ἐπὶ δαίμων* legendum.
Brunckius Reiskii emendationem fecutus eft. — V. 7.
ἐπὶ τῇ Cod. — V. 8. »Cod. *κατατμήτους αἰγιαλοὺς*, quod
»mutandum non erat. *Heringae* auctoritatem fecutus fum.
»Sed *ἐπὶ* cum verbis quietis quarto etiam cafui jungi-
»tur, cujus conftructionis exempla bene multa congeffit
»Ahrefch. ad Thucyd. cujus indicem vide in *ἐπί.*"*Brunck.*
In Analectis ex *Heringae* emendatione *κατατμήαις θ. ἐπ'*
αἰγιαλοῖς legitur. — *κατατμήτους*. Epigr. LXXIV. *ὀψεί ἐν*
αἰγιαλῷ. Loca aperta et patentia, ubi nihil impedimenti
ambulantibus navigantibusve objicitur, *κατατμήτα* vocantur. Epaminondas Hoeotiam appellabat χώραν *ὀρχή-*
σεω κατατμημένην, *Plutarch.* T. II. p. 193. E. *τιλίον*
κατατμημένον παμφάρον. Lucian. T. III. p. 377 71. *ἐν*
πελάγει κατατετμημένῳ. Herodot. L. VIII, 60. Conf. *Ca-*
faub. ad Athen. L. V. p. 357.

LXXVII. Cod. Vat. p. 321. Protulit *Alberti* ad
Hefych. v. *ταλλιην. Jenfius* nr. 28. *Reisk.* in Anthol.

I 2

p. 125. nr. 679. — V. 1. *Guyetus,* teſte *Alberti,* Τέλλητος conjecit a Τέλλης, ut δελφὶς, δελφῖνος. Haec nominis forma obvia ap. *Plutarch.* T. II. p. 193. F. ubi Tellinis, ut mali tibicinis, una cum Antigenide fit mentio. *Heringa* Ἕλλητος tentavit, ut de *Anacreonte* intelligeretur, deceptus prava lectione *Jenſii* τήσον, τὸν πρῶτον — —. Scriptum eſt hoc carmen in Tellenem, tibicinem et poëtam, cujus carmina ludicra ob liberam et venuſtam dicacitatem laudantur, docente *Ruhnkenio* in Epiſt. crit. I. p. 118. qui excitavit locum *Zenobii* in Prov. Cent. I. 45. ᾄειδε τὰ Τέλληνος. ἐπὶ τῶν εὐωστικῶν τίθεται παροιμία. Τέλλην γὰρ αὐλητὴς ἐγένετο καὶ μᾶλλον ποιητής, παίγνιά τε κατέλιπεν ἐρρυθμότατα καὶ χάριν ἔχοντα πλεῖστην καὶ σκώμματα κομψότατα. — ὑποβάλλῳ Cod. Quod *Guyetus* mutavit in βάλλει, *Heringa* in βάλον, *Reiskius* in βάλλει. — V. 2. τήσον eſt Cod. lectio, quae in quibusdam apogr. in τήσιν depravata eſt. — πρῶτον Cod.

LXXVIII. In duo diviſum hoc Epigr. legitur in Cod. Vat. p. 322. ubi tria priora diſticha unum carmen conſtituunt, duo reliqua alterum, cum lemmate: τοῦ αὐτοῦ Λεωνίδου εἰς τὴν αὐτὴν Πλατθίδα τὴν ὀγδοηκοντοέτην. Sic et ap. *Jenf.* nr. 123. 124. et *Reisk.* in Anth. p. 164. nr. 774. 775. Jungenda eſſe docuit *Toup.* in Epiſt. in Syrac. T. II. p. 336. Scriptum in memoriam vetulae, quae pauperem quidem, ſed jucundam vitam per octoginta annos lanificio toleraverat. — V. 1. μ' ἔφον ἐπίσαντε Cod. ἐπίσατε emendavit *Toup.* ἐπιοῦν in talibus idem eſt, quod ἐπαλκεῖν. Epigr. ἀδέσπ. CCLXI. ὕδων ἐποσπάμεθα. *Philoxenus* T. II. p. 58. μαλθακὸν ἐκ γονάτων ὕπνον ἐποσάμενοι. Piſcatores *Theocriti* Eid. XXI. 20. ἐκ βλεφάρων δὲ Ὕπνον ἐπωσάμενοι ἐφιτέραις φρεσὶν ἤρεθον οἶδον. — V. 2. Contra Codicis fidem ap. *Reisk.* ἐπαπομένα legitur. *Philippus Theſſ.* Ep. LXXX. λιμὸν διζυρὴν ἐπαμυνομένα τὸ λυγρόπος Νωέ. quem locum *Toupius* comparavit. —

¶. 241.] V. 3. laudat *Alberti* ad Heſych. in εὐτρίβῳ,

et *Pierson.* ad Moer. p. 358. qui similia contulit. *Theocrit.* Eid. XXVIII. 1. ὃ φιλτρᾶ' διακτω. — V. 4. *serv. Reisk.* Cantilenam, qua mulierculae pensa trahentes tempus fallebant, servavit *Pollux* L. IX. 125. Res ipsa passim commemoratur ap. poëtas. *Ovid.* Trist. IIII. El. I. 13. *Cantantis pariter, pariter data pensa trahensit Fallitur ancillas decipiturque labor.* Tibull. L. II. I. 65. *Atque aliqua assiduas textis operata Minervae Cantus, et applauso tela sonat latere,* Aristoph. Ran. 1349. cf. Schol. Parcas ad colum canentes finxit *Catull.* LXI. 321. sqq. Vide *Burmann.* ad Anth. Lat. T. II. p. 267. *Leonidam* fortasse ante oculos habuit Auctor Epigr. apud *Graev.* p. 139. 10. et *Fleetwood.* p. 322. ἔντα καὶ θανῆς φίλαι ἡμέραι ξυνέριθοι, αἱ πενιχραὶ γραῖαι, τῷδ' ἡνίθημεν ἡμῶν, Ἀμφότεροι Κόλαι, πρῶται γένος. ὁ γλυκὺς ὄρθρος, Τίς δὲ λόγου ᾧ μύθους ἔλεμεν ἀμιβῆναι. — ἔγχι θνητοί Cod. Nostrum est ex emendatione *Reiskii.* Obversabatur poëtae Homericum ἐπὶ γέρως οὐδῷ. Il. χ. 60. — V. 5. *Reiskius,* neglecta cod. fide, pro καί τι scripsit νέκτα, quam emendationem certissimam esse non dubitat. Sed longe elegantior est repetitio vocularum καί τι, ad quas ᾔσεν subaudiendum est. Mulierem illam nocte cantasse, sponte intelligitur ex verbis ἄχρις ἐπ' ἠοῦς, nec id expressis verbis dicere necesse habebat *Leonidas.* Tenebras *Reiskio* objiciebat prava Jensiani cod. lectio ἄχρις ἐπ' ἠοῦς. — Cod. Vat. δαιμοσύνη. — V. 6. Ἀθηναίης, Ἐργάνας puta, (conf. *Valckn.* ad Theocr. Adon. p. 373.) διυλκὴν, Gratiis juvantibus, percurrebat mulier *assiduas textis operata Minervae.* Tibull. IL. I. 65. — διυλκὴ de quovis labore dixisse videntur veteres. Ut hic anus texendo Minervae *stadium* decurrit, sic ap. *Sosipatrum* Ep. II. mulier cum viro congressa ὕσσον διυλκίας (f. ἧς' διύσσετος) τὰς Κύπριδος διυλκῆν. Eadem ratione *industriae curriculum* dixit *Cicero* Philipp. VII. 7. *exercitationes ingenii, curricula mentis,* idem in *Catone* 38. Nostrum locum optime illustrat *Pindar.*

I 3

Pyth. 9. 33. ὁ μὲν οὐδ᾿ ἰστὸν παλιμβάμονς ἐφίλησεν δδὸς.' —
Pro σὸν χάριοι *Reiskius* legit τὸν κρασίοι. male. Quidni
enim eximium textricis opus Gratiis juvantibus per-
fectum dicatur, quae et ipsae dearum texebant vestimenta? Venerem Diomedes vulnerabat ἀμφημένην διὰ
πέπλου, ὃν αἱ Χάριτες κάμον αὐταί. Homer. Il. ε. 358. — V. 7.
Cod. ἡ μακρή Brunckii μακρὴν, cum κρόκην jungendum,
quidam tenue filum interpretatur. Possis tortum filum,
ut ap. Tibull. I 6. 77. viðe firnicla Ducis inops tremula
stamina torta manu. Putabam olim, legendum esse — ἡ
μακίνη — κρόκην. Ennius ap. Nonium v. Gracilescum:
Deducunt babiles radios filo gracilenso, ut Lipsius emendavit. Aliter Burm. ad Ovid. Tom. I. p. 355. Nunc
vero censeo, aut cod. lectionem sine ulla mutatione servandam, aut scribendum esse:

ἡ μακρῇ, μακρὸ περὶ γούνατος, ἄρτιον ἱστῷ
χειρὶ στρογγύλωσσ᾿ ἱμερόεσσα κόμην.

Vide ad Ep. XXXVII. μακρὸν νῆμα. *Christodor*. in Ecphr.
940. παρσιαὶ γύρας μετήοντι κατέσχετο. — περὶ γούνατος.
Tbeocrit. Eid. XXIV. 74. πολλαὶ 'Αχαιίδων μαλακὸν περὶ
γούνατι νῆμα Χειρὶ κατωτρίψαντι, ἑσπέσπερον καλέουσι 'Αλημέ-
ναν ὀνομαστί. — V. 8. Cod. στρογγύλωσσ᾿ ἱμερόεσσα. unde
Reiskius fecit: στρογγύλωσσ᾿ ἱμερόεσσα pro ἱμερόεσσα, exigo-
bat dies. — V. 10. ὑφανομένη *Jens*. Genuinam lectionem jam *Pierson*. indicaverat ad Moer. p 376.

LXXIX. Vat. Cod. p. 323. Εἰς γέροντα, βάκτρῳ στη-
ριζόμενον ὡς ἐπὶ καμάκι ἀμπελίνῳ. Edidit *Jens*. nr. 40.
Reisk. in Anth. p. 130. nr. 690. — V. 1. Senex loquitur. ὡς ἄμπελος ὑξ στηρίζομαι κάμακι. Viti sese comparat, fulcro indigens, quo sustentetur, baculo nimirum, αὐτῷ σαντοιῖς, quae, ut interpretamentum, τῷ
κάμακι subjiciuntur. In Cod. καμάτῳ legitur. *Jensius* dedit καμάτῳ στηρίζομαι σύγ. unde *Reiskius* fecit: ἄμπελος
δι ἐγκλ κάμακι σν. σύγ. vitem infirmam, quassilem interpretatur. Talians viro doctissimo excidere potuisse! —

V. 3. ἡ τριὰς Cod. et verſ. ſq. θάλψαι. Hoc ſervavit Reiskius. Requirebatur tamen paſſivum θάλψασθαι. — Ceterum ſuaviter dictum hoc de ſene, cui nihil apricatione jucundius. — V. 5. οἱ κόραξ. Male haec accepit Leonidae interpres. Senſus eſt: Haec eum non in vanam firmi animi oſtentationem dixiſſe, re ipſa declaravit, cum nulla mora interpoſita manum ſibi ipſe inferret. Sic plane *Philoſtr.* in Vit. Apoll VI. 20. p. 260. ὁ τὸν θάνατον ἐντεχνῶς, ἀλλὰ μὴ κόμπῳ ἴπακα ἰταινῶςι. Variis violentae mortis generibus commemoratis *Arrianus* in Epict. II. 6. p. 151. ψόφος ἐστὶ ταῦτα πάντα καὶ κόμπος μετὰν ἐναμίτων. — ἀπὸ ζωᾶς ἄκρας, vitae onus devolvis ſibi. γέρας ἐν σκαμβῆς, Hymn. in Cerer. 275. μέσαιμα δ' οὔτε φυγεῖν θάνας οὐ σοφία τις ὑπάςεται. Eurip. in Heracl. 616. ἀκόμισος τετίμη. Epigr. *Pancratis* Tom. I. p. 259. — V. 6. σὺς Cod. al: Jenſ. et Reisk. — Ἐς πλείους μετοικ̣εσίαν fortaſſe doctum ex *Eurip*: Hipp. 836. τὸ κατὰ γᾶς θέλω, τὸ κατὰ γᾶς κνέφας Μετοικεῖν, σκότῳ (fort. μετοικεῖν τοθέ,) θανὼν ὁ τλάμων. Qui hanc vitam relinquunt, in aliam civitatem migrare videntur. Mortem migrationem eſſe, poſt Socratem multi dixerunt, quorum loca collegit *Gataker* ad M. Anton. II. p. 46. E. F.

LXXX. Cod. Vat. p. 210. Planud. p. 275. St. 398. W. Scriptum in Alcmanem poëtam, qui Lydus Spartanusve fuerit, incertum eſt. Civem Spartanum fuiſſe Alcmanem, ex Ep. *Alexandri Aetoli* III. colligitur. Cf. *Plutarch.* T. II. p. 599. D. et *Burette* dans les Mémoires de l'Académie des Inſcr. Tom. XIX. p. 306. ſq. Sepultus erat Spartae prope τὸ Δρόμον, teſte *Pauſania* L. III. 15. p. 244. qui eum in carminibus Laconica dialecto uſam fuiſſe ait. Hoc Epigr. imitatus eſt *Antip. Theſſ.* Ep. LVI. — V. 1. 2. laudat *Suidas* in ὑμναίων, ſecundum iterum v. σκῶπος. ὑμναίων pro quovis carmine lyrico videtur poſitum. — V. 3. Hujus verſiculi partem cum v. 4. excitat *Suid.* in ἀοιδός, ὁ ἐςχατος. — εἴδ' ἦ γε λοῖσθος ἄχθος ἦ. In Cod. Vat. λάσθος. Hoc diſtichon nemo paulo attentius legerit, quin aliquid ad ſenſus perſpicuitatem et elegantiam deſideret. *Antipater Theſſ.* l. c. Πᾶσαι δ' ἡ ετέρας διδύμαις ἶρις, οἴθ' ὕγε Λυδὸς, εἶτε Λάκων· τελ και ταγλιτες ὁμοστόλοις. Hinc *Scaliger* in notis mſtis emendavit: Σπάρτας μεγάλαν ἶρεν. *Wyttenbachius* autem in Bibl. crit. Tom. I. P. II. p. 35. corrigit: οἴθ' ὕγε Λυδῶν ἄχθος ἦ. Hoc verum videtur; ſed vel hac emendatione admiſſa ſenſus eſt obſcurior. Ex *Antipatri* imitatione ſuſpicor, diſtichon initio carminis periiſſe; verba autem τύμβος ἴχνι poſtea inſerta eſſe, ut ſenſus quodammodo evaderet integer. Hoc ſi verum eſt, tale quid olim ſcriptum fuiſſe debet:

Σπάρτας δ' οἱ πολῖται, μεγάλα γ' ἶρις, οἴθ' ὕγε Λυδῶν
ἄχθος ἀνολβίβας οἴχεται εἰς Ἀΐδην.

Vehementer dubitetur, Alcman utrum Spartae civis an Lydus ad inferos deſcenderit. In Λυδῶν ἄχθος ad ſervitutem reſpicitur, quo ut jugo Lydi premuntur. *Ariſto* Ep. L 10. δουλοσύνης ἄχθος ἐπωσάμενος. *Philipp.* Ep. LXVI. Ἀριστοδίκης – ὁξάκις ἀθίκων ἄχθος ἐπωσαμένη. Ceterum *Lacones Alcmanem ſibi falſo vindicare* contendit *Vellej. Pat.* l. 18. fin. — V. 4. Cod. οἴχεται εἰς Ἀΐδην.

LXXXI. Planud. p. 280. St. 405. W. In Cod. Vat. p. 209. Λεωνίδου, οἱ δὲ Μελεάγρου. Exhibetur in Catal. Bibl. Laur. Med. T. III. p. 426. In Erinnam poëtriam, in ipſo aetatis flore Orci invidia vitae ereptam. — V. 1 παρθενικάν. Plan. et Cod. Vat. — πυκνῶν ἐν ὑμνοπόλοισι μέλισσαν. *Meleager* I. 13. Ἀλκαῖόν τι λάλησθον ἐν ὑμνοπόλοις ἴανθεν. Quod Erinnam μέλισσαν vocat, id imitatus eſt auctor Ep. inter ἀδέσπ. DXXIV. in eandem: ἄρτι λεχωομέναν σε μελισσοτόκων ἴαρ ὁμοῖσι. et *Chriſtodorus* in Ecphr. p. 460. Erinna μελίσσης Παφίης ἰαμβέρυγγας ἀπεσυλάσατο. *Plato* in Ione Tom. IV. p. 187. ed. Bip. λέγουσιν οἱ μελιτοποιοί, ὅτι – ἐκ Μουσῶν κήπων τινῶν καὶ ναπῶν δρεπόμενοι τὰ μέλη ἡμῖν φέρουσιν, ὥσπερ αἱ μέλισσαι. qui locus inprimis hoc facit. Ceterum poëtae apibus paſſim comparantur. Vide *Marcium* Var. Lect. VIII. 1. p. 171. ſq. Intpp. *Horatii* IV. Carm II. 28. — Μουσῶν ἄνθεα. De muliere a Muſis aliena *Sappho* ap. *Plutarch.* Tom. II. p. 146. οὐ γὰρ τοιέχεις μέλον τῶν ἐν Πιερίας. — In Schedis Krohn. Μουσίων legitur. — ἀγγυτομένων vulgo. ἀγγυτομένων Vat. a pr. man. — V. 3. ὡς ὑμέτεραν. Cf. ad Μ*elcagr.* Ep. CXXV. — V. 4. μήσαντε, Reſpicitur *Erinnae* Ep. III. p. 58. ubi vid. not.

§. 242.] LXXXII. Cod. Vat. p. 310. Plannd. p. 255. St. 369. W. In Timolytum, quem Cretenſes piratae in mare praecipitaverant. — V. 1. σοὶ δὲ κασί. De Cretenſium perfidia vide quae dedit *Weſſeling.* ad Diodor. Sic. XVIII. 32. et T. II. p. 589. Loca veterum larga manu effudit *Wriſtem.* ad N. T. II. p. 370. — διαφθόρος an alibi occurrat, ignoro. *Heſych.* ἀναφθεῖρται. ὀφανίζει. ἀπολέσαι. Piratas ſignificat. — V. 3. ὃς καὶ. Vulgo. ὡς corr. *Br.* in Lect. *Sic me etiam.* Opſopoeus αἱ καὶ — legebat. — V. 4. Κρηταιεῖς ἢ Τ. καθ' ἅλων. Cod. Vat. quae lectio partim optima eſt, partim peſſima. *Κρηταιεῖς* (qua forma *Leonidas* utitur Ep. LXXII. cf. *Steph. Byx.* p. 386.) praeferendum videtur vulgatae *Κρηταϊκης*. *Sic me quoque Cretenſes in mare deturbarunt.* — V. 5. λαμβάνουσιν. Vat. Conf. LXXIV. 5. διέχουσι, qui victum ex undis quaerunt. Piſcatores ap. *Pancratem Athenaei* L. VII. p. 321. F. ὡς τὸ βίου πέρηκα διέχουσι καλέουσιν. Vim hujus vocabuli expreſſit *Theocrit.* ap. eund. VII. p. 284. Α. ἄνδρ᾽, ᾧ ἀεὶς ὁ ζωά.

LXXXIII. Cod. Vat. p. 311. Plan. p. 202. St. 295. W. — "Lemma in Vat. Cod. εἰς Ἀλκιμένην μητροκτόνον. Et verſu ultimo: ἣν ποτ᾽ ἐγὼ δείης Ἀντιπάτρου. Planudea: δείης Ἀλκιμένης. Hoc maxime abſurdum; nam ſi homo ille bellum contra aliquem geſſit, is nominandus erat, cui arma intulit. Hoc ſaltem boni habet Vaticana lectio δείης Ἀντιπάτρου. Sed ridicula utraque."

"Alcimenes hic rusticus erat, qui noxias herbas assidue
"in agro suo runcabat; hujus mortui et in eodem agro
"sepulti tumulum sentes et rubi obtexerunt, quorum
"ait se antea, dum viveret, hostem fuisse infestissimum.
"sic pro ἦν reposito praeclarus emergit sensus." *Brunck.*
Quod in Vat membranis Ἀντιστρφω ait legi pro Ἀλκιμένης, id falsum esse videtur. In nostro quidem apogr.
Planudeae lectio, sine ullo mutationis vestigio, habetur.
— V. 3. ω omittitur in Vat. Mox ἀπέχετ' ibidem. —
παλιόρον καὶ βάτον. Notus *Ciceronis* locus in Tusc. Qu. V.
23. *Archimedem, cujus ego quaestor ignoratum a Syracu-
sanis cum esse omnino negarent, septum undique et vesti-
tum vepribus et dumetis indagavi sepulcrum.* In Anthol.
Lat. Tom. II. p. 134. mulier rogat agricolam: *Ne pa-
tiare meis tumulis increscere sylvas. Sic tibi dona Ceres
larga det et Bromius.* ubi vide *Burmann.* not.

LXXXIV. Cod. Vat. p. 270. Planud. p. 208. St.
903. W. Talum in Pisistrati cujusdam cippo sculptum
poëta interpretatur. Hoc carmen varie imitatus est *Meleager* Ep. CXXIII. et CXXVIII. et *Antip. Sid.* LXXXVII.
sqq. — V. 1. κῶς, jactus in lusu talorum. Χῖος καὶ κῶος
ὁ τὸ ἓν δυνάμενος βάλλει. *Eustath.* p. 1289. Hinc natum
proverbium, cum res penitus sibi contrariae compone-
bantur: Κῶος πρὸς Χῖον, ὁ μὲν γὰρ Χῖος ἥττητο ἓν, ὁ δὲ Κῶος
ἕξ. *Suid.* Cf. *Dorvill.* in Vann. crit. p. 163. et 170.
Hinc apparet, eum, qui *Chium* jecerit, τὸ πλειστοβόλον esse.
Fallitur itaque *T. Hemsterh.* ad Polluc. IX. 95. Χῖον de
jactu senario in nostris versibus accipiens. — A πλειστο-
βόλος derivatum verbum πλειστοβολεῖν, et peculiare ludi
genus πλειστοβολίνδα vocatum. *Pollux* VIII. 206. —
V. 4. αἰψά Cod. Vat. — V. 5. ἰδὺ εὔεργγος, nec hac
conjectura ad verum accedo. Cf. ad *Meleagr.* l. c. v. 11. —
παντὸς πρ Cod. Vat. — V. 6. πρὸς ἡγεμέσιν. Cod. Vat.

LXXXV. Cod. Vat. p. 275. Plan. p. 214. St.
811. W. In Aristocratem, virum probum amoeni in-

genii, et propterea omnibus gratam. — V. 1. pro εὖν
Jos. Scaliger in not. mstis conjiciebat οἶον, qua correctione non est opus. — ἱμερόεντες. Vide ad Ep. XXIV. 4.
— Vat. pro more κατὰ φθαρτικὸν et ἀμφ' ἕξεως. — In
Plan. οἶαν γὰ δ. — V. 3. πολλαῖς μ. ξ. ἱμεροπρέπων. Plan.
Theocr. Ep. II. γλύκιον ἀνθρώποις, τὸ δ' ἐπιπλέον γλάκιον Με-
σαις. Gratiis placuisse dicitur, qui morum suavitate et
jocunditate omnibus gratus venit. Cf. *Theocris.* XVIII.
105. sqq. — σὺν ξανθαῖς Χάρισιν dixit. *Pindar.* Nem. a.
99. Huc facit Id. Pyth. s. 60. εἰ δ' ἥσυχον φλέγοντι Χάρι-
τες· Μακάριος, ὃς ἔχεις καὶ πεδὰ μέγαν κάματον λόγον φερτά-
των Μναμήιον. — In vers. sq. vulgo πολλοὶ δὲ μνήμη πᾶσιν
Ἀριστοκράτους. Edd. vett. μνήμη. *Jos. Scaliger* tentavit
πολλοῦ δ' ἐν μνήμῃ. Etiam *Casaubonus* aliquid conjecit, sed
obscuri sunt ductus in schedis. Cod. Vat. habet: πολλοὶ
δὲ μνήμῃ π. Ἀριστοκράτους. Hic Codicis cum Planudea
consensus in verbo Ἀριστοκράτους efficit, ut scribendum
putem:

πολλαὶ μὲν ξανθαῖσιν ἱμεροπρέπων Χαρίτεσσι,
πολλοῦ δ' ἐν μνήμῃ πᾶσιν Ἀριστοκράτους.

ut genitivi pendeant a κεφαλῇ· quae constructio longe
elegantior ea, quae ex *Brunckii* lectione exsistit. Prius
πολλαὶ adverbialiter sumendum, ut πολλὸν ἄριστον ap.
Homer. Il. a. 91. — Alterum vero, quod ex *Scaligeri*
emendatione assumsi, πολλοῦ δ' ἐν μνήμῃ, dictum, ut πολὺν
εἶναι ἐν τοῖς τῶν ἀνθρώπων λόγοις. *Aeschin.* c. Ctesiph. p. 306.
πολὺν μὲν τὸν Ἀλέξανδρον καὶ Φίλιππον ἐν ταῖς διαφοραῖς φέρετε.
— V. 5. δημολογῆσαι. Verbum hoc in Lexicis non
comparet. Idem est quod δημῶσαι, quod Hesychius
exponit ἀφροδισιάσαι, φυλέσαι. Vide Ruhnk. ad Timaeum.
Moeris: δημιέρατος. ἀττικῶς. γυναικίζοντα. ἑλληνικῶς.
Brunck. Schneiderus confert *Nicandr.* in Alex. 160.
δήμια λαβρόζωοι φιλέερι γίνονται. *Eutecnius. Casaubonus*,
interpretamenti loco, adscripserat ἐπιμιγηθῆναι. — V. 6.
7. omittit Vat. — στρόβιλος. βόσκαλος, κορυτόμος. *Suid.*

σοβαρὰ ὀφρύς faſtum et arrogantiam eorum ſignificat, qui Catones ſimulant, praecipue philoſophorum. *Alciphron* L. L. 3'4. p. 138. Ἐξ οὗ φιλοσοφεῖν ἐσπούδακας, σεμνός τις ἐγένου, καὶ τὰς ὀφρῦς ὑπὲρ τοὺς κροτάφους ἀνῆρκας. ubi vide *Bergler.* et quae collegit *T. Hemſterh.* ad *Lucian.* T. II. p. 457. ed. Bip. — Senſus eſt: Ariſtocrates, quamvis vir bonus et probus, ab omni tamen ſupercilio ſimulataque triſtitia alieniſſimus fuit; quod rarum in viris seque ac mulieribus, secundum *Juvenalem,* qui non ferendam ait uxorem, quae — *cum magnis virtutibus affert Grande ſupercilium.* Sat. VI. 168. *Martial.* L. XI. 2. *Triſte ſupercilium, durique ſevera Catonis Frons, et oratoris filia Fabricii, Et perſonati faſtus et regula morum, Quidquid et in tenebris non ſumus, ite foras.* — Ad hunc verſ. *Caſaubonus* adſcripſerat ἰδιολέγμενοι. — ¶. 243.] V. 7. κροτάφους. Planud. κροτάφοιν correxit *Scaliger.* et *Caſaubonus.* — ἔβαψεν, ita ut verecundum Bacchum ſanguineis rixis prohiberet, iubente *Horatio* I. Carm. XXVII. 3. — λαλιά. De dulci loquela illuſtrat, noſtri loci non immemor, *Ruhnken.* ad Hermeſ. 78. p. 296. ſq. — ἰδίως dictum, ut in Epigr. *Alcaei Mſſ.* XII. εὐειλικρὶν ὀφρύγγι χέων μέλος, ἐν δὲ συνῳδὸν Χλάζει κατιθύων ῥήματος ἁρμονίην. — In Vat. vitioſe: ἰδύ ἑκάτην τ. λαλιήν. In Planud. εὐσέλικα. Lexicis addendum vocabulum. Qui inter pocula fiunt sermones, vulgo vocantur ἐπικυλίκειοι, ut ap. *Atben.* L. I. p. 2. B. Ψεύδεσις καὶ ἡμῖν τὰς καλῶν ἐπικυλικείων λόγων μεταδιδόναι. Ap. *Diogen. Laert.* L. IV. 42. p. 251. laudatur Arceſilaus, quod vitaverit τὰς ἐπικυλικείους ἐξηγήσεις, dicens, id ipſum philoſophi eſſe; τὸν καιρὸν ἑκάστου ἐπίστασθαι. — V. 9. ᾔδει τὸν ἕτοιμον

ἁλμυῶκεις Cod. Vat. — V. 10. γὸ ἱερὸν τ. ἔχμε. Plan. ἔχμε etiam Vat.

LXXXVI. Cod. Vat. p. 279. ſq. Plan. p. 228. St. 232. W. In quatuor filias Ariſtodici, qui, ſepulcro filiabus exstructo, ipse, moerore, ut videtur, consumtus, obiit. — V. 1. et 2. Cod. et Plan. αὐτό. — V. 3. τούτῳ Vat.

LXXXVII. Bis legitur in membranis Vat. p. 259. in margine, et p. 278. sq. Planud. p. 243. St. 353. W. In mulierem vinosam, cujus tumulo scyphus impositus erat, et cujus *umbra sitim sentiebat* (quod lenae imprecatur *Propert.* IV, 5. 2.). Imitatus est hoc carmen *Antip. Sid.* Ep. XC. — V. 1. πίθων σκυλὶς. quae non calices, sed totos cados siccabat. Hinc sumsit *Antip. Sid.* Ep. LIX. Βασσυλὶς ἡ Βάκχου μαλίων σκυλὶς. — V. 3. γνωστόν. Cod. Vat. utroque loco, eleganitus vulgato — Ἀττικῆς ἥλιξ. In Ep. hier. DCLXVIII. πίθος vinosae mulieris tumulo impositus — πίθος μοι, σύμβολον εὐφροσύνης, τοροντὸς ἥκιστι τάφος. *Propertius* IV. 5. 73. *Sit tumulus lenae curto vetus amphora collo: Urgeat hunc supra vis, caprifice, tua.* — Atticos et Argivos calices inprimis celebres fuisse, ait *Athenaeus* L. XI. p. 480. C. Atheniensibus artem vasa e terra fingendi tribuit antiquitas, eosque terra promontorii Κωλιάδος usos esse, tradit *Erasosth.* ap. *Macrob.* in Sat. V. 21. unde *Plutarchus* T. II. p. 42. D. eum, qui in oratione nihil nisi Atticismum animadvertat, similem esse ait τῷ μὴ βουλομένῳ πιεῖν κυλίκιον, ἂν μὴ τὸ ἀγγεῖον ἐκ τῆς Ἀττικῆς Κωλιάδος ἦ πεπαρασκευασμένον. Inter Atticas merces τοὺς κεράμους numerat *Aristoph.* in Acharn. 902. Cf. *Herodot.* V. p. 416. 93. ibique *Valckenar.* Κεραμὶς λέγεται est ap. *Posidipp.* Ep. XI. et πόλιεις Ἀθηναῖς in *Pindari* fragmentis p. 16. — V. 4. Color videtur ductus ex *Simonid.* Ep. LV. ubi de Anacreonte dicit: μηνὸς δ' εἰν Ἀζέροντι βαρύνεται, οὐχ ὅτι λείπων Ἠέλιον, λήθης δ' ἱκεθ' ἵκασες δόμον, Ἀλλ' ὅτι τὸν χαρίεντα μετ' ἠϊθέοισι Μεγιστέα καὶ τὸν Σμερδίεω Θρῆκα λέλιπεν πόθον. — Post ὑπὲρ Vat. loco sec. γε inserit. — V. 5. εἴ' ἴσλης. Vat. loco sec. Recte. ἴλιπτον Vat. utroque loco.

LXXXVIII. Cod. Vat. p. 246. Planud. p. 211. St. 355. W. Naufragus navigatoris ventum secundum optat, simul monens eos, ne, si quid acciderit, undas, sed suam ipsorum audaciam accusent. — V. 1. ἴθυς vulgo. *Jos. Scaliger* in not. mitis ἢ δ' ἄρα ἴτης tentavit. Notum vocabulum ex *Aristoph.* Nub. 444. θρασὺς, εὔγλωττος, τολμηρὸς, ἴτης. Schol. ἰταμὸς, ἀναιδὴς, καὶ δι' αὐτῶν χωρῶν τῶν πραγμάτων. unde haec sumsit *Suidas* v. ἴτης. Cf. Etym. M. v. — Junxit itaque *Scaliger* πλέος ἴτης. Quod quamvis doctam, multo minus tamen probabile *Brunckiano* ἀίτης, quod Vat. servavit. — V. 2. λιμέσι acute. Non iis, quos petis, portubus, sed longe aliis, Orci scilic. Ep. LXVI. κατὰς πᾶσι λιμὴν Ἀΐδης.

LXXXIX. Cod. Vat. p. 246. Planud. p. 244. St. 355. W. Naufragus nautarum miratur audaciam, qui vel a tumulo suo proficiscantur. Paetum, qui naufragio perierat, lugens *Propertius* L. III. 5. 37. *Reddite corpus humo, positaque in gurgite vita, Paetum sponte sua vilis arena tegas: Ut, quoties Paeti transibit nauta sepulcrum, Dicas: Et audaci sit timor esse pottu.*

¶. 244.] *XC.* Vat. Cod. p. 247. Plan. p. 245. St. 356. W. In cenotaphium naufragi, qui in ponto Libyco perierat. Expressit hoc carmen *Marcus Argent.* Ep. XXXIII. — V. 1. κατ' αἰγὶς. Cod. αἰσήσσνα ναυαγὶς. non alta procella, ut *Opsopoeus* vertit, sed gravis, timenda, ut αἰπὺς ὄλεθρος ap. *Homer.* Il. A. 174. et passim. — V. 2. καὶ om. Cod. Vat. qui et πανενδίης habet a pr. man. — V. 3. ἐπήλυθεν δὲ βίος. Hoc suavissimum. Imitari conatus est Auctor Ep. *iiiem* DCCXLI. μήτε γευσάμενος ἥβης ἄλυθον εἰς Ἀίδεω. — V. 4. μέστα πλόου. Vat. a pr. man. — V. 5. ἐπιτύμβιος. Polydorus in *Eurip.* Hec. 28. κεῖμαι – ἐν πόντου σάλῳ, Πολλοῖς διαύλοις κυμάτων φορούμενος. Epigr. *iiiem* XXXI. ἔτος ναυηγὸς ἐν οἴδματι, κύματα μητρῶν, Ἀπιδρὰν, μεγάλῳ αἵματι (L χείματι) πλαζῆ μινες. — Ἰχθύσι νέμεα Primo miser excidit anno, Et novo longinquis piscibus esca natas. Propert. III. 5. 7. ubi Burm. nostrum Epigramma comparavit. — V. 6. οἴχημαι. Plan. — Pro Ἴστρι Vat. a pr. manu ὕστρι.

XCI. Cod Vat. p. 250. Planud. p. 247. St 358. W. In tumulum piscatoris, in summa senectute extincti. — V. 1. εὔυπνον. qui nullum victum habebat, nisi quem capiebat ex undis, Ἐξ ἁλὸς ᾧ ζωή, τὰ δὲ δίκτυα κείνῳ ἀροτρα. Theocrit. ap. Athen. l.. VII. p. 284. A. — V. 2. αἰθύης. Vat. De nauta Callimach. Ep. XL. οὐδὲ γὰρ αὐτὸς ἥσυχος, αἰθυίη δ', ἴσα θαλασσοπόροι. Ap. eundem in Fragm. CXI. nescio quis selicem praedicat – ναυτιλίης δὲ ταῖς ἴχει βίον · ἀλλ' ἐμὲ· κύμασιν αἰθυίης μᾶλλον ἐξισώσατε abi vide not. T. Hemsterh. — V. 3. ἰχθύσι λῃστῆρα divisim Plan. et Vat. Quod Brunckius posuit, analogiae legibus vix respondet. Ἰχθύς ἀγρευτῆρες piscatores vocat Theocrit. Eid. XXI. 6. Ἰχθυοθηρευτῆρα habemus in Ep. Apollonidae XXIII. Ap. Hesych. ἁλιύει θαλαττουργεῖς ἢ ἰχθυοθηρευταί. Hinc Schneiderus acute et probabiliter conjecit: Ἰχθυαλιστῆρα. — χεραμιώτης appellatur piscator, qui piscium latebras perscrutatur. χεραμοὶ οἱ φωλεοὶ τῶν θηρίων καὶ αἱ καταδύσεις. Aelian. Hist. An. XVII. 5. κεστρεὺς – ἀποκλίνονται εἰς τοὺς χεραμοὺς τε καὶ φωλεοὺς ἔρποντας. — V. 4. Quamvis parvo navigio utebatur, quodque vel minimus ventus subverteret, (Artemidor. II. 23. p. 109. sq.) et cum eo perpetuo in fluctibus versaretur, illum tamen non ventorum impetus, sed annorum exstinxit numerus. ναυτιλίη pro ipso navigio. Sic veteres abstractum pro concreto passim. Antip. Thess. Ep. LXIX. ὀλίγης ναυτίλον εἰρεσίης. Vide Valcken. ad Hippol. p. 207. sq. — V 5. ὑπ' ἄλσεσιν et κατ' αἰγίς. Cod. Vat. — ἥλασε. senem ad inferos detrusit. Violentiae significationem habet verbum ἐλᾶν. Ep. inter ἄδεσπ. DXXIV. puellam ἤλασεν εἰς 'Αχέροντα διὰ πλατὺ κῦμα πανύστατον μοίρα. Apollon. Rhod. L. II. 815. ἐνθά δ' Ἀβαντιάδην στυφελῇ ἔλασε μοίρα Ἴδμονα

— V. 8. ἰδών καλύβη. Edit. Flor. tres Ald. et Afc. — καλύβη σκεπεῖτις, quale illud piſcatorum teguriam ap. *Theocrit.* Eid. XXI. 7. στρωσάμενοι βρύον αὖον ὑπὸ πλεκταῖς καλύβαισι κεκλιμένοι τοίχῳ τῷ φυλλίνῳ. *Catullus* XIX. 1. 2. *villulam paluſtrem Teſtam vimine junceo, caricisque menipliis.* — λόχμη ἱερά. De ſuperſtitione quadam circa λόχμην apud veteres Romanos *Plutarch.* T. II. p. 702. E. ἔστι τῇ πρὸς τὸ ἄσβεστον καὶ ἱερὸν πῦρ συγγενείᾳ παντὸς φθορὰς πτηρὰς ἀφοσιοῦσθαι τοὺς πρεσβυτέρους. δύο γὰρ εἶναι φθοράς, ἅσπερ ἀνθρώπου, τὴν μὲν βίαιον, ἐβιοτημένου, τὴν δὲ ὀστέρα κατὰ φύσιν ἐξεμαραινομένου. — V. 9. σῆμα δὲ τοῦτο κ. ἐφ᾿ ἡμετέραν. Vat. Scriptum fuit igitur:

σῆμα δὲ τοῦτ᾿ ἐφ᾿ ἁλίης —

— V. 11. Hunc verſum expreſſit *Apollonid.* Ep. XXVI. in piſcatoris epitaphio, χῶσεν δέ μ᾿, ὅσσον ἐν συνεργέτης ἅλς, ſic enim legendus fenarius ſcazon, cum ap. *Brunckium* ſcribatur — ὅσσον ἅλς ἦν συνεργέτης — quod vix graecum.

XCII. Cod. Vat. p. 287. Planud. p. 249. St. 362. W. — V. 1. ἰχθύς ἔν. Tumulus eſſe videtur, cippo inſtructus. Hic tumulus autem, naufrago in litore ſepulto, arena aggeſtus fuit. Itaque ψαμὰς ἰχθύς. Cf. *Diodor. Zen.* Ep. IX. et *Stanlei* ad *Aeſchyli* Perf. 820. Hoc tamen diſplicuit viro docto, qui margini Cod. Scaliger. adſcripſit: ἐκκστηλωμένος ἰχθύς, ap. *Hattium* p. 24. Magis equidem haereo in κηκαίας, quod quam commode dictum ſit, alii viderint. Mihi *Leonidas* ſcripſiſſe videtur:

ἀκταίας ὁ ψαμὰς — — —

ut eſt ap. *Bianor.* Ep. II. ἀκταίην παρὰ θῖνα. *Quintus Maec.* Ep. VIII. ἀκταίης ψηκίδος — χεφάσι. *Euripid.* in Iph. Aul. 164. ἀμφὶ ταρεντίην ψάμαθον Αὐλίδος ἐναλίας. unde in eadem Tragoedia v. 213. emendavi: ἀκταίην (vulgo ἐναλίην) — ψάμαθον Αὐλίδος ἐπίβασιν. — V. 2. πόδωνίς. Vat. — V. 4. λαίλαπι χρησάμενος. a tempeſtate correptus. *T. Hemſterh.* ubi docet, veteres verbo χρᾶσθαι paſſim

paſſim uſos eſſe de iis rebus, quae nobis inuitis et praeter optatum calamitoſe eueniunt, non oblitus eſt hujus loci, quem comparat c. *Atb:n.* L. XIII. p. 611. B. καναγίῳ ἐχρέσατο. Vide ad *Callim.* H in Dian. 69. p. 104.

XCIII. Cod. Vat. p. 287. Plan. p. 250. St. 362. W. In Parmiden piſcatorem, a piſce, quem captum dentibus tenebat, ſuffocatum. In eodem argumento verſatus eſt *Apollonid.* Ep. XXIII. — V. 1. ἱπάκτως Vat. ἱπάκτιος ἰς κ. Plan. ὃς, quod conſtructionem turbat, merito ejectum. Fortaſſe ἱπακτῆρης olim legebatur, ut ap. *Phaniam* Ep. VII. ἐντῖνα καλαμυτά. — καλαμευτής vocatur piſcator, quia καλάμῳ utitur. Vide *Heſych.* in καλαμίς. *Pollux* X. 133. Apud *Theocrit.* Eid. V. 111. καλαμευτής de meſſore occurrit. — V. 2. κίχλα cum ſcaro jungitur in verſu *Nicandri* ap. *Atben.* VII. p. 305. D. ἡ σκάρον ἢ κίχλαν πολυάπυμον. Apud *Phanian* Ep. VII. σκάρον ἢ κίχλαν ἡ σμαρίδα, fortaſſe etiam olim σκάρον fuit. — §. 245.] V. 3. πέρκη piſcis voraciſſimus, unde hic λαιμάρπαξ, eſcam deglutiens. Vide *Camus* Notes ſur Ariſtote p. 621. — V. 4. σύρηγγας Ed. pr. piſcium latebrae. σύρηγγας καὶ μυχούς jungit *Philoſtr.* II. Icon. XVII. p. 836. Leo σύρηγγα ἀφολίαδος ἔστιχεν εἰς ἥν. *Theocr.* Eid. XXV. 223. — ἐν βυθίοις Vat. — V. 5. ἐν ἰευλία legitur in Plan. et Cod. Vat. αὐτ' a *Scaligero* emendatum eſſe invenio in not. mſtis. Vellem idem nos docuiſſet, quo ſenſu accipienda ſint verba ἄγρης ἐκ πρώτης, quod *Brodaeus* de praeſtantiſſima captura vix recte interpretatur. An ſuit;

ἄγρης ἐξ αὐτῆς --

quae verba ad *ἰχθυν* referenda ſunt. *Apollonid.* l. c. Ἰχθυοθηρητῆρα Μενέστρατον ἔλασεν ἄγρη. — ἰουλίδα πετρήεσσαν. *Aelian.* in H. A. II. 44. αἱ ἰουλίδες ἰχθύες εἰσὶ πέτραις ἐντρόφοι, καὶ ἔχουσιν ὑπὸ τὸ στόμα ἰμάσιν. Meminit ejus *Atben.* L. VII. p. 304. F. Vide *Rondelet.* de Piſcibus L. VI. 7. — V. 6. ἱλάη Vat. et v. 8. καλλομένα. —

V. 9. Ille prope ipsos laqueos et hamos periit, *exspirans modo quas acceperat auras*, ut est ap. *Ovid*. Met. III. 121. — V. 11. ἐπὶ μοίρην. Vat. *Theocris*. Eid. I. 139. τό γε μὰν λίνον πάντα λελοίπει ἐκ Μοιρᾶν. Implere Parcarum stamina dictum pro πληροῦν τὸν μόρον, quod est ap. *Tiber. Illustr*. Ep. II. *Apollon. Rhod.* L. I. 1035. ὁ δ' ἐπὶ ψαμάθοισιν ἐλυσθεὶς μοῖραν ἀνέπλησε. — V. 12. γρίπευος γρυπεύς. Prius vocabulum de piscatore usurpatum an alibi occurrat, dubito. Lexicographi illud ignorare videntur. Hanc ob caussam, ui fallor, *Jos. Scaliger* emendavit: — τοῦ δὲ θανόντος, γρίπευ ἢ γρυπεύς — ut nomen proprium sit piscatoris. Vera videtur emendatio; certe ingeniosa est, et *Scaligero* digna.

XCIV. In Planudea p. 250. St. 363. W. Λεωνίδα, gentili non addito. Vat. Cod. p. 294. *Leonidae Alexandrino* diserte tribuit, ἰσότυπον esse notans; quale Epigrammatum genus ab illo *Leonida* crebro usurpatum esse constat. Est in naufragum, qui, cum maris furorem effugisset, in litore a lupo interemtus est. Expressum ex *Ansip. Thess*. Ep. LXII. — V. 2. αἰνόλυκον. *Theocris*. Eid. XXV. 168. αἰνόλοντα dixit. Similia, in quibus adjectivum cum substantivo coaluit, vide ap. *Musgrav*. ad Eurip. Troad. 536. — V. 4. νυτάσις ἐξει fuisse videtur in membranis Vat. Sic saltem legit *Dorvill*. ad Charit. p. 182. — Prius hujus Epigr. distichon excitavit *Burmann*. ad Anth. Lat. T. II. p. 273. CCCLX. *Per freta, per maria, trajectus saepe per undas, Qui non debueras obitus remanere in Aeterno*. Est autem *Aeternus* amnis in mare Adriaticum influens.

XCV. Vat. Cod. p. 287. sq. Planud. p. 255. St. 370. W. In Thrasidem, qui, cum anchoram explicaturus in mare descendisset, a ceto marino ad umbilicum usque devoratus est. Conf. *Oppian*. Hal. V. 669 - 674. — V. 1. καὶ πάντα. Vat. — περισσόν. Hoc a Parcis praeter ceteros singulare prorsus et unicum munus accepi ἠνυσάμην. *impetravi.* Vide *Dorvef.* Misc. crit. p. 205. Pro vulgato ἠνύσαντο, quod poëtae menti adverſatur, ἠνυσάμην ex *Huetii* emendatione p. 24. in contextum venit. — Nomen viri in Plan. Θάρσυς eſt, in Vat. Θρόσυς, Θράσυς, Elei pugilis nomen, occurrit ap. *Pauſan.* VI. 3. p. 457. apud quem VI. 7. p. 468. etiam Χαρμίνυς occurrit. — V. 3. „ἴσχον ἐγκύρσης βάρος, i. e. *inχόμενον,* „*inhaerens fundo maris.* Vel active ſignificat ἴσχον ad re- „*movendum pondus aliquod, quod ancboram retinebat.* *Brunck.* Haec non ſatis accurate interpretatur vir doctiſſimus. βάρος ἐγκύρσης ipſa eſt anchora. Quae quia pondere ſuo fundo maris inhaeret, ibique retinetur, ἴσχον βάρος dicitur. — V. 4. *ᵪύναν* ϑ' ὑγρᾶν. Vat. — V. 7. τετρόμενον una voce Planud. et ἱς μέγα. Utrumque emendatum ex Cod. — V. 8. ἀπ' ὀβριξε. Cod. Vide ad Ep. LI. 3. — ἄχρις eſt in ed. Flor. quam inſequentes editt. reliquerunt et ἄχρι exhibent. — V. 9. ψυχρόν βάρος. inutile pondus. ut *ἐπιυπερὴν ἰσχρίν* ap. *Herodot.* L. VI. p. 488. 72. ubi vide *Weſſeling.* — κρέσσον. Veram ſcripturam κρέσσον eſſe, pronuntiat Editor in Lect. remittens ad *Salmaſ.* in Plin. p. 713. Dubitatur tamen, utra ſcriptura ſit verior. Vide *Schneideram* ad *Oppian.* de Piſc. I. 370. et ad *Aelian.* H. A. IX. 49. p. 303. — ἀπ' ἀκάρπων. Vat. — V. 11. Θράσυς. Vat. Θάρσυς Plan.

¶. 246.] XCVI. Cod. Vat. p. 248. Planud. p. 256. St. 370. W. Naufragus mari iratus conqueritur, quod non procul ab undis ſepultus ſit. — V. 3. ψιλῆς Vat. ψιλῆς, nullis arboribus conſiti, nudi et deſerti. Vide *Gronov.* ad *Herodot.* I. 80. p. 39. Hanc vocem reſtituere conenti *Scholiaſtae Tbeocriti* Eid. III. 43. ἐχερίϑη παρὰ τᾶς μητρὸς Πολύπας ἐν ψιλᾷ (vulgo ὕλᾳ) τόπῳ, non obtemperarunt typothetae, qui in Animadv. ad *Theocrit.* p. XXXV. hanc emendationem prorſus omiſerunt. Eadem ratione erratum eſt in *Arrian.* de Exp. Alex. L. p. 6. — ἔστυσας. *Alciphron* I. 10. p. 41. ἔν δ' ἔσω τι

τᾶς ἐκ πυογίας ἀπεστυθθη πέρεθαίν εὗμα. ubi vide *Bergkr.*
— Notanda locutio ἐντεμήνες κηλὸν pro αἶνον, γᾶν, quae
ut vulgaria et nimis trita *Leonidas* refpuit.

XCVII. Cod. Vat. p. 267. fq. Planud. p. 272. St.
392. W. Viatores poëta monet, ut, Hipponactis tumulum praetereuntes, fibi ab ejus bile et furore caveant. Imitatus eft *Gaetulicus* Ep. VI. De Hipponacte
vid. *Fabricii* Bibl. Gr. Tom. II. p. 167. ed. Harl. —
V. 1. *Alcaeus Meffen.* Ep. XVIII. in eundem: ἀλλά τις
Ἱππώνακτος ἰσὴν παρὰ εῆμα κέπται, Εὐχίσθα κνόεσειν εὐμενέοντα
νέκον. — V. 2. σφῆκα. Hinc Hipponactem *Philipp.* Ep.
LXXXIII. σφῆκα τὸν κεκμώμενον appellat. Comparandum
Homeri fimile de vefpis Il. π. 263. τοὺς δ' εἴπερ παρὰ τὶς
τε κιὼν ἄνθρωπος ὁδίτης Κινήσει ἀέκων — Πρόσσω πᾶς πέτεται —
et quae de vefparum ira collegit *Bochart.* in Hieroz.
T. II. p. 542. qui noftrum tamen verfum vitiofe profert p. 543. 9. Vefpam appellat, qui facile excitabatur
ad iram et exafperabatur. Vide *Bergler.* ad *Alciphr.*
L. II. 4. p. 262. ἰάμοις τοὺς Ἀττικοὺς σφῆκας. Hinc lux
Philoftrato Vit. Apoll. VII. p. 273. οἱ συκοφάνται κέντρα
ἐπ' αὐτοὺς ἤμενοι τὴν γλῶτταν. — V. 3. ηὸ καὶ τοκέων καπταθαύξας. Qui etiam parentes fuos allatravit; Pytheam
»fcilicet patrem et matrem Protida. In Vat. τεκέων, quod
»fecutus eft Grotius: *Hipponactis enim, quae natos furva*
»*latravit Ira fuos, multa nunc cubat in requie.* Utra fit
»vera lectio, non definiverim; fed cum non meminiffem
»de Hipponactis liberis aliquid legiffe, priorem prae-
»tuli. Bayle: *Sa médifance n' épargna pas même ceux à*
»*qui il devoit la vie.*" *Brunck*. In Planud. τεκέων io βαθύξας. In Vat. Cod. (in noftro faltem apogr.) ὁ καὶ
τεκέων (fic) ἰᾶ βαύξας. *Brunckii* emendatio fluxit ex nota
Stephani, cujus haec funt: *Non puto mendofam effe hanc
verfum, fed is per ενίζησιν pro una fyllaba effe habendum.
Quod autem ad fenfum attinet, non dubito, quin κατὰ extrinfecus fubaudiri debeat, ut fit κατὰ τεκέων.* — Vereor,

ut hic versus jam satis emendatus sit. *Scholiastes*, ac si τοιοῦτον legerit, interpretatur: ἔγνων δ καὶ τοὺς παῖδας κεκαρμωμένους. De verbo βρύζω vide *Valcken.* ad Ammon. p. 231. B. — V. 6. καὶ σὺν Ἀλξ. Sic scribendum, non ἀλξ. *Theocrit.* Eid. I. 103. Δάφνις μὲν σὺν Ἀθα καὶ σὺ ἔσσεται ἀνὴρ ἔρωτι. Eid. XVI. 30. ἔρξα καὶ σὺν ἀθαις κεκρυμμένος ἔνδολα διοίσεις. *Diocles* Ep. IV. θάλασσα — ἀλ: ί με μὲν κλθη.

XCVIII. Cod. Vat. p. 311. νομίζω, ὅτι ἐν Ἰφιτε κεῖται ταῦτα. Planod. p. 283ª. St. 410. W. Pastor Clitagoras sibi ab aliis pastoribus inferias fieri optat. — V. 2. κεσμένους veteres Plan. edit. quod *Stephanus* in ὀφέλλους mutavit. Sed haec lectio interpretamentum est ejus, quam Vat., etsi nonnihil depravatam, servavit, κεθέσους, quod pro σύλιος scriptum esse, facile apparet. *Sophocles* in Trachin. 675. λεγέτ᾽ εἴτις οὐδείρω στόμα. — *Ἰμβαντίαντες* vos, qui oves ad pascua ducentes in hos colles erigitis. *Scaliger* tamen ὑφαντιένντας legit, ad analogiam τοῦ μηλοθύτια. At sic praepositionis, quae verbo adhaeret, nulla omnino vis est. Fortasse non male cogitaveris de pastoribus αἰγιβάταις, de quibus vid. *Phaedri* Fab. III. 3. — V. 4. τίνοτε Vat. Cod. a pr. man. — V. 5. Similia sunt haec inseriis, quas Daphnis et Chloë Dorconi ferunt ap. *Longum* L. I. p. 27. καὶ γάλα κατέχεσαν καὶ βότρυας κατέθλιψαν καὶ σύριγγας πολλὰς κατέκλασαν. ἠκούσθη καὶ τῶν βοῶν ἐλεεινὰ μυκήματα, καὶ δρόμοι τινὲς ἄρδυσοι ἅμα ταῖς μυκήμασιν ἔφασσι· καὶ ὡς ἐν ποιμέσιν εἰκάζετο καὶ αἰπόλοις, ταῦτα θρῆνος ἦν τῶν βοῶν ἐπὶ βουκόλῳ τετελευτηκότι. — V. 6. βιεκομένοις Vat. πρὸς Edit. Flor. — V. 7. ἀμέρξας. *Brunckius* in Lect. ad Agath. Epigr. LIX. p. 243. conjicit ἀμέρξας, quod jam *Scaliger* emendaverat. — χωρίτης. *Apollon.* ap. Steph. Byz. p. 761. ὀρθοὶ τὸν πηλὸ ᾧ γλυκὺς σοι χωρίτης· Πλείῳ ὀμίζων ὕδωρ πλανείου Νείλου, quem locum cum nostro comparat *Toup.* in Epist. crit. p. 102. — V. 9. Lacte ex ovis uberibus cineres suos inspergi cupit. *Iphigenia* in descriptione inseriarom ponit πηγὰς εὐρείας ἐν φάραγγι Βάκχου τ' εἰνεφεῖς Λοιβὰς βοτρύων τε σύτημα μελισσῶν in *Eurip.* Iphig. Taur. 163. ubi vide *Heathii* notas p. 85. Cf. *Alcaei Mess.* Ep. XVII. — V. 10. ἐπισχόμενος Vat. — V. 11. ἀγγεῖσθ' Editt. vett. — In Cod. Vat. huic Epigrammati neCtitur diſtichon, praefigendum Epigrammati *Theocr.* XIV. ut fecit *Brunckius.*

§. 247.] XCIX. Cod. Vat. p. 280. Planud. p. 287ᵇ. St. 415. W. Matris querelae de filio immatura morte vitae erepto. Veri affectus plenum carmen. — V. 3. βαλόντι. Vat. — In κλαίω ἰδυρομένα haerebat doctiſſimus *Gilbertus Wakefield*, qui in Delectu Trag. T. L. p. 230. κλαίω conjicit, *ſeneCtutem lacero, conſumo.* Simile eſſet *Euripidis* in Med. 158. μὴ λίαν τάκου 'Oδυρομένα σὸν εὐνέταν. Vide tamen ad Ep. *Mnaſalcae* VIII. Non raro ſynonyma in hunc modum cumulantur. — V. 5. βαίνειν. Plan. Quod hic *Scaliger* ex ingenio reſtituendum vidit, βαίην, Vat. membranae offerunt. Mox ἐγὼ ἐμοὶ Flor. ed. *Wakefield.* corrigit οὐ τί μοι ἔδος -. Hos verſus *Burmannus* comparavit cum Atimeti carmine in Homonoeam, Auth. Lat. Tom. II. p. 95. *At nunc quod poſſum, fugiam lucemque deosque, Ut te matura per Styga morte ſequar.* — *ἀιδὲς ψιλίου* ductum ex *Mimnermo* ap. Strabon. L. I. p. 80. B. τόδε τ' ἀιδὲς ψιλίου 'Αντίνες χρυσέη μάλιστα. ἐν θαλάμῳ. — Ultimi verſus emendationem debemus Vatic. quamvis et ibi non plane emendate ſcribitur ζωῆς μ' ἐν μοι κομιτάμενος. Cum lectione Planudeae comparata haec facile ad veram ſcripturam ducebant. ζωῆς ὦγε κομισσάμενος, quae vulgaris eſt lectio, *Opſopoeus* ita accipiebat, ut Anticlea ſe conſolaretur, quod filius vitam pure et ſancte egerit. Nunc vero mater filium rogat, ut eam ſecum ad inferos deducat, quod ſcilicet unum ſibi doloris remedium relictum ſit. Jam vero in eo haeremus, quod defuncto puero Orci ſive Mercurii ψυχαγόμενος, partes tribuuntur. Diverſa ratio eſt in Ep. *Dios-*

oridis VIII. et IX. ubi poëta ad Adonidem - οὐμελετι σύμε λαβὼν ἔτατρε, hoc fenfu: nihil me impediet, quominus ſtatim moriar et tecum ad inferos abeam. Sufpicor, *Leonidam* fcripſiſſe:

– – πένθους Ἀΐδης
ἰητήρ, ζωῆς ἕκ με κομιψάμενος.

unus maeroris mei medicus Orcus eſt, ex his regionibus ad inferos me deducens. Sic plane *Diphilus* ap. *Clem. Alex.* Strom. VI. p. 744. 35. Οὐκ ἔστι βιοτος, ὃς οὐ κέκτηται κακά. Λύπαι, μέριμναι, ἁρπαγὰς, στρέβλας, νόσους. Τούτων ὁ θάνατος ὥσπερ ἰατρὸς φανεὶς Ἀνέλυσε τοὺς ἔχοντας ἀναπαύσας ὕπνῳ. ut poſteriora haec emendavit *Valckenar.* in *Hippol.* p. 313. D. nbi multa fimilia de morte dedit. Mortem λαθὼν Ἰατρὸν νόσων vocavit. *Sophocles* ap. Stob. p. 602. 27. et *Aeſchylus* ap. Eund. L c. ὦ θάνατε παιάν, μή μ' ἀτιμάσῃς μολεῖν· Μόνος γὰρ εἶ σὺ τῶν ἀνηκέστων κακῶν Ἰατρός. Hinc *Chariton* L. III. p. 45. 9. οὐ γὰρ ὑπέμενε Καλλιρόης καταζεύχθαι· μόνον δὲ τὸν θάνατον τοῦ πένθους ἰατρὸν ἐνόμιζε. *Phalaris* Epiſt. CVII. p. 309. σώματος μὲν γὰρ ἀρρωστίαν θεραπεύει τέχνη· ψυχῆς δὲ νόσων, ἰατρὸς ἰᾶται θάνατος. Plura hujus generis collegit *Gataker.* in Miſc. Obſſ. poſth. c. X. p. 509. ſq.

C. In Plan. p. 282. St. 408. W. ἔδηλον εἰς Λεωνίδην. Veteres tamen editiones, Flor. Aldina pr. et tertia cum Aſcenſ. Λεωνίδου. In Cod. Vat. p. 320. lemma eſt: Εἰς Λεωνίδα τὸν Ταραντῖνον ἐπιγραμματογράφον τὸν τὰ Ἰσθυφα γράφοντα, τοῦ αὐτοῦ. Haec ab imperito librario adſcripta ſunt. Is *Leonidas,* qui ἰσθυφα ſcripſit, non Tarentinus fuit, ſed Alexandrinus. Verba τοῦ αὐτοῦ quo referenda ſint, non apparet. Praeceſſit enim in Cod. Epigramma ἀδέσποτον, quo excipitur Epigr. *Antipatri Sidonii.* Hujus fortaſſe noſtrum carmen eſt. Si quis tamen ipſum *Leonidam* hoc Epitaphium ſibi ſcripſiſſe contenderit, non valde refragabor. Solent enim nonnunquam poëtae de ſe magnifice loqui. — V. 2. δέ μευ. Vulgo. — V. 3. Haec exulum vita non vitalis, ὅμως βίος. Noſtri loci non meminerat *Valcken.* cum ad Theocr. Adon. p. 215. de ἄρτι et βίᾳ ὑβίστος diſputaret. *Vitam non vitalem, βίαν ὑβίστων,* idem attigit ad Hippol. p. 252. C. *Alberti* ad Heſych. Tom. 1. p. 18. — V. 4. μελιχρὸν Cod. Vat. — V. 5. ἤμυσε, *Leonidae* gloria nunquam concidet. ἠμύσει πόλις. πίπτει. πτήσει. *Heſych.* Homer. IL β. 373. τῷ κε τάχ᾽ ἠμύσειε πόλις Πριάμοιο ἄνακτος. — V. 5. αὐτά. *Schneiderus* ſuſpicatur ἀλλά. — πάντες ἐπ᾽ ἠελίους. *Tull. Laur.* III. de Sappho: γράφεται, ὡς Αἴθων αὐτὸς ἔφυγον· οὐδὲ τις ἔσται τῆς λυρικῆς Σαπφοῦς νώνυμος ἔλλας.

Ceterum *Leonidae Tarentino* Cod. Vat. praeterea tribuit Epigr. in Theocriteis X. et XVII. *Leonidae Alexandrini* Ep. II. et XXXVII. fortaſſe etiam XLI. ubi Λεωνίδου adſcriptum ſine gentili. Cum tamen in eadem pagina plurima Tarentini Epigr. legantur, hoc quoque eidem tribuendum videtur.

NICIAE MILESII
EPIGRAMMATA.

¶. 248.] *I.* Cod. Vat. p. 164. Edidit *Wolfius* in Fragm. poëtr. gr. p. 105. ex Cod. Uffenbach. et *Reisk.* in Anth. p. 10. nr. 416. In haſtam Minervae a Menio dedicatam. — V. 1. *Reiskius* retinuit pravam apogr. Lipſ. lectionem μέντοι, cum inter deſcribendum meliorem non reperiret. Deinde probat conj. *Wolfii* μέντοι, quae ipſa eſt Cod. lectio. μέντοι vocatur haſta, quae in pugna furit. Homer. Il. 9. 111. εἰ καὶ ἐμὸν δόρυ μαίνεται ἐν παλάμῃσιν. Il. π. 74. οὐ γὰρ Τυδείδεω Διομήδεος ἐν παλάμῃσιν Μαίνεται ἐγχείη. — πολεμηδέος dedit *Wolf.* πολεμηδόκον ſcribendum eſſe ſuſpicatus. In haſtam poëta transtulit epitheton, quo *Stesichorus* ipsam pugnarum deam ornaverat ap. *Schol. Aristoph. Nub.* 964. Παλλάδα περσέπολιν, κλήζω, πολεμαδόκον, ἁγνάν, in quo versu etiam *Tzetz.* Chil. I, 683. πολεμαδόκον exhibet, *Schol. Aristidis* autem Tom. II, p. 269. πολεμαδόκον. Recte sic vocatur dea, quae in pugna hostem excipit, ἡ δεχομένη τὸν πόλεμον, i. e. τὴν μάχην, neque quidquam vetabat, quominus *Nicias* eandem vocem ad hastam transferret. Non tamen acquiescebat in vulgata *Gilbertus Wakefield*, qui in Delectu Trag. Tom. I. p. 55. πολεμάδιος, in pugna vibrata, corrigit. Mihi Codicis lectio placet. — θούρι. Val. et *Reisk.* — κράνει. Vide Ep. *Anytes* I. ἱστάδι τῷδε κράνει βεσταυρότα. — V. 2. ἐγερσιμάχᾳ. *Orpheus* in Prooem. 38. Παλλάδα ἐγερσιμάχην κόρην. — V. 3. Viri nomen Μήνιος graecum esse dubitans *Reiskius*, substituit Μαίνιος, nimis audacter. Idem ἡ γὰρ τὴν edidit: nam *profecto hunc tu in prima acie servasti*. Wolf. ἣ γὰρ conjecit. — V. 4. in membranis corruptissimus est: ἐν ἀγροτέροις Ἡρόεσς δηΐων διωθλιαν. in marg. γρ. κρατήδιον. *Reiskius* dedit: ἐν ἀγ. ἔρυκες δ. ἀ. At secunda verbi persona non locum habet, cum inde a v. 2. ipsa hasta loquatur. Mihi *Brunckii* emendatio, qua, unius verbi transpositione leniaque mutatione, sensus restitutus est, aut vera, aut vero proxima esse videtur.

II. Cod. Vat. p. 165. *Reisk.* in Anthol. nr. 419. p. 11. Omissa in hoc carmine rei, quae dedicatur, mentio. Sive hasta, sive scutum fuisse videtur. — V. 1. 2. habet *Suidas* in δόρυ, ubi Ἄρει legitur, ut in Cod. Vat. In hac lectione *Reiskium* non offendisse, miror. Si dativus verus est, poëta non συγγραφὲν scripsit, sed γλωσσηδὸν – *pugnam Martis gratam*. Lenior tamen *Brunckii* emendatio. *Hegesippus* Epigr. I. χαρὸν κύννα καὶ ὕμνον Ἀγρωίνω συγγραφὲ θῆρες Ἐνυαλίον. Cogitandum de puellarum choris in Dianae honorem institutis, de quibus egit *Spanhem.* ad *Callimachi* H. in Dian. 170. et 248. Carmina id

ejusmodi choris decantata παρθενία appellabantur. Vide
Schneiderum in Pindari Fragm. p. 17. sq. Diana autem,
cui poëta Milesius hanc Inscriptionem fecit, inter tute-
laria Mileti numina fuit. *Callim.* l. c. 225. Πότνια, τα-
Ἀμφιλαθὴς πολύτολμ, χαῖρε Ἰτάτη, Μιλήτῳ ἐπίδημος· σὲ γὰρ
ποιήσατο Νηλεὺς Ἡγεμόνην, ὅτε νηυσὶν ἀνήγετο Κεκροπίηθεν. —
V. 3. παρὰ apogr. Lips.

III. Cod. Vat. p. 193. Anthol. *Reisk.* p. 52. nr.
516. Lucinae mulier post puerperium quaedam ex voto
dedicat. Conf. *Leonid. Tar.* Ep. III. — V. 1. Ἀμφαρέ-
της. Cod. Ἀμφάρετρυς apogr. Lips. *Reiskius* in versione
dedit *Ampherattae*, tanquam in graecis Ἀμφαρέτταις legisset. Verum hoc quoque nomen insolens esse fatetur.
Non dubito, quin hic idem nomen lateat, quod libra-
riorum oscitantia depravavit etiam in Ep *M. Argent.*
XX. ex nostro expresso. Vide not. — ὑπότεσσα. colorit
purpurei, ut ap. *Theocris.* Eid. XXVIII. 11. εἰα γυναῖκες
φοίνισσ' ὑάκινθα φύλλα. Quae comparanda sunt cum fr.
Sapphus p. 239. ed. *Wolf*. — V. 2. Εἰλείθυια Cod. a
man. sec. — V. 3. 4. laudat *Suidas* in Λυγκαίαις, qui
ὅ τε μ. εὐχωλαῖς. Cod. Vat. ὡς εἴ μ. εὐχωλαῖς. Brunckiana
lectio debetur *Kustero*. — Pro el in fine versus *Suidas*
ες habet. male. Quae te votis susceptis rogavit, ut ob
ea, in puerperii doloribus versante, mortem averteres. —
Reiskius dedit: ἃν ἐς μετ' εὐχωλαῖς.

IV. Cod. Vat. p. 409. Planud. p. 364. St. 503. W.
Fons loquitur, prope quem Simus filio suo sepulcrum
exstruxerat. Erat autem hic locus arboribus consitus;
gratum proinde viatoribus diverticulum. Solebant veteres monimenta ponere in locis frequentibus. Apud *Vir-
gilium* Daphnis tumulum sibi prope fontem aggeri jubet,
in Eclog. V. 40. *Spargite humum foliis, inducite fontibus umbras, Pastores: mandat sibi talia fieri Daphnis. Et
tumulum facite, et tumulo superaddite carmen.* Conf. inprimis *van Goens* de Cepotaph. p. 170. sq. — V. 3.

ἀνέτρεψε, ἢν λεγγύλην. Cod. Vat. — περιφέρεται. Simon fontem adduxisse, lapidibusque cinxisse videtur.

§. 249.] *V.* Planud. p. 328. St. 467. W. In Mercurii ftatuam prope Gymnafium. Hinc fiebat, ut pueri, qui in gymnafio exercebantur, deo frequenter coronas ponerent. Invocat poëta Mercurium Cyllenium. Κυλλήνιος μέδων. *Homeri* Hymn. in Merc. 2. Simulacrum hujus dei Cyllenae infigni veneratione cultum commemorat *Paufan.* VI. p. 519. — λαγχάνειν vero dii dicuntur loca, in quibus aras et templa habent, quaeque adeo praecipua tutela dignari exiftimantur. Hinc λαγχάνειν pro *ierri* ponitur ap. *Dionyf. Halic.* Ant. Rom. IV. p. 275. λαμπρῶς, οἱ τοὺς πατέρας ὑμῶν λελόγχατε. *Callimach.* H. in Apoll. 43. αὐτὸς ἐισσυτίην ἔλαχ' κοίρη, αὐτὸς ἑκηβόλ. — V. 3. ἐμέραντον pro ἐμέραντα pofitum putat *Brodaeus*; quod fieri poffe negat *Schneiderus*. Legendum effe, leni mutatione, ἐμέρανον. De amaraco, quod nonnulli fampfuchum appellabant, vide *Athen.* L. XV. p. 681. B. *Cafaubon.* p. 963. Eorum, qui diverfa putant amaracum et fampfuchum, fententiam examinat *Bod. a Stapel ad Theophraft.* VI. p. 546. et 588.

VI. Planud. p. 328. St. 467. W. In Panem, Pififtrati cujusdam alvearia cuftodientem. — V. 2. Λυκαίων ἀνάξ, quandoquidem in Maenalo praecipue habitare putatur. *Theocrit.* Eid. L. 123. ὦ Πὰν, Πὰν, εἴτ' ἔσσι κατ' ὄρεα μακρὰ Λυκαίω, εἴτε τύγ' ἀμφιπολεῖς μέγα Μαίναλον, ἔνθ' ἐπὶ νᾶσον τὰν Σικελὰν, Ἕλικος δὲ λίπε Ῥίον. — V. 4. ὄριγμα νώθες. ut ap. *Euripid.* Helen. 553. εἰ τὴν ὄριγμα δεινῶς ἡμαλαγμένην. ubi vide *Musgr.* — Panem apium cuftodem celebrat *Diodor. Zon.* Ep. VI. 6.

VII. Cod. Vat. p. 453. Planqd. p. 49. St. 71. W. Apes hortatur, ut mel fedulo colligant. — V. 1. αἴολοι. Plan. Cod. Vat. De florum varietate explicant interpretes. Vera videtur *Brunckii* emendatio αἴολα, i. e. ποικίλα. *Hefych.* αἴολα, ταχέα. αἰόλλει, στρέφει, κινεῖ. αἰολθεὶς, ταχέως.

Antiphil. Ep. XXIX. χαίροιτ' εὐαγέες, καὶ ἐν ἄνθεσι νειμάμεναι, Αἰθερίων στυγναὶ νέκταρος ἐργάτιδες. — V. 2. Cod. vitiose ξουθὰ, ἐς ςοφίους, et in marg. μελίσσω'. Apis, quae flores vehementer appetit, μελίσσαι ἐπὶ ἄνθεσι, ut ap. *Callim.* H. in Cerer. 30. ἃτε δ' ἐσμαίνετο χώρῳ. Vide, quos laudat *Valcken.* ad Theocrit. Eid. II. 49. et *Warton.* T. II. p. 309. — V. 3. τίθωσα. Vat. — V. 4. Σαλαμίς. Haud scio, an *Nicias* scripserit:

Ὕφρα τοὺς πλήθῃς κηροπαγεῖς Σαλάμας.

ut est ap. *Apollonid.* Ep. VI. ἐν δὲ μελιχροῦ Νέκταρος ἐμπλήσαις κηροπαγεῖς Σαλάμας. *Antiphil.* Ep. XXIX. μελισσοβότους ταγεῖς θαλάμας. De apibus *Nicander* in Alexiph. 448. μέλισσαι κατὰ δρυὸς ἐκτίσσαντο Πρῶτον τοὺς Σαλάμας συνιμηρεῖς. ubi vulgo Σαλάμους legitur. Eadem est lectionis diversitas in *Oppiani* Hal. L. 445. Vide *Koen.* ad Gregor. De Dial. p. 269.

VIII. Cod. Vat. p. 236. Planud. p. 265. St. 381. W. Iu cicadam a puero captam scriptum esse, apparet ex *Phaedimi* Ep. II. — V. 1; 2. laudat *Suid.* in ἰαλαί, Tom. III. p. 250. — τετράφυλλον πλάκα *Brodae.* corticem explicat *frondibus luxuriantem.* Admodum insolens est hoc loco usus verbi πλάξ, quod tabulam, aequor, omnia denique lata et aequalia designat. Nisi igitur *Nicias* folia rami late diffusa describere voluit, non video, quem sensum vulgata efficiat. Sed vide, an genuinam lectionem teneamus. Vatic. certe codex non ὑπὸ πλάκα legit, sed ὑπ' ἄγουσα, quod etsi per se indoctum est et ineptum, (ἄγουσα enim, ut nihil de spiritu dicamus, mediam necessario producit) aliis tamen fortasse ad verum inveniendum proderit. Ceterum conf. *Clement* *Alex.* in Cohort. p. 2. 12. ἐπιθέριζει ἄρη καθαπτὸς εὔνομος, ἀκμαῖον δὲ τέττυγας ὑπὸ τοῖς πετάλοις ᾖδον διὰ τὸ ἔρη θερόμενοι τῷ ἡλίῳ. — V. 2. φθέγξαι' *Suid.* quod per se quidem vulgato non deterius; cum φθέγγεν iste ferrà non poteſt. — ἀπηλαῖπᾶν φθέγγων. Cod. Vat. — Pro στερύγων Suidas στομάτων legit. Muſalc. Ep. X. ξοωθὲν ἐκ στερύγων ὲὺὺ κελευει μέλος. Phaënnus Ep. II. λιγυρὸν Μοῦσαν ἰεῖην Ἄκρὶς ἀπὸ πτερύγων. — V. 3. ἐραιὰν. Durum eſt, quod media corripitur. Cod. Vat. ἐρεὰν. unde nihil proficimus. Ceterum χεῖρα ἐρεὰν Veneri tribuit Homer. Il. 5. 425. — ἀνθρείης Cod. Vat. a pr. man. — μάρψιν. Apollon. Rhod. L. II. 537. ἀλλ' ἄρα τήν γε Δίμαντι συστηρὼὰς ἰῆ φέρε χειρὶ μεμαρπώς.

IX. Cod. Vat. p. 563. Plan. p. 136. St. 197. W: In quendam, qui, cum comam tinxiſſet, calvus factus eſt. — V. 1. τὴν κεφαλήν. canos puta crines: niſi fortaſſe poëta ſcripſit:

τὴν πολιὴν βάπτων τις ἀπώλεσε τὰς τρίχας αὐτάς.

Librario τὴν κεφαλὴν ſcribenti obverſabatur Epigr. Luciani VI. τὴν κεφαλὴν βάπτεις, γῆρας δὲ σὸν οὔποτε βάψεις. cujus loci longe diverſa eſt ratio. Lucillius Ep. XXXII. τὰς πολιὰς βάψασα Θεμιστονόη τρισέβωτος γίνεται ἀξαπίνης πὸ νέα, ἀλλά 'Ρία. — V. 2. πῶν κ.' γέγονε. (γέγονεν Cod.) Petron. Satyr. c. CIX. Infelix modo crinibus nitebar Phoebo pulcrior et ſorore Phoebi. At nunc laevior aere, vel rotundo Horti tubere, quod creavit unda. — V. 3. ἰρὲψεν. Plan. Vat. Joſeph. Scaliger in marg. Aldinae correxit: τοῦτο ψαφιδὸς δ' ἰνέψεν. ſenſu non ſatis commodo. Felicius Anonymus in ſched. Bibl. Bodl. p. δ' ἐκτίψεν. quam lectionem Grotius videtur expreſſiſſe: Sic opera tonſoris agit miſer etia tonſor, Cui coma nec nigrans ulla nec alba cadit. De forma poëtica νοὶ, quam Bruckius recepit, vide Maiſttairé de Dial. p. 8.

DIOTIMI EPIGRAMMATA.

¶. 250.] *L* Cod. Vat. p. 102. Διοτίμου Μιλησίου, εἰς παρθένον ὁμαίμον. In Planud. p. 483. St. 627. W. est Δηλον. Amantis sunt verba ad vetulam, puellae, quam deperit, nutricem et in via comitem. Pro φίλη θρέπτειρα haud scio an aptius sit:

γραΐα, φίλης θρέπτειρα —

Pro meo quidem sensu dicere debebat poëta, cujus nutricem alloqueretur. Non facile, credo, exsistet, qui vulgatam tueri suscipiat his ap. *Oppianum* verbis in Hal. V. 336. Γαῖα, φίλη θρέπτειρα, σὺ μὲν τίκτες. Cum toto autem hoc carmine non male comparaveris ejusdem poëtae Hal. IV. 136. ἀλλ᾽ ὡς ᾔθεοι περικαλλέες ὕμμα γυναικὸς θρασεάμενοι, πρῶτον μὲν ἀκοσταλέοι αὐγάζονται εἶδος ἀγνύμενοι τολυπεύουσι, ἄγχι δ᾽ ἔπειτα ἤλυθον, ἐκ δ᾽ ἰλάθοντο, καὶ οὐκέτι κεῖνα ἀλλοιοῦσι Ἔρχονται, τὸ πάροιθεν, ἐφεστάμεναι δὲ γάλοντος θελγόμεναι λαιψοῖσι ὑπὸ μιῆς Ἀφροδίτης. — Accedentem amantem vetula allatrat; id quod ejus dolores vehementer accendit. Pro ἡς τέον putabam tamen scribendum esse

ἀφομοιφ

vel simile quid. — V. 3. ἐνὶ βαίνω. Vat. Mox idem τὴν ἴλιαν, quod corruptelae suspicionem, huic versiculo inhaerentem, auget. Non enim satis apparet, quomodo is, qui aliena vestigia legit, sua via incedere dici possit. Si tamen vera est vulgata, sensus esse debet: Puellam quidem comitor, verum sic meam viam persequor, ut nihil neque verbi neque facti audeam. Non cum ea ambulo, sed meas res agens, oculis puellam prosequor, quo nihil potest esse modestius, nec minus invidiosum. — Sed ut dixi, aliquid latere videtur, quod felicioribus ingeniis indagandum relinquo. — V. 5. ἐς αὐγάζων. Cod. Vat. et vers. alt. μορφάς.

II. Cod. Vat. p. 193. Διοσίμων. fine gentili. Edidit *Dorvillius* in Sicul. Tom. I. p. 196. *Reiske* in Anth. p. 51. nr. 513. Illustravit *Toup.* ad Suid. Tom. I. p. 172. Pallas quidam Dianam, cui figuum five aram facellumve in agro fuo posuisse videtur, fibi propitiam precatur. Diana φαεσφόρος occurrit ap. *Eurip.* in Iphig. Taur. 21. ubi *Musgravius* nostri loci non immemor fuit. *Callimach.* H. in Dian. 204. Οὐκὶ ἄνευσ' εἶθεν, φαεσφόρε. Binas faces tenet, unde ἀμφιφάης. Vide *Spanhem.* p. 169. sq. Quod si hoc carmen in ejusmodi Dianae simulacrum conscriptum est, apparet, cur *Luciferam* potissimum alloquatur, eamque roget, ut Palladi lumen suum impertiat. Lusus est in verbis non omnino inelegans. Qui aliis praesentia sua, ope inprimis praesenti, exhilarant, φῶς διδόναι five παρέχειν dicuntur; ut hic Diana Palladi propitia et ad auxilium ferendum promta. — V. 1. 2. laudat *Suidas* v. σωτήρ. quem *Brunckius* secutus est, nisi quod, ex *Toupii* mente, κλήρῳ scripsit, cujus facti eum mox poenituit: „κλῆρον mutandum non erat. Ἴσταθι ἐπὶ στῶι κλῆρον Π. protege Palladis praedia. In hac significatione ἐπὶ secundo cafui bene jungitur." Codex praebet Ἴσταθι. *Reiskius* scriplit: 'ἐπὶ Πάλλαδος Ἴσταθι κλήρου, *ſuperveni agro Pallidis.* Nomen viri mutandum non erat; cave tamen, ne in eo cum *Toupio* argutieris, qui poëtam ad Atticam, quae Palladis five Minervae κλῆρος est, respexisse putat. Ceterum κλῆρος omnia bona designat, praecipue autem agrum, ut praestantissimam bonorum et facultatum partem. Vide *Graevium* in Lect. Heliod. c. VIII. p. 37. — V. 3. partem hujus versus cum sequ. integro habes ap. *Suidam* in Ἀφαυρὸς et Ἰδεῖν. — Vatic. τὸ παρ' τόμ. cui lectioni ita opem ferebat *Reiskius*, ut post αὐτῷ comma poneret: καὶ γενοῖ τι παρ' ἑαυτῆς, φῶς scil. Ne dubites, quin *Toupius* verum viderit, cui nostra lectio debetur, quam tamen non recte interpretatur sic: *quod sibi et filiis aliquando commodo fuem-*

ra fit. Senfus eft: quod ipfi et liberis ejus proprium et perpetuum fit. *Hefych.* εὐμερὲς κεφαλίς. — In fine verf. *Suid.* loco pr. ἐφαυρές. Laudatur Pallas, quod juftitiam praeclare intelligat eamque tueatur. τάλαντα ἴσως, circumfcriptio juftitiae, quae trutina mortalium facta explorat ἀφαυρές οἶδε dictum, ut in Ep. inter ἄλλας. DCXCVI. ad γὰρ ἡμαυρὰς δαίμονος ἡμετέρην ἔβλεπεν εὐσεβίην. — Pro βέλης, quod *Suidas* habet, Cod. Vat. τίθεης. — V. 5. 6. *Suidas* in ἀνθεμίδων, qui καὶ εἰ x. habet. *Reiskius* Codicis lectionem in κατὰ x. mutavit, ut fit καταθείσαις. Junge: καὶ Χαρίτεσσιν ἂν εἰς τοῦτο τὸ ἄλσος θειόσαις, i. e. ἐν τούτῳ τῷ ἄλσει θεῖεν καὶ εὔμβολα βαλεῖν etc. Per te, o Diana, Gratiis quoque liceat in hoc luco ambulare levibusque fuis pedibus florum calcare areolos. Precatur igitur poëta, ut Gratiae Palladis agro venuftatem et amoenitatem concilient. Fortaffe etiam in eodem agro, aut in vicinia Gratiarum facellum fuit. — V. 6. σύμβολα *Suid.* et apogr. Lipf. Membranae σύμβαλα exhibent. *Suidas*: εὐμβολα. ὑποδήματα. *Hefych.* σάνδαλα. Eft nimirum vocis forma apud Aeolenfes ufurpata, qui ἡσύχη pro ἡσύχη, ἀλόφως pro μέλωτα dicebant. Vide *Salmaf.* ad Scripr. H. Aug. T. I. p. 279. ἀσύμβολον ufurpavit *Nonnus* in Dion. II. 56. XIX. 328.

III. Cod. Vat. p. 207. Primus edidit *Salmaf.* ad Terrullian. de Pall. p. 301. *Reiske* in Anth. p. 69. nr. 555. In cypaffin Omphales Lydiae, in Dianae, Ephefiae fortaffe, templo fervatam. De voce κύπασσις vide ad *Leonid. Tar.* Ep. II. — V. 1. ἄρῥα κ. τὴν Ὀμφαλίη ποτε Λ. Cod. *Salm.* et *Burm.* qui hoc diftichon protulit ad *Propert.* III. 9. 17. ubi quidam Codd. etiam *Omphaliae* pro *Omphale* is exhibent. *Lydia puella* vocatur, cum ap. Propers. l. c. tum ap. *Ovid.* II. Faft. 356. Ὀμφάλη ἔ π. *Reiskius* emendavit, probante *Toupio* in Em. ad Suid. P. II. p. 247. — V. 3. ἐς νῦν ex *Toupii* emendatione. Cod. ἐς νῦν. *Beatus eras olim, cypaffi, es nunc eris, quippe qui*

qui Dianae aedem jam ornaturus ſit. — ἐπίβης μελάθρων attigit *Toupius* in Epiſt. crit. p. 136. ubi *Heſychii* ὑπόβατον αὐτῶν comparat, *cirram votivum in templo ſuspenſum*. ἐπιβαίνειν nimirum pro *ingredi, accedere* paſſim uſurpatum, hic de re inanima dictum, paulo inſolentius ad aures accidit.

IV. Anth. Plan. p. 322. St. 462. W. In Dianae imaginem ex aere. — V. 1. Vulgo legitur εἰ δ᾽ Ἄρτεμιν. Hic minima profecto mutatione *Brunckius* εἶδ᾽ ſcripſit. *Lucian.* Ep. III. τὴν Παφίην γυμνὴν εἶδεῖς ἴδεν· εἰ δέ τις εἶδεν, Οὗτος ὁ τὴν γυμνὴν στησάμενος Παφίην. Sed quamvis ſpecioſa eſt haec emendatio, vide tamen, an hic verſus cum ſequente bene coëat. Nec ſolum duo verba me offendunt ſine copula poſita, ſed etiam hoc, quod ipſe ſtatuarius dicitur μητίσαι τὴν Ἄρτεμιν, cum verbum μητίσαι hoc ſenſu, ni fallor, de rebus tantum uſurpetur. Vide itaque, an ſcribendum ſit:

ὡς πρέπει, Ἄρτεμίς εἰμι· ναὶ Ἄρτεμιν αὐτὸς ὁ χαλκὸς μητίσει Ζηνὸς, κοὐχ ἑτέρου θύγατρα.

Ipſum profecto aes Dianam oſtendit et Dianae indolem, ut ſummi Jovis filiam agnoſcere non nequeas. Epigr. ἀδέσπ. CCLXXV. εἰ μὴ χαλκὸς ἔλαμπεν, ἐμφανὲς δ᾽ ἔργον ἄνακτος Ἥμμεναι Ἡφαίστου δαιδάλεον τέχνης. CCXCVII. μητίσαι μορφὰ τὸ πάλαι θρέπος. — §. 251.] V. 3. τεκμαίρου. Similiter auctor Ep. inter ἀδέσπ. CCCIX. Αὑτὸν Ἀλέξανδρον τεκμαίρεο· ὅτε τὸ κείνου Ὄμματα καὶ ζωὴν θάρσος ὁ χαλκὸς ἔχει. — συντίσειν, quod modo de venatione ipſa, modo de venationis praeda, modo de canibus dicitur, (vide *Xenoph.* de Venat. c. VI. 12. X. 4.) hic venationis locum (*das Revier*) ſigniſicat.

V. Cod. Vat. p. 425. Διοτίμου. Eidem tribuitur in Planud. initio, dubitante tamen Scholiaſte, utrum *Dioſimi* ſit, an *Callimachi*. Inter *Callimachi* Epigrammata relatum nr. LXVI. p. 330. ed. *Ern.* »Factum eſt hoc

„Epigramma in pictam imaginem, quae Herculis cum
„Antaeo certamen repraesentabat. Hinc manifestum,
„scribendum ἄλι Ποσειδῶνος, ἄλι διικτίαδι. Hicce Neptuni
„filius. Sic Vat. Cod. et duo regii Planudeae." *Brunck.*
Herculem cum Antaeo pugnantem descripsit *Philostrat.*
Icon. II. 21. p. 844. Poëta latinus in Anth. Lat. I. 45.
p. 25. — V. 1. *Schol.* male jungit τὴν ἔρυν τάλης. Sensus est, Herculem et Antaeum, utrumque juvenem,
luctae certamen instituisse. — V. 2. Vulgo ὅτι legitur.
Errorem notavit *Dorvill.* ad Charit. p. 514. ἅι est etiam in schedis Krohnianis et Anonymi in Bibl. Bodl. —
V. 3. χέλκεος ἀμφὶ Cod. Vat. ἀντὶ vulgo. Proponebantur
victoribus in certaminibus gymnicis praeter alia etiam
lebetes. *Pindar.* Isthm. a. 16. τριπόδεσσιν ἐκόσμησαν δόμον
καὶ λεβήτεσσιν, φιάλαισί τε χρυσοῦ Γενόμενοι στεφάνων ναυλό-
γοι. *Diotimus* autem hoc loco, quod etiam *Obsopoeus*
observavit, *Homeri* vestigia legit Il. XXII. 159. de Achille et Hectore: ἐπεὶ οὐχ ἱερήϊον, οὐδὲ βοείην Ἀρνύσθην, ἅτε
ποσσὶν ἀέθλια γίγνεται ἀνδρῶν, Ἀλλὰ περὶ ψυχῆς θέον Ἕκτορος
Ἱπποδάμοιο. quae *Virgilius* expressit Aen. XII. 764. *Valerius Flaccus* IV. 230. *Nec pretium sonipes aut sacrae
taurus arenae, Praemia sed manes reclusaque janua leti.*
Nostrum locum ante oculos habuit Auctor Ep. inter
Ἀδίας. CCLXXXI. de Hercule: οὐ γάρ οἱ κρατὴρ χαλεί-
λκτος, οὐδὲ λέβητος, Ἀλλ' ὅδε εἰς αὐλὴν Ζηνὸς ἔκαθεν ἴφυ.
— V. 4. Cod. εἵνετας. Prava lectio nec *Dorvillii* patro-
cinio digna. — V. 5. Ἀντανίου τὸ στόμα. ep. δ' Ἡς. Sic
vulgo legitur et in membranis Vat. nec mutari debebat.
— Duplicem causam poëta affert, cur victoria Herculi
contigerit: primam, quod Jovis filius, alteram, quod
Graecus sit. Non urgendum, quod poëta Argivis luctae
artem tribuit, cujus excoleudae auctorem Theseum fuisse ait *Pausan.* L. I. 39. p. 94. Aut enim Argivi Libyae
incolis, Graeci barbaris simpliciter opponuntur, aut *Diotimus* auctores secutus est, qui luctae inventionem Ar-

givis tribuerent. *Theocritus* Eid. XXIV. 109. ubi Herculis magiſtros recenſet: "Ὅσσα δ' ἀπὸ στελέων ἐφρευτρόφοι Ἀργᾷθεν ἄνδρες Ἀλλλίαις σφάλλοντι — Πάντ' ἐμαθ' Ἑρμείαο διδασκόμενος παρὰ παιδί. Ad Argivorum in luctae peritiam *Caſaubonus* referebat locum *Ariſtophontis* ap. *Athen.* L. VI. p. 238. C. quem adſcribam. Paraſita loquitur:

Βούλομαι δ' αὐτῷ προςιπεῖν, ὅς εἰμι τῶς τρόπους.
ἄν τις ἐστίῳ, πάρειμι πρῶτος, ὅςτ' ἤδη πάλαι,
Ζωμὸς . . . . . καλοῦμαι διὰ τὸ ἄρεσθαι μέσος
τῶν παροινούντων· παλαιστὴν νέμεσω ΑΤΤΑΡΓΕΙΟΝ μ' ἐρεῖν.

Hic quantopere vulgata lectio in metrum peccet, nemo non intelligit, qui tetrametri trochaici menſuram non plane ignorat. Proprium luctatoris nomen latet, ut ex ſequentibus manifeſtum eſt, ubi idem homo ſe Capaneo comparat. Correxerim itaque:

παλαιστὴν νέμεσιν ΑΝΤΑΙΟΝ μ' ἐρεῖν.

Nam *Antaeus*, quem *Dioriſius* noſter non minus ac *Philoſtratus* L. c. p. 845. fin. artis imperitiſſimum fingit, a nonnullis pro luctatore omnibus numeris abſoluto habebatur. Vide, quae ex *Hieronymo* et *Euſebii* Chronico collegit *Salmaſ.* in Plin. p. 205.

VI. Cod. Vat. p. 323. Edidit *Jenſius* nr. III. *Reisk.* in Anth. p. 158. nr. 762. In duas ſorores, alteram Cereris, alteram Gratiarum antiſtitem, quae octoginta annos natae occubuerant.— V. 1. Cod. habet αἰτομποι *Jenſ.* αἰτόμμαι ex ſuo Apogr. dedit, unde *Reiskius* fecit αιειτόνομοι, praeclara enim et dignitatis plena eſſe nomina 'Λ=ξαὶ et Σωπαί. *Bernardus* in Epiſt. ad Reisk. p. 507. tentat αἰτομύθοι. Ex his conjecturis nulla eſt, quae placeat, non magis quam *Brunckii* αἰ νέμμοι. Aequitatis et juſtitiae mentio ab hoc loco aliena eſt. Multa inter ſe communia habebant illae mulierculae, parentes, aetatem, munus; quid? ſi etiam vitae ſocietatem memoraſſet poëta: Κοτυδβαι δύο γραες — —. Hoc proxime abest a membranarum lectione, nec per se improbabile est. Si quis tamen in αἰνομόροι gentile nomen latere contenderit, me non valde repugnantem habebit. — Pro ἥμιν in Cod. a pr. man. ἡμῖν fuit. *Jens.* ἡ μὲν, quod *R.* correxit. — V. 2. Κλησώ, et sic in lemmate: Ἀνιξὰ καὶ Κλησώ. — Idem 'Επικρατίας, *Reisk.* Ἐπικράτεις. — V. 3. Δήμητρι δ'. Codex, quod haud scio an Brunckianae lectioni praeferendum sit. Memorabile exemplum Anaxus, quae, Cereris sacerdos, viro nupserat, unde apparet, errare, qui matrimonium his sacerdotibus interdictum fuisse dicant. Vide inprimis *St. Croix* de Mysteriis p. 151. ed. vernac. — V. 4. πεντελαυκος Cod. — V. 5. μ ἐντελαίνοι, »Haec est Cod. scriptura, sed mendosa. Scribendum πλλείπομεν.« *Brunck. Jens.* omisit ἐς, quod *R.* restituit, sensum ita explicans: Octoginta annos, minus novem dies, implevimus, antequam in hoc fatum deferremur. ἐπέλωσεν ἡμῖν ἐντὸς ἡμέρας, ὥστε ἐκλεῖσθαι εἰς τοῦτο τῆς μοίρας, i. e. ἄρτι ἀποθνήσκειν, οὕτως ἡμᾶς ὁ δαίμων τοῦτο. Μοx *Ιοβίως* pro ἡμῖν positum. Quamvis ad octoginta annos implendos pauci quidam dies deerant, annorum tamen numerum satis plenum natura nobis concessit, ut adeo nulla sit conquerendi causa. οὐ φθόνος ἰντὰς dictum puto pro ἀιθόνως ἡμῖν ὁ δαίμων ἔτεα ἔδωκε. — In extremo versu haeremus. Cod. legit ἰσοέτη. *Jens.* et *Reisk.* ἰσοέτη. quod hic de annorum aequalitate accipiebat: ἰσοέτη pro ἰσύτης. Non exempla solum hujus vocabuli, sed etiam analogiam desidero. *Bernard.* l. c. tentabat: ἀλλ' ἴσην. non video, quo sensu. — V. 7, ἡμεῖς δὲ αἱ πολλαιοὶ πρότε. nos aetate proveliores ante maritos et liberos ad inferos descendimus; quae insignis pars τῆς εὐδαιμονίας. — In fine Cod. κνάμωδα, quod *Reisk.* in κηφίμωδα mutavit. — In hoc Epigrammate, quamvis eleganter a *Brunckio* constituto, nondum omnia persanata esse, facile apparet. Indicata Codicis lectione, non dubito fore, qui locis male affectis opem ferre et ipsam poëtae manum restituere conentur.

VII. Cod. Vat. p. 282. Edidit *Jenf.* nr. 61. *Reisk.* in Anth. p. 138. nr. 711. In tumulum mulieris, tristitia et luctu, propter viri mortem, confectae. — V. 1. inepto errore legitur πολυπλήθειν in Cod. quod *Reisk.* in πολυπένθιμον mutavit. — V. 2. βοᾶν in funeribus usurpatum de iis, qui defunctos conclamant, illustravit *Dorvill.* ad Charit. p. 350. Vide not. ad *Anyres* Ep. XIX. Male *Reiskius*, prosodiae securus, βοᾶς᾽ ἀγουλὰς scripsit, cujus correctionis caufa non apparet. Mortui ante portas urbium concremabantur. Si quis vero in τύρσιας haesitaverit, otioso epitheto, non mirer. Fortasse urbis nomen latet, in qua habitabat Scyllis Polyaeni filia, v. c. Τύτσιας. Euteaeae, urbis in Arcadia. — V. 3. προπάντα τὸν Ἡγεμάχου τὸν Ἐφέσιον. Inconsiderate *Reiskium* secutus sum, cujus lectionem seu emendationem, non „enim declarat, quid in suo apographo habuerit, salsam „esse, claudicans metrum satis arguit. Recte in Vat. „Cod. scriptum παῖδα τὸν Ἡγεμάχειον Ἰφέσιον — quod „reponendum. *Hefych.* Ἰφέσιος. αὐτόχθων ἢ πολίτης. „Unde habuit *Reiskius*, virum hunc Ephesium fuisse?" *Brunck.* — V. 4. πατρῴους. Filiae, defunctis maritis, ad parentes redire folent. — V. 5. κατ᾽ Ἰφδίτα. Vat. — V. 7. In utriusque honorem hujus tam insignis pietatis monimentum ad trivium exstructum est. Μία τρίοδος via a multis calcata et frequentata. Μία καὶ τρίκερως junxit *Archimelus* Ep. II.

§. 252.] *VIII.* Cod. Vat. p. 270. Λεσβίου Ἀθηναίου τοῦ Διοπείθους. Εἰς Λέσβον τὸν αὐλητὴν ἀγαθόν. Haec omnia antiqua manu scripta esse, in apogr. Gothano notatur. Contra *Brunckius* hunc titulum rec. man. additum esse ait. Habetur hoc Epigr. in Planud. p. 208. St. 303. W. In tumulum Lesbi, tibicinis et gratiosi olim hominis. —

V. 1. οὐ γάρ. Nisi enim levissimae esseris, Orcus Lesbum non sic rapuisset. Hinc colligi debet, Lesbum in medio vitae curriculo concidisse, multa ei spe, quam animo conceperat, inopinata morte praecisa. — V. 2. ἐφ' ἡμέρην et sq. vers. τὸν ἕτερον. Vat. Quis fuerit rex ille, qui Lesbum hunc nostrum *suorum in numero haberet — duntaxat ad hoc, quem tollere rheda Vellet, iter faciens* (Horat. II. Serm. VI. 46.) cum ignorantissimis ignoro. Verba καὶ μετ' ἐρώτων, quibus Opsopoeus gratiosum hominem fuisse significari putabat, pro genuinis non habeo. *Casaub.* in schedis Bibl. Bodl. tentavit: καὶ μετ' Ἔρωτι. Sed, nescio quomodo, Amoris mihi mentio ab hoc loco aliena videtur. Vide, an *Diotimus* scripserit:

χαίρετε πάντες
χαίρετε εὐφέστατοι δαίμονες ἀθανάτων.

— V. 5. αὐλοί. Mutae sunt ejus tibiae, quae fortasse in tumulo jacebant, sive cippo insculptae visebantur. — Pro οἱ δ' in Cod. Vat. Edit. Flor. et duabus Aldinis οἵ δε legitur. οἱ δ' *Jos. Scaliger* notavit in marg. Aldinae sec. — Vers. alt. in Cod. mutilus est ἐπεὶ οὐδ' ἱερός οὐδ' Ἀχέρων. quae est lectio Flor. Ald. pr. et sec. et Ascens. nisi quod ibi ἱρὸς habetur. In editione filiorum Aldi: οὐδ' ὕλας, οὐ χορὸς οὐδ' Ἀχ. Hoc supplementum *Scaliger* margini Aldinae sec. adscripsit. *Casaubonus* autem οὐτ' αὐλὸς notavit. *Scholiastes*: οὗτος ὁ στίχος ἀτάλαυτος· εὑρίσκεται ἐν βιβλίοις παλαιοῖς διττῶς, μιᾷ μὲν οὕτως· παιεϑ' ἐπεὶ οὐδ' ὕλας, οὐ μέτρον οὐδ' Ἀχέρων. ἑτέρᾳ δὲ· παιεϑ' ἐπεὶ οὐ ὕλας οὐκ ὄρος οὐδ' Α. *Stephanus* haec notavit: „Sunt qui lacunas hujus „versus implentes, ita scribant: ἐπεὶ οὐκ ὕλας, οὐ χορὸς „οὐδ' Α. quam lectionem qui primus sibi adscripsit „[Opsopoeus], non primus excogitavit. Doctissimus „enarrator hujus operis [Brodaeus], Forte, inquit, ἐπεὶ „οὐ κάλαμος sive ὕλας, οὐδ' ὄρος, neque amorem. Dixit „enim αὐλοὶ καὶ μετ' ἐρώτων. Haec est illius quoque con-

"jectura: at ego partim hanc, partim illam priorem
"fequens, ita legere malim: ἐπεὶ οὐκ εἶδες, οὐκ ὅρων ο. Ἀ.
"Quid fi vero ipfa auctoris verba retinentes, οὐκ αὐλοῖς,
"οὐκ ᾖσιν legamus?" Haec ille. Ceterum quacunque
ratione mutilum hunc verfum expleas, fenfus non alius
effe poteft, nifi Orcum triftem, ab omni laetitia, choris,
muficis alienum effe. Hinc *Sophocles* in Polyxena ap.
Stob. Ecl. Phyf. T. II. p. 1008. ed. *Heeren.*: ἐντὸς ἐπευθύνας τε καὶ μελαμβαθεῖς Λυτοῦσα λίμνας ἦλθον, ἠχούσας γόοις
Ἀχέροντος, ἐξωπλίγγας ἄρσενας χοάς.

IX. Cod. Vat. p. 241. Planud. p. 198. St. 288. W.
In Crinagoram, virum, dum viveret, fortem, nunc modico tumulo fepultum. — V. 2. ἱν ταυτὸν πατάγῳ. *Callimach.* in L. Pall. 44. Ἀθάναια — ἵππων καὶ ταυτὸν ἀλομένα
πατάγῳ. *Oppian.* Kυνηγ. IV. 128. ἠσπίδος ἐν πατάγῳ, θυμὸν
μέγα θεῖμα κρατούσης. Perfae βοῇ τε καὶ πατάγῳ ἐσήεσαν.
Herodot. VII. p. 607. 31. — V. 3. κάλυμμα De tumulo accipe, qui parvus erat in regione angufta, fed
fortium virorum feraci. — ὀλίγον πρὸ βαιόν, μικρὸν frequenter ap. poëtas obvium. Epigr. *ibidem.* DV. ἢ ἰ' ὀλίγον
γε τὸ νᾶμα, τὸ δὲ κλέος οὐρανόμηκες. Vide *Valcken.* ad Ammon. p. 179. ad Hippol. p. 226.

X. Cod. Vat. p. 232. Διοτίμου, οἱ δὲ Λεωνίδου. Idem
lemma in Plan. p. 298ᵃ. St. 409. W. In Therimachum
paftorem fulmine percuffum. — V. 1. αὐτόμεται. Vat.
In eodem Cod. vocabulo ταύλων fuperfcripta diverfa
lectio ταύλα. Color, ut ap. *Theocritum* Eid. XI. 12. πολλάκι ταὶ ὄϊες ποτὶ ταύλιον αὐταὶ (i. e. *folae, fine duce, αὐτόματοι*) ἀπῆνθον χλωρᾶς ἐκ βοτάνας. — Pro θείλας Planud.
δείλας, male. Vat. Cod. lectionem firmat Ep. *Erycii* XIV.
ex noftro expreffum: αἱ δ' ἐπὶ μάνδραν Ὀψὲ βόες νιφετῷ
σπερχόμεναι κατέβαν. Nivis commemoratio in tempeftate
cum tonitru mira fortaffe videbitur. Hoc tamen faepius
obfervatum eft. Gallis in templum Apollinis Delphici

impetum facientibus, cum interdiu tonitru fragor crebro exauditus esset, noctu subsecutum est ingens frigus, cum plurima nive. *Pausan.* X. 23. p. 854. Quin nivem interdum inter fulgura decidisse legimus; cujus prodigii exemplum narrat *Reimarus* in *Neuen Bemerkungen vom Blitze* p. 70. — V. 2. νειφόμεναι. Val.

XI. Vat. Cod. p. 245. Planud. p. 286ᵃ. St. 414. W. In matrem, quae filio suo juveni justa fecerat. Anth. Lat. T. II. p. 51. Ep. LXXII. *Plaudite vos steriles; soboles hanc perdidit; et sic Saepe solent ramos frangere poma suos.* Ibid. Ep. CCLXV. p. 204. *Exemplis referenda non est deserta senectus, Ut steriles vere possint gaudere maritae.* — V. 2. ει μέλλοι. Vulgo. ἢ μέλλοι. Cod. Val. — V. 3. σῶμα. Val. — V. 4. Ἱερωνι. Anthol. Lat. L. IV. Ep. 172. p. 126. *Me decuit morti prius occubuisse supremae, Teque mihi tales, nati, dare exsequias.* Ibid. Ep. 219. p. 165. *Formosus, frugi, doctus, pius, e parvo moesto Accepit tumulos, qui dare debuerat.* ubi similia comparavit *Burmannus*.

ARATI EPIGRAMMATA.

¶. 253.] *I.* Cod. Val. p. 588. Ut intelligo ex Bibl. Gr. *Fabricii* Tom. IV. p. 464. ed. *Harl.* editum est hoc carmen in Biblioth. liter. quae Londini prodiit ao. 1722. nr. 2. p. 28. Obscurum Epigramma, cujus me sensum non penitus perspicere fateor. Primum verba interpretabimur. Apud Argivos Philocles Argivus formosus: Corinthi autem columnae et Megarensium cippi idem clamant. Quin etiam usque ad Amphiarai balnea haec scripta leguntur: Quam pulcher eram! At nihil praeter paucas quasdam literas de nobis superest (quae pristinae nostrae pulchritudinis testimonium ferant). At de hujus pueri (quem non nominat, sed significat tantum) pulcritudine non opus est lapidibus credamus, cum Prienens eum viderit, quo nemo est pulchritudinis spectator accuratior et elegantior. Haec si recte interpretati sumus, versus quartus pro epitaphio habendus. Sed quomodo, quaeso, factum est, ut eidem puero in diversis regionibus tumuli exstruerentur? et quid est, quod poëtam impediverit, quominus alterum illum puerum, cujus pulchritudinem ex Prienei testimonio laudat, nomine appellet? Nihil quidem notius, quam puerorum mulierumque pulchritudine excellentium nomina a veteribus parietibus, columnis, arboribus inscripta esse, quod multi notarunt. Vide *Kuster.* ad Suid. v. Ῥαμνουσία Tom. III. p. 291. et v. καλοί Tom. II. p. 235. *Interpp. Callimachi* Fragm. Cl. p. 466. *Theocrit.* Eid. XVIII. 46. Sed hoc nihil ad nostrum locum facit, ubi de στήλαις et τάφοις agitur, ejusdem Philoclis laudem Corinthi, Megaris et ad Amphiarai Balnea celebrantibus. Fortasse tamen aliud quid dixerat *Aratus*; nam in Cod. non ταυτὸ, sed ταῦτα legitur. Hoc in hunc sensum acceperim: Alius alio loco pulchritudinis laude floret; sic Philocles Argis formosus existimabatur; aliae urbes eandem laudem aliis tribuunt; ubique enim hoc elogium reperitur: Pulcher olim fuit etc. Haec interpretatio paulo melius, ni fallor, procedit; etsi sic quoque ultimum distichon praecedentibus nullo alio vinculo jungitur, nisi verbis — ἀλλ' ὀλίγοις γράμμασι λειπόμεθα —. In his autem verbis membranae non ὀλίγοις, sed ὀλίγοι habent. — Amphiarai Λουτρὰ commemorat *Euphorion* ap. *Steph. Byz.* p. 734. Καιρὸς, ἀλαντής, Ὀρωπὸς τε καὶ Ἀμφιάρεια Λουτρὰ, quem versum *Salmas.* in Plin. p. 104. F. sic laudat: Λιλὰς Δ' ἧς. Erant in agro Oropio qui confiniis Atticae et Boeotiae, ubi Amphiaraus fanum habebat et πηγὴ πλησίον τοῦ νεού, ἣν Ἀμφιαράου καλοῦσι. *Pausan.* l. 34. p. 84. et II. 37. p. 200. τοῦ δὲ Ἀμφιαράου

ἄντος tanquam faluberrimi mentionem facit *Erafiſtratus*
ap. *Athen.* L. II. p. 46. C. ubi cf. *Cafaub.* p. 93. 34. —
V. 6. περισσότερος. idem quod περίεργος, et in rebus amatoriis frequentiſſimum, monente *Burgeſi* ad *Dionyſii*
Miſc. crit. p. 356. *Ariſtaenet.* L. II. 21. περίεργος λοντοῦ
ἀεὶ πρὸς τὰ γύναια παντασπῇ. Vide *Abreſch.* in Lect. p. 286.

II. Cod. Vat. p. 568. Planud. p. 164. St. 239. W.
Stephan. Byz. in Γάργαρα· πόλις τῆς Τρωάδος, ἐπὶ τῇ ἄκρᾳ
τῆς Ἴδης. — ἰατὶ δὲ Δώτριμος ὁ Ἀδραμυττηνὸς δίδασκε γράμματα, εἰς ἢν "Ἄρατος εἶπεν" Ἀλάζῃ . . . . Habetur etiam
ap. *Macrobium* in Saturn. V. 20. ubi enumeratis ſcriptoribus, qui Gargarae mentionem fecerunt, *Arati etiam*,
ait, *liber fertur elegion: in quo de Dionyſio quodam poëta ſic ait:* Ἀλάζῃ ὁ . . . Et ap. *Euſtathium* II. ξ. p. 978.
41. — Varios *Dionyſios* recenſet *Jonſius* in Scr. Hiſt.
Phil. II. 15. — Ap. *Stephan.* v. I. corrupte ἀλάζῃ ὅτι
μόνοι ἐκ — et ſq. verſ. πατρὶ Γαργαρῶν. Poſterius etiam
Euſtathius legit.

HEGESIPPI EPIGRAMMATA.

¶. 254.] I. Cod. Vat. p. 172. Edidit *Reisk.* in
Anthol. p. 19. nr. 449. Archeſtratus Herculi ſcutum
dedicat. Hoc enim ſenſu v. 1. ἔκπλον accipi debet. Vide
Ducker. ad *Thucyd.* p. 475. not. 68. — V. 2. ξεινὴν
μυρτάλα *Reisk.* et ſic eſt in Vat. *Brunckius* quidem Codicis lectionem ενορυτὴν eſſe ait; ſed falſo. ξεινὴν non
ſuſpectum fuit *Toupio*, qui hoc carmen profert in Cur.
nov. p. 188. *Hegeſippus* praeëuntem ſibi habuit *Homerum* Ilint. 243. δόμων — ξεστῇς' αἰθούσης τετυγμένη. Od. τ.
566. διὰ ξεστῶν κεράων. — V. 3. χρυσὸν ἄλοσεν. ut ap. *Niciam* Ep. II. μᾶλλον — ὅξρω Ἄρης Ἐπιφυλωπίσα χρυσὸν παρθενίων μέσω.

II. Cod. Vat. p. 192. Edidit *Ruhnken*, Epist. crit. II.
p. 180. *Dorvillius* in Sic. Tom. I. p. 197. *Reiske* in
Anth. p. 50. nr. 512. Tractavit *Toup.* ad *Suid.* T. II.
p. 259. In stolam, qua Hegelochia Dianam, quae ei
apparuerat, amicivit. — V. 3. Hujus versus initium profert *Suidas* in ἴεσατο. *Brunckius* ad hunc locum notavit
haec: „Suidas: ἴεσατο. περιβάλετο. ἴεσατο Δαμαρέτου Θυ-
„γάτηρ. Male a grammatico adhibitum hoc exemplum.
„Nam ἴεσατο hic non significat περιβάλετο, sed ea Dia-
„nae statuam amicivit, quod est περιέβαλε. Itidem con-
„tra genuinam sermonis proprietatem et accuratum
„graecismum peccavit ipse poëta, qui hic verbo medio
„uti non debuisset, sed activo ἴεσε. Apud Homerum
„discrimen hoc semper observatum, a posteris autem
„neglectum, qua incuria linguae multum suae perspi-
„cuitatis abscessit. Hinc est fortasse, quod cl. Reiskius
„aliam interpretandi rationem inivit: sed saltem scri-
„bere debuisset ἴεσατο, unde sensus aeque bonus emer-
„git." *Reiskius* nimirum vertit: *Hanc Dianam filia
Demareti dedicavit.* — Cod. ᾑ αὐτῇ, ut saepe circum-
flexum ponit loco gravis. Hinc orta quorundam apographorum lectio ᾑ αὐτῇ, cui patrocinatur *Koenius* ad
Gregor. de Dial. p. 35. allato loco *Homeri* Il. ι. 324.
μυιάς θ' ἅμα ᾑ τέλει αὐτῇ. Nemo dubitabit, quin sic loqui
liceat; sed in hoc contextu omnino verior est *Suidae*
lectio, qui hoc hemistichium cum v. 4. laudat in λόγα,
ubi ἐν λόγα τυρὸς exhibet, plane ut est in Cod. Vat. —
Veram lectionem αὐγᾷ restituit *Ruhnken.* Epist. crit.
p. 180. quem secutus est *Reiskius.* Homeri Hymn. in
Ven. 86. φαεινότερον πυρὸς αὐγῆς. Dio *Chrysost.* Or. XXXVI.
p. 447. C. καὶ τόν τις ἐφίκετο ἐντέυξεα θείας φύσεως τε καὶ
ἀληθείας, καθάπερ αὐγᾷ πυρὸς ἐξ ἀφανοῦς λάμψαντος, quae loca
Ruhnkenius ad emendationem suam firmandam opportune
adhibuit. De apparitionibus deorum dearumque vide *Dorvill.* ad Chariton. p. 142. *Heyne* ad Aen. L. I. Exc. XIII.

III. Cod. Vat. p. 164. Planud. p. 443. St. 576. W. Timanor fcutum, quo multum in proeliis ufus fuerat, Minervae fuspendit. — V. 1. profert *Suidas* in Τιμάνορ, 1. et 2. idem in ἄγμαι. Legit enim cum Vat. Cod. Τιμάνορος ἄγμαι, quo, quod nemo non videt, metrum jugulatur. *Kufterus* etiam Planudeae lectionem ἦμαι pro vitiofa habens, ἧμαι corrigit. Cave quid novandum duxeris. Expreffit *Hegefippus* Ep. *Mnafalcas* II. ἵνα κατ' ἀγκλέων τόδ' ὑπερτερὶν, λεπὶ φαινᾷ. Sed nonnihil offendor epitheto βρωτίων, quo vix quidquam vidi otiofius et languidius. An fcribendum:

ἐστὶς ἀπὸ βριαρᾶν ὅπως Τιμάνορος ἦμαι.

Secundus Ep. I. Tom. III. p. 5. ἦ' ὡς βριαρᾶτον ἐπ' ἄμως Ὅπλα φίρουσι θεόν, νήπι' ἀγκαλλόμενοι. — V. 2. ὑποθορμίας Cod. Vat. et Suid. *Brunckius* haec notavit: " ὑπορωρίας " Scripferam ὑπορωρίας, quod pro adjectivo habebam, referendo ad ἀσπίς. Sed vereor, ut graecum fit. ὑπορωρίας " feu ὑποθορμίας, quae eft Vat. Cod. fcriptura et Suidae " etiam, qui bis laudato hoc verfu utramque lectionem " habet, relatum ad Παλλάδος ineptum eft. Scribe ὑπωρωρία. Sic in Simonidis Ep. XLIX. ad cujus imitationem " hoc videtur factum, τέξα - τῷ 'Αθηναίας κεῖται ὑπωρωρία." Sic *Brunckius* a *Schneidero* monitus. ὑπωρωρία jam *Broderus* ex comparatione Epigrammatis Simonidei emendavit. — Ceterum *Suidas* l. c. τῷ, in v. ἐλευμέζας autem τῶν habet. — V. 3. ἀεικοτομίων Cod. unde *Salmafius* ἀεικοτομίων fecit. Hanc conjecturam cum *Br.* in contextu pofuiffet, mox eum facti poenituit, et in Lect. p. 56. ἀεικοτομίων revocandam cenfet, quod eft in Planud. Ap. *Suid.* in ἀεικοτομίως legitur ἀεικοτομίων, quae lectio, quamvis vitiofa, tamen finceritatem vulgatae arguit. Hanc etiam nonnihil firmat *Mnofale.* Ep. II. παλλάκι γὰρ κατὰ δῆριν 'Αλιξάνδρου μετὰ χερσὶν Νηριαμένη, χρυσίαν ἐλι ἐπίτροπες ἴτυν. — V. 4. τόν μι φέρων' αἰεὶ Cod. et Planud.

nifi quod in editionibus poft Florentinam και vitiofe exhibetur. Probanda *Brunckii* emendatio.

    IV. Cod. Vat. p. 247. Edidit *Leichius* in Carm. Sepulcr. p. 26. qui *Dorvillio* vapulat ad *Charit.* p. 80. *Reiske* in Anth. p. 77. nr. 578. De piscatoribus, qui, cum naufragi cadaver simul cum piscibus extraxissent ex undis, illud una cum piscibus in litore humaverant. — V. 1. τηγητής Cod. — V. 2. πολύκλαυτον. multis lacrymis digni naufragi reliquias. Hic sensus verborum, fi genuina est lectio. Vide tamen, an scribendum sit:

    πολύκλαυτον ναυτιλίης ἐκβολον.

undis multum jactatum. ἐκβολον proprie id, quod abjicitur, propter vilitatem plerumque; hinc res vilissimas et abjectissimas significare coepit. Vide *Garacker* in Adverf. posth. c. XLIII. p. 869. et quae congessit *Wetsten.* ad N. T. II. p. 275. Hic est vile ejectamentum, ex omnibus hominibus et rebus, quibus navis onusta fuit, reliquum. — V. 3. ιχθύα, ἃ μὴ θέμις, pisces, quos humanam carnem delibasse probabile erat, nec vendere nec iis vesci voluerunt. — V. 5. 6. Huic disticho in membranis lemma appositum: Ἄλλον᾽ εἰς ναυαγὸν ἕτερον. Inepte. De eodem agitur homine, cujus dimidiam partem pisces devoraverant, quem tamen terra, per piscatorum pietatem, totum accepit. In fine verf. 6. Cod. λοιμὸς legit. λοιπῆς a *Dorvillio* repertum, recepit *Reiskius*, qui praeterea ἐντὶ δὲ in ἐντί γε mutavit. Hoc *Br.* cum in textu posuisset, in notis damnavit. δὲ hoc loco, ut in multis aliis, pro γὰρ positum. In fine ἐπίχεις *Br.* iterum temere posuerat, in bonum *Reiskium* hoc facinus rejiciens, qui diserte monuit, indolem linguae ἐπίχεις flagitare quidem, sed ab Anthologiae poëtis verbum ἐπίχειν pro simplici ἔχειν, sensu solutae orationis scriptoribus ignorato, usurpari. Neque codicis lectionem loco suo movit. — Acumen hujus distichi minime perſpexerat *Bernardus*, qui in Epiſt. ad Reisk. p. 228. corrigit: οὐ, χθὼν, τὸν νεογνὸν ἔχεις ἐων, quia ſcilicet ἐπίφερταις fuerit.

¶. 255.] *V.* Cod. Vat. p. 278. Edidit *Holſtin.* ad *Stepb. Byz.* p. 117. *Dorville* ad *Charis.* p. 365. In Hermionenſem quendam Zoilum, Argis ſepultum. — V. 1. ἀλλοδαπῆ Cod. Vat. a man. ſec. Cum Hermione urbs ſit Argolidis, illius urbis civis, qui Ἀργείαν γαῖαν ἐνέσατο, paulo inſolentius ἐν ἀλλοδαπῶν ſepultus eſſe dicitur. Tantum igitur valebat patriae amor, ut, qui non in ſuae urbis pomoerio, quamvis in patriis finibus, ſepultus eſſet, ſe minus beatum exiſtimaret. — V. 2. ἐπ᾽ ἐσσόμενος. Vat. Verſus fortaſſe expreſſi ex *Leonidae Tar.* Ep. LXXV. ἀντὶ δὲ γαίης πατρίδος ὀθνείην κεῖμαι ἐφεσσάμενος. — V. 3. Tumulum ei exſtruxit conjux cum liberis. ἀμήδαμαι. ἰφλαίεσθαι τὴν γῆν. *Heſych.* ubi vulgatam temere ſollicitari ex hoc *Hegeſippi* loco apparet. *Aurip. Sid.* Ep. XCIX. πολλὰ τιθηττοτὲ ἐλοφέρατο, χερσὶν ἑμέσας Ἀνδρόμαχος ἐνοφερὶν κραντὸς ὑπερθε κόνιν. *Diodor. Zon.* Ep. IX. ψυχρὸν ἐπὶ κεφαλῆς ἐπαμήσομαι αἰγιαλῖτιν θῖνα. *Apollon. Rhod.* L. L. 1305. τύμβον δὲ κμητώσιν νέφυτον καὶ ἐκτίσατο γαῖαν Ἀμφ᾽ αὐτοῖς. — V. 4. παιφάμενοι ſic Dorville. At recte Cod. κειφάμενοι, quod Holſtenius dedit. »κειφάμενοι hic contra linguae genium eſt et temporum »rationem: ni metrum obſtaret, rectum eſſet κικαρμένοι, »quod, ut bene Clarke ad Homerum docet, tempus eſt »praeſens rei perfectae.« *Brunck.*

VI. Cod. Vat. p. 609. Edidit *Holſtin.* ad *Stepb. Byz.* p. 289. In Abderionem, qui, cum in naufragio periiſſet, Seriphum delatus ibique ab hoſpitibus concrematus eſt. — V. 1. ἐκκτέμματα. ἐκκτωσις. ἐκκτομήνη δὲ νὺξ ἐπέλγχως. *Suidas.* Dubitare licet de hoc diſcrimine verborum ἐκκτέμματα et ἐκκτομήνη. Vide *Euſtath.* in Od. p. 557. 17. *Interpp. Heſych.* v. — V. 2. ταμομένη ἐλόος.

Holst. — V. 3. ἰκέλιον. Cod. Noctis caligo et mare tempestuosum navem everterunt, ἐξεκέλυσαν Epigr. ἀλλον. CCCLXXXIV. pinum σφίζιζον ἐξεκέλυσε Νότος. *Agath.* Ep. LXXVII. Ajax τὸν Πριαμίδην ἐξεκέλυσεν πέλη. — V. 5. ἰκέλη Cod. Vat. quod in apographis emendatum est. — In fine vers. *Holsten.* ὁ δὲ κλύδων. *Brunckii* lectio est in Vat. — V. 6. τρηχεῖαν Σ. Insula saxosa et aspera, quare Perseum ibi omnia in saxa mutasse narrabant. *Strabo* L. X. p. 487. Cf. *Palaeph.* XXXII. 16. *Hemsterh.* ad *Polluc.* X. 156. p. 1342. *Saxum Scriphium* appellat *Tacitus* Annal. IV. 21. Apud *Ovidium* tamen Metam. VII. 464. *plana* est *Scriphus*, sed vix vera lectio, quamvis ab *Heinsio* defensa. — αἴδοιον ἐδ. Vat. αἰδοῖνεδε *Holsten.* — V. 7. ὑπὸ ξείνων. ita in Cod. scriptum, et sic exhibuit Holstenius; sed mendose. Praepositio ὑπὸ sensui inutilis constructionem turbat. Ordo enim est ἐδ. ὑπὸ χερῶν αἰδοίαν ξείνων λαχὼν ταφῆς. — De Proxenorum munere et officio videndus summus Valckenaer »ad Ammon. p. 201. Ita quidem verba bene constituta; sed res ipsa non adeo perspicua est. Cadaver hujus »Abderitae in Seriphi littus a fluctibus ejectum fuit. »Quomodo Proxeni Abderitarum in Seriphiorum urbe »cognoscere potuerunt, cadaver hoc esse hominis Abde»ritae? id poëta ipse dixerit. Si Abderita Seriphum jam »navigaverat, et ibi aliquamdiu moratus, incolis adeo »notus erat, ut ejus cadaver, licet fluctuum attritu de»formatum, agnosci potuerit, tunc ille homo ibi suos »illius ξείνους habuit, nec jam illius sepulturae cura τοῦς »προξένους, publicos hospites, respicere debuit. Hoc »primum me in cogitationem adduxerat, scriptum a »poëta fuisse ὢν ξείνων ὑπὸ χερσί. Sed alterum, quod mi»hi suggessit Schneiderus meus, quum a codicis scriptu»ra minus recedat, verius est.« *Brunck.* Fac, nave, qua Abderion vehebatur, haud procul a Seriphi litore disjecta, nautarum aliquos salvos ad insulam enatasse, et nihil difficultatis supererit. Illi proxenia Abderitae cadaver, a fluctibus in litus delatum, indicabant. Ceterum orationis color idem, qui in Ep. *Leonidae Tar.* LXXVI. ἀλλ' ἐπὶ γαίη Πατρίδι καὶ τύμβου καὶ κτερέων ἔλαχε Κηδεμόνων ἐν χέρσιν, ἐπεὶ τρηχεῖα θάλασσα Νηκρὸν πεντεμήνεις θῆκεν ἐπ' αἰγιαλοῖς.

VII. Cod. Vat. p. 293. Planud. p. 193. St. 281. W. In virum bonum Aristonoum. — V. 1. *Casaubonus* ἀπὸ corrigit; non male. Duas a rogo vias ad inferos tendere, alteram a dextra parte, qua boni defcendant, alteram a finiſtra, qua mali deducantur, hoc tantum loco me legere memini. — V. 4. ἐγγείλαιο. Primus, ut videtur, *Aeschylus* Plutonem ἐγγείλαοτν appellavit ap. *Athen.* L. III. p. 99. Vide *Intpp. Hefychii* v. ἐγγείλαος. Simile eſt epitheton Orci ἐγκέανδρος ap. *Hefych.* πολυδέγμων et πολυδέκτης, de quibus egit *Ruhnken.* ad H. in Cerer. 9.

VIII. Cod. Vat. p. 253. Planud. p. 218. St. 318. W. ubi plura exſtant in Timonem Epigrammata. Vide Indicem Argum. in *Timon.* Posterius hujus carminis diſtichon, tanquam *Callimachi*, laudat *Plutarch.* Vit. Anton. Tom. V. p. 138. ed. Bry. unde difcimus, Timonem in maris litore sepultum fuiſſe: δαίσθε τὰ προύχοντα τοῦ αἰγιαλοῦ· καὶ τὸ σῶμα περιελθὸν, ἔβρεσεν καὶ ἐπερισπάσατον ἀνθρώπῳ τετεύχει τὸν τάφον. — V. 1. ἐξείης. Conf. not. ad *Leonid. Tar.* Ep. LXXXIII. Ipſe Timon sepulcrum spinis obductum sibi optat in Ep. *Zenodoti Ephef.* II. τρηχείην κατ᾽ ἐμεῦ, ψαφαρὴ κόνι, ῥάμνον ἕλισσοις πάντοθεν, ἢ σκαλιβε ἔγγια σκῶλα βάτου. Haec derivata videri poſſunt ex *Ariſtoph.* Lyſiſtr. 809. ubi Timon habitaſſe dicitur in locis ἀβάτοισι εὐσκόλοισι τὸ πρόςωπον περιειργμένος. — V. 3. λεσιωμ. Vat. — V. 4. Verba οἰμώζειν εἶπας (εἶπες Vat.) πολλά — *Brunckius* primus viatori tribuiſſe videtur; vix recte. Nemo praeter Timonem loquitur. Transeas, ait, omnia mihi mala imprecatus, nihil enim curo; modo

prae-

praeterea.— Sic nec interrogandi nota post πολλὰ locum habet, qua editiones ante *Br.* carent. Commentarii loco fit *Callimach.* Ep. XXXIX. ubi Timon: μὴ χαίρων ἴθυρα με, κακὸν εἶας, ἀλλὰ πάρελθε.

EUPHORIONIS EPIGRAMMATA.

¶. 256.] *I.* Cod. Vat. p. 194. Edidit *Reiske* in Anth. p. 43. nr. 497. Illustravit et emendavit *Toup.* in Emend. ad Suid. P. III. p. 364. retractavit in Ep. crit. p. 135. Eudoxo Apollini crines dedicante, poëta deum rogat, ut puero perennem pulchritudinem tribuat. De more Apollini comam dedicandi vide Ep. *Rhiani* X. *Theodorid.* V. *Antip. Theff.* XXI. *Philostr.* Icon. L. L. 7. p. 773. — V. 1. laudat *Suid.* v. ἴθειρα Tom. L. p. 683. qui ἐπεξι praebet pro πυλεξι Codicis. Veram lectionem etiam *Reiskius* vidit. — V. 3. *Suidas* in νοσασμὸς T. III. p. 132. ἀντὶ δέ σοι legit. Nostra lectio est in Cod. *Reiskius* τῆς πλοκαμίδος dedit. Idem v. 4. ὥσπερ γηθεν καὶ κ. ἐκξύμενος. Novissimum vocabulum sic in Cod. legitur. Sed ἐκξύμενος corrigendum esse, R. suspicatus est. Idem de ὡς χαρηθὲν cogitabat. Cod. Vat. habet: ἃ χαρηθὲν ἐπὶ μισθὸς ἐξέμενος, quod in ἁ χαρηθὲν leviter immutatum pro vera lectione habuit *Valckenar.* in Diatr. p. 152. A. B. Sensum non explicavit, qui tamen planissimus est, si κάλλος pro *ornamento* accipis. Tum Phoebum poëta rogat, ut Eudoxo, ad musicam sortasse poëticamve laudem adspiranti, pro coma hederaceae coronae ornamentum tribuat. De hedera Acharnensi autem vide quae dedimus ad *Simmiae Theb.* Ep. I. 4. — *Toupium*, cum primum tentasset, ὡς ἐρχθεῖον ἐπὶ μισθὸς κεξεμένῳ, sive etiam, ὡς νέρισσις καὶ γηθεν κεξεμένῳ, mox facti poenituit, et in Ep. crit. p. 135. eam emendationem proposuit, quam *Br.* in contextum recipere dignatus est. Idem esse χαρπιθιν et ἐχαρπίθεν, ut μοργνὸς pro ὀμορχνὸς, μαύρον pro ἀμαυρὸν, εςολελὸν pro ἀεςθέλαν, quae profert *Suidas* V. II. p. 574. Similia vide ap. *Cafaub.* ad Sueton. Jul Caef. c. 29. *Salmaf.* ad Steph. Byz. v. Τέρνη. *Alberti* ad Hefych. in 'Αδός. Ceterum ad conjecturam fuam firmandam *Toupius* laudat *Theocrit.* Eid. XX. 21. καὶ γὰρ ἐμοὶ τὸ πάρωθεν ἐπάνθεεν ἀδύ τι μέλλει, Ὡς μελὲς ποτὶ πρέμνον, ἱκὼν δ᾽ ἐτὀμαχθεν υπενων. Sed vereor, ut hi versus labis expertes fint. — In eadem autem re fimiles preces fundit *Martial.* L. IX. 17. *Tu juvenile decus farva, nec pulcrior ille In longa fuerit quam breviore coma.*

II. Cod. Vat. p. 310. Edidit *Holflen.* ad Stephan. Byz. p. 104. *Jrafius* nr. 66. *Reiske* in Anth. nr. 716. p. 140. Scriptum in cenotaphium naufragi, in Dryopum agro exstructum. — V. 1. Cod. οὐχετεμχθεεσιλιθαίω, et fic *Holflen.* et *Jenf.* nifi quod prior τραχὸς exhibet. *Reiskius* in textu dedit: οὐχὶ μόνος εἰο φωθὶ, illa sua quondam ossa sub rigii detrita farva pannucia. in notis autem conjecturam proponit, οὐχὶ τρυπτὸν εἰο λαῖφος, eodem fere redeuntem. Haec nullius funt utilis. *Bruuckii* lectionem e corruptis membranae ductibus fagaciter eruit *Toupius* in Ep. crit. p. 137. Trachis hoc loco fignificatur ea, quam Heracleam vocant ab Hercule ejus conditore. *Lapidosa Trachin* ap. *Senec.* in Troad. 821. πολλαλίθος in *Dionyfii* Ep. VI. Regionem circa hanc urbem asperam et saxulam esse, ait *Strabo* L. IX. p. 428. Erat autem circa Oetam, ubi etiam Dryopes habitabant. Vide *Paufan* L. IV. p. 366. — ὀστέα διαλὰ *Toupius* in Apogr. quodam reperit. μεῖνα autem, quae est Cod. lectio, olla cara et multum defiderata interpretatur. Num fuit ὀστέα λευκά? — V. 3. Ille, de quo hoc carmine agitur, naufragium fecerat in' mari Icario, ubi notum promontorium Δρέπανον five Δρέπανον. Vide *Palmer.* in Exercit. p. 343. T. H. ad *Lucian.* T. II. p. 277. ed.

Bip. — ἤσειι. noſtra Aeiacum verris oſſa mare. Propert. II. 12. 44. — V. 5. Hic cod. πολυηδέος ἡ κενὴ χι praebet. Emendatior lectio *Reiskio* debetur, qui praeterea ξένια edidit: *Ego vero pro Xenia infelici vacua humus exaggerata ſum*. Haec diſplicuerunt *Toupio*, qui verba ἀντὶ ξενίης πολυκηδέος interpretatur *ſepulturae loco*, idque eleganter ab *Euphorione* poſitum affirmat. Quod nos ei non tam facile credimus. Mihi quoque in ξενίης nomen proprium latere videtur, non quidem defuncti, ſed matris ejus ſive conjugis, quae ſive filii ſive mariti memoriae cenotaphium in Dryopum terra exſtruxit. Vide igitur, an corrigendum ſit:

χερσὶ δ᾽ ἐγὼ Ξενίης πολυκηδέος ἡ κενὴ χθών
ἀγκάθεν · · ·

Mulieri luctu et triſtitia affectae recte tribuitur epitheton πολυκηδής. χερσὶν ἀγκάθεν, ut Ep. *alter*. DCXIX. Ἑλλήνων ἐχθρὰς χερσὶν ἐχωσάμεθα. DCCIV. οἰκείαν τροφὸν κειμένω χέρες, αἳ ςυνέλεξαν τὴν ὀλίγην ςποδιήν. — V. 6. ἀγκάθεν. Vat.

PHAENNI EPIGRAMMATA.

¶. 257.] *I.* Cod. Vat. p. 274. Planud. p. 202. St. 294. W. In Leonidam, qui glorioſe periret, quam inglorius vivere maluit. — V. 1. αὖτις. Cod. Vat. Aldin. pr. et Aſcenſ. αὖτις ed. fil. Ald. — οὐκ ἔτλας, non ſuſtinuiſti, virtute tua indignum judicaſti redire. — V. 2. ἀποιχόμενος πολλάν obſcurius dictum. Num σαίρχεαθαι h. l. *iraſci*, *ſuccenſere* ſignificat, quo ſenſu cum tertio caſu conjungi ſolet? (vide *Valcken.* ad *Herodot.* L. VII. p. 601. ſq.) Sed quid? *Leonidas ira in bellum accenſus*, quo ſenſu accipiendus erit? num eo, quo fortes viri hoſtibus iraſci, ira in hoſtes concitari dicuntur? an

Leonidas pugnae fuccenfere dicitur gravi, quae ipfi minus faverit? Neutra interpretatio fatis commoda. Altera tamen et linguae indoli et contextui videtur aptior. — V. 4. Ἐμμαϑὴς Ed. Flor. — ευτέρων. Secundum illud *Simonidis* Ep. XXX. ὦ ξεῖν', ἀγγέλλειν Λακεδαιμονίοις, ὅτι τῇδε κείμεϑα, τοῖς κείνων ῥήμασι πειϑόμενοι.

    II. Cod. Vat. p. 236. Planud. p. 267. St. 384. W. ubi plura funt de cicadis et locuftis carmina. — V. 2. in Aldinis legitur ἄγαν. Hinc *Scaliger* in notis mftis correxit λιγυρὸν τέκει. — Pro ἰνίην Vat. habet ἰνιίην, Planud. ἰνίην. — In fine verf. fec. Vat. verba transponit; ἄγαν ὕπνον. — V. 3. τὸν ἰσμέτρα. tumulum mihi convenientem, pro corporis menfura et amplitudine. ὀλίγον εἴμα cicadae celebrat *Leonid. Tar.* Ep. LXV. — V. 4. Ὀρφεύς. Vide not. ad *Mnafalcae* Ep. XI. 2. unde noftrum expreffum eft. — Cod. Vat. Ὀρφῆος. et κατὰ χθαμαλῆς.

PAMPHILI EPIGRAMMATA.

    V. 258.] *I.* Cod. Vat. p. 366. Pamphilo hoc Epigramma tribuit, quod in Planud. p. 85. St. 125. W. *Palladae* eft. Imitatus eft ejus auctor Ep. *Mnafalcae* IX. Hirundinem poëta querelarum caufam rogat. — V. 3. παρϑενίης. Vat. et Plan. Hanc vocem cum *Brunckius* litera initiali majoris formae exfcribendam curaverit, eam pro nomine proprio haberi voluit. An puella, quam Tereus vitiavit, alicubi *Parthenia* vocatur? Vix puto. Servanda erat vulgata lectio. Philomelam poëta interrogat, an perpetuam querelas fundens, virginitatis, a Tereo ipfi ereptae, meminerit? Sic *Grotius*: *An te, quam rapuit Thracis violentia Terei, Amiffus ftimulat virginitatis honos?* Conf. *Ovid.* Metam. VI. 523.

536. — V. 4. βιντάμενος. Edit. Flor. et Ald. pr. Reliquae βινεσάμενος.

II. Vat. Cod. p. 236. Planud. p. 267. St. 385. W. Expreſſum ex Ep. *Niciae* VIII. In cicadam a puero captam et interemtam — V. 1. ὅδε ἔτι. Plan. — V. 3. γηρύοντα et ἠχέτα Vat. Poſterius Planud. quoque habet. — V. 4. παιδὸς ἀπ᾽ ἠϊθέου χειρὶ μετανπάμενος. Tres Aldinae et *Suid.* qui hoc diſtichon in ἠχέτης excitavit. Aſcenſ. χείρι habet, quod *Stephanus* recepit, qui praeterea legendum putat ματένατον et ἀπ᾽ ἠϊθέου χειρὸς μετεντάμενον ſive ἀπ᾽ ἠϊθέου χειρὸς ἐκεντάμενον. In ματένατον etiam *Jof. Scaliger* incidit. Cod. Vat. legit: παιδὸς ἀπ᾽ ἠϊθέου χειρί με πεπταμένα. In margine γρ. χείρ᾽ ἅμα πεπταμένα. Hinc pronum erat ἐκπεπταμένα corrigere; idque verum videtur. Sed reliqua nondum perſanata funt. Scribendum puto:

παιδὸς ἀπηναίου χερὶ ἐκπεπταμένα.

ἀπηναῖος, ἀπάνθρωπος, εἴμις. — ἀσπής, σκληρός, εἴμις. χαλεπίς, κακές. *Hefych.* Nihil hoc epitheto aptius; cum contra ἠϊθέου mire otioſum ſit. Poſſis etiam παιδὸς νηπιάχου. Cf. *Oppian.* Hal. 403.

PANCRATIS EPIGRAMMATA.

¶. 259.] *I.* Cod. Vat. p. 206. Edidit *Dorville* in Vanno Crit. p. 199. *Reiske* in Anthol. p. 68. nr. 553. Clio, Dianae aeditua, filiarum ſuarum imagines in templo dedicat, precibus pro earum incolumitate adjectis. Habemus igitur in hoc epigrammate exemplum ſacerdotis Dianae maritatae et liberis florentis. In nonnullis tamen hujus divae templis ſacerdotes a matrimonio abſtinebant. *Pauſan.* VIII. p. 626. Idem de Minervae ſacerdotibus tradit *Galenus* ad Epid. L. III. Tex. IV. —

Vide Intrpp. *Luciani* T. I. p. 373. ed. Bip. — V. 2. *Reiskius* νεκόρης edidit, cum in apogr. Lipf. reperiffet νεκορίης. Genuinam Cod. lectionem exhibuit *Dorvill.* — V. 3. τετράτης. Vat. τετραετής. *Reisk.* — „In ἀπὸ μητρὸς fubaudiendum ἀπόντων feu ἀνατεθειμένων ἐστήκασι. „Vide Dorvill. l. c." *Branck.* Idem τέταρτα fubftantive pro κατὰ τέταρτα politum effe monet. Hoc carmen fi de puellarum imaginibus Dianae dedicatis acceperis, non inepte, puto, facies. Conf. *Leonid. Tar.* Ep. XV. *Noffit* Ep. X. — *Reiskius* tamen *ipfas puellas* divae dicatas effe voluit. „Nam deftinabantur, ait, hae puellae „facro Dianae cultui eidem, quam mater obibat. Pue„ros diis dedicandi mos olim vigebat, ut hodie ille „viget, quo monafteriis deftinantur et offeruntur utri„usque fexus infantes." — V. 4. νεκορίης. Apogr. Lipf. *Reiskius* νεκόρης.

II. Cod. Vat. p. 163. Planud. p. 447. St. 579. W. Polycrates quidam faber ferrarius artis inftrumenta Vulcano dedicat. — V. 1. 2. laudat *Suid.* v. ξυστρίς. ubi ἐγκισθ᾽ legitur, ut in Planud. — V. 3. Partem hujus verficuli cum quarto integro habet *Suid.* in εἰζυρήν. — ὃ συνὸς. Vat. Plan.

III. Cod. Vat. p. 310. Planud. p. 255. St. 369. W. Παγκρατίου. In cenotaphium Epieridae naufrago a patre exftructum. — V. 2. Τάσι δυσμέναις. quo tempore mare inprimis tempeftuofum. Ut hic Αἲξ cum Hyadibus jungitur, fic ap *Horatium* I. Carm. III. 13. *Nec faevis praecipitem Africum Decertantem aquilonibus, Nec triftes Hyadas, nec rabiem Noti.* — V. 3. αὐτή οἱ εὖν τ. Vat. et Ed. Flor. αὐτῇ οἱ vulgo. αὐτή (fic enim fcribendum, non αὐτή) εὖν τ, *Hanfius* emendavit p. 24. *Theocrit.* Eid. XXII. 17. ὑμεῖς τε καὶ ἐκ βυθοῦ ἕλκετε νῆας Αὐτοῖσιν ναύταισιν εὐσμενέως δαντεσθαι. — V. 4. ἴκμεν. Vat. et Plan.

ANTAGORAE EPIGRAMMATA.

¶. 260.] *I.* Cod. Vat. p. 222. ubi primum diſtichon deeſt. Reliquis praefixum lemma: Εἰς Πολέμωνα καὶ Κράτητα, ὅτι ὁ Κράτης ἔγημεν Ἱππαρχίαν τὴν φιλόσοφον. Hipparchiae cum Cratete nuptiae nihil faciunt ad praeſens carmen. *Antagorae* tribuit *Diogen Laert.* L. IV. 21. p. 240. unde relatum eſt in Append. Anth. Plan. p. 526. St. *24. W. Scriptum eſt in Cratetem et Polemonem philoſophos, qui, cum in magna familiaritate vixiſſent, eodem tumulo conditi ſunt. — V. 4 Hunc verſum ſic, ut hic legitur, reſtituit *Tanaquil Faber*. Ap *Diogen.* et in Cod. Vat. legitur: μύθος ἱερὸς φύσιν, ſine ſenſu. Mſc. reg. φύσιν. Flor. ἴησιν. *Caſaubono* verum videbatur μύθος ἱερὸς ἧξιν, quod recepta lectione non deterius. — V. 5. laudat poëta vitam puram, ſanctam et ex philoſophiae praeceptis transactam. Junge βίωτος σεμνὸς, vita, qualis philoſophum decet. ἐντολέμοι θεῶν αὐτῶν ἄλλων Non enim ſic vivebant, ut plurimi, qui, quae in ſcholis praecipiunt, in ipſa vita contemnere et vilipendere videntur. Pro σεμναῖς, quod *Brunckii* inventum eſſe videtur, *Diogen.* et Vat. Cod. στριπταῖς legunt; Mſc. Flor. τριπταῖς. Tan. *Faber* στρυφναῖς conjecit. Mihi *Antagoras* ſcripſiſſe videtur:

αἰῶν', ἀστρέπτοις δόγμασι πειθόμενος.

Cynicae philoſophiae praecepta rigida vocat et immutabilia, ut *Horat.* l. Epiſt. I. 17. *Stoicum virtutis verae cuſtodem rigidumque ſatellitem.*

II. Etiam hos verſus ab *Antagora* in Amorem conſcriptos ſervavit *Diogen. Laert.* L. IV. 26. p. 242. — In primo ſtatim vocabulo vitioſi ſunt vulgari libri, διδίω exhibentes. ἐν ἴσῳ correxit *Stephanus*; ut eſt ap *Callim.* H. in Jov. 5. ἐν ἴσῳ μάλα θυμός. Hinc verbum ἰσάζεσθαι, *dubium haerere*, quod illustravit *Valcken.* in Diatr. p. 109. C. — V. 2. ante *Stephan.* fuit ἦεν. — πρῶτον. Amor omnium deorum antiquissimus. Vide *Platon.* Conviv. T. III. p. 178. B. — Vide ad Simmiae Alas v. 1. — Ἔρεβος. *Aristophan.* in Av. 695. Ἔρεβους δ' ἐν ἀπείροσι κόλποις Τίκτει πρώτιστον ὑπηνέμιον Νὺξ ἡ μελανόπτερος ᾠόν, Ἐξ οὗ περιτελλομέναις ὥραις ἔβλαστεν Ἔρως ὁ ποθεινός. — V. 5. γαίης. Telluris filium Amorem dixit *Sappho* ap. *Schol. Apoll. Rhod.* L. III 26. — V. 6. ἀτίμως. Hoc *Alcaeo* tributum legi; sed locus nunc nou succurrit. — Ante *Stephanum* τοι αἰεν κακὰ legebatur. Ille τῶδε ἐδ ex codd. protulit. Vers. ult. vulgo ἀνθρώπων habetur. Amorem in homines modo bona modo mala parare, tragica gravitate extulit *Eurip.* Iph. Aul. 548. διδυμ' Ἔρως χρυσοκόμας Τόξ' ἐντείνεται χαρίτων· Τὸ μὲν ἐπ' εὐαίωνι τύχᾳ, Τὸ δ' ἐπὶ συγχύσει βιοτᾶς. — εὖμα διφυῆν Amori *Anaxagoras* tribuit secundum *Orpheum* in Argon. 13. διφυῆ, περισσά, ἀμφὶν Ἔρωτα. quod *Gesnerus* de duplici Amoris sexu interpretatur; rectius, ut mihi quidem videtur, quam *Eschenbachius.* διφυῆ hunc deum iterum vocat *Hymn.* LVII. — Pro ἀνθρώποις vulgo ἀνθρώπων legitur.

PHAEDIMI EPIGRAMMATA.

¶. 261.] *I.* Cod. Vat. p. 611. Apollinem poëta precatur, ut Melistionem patriae et virtutis amore incendat. Scriptum est hoc carmen versibus jambicis senariis et dactylicis logaoedicis. — V. 1. »Scribe γίγαντος. Sic recte codex. Quod dedi, e Salmasii emendatione est margini adscripta. Unice rerum esse γίγαντος, »satis arguit metrum, cujus contra legem spondeus hic »in quarta sede. Significat autem γηγενῆ et intelligen- »dum est de Dracone Δελφίνῃ, quem Delphis Apollo "sagittis confixit." *Bruuck.* In Analect. τηχίντων ediderat. Ἴσχε τόξον βίης· vim arcus, quo Pyrbus robur confecisti, cohibeas. — V. 2. Cod. Vat. ἱκέργυ ἀνάκτωρ. Brunckiana lectio, si recte memini, etiam in Lipf. apographo habetur. Sed minime vera est. Ἀνάκτωρ enim in ἀνάκτωρ depravari vix potuit. Nec opus est nomine, cum verbum Ἑκάεργε, qui deus invocetur, aliunde declaret. Fortasse corrigendum:

Ἴσχε βίης, Ἑκάεργ᾽, ἀνάκτωρ.

ἀνάκτωρ. θεὸς. βασιλεὺς. *Hesych.* — V. 3. οὗ εἱ Cod. Vat. In marg. apogr. Lipf. notatum γρ. οὗ ᾗ. minus feliciter. Ἀυκοκτόνος, quod Apollinis est epitheton, ad ejus pharetram transfertur. Vide *Aeschyli* VII. c. Theb. 147. *Schol.* ad *Soph.* Electr. 6. — V. 4. τόνδε δ᾽ ἐπ᾽ ἠϊθέοις Cod. Vat. ubi versus aliter, sed perperam distinguuntur. In Brunckiana lectione metrum affectum est. Cod. lectio, leviter immutata, servanda videtur:

τόνδε δ᾽ ἐπ᾽ ἠϊθέοις ἰοστὸν.

— V. 5. στρέψον. Vat. et mox τόφρ᾽ ἂν πέτρης. *Brunckius* totam hanc item interrogative accepit, quasi poëta Apollinem roget, ut unam ex iis sagittis expromat, quibus olim lupos confixerit, eaque juvenum animos petat. Quod mihi secus videtur. Nullus interrogationi locus est; sed *Phaedimus* duplices Apollini sagittas tribuit; alias, quibus in hostes, feras ve, alias, quibus in juvenes utatur; illae timendae et pestiferae, hae exoptandae et salutiferae. Versus autem leviter depravari. Scribe:

(ἦ σοι φαρέτρη λύεται λυκοκτόνος)
τόνδε δ᾽ ἐπ᾽ ἠϊθέοις ἰοστὸν
στρέψον ἔρωτος, ὄφρ᾽ ἀλλέξεται πέτρη
θηρευθεὶς φιλότατι ἀκόμῳ.

Jam enim nullus est usus pharetrae, gravibus illis spiculis refertae; sed illam amoris sagittam in juvenem verte etc. Servavi cod. lectionem στρέψον, quae se optime tuetur,

Infinitivo locum imperativi obtinente. λύεσθαι positum pro κατελύεσθαι, proprie de iis, qui diminuuntur, rude donantur; deinde ad res transfertur sepositas et nullius utilitatis. Agitur autem hoc loco de sancta illa paederastia, in qua Lacedaemonii, Cretenses, Thebani virtutis et victoriae cardinem verti arbitrabantur. Lacedaemonios ante proelium initum Amori sacra fecisse, ὡς ἐν τῇ τῶν παρατεταγμένων φιλίᾳ κειμένης τῆς σωτηρίας τε καὶ νίκης, narrat *Athen.* L. XIII. p. 561. F. simile quid addens de Cretensibus et de Thebanis: ὁ δὲ παρὰ Θηβαίοις ἱερὸς λόχος καλούμενος συνέστηκεν ἐξ ἐραστῶν καὶ ἐρωμένων, τὴν τοῦ θεοῦ σεμνότητα ἐμφαίνων, ἀσπαζομένων θάνατον ἔνδοξον ἐπ' αἰσχρῷ καὶ ἐπονειδίστῳ βίῳ. Inprimis huc facit praeclarus locus *Aeliani* in V. H. III. c. IX. ubi veterum loca de amoris ad virtutem vi collegit *Perizonius*. Melistio, in cujus gratiam Phaedimus hoc carmen composuit, Boeotium fuisse videtur, et fortasse sacrae cohorti adscriptus. Eum Schoeniensem fuisse, apparet ex v. 10. Fuit autem Schoenus urbs Arcadiae, et alia ejusdem nominis in Boeotia: Σχοῖνός ἐστι χώρα τῆς Θηβαϊκῆς κατὰ τὴν ὁδὸν τὴν ἐπ' Ἀνθηδόνα, διέχουσα Θηβῶν ἴσον πεντήκοντα σταδίους. *Strabo* L. IX. p. 408. Hujus fortasse urbis tutelam Apollo habebat. Certe Thebanos pueros Apollinem insigni religione coluisse satis constat ex iis, quae *Pausanias* narrat L. IX. 10. p. 730. Hinc intelligitur, cur *Phaedimus* preces ad Apollinem convertat, hujusque dei sagittis vim tribuat puerorum animos et patriae et virtutis amore inflammandi. — V. 7. πυρὸς γὰρ ἀλκή. Vat. qui verf. sequ. ἀλιν ἰδὲ τρ. exhibet. Admodum ingeniose haec emendata sunt a *Brunckio*; an omnino vere, non dixerim. Difficile tamen fuerit, reperire, quod propius accedat ad membranarum ductum, et sensum contextui aeque accommodatum efficiat. Quantum amor ad augendam fortitudinem valeat, dicit *Plato* in Conviv. p. 178. E. — οἶδεν ἐλέγειν dictum, ut ap. *Callim.*

H. in Jov. 95. οὔτ' ἀρητῆς ἀνὴρ ὑἱὸς ἐπίσταται ἄνδρας ὀλέσσαι.
— V. 9. M. Cod. — Μιλησίοιιος πατρῷιον εἶδος pro circumlocutione habendam videtur: Melistio, qui gloriam et virtutem a parentibus tanquam patrimonium accepit. Ut hic juvenis rebus in bello fortiter geſtis gratiam apud cives ſuos conſequatur, optat poëta, ἀρητῆς, ἡ μετ' δικαιοπραξίας χάρις. *Schol. Homer.* Il. a. 578. — Pro τχωνίδας Cod. τχωίδων. contra metrum et legem, quam ſcripſit *Stephan. Byz.* in τχωνοῦς.

II. Cod. Vat. p. 608. φειδίμων τρίμετρον. In apogr. Lipſ. male legitur φειδίου. Tanquam *Phaedri*, nescio cujus, edidit *Braslejus* in Fr. Callimachi p. 567. Calliſtratus Mercurio ſtatuam ponit. — V. 2. μορφῆς ξυνὸς ἔλικας τόσσην Juvenis erat Callistratus, cum hanc ſtatuam collocaret, eadem aetate, qua Mercurius repraesentari solebat. ξυνὸς itaque τύπος, ſpecies utrique, deo et Calliſtrato, communis. — V. 3. κηδήσεως. Vat. In apogr. Lipſ. κηδήσεως. *Apollodorus* ap. *Gellium* N. A. XVII. 4. de Menandro: Κηδήσιος ὁ ἐκ Διοπείθους πατρός. — χαρεὶς pro χάρις, quod est in Cod. emendavit *Reiskius* in not. miſtis et *Braslej.* qui deos χαρτοὺς dici monet, cum victimas aut dona libenter accipientes animum donantibus propitium oſtendant.

III. Cod. Vat. p. 193. *Kuſter.* ad *Suidam* v. λυχᾷ, ubi Lexicographus medium diſtichon laudat, v. 1 — 4. protulit. Eosdem verſus exhibuit *Dorvill.* in Vanno crit. p. 198. reliquos p. 196. Integrum vir doct. in Miſcell. Obſſ. Nov. I. P. III. p. 134. *Reiske* in Anth. p. 53. nr. 517. Cicheſiae filius, Leon, ni fallor, et Themiſtodice Dianam, quae illi mulieri in puerperio opem tulerat, muneribus colunt. — V. 1. *Ἀρχαῖον, Kuſter. ἱλαστι.* Vat. — V. 2. laudat *Suid.* in στύγμα. Apogr. Lipſ. ὀλίγον στίγμα. In marg. γρ. ὀλίγον ςτύγμα. *Suidas* ὀλίγον. *Heſychius:* στύγμα, μίλτωμα, βλέπομα. *Homeri* Il. a. 315.

πρόςθε δὲ οἱ πέπλοιο φαεινῶ πτύγμ' ἰαλλυθεν. — V. 3. πρεία,
lenis Ilithyia. quam chorus invocat ap. *Horatium* in Carm.
Sec. 13. *Rite maturos aperire partus Lenis Ilithyia.* —
Λιχω. Cod. — ὑπερέχες χεῖρας. Apollon. Rhod. L. III.
986. καὶ Διός, ὃς ξείνοις ἱκέτῃσί τε χεῖρ' ὑπερίσχει. Epigr.
adesp. CXV. Λατοῦς σὺ δὲ παιδὸς ὑπὲρ χέρα Τιμαρετᾶιος θυγα-
μίτα. — V. 4. ἄτερ τόξου. Vide ad *Nossidis* Ep. III.
Similis color est in his ad Amorem verbis ap. *Tibullum*
II. 1. 81. *Sancte, veni, dapibus festis; sed pone sagittas,
Et procul ardentes, hinc procul abde faces.* — §. 262.]
V. 5. „Tertium distichon in Cod. a praecedentibus non
„separatum. Margini adscripsit *Salmasius: diversum a
„superiore videtur, contra quam exscriptor putavit.* In
„eadem sententia fuisse videntur Kuster, qui ad *Suidam*
„v. Λιχώ edidit, et Dorville, quem vide in critica Vanno
„p. 196. et 198. Hoc quidem lu medio positum et
„tam verum quam falsum esse potest: praecedentibus
„connexum hoc distichon, etiam absque minima mu-
„tatione, facilem interpretationem admittit. Leon Ci-
„chesii filius et Themistodice conjuges donarium offe-
„runt Dianae. Ultimi autem distichi verba sic ordinanda
„et supplenda: νεύσον δὲ, Ἄρτεμι, τὸν υἷα Λέοντος, τὸν εἰρχω
„καὶ εἰδέτε παῖδα, ἰδεῖν ποτε καιρὸν τινα ἑαυτοῦ δεξάμενον.
„Puerulus, quem peperit Themistodice, erat filius Leo-
„nis, Cichesii nepos; huic puerulo optant, ut ipse etiam
„aliquando prolem suam videat. Alii aliter, sed verba
„ad sensum suum cogendo; ego autem verborum sen-
„sum sequor." *Brunck*. Pro υἷα *Reiskius* dedit ἠϊθέ-
μενον. Quod si ei concesseris, verbum υἷα minus esse
commodum, cave tamen cum eo vertas: *annue precibus
nostris, ut videamus Leonis filium, qui nunc admodum
infans est, juvenem suaviter adolescentem.* — Ceterum
Dorvillius, qui hoc distichon separatim exhibuit, νεύσε-
χέν τι dedit.

IV. Cod. Vat. p. 324. Εἰς ναυαγὸν Ἀρισταγόραν περὶ Σαλαθὸν ἐνδυσάμεντα. quod falfum eſt, et ex depravata Cod. lectione originem duxit. Edidit *Holſten.* ad Stephan. p. 326. *Jenſius* nr. 114. *Reiſk.* in Anth. nr. 765. p. 160. Scriptum eſt in Polyanthum, naufragum, cujus cadaver cum piſcatores inveniſſent, uxor, Ariſtagora, mariti cineres ſepelivit. — V. 2. Ἀριστάγορην Cod. Vat. Emendata lectio debetur *Heringae* in Obſſ. p. 144. — V. 4. Σαλαθὸν. inſula prope Euboeam, (vide *Holſten.* ad Steph. v. Σαλαθὸς, et *Schol. Apoll. Rhod.* L. I. 583.) Toronaeo ſinu ex adverſo poſita. κόλπον τὸν Τορωναῖον, cujus tranquillitas paroemiae locum fecit, deſcribit *Thucyd.* L. IV. p. 376. — V. 5. μὲν *Jenſ.* et *Holſten.*

HERMODORI EPIGRAMMA.

Planud. p. 324. St. 464. W. Comparat poëta Venerem Cnidiam et Minervam Athenis poſitam, utramque tam excellentem, ut, cui palma tribuenda ſit, in ambiguo relinquatur. Geminum germanum eſt Ep. *infer.* CCXLVIII. Plures fuerunt Minervae ſtatuae Athenis valde illuſtres, (vide *Brodaeum*) ut incertum ſit, quam poëta ſignificaverit. — V. 4. βουκόλος. ingenio ruſtico et ad pulcritudinis ſenſum duro. Apud *Lucianum* in Deor. Dial. XX. 4. Tom. II. p. 60. ed. Bip. Minerva Paridis judicium ſubitura Mercurium rogat: τί δὲ; τὰς πολεμικὰς ἐστιν αὐτῇ ἐπιθυμία καὶ φιλόνεικός τις, ἢ τὸ πᾶν βουκόλος;

ARTEMIDORI GRAMMATICI
EPIGRAMMATA.

¶. 263.] *L* In Analectis haec Epigrammata *Artemidori* praecedunt Bucolica *Theocriti*, in cujus editionibus inter carmina epigrammatica ultimo loco reperiri solent. Prius inter Theocritea legitur in Anth. Steph. p. 518. Wech. °21. et in Cod. Vat. p. 433. post alia Syracusani poëtae etiam hoc habetur cum lemmate: τοῦ αὐτοῦ εἰς ἑαυτὸν, ὅτι Θεόκριτος Συρακούσιος ἦν. In antiquis editionibus inscribitur modo Θεοκρίτου, modo ὡς ὑπὸ Θεοκρίτου. In Cod. Politiani inter praefationes graecas: ἔστι δὲ εἰς αὐτὸν καὶ τουτὶ τοὐπίγραμμα· ἄλλος ὁ Χῖος... *Artemidoro* tribbitur in editione Aldina, teste *Reiskio*. Respexisse videtur hoc Epigr. *Suidas* v. Θεόκριτος Χῖος — ἔστι δὲ καὶ ἕτερος Θεόκριτος Πραξαγόρου καὶ Φιλίννης. De *Theocrito Chio* vide *Fabric.* Bibl. Gr. T. III. p. 775. ed. *Harl.* — V. 1. ὃς τάδ' ἔγραψα. Vat. τάδε γράψω vulgo. *Zach. Calliergus* et quidam Codd. γράψας. — V. 2. εἷς ἀπὸ πολλῶν. In Cod. Theocriti Bibl. Med. Vide *Bandini* T. III. p. 368. — Συρακοσίων. Vat. et Ed. Flor. *Valckenar.* Συρακούσιος edidit, cum in cod. quodam Συρακούσιος reperisset. — V. 3. συμπλαστός nonnulli. Vulgatam lect. Φιλίτας *Toupius* correxit ex Flor. quicum Vat. Cod. consentit. — V. 4. αὑτῷ ἐφ. *Callierg.* et Vat. noster, qui praeterea ἄνυσεν et ἐφελκυσάμην legit. Unus e codd. *Theocriti* αὑτὸν ἐπεσπασάμην. quod ex glossa videtur ortum, nisi fortasse latet lectio, vulgata non deterior, αὐτῶν ἐπεσπασάμην. Significat autem *Artemidorus*, *Theocritum* excoluisse illud poëseos genus, quod in ejus patria sive a Daphnide, ut quidam tradunt, sive, ut alii, a Stesichoro inventum florebat. Fortasse tamen Grammaticus iisdem verbis tecte indicare voluit, carmina, quae pro Theocriteis venderentur, nec patria, fed externa dialecto (Μούσα ἐθνείῃ) conscripta essent, pro spuriis esse habenda.

II. Cod. Vat. p. 389. Ἀγνοεμιάσεω γραμματικοῦ ἐπὶ τῇ ἀθροίσει τῶν βουκολικῶν ποιημάτων. Edidit Goens in Anim. ad Porphyr. de Antro Nymph. p. 88. et ante eum Salmaf. ad Solin. p. 598. A. Ex Cod. Vat. idem profert Warton. in Praef. ad Theocrit. p. XI. not. 4. Conf. Knm. in Gregor. D. D. in Corrigendis p. 130. 20. — V. 1. Μοῦσαι στεφθεῖσι. Warton. βουκολικαὶ Μοῖσαι στεφθέες Salm. Theocriti carmina bucolica olim dissipata fuisse significat. — V. 2. ἱστι μιας vitiose Goens.

THEOCRITI SYRACUSANI
EPIGRAMMATA.

H. Stephanus Theocriti Epigrammata ex veteribus hujus poëtae editionibus Anthologiae Planudeae adjecit inde a pag. 516 - 518. iis exceptis, quae jam a Planude passim exhibita meminerat. Eadem repetita sunt in Append. Anthol. Wechel. p. 19 - 21. His fortasse in posterum adjicietur Epigramma Erycio vulgo tributum nr. X. quod Cod. Vat. sub Theocriti nomine profert. Vicissim ex iis, quae hic tanquam Syracusani poëtae leguntur, nonnulla idem codex aliis poëtis tribuit. Haec suo loco indicabuntur.

ᴇ. 376.] I. Cod. Vat. p.204. Musis et Apollini coronae dedicantur. — V. 1. κατάκαρποςed Flor. De serpyllo vide ad Meleagri Carm. I. 53. — V. 2. αὐταῖς ταῖς Εὐκαμίδαν, Cod. Vat. — V. 3. μελάμφυλοι. Vat. — V. 4. „Recte scriptus est hic versus, cujus lectio non sollicitanda: ῥαδαλὶς πέτρα τὰν ἀγλαίαν τούτου τοῦ δένδρου οὐ ἔχειν. Scilicet ἀγλαίαν significationem hic transitivam habet. „Huc forte respexit Hesychius: ἀγλαίζω. θάλλω. Postentius hoc verbum faepe etiam transitivum est. Alexander Aetolus infra p. 419. Πιερίης ὕδωρ θαλλήσει μέγαν ἡ υἱόν. *Brunck.* Toupius in Addendis p. 406. corrigit: Δελφῖδ' ἀπὸ πέτρης. Delphicam enim petram hoc sibi oraturus. Ep. idem. DCI. πολλάκι καὶ βρεμέων κλύμεναι ἀγλαίες. — Δελφὶς πέτρα est ap. *Sophocl.* Oedip. T. 472. *Eurip.* Androm. 398. *Nicander* Alexiph. 198. ἦ ἀπὸ λόφνης — ἢ πρώτη Φοίβοιο πατίεσσι Δελφίδα χαίτην. — V. 5. ὁμαλὸς conjunctim edit. veteres. Aliae ὁ μαλός. *Reiskius* tentavit ὁ μέχλος. non male. Vat. Cod. μᾶλος. *Hefych.* μαλός λευκός. unde μάλευρις, ἥτις τὸν οὐρὰν ἔχει λευκίν, ap. eundem. Metri caufa *Warsomus* μηλλὸς scripsit, *caper ille albus.* — V. 6. στρμίθεν. Vat. a pr. man.

II. Cod. Vat. p. 172. sine auctoris nomine: Ἀνέθημα τῷ Πανὶ παρὰ Δάφνιδος. Sic quoque ap. *Reiskium* in Anth. p. 18. nr. 448. — V. 1. laudat *Suidas* in λευκέχρως. ubi καλῇ habet, ut Vat. Cod. — *Warton* praeter necessitatem καλὰ conjicit. — V. 2. βουκολικοὺς ὕμνους. Vat. ut vulgo legitur. — V. 3. τοὺς τρισσούς. Vulgo. τρητοὺς Vat. τοὺς τρητοὺς hic legendum esse, monuit *Salmaf.* ad Solin. p. 585. A. cui emendationi subscribit *Bod.* a *Stapel* ad *Theophr.* IV. p. 478. *Eratosthenes Schol.* qui hoc carmen expressit Ep. III. τοὺς τρητοὺς δόνακας, τὸ νάκος τόδε, καρπὸν Ἀίδεσι Πανὶ φίλῳ, Δάφνις γυναικοφίλας. *Archias* Ep. XXX. εὐτρήτοισι μέλος καλάμοισι. *Antip. Theff.* Ep. XXIX. πολυτρήτων διὰ λωτῶν. — V. 4. τὴν πήξαν ab ἔστ' α̃. Vat. — τὴν εὔρεν vulgo. — ἑμαλὀτερον. *Theocr.* Eid. IV. 10. τῇδέ τοι ἁπαλὰ μᾶλα φέρω.

III. Cod. Vat. p. 413. Daphnis, quem pastorem venatoremque fuisse constat ex Eid. I. 116. plagis in sylva relictis, in antrum concesserat, ubi somnum caperet. Huc eum Pan et Priapus, formosi pastoris amore inflammati, sequuntur. — V. 1. κεκμακώς. Vat. quod fortasse probandum: ἀμπαύει τὸ σῶμα, κεκμακὼς ὤν. Eid. I. 16. ἦ γὰρ ἐπ' ἄγραις Ταύτα κεκμακὼς ἀμπαύεται. — V. 2 ἀμπαύει ἁρπαζω, Vat. a pr. man. Supra correctum ἁρπαζον. — Mox ἁρπαγίς. Idem. Hunc versum sensu proprio accipio. Daphnis, venationis labore lassus, feris insidiari desierat, cum, en, ipse in libidinosorum deorum insidias incidit. Eleganter poëta ludit in notissima de Panis in Daphnidem amore fabula. Conf. *Meleag.* Ep. XLVII. *Diodor. Zon.* Ep. VI.ª. *Glauc.* Ep. II. *Reiskius* hic mira comminiscitur. — V. 3. ἀγρείοι δ' ὅτε vitiose Vat. Cod. — ἀγρεύειν de insidiis amantium passim. Conf. inprimis Ep. *Rhiani* VII. et facete dictum *Demarati* ap. *Plutarch.* T. II. p. 220. C. — V. 3. τὴν προσιόντα κιχεῖν. Conf. Intpp. *Theocr.* Eid. L 31. *Nicaenet.* Ep. IV. ἴχνη δὲ αὐτῷ Μύτακον, οἷα καὶ σὺ, κευρεινομένον. Priapum corona ornatum habes ap. *Catull.* XIX. 10. in Lusibus nr. LXXXII. *sacrum revinctus pampino caput.* — V. 5. ἄντρον εἴσω. Vat. Ambo dii antrum intrant *simul, ὁμῇ ἤεσαν. Schol. Aristoph.* In Av. 852. ὁμοίϊυσθα. Σοφοκλέης ἐκ Πυλάιες, ἀντὶ τοῦ τὸ αὐτὸ ὁρᾶν. ὁμοιῒυσθεῖν δὲ κυρίως τὸ ὁμᾶ καὶ συμφώνως ἔρχεσθαι. — V. 6. Vulgo est κατεγρόμενον, quod nauci non esse pronuntiat *Toupius* in Cur. poster. p. 44. ubi καταγχόμενον corrigit. In Addendis autem p. 406. κατεγρόμενος ἐκ ὕπνου τε excitans. Alteram hanc correctionem *Valckenarius* probat. In Cod. Vat. κατεγρόμενον legitur. *Heinsius* et *Brodaeus* κατεγρόμενος corrigendum censent. — κατεγχόμενον, sive κατεγχόμενον, quod fortasse concinnius, tuearis ex *Schol. Nicandri Alex.* 455. τὴν μεταξὺ ὕπνου καὶ ἐγρηγόρσεως καταφορὰν κῶμα καλοῦσιν. Somni igitur initium et finem significat τὸ κῶμα. Sunt tamen alii, qui hanc vocem non, ut ille, de leni, sed de gravi somno interpretantur. *Theophan. Nonus* e. XXIX. Tom. I. p. 114. κῶμα λέγεται ὁ βαρὺς καὶ παρὰ φύσιν δυσέγερτος ὕπνος. ubi *Bernardus* mallet ὁ βαθύς. Hinc apparet, non sollicitandam esse lectionem *Hesychii*: κῶμα. — κατεγερθὲν ὕπνου βαθέος. ubi *Toupius* Em. in Hesych. P. III. p. 85. τὸ βαθέος corrigit. Vide inprimis *Foesium* Oecon. Hipp. v. p. 223.

§. 377.] *IV.* Fragmentum; hujus carminis, inde a versu 6 - 12. legitur in Anth. Plan. p. 27. St. 42. W. In Cod. Vat. p. 434. habetur v. 1 - 6. cum lemmate: Θεοκρίτου, εἰς Γάλητα. V. 6 - 12. ibid. p. 432. τοῦ αὐτοῦ εἰς ἀμπέλινα δενδρεόν καὶ ἔλαος. V. 13. usque ad finem p. 432. τοῦ αὐτοῦ εἰς Πρίηπον. Integrum carmen, sic ut hic habetur, dedit *Zacharias Calliergus*, qui haec Epigrammata primus vulgavit. Describit poëta locum amoenum Priapo sacrum. — V. 1. τὰν αὐτὰν λαύραν. Editt. vett. Nostram lectionem, quam confirmat Vat. protulit *Stephan.* in Poët. Gr. — Mox τὰς sive τὰς, ut nonnulli habent, depravatum esse pronuntiat *Valcken.* In Vat. Cod. ἐδὰ τὰὶ ἔρ. Hinc corrigendum videtur:

τέως τὰν λαύραν, ἔδι ταὶ δρύες — —

In λαύραν posterior syllaba vi caesurae producitur. De hac voce vide *Casaubon.* ad *Athen.* XII. 10. p. 848. λαύρη, δημόσιος στενωπὸς καὶ ἄμφοδον, ῥύμη, ὁδὸς, δι' ἧς οἱ λαοὶ ῥέουσιν. Conf. *Polluc.* IX. 38. qui excitat locum *Homeri* Od. χ. 126. et *Athen.* XII. p. 540. F. 541. A. — V. 2. στῦπος. Olim *truncus erat ficulnus, inutile lignum.* Horat. I. Serm. VIII. 1. In Edit. Flor. Biblioth. Senatus Lipsiensis antiqua manus notavit lectionis varietatem ξόανον, quod monuit *Leichius* in Praef. ad Carm. Sep. p. IX. — V. 3. Quid sit, quod Priapi signum vocetur τριακώλης, equidem ignoro. Interpretes tacent. Uno pede potius, sive palo, hunc deum plerumque niti constat. Foret igitur potius μονοσκελής. Num aliud quid latet? Fortasse καυλώδες? *durum et aridum.* Nihil definio. Eruditiores hunc locum expediant. — αὐτόφλοιον. *rude lignum*, ut in Eid. XXV. 208. βλῆτρον, εὐπαγές, αὐτόφλοιον. — V. 4. παιδογόνω scripsit *Valckenar.* ut cum Κύπριδος jungatur. Recte. *Sosipater* Ep. I. παιδογόνῳ Κύπριδι τριχαμήνως. Priapus auribus carens, ea tamen parte, quâ viri sumus, non carebat. Κύπριδος ἔργα. *Homer.* in Hymn. in Ven. 1. ποιεῖν τὰ Ἀφροδίτης dixit *Diog. Laërt.* VI. 69.

τιτλῷ τὴν Ἀφροδίτην *Anacreon* XXIII. 16. ubi vide *Fischer.* p. 94. *Spanbem.* ad Callim. H. in Apoll. 14. — V. 5. κάτος ἢ τοιοῦτος. Ed. Flor. In edit. *Callierg.* τάκος et in marg. γρ. κάτος Hoc *Brodaeus* amplectitur. *Salmaf.* ad Herodem Att. v. 103. e cod. vetusto ἴρηος δ' ὑϛ ἵρπον legendum esse pronuntiat. In Cod. Vat ἴρηος δ' ὑδ᾽ ἱερόν. Hinc orta conjectura *Toupii*, quam *Brunckius* in Lect. p. 87. assensu suo probavit: σακός δ' εὔιερος. Haec vox passim occurrit in Hymnis Orphicis. *Philipp.* Ep. X. δαίμον, ἱκ᾽ τοῖς ουκ μεθ᾽ θνητολίας. Recte idem *Toupius* vocem σακός tuetur. laudato *Schol. Eurip.* Phoen. 1017. et *Valcken.* ad *Ammon.* p. 154. sqq. — Finge tibi Priapum sub *umbrosis* arborum *tectis* collocatum, quale sacellum huic deo optat *Tibull.* l. 4. 1. Lusus nr. LXXXII. *Placet Priape, qui sub arboris coma Soles, sacrum revinctus pampino caput, Sedere?* — V. 7. Ex iis, quae sequuntur, haud scio an ducta sit loci amoeni descriptio ap. *Longum* L. III. p. 68. 12. ed. *Villois.* — ἄμπελος βοτρυώσαις, virit suas, ut liberos, gignens, fortasse ex *Ione Chio* l. 7. p. 161. ubi uvae παῖδες συνπῆ τῆς ἀμπέλου. Ex *Theocrito Philippus* Ep. XI. V. ἄγχεις τὸν βρομίου βοτρυόπαιδα χάριν. — V. 9. quaedam editt. σιωπᾷ. — V. 10. τοῦ ἀλέπτουλα μέλη illustrat *Dorvill.* in Vann. crit. p. 153. Hirundo apud *Pamphil.* Ep. I. κελαδῶ τρανλὰ διὰ στομάτων — V. 11. μινυρίσματα, *querelae*, cum omnibus avibus, tum inprimis lusciniae tribuuntur. *Horat.* V. Carm. II. 26. *Queruntur in sylvis aves.* ubi vide *Intrpp.* *Marc Argent.* Ep. XXVIII. μηκέτι νῦν μινύριζε παρὰ δρυὶ — ὑστέτορ. — ἰντασίνει est ex emendatione *Scaligeri* pro vulgato ἰντασιούει. — V. 12. μάτευοι Vat. in marg. μάλιστα et στόμασιν. — V. 13. Quae sequuntur, non satis expedita sunt Is, qui loquitur, duo, sed plane diversa, rogari cupit Priapum: ut deus aut amorem in ejus pectore extinguat, aut contra amoris fructum ei concedat. Si Priapus concesserit prius, hoedum; si posterius, tres victimas accipiet. Sed quis est, qui hoc carmine loquatur? Cur caprario (vide v. 1.) mandat preces ad deum Lampsacenùm facere? Quomodo denique Priapus efficere potest, ut amoris flamma in pectore quiescat? — Pro ἀποστίξαι, in quo verbo sententiae cardo vertitur, Vat. ἀποβῆξαι legit; quod ortum videtur ex ἀποβήξῃ sequentis vers. ubi Vat. membr. iterum ἀποβῆξαι legunt. — Pro ἴσθι v. 13. vulgo est ἴστω. — V. 15. ἢν δ' ἀνυσσει sive ἀνυσσει Vat.. ἢν κατανύσει voluit D. Heinsius. Valckenar. praeferret ἀνυσσῃ, quod est in Scholiis a Leicbio laudatus l. c. Eadem scholia initio versus καλδης exhibent. — V. 16. τοῦτο τυχών. Daphnidis compos factus. τριποθήτου veteres edidt. τριποθ 36η Stephanus et Cod. Vat. Hanc lectionem alteri praeferendam censet Valckenarius. — V. 17. τ' ἄρα. Vat. et vers. ult. pro λῶν legit τότον.

V. Cod. Vat. p. 433. Protulit Dorvill. ad Charis. p. 188. e codice, ut ait, emendatum, nullis tamen emendandi rationibus allatis. Elegans Epigramma et vere bucolicum. — Ad v. 1. comparandum Eid. I. 12. In Vat. pro νυμφᾶν legitur μοισᾶν. — V. 2. αἰγώ. Vat. αἴγα. dedit Dorvill. — κεισομενος. Vat. — V. 3. ταξώμαι. Vat. et Doro constituam me eo in loco — ipsi mihi hoc operis imponam. Vulgatam Toupius tuetur laudato Eid VII. 95. ἀλλά τόγ' ἐν πόντῳ μέγ' ὑπείροχον, ᾧ τὸ γεραίον ἐν λαξοῦμ'. — Mox Vat. a pr. man. βασιλεύς et ἐγγύθεν ἐστι. quod procul dubio ductum est ex Eid. VII. 72. Cum vulgata lectione comparanda verba poëmae ap. Plutarchum T. II. p. 456. A. ὥςπερ ὁ τῶν βουκόλων ὑπερπλάσσας ἐνταῦθ' ἄναξ ἑστώς, ὑπελθέτω νήμαν ἐπιθλίψαι. — V. 4. ἀγροτέρα Vat. Et sic vulgo. — V. 5. λασιόχητος (supra correctum λασιόζωνος) ἐγγύθεν ἄντρου Cod. Vat. λασιαύχενος hinc adoptavit Dorvill. Et profecto haec lectio vulgara haud paulo doctior est. Antrum describitur virgultis et arbustis obsitum et quasi horridam. λάσιον ἀγρόθεν λύκος, *Plato* Ep. VIII. ποταμὸς λωτίνι παραμιβίτεται ὄχθην, *Marian. Schol.* Ep. III. — Illud epitheton facile permutari potuit cum λωτίνι ἰρνῶς, quod librarius frequenter legerat. Vide *Rubnk.* Epist. crit. p. 148. — V. 6. αἰγιβότον ἐρανίσμων vulgo. Nostram lectionem, jam a *Stephano* prolatam, Codicis assensu firmavit *Dorvill.* Notandum est, pastorem hoc Epigrammate sibi permissum putare, quod caprarius Eid. I. 15. sqq. ut nefas fugit. Pastores itaque et bubulci Pana minus timuisse videntur, quam caprarii, quos deus peculiari cura dignari existimabatur. Vide, quae in hanc rem disputavit *Hardion sur les Bergers de Théocrite dans les Mim. de l'Acad. des Inscrips.* Tom. VI. p. 273. Ceterum frigide hoc carmen interpretantur, qui illud tabulae pictae adscriptum fuisse existimant.

¶. 378.] *VI.* Cod. Vat. p. 432. Thyrsidem consolatur de capella, quam lupus ipsi eripuerat. — V. 1. ὦ pro ἆ habet Vat. et mox τί τω πλέον. — V. 2. ἀγλαύπους et ὀδυρόμενος Vat. — V. 3. οἴχεται. Cum sophistas Theocritum inprimis imitando expressisse constet, probabile est hinc sumsisse *Alciphron.* I. l. 38. p. 172. οἴχεται Βακχὶς, ἡ καλὴ, εὐθύαλις φλάττετε, οἴχεται. — τὸ καλὸν τίνος. De delphino *Oppian.* Hal. V. 464. σκύμνος λεξίνθεὶς, ὀλίγον βρίφος. — V. 5. πότε κεκρύττι Vat. male. Vide ad *Leonid. Tar.* Ep. VI. 2. — τί τοι πλ. Vat. — V. 6. ἐστὶν vulgo. Quod *Br.* recepit, debetur *Reiskio.* Cod. Vat. ἐστίον, et mox μίσατ᾽ ἐπιχομένας. Serum est, nunc demum canes latrare, cum capella jam devorata sit.

VII. Cod. Vat. p. 204. In Aesculapii signum, Eetionis manu affabre sculptum, quod Nicias, qui Mileti artem medicam exercebat, posuerat. Nicias is est, cui Theocritus dedicavit Eid. XI. et ad cujus conjugem colum eburneam misit Eid. XXVIII. ubi vide inprimis v. 9. et 19. — V. 1. Νικᾶτον Vat. Idem τῷ (fort. τῷ)

Πλα. — V. 2. συννεδμενος Vat. — V. 3. δεν μιν ἐπ' ἄρας. Vat. — Θυίνοιν, quod vett. editt. habent, recentiores in θύϊνον mutaverant, revocavit *Reiskius.* — V. 4. ἰδοίους primus dedit *Stephanus*, cum antea ἐδοίην vulgaretur. — αἴγων. Hujus arboris ligno veteres saepe utebantur ad ξόανα. Pici regis domum cedrinis avorum fignis exornatam fingit *Virgil* Aen. VII. 177. *Veterum effigies ex ordine avorum Antiqua e cedro.* Cedrinum Apollinem memorat *Plin.* XIII. 6. Tom. I. p. 686. XXXVI. 5. T. II. p. 728. *Paufan* Boeot. IX. 18. p. 730. Vide *Martini* ad *Ernesti* Archaeol. p. 191. *Bod. a Stapel* ad *Tueophr.* L. V. p. 544. — V. 3. γλαφυρᾶς χερὸς elegantis operae sculptoris magnam mercedem poscoσοφᾶς χέρας Praxiteli tribuit auctor Ep. Hier. CCCXV. — V. 6. πᾶσαν ἔσχει τέχνην (τέχναν Vat.). Fere ut ap. *Achill. Tat.* VI. 6. p. 252. ὅσον δὲ ὁ θεραπεύσας τὸ κάλλος ἐκ παραδρομῆς — ἔσχεν ψυχὴν ἐπ' αὐτήν.

VIII. Cod Vat p. 291. Αἰτωλοῦ Αὐτομέδοντος. *Automedon,* cujus carmina in Anthologia reperiuntur, non fuit Aetolus, fed Cyzicenus. Fortaffe igitur lemma fic concipiendum erat: ʼΑλξ. Αἰτωλοῦ ἢ Αὐτομέδοντος. Quidquit fit. *Theocriti* carminibus hoc Epigramma eximendum videtur. Prius ejus diftichon habetur in Planud. p. 253. St. 366. W. unde *Stephanus* adscivit in Collect. Poët. Gr. cum neque in *Calliergi* editione legatur, neque in Theocriteis ad calcem Planudeae. Duo pofteriora difticha primus edidit *Graevius* in Lect. Hefiod. p. 619. Hinc eadem *Reiskius* pofuit in calce *Theocriti* p. 295. Scriptum eft in mercatorem Cleonicum, qui circa occafum Pleïadum e Coele-Syria Thafum contendens, naufragium fecerat — V. 1. παρέσης junctim Vat — V. 2. "Quam dedi, lectio funira eft e Planudeae optimo Cod., in quo fcriptum ναυτίλος ἴσθι καὶ μᾶς εἰ — 'd ναυτίλος fubauditur γίνου." *Br.* Vulgo ἴσθι δὲ οὖ π. Vatic. ἴσθι καὶ δὲ οὖ π. *Reiskius* conjecit: ναυτίαλου· ἴσθι γὰρ, ὅτι. *Toupius* ναυτίλος ἴσθ', ὅς ἐστ' οὐ π. *Wakefield* denique in Sylv. crit. IV. p. 198. distinguit: ναυτίλος ἴσθι· καὶ ὡς — ubi ἴσθι pro γίνου positum censet, ex obscrvatione *Ammonii* p. 64. Sed hoc senfu positum ἴσθι participium adsciscit. — V. 5. πλωάδων. Vat. — V. 6. ποντοπορῶν αὐτὸς Π. συγγενέσι. Vat. *Graevius* ποντοπόρει ναύτης — ευ.κοντίδες. Emendatior hujus versus lectio debetur *Pierſono* Veris. l. 3. p. 41. *Callimachus* Ep. XLVIII. de Lyco quodam — διὰ νύκτα Ναῶν ἄμα καὶ ψυχὴν εἶδεν ἀπολλυμένην, Ἔμπορος Αἰγίνηθεν ὅτ' ἔπλεε· — φεύγε θαλάττη Συμμίσγειν ἐρίφων, ναυτίλε, δυομένων.

IX. Cod. Vat. p. 204. Xenocles muſicus Muſis ſignum e marmore dedicat. — V. 1. ἱνῖα τάεσις vulgo. Vat. Cod. ἄνθετο τάεσις et verf. ſeq pro θέκε legit τοῦτο. Vulgata elegantior. Illud τάεσις illuſtrat ſimilibus allatis *Bernard. Martin.* Var. Lect. L. III. 22. p. 75. — V. 3. μουσικὸς. Xenocles, quem peritum esſe muſicum nemo facile inſitias ibit. Neque profecto ingrati homo eſt animi. Muſis enim, per quas in hominum celebritatem profluxit, grati animi documentum, hanc ſtatuam, pofuit. Pro ἔτερος editt. ante *Stephanum* ἕτερος habent. — σοφὶς et τῆς Vat. De σοφὶη, artis peritia, vide ad *Anacr.* Ep. LXXI.

§. 379.] X. Cod. Vat. p. 311. fq. τοῦ αὐτοῦ Αἰμιλίου. *Tarenſini* puta. *Brunckius* hoc carmen conſtituit ad mentem *Toupii* in Addend. p. 407. Compoſitum eſt in Euſthenem, ſophiſtam et phyſiognomonem, in terra peregrina ab iis, quibus carus erat, ſepultum. — V. 1. φυσιογνώμων. Quid ſub phyſiognomia intellexerint veteres, vide ap. *Ariſtotelem* Analyt. Prior. L. II. 28. Eidem liber peculiaris de hac arte tribuitur. ἐπ' ὀφθαλμῶν. Unum artis fontem poëta indicat, reliquis omiſſis. Non ex oculorum ohtutu tantum, quamquam ex eo praecipue, ſed ex omnibus corporis partibus de hominis natura et indole ſtatuebant phyſiognomones. — V. 3. ἴθαψεν Vat.

a pr. man. — V. 4. χ᾽ ὑμνηθέντες vulgo. χ᾽ ὑμνηθέντες Vat. *Reiskius* conjecit: χ᾽ ὑμνηθέντες ἐν τοῖς δαιμόνιος Φιλοκλῆς. in quibus etiam erat divinus poeta *Philocles*. quam conjecturam *Valckenarius* merito abſurdam vocat. *Heinſius* hunc verſum ſic interpretatur: Etiam ipſis poëtis ibi notus et acceptus fuit, a quibus poſtea epicedium meruit. Itaque ne hoc quidem honore caruit, quem poëtae conferunt. — ὑμνηθέντες et ὡς etiam *Toupius* hic ſcripſit. ἢ ſervat Vat. qui δαιμονίοις legit. αὐτοῖς languet. — V. 5. πάντων ἐν ἰσίοισιν ἔχει vulgo et in Cod. Vat. *Wartono* in mentem venit: πάντ᾽ ἂν, ὡς ἰσίοισιν, ἔχει. Br. lectio debetur *Aurata*, eamque aſſenſu ſuo probavit *Stephanus* et *Toupius*. — ταθνὼς Vat. — V. 6. Vulgatam lectionem καίτοι δύναις ἰὼν tuetur *Reiskius*. Vat. Cod. δύναις, ut etiam in Append. Plan. habetur. Idem verum videbatur *Palmerio* in Exerc. p. 815. Non audeo damnare lectionem, quam et Codd. praeſtant, et quae ſenſum non omnino ineptum efficit. Vide *Heſych*. v. δύναις. Memoratu dignum videbatur *Theocrito*, Euſtheuem, hominem et peregrinum et opibus deſtitutum, amicos habuiſſe, qui eum non minus ac neceſſarium colerent. Idque inprimis ad Euſthenis laudem facit. Singulari enim virtute inſtructus ſit oportet, qui inter peregrinos, unius virtutis cauſa, nec per vitam modo, ſed etiam poſt mortem, tam ſedulos amicos repererit. Elegantem tamen *Heinſii* conjecturam ἄυπος, in quam et *Haerius* incidit p. 80. magis probaverunt viri doctiſſimi *Valckenarius* et *Toupius*, qui in Addendis p. 407. haec habet: „Dicit poëta, ſophiſtam illum, etſi non uxorem habebat nec liberos aut propinquos, habuiſſe tamen, qui exequias ſuas curarent."

XI. Cod. Vat. p. 204. In Damotelem, qui chorum ducens, victoriam meruerat. — V. 1. Mire variatur in nomine viri, cujus victoria hoc Epigr. celebratur. In editt. vett. Δαμομίλης eſt; in Vat. Δαμομίλης. At in lemmate idem Δαμομίλων vocatur. Hoc verum eſſe ſuſpicor.

Aberrationes ortae ex fcribendi compendio Δημμιδ'' poftremam fyllabam aliis aliter fupplentibus. χορητδι five χρητδς, ut Vat. Cod., h. l. non is eft, qui famtus praebet, fed dux chori. Hoc colligo ex v. 3. ubi idem olim inter pueros certaffe dicitur. Hoc fenfu Dorienfes vocabulum χορητδς et χορητδι accipere folebant, tefte *Athen.* L. XIV. p. 633. B. *Polluc.* IX. 41. Vide ad *Simonid.* Ep. LXXVI. et *Cafaub.* ad *Sueton.* Vit. Aug. c. 52. p. 234. ubi de τέλειαι χορηγιαίς agens, hoc Epigr. profert. Praeter tripodem victor Baccho etiam fimulacrum dedicaverat. και έλ. ες τε ipfam tibi dicavit. — V. 3. Veteres editt. ταισί. *Stephan.* in Poët. Gr. πάσι. Vat. Cod. πάσι (fic). Hanc lectionem explicare conatus *Ilcinfius* in Lect. Hefiod. 306. Damotelem *in omnibus excelluiffe* ait. Inepte. Quamvis enim ἔργα μέτρια in boni viri laudem dicuntur, ubi in iis moderatio et temperantia apparet, nullis tamen rationibus effici poterit, ut in eo, qui de victoria certat, τὸ μέτριον τίνα praeftantiae fignificationem habeat. Melius itaque *Graevius* in Lect. Hef. c. VII. p. 34. haec verba non ad certamina refert, fed Damotelem in omnibus rebus modum tenuiffe, ubique modeftum fuiffe fignificari ait. Verum fie accepta verba contextum turbant, qui optimus eft revocata antiqua fcriptura: μέτριος ἦν ἐν παισί. Conf. *Dorvill.* ad *Charit.* p. 61. Damoteles, cum inter pueros certaret, modicam laudem adeptus eft; inter viros, victoriam retulit. — Laudatur autem inprimis, quod fimul pulcritudinis et decori rationem habuerit.

XLI. In Cod. Vat. p. 204. prius diftichon exftat, quod laudat *Schol.* in Anth. Wech. p. 56. Duo pofteriora exhibet p. 433. junctim cum Epigr. V. Eadem, v. 1. et 2. omiffis, Planud. p. 38. St. 56. W. In ftatuam Veneris Uraniae, a Chryfogona, quae divae felicitatem eam, qua cum conjuge et liberis fruebatur, acceptam referebat, pofitam. — V. 1. πάνλαμος, Vat. — V. 3. Ἀνφιλέοντ. Vat. — ἴσχι ex Cod. Vat. recepit *Br.* pro vulgato εἶχε. — V. 4. ἦν. Vulg. et Vat. A te omnia auspicantes, tuo, diva, favore fortunam suam in annum auctam et cumulatam viderunt. — V. 5. In vett. editt. Καὶ ὁμενοια κυϑαιρόνων. Vitium sustulit *Stephan.* — Deos coluisse ipsis mortalibus prodest.

XIII. Hoc Epigr. et sequens unum esse, putabat *Reiskius,* improbante *Brunckio,* qui diversissima judicat, quamvis in ejusdem hominis memoriam composita eidemque tumulo insculpta. Utrumque, quibusdam aliis interjectis, in Anthologiae appendice legitur, p. 517. sq. Steph. In Cod. Vat. p. 311. prius distichon Ep. XIV. librarii errore annexum est Epigrammati *Leonidae Tar.* XCIII. Deinde sequitur alterum distichon, cui, nullo spatio relicto, subjicitur Ep. XIII. Utrique carmini unum lemma adscriptum: Θεοκρίτου, οἱ δὲ Λεωνίδου Ταραντίνου εἰς Εὐρυμέδοντος τάφον, ἀνδρὸς ἀγαθοῦ, ἐς υἱὸν ἐμώνυμον Λεῖπων ἐτυχει τοῦ αὐτοῦ τάφου. Vereor, ut hujus lemmatis auctor carminis sensum recte acceperit. Eurymedon, vir bonus et civibus suis carus, mortuus erat, filio impubere relicto. Ep. XIV. legendum est ante Ep. XIII. quod in posteriore cippi parte insculptum fuisse videtur. — V. 1. ἡλικίη, Vat. — ¶. 380.] V. 3. ἴδῃς θ. καθ' ὁδ. Vat. Tu quidem, in beatorum sedes receptus, ibi inter divinos viros habitas; filium autem tuum superstitem cives, in tuae memoriae gratiam, colent. — V. 4. τιμησοῦντι Vat.

XIV. Viros bonos poëta hortatur, ut Eurymedontis tumulum praetereuntes, terram levem ei optent. — V. 1. Jam intelligam, an bonis plus quam malis tribuas. πλέον τι νέμειν illustrat *Valcken.* ad Hipp. p. 306. E.

XV. Cod. Vat. p. 459. „Hoc epigramma veteri „marmori literis uncialibus inscriptum in area palatii „nobilis cujusdam viri tradit, ex auctore nescio quo, „Barnesius in Anacreonte p. 318. ed. 1734." *Warton.* —

V. 1. ante *Stephan.* ξεῖνε. — V. 2. σπουδῇ et ἴ.9μι *Urſin.* — V. 4. τὸν πρεσβ᾽ ἐστι τ. φίλτατον. Vat. vitioſe. Veterum poëtarum, ſi quis alius, praeſtantiſſimus. Eid. VII. 4. *εἴ τι πω λεξάλι χαῖν τῶν ἰπένωθεν.* Proxime accedunt haec *Apollon. Rhod.* L. III. 347. Πανάχαιθες οἵ τι φέρισταν Ἡρώων. — V. 5. ᾔερε. Vat.

XVI. Cod. Vat. p. 459. Sex priores hojus carminis verſus protulit *Salmaſ.* in Plin. p. -6. B. a ſe emendatos. Integrum D. *Heinſius* in Introd. in Heſiod. 'ε. ad 'Η. c. VI. p. 132. Scriptum in Epicharmi Syracuſani ſtatuam ex aere. — V. 1. ἅ τε φωνά. De ipſo hoc carmine ſive ſtatuae inſcriptione accipio, ut in Ep. *Sapphus* II. παιδὶ ἄφωνος ἰοῖκα τόδ᾽ ἐννέπω, αἴ τις ἔρηται, φωνὴν ἀκαμάταν καττεθεμένα πρὸ ποδῶν. ubi vide not. Par autem erat, carmen in virum Dorienſem Dorica dialecto conſcribi. — *Δώριος* et *κωμωδὸν* edit. ante *Stephan.* Comoediae inventionem *Epicharmo* tributam eſſe putat *Bentlej.* in Diſſ. de.Phalar. p. 108. quod ante eum nihil in hoc genere ſcriptum fuerit. Erat enim Tragoedia et Comoedia, ut neceſſe erat ante literarum uſum ap. Graecos vulgatum, tota αὐτοσχεδιαστική, ut ait *Ariſtot.* in Poët. c. IV. Sed vide, quae de artis dramaticae ap. Dorienſes flore nuper docte diſputavit *Boettiger* in Proluſ. de quatuor aetatibus rei ſcenicae p. 6. Inter praeſtantiſſimos Comoediae ſcriptores numeratur *Epicharmus* ap. *Platonem* in Theaet. Tom. l. p. 152. E. τῶν ποιητῶν οἱ ἄκροι τῆς ποιήσεως ἑκατέρας· κωμῳδίας μὲν Ἐπίχαρμος· τραγῳδίας δὲ Ὅμηρος. Ceterum an *Epicharmus* ille, quem ſcenae ſtudium illuſtrem reddidit, idem ſit cum Pythagoreo ὁμωνύμῳ, fuſe diſputavit *Mongitor* in Bibl. Sic. Tom. l. p. 180. Diverſos putat *Saxius* in Onom. l. p. 537. Vide *Fabricii* Bibl. Gr. T. II p. 298. ſqq. ed. *Harl.* — V. 3 - 8. ſic ut *Br.* habet, emendatos protulit *Joſ. Scaliger* in Opere de Emend. Temp. p. 230. niſi quod v. 5. Συρακόσιαις legit. Hoc verſu vulgo legitur τὸν Συρακόσιαις ἰ. τελμωτᾷ πέλει.

Vat. Cod. αἱ Συρακόσιαις πολιητές ταῖ π. qua lectione *Scaligeri* correctio haud mediocre robur accipit. *Reiskius* vel ex Scaligeranis conjecturis adoptans, reliqua pro sinceris habebat. παλυμετα πόλις ipsi est civitas ad ingentem amplitudinem et paene portentosam seu rei veritate, seu orationis vanitate sublata *Wartonus* τὸν Σ. ι. πελώριον πόλιν. infeliciter *Tyrwhittus* ap. *Valcken.* πιλυμετα pro μετιωριστε politum corrigit. Urbem magnificam et primi ordinis significari. Huic emendationi plurimum tribuerim equidem, primum quod ad Vat. Cod. lectionem παλεμιστα proxime accedit, tum quod sensum efficit maxime probabilem. Omnes enim Syracusarum cives poëta indicasse videtur. Nec auctoritate destitutum est vocabulum πιλωμιστές. *Hesych.* et *Phot.* agnoscunt formam πιλωμός pro μετίοχος, et πιλωμιστές, ἵππος ἀργυναρίας, καὶ μεττωριστής. *Toupius* adhaesit lectioni *Scaligeri*, quam interpretatur de *Pelorensibus, qui Syracusis sedes fixerunt.* Recte tamen *Reiskius* monuit, causam non esse, cur Pelorenses soli *Epicharmo* statuam posuerint; nec de Pelorensibus Syracusarum civibus constare. Verbum ἱδρύεσθαι de iis, qui vitae sedem in aliqua regione fixerunt, passim obvium. *Theocris.* Eid. XVII. 102. τοὺς ἱντὲς πλατίσσιν ιδρύεται πελίσσι. *Thucyd.* VIII. 77. καὶ ἄλλη οὐδεμία ὑμᾶς ἐν Σικελίᾳ, οὔτ᾽ ἂν ἐπιόντας ἡξατο ἑαδίως, οὔτ᾽ ἂν ἱδρυθέντας τοῦ ἐξανωστῆναι. — V. 6. ἔτε᾽ ἀνδρί. Vat. Sive, ita, ut par erat, erga civem; sive, non aliter eum ac civem colentes. Cous enim fuit, sed, cum trimestris in Siciliam esset delatus, pro Syracusano est habitus. *Diog. Laert.* VIII. 78. p. 539. — V. 7. verba ἐπιτ γὰρ εἶχε χρημάτων *Scaliger* uncinis compescuit, in quo ei obsecuti sunt *Reisk.* et *Valck.* Idem fecit *Schottus* in Obss. p. 97. qui totum hunc locum ita, ut *Scaliger*, constituit. ἐπιτ χρημάτων, *divitiarum thesauri*, fortasse ex *Aristoph.* Plut. 269. διπλοῖς γὰρ αὐτὸς ἡμῖν ἐπιτὲν χρημάτων ἔχοντα. ubi vide *Bergl.* *Toupius* putat, *Epicharmo* statuam dua-

bus de caufis fuiffe pofitam, prima, quod cives pecunia
fua fublevaffet, altera, quod adolefcentibus vitae recte
inftituendae praecepta dediffet. At fi dives erat *Epicharmus*, hinc non continuo fequitur, eum divitiis fuis
ad cives fublevandos ufum fuiffe; quare fi iis in hunc
modum ufus eft, *Theocritus*que ei laudem inde conciliā-
re voluit, paulo difertius explicanda erat fententia.
Fateor, mihi divitiarum *Epicharmi* commemorationem
femper ab hoc loco alienam fuiffe vifam. Nec fortaffe
haec *Theocriti* mens fuit. Flor quidem editio legit:
χρὴ μὲν et Vat. Codex ταφὴν ἴχε ἡμᾶτεν (omiffo γὰρ,
quod metrum abeffe non patitur). Ut ii, qui bonis ma-
lisve abundant, ταφὴν ὑγιεῖς et καπὸν ἔχειν dicuntur apud
Ariftoph. in Plut. 270. et 870. fic is, qui verbis et elo-
quentia pollebat, ταφὴν ἡμᾶτεν habere non inepte diceretur. ἰσμὼς λέγων notum ex *Platon.* de Rep. L. V.
p. 450. B. — Pro μεμναμένοι vulgo μεμναμένοις, in Vat.
autem μεμναμένους legitur. τελεῖν ἐπίχειρα dicuntur, qui,
quae in promtu funt, afferunt. Hoc in eos caderet qui,
ut fubito grati animi impulfui fatisfacerent, quae ad
manus effent, *Epicharmo* donarent; vix autem in eos,
qui eundem ftatua colebant. Vide fis igitur, an corrigi
debeat:

τελεῖν ἐπίχειρα.

Vide ad *Phaedimi* Ep. I. 10. — V. 9. πολλὰ γάρ. Vulgo,
καὶ ex Toupii conjectura in textum venit. Pro παιδὶ Cod.
Vat. πᾶσιν habet. *Heinfius*, qui hoc diftichon profert in
Not. ad Horat. p. 157. comicos et tragicos poetas *δι-
δασκάλους* appellatos effe ait, *quod pueros multa ad vitam
utilia docerent*; in quo egregie fallitur. Formaffe potius
dicitur puerorum animos poeta comicos, cum praeceptis
falubribus fabulis fuis hic illic inferendis, tum praecipue
humana mente ad veritatem naturae adumbranda. At
jam vereor, ut haec difciplina puerorum aetati accom-
modata fit; nec profecto video, cur *Theocritus* id, quod

in *Epicharmi* fabulis ad animos fingendos et emendandus valeret, ad pueros tantum, non item ad viros pertinere dixerit. Hinc suspicor, praeferendam esse Vat. Cod. lectionem, ita ut scribatur:

πολλὰ καὶ παντὸς ζωᾶν τοι πᾶσιν εἶπε χρήσιμα

Vett. editt. ζωᾶν. quod cum aliis levioribus correxit *Stephanus*.

¶. 381.] *XVII*. Cod. Vat. p. 312. τοῦ αὐτοῦ Λεωνίδου Ταρεντίνου). In tumulum nutricis Clitae, quem Medius puer ei exstruxerat. Conf. Epigr. *Callim*. XLIII. — V. 1. τᾷ Θρέσσᾳ. Vat. — V. 3. ἀ γενή. Vulgo. In versus exitu Vat. ἀντευνάτων. — V. 4. Vulgo ἱερόν· ὅτι μὲν ὅτι -. Haec *Branchius* ex *Toupii* mente emendata dedit. τί μέν; est pro τὰς γὰρ οὖ; Vide *Gisb. Koen.* ad *Gregor.* p. 109. Cod. Vat. perspicue: τί μέν; In fine autem pro καλοῖσι idem τελευτᾷ. — Proprium nutricis nomen fuit Κλειτώ, cognomen χρηστήν, quod ei propter fidem in servitio praestitam, utilitatemque, quam inde capiebat puer, cui lac praebebat, impositum fuisse videtur.

XVIII. Cod. Vat. p. 312. sine auctoris nomine. Proximo carmini adscriptum lemma τοῦ αὐτοῦ Λεωνίδου. Hinc suspiceris, hoc quoque carmen *Leonidae* esse. Paulo tamen simplicior oratio quam pro *Leonidae* ingenio. — V. 2. τὸ μόριον κλέος. ingens gloria. Vide *Valcken.* ad Phoeniss. p. 498. — V. 3. τοτ' ἔς. Vat. cujus gloria totum orbem terrarum, inde ab occasu usque ad orientem, complevit. — V. 4. ἐράσσω Vat. viv igitur legit. Quod *Archilochum* Apollo amasse dicitur, fortasse simpliciter de poëtica facultate accipiendum est; fortasse tamen spectat noram illam fabulam de Apollinis in *Archilochi* percussorem ira. Conf. *Wyttenb.* ad *Plutarch.* de S. N. V. p. 81. — V. 5. ἰχίνοτα Vat. — V. 6. ἱππία. Idem.

XIX. Cod. Vat. p. 458. sq. In *Pisandri* poëtae statuam ex aere. De hoc poëta, qui Herculis labores carmine celebravit, vide *Valckm.* ad Phoen. p. 790. ubi partem hujus carminis excitat, et inprimis *Heynium* ad *Virgil.* Aen. II. Exc. I. *Fabric.* Pibl. Gr. Tom. I. p. 215. ed. *Harl.* — V. 1. vulgo ὑμῶν et ἀνήρ. Illud emendavit *Heinsius*, hoc *Valckm.* — τῷ Ζηνὸς ἠδ' ὑμῖν ἀνήρ. Vatic. Cod. — V. 2. Μεντομάζων, Idem. — ἐξύχρυρα. *Theocritus* in hoc epitheto Herculi tribuendo de luctatorum celeribus et bene exercitatis manibus cogitaffe videtur; vel fic tamen heroum maximi dignitatem vix exaequavit, judice *Hemsterbusio* ad *Lucian.* T. II. p. 266. ed. Bip. — V. 3. *Ir' Διοθεν* male Vat. Conf. *Valckm.* ad Eid. VII. 5. — V. 4. *ewtyραψεν.* Hoc verbum non male ad imaginem Herculis a *Pifandro* adumbratam retulerit. *Strabo* enim L. XV. p. 1008. ubi Herculem leonis exuviis et clava inftructum commemorat, *ἡ τοῦ 'Ηρακλέους δὲ στολὴ*, ait, *ἡ τοιαύτη πολὺ νεωτέρα τῆς Τρωϊκῆς μνήμης ἐστὶ, πλάσμα τῶν τὴν 'Ηρακλέους ποιησάντων, εἴτε Πείσανδρος ἦν, εἴτ' ἄλλος τις, τὰ δὲ ἀρχαῖα ξόανα οὐχ οὕτω διεσκεύασται,* quem locum *Schneiderus* mihi indicavit. Conf. *Athen.* L. XII. p. 512. F. — Καμείρου. Vat. Καμείρου *Steph.* Genuinam lectionem ex antiquis editt. revocarunt *Scaliger* et *Cafaub.* — V. 5. *γλυκέως.* Vat. — ἐξετέλεσεν. Ad verfum *Euripid.* in Phoen. 1642. τέκτοναλμήν' οὐ δίκαιον *Ιστορεῖν,* noftrum locum cum fimilibus excitavit *Valckm.* p. 152. — V. 8. μφιν. Vat. Hanc Pifandri ftatuam diu poft ejus mortem a Camirenfibus in tam illuftris viri memoriam pofitam effe, fignificat *Theocritus.* Perperam in Vat. Cod. reliquis verfibus fubjicitur hic: *ἔτι μέχρις ἦν ἴσα ποιέων,* ex Ep. XVIII. hoc traducus.

¶. 382.] XX. Cod. Vat. p 60s. Planud. p. 272. St. 392. W. Deeft hoc carmen in editione *Calliergi* et aliis vett. Primus *H. Stephanus* id in collectionem Epigrammatum Theocriteorum recepit. In Hipponactem, jambographum, metro Hipponacteo fcriptum. — V. 1. μουσοποιός. Sic Pindarum vocat *Dio Chryf.* Or. II. p. 25. D.

Sappho poëtriam *Herodotus* II. p. 61. ubi vid. *Wessel.* — Post κεῖναι *Scaliger* in not. msis γ' inserit. — V. 2. μέεσσ' ἴεχευ. Vat. et duae Ald. In fine versus Opsopoeus τάφῳ corrigit; quam correctionem metrum respuit. — V. 3. κρήγυος vir bonus, veritatis studiosus. Vide *Abresch.* in Misc. Obss. Nov. Tom. I. p. 85. — χρητα vulgo, χρητόν correxit Opsop. idque recepit *Stephan.* in Poët. Gr. Vulgatam *Reiskius* perperam defendit. — V. 4. In verborum ordine quaedam hic mutari voluit *Stephanus* contra poëtae mentem. Hi versus omnes sunt choliambi. ἀποθεὶξαντες. ἀπονυστάξαντες. κοιμηθέντες. *Schol. Homeri* Odyss. μ. 7. Conf. *Eustath.* ad Odyss. p. 342. 34. In insula Delo mulieres colebant deam βριζώ, somniorum interpretem. Vide *Spanhem.* ad *Callimach.* p. 590. — Comparandum de hoc Epigr. *Leonid. Tar.* Ep. XCVII. Hipponax vel post mortem malos odit; hinc consilium: Ne mali ad ejus tumulum accedant; bonis autem nihil ab eo timendum est; quare veniant licet, in ejus tumulo consideant, et, si libet, vel somno ibi indulgeant.

XXI. Cod. Vat. p. 433. Θεοκρίτου. *Leonidas* tribuit, nec male, Planud. p. 28. St. 43. W. cum lemmate: Εἰς τραπεζίτην Καΐκον διασυρτικόν. (ἢ μᾶλλον τυθαστικόν, addit Vat.) quod falsum. Exemplo Anthologiae, quod in bibl. Senatus Lips. asservatur, teste *Reiskio* adscripta sunt haec: *Quod Epigramma in vulgaribus editionibus Anthologiae adscribitur Leonidae in trapezitam Caicum et incipit* λατοὺς καὶ ξυλόφιν, *id is edit. princ. a Constantino Lascari curata Theocrito adscribitur hunc in modum:* Θεοκρίτου ἐπίγραμμα· ὡς εὕρηται ἐν τῷ ἀρχαιστάτῳ ἀντιγράφῳ Παύλου τοῦ βουκόλου ἐν Παταβίῳ. Eadem habentur in Schol. Wechel. Quod ad sensum attinet, densissimas tenebras hic *Brodaeo* et *Opsopoeo* objecit ineptum lemma, ab imperito librario praefixum. Parum interest, foenerator Caïcus, vir plane ignotus, vir bonus fuerit nec ne; at *Theocritum* cum furti et fraudis accusasse, ut illi volunt,

ex

ex ipfis poëtae verbis elici nequit. Ipfe Caïcus loquitur: *Haec menfa civibus idem quod peregrinis tribuit; fi quid ibi depofueris, inde recipe, rationibus recte fubductis.* Veteres calculis, ψήφοις, in rationibus ofos fuiffe conftat. Hinc illa trapezitarum ap. *Athenaeum* defcriptio L. VII. p. 305. F. τίθεασι ὁπισθίν ψήφους αἶθεσι λογισμώ. et ἐπὶ περὶ τὰς ψήφους ap. *Alciphr.* L. 1. 26. p. 108. In his igitur verbis nihil plane ineft, quod Caïcum furem fuiffe arguat, aut eum, ut *Brodaeus* interpretatur, aeris mutui falfo calculo ufurum effe. Pro ἐρχομένης Vat. ἐρχομένης legit. Male. Proprie ipfe trapezita ἔρχεται πρός λόγον quod h. l. in calculum rationibus fubducendis adhibendum refertur. — V. 3. Alii praetextum quaerant (cur depolitum, ubi repetitum fuerit, e veftigio reddant). Caïcus alienam pecuniam repofcentibus vel noctu numeratam reddet. — Haec ejusmodi funt, ut nifi de viro bono et integro accipi nequeant. Jam *Brodaeum* audi: »και νυκτός, ut dubiam et adulterinam pecuniam »numeret, aut intervertat ac fuffuretur largius trapezi»ta. Nunquam tam intempefta nocte Caïcum menfa»rium adibis, quin ad defraudandos cives et peregrinos »alacrem atque erectum offendas.« Nihil hac interpretatione falfius.

MOSCHI SYRACUSANI'
EPIGRAMMA.

¶. 411.] Anthol. p. 330. St. 469. W. In Amorem arantem. Huic carmini gemmam aut tabulam pictam occafionem dediffe, vix dubites. — V. 1. βεβλέπει Edit. Flor. Virga inftructus eft Amor, qua boves impellat. Apud *Anacreont.* Od. VII. ἱμαντίνη μάςιξ nititur idem. — In humeris fufpenfam gerit πήρην, τὴν θύλακον, quo panem et ceterum victum servant agricolae. Vide *Alberti* Obss. ad Matth. X. 1. — οὖλος Ἔρως varias interpretationes admittit. *Tenerum* significare videtur *decus*. οὖλος, ποτὲ μὲν τὸ μαλακὸν καὶ ἁπαλόν. *Hefych.* Alii *perniciosum* interpretantur. Vitiosam putavit vulgarem *Wakefield.* qui in Sylva crit. Tom. I. p. 55. δοῦλος corrigit: *servi officio fungens.* — V. 5. „βρέξον ἀροίρας. Ex emendatione *Valckenarii* in Diatr. Eurip. p. 52. In Anthol. plegitur τρέφων. Codices quidam πλήσον commodiori sensu; sed verum est βρέξον. Notus ὕτιος Ζεὺς, de qua pvidendi Intrpp. ad Tibullum l. 7. 26." *Brunck.* πλήσον habet ed. pr. et duas Aldinae. τρέφων in Ald. pr. et Ascens. reperio. In Epigr. *Macedonii* III. agricola Cererem precatur — πλῆσον ἀροίρας δράγματος. Recte. Hae nimirum Cereris partes sunt, ut laetas faciat segetes et agros impleat. Ad Jovem autem ii se conveniunt, quibus pluvia opus est. Atticos Jovem ὕτιον sive pluvium hac verborum formula elicuisse constat: ὖσον, ὖσον, ὦ φίλε Ζεῦ, κατὰ τῆς ἀρούρας τῶν Ἀθηναίων καὶ τῶν πεδίων — tradente *M. Antonino* V. 7. Vide *Bergler.* ad Alciphr. III. 35. p. 348. Erat Athenis γῆς ἄγαλμα ἱκετεύουσης ὕεται ὁ τὸν Δία. *Paufan.* I. 24. p. 57. ὅπερ κατὰ dicebatur Jupiter, (vide *Casaub.* ad Theophr. Char. III. p. 43. *Weftm.* ad N. T. I. p. 513.) quem propterea modo ἰκμαῖον vocant, ut *Apollon. Rhod.* II, 524. modo ἰκμαλέον. *Valcken.* ad *Herodes.* p. 401. 50. — V. 6. Conf. *Meleag.* Ep. CXVI. Jovi minantem fecit *Auctor* Epigr. Meleagr. LIV, Ὁ Ζεὺς πρὸς τὸν Ἔρωτα· βάλε τὰ σὰ πάντ' ἀφελοῦμαι. Κὸ πτανὸς Βροντᾶ, καὶ πάλι κέυτος ἔση. De Jove in taurum mutato *Lucian.* Tom. III. p. 590. εἰ μὴ τὸ πορίδιον ταχέως ἱκμήσατο καὶ διέφυγε διὰ τοῦ πελάγους, τάχ' ἂν ὑστερία, βροντῶν γενέσθαι, ὁ βροντοταλὰς καὶ κεραυνοβόλος Ζεύς. In descriptione tabulae Jovem cum Europa exhibentis *Achilles Tat.* L. L. I. p. 9. ed. Bip. Ἔρως — ἐπέστραπτο ὁ ἐπὶ τὸν Δία καὶ ὑπεμειδία, ὥσπερ αὐτοῦ καταγελῶν, ὅτι δι' αὐτὸν γέγονε βοῦς.

DOSIADAE RHODII
ARA PRIOR.

¶. 412.] Legitur haec Ara sine Auctoris nomine in Cod. Vat p. 673. cum Scholiis, unde eam descriptum, sed sine Scholiis, *Salmasius* misit ad *Josephum Scaligerum*, qui ejus interpretationem frustra tentavit. Summi viri emendationes et explicatio exstant in *Scaligeri* Epistolis nr. CCXLVIII. in Operibus posthumis Parisi. 1610. 4. p. 469. Cum reliquis figuratis carminibus utramque Aram edidit et illustravit *Sabiasius* in inscript. Herod. Att. Paris. 1619. 4. Hic eam *Dosiadae* vindicat, quod in Vat. Cod. alteri Arae subscriptus est versus: Δωσιάδα βωμὸς Ἀμφίτως, ἐν Ἴστρων Μεδέαις ἐν γᾷ, quem ad priorem Aram pertinere arbitratur. Altera enim nihil ad Musas attinet. *Dosiadam* autem, quicunque ille fuerit, ejusmodi difficilibus nugis otium fefellisse, constat ex loco *Luciani* in Lexiph. T. I. p. 839. Τὰ ἢ ἐὰ ἐς τέζε μέτροις παραβάλλειν, καθάπερ Δωσιάδα βωμὸς ἐν εἴη, καὶ ἡ τοῦ Ἀναλβφορος Ἀλέξανδρος, καὶ εἴ τις ἔτι τούτων τὴν φωνὴν κακοδαιμονέστερος. Eum Rhodium fuisse, scimus ex Inscriptione Ovi Simmiae in Cod. Vat. Ἐπεκτυόνων Ῥόδου ὧν ἡ Δωσιάδα ἡ Σιμμίου ἐκμοίραχαι τῆς Ῥόδου. Fortunius tamen *Licetus* in Encyclopaedia ad Aram mysticam, Patav. 1630. 4. argumentis quibusdam parum firmis *Dosiadae* hanc aram abjudicat. Vide *Fabricii* Bibl. Gr. T. III. p. 810. sq. Est in hoc carmine acrostichis, quod primus animadvertit *Lacrozius*, cujus Epistolam vide in *Fabricii* Bibl. T. VI. p. 810. Literae initiales haec verba efficiunt:

Ὀλύμπιε, πολλοῖς ἔτεσι θύσαιες.

Unde *Lacrozius* suspicatur, hanc Aram dono missam fuisse Olympio cuidam, sive in die suo natali, sive Saturnalibus, pro more Graecorum, qui Romanos mores induerant. Ceterum ad *Dosiadae* exemplum poëticam ejusmodi Aram concinnavit *Publilius Optatianus Porphyrius*, qui idem argumentum verbibus jambicis, oratione plana et perspicua, pertractavit. Vide *Wernsdorf.* in Poët. Minor. T. II. p. 37 – . sqq. Apud utrumque poëtam Ara loquitur. Tenendum in hoc quoque carmine, ut in *Simmiae* Ovo, *omnia, quae hic de Musarum ara dicuntur, non ad aliam aram referri debere, quam ad hoc ipsum poematium in formam arae factum*; quae *Salmasii* verba sunt p. 130. Argumentum carminis hoc est: Ara dicit, se nec victimarum sanguine imbui, nec thuris infici odoribus; se nec ex auri plinthis, nec argenti glebis, nec denique ex cornibus, ut Apollinis quandam aram, exstructam, sed Gratiarum Musarumque manibus factam esse. Denique poëtas invitat, ut hic sacra faciant. Jam singula videamus, glossis, quae in Vat. Cod. adscriptae leguntur, diligenter enotatis. — V. 1. ὁ νοῦς ὅλου τοῦ ποιήματος. Ὅλος ὁ σκοτεινός, φησὶ δὲ τὸ αἷμα. Ὅλος τὸ τῆς θυσίας, ὃν καὶ δόλον καλοῦσι. (Haec infra paulo auctiora leguntur: δόλος τὸ τῆς θυσίας μέλαν, ἐν π. 3. π.) σκοτοῦσι δὲ αἱ θυσίαι τὴν πέριξ θάλασσαν διὰ τοῦ μέλανος, ἵνα λάθωσι τοὺς θηρευτάς. φιλοῦνται οἱ καὶ ἐξίστανται δόλῳ. τὸ γὰρ παρπατικὸν [τῶν θρεμμάτων] (dele haec verba) διαδύνται καὶ βαρύνεται. Eadem infra repetuntur, his adjectis: ὁ λόγος δὲ κατὰ τοῦ βωμοῦ, ὅτι τὸ τέρπομαι τὸ (L. τῷ) τῶν ἱερείων αἵματι· ὁποῖα ἡ Χάχλη, ἥ ἐστι ἱερείων (L ἱερὰν, ἥ) τοῖς διωνυσιακοῖς φαρμάκοις ἐκπιπίζεται. μεταφορικῶς δὲ τὸ τῶν ἱερείων αἷμα θυσίας Ὅλον εἶπεν, διὰ τὴν ἐμφύτητα. Μολιβρός δὲ ὁ τὰ μέλαν βεβρώσκων. Scribitur in contextu junctim οὐμελιβρός: et v. 2. κάχλην. *Salmasius* interpretatur, ac si πάλαιν esset: *Non me sanguis victimarum tingis, quemadmodum sanguineis liquoribus imbuitur vestis*. — *Hesych*. Ὅλος. τὸ μέλαν τῆς θυσίας. Ubi vide Intrpp. Idem: λιβρόν σκοτεινόν, μέλαν, διύγρον. Vide *Fossium* in *Etym* Lipp. v. λιβρωρός. Ejusdem originis cum λιβρὸς, unde *humidum* significat, quo fenfu mihi quidem h. l. accipiendum videtur: *humidum victimarum atramentum*, i. e. *fanguis*, cujus circumfcriptio continetur etiam verbis λιβάδεσσι φοινίχοις. *Simonid.* Ep. XLVIII. φοίνισσα ψεκάδι. ubi vide not. — Fruſtra laborat *Salmaf.* in interpretanda voce μάλχην, quam *Brunckius* recte mutaſſe videtur in μάλχη, quod referendum ad ἱλὺς. *fanguis*, *veluti purpura*. *Schol. Soph.* in Antig. 20. μάλχη ἐστὶν ὁ κόχλος τῆς πορφύρας, ὅτις δὲ τοῦ φυϑοῦ τῆς ϑαλάσσης ἑκάστα τὴν καλλίστην πορφύραν φέρει. *Salmafius* de veſtimento interpretatur ; nam veteres grammatici μάλχην etiam per διαϑέραν explicant. *Scaliger* citra neceſſitatem emendabat ἱλὺς οὗ με λάθρην ἱρήν. — V 4. Tres verſus jambicos Anacreonticos excipiunt totidem tetrametri trochaici. Initio verſ. 4. Cod. Vat. μαδλις. Sic faltem in apogr. Spallett. habetur. *Salmaf* μαδλιες edidit, cum hic, tum ad Script. Hiſt. Aug. T. II. p. 436. ubi hunc verſum laudans πετρῶν Ναξίων, memoria lapfus, fcripfit. *Scholiaſtes* verum fervavit lectionem: Μαδλιες δ' αἱ μάχαιραι, πέτρης Ναξίας ϑοούμεναι. ἔστι Νάξος Θρᾴκης νῆσος φέρουσα ἀκόνας. Παμμάτων τῶν ϑερμμάτων. Ex alio Scholiaſta *Valckenarius* ad Ammon. p. 189. protulit haec: Παμμάτων ἢ στεμμάτων τοῦ Πανὸς, τουτίστιν αἱ μάχαιραι οὐ σφάττουσι πρόβατα καὶ βόας, ὃν ἔφορος ὁ Πάν. Idem ταμάτων corrigendum eſſe docet cum *Salmafio* et fic locum vertit: *Sacrae fecures*, *quas Naxia cos acutas reddiderat ovium tamen fanguine tingi timuerunt*. — Voce μαδλις ufus eſt *Nicander* in Ther. 705. Ex *Scholiaſtae Thucydidis* L. I. 6. *Suidas*: μαδλιας τὰς μάχαιρας ἐκάλουν διὰ τὸ ὁμοῦ αὐλίζεσϑαι. Vide *L. Bos* in Obſſ crit. p. 173. — Cotes Naxias, inter aquarias longe praeſtantiſſimas, commemorat *Plin.* XXXVL 47. p. 753. — Pro φέροντι, quae *Salmafii* conjectura eſt, in Cod. Palat. φέροντα fcribitur. Poſt ταμμάτων autem lineae fuperfcriptum eſt ιὰ, quod fenſus non

minus ac metrum respuit. — V. 5. Schol.: Οἱ στροβίλοι λιγνύς. ὁ νοῦς· οὐ λιβανωτοῦ καπνῷ μελοδόμμη.
Νόσοι δὲ πολλαί εἰσι, νῦν δὲ τὴν Ἀραβικὴν λέγει. In alio
Scholio haec habentur: Ἶξὸς δέ ἐστιν ἐδώδις φυτὸν τῶν
δένδρων τῶν Ἀραβικῶν. οὐχ ὁ ἰξὸς ἐστι φυτὸν, ὦ λῷστε, ἀλλὰ
τὸ μὲν φυτὸν ἄλλως πως ὀνομάζεται. ὁ δὲ ἰξὸς ὁ λιβανωτὸς, ὃν
θυμιῶσι πρὸς τοὺς βωμοὺς Ἑλλήνων παῖδες καὶ δαίμοσις. καὶ
ἄλλος δὲ ἰξὸς λέγεται τὸ κατάξιον ἀπὸ τῶν δένδρων τῶν Ἀραβικῶν, μεταφορικῶς δὲ τὸν λιβανωτὸν λέγει. In Cod. legitur
στροβίλων, quod *Salmasius* correxit; στροβίλοι λιγνύα de
fumo vortiginosis flexibus et spiris in auras eunte interpretatur. Huc faciunt Glossae *Hesychii*: Στροβιλω-
τωλεῖν. καμπύλον. Στρόβιλος. συστροφὴ κολλῶδες. Στρβιμίλω.
περιδεδρομένον. — Ἰξὸς εὐώδης. *viscum odoratum* appellat
thus. *Salmasius* comparavit *Plinium* XII. 32 p. 643.
de thuris arbore agentem: *Inde profilit pinguis spuma.*
— τεῖχος. στέλεχος. κλάδος. φυτόν βλάστημα. *Hesych*.
ubi *Albertus*, si hujus loci meminisset, de sinceritate
scripturae non dubitasset. Sensus loci igitur hic est:
Nec odoratus thuris viscus, i. e. nec *thus*, de *Nyssie
s. Arabicis fruticibus collectum, nec fumo inficis.* —
V. 7. Sequuntur tres verss. Phalaecii. In Cod. legitur
μιτοταγχόρου, ut *Salmasius* edidit. Schol.: Ὁ δὲ νοῦς·
οὐ γὰρ ὄψει με οὔτε χρυσοῦν οὔτε ἀργυροῦν. τάγχαιρες
γὰρ ὁ χρυσὸς, ἡ λέξις Περσική. οὐτ’ ἐξ Ἀλύβης παγέντα
βόλοις. τουτέστιν ἐξ ἀργύρου. ὁ γὰρ Ὅμηρος τὸν Ἀλύβην
γενηθὴν τοῦ ἀργύρου ὠνόμασεν. Et iterum: Ἀλύβης
παγέντα βόλοις. ἀργύρῳ φησὶν Ὅμηρος· Τηλόθεν ἐξ
Ἀλύβης, ὅθεν ἀργύρου ἐστι γενέθλη. Cum versus septimus in
exitu laboret, nec Scholiastae commento de τανχοέρη,
voce Persica, fides sit habenda, *Salmasius* corrigit μήτε
γ’ αὐρῷ, antiquam vocem κύρε fingens, unde Latinorum *curum* originem duxerit. *Isaacus Vossius* non fa-
cilis in admittendis *Salmasii* opinionibus, conjecit μήτε
Σάγγου· alii aliter, quorum conjecturas vide in *Relandi*

Diss. Miscell. P. II. p. 247. sq. qui liber mihi nunc non ad manus est. *Lacrozius* in Epist. ap. *Fabric.* T. VI. p. 810. cogitabat de *Anchuro*, Midae filio, de quo fabulam narrat *Plutarch.* T. II. p. 306. E. in cujus honorem, cum se pro patria devovisset, Midas aram auream exstruxisse narratur. Metrum tamen huic interpretationi refragari, *Lacrozium* non fugit. Mihi fere persuasum est, syllabam τα in ταγχούρου ex praecedente temere repetita ortam esse. Latet fortasse in hac voce aenigmaticum *Croesi* cognomen, ad cujus *aureos lateres* Delphos missos respicitur. Vide *T. H.* ad *Lucian.* T. III. p. 390. ed. Bip. Fortasse etiam regionis auriferae nomen:

μήτε ΔΟΤΡΙΟΥ

in qua voce synizesis; pronuntiandum enim ut disyllabum. Durias, amnis Hispaniae, propter aurum, quod secum vehebat, apud veteres clarus, secundum *Strabon.* IV. p. 314. B. *Silius Ital.* IV. 234, *Heic certant, Pactolo, sibi Duriusque Tagusque.* in quo versu *Durius* item ut disyllabum pronuntiatur. — ᾿Αλύβη. Versus, ad quem Scholiastes provocat, est in Iliad. β. 857. Laudat *Salmas.* *Stephanum Byz.* v. ᾿Αλύβη, qui servavit *Euphorionis* versum: Ὃς μὲν τὴν πολίβην ᾿Αλυθηΐδα μοῦνος ἀπούρα. τουτέστι τὴν ἐργατῖν. — V. 9. Schol.: οὐδ᾿ ἐν Κυνθογενεῖς. Κύνθος δὲ ὄρος Δήλου, ὅπου καρπινος βωμός· λέγεται δὲ ἐκ δεξιῶν κεράτων πεπλέχθαι τὸν βωμὸν μόνον, ἐκ δὲ τῶν ἀριστερῶν κεράτων. Gloriatur Ara nostra, nec illustrem illam aram corneam Apollinis sibi parem esse. De illa ara locus illustris est ap. *Callimach.* H. in Apoll. 60. Ἄρτεμις ἀγρώσσουσα κεράατα συνεχὲς αἰγῶν Κυνθιάδων φορέεσκεν, ὁ δ᾿ ἔπλεκε βωμὸν ᾿Απόλλων· δείματο μὲν κεράεσσι ἐδέθλια κ. τ. λ. ubi *Spanhemius* veterum loca collegit, nostro non omisso. Κυνθογενὴς θύτης Apollo est *Delius*, ut apparet ex participio λαβὼν, quod est σχῆμα πρὸς τὸ σημαινόμενον. Fallitur igitur Scholiastes, qui ad v. 13. haec notavit: ᾿Ανέλλοντος πλάσιστὲ μοι· οὐδὲ ἐκείνος ἴσως ἡμῖν γένοιτο, ἐν τῷ

216   DOSIADAS   I. 412.

'Απόλλωνα ή "Αρτεμις ἐποίησεν. — Ceterum pro λαβὼν τὰ Cod. Vat. λαβὼνὰ vitiose legit; et verſ. ſequ. κινθίας, id eſt κινθίαις. quod verum videtur. — V. 14. Scholiaſt.: Σὸν Οὐρανοῦ γὰρ ἐκγόνοις, ταῖς Κόραις. Εἰμὰς (ſic) δὲ γηγενὴς αἱ Μοῦσαι. Θυγατέρας γὰρ αὐτὰς τῆς γῆς. Τάας δ' ἀείζωεν, τοῦτων, Μουσῶν.φησὶ καὶ Χαρίτων. Si vera eſt Scholiaſtae interpretatio, nec video, quid obſtet, quominus eam putemus veram, Muſae vocantur *Terrae proles* propter Mnemoſynen, quae Terrae et Coeli filia fuit; ſive potius, quod et *Salmaſius* notavit, fuerunt, qui Muſas ipſas Coeli filias dicerent. *Diodorus* L. IV. 7. p. 252. ὀλίγοι δὲ τῶν ποιητῶν, ἐν αἷς ἐστι καὶ 'Αλκμὰν, Θυγατέρας ἀποφαίνονται Οὐρανοῦ καὶ Γῆς. ubi *Weſſeling.* laudat *Pauſan.* IX. 29. p. 766. Idem veteres quosdam poëtas de Gratiis tradidiſſe, ex hoc loco ſuſpicamur; alia enim hujus traditionis ap. veteres veſtigia nulla, quantum ſciam, exſtant. Ridicule *Licetus*, ut ex *Fabricio* video, ipſum enim librum nanciſci non contigit, ex hoc loco eliciebat *Notarium*, poëtam terrigenam. — V. 16. verba ſic jungenda: ταλμὺς ἀφθίτων ἴνωσι τέχναν αὐτῶν ἀείζωεν ἰδας. Harum enim artem deorum rex immortalem reddidit. τέχνη h. l. opus Muſarum, i. e. ipſa Ara. ταλμός. Αp. *Lycophron.* 691. Jupiter ταλμὸς ἀφθίτων, βασιλεὺς τῶν θεῶν. ἡ δὲ λέξις, τὸ ταλμὸς, ἔστιν Ἰόνων, καὶ χρῆται ταύτῃ 'Ιππώναξ λέγων' ὦ Ζεῦ πάτερ, θεῶν 'Ολυμπίων πάλμυ. Τί μ' οὐκ ἔδωκας χρυσὸν ἀργύρου (fort. χρησὸν ἀργύρου) πάλμυν. *Heſych.* παλμύς. βασιλεὺς, πατήρ. οἱ δὲ ταλμός. In Cod. Vat. vocabulo ταλμὸς ſuperſcriptum ἔξους, quod in ὁ Ζεὺς mutandum eſſe apparet. Schol. infra: Ἴνωσι ὁ Ζεὺς ἄφθιτον ἰδας. — V. 18. Poëtae invitantur, ut in hac Ara Muſarum ſacra faciant. κρήνηθεν in Ed. Lipſ. vitioſe exſcriptum pro κρήνηθιν, ὑ referendum ad κρήνη, quod in κρήνηθιν latet. 'Ίπς Γοργόνος. *Meduſae proles*, Pegaſus. Hippocrenes igitur circumſcriptio. De voce ἴας,

etiam ap. Tragicos paſſim obvia, exempla vide ad *Hefych.*
T. II. p. 50. 12. *Scholiaſt.*: τὸ δ᾽ ἆ τιὸν ἀρήτηθεν.
τὸ δὲ ὁ ἐκ τῆς ἀρχῆς τοῦ Ἐλισάτος ἐκαιδὸν τούτων τῶν μουσικῶν
ποιημάτων ϑύως ταῖς ϑεοῖς σπονδὰς μέλιτος γλυκυτέρων. —
V. 21. Carmina libationem melle Hymettio longe dul-
ciorem vocat. Ad Ὑμηττιάδα ſupplendum σπονδὴν ſive
μέλισσαν. — V. 22. ἄτῃ. Nihil timens, ſed bono animo
ad me accedere potes; non enim celo venenatum monſtrum, quale ſub Chryſes ara latuit. — Cod. Vat. εἰς ἡμῶν τ.
quod *Salmaſ.* correxit. Sunt enim verſus anapaeſtici. —
Verba ὃν λίτρων τράπαν *Scholiaſtes* ſic explicat: οἷα Ἰξι-
δράκοντες ἐσβάλονς. Ἰὸν ἀντὶ ἰοβόλου. τὸ δὲ πορφυρίου
κριοῦ, τοῦ χρυσομάλλου κριοῦ Σοὶ Τριπάτωρ. εἰ, ὦ Ἀϑη-
νᾶ. φησὶ δὲ Ἀϑήνη ἐκ τριῶν φύσαι (Cod. φᾶς) πατέρων· ἰσϑι
Τριτογένειαν καλεῖσϑαι. φθρ ἐντίθηκε κριοῦ. τὸ ἐντίϑεσιν
τοῦ μύϑου λύοντες οὐ κριὸν φασὶ τὸ ζῶον, πλοῖον δὲ κριὸν ἔμφα-
λιν ἔχοντα· ἐπὶ δὲ βωμοῦ ἀρξάμενος εἰς βωμὸν κατέληξεν. De
poſteriorum horum verſuum Interpretatione *Salmaſius,*
Scholiaſten ſecutus, praeclare meruit. Verba ἐπιποῖοι
ἀμφὶ Νέαις Θρυίαισι eſt circumſcriptio arae Chryſes Minervae, ſub qua latens vipera Philoóteten morſu vene-
nato petivit. Νέαι. νῆσος πλησίον Λήμνου, ἐν ᾗ Φιλοκτήτης κατά τινας ἐλήχϑη ὑπὸ ὄφεως. *Stephan. Byz.* ubi vide *L. Holſten.* p. 230. et *Beckm.* ad Antig. Caryſt. p. 18. Hanc
inſulam *Minervae ſacram* fuiſſe, teſtatur *Plin.* H. N. IV.
23. p. 214. Eadem igitur eſſe videtur cum Chryſe,
quae et ipſa Lemno vicina fuit. Conf. *Valckn.* in Diatr.
p. 127. — σχεδόϑεν Μυρίνης. prope Lemnum. Myrina
enim in Lemno. — φὰρ κριοῦ. Jaſon, velleris aurei prae-
do. Comparavit *Salmaſius* Philoſtratum Jun. Imag. XVII.
p. 859. Ἀποπλέοντες ἐς Τροίαν οἱ Ἀχαιοί, καὶ προσχόντες ταῖς
νήσοις, ἐμπιπτόντι τὸν τῆς Χρύσης βωμόν, ὃν Ἰάσων ποτὲ
ἱδρύσατο, ὅτι ἐς Κόλχους ἔπλει. Φιλοκτήτης δὲ (vulgo τὶ) ὡς
τῆς ξὺν Ἡρακλεῖ μνήμης (fort. ξυνουσίας μεμνημένος) τὸν βωμὸν
τοῖς ζητοῦσι δεικνύς, ἐγχρίψαντος αὐτῷ τοῦ ὄφεως τὸν ὃν ἐς

θάτερον τῶν τοξῶν, οἱ μὲν ἐπὶ Τροίαν οἱ Ἀχαιοὶ στέλλονται, ὁ δὲ ἐν Λήμνῳ ταύτῃ κεῖται διαβόρῳ, φησὶ Σοφοκλῆς, κατακτέζων νόσῳ τὸν πόδα. Auctor Argumenti Philoctetis Sophoclei: Χρύσης Ἀθηνᾶς βωμὸν ἐπικεχωσμένον, ἐφ᾽ οὗπερ Ἀχαιοὺς χρηστὸν ἦν θύειν, μόνος Ποιάντος ᾔδει ταῖς παθ᾽ Ἡρακλεῖ συνών. Quod *Dosiadas* arietem *purpureum* vocavit, id fecit *Simonidis* exemplo, docente *Schol.* ad *Apollon. Rhod.* L. IV. 177. πολλοὶ δὲ χρυσοῦν τὸ δέρας εἰρήκασιν, (εἰς Ἀπολλώνιος ἠκολούθησεν) ὁ δὲ Σιμωνίδης ποτὲ μὲν λευκόν, ποτὲ δὲ πορφυροῦν. *Schol.* in *Eurip.* Medeam 4. τέγχρωον δέρας· τοῦτο οἱ μὲν ὑπόχρυσον εἶναί φασιν, οἱ δὲ πορφυροῦν· καὶ Σιμωνίδης δὲ ἐν τῷ εἰς τὸν Ποσειδῶνα ὕμνῳ, ἀπὸ τῶν ἐν τῇ θαλάσσῃ πορφυρῶν κεχρῶσθαι αὐτὸ λέγει.

ARA SECUNDA.

¶. 413.] Secundam hanc Aram, quae paſſim cum Theocriteis carminibus edita eſt, modo ſub *Simmiae*, modo ſub *Theocriti* nomine, *Dosiadae* vindicavit *Meurſius* in Artic. Lect. III. 17. ex vitiofa infcriptione in edit. Venera 1543. ὁ διὰ τῶν μέτρων οὗτος βωμὸς Ὀλιλέου τινὸς εὕρημα. In Cod. Vat. et aliis *Δοσιάδα βωμὸς* diſerte inſcribitur. Obſcurum hoc carmen explicare conatus eſt *Guil. Canterus* N. Lect. I. 65. *Graevius* in Arateis p. 67. *Salmaſius* p. 141. *Voſſius* ad Melam p. 214. qui quod dicit, *Salmaſium* in explicationibus ſuis nihil dediſſe, quod non hauſerit ex Scholiis *Holoboli* rhetoris, quem totum defcripſerit, id de commentario in primam Aram accipiendum eſt. Quod idem addit, *Holoboli* Scholia in Cod. Anthologiae nihil *Salmaſio* profuiſſe ad alteram Aram explicandam, odio in virum doctiſſimum commotus dixit; nam in Vatic. Codice nulla omnino ad hanc Aram Scholia leguntur. His Scholiis, ex alio tamen Cod. defcriptis, ufus *If. Voſſius Salmaſium*, qui iis carebat, fuperavit; ſeuti ipſe *Salmaſius*, in prioris carminis interpretatione, simili praesidio instructus, superaverat *Scaligerum*. *Holoboli Rhacoris* Scholia, ex Codice Vossiano Bibl. Leidensis descripta, in lucem protulit suis notis illustrata *Valcken*. in Distr. p. 130 sqq. Haec ut repetamus, instituti nostri postulat. Ubi illa posuerimus, notae in singulos versus subsequentur.

Ἑρμηνεῖαι τοῦ Ὁλοβώλου ῥήτορος·

Κόμη Μασουλὰ, καὶ μεγάλου Πρωτοσυγγέλου.

Ὡς ἀπὸ τοῦ βωμοῦ ὁ λόγος. ὅτι ἐγώ εἰμι ὁ βωμὸς, ὃν Σταγεα καὶ κατεσκεύασεν Ἰάσων, ὁ Μέροψ, ἤτοι ὁ Θεσσαλὸς, ὁ Αἴσωνος δὲ, ὁ τῆς Ἡσίας, τὸ μὲν τῇ φύσει, τὸ δὲ τῆς Μηδείας ῥήσει, καὶ τῇ ἐντεῦθεν ἀνασκέψει. ὁ Πόσις καὶ ὁ ἀνὴρ, διὰ τὸ μέτρον Αἴτης καὶ ὀρεστὴς, τῆς Στάγης καὶ τῆς γυναικὸς, τοῦ ἄρεντος καὶ τοῦ ἀνδρός. (in alio Cod. τῆς ἄρεντος καὶ τῆς ἀνδρείας.) ἐπιβουλεύσασα γὰρ Μήδεια Θησεῖ, καὶ φωραθεῖσα, ἔφυγεν εἰς τὸ μέρος τῆς Ἀσίας, ὃ νῦν Μηδία ἐξ αὐτῆς καλεῖται, ἀνδρεῖον περιβαλοῦσα στολήν. al. Cod. τόλμην.) οὐχὶ ὁ Σισιδώνας, ὁ Ἀχιλλεὺς, ὁ ἐν στολῇ καὶ συρρᾷ (συρῇ corr. *Valck*.) ἀναζώσας παρὰ τῆς οἰκείας μητρὸς Θέτιδος, ὡς δηλοῖ Λυκόφρων· πάλιν οὐχ ὁ Ἀχιλλεὺς, ὁ Ἴτις καὶ ὁ υἱὸς τῆς Ἐμπρέσεως ἤτοι τῆς Θέτιδος. φάσμα γάρ τι ἡ Ἔμπουσα τεκταρνοῦσα εἰς μυρίας μορφὰς καλλωπιζόμενον, ὥς φησι καὶ Φιλόστρατος. μετεβάλλετο δὲ καὶ ἡ Θέτις εἰς μυρίας μορφὰς, ὅτε μιγῆναι αὐτῇ ὁ Πηλεὺς ἐστονάκιν· ἦ καὶ ὀμίχη συνίας εἶδε. Πάλιν οὐχ ὁ Ἀχιλλεύς· ὁ Μόρος καὶ ὁ θάνατος τοῦ βούτα καὶ τοῦ βουλέτο ἢ τοῦ Ἀλεξάνδρου, τοῦ Τεύκρου καὶ τοῦ Τρωὸς, τοῦ Τεκνάματος τῆς κτυός, ἢ τοῦ υἱοῦ τῆς Ἐκάβης. Τοῦτο δὲ λέγει, ὅτι ἐγώ εἰμι ὁ υἱὸς, ὃν κατεσκεύασεν ὁ ἀνὴρ τῆς Μηδείας, οὐχ ὁ Ἀχιλλεὺς, ὁ τοιοῦτο καὶ τοῖος, ἀλλ' ὁ Ἰάσων· δύο γὰρ Θεσσαλοὺς ἄνδρας ἔσχεν ἡ Μήδεια, τὸν Ἰάσονα ἐν Θεσσαλίᾳ καὶ τὸν Ἀχιλλέα ἐν ταῖς νήσοις τῶν μακάρων. — Πότε δ' ἐμὲ ἔτευξεν ὁ Ἰάσων; Ἦμος καὶ φιλοπεύμα ἔτωμε (in al. cod. εὖρε. *Valcken*. Ἡμεδάρα latere putat, cujus explicatio vel ab *Holobolo* vel a librario omissa sit.) καὶ Ἑλλαιος καὶ Ἔφθορος ὁ Μήδειας τὸν Οὖρον καὶ τὸν ὀρμητικὸν, Γυιόχαλκον καὶ χάλκεον ἄνδρα, τὸν Τάλων καλοῦντα τοὺς Ἀργοναύτας διαπλεῖν (f. προσελθεῖν), ἃς ἐν μιᾷ ἡμέρᾳ περιώδευσαν τὴν Κρήτην νῆσον καὶ ἐθάλαττεν· ὃν Μόρμος (Cod. μόρμῳ) καὶ μετὰ μόρμου καὶ κατεσκεύασε ὁ Ἥφαιστος ἐτεκτήνατο, ὁ Ἀκάτης· ἐκ γὰρ τῆς Ἥρας μόνης ἐγεννήθη· ὥς φησιν Ἡσίοδος ἐν τῇ Θεογονίᾳ, ᾗ καὶ ἐξῆρεν αὐτὸν ὡς ἱκανῶν ἔχθεις. ὁ Δίονυσος, ὁ δύο γυναῖκας ἔχων, τὴν Ἀφροδίτην καὶ τὴν Ἥραν. Ἐμοὶ δὲ Τεύχμα, καὶ τὴν ἐμὴν κατασκευήν, ἰδὼν ὁ Φιλοκτήτης, ὁ Κτάντας καὶ ὁ φιτεὸς, τοῦ Θεσσρίτου ὁ τῷ Ἀλεξάνδρῳ, τοῦ τὰς ἰδὰς κρίναντος (Cod. κρίναντος)· ὁ Κάστης καὶ ὁ ἐνταῦθα ἐστὲ, τοῦ Τρισεκτέρου Ἡρακλέους (Cod. κλέους). γνώριμοι αὐταῖ αἱ ἱστορίαι ἐν τῷ Λυκόφρονι. Καὶ τί δεήσει; ΑΙξε καὶ ὥρμησεν, Ἀνιόξας (Cod. ἀνιόξας) καὶ πράξας ὅτι διὰ δυνήσει καὶ ἐδέξαντο ἰδὼν ὁ Φιλοκτήτης· εἰς δὲ ἐντίχαιρον (οὕτω γὰρ τιμῶσι δαίμονες τοὺς τιμῶντας αὐτοὺς) Χάλυψι καὶ χαλινοῖς ἵπποις, Νιν καὶ αὐτὴν. Ἐν Ἰᾷ καὶ φαρμάσῃ, ὁ Ὑδργαστρος ἢ ὁ ἔχως ὁ τῇ γαστρὶ συνήμενος. ὁ Ἐκλυὸς τὸ γῆρας· πάζει γὰρ ὁ θρὶξ τῇ τῆς παλαιᾶς Λεβρηίδος ἐπιβαλῇ Τούτου δ' Ἐλινύοντα καὶ βραδύνοντα ἐν τῷ Ἀμφιλοέτῳ Κοίτῃ (Λόμῳ scribendum erat, monente Valcken.), μετὰ χρόνον (f. i. e. δίας, inferendum censet Valck.) εἰς τὴν Τευκρίδα ἢ τὴν Τροίαν, τὴν Τρίκορθον καὶ τρὶς πορθηθεῖσαν, παρὰ Ἡρακλέως, τῶν Ἀμαζόνων, καὶ τῶν Ἑλλήνων, Ἥραγεν, ἴσως τῶν Ἀρδίων, καὶ τῶν βελῶν τοῦ Ἡρακλέους. Τίς; ὁ Φάρ, καὶ ὁ κλέπτης τοῦ Παλλαδίου· ὁ Δίξμος, ὁ εἰς ᾅδου καταβὰς καὶ ἐκεῖθεν ἀνελθών· ὁ Ἑύνίτας τῆς Μητρὸς τοῦ Πανὸς, ἢ τῆς Πηνελόπης ἢ ἴσως τοῦτον ἐκ τῆς μίξεως πάντων τῶν μνηστήρων. Καὶ ἄλλος τις ἤγαγε τοῦτον τὸν Φιλοκτήτην εἰς τὴν Τροίαν· ὁ Ἰλιοθαίστας, ὁ τῆς Ἰλίου φθορεὸς, ἤτοι ὁ Διωμήδης· δ' Ἴνις καὶ ὁ υἱὸς τοῦ Τυδέως, τοῦ Ἀνδροβρῶτος, ἔφαγε γὰρ οὗτος ὁ Τυδεύς τὴν κεφαλὴν τοῦ Μελανίππου καταθορῆσας τὸν ἐν αὐτῷ μυελὸν. Haec maximam partem tam diserta sunt, ut, perpaucis additis, ad tenebras hujus carminis discutiendas sufficere videantur. Summa totius carminis, ut paucis comprehendam, eo redit: Ara Minervae loqui-

'tor. Ea fe a Medeae viro, non Achille, fed Jafone exftructam efſe ait, poſtquam Medea Talum, Cretae cuſtodem, peremiſſet. Hanc aram cum Philoctetes vidiſſet, eum a vipera vulneratum eſſe. Eundem vulnere laborantem, ab Ulyſſe et Diomede ad bellum Trojanum conficiendum reductum eſſe. Jam vide, quomodo Caſerus, Auratum fecutus, haec acceperit, qui, ut Troili hiſtoriam inde eliceret, plurima, quae integerrima funt, mutare neceſſe habuit. Has conjecturas ut iterum recoquam, nemo fanus poſtulabit. Qui tamen magni hujus viri aberrationes cognoſcere voluerit, ipfum Caſeri librum, live *Theocritum* Heinſianum adeat. Eundem cum *Cantero* errorem erravit *Scaliger*, cujus duas conjecturas infra commemorabimus. — V. 1. εἰμ᾽ ἔρεενος. Editt. vett. εἰμ᾽ ἔρενος Cod. Vat. Hoc *Salmafius* in ἡμέρενος mutavit, *femiviram*, five *feminafculum* virginem interpretatus. Noſtra lectio *Voſſii* debetur ingenio: αἱμέρενος, *virili veſte indutus*, quandoquidem Medea, veneficio detecto, Theſeum fugiens, virili ſtola induta in Mediam fugit, unde Medicae ſtolae originem arceſſunt Grammatici. Vide *Euſtath.* ad Dionyſ. Perieg. 1017. p. 276. Ad ἔρετας Gloſſa interl. Cod. Voſſ. γυναικὸς, καὶ τῆς Μηδείας. Vide Interpp. *Hefychii* in ἔρετα, γονή. — V. 2. πόσις et Θεσσαλὸς edd. vett. Gloſſ. interl. Ἰνὴς Θεσσαλὸς ὁ Ἰάσων. *Philtras Coas* Coas mulieres, quae Meropes ſunt, (vid. ad *Meleagr.* Ep. XI.) Θεσσαλὸς vocavit, (vide Hefych. v. Θεσσαλοί) quod Coi incolae originem ex Theſſalia putabantur ducere. — Θεσσαλὸς. De Jaſonis juventute ipſi Medeae artibus reſtituta bene interpretatur *Holobolus*. *Scholiaſtes Euripid.* in Argum. Medeae: Θεσσαλὸς δὲ καὶ Σιμωνίδης φαςὶν, ὡς ἡ Μήδεια ἀνεψήσαςα τὸν Ἰάσονα νέον ποιήσει· περὶ δὲ τοῦ πατρὸς αὐτοῦ Αἴσονος ὁ τὰς Νόστους ποιήσας φησὶν οὕτως· Αὐτίκα δ᾽ Αἴσονα θῆκε φίλον (f. *πάλιν*) κόρον ἡβώοντα, γῆρας ἀποξύσας᾽ εἰδυίησι πραπίδεσσι, Φάρμακα πόλλ᾽ ἕψουσα ἐπὶ χρυσέοισι (l. ἕψους᾽ ἐπὶ χρυσείοισι)

Ἀλφοῦς. Ad hanc hiſtoriam mox v. 5. ſpectat epitheton Medeae Ἰψανδρα. — V. 3. in vett. editt. abeſt τοῦξ οὐ. Sic diſerte ſcriptum in Cod. Vat. Male *Salmaſ.* τὸ emendavit. De hujus loci ſententia, in qua declaranda fruſtra ſudavit *Salmaſius,* et quae ne *Voſſio* quidem, hic ab *Holobolo* deſtituto, perſpicua fuit, praeclare meritus eſt *Valcken.* in Diatr. p. 130. pro κρόνας κόνας, una literula inſerta, χρ. δ' κόνας ſcribens. Quo facto, ſenſus evadit hic: Jaſon me extruxit, non Achilles, Thetidis filius, *ſed Chryſes Minervae amator,* Jaſon, qui hoc altare in honorem deae ſibi longe cariſſimae conſtruxit. — Ad ſupra gloſſa interl. Ἀλεξάνδρου, ad Σμινθέως, Θέτιδος. — V. 5. ιου' ἀνερα. Vett. editt. quod *Salmaſ.* emendavit ex Cod. Vat. in quo ἱυ' ἀνερα legi ait. In noſtro apogr. junctim habetur ἰψανδρα. In his explicandis mire a vero aberravit *Salmaſius.* — V. 6. σύνεν ἱψαιτεν Cod. Vat. et in marg. ἱψαμεν. θύνεν corrigebat *Salmaſ.* de Achille interpretatus. De Talo, qui ἱυρες, *cuſtos,* vocabatur, veterum loca collegit *Valcken.* p. 133. Unus hic ſufficerit *Apollonii Rh.* IV. 1638. Τοὺς δὲ Τάλως χάλκεος — εἶργε χθονὶ τρίσμετ' ἐνθέμιν — Τὸν μὲν χαλκείης μελιηγενέων ἀνθρώπων ῥίζης λοιπὸν ἦντα μετ' ἀνδράσιν ἡμιθέοισιν Εὐρώπη Κρονίδης νήσου πέρι ἔμμεναι εἶρεν. — V. 7. ἐν ἱκνόπερ Vat. Cod. ἐνύπερ *Salmaſ.* metri cauſa, qui de Paride cogitabat. Gloſſae interl. ἐθαιεις pro Ἡφαιετος. *Holobolus* hic ad *Heſiodum* provocat, cujus haec ſunt in Theog. 927. Ἥρη δ' Ἥφαιετον κλυτὸν οὐ φιλότητι μιγεῖσα Γείνατο, &c. cujus Venus et Aglaia conjuges, quod conjugium locum dedit facete *Luciani* Dialogo XV. ubi vide *T. H.* — V. 8. μέρμος Homer. Il. β 101. τὸ μὲν Ἡφαίστις κάμι τεύχεν. — V. 9. τύγμα. θείσας, editt. vett. — V. 11. In edit. Lipſ. vitioſe Τριεστέραν pro Τριεστέρην. Herculem, cui gignendo Jupiter tres noctes impenderat, τριέστερον Μῶντα vocat *Lycophr.* 33. et alii paſſim, quorum loca collegit *T. H.* ad *Luciani* Somn. §. 17.

T. I. p. 200. ed. Bip. — μύσας. Rogum Herculis incendit Philoctetes. Vid. *Munkerum* in Hygin. F. XXXVI. — V. 12. αἶψεν ἐποίξας. Vulgo. ἰδόξεν ἐποίξας Vat. Cod. In alio Cod. Voss. αἶψεν ἐποίξας. *Salmasio* αἶψ' (αἰπύ) βέξας legenti ita obtemperavit *Vossius*, ut legeret αἶψεν αἰψ' βέξας. *exsiluit graviter vociferans.* — V. 13.-18. *Brunckius* edidit, ut leguntur in Cod. Bibl. reg. cum hac sola varietate, quod ἄγαγε scriptum pro ἄγαγον. — V. 14. σύγγηστρος. Vat. Cod. ἰαλὸς γήρας, quod in editis est et in membranis, *Salmasius* mutavit in ἰαιόγηρας, metri causa, ut ait. Sed metrum etiam in vulgata salvum et sartum est. Quidni enim spondeus in tertia sede versus jambici locum habeat? Attigit hunc vers., ubi de serpentibus, ineunte vere deponentibus senectutem, egit *Reines.* in Var. Lect. p. 398. — V. 15. τὸν δ' ἀνύοντ' edidit. vett. τὸν δ' ἐπὶ ἀνύοντ' Cod. Vat. ἀλνύοντ' dedit *Salmas.* ἐλλνύοντ' *Br.* invenit in Cod. reg. Haec forma, sed in ἐλλενύει depravata, superest ap. *Hesychium*, qui ἰσπάζει, ταύσται, ἀργεῖ interpretatur. Hunc, Philoctetem, *in insula Lemno commorantem, inde abduxit Ulysses cum Diomede.* ἀμφιλυύστρ. Sophocl. in Philoct. init. ἀκτὴ μὲν ἥδε τῆς περιβρύτου χθονὸς Λήμνου. — V. 17. λης τ' ἐφθοβρῶντες βλεφάντων. Vat. Cod. In alio Vossii Cod. erat ἵνα τ' ἐυθροβρῶτος βλεφάσντας. Haec sic corrigenda putabat *Jos. Scaliger*: σίνης τ' ἐυθροβρῶτος βλεφάρωντας. Ulysses, qui Polyphemi oculum laesit. ἰαλοὺς, ἄγων τοὺς ὀφθαλμούς. Ingeniosam hanc conjecturam metrum vitiare, *Valckenarius* monuit. Versus bini paene ultimi (15. 16.) versus sunt jambici dimetri hypercatalectici; postremi duo ejusdem generis trimetri. Hos versus *Valck.* sic constituit, ut in Cod. reg. leguntur. In verbis ἵνς — ἰωροφώντας continetur circumscriptio Diomedis, *filii viritori*, *Tydei, Trojae vastatoris*. Tydei flagitium, quo Minervae iram commeruit, satis notum. Vide *Apollodor.* III. 7. p. 212. ubi vide *Heyn. Euripid.* in Meleagro fr. XVIII.

οἷς ἐνδρεβῶντες ἰδόντες ἀψίξεταί Κάρηνα Τυδέος γόνου Μελανίππου ενάκας. Ulysses Diomedi patris facinora exprobrans in deperdita *Sophoclis* Tragoedia in *Villois*. Anecdotis T. II. p. 94. dixit: οὐδ᾽ ἂς κρὰ Θυβῶν ὀμοβρὼς (sic lego pro ὀμοβρωτος) ἰδαίοντο Τὸν ᾽Αστάκειον παῖδα διὰ κάρη τομόν. — V. 18. ἢ᾽ ἀρίστων. *Vossius Holoboli* Scholiis adscripserat haec: ἦρα hic plurale est, ut saepe, pro χάριν. Itaque ἢ᾽ ἀρίστων hic est χάριν ἀρίστων. Comparavit *Valcken.* p. 130. *Callimach.* fragm. XLI. ἦρα φιλοξενίης, pro ἵνεκα sive χάριν φιλοξενίης, propter *hospitalitatem.* — τρίκορθον. Ter expugnatum Ilium, primum ab Hercule, deinde ab Amazonibus, denique a Graecis. Vide *Reinesium* in Var. Lect. I. p. 78. Non omittendum, quod *Salmasius* negavit, hanc Aram *Dosiadae* esse; quod miraberis, cum Codd. eam *Dosiadae* manifesto tribuant. Ratiunculae, quibus sententiam suam confirmare conatus est, nituntur falsa v. 5. interpretatione. Quo errore dissipato, nihil relinquitur, quod nos de Codd. auctoritate dubitare cogat.

PHANOCLIS ELEGIA.

[V. 414.] *I.* Hoc fragmentum servatum a *Stobaeo* in Flor. LXII. p. 399. egregie illustravit *Ruhnkenius* in Epist. crit. II. p. 299. sqq. ubi inter alia haec habet: »De hac Elegia sic statuo, nihil hujus generis, quod »omnibus numeris perfectius sit, ex tota antiquitate ad »nos pervenisse. Talis in culta oratione simplicitas est, »tam nativa venustas. Numerorum quidem lenitate »ipsam Hermesianacteam, si quid ego judico, superare »videtur. Phanocles quando vixerit, incertum est. Post »Demosthenem floruisse, et Elegos suos Ἔρωτες ἢ Καλοὶ »inscripsisse, ex *Clemente Alex.* Strom. VI. p. 750. in- »telli-

„telligitur. — Ex hoc opere non folum Elegia apud „Stobaeum, fed reliqua etiam, quae ex Phanocle laudan- „tur, fumta videntur. „Plutarch. Sympof. IV. 5. p. 671. B. „καὶ ἡ παιδικὰ τοῦ Διονύσου Ἄδωνιν γεγονέναι, καὶ Φανοκλῆς, „ἐρωτικὸς ἀνήρ, ὧδέ πως πεποίηκεν·

„Εἰδὼς θεῶν Ἄδωνιν ὁρμαίνητε Διόνυσος

„Ἥρπασεν, ἀγαθέαν Κύπρον ἐποιχόμενος.

„Hieronymus Chron. p. 17. Ob raptum Ganymedis Troï, „patri Ganymedis, et Tantalo bellum exortum eft, ut fcri- „bit Phanocles poëta. ubi vide Jof. Scaligerum. Hierony- „mum defcripfit Orofius I. 12. Quorum uterque feſti- „nanter infpectus eſt a N. Heinfio ad Ovid. Met. X. 83. α Haec ille. De interitu Orphei varia narrantur ap. Hygin. Fab. Aſtron. II. 7. Eratosthenem c. XXIV. Eum a Mae- nadibus diſcerptum fuiſſe, vulgaris fert opinio. Vide Not. ad Apollodor. I. 3. 3. p. 34. Phanocles, quod Or- pheus Thraces puerilem amorem primus docuerit, Bifto- nides mulieres hoc facinus in eum commififfe narrat. Metricam verſionem hujus elegiae, quam Flor. Chriſtiani manu emendatam habebat, Barthius inferuit Notis in Claudian. de R. Prof. II. 19. p. 905. — V. 1. ἢ δε. Videtur Phanocles in eadem elegia de aliis amoribus egiſſe; nunc ad Orphei amorem in Calaïn procedit. Ὀρφιαῖον vulgo. Hoc ex Cod. Pariſino emendavit Valckenar. qui v. 1. — 8. protulit in Diatr. c. XIX. p. 199. C. — Ἐκ θυμοῦ. toto pectore. Similia, hoc loco non omiſſo, laudat Valckm. ad Theocrit. Eid. II. 61. p. 52. — Βορεάδην, Boreae filius, Orphei aequalis, unus Argonautarum. Burman- nus, cum Argonautarum catalogum contexeret, Phano- clis memor non erat. — V. 4. Saepe Orpheus amores ſuos in umbroſis lucis cantabat; at ne ſic quidem ani- mum ſuum tranquillum potuit reddere. ἡσυχίη. Amores rogat Afclepiades Ep. XIII. τοῦθ', ὅ τι μοι λοιπὸν ψυχῆς — τοῦτό γ' ἔχειν πρὸς θεῶν ἡσυχίην ἄφετε. Comparat Ruhnken. Homer. Od. a. 23. τῇ δὲ μέλ' ἐν πυλεῖ πραθὶς μέρος τετληκυῖα. —

V. 5. Pro μελεδῶνες Codd. Leidenfis et Parif. μελοιθναι. — ἀπὸ ψυχῆ. *Theocrit.* Eid. XI. 15. ἐχθίστοισι ἔχων ὑπεκάρδιον ἕλκος. Quod expreffit *Nonnus* in Dion. X. 287. ἀμφιέπων ἀκειομένων ὑπὸ ἕλκεσι. XV. 243. καὶ τοὺς ἀμφιέπων ὑπεκάρδιον ἕλκος ἐρώτων. — Cod. Leidenf. δαμασμένοι. quod ut elegantius praefert *Valckenar.* μελεδῶνες δαμασμένοι κάλλιν καὶ αὐτὸν ὑπευχον. — V. 8. σύμπαν. Sic *Trincav.* et *Germ.* Codex Leidenf. *ρύσας.* quod fecutus eft *Leopard.* in Em. IV. 4. et *Valckm.* Sqq. *Ruhnkenius* comparat cum *Ovid.* Metam. X. 83. *Ille etiam Thracum populis fuit auctor, amorem In teneros transferre mares: citraque juventam Aetatis breve ver et primos carpere flores.* — Pro πρῶτον *Brunck.* πρῶτος legit. — V. 11. In fine verfus αὐτὴν eft ex *Gesneri.* emendatione pro ὑτήν, a Cod. Parif. confirmata. — Huc facit *Lucian.* T. III. p. 109. 45. ὅτε τὸν Ὀρφέα διεσπάσαντο αἱ Θρᾷτται, φασί, τὴν κεφαλὴν αὐτοῦ σὺν τῇ λύρᾳ εἰς τὸν Ἕβρον ἐμπεσεῖν, ἐμβληθῆναι εἰς τὸν μέλανα πόντον, καὶ ἐπιπλεῖν γε τὴν κεφαλὴν τῇ λύρᾳ, τὴν μὲν ᾄδουσαν θρῆνόν τινα ἐπὶ τῷ Ὀρφεῖ, ὡς λόγος, τὴν λύραν δὲ αὐτὴν ὑπηχεῖν τῶν ἀνέμων ἐμπιπτόντων ταῖς χορδαῖς, καὶ οὕτω μετ᾽ ᾠδῆς προσενεχθῆναι τῇ Λέσβῳ· ἀφελόντας δὲ κηδεῦσαι τὴν μὲν κεφαλὴν κατὰ δύναμιν. Doctiffimus Interpres comparat *Ovid.* XI. 50. *caput, Hebre, lyramque Excipis; et, mirum, medio dum labitur amne, Flebile, nefcio quid, queritur lyra, flebile lingua Murmurat exanimis: refpondent flebile ripae:* — *Et Methymnaeae potiuntur litore Lesbi,* quem locum expreffit *Silius Ital.* L. XI. 477. fqq. ubi vide cl. *Rupert. Philoftrat.* Hér. 10. p. 713. qui Orphei caput Lyrneffum delatum effe fcribit. Totam hanc fabulam nuper docte et acute interpretatus eft *Boissigerus in Attifchen Mufeum* Tom. I. Fafc. II. p. 291. et 332. fq. — V. 14. ἰαδίοις. Vulgo. ἰαδίοις praebet Cod. Leid. in quo minus correcte γλαυκῆς habetur. Vide *Bernard.* ad *Thom. Mag.* p. 780. — V. 17. νήσους. Intellige Lesbum, Chium, Samum et alias infulas circa Lesbum fitas.

«Quod moneo, ne quis cum *Brunckio* ῥῆσιν ſcribat.«
Rubnken. — V. 19. τύμβῳ. *Lucian.* l. c. lyram in Apollinis
templo dedicatum eſſe ait. Alii eam ad Terpandrum
fuiſſe delatam narrabant. Vide *Nicomachum Geraſenum*
ap. *Fabric.* in Ilibl. Gr. Tom. l. p. 294. ſq. ed. Harl.
ἀναιδέος πέτρας, rupes ſenſu privatas, κωφὰς, intelligit. *ri-*
gidi ſilices, ap. *Ovid.* L. c. 45. qui ſaepe Orphei vocem
ſecuti erant. — V. 20. φθόγγον στυγνὸν ἵκανθη. Ed. Trinc.
Hoc emendavit *Geſnerus*, qui et πικρὸν invenit, ut eſt
in Cod. Leid. οἴμκον ἔλεγ. mare interpretatur *Grotius.*
Cf. *Homer.* Od. α. 72. Qui deus hic οἴμκος vocatur,
idem ap. alios οἴμκος eſt, monente *Brunckio*, quem vide
ad *Apollon. Rhod.* IV. 828. p. 169. — V. 22. ἀοιδοτάτη.
Erant, qui in Antiſſaea regione, ibi enim Orphei caput
ſepultum eſſe ferant, luſcinias ſuavius canere dicerent.
Vide *Antig. Caryſt.* c. V. p. 9. et quae ibi notavit doctiſſimus *Niclas*. — ¶. 415.] V. 23. ἁγνῆς vulgo. ἁγνῆσι
Cod. Leidenſ. et alius ap. *Geſnerum.* — V. 24. *Leopar-*
dus Em. IV. 4. καὶ πάντων legit, improbante *Rubnkenio*,
qui comparat Od. x. 347. ὄφρ' ἔτι μᾶλλον λύῃ ἄχος κραδίην
Λαερτιάδῃ 'Οδυσῆα. — V. 26. φόνον. Cod. Pariſ. πόνου. —
V. 27. στίζουσι. *Rubnken.* correxit τίνουσι. quod verum
videtur. Inepta enim et vix toleranda in tam eleganti
poëta repetitio ἃς κλοπαῖς ἔστιξεν et στίζουσι γυναῖκες.
Duorum diſtichorum ſententiam contraxit *Plutarch.* de
S. N. V. p. 52. ed. *Wyttenb.* οὐδὲ γὰρ Θρᾷκας ἐπαινοῦμεν,
ὅτι στίζουσιν ἄχρι νῦν, τιμωροῦντες τῷ 'Ορφεῖ, τὰς αὑτῶν
γυναῖκας. Ad quem locum *Wyttenbachius* de illo apud
Thracas more egit p. 67. Conf. etiam *Salmaſ.* ad Solin.
p. 28. C. ubi *Phanoclis* diſtichon excitatur.

II. Habetur ap. *Clemens. Alex.* Strom. VI. p. 750.
Ἀντισθένους εἰπόντος, Πᾶσι γὰρ ὑμῖν ὁ θάνατος ὀφείλεται καὶ
τὸ ἑξῆς, ὁ Φανοκλῆς ἐν Ἔρωσιν ἢ Καλοῖς γράφει· Ἀλλά τοι — —,
In fine v. 1. non legitur ap. *Clementem* τοι, ſed σῇ, et

hanc lectionem ut veram tuetur *Wakefield.* in Sylra crit.
Tom. III. p. 117.

NICAENETI SAMII
EPIGRAMMATA.

¶. 416.] *I.* Cod. Vat. p. 183. Edidit *Wesseling* in
Diss. Herod. p. 12. *Reiske* in Anth. p. 91. nr. 475.
Philetis quidam Heroinis Libycis ex frugum primitiis
sacra facit. De hoc carmine quid *Wesselingius* monue-
rit, videre non contigit. In schedis meis nonvi, nescio
unde, eum καρίτων ὄρος emendasse. — V. 1. Cod. Ἡρώϊ-
ναι et ὄρος ἔκριτον. *Salmasius* hoc interpretatus est per
μέγα. τὸν Ἄτλαντα. *Reiskius* de montium catena explicat.
Jam constat, res densas, confertas, magno numero sese
subsequentes, vocari καρίτους, μῦθοι ἄκριτοι, κακρίθματα.
Eustath. ad II. p. 264. 20. ἄκριτα ἔχει, τὰ πολλά. Idem
p. 1469. 50. μέρμη καὶ ἄκριτα jungit *Oppian.* Hal. L. 80.
Nullum horum exemplorum ejusmodi est, ut cum nostro
loco apte comparari queat. Quare probanda videtur
emendatio *Toupii* in Epist. crit. p. 14. ὄρες ἄντῃς, cui
calculum adjicit *Valcken.* in Adon. p. 321. C. ubi formam Ἡρώεσσι illustrat. Cf. *Salmas.* in Inscr. Herodis Att.
p. 125. ἄκριτον ὄρος dixit *Lycophron* 1334. Heroinae
illae Libycae pellibus hircinis indutae fingebantur. Sic
ap. *Apoll. Rhodium* Jasoni ἡρώσσαι, Λιβύης τιμήοροι εἰς
θύγατρες, (L. IV. 1358.) per somnum apparent — στίμα-
σιν αἰγείοις ἐζωσμέναι ἐξ ὑπάτοιο Λυχίοις ἀμφί τε νῶτα καὶ
ἴξύας, ᾗστε κοῦραι. Qui habitus cur iis tributus sit, explicat *Wesseling.* ad *Diodor.* Sic. Tom. I. p. 217. 7. Pellibus indutas Nymphas habemus ap. *Longum* L. I. p. 19.
14. — συνάους de villis accipio, a pellibus dependentibus. De vellere aureo *Apollon. Rhod.* L. III. 1146.

τοῖσι ἀπὸ χρυσέων θοάνων ἀπηρέεττε φέγγος. Hinc explicanda αἴγλη θοεκίθεετα, quae Interpretes tantopere exercuit. Epitheton inventum ab iis, qui Jovem caprina pelle armaverant, qualis conspicitur in gemma ap. *Winkelmann.* Monim. ined. Tab. I. nr. 1. propagatum est ad ea tempora, quibus pelli caprinae scutum successerat. Pro αἶρε *Toupius* αἴγε legit; nihil opus. — V. 4. Cod. χ‎ιφοὺς l. a ετεφάνοε:. Apud *Toupium* invenio ἐχφοὺς, fortasse ex *Wesselingii* apographo. Vera est Cod. lectio. *Ovid.* de Vertumno Metam. L. XIV. 645. *Tempora saepe gerens faeno religata VIRENTI.* Idem deus ap. *Propertium* L. IV. El. II. 25. *Da falcem et torso frontem mihi comprime faeno, Jurabis nostra gramina secta manu.* Juncea corona instructam pinxerat Samum insulam artifex ap. *Philostr. Jun.* Im. L p. 863. Ejusmodi corona etiam puellae Babyloniae instructae prostabant. *Herodot.* I. 199. p. 94. Vide *Wessel.* — V. 5. ἐς ἄντ. *Reisk.* et *Toup.* — Mox haereo in verbis — ἀλλὰ καὶ οὗτοις, quae tum locum habere videntur, ubi quis dona, quae offert, extenuat. — V. 6. ἡρώεσσι Cod. — Λιβύων δεσπότιδες. *Apollon. Rhod.* L. IV. 1309. ἀλλὰ σφέας ἰλλαίφαν ἑπηχανίη μινύθοντας ῾Ηρῶεσσι Λιβύης τιμήφοι. *Callimach.* Fragm. CXXVI. p. 492. Ἠρώινας Λιβύης ἡρμίδες, αἳ Νασαμῶνων Αὖλιν καὶ δολιχὰς θῖνας ἐπιβλέπετε, Μητέρα μοι ζώουσαν ὀφέλλετε.

II. Anth. Plan. p. 328. St. 467. W. In Mercurium figlino opere, qualia antiquissima erant deorum simulacra, postquam *Dibutades Corinthius primus terra et argilla similitudines fingere invenit, Plin.* H. N. XXXV. 12. ὀστράκινα καὶ πήλινα ἀγάλματα vocat *Artemidor.* in Onir. II. 44. Vide *Triller.* Obs. p. 328. sqq. Recensum ejusmodi signorum, quae quidem a veteribus commemorantur, instituit *Winkelm.* in Hist. Art. p. 11. — V. 1. male interpretatur *Brodaeus.* Ἑρμῆς ἐν ποσὶ γηίνοις, cujus pedes e terra sunt facti. Vide *Heyn.* in Comment.

Soc. Reg. X. p. 84. Quid autem? Nonne vis oppositionis postulat, ut legamus:

ὐψόθεν ἐστράπτεν μα — — .

praesertim cum αὐτόθεν commodam interpretationem non admittat. — V. 2. αὖλος κύκλος est τροχός. Τὴν δὲ τροχὴν γαῖης τε καμπτὸν τ' ἔργοισι Marathonem invenisse, ait *Critias* ap. *Athen.* L. I. p. 28. C. *Xenarchus* apud eund. II. p. 64. patinam vocat τροχήλατον κόρην, tanquam *rotae filiam*, ubi vide, quae collegit *Casaubon.* p. 133. *Tibull.* L. II. 3. 48. *Fictaque Cumana lubrica terra rota.* — V. 4. ὄξυ vulgo. δύσμορον ἐργασίης Brodaeus *deformem* interpretatur. Male. Est *miser, sudoris plenus et tamen consentiens labor*.

III. Servavit *Athen.* L. XV. p. 673. B. unde relatum est in Planudeae Append. p. 523. St. °23. W. Epulas in agro celebrandas describit poëta. — V. 3. χαμεύνα. Epulantes ap. *Theocrit.* Eid. VII. 132. Ἔν τε βαθείαις Ἁδείας σχίνοιο χαμευνίσιν ἐκλίνθημες. — V. 4. προμάχου. prope adest cubile viricis indigenae. Apollon. Rhod. III. 200. Ἔνθα δὴ πολλαὶ Ἑξείης πρόμαλοί τε καὶ ἰτέαι ἐκπεφύασι. Vide Intrpp. *Hesych.* v. πρόμαλος. — V. 5. λύγος. Cares sese oraculo morem gerentes amerina salice folitos fuisse coronare, *Athenaeus* narrat, eamque consuetudinem usque ad Polycratis tempora durasse. *Anacreon* στεφανοῦται τῇ τε λύγῳ καὶ τρύγα πίνει μαλινδία. Vide *Fischerum* p. 343. — §. 417.)
V. 8. ἥρων διωπότιν. Junonem, cujus antiquissimum templum Sami fuit, secundum *Herodotum* L. III. 60. Vide Intrpp. *Virgilii* Aen. I. 16.

IV. Cod. Vat. p. 613. Νικαινέτου. In Planud. p. 83. St. 122. W. Νικηράτου. In Msc. Bibl. Dresdensis tamen recte scribitur Νικαινέτου. In Cod. Planud. Bibl. Medic. ap. Bandin. T. II. p. 100. ἀδέσποτον est. Auctoris nomen aut ignoravit aut suppressit *Athen.* L. II. p. 39. C. καὶ ὅτι οἶνος φιλολόγους πάντας ποιεῖ τοὺς πλέον πίνοντας αὐτοῦ· ὁ

ἢ ποιήσας τὸ εἰς Κρατίνου ἐπίγραμμά φησι· οἶδας τα ....
Casaubonus vetusti Cod. orae haec reperiebat adscripta:
τοῦτο δὲ Δημητρίῳ τοῦ Ἁλικαρνασσέως φασὶν εἶναι. Eidem.
Demetrio tribuit *Zenobius* in Prov. VI. 22. p. 159. ubi
prius distichon habetur. *Suidas* Tom. III. p. 526. ὅλας
δὲ οἶνον καλὸν οὐ τίκτει ἔπος. τοῦτο ἐξ ἐπιγράμματος εἶναι
μέρος, οἱ μὲν Ἀσκληπιάδου, οἱ δὲ Θαρσίτου φασίν. Cf. *Michael. Apostol.* Prov. XIX. 78. qui eadem habet, nisi
quod ex *Zenobio* χρηστὸν οὐδὲν ἂν τίκης legit. Cum igitur
quatuor auctoribus tribuatur, vere dictum est. — In
v. 1. valde discrepant veteres. μέγας πίνει ἔπος. *Plan.*
πίνει μέγας ἔπος. *Athen.* οἶδας τοῦ ζόρδι τι φέρειν ταχδε
ἔπος καλόν. *Zenob. Brunckii* lectio, quae his omnibus
elegantior est, manavit ex Cod. Vat. et jamdudum probata fuit assensu *Beukeji* ad *Horat.* I. Ep. XIX. 1. 2.
*Prisco si credis, Mæcenas docte, Cratino, Nulla placere
diu nec vivere carmina possunt, Quae scribuntur aquae
potoribus.* — ταχδε ἔπος. Hinc sumsit *Antip. Sidon.*
Ep. I. πίνωμεν· καὶ γὰρ δὴ ἐτήτυμον εἰς κἀν ἔπος Οἴνας,
ἀντὶ πεζαῖς ἐκρατεῖς εἰς Ἀλίβεν. Similia quaedam de vino,
hoc loco imprimis commemorato, collegit *Gataker.* in.
Adv. Misc. Posth. c. XV. p. 557. — V. 2. καλὸν οὐ τίκτες ἔπος. *Plan. Suid.* χρηστὸν οὐδὲν ἂν τίκης sive τίκτει.
Athen. Zenob. et *Toupius,* qui haec protulit in Addend.
ad *Theocr.* p. 407. Aquae potores haud raro ut inepti
et frigidi homines a poëtis traducuntur. *Amphis* ap.
Athen. L. II. p. 44. Α. ὕδωρ ὕδωρ πίνοντές εἰσ' ἀβέλτεροι.
Antip. Thess. Ep. XLV. σήμερον Ἀρχιλόχοιο καὶ ἄρτινος ἄμαρ
Ὁμήρου Στόλαμεν· ὁ κρητὴρ οὐ δέχιθ' ὑδροπότας. ubi vide
nor. — V. 3. τοῦτ' ἔλεγεν. Vat. Nostrum est in Planud.—
ἔνιοι. Vat. — Nihil notius *Cratini* bibacitate, quem
Aristophanes periisse ait, moerore consumtum, quod vini
cadum vidisset fractum, in *Pace* v. 701. Exsecrationem
Cleonis ap. eundem in *Equit.* 599. εἰ σε μὴ μισῶ, γενοίμαν ἐν Κρατίνου κώδιον — ad illius poëtae vinolentiam.

spectare, monuit *Schol.* — Pro οἰωλὸς, quod habetur in Flor. et Ald. pr. ἄιωλον legit Ald. sec. ἄωλος Ascens. et fil. Aldi. Ἰωλος *Steph.* qui tamen ἰωλὸς praeferendum censet. Cod. Fabricii: οἰωλὸς τέθεν. Vat. οἰωλίτι. Vide *Rhodigin.* L. XXVIII. 35. — V. 5. τοῦ γὰρ ὑπὸ στεφάνοιε μέγας ἔβρυεν, εἶχε δὲ κισσῷ. Planud. et Vat. In hac lectione μέγας ortum videtur ex μέγαρον sive μέγαρα, cui ὕμνος substituit *Athenaeus*, ap. quem *Br.* lectiones habentur. — In versus fine κισσῶν *Athen.* habet, quod *Casaub.* mutavit in κισσῷ. — V. 6. ὥσπερ καί. Vat. et Plan. Pro διαπεπλεγμένον, in quo Planud. Athen. et Vat. Cod. conspirant, *Casaubonus* malebat διαπεπλεγμένον, quasi κίσσῳ sive annulo tempore cinctum. Hanc conjecturam, quam amplexus est *Heusingerus* ad *Plutarch.* de Puer. Ed. p. 55. merito infelicem judicat *Brunckius*, qui sensum sic explicat: Cratino, quemadmodum Bacchi statuis, ob perpetuam gestationem coronae hederaceae frontem colore croci infectam fuisse. Certe hederae nigrae, qua olim Pan, Bacchus et poëtae coronabantur, crocei sunt corymbi, unde *Theocrito* in Ep. III. crocea vocatur, καὶ ἀριπρέπεα κισσὸν. *Plin.* Hist. Nat. XVI. 34. Alicui hederae semen nigrum, alii crocatum, cujus coronis poëtae utuntur, foliis minus nigris, quam quidam Nysiam, alii Bacchicam vocant. *Dioscorides* L. II. 210. Ὁ δὲ μέλας καρπὸς φέρει τὴν καρπὴν μέλαιναν ἢ κροκίζουσαν, ὃν δὴ καὶ Βάκτρα Διονύσου καλοῦσι. Haec ille. Qui quod vulgatam tuetur, bene facit nobisque probantibus; quod vero *Cratini* frontem croceo colore infectam sibi finxit, minime probandum. Sensus est: εἶχε κίσσινον κισσὸν προκείμενον ἐστεμμένον, frons ejus hedera crocata instructa erat. *Touplus* laudavit Andream medicum ap. *Athenaeum* L. XV. p. 675. ταύτῃ οὖν βοηθήματι πρὸς τοὺς κότους χρώμενοι, τοῦς παρακειμένοις τὴν μιαιφόνην ἠδέσμενον· καὶ ἐπὶ τὴν ἡιεσσινον στέφανον ἦλθον, αὐτόματόν τε καὶ πολὺν ὄντα, καὶ κατὰ πάντα τόπον γενόμενον, ὄψαντα καὶ πρόσοψιν οὐκ ἀτερπῆ, χλωροῖς πετάλοις καὶ κορύμβοις συνέχοντα τὸ μέτωπον.

V. Cod. Vat. p. 287. „Exftat in Planudes p. 249. „St. 361. W. valde corruptum. Biton hic, ut verifimile „eft, perierat in oftio Strymonis fluvii, haud procul „Amphipoli, ubi fepultus fuerat. Ab ea urbe longo fa- „tis intervallo diftabat Torone, naufragi patria, 'quo „nuntiare jubet tumulus Bitonis fatum. Emendationem „cl. Reiskio debeo." *Brunck.* — V. 2. Λαιρὸν εἰς κὀτὸε L. 'Α. Planud. et Cod. Vat. — V. 4. Στρυμυνίης ἰρίφας. Plan. et Vat. — Pro πανεύδη Cod. Vat. πανεύδῃ.

VI. Hos verſus, quos fervavit *Partbenius* Erot. c. XL. *Brunckius* exhibet emendatos ad mentem *If. Voſſii* ad Melam L. 1. c. 16. p. 81. Verba *Parthenii* haec funt: Νικαίνετὸς φησι τὸν Καῦνον ἐρασθέντα τῆς ἀδελφῆς, ὡς οὐκ ἔληγε τοῦ πάθους, ἀπολιπεῖν τὴν οἰκίαν, καὶ διέξαντα πόῤῥω τῆς οἰκείας χώρας, πόλιν τε κτίσαι, καὶ τοὺς ὑυτενιδαπμνοὺς τότε Ἴωνας οἰκίσαι· λέγει δὲ ἔπεα τοιςδε· Αὐτὰρ .... Longe aliter hanc fabulam narraverat *Nicander* Ἑτεριοιωμένων libro fec. unde eam fervavit *Antonin. Liber.* c. XXX. Conf. etiam *Schol. Theocriti* Eid. VII. 115. ubi vulgo Δαύνῳ pro Καῦνῳ legitur; quod dudum emendavit *Ber- kelius.* — V. 1. De Mileto Cauni patre agitur. Hunc verſum refpexiſſe videtur *Stephan. Byz.* v. Οἰνοῦς. πόλις Καρίας. τὸ ἐθνικὸν Οἰνοῦσιος, καὶ Οἰνουσία, καὶ Οἰνούσιον ἄστυ. Pro Καλυνοὺς ante *Voſſium* in editis fuit καλανοὺς. Mileti conjugem alii aliter appellant. *Antonino* vocatur Idothea Euryti filia; *Ovidio* Metam. IX. 450. Cyanee, Maeandri fil. *Scholiaftae Theocriti* Αυία; quo nomine *Schol. Apoll. Rhod.* I. 186. Mileti matrem appellat. — V. 4. Vulgo δ' ἐξαλεάρε. Emendavit *Voſſius.* Cf. Inipp. *Hefychii* voc. ἀλεαλή. — V. 6. Vulgo corruptiſſime: μη δὲ φερτιιως. Eleganter emendavit *Voſſius:* μη δ' ὑπ' ἔξεν αἰας. Dia fuit Cariae urbs fecundum *Steph. Byz.* Sed hoc me male habet, quod cauſa, cur Caunus fugam capeſſiverit, indicatur nulla. Quare olim putabam legendum eſſe: μη δ' ὑπ' ἄρας ἀνὸτους φεύγων. hominum vituperationem fu-

gioss. Sed nec hoc fatis bene procedit; nec verfus vitium fic plane tollitur, cum, ut nuper monuit doctiſſimus *Heyns* p. 31. Cypri infulae mentio ab hoc loco aliena fit, Cauno per medias terras fugiente. Quare ille fufpicatur ὁμαλὸν κάτρον. Sed vide, an *Nicaenetus* fcripferit:

ἡ δ᾽ ἐπ᾽ ἴρων Δίας, φεύγων φρενώδεα Κύπρον,

quae leniſſima mutatio commodum fenfum praeſtat. *Nicaenetum* ante oculos habuiſſe videtur *Ovid.* Metam. IX. 632. *patriam fugit ille nefasque, Iuque peregrino ponis nova moenia terra.* Eum Byblis fequitur: *Quibus illa relictis Caras et armiferos Lelegas, Lyciamque pererrat, Jam Cragon et Lymiren, Xanthique reliquerat undas.* — V. 7. Vulgo καὶ Κύπρε. De Crago Lyciae octo verticibus infigni vide *Strab.* L. XIV. p. 665. — Pro Κάρια καρῶν fufpicatur *Heyne*, Calbin fluvium intelligi putans. — V. 9. αὐτῇ vulgo. Doctiſſimus *Legrand* fufpicabatur αὐτοπαοργήτα. — οἴτον *Brunck.* dedit cum editione Pariſina. Sed fcribendum οἴτον, quod *Heynius* quoque revocavit. Ductum hoc ex *Homero* Il. τ. 559. μή- τηρ δαιυμένες πολυπενθέος οἶτον ἔχουσα. Καὶ. *Callim.* in Lavacr. Pall. 94. μάτηρ μὲν γοερῶν οἴτον ἀηδονίδων Ἄγχι βαρὺ κλαίοιεν. Vid. not. ad *Crates.* fragm. VI. 6. p. 383. — ἀληλυγὼν. Avem intelligi ἀληλύγονεαν, verifimile eſt ex imitatione *Phalari.* Ep. V. μᾶτηρ, λυγρῇ ἡρυθι πέτρον ἰαλίας κακόει. Notabimus quaedam de hoc vocabulo ad *Agathiam* Ep. XXV. Ovidius haec fic expreſſit l. c. 642.: *Byblida non aliter latos ululaſſe per agros Bubaſides vidert nurus* — V. 10. Vulgo περὶ πυλάν. — Byblis fe a Cauno relictam eſſe conquerebatur. νόστος eſt iter, fuga. Hoc fenfu Philoct. *Sophocl.* 43. ἀλλ᾽ ᾖ 'πὶ φορβῆς νόστον ἐξελήλυθεν. *Eurip.* in Iph. Aul. 1261. Rhef. 427.

ALEXANDRI AETOLI
FRAGMENTA.

f. 418.] *I.* Cod. Vat. p. 172. Ἀλεξάνδρου Μαγνήτου. Planud. p. 432. St. 566. W. gentile non addidit *Alexandri* nomini. Tres fratres, venator, auceps et piscator, Pani artis suae instrumenta dedicant. — V. 2. ἐν βυθίοις. Plan. et Vat. — V. 4. „Ἄρεος ab Ἄρεως, idem quod Ἄρης. Vide *Suidam* in Ἄρεως. Sic etiam legitur in Vat. „Cod. Male in Planudea Ἄρηος, quod *Brodaeo* vitii „suspectum non fuit." *Brunck.* Vide *Toup.* in Cur. nov. p. 224. Causam reddit poëta, cur venatores et piscatores simul eum colant. — aa) Planudeae editt. veteres plane omittunt; Ascens. aha inseruit. — Totum hunc versum Vat. Cod. sic habet, ut *Suidas*. — V. 5. τῷ δ' ἀπὸ. Vat.

II. Planud. p. 325. St. 464. W. Hoc Epigramma in Venerem armatam scriptum esse, ut lemma indicat, ex ipsis poëtae verbis effici nequit. Quod enim Veneris statuam Palladis manibus factam ait, operis praestantiam indicat. Scribendum autem cum *Heynio* in Comment. Soc. Reg. X. p. 106. αὐτὰ, ut *Aldus* in sua cod. reperit. Una tamen Aldina sec. hanc lectionem in contextu exhibet. Argutius *ipsa* Minerva, pristinae irae et aemulationis oblita, Venerem finxisse dicitur. ἐνηκριβῶσατο de labore accurato et eleganti. *Aristoteles.* L. I. XI. p. 29. Ἰδοὺ κάλλος ἐνηκριβωμένον τῇ θέσει. Vide *Ernestum* in Lex. Technol. Rhet. v. ἀκριβῶσις.

III. Cod. Vat. p. 319. Ἀλεξάνδρου. ζῆν ὅτι ἐφαίνετο καὶ ἔστιν ἀκέανωτον. Edidit *Salmas.* ad Solin. p. 580. *Holsten.* ad Steph. Byz. p. 92. *Jensius* nr. 129. *Reiskius* in Anth. p. 166. nr. 780. Pessime corruptum et sine auctoris nomine legitur ap. *Plutarch.* de Exilio Tom. II. p. 599. Alcman poëta se felicem praedicat, quod non

Sardibus, sed Spartae nutritus fuerit. Vide ad *Leonidae Tar.* Ep. LXXX. — V. 1. Σάρδιες (a pr. man.) ἐρχαίας Cod. Vat. ἐρχαίας *Jenf.* ἐρχαίως *Plut.* Alcmanis majores igitur Sardibus vixerant; an ipse *Alcman* in eadem urbe natus fuerit, ex his verbis confici non potest. — V. 2. αλκαις ἥ τις καίη μανίλας. *Plutarch.* αίρτας ἢ τις ἐν ἢ μανίλας. Cod. Vat. Hae lectiones variis conjecturis locum dederunt. *Salmasius*: αελλὰς ἦν τις ἂν ἢ μανίλας. monoculus *essem aut castratus*. Prius docte defendit *Visconti* V. cl. in Musco Pio-Clement. T. III. p. 14. not. c. ubi plures commemorat imagines sacerdotum Isidis altero oculo minore et lusco. *Persius* Sat. V. 186. *Hinc grandes Gallis et cum sistro lusca sacerdos Incusere deos.* *Ursinus* in Fragm. Lyric. αίλμας ἥ τις κνίη μανίλας. At sic tautologia exoritur vix tolerabilis. De αίλμας vide *Zenob.* Prov. IV. 80. p. 104. ibique *Schottum.* Praeclare vidit *Reiskius*, pro αίρτας legendum esse χέρνας· sed in μανίλας, emendatione ab aliis occupata, ut erat novarum rerum supra modum studiosus, acquiescere nolens, inepte legit μανιλᾶς, quod *ligonarium* significare fingit. *Hesych.* χέρνας πένης. λέπρας. χειροτέχνης. ὁ ἀπὸ χειρῶν ζῶν. Longe aliud quid significat αίρτας, de quo vocabulo vide *Polluc.* IV. 103. *Leopard.* in Emend. IV. 2. *Potter* ad Clement. Alex. p. 14. 2. — De μανίλας consulo *Phrynichum* et Intrpp. p. 118. τὸν γυναικεῖον καὶ βάκηλον jungit *Photius* in Lex. Msc. βάκηλοι καὶ εὐνοῦχοι *Lucian.* T. III. p. 175. 91. Idem p. 395. 79. ἀς ἐγείρουσι τῇ μητρί σὺν αὐλοῖς καὶ συμβάλοις βάκηλοι γενόμενοι· qui locus praeclare facit ad *Alexandri* locum. — V. 3. τὸν δὲ μοι δαλε Οὐρανοῦ ἐκ Σ. Cod. Vat. Nostram lectionem habet *Plutarch.* et *Ursin.* Ipsum poëtae nomen, ab illa derivandum, hic non sine gravitate ponitur. — Verba ἐμοὶ πολυτελέσθος *Salmas.* e Cod. Vat. hic reposuit. Ap. *Plutarch.* ἐμοὶ πολίτας, vacillante metro. *Ursinus* ex conjectura procul dubio πόλιας ταύτας. — V. 5. Ἑλληνίδας. *Plu-*

zarcb. nec *Urfinus* hanc lectionem mutavit. Sinceriorem Cod. scripturam dedit *Salmaf.* et *Heringa*, qui hoc distichon laudat in Miscell. Obss. Nov. III. 2. p. 930. — V. 6. „*Gyges* primam vulgo producit. Alexander tamen „Aetolus, ut in his sane peregrinis nominibus major „est licentia, priorem in Γύγης corripuit: Θησαν Δασκύλιω „μείζονα καὶ Γύγεω. Ita nunc fertur et ap. Plutarchum et „Holstenium Δασκύλιω. Mendose tamen, nisi auctori er„rorem potius quam librario impingas. Quippe Dascy„lus sive Dascyles Gygis pater non tyrannus erat, sed „privatus. Aut scripsit aut scripsisse debuit: Θησαν Κατ„δαύλεω μείζονα καὶ Γύγεω. De Candaule et Gyge tyran„nis nota est historia." Haec *Bentlejus* scripsit ad *Horat.* II. Carm. XVII. p. 132. Dascylus, quem *Herodotus* commemorat L. I. 8. non tyrannus quidem, sed tamen ex primoribus Lydiae viris fuisse videtur; quamvis non ignoro, fuisse, qui Gygem pastorem dicerent. Vide *Vakfii* Emendatt II. 25. p. 78. Sed hi aliam traditionem secuti sunt. Quare doctam hanc lectionem sollicitandam non puto. — Pro Δασκύλιω Vat. Cod. Δυσκύλιω habet; τᾶ ν superscriptum est ω. — Pro μείζονα Plutarch. et Urfin. κρείσσονα.

§. 419.] *IV. Macrob. Saturn. L. V. 22. Alexander Aetolus, poëta egregius, in libro, qui inscribitur* M u s a e, *refert, quanto studio populus Ephesius dedicato templo Dianae curaverit praemiis propositis, ut, qui tunc erant poetae ingeniosissimi, in deam carmina diversa componerent. In iis versibus Opis non comes Dianae,* [ut ap. Virgil. Aen. IX. 532.] *sed Diana ipsa vocata est. Loquitur autem, ut dixi, de populo Ephesio:* ἀλλ' ὅτε . . . — V. 1. Quum Ephesii Timotheum, Thersandri filium, propter citharae et cantus scientiam a Graecis in summo honore haberi comperissent, hunc virum mille siclorum aureorum mercede permoverunt, ut Dianam carminibus celebraret. *Timotheus*, Milesius, is est, qui chorda-

rum in cithara numerum duxisse fertur ap. *Pausan.*
L. III. 12. p. 237. cum quo conf. quae ex *Artemone*
protulit *Athen.* L. XIV. p. 636. E. et quae collegit
Fabricius in Bibl. Gr. T. II. p. 158. ed. *Harl.* — τέγχι
In τέγχυ mutandum esse, monuit *Brunck.* Γραικῶς pro
Ἑλλησιν. ut *Callimach.* Fragm. CIV. et CLX. Vide *Stephan.* Byz. in Γραικοί. et *Hesych.* v. — V. 2. κιθάρης
ὁμοία. Epigr. ἀδεσπ. DXXXVIII. Πέτρη Μίλητος τίκτει τὸν
Μοῦσαις ποθεινὸν Τιμόθεον, κιθάρης δεξιὸν ἡνίοχον. — V. 3.
ἡνίοχον et versu sq. ἱερὴν χιλιάδα legit *Macrob.* Hinc *Salmasius*, qui hos versus laudat ad Solin. p. 572. D. correxit: ποιήσειν αὐτῷ εἴχλων Χρ. ἱερὴν τῶν τότε χιλιάδα. *mille
figlorum aureorum mercede, quales tum in usu.* Dubito,
an verbum ποιοῦνται hic locum habeat, aut omnino eo
sensu usurpetur, quem *Salmasius* ei tribuit. *Brunckius*
ᾄσειν tentat, interpretatione addita: *Deno M ficlorum
ab hoc viro impetravit, ut celebraret.* Sed hoc sensu media voce utuntur Graeci: ᾐνέσατο. Fortasse fuit:

υἱὸν Θερσάνδρου, ᾐνέσατο τὸν ἀνέρα —

nisi malis:

υἱὸν Θερσάνδροιο, ἔγηρε τὸν ἀνέρα —

Verbi ἰαύειν vim, qua *excitare, persuadere* significat,
illustravit *Morkland* ad Suppl. p. 157. *Küster* ad Arist.
Nub. v. 42. et *Ruhnken.* ad Tim. p. 119. — Varium fuit
apud diversos populos sicli pondus. *Hesych.* Σίγλον. νόμισμα
Περσικόν, δυνάμενον παρὰ ἰβδελὰς Ἀττικός· — δύναται δὲ ὁ
σίγλος ὀκτὼ δραχμὰς Ἀττικὰς. Vide Interpp. — V. 5. Ὄπιν.
Sane hoc nomen ipsius Dianae fuisse ab Ephesiis dedicato
templo ei impositum, *Alexander Aetolus* poeta in libro, qui
inscribitur *Musae*, refert. *Servius* ad Virgil. Aen. XI.
532. Disputavit de hoc Dianae nomine *Spanhem.* ad
Callim. H. in Dian. 204. p. 315. Cf. *Fischerum* in Indice ad *Palaephatum* v. Οὖπις. — βακτέρα ὁιστῶ mallet
T. *Hemsterh.* ad Lucian. Tom. II. p. 341. ed. Bip. pro-

vocans ad *Scaligerum* in Manil. V. 630. — Κεγχρειὰς Nomen Κεγχρέαι pluribus urbibus commune fuit. Vide *Steph. Byz.* p. 373. *Strabo* L. VIII. p. 376. Hoc loco Cenchreas Corinthiacas significari, puto ex loco *Pausan.* II. 2. p. 114. τὴν δὲ ἐς Κεγχρείας ἰόντων ἐξ Ἰσθμοῦ ναὸς Ἀρτέμιδος καὶ ξόανον ἀρχαῖον. — V. 7. ἄλλα ἔργα. *Macr.*

V. "Servavit hoc fragmentum Parthenius Erot. "c. XIV. unde defcriptum typothetae datum eft. Inter "corrigendas fchedas e prelo miffas fubitaria opera quae-"dam admodum corrupte fcripta emendavi, non recor-"datus felicem medicinam horum verfuum quibusdam "adhibuiffe *Pierfon.* ad Moerin p. 194." *Brunck.* Fabula de Antheo, quem Phobii, Milefiorum regis, conjux, cum ad amorem non potuiffet pellicere, dolo interemit, per vaticinium effertur. Hinc apparet, *Alexandrum* in hoc carmine Apollinem loquentem induxiffe. — V. 1. Νηληϊάδαο corrigendum effe, monuit *Brunck.* Erat Phobius ex familia Nelei illius, qui, Athenis reliêtis, cum Ionum colonia in Afiam venerat, ibique Miletum condiderat. *Aelian.* V. H. VIII. 5. Alii Νηλιάδε, alii Νηλιάδε fcribunt. Vide *Perizon.* L. c. et *Davif.* ad Maxim. Tyr. XXXV. 7. p. 175. ed. *Reisk.* — V. 3. ἄλοχος, quam Cleobaeam nonnulli, alii Philaechmam appellabant, fecundum *Parthenium.* — ἧς ἔτι νύμφης. quae cum paulo ante nupfiffet I hobio. νύμφα· ἡ νεωστὶ γαμηθεῖσα. *Hefych.* νύμφαι — αἱ νεόγαμοι κόραι. Idem. Vide Spanhem. ad Callim. H. in Apoll. 90. p. 140. — V. 4. ἐλάσατ' pro ἐλάσατο· pluralis pro fingulari, ut ap. *Homerum* paffim, Odyff. η. 105. μετ' ἠλάκατα στρωφῶσα. ζ. 53. ἠλάκατα στρωφῶσι ἁλιπόρφυρα. καλὸν pro καλῶς. — V. 5. Ἀσσησιὼ βασιλῆος. Affefus urbs agri Milefiaci. Vide *Steph. Byz.* Hinc Minerva Affefia ap. *Herodotum* L. I. 19. p. 9. ubi vide *H'effeling.* qui fe non decernere ait, in hoc *Alexandri Aetoli* verfu Ἀσσησιῶ viri an oppidi nomen fit. — V. 8. "Scr. Πειρήνης. notus fons in Corinthi arce. Aêtaeo-

„nis et patris Meliſſi hiſtoriam habent Schol. Apollon.
„Rhod. IV. 1210. Diodor. Sic. in Excerpt. T. II.
„p. 548. Maxim. Tyr. Diſſ. XXIV. p. 283. Plutarch.
„Amator. narr. p. 772." *Brunck.* Ap. *Galeum* Μελίσσῳ
Πατρέως (pro Cod. lectione Πατρέντος), et mox θαλάσσει μέγαν
ἅλα legitur. *Valeſius* ad Diodor. Sic. l. c. corrigit: καὶ
Μελίσσου Παρέντος *valent' k. θ. Θαλάσσει.* Melius *Daviſius*,
qui nihil niſi Πατρέντος et θαλάσσει emendandum eſſe vidit. — Haec de Meliſſi filio, Actaeone, cujus mors
Corinthiis libertatem a Bacchiadarum dominatione peperit, per digreſſionem inferuntur. — ἀφρείβοιεν θαρ.
ut ap. *Aeſchyl.* in Suppl. 862. — V. 11. Ἀνθέως. Haec
cum quinto verſu arcte cohaerent. — Antheo conſpecto,
Phobii conjux, velut exſternata, amore inflammabitur.
λιθλευστος ἔρως, graviſſimis poenis dignus, ut λιθλευστος
ἔρως ap. *Sophocl.* Aj. 254. λιθοβλητός, *Suid. Callimach.*
Ep. IV. ψυχὰ — ἡ λιθλευστος. — V. 13. Vulgo καθαψα-
μένης et verſ. ſq. Ζῆνα θεὸν ξ. Si vera eſt *Brunckii* emendatio, νέλεσι conatum ſignificare debet. Sed haeremus
in ἀτέλεστα. Hoc vocabulum ſi adverbii poteſtate acceptum cum νέλεσι jungitur, (*conabitur ei perſuadere,
quae exitum non habebunt*) κομίσται ſenſu caret; ſi, ut
ſubſtantivum, a κομίσται pendet, ipſum vocabulum ἀτέλεστα qua ſignificatione accipiendum ſit, non video.
Mihi hujus loci color ductus videtur ex *Homeri* Il. Ζ.
160. τῇ δὲ γυνὴ Προίτου ἐπεμήνατο, δι' Ἄντεια, κρυπταδίῃ
φιλότητι μιγήμεναι· ἀλλὰ τὸν οὔτι πῖθ᾽ ἀγαθὰ φρονέοντα
δαΐφρονα Βελλεροφόντην. Hinc conjectura mihi enata eſt,
Alexandrum noſtrum dediſſe:

καί ἡ καθαψαμένη γούνων, ἀθέμιστα τελέσσαι
νέλεσι· Ζῆνα δ᾽ ἀνὴρ ξείνων αἰδόμενος.

Illa Anthei amore flagrabit; et ſupplex ejus pedibus
advoluta, ut nefas committat, perſuadere conabitur.
Ille autem Jovem, qui hoſpitalitatis jura metuer, reve-
ritus, ejusmodi flagitium abominabitur etc. Verba ἀθέμιστα

μετα τελέσαι, auribus a librario accepta, facile locum dabant depravationi in ἐπιλίοτα ποιήσαι. Sic *Hynio* quoque fcribendum videbatur in nova *Parthenii* editione p. 39. Idem tamen in pentametro nihil mutat. — V. 15. "Scribe: καὶ ἄλα ξυνιᾶσι τραπέζης. Hoc ex ipfo "Parthenio manifeftum eft: ποτὶ δὲ Δία ξένιον καὶ κοινὴν "τράπεζαν προϊσχόμενος. Heliodor. Aeth. VI. p. 265. ἀλλὰ "πρὸς ξενίων καὶ φιλίων θεῶν· πρὸς ἁλῶν καὶ τραπέζης, ὧν, ὡς "φοίμεν, φιλανθρώπων ἐν ἡμετέρῳ κεκοίνωθε. " *Brunck.* Adde *Plutarch.* T. II. p. 295. C. ἐπίγνω εἰκαδὶ καὶ μεταλαὶς ἀλῶν καὶ τραπέζης. Fuit proverbialis dicendi ratio ἅλα καὶ τράπεζαν μὴ παραβαίνειν, quam attigit *Goracker* in Mifc. Adv. Poftlt. c. XLIII. p. 890. Hanc *Schottus* ad *Zenob.* Cent. I. 62. p. 20. e Pythagoreo praecepto fluxiffe putat; mihi autem *Archilochus* ejus auctor fuifle videtur. Dio *Chryfoft.* Or. LXXIV. T. II. p. 401. ed. *Reisk.* τὸν Ἀρχίλοχον οὐδὲν ὤησαν οἱ ἄλες καὶ ἡ τράπεζα πρὸς τὴν ὁμολογίαν τὸν γάμον, ἣν φησὶν αὐτός. — V. 16. Haec derivata videntur ex *Euripidis* Hippol. v. 653. ubi Phaedrae privignus fe luftrationibus egere putat, quod nutricis, nefanda poftulantis, verba audiverit: ἐ 'γὼ ἱεροῖς ναςμοίσιν ἐξομόρξομαι, Εἰς ὦτα κλύζων· ubi vide fimilia a *Valckenario* collecta. Hunc locum laudavit etiam doctiff. *Legrand.* —

¶. 420.] V. 17. γάμον. ut nupsiae ap. Latinos de concubitu. Vide *Muncker.* ad *Anton. Liber.* c. I. p. 8. ed. Verh. — Mulier, ubi fe contemtam viderit, iram et dolorem pectore premens, dolo Antheum perdere conabitur. — V. 21. "Melius Pierfon νέον ἀντλούμενος, quia "minus recedit a vulgato. Dein nulla literarum muta"tione διὰ μὲν καλὸν ἥρπασεν εἴσω. Ego fenfui magis, quam "literarum ductibus intentus, multo meliorem, fi fen"tentiam et fermonis proprietatem fpectes, excogitavi "lectionem, licet altera probabiliorem fpeciem prae fe "ferat. Nam οἶον funis eft nauticus, quo navis ad litus "ligatur, aliis προμνήσιον. Praeter Lycophronem, qui rara quaeque vocabula et a ceterorum usu remota complectatur, neminem novi, qui ὅτι adhibuerit, quod, etiamsi magis esset tritum, nescio tamen an suni, quo situla in puteum demittitur et attrahitur, aptari posset. "Tum epitheto καλὸν huic funi tributo quid ineptius esse potest? Hic non significat *pulchrum*, sed notare debet *bonum*, *usui aptum*, quod re ipsa falsi arguitur: talis enim raptus non fuisset. Τῷ ὑγρῷ τὸν καλὸν διέρρηξε, gravitate funem disrupit, quod de aures situla non omnium. Penes eruditos judicium esto." *Brunck*. Vulgo legitur τὸν ὑγρ' ἀναλυθέντος —. Prius vocabulum praeclare mutatum a *Pierfono* in νιῶν, cujus nec reliquas emendationes improbasse videtur *Ruhnken.* in Auct. Em. ad Hesych. p. 804. ubi γανλὸν ab eruditissimo *Moeridis* interprete minus apposite per *μελάγραν* explicari monet. In *Brunckii* lectionibus vix dubites quin καλὸν vera sit et genuina *Alexandri* manus; sed ὑγρῷ longius abit a vulgato νιῶν. Scribendum videtur:

νιῶν ἀντλούμενος διὰ μὲν καλὸν ἔρρει σανόν.

Situla aurea, cum tam nuper ex puteo attraherem, funem putrefactum et minus adeo firmum disrupit. σανὸν, ἀταλά, σανόν. σαθρόν. χαῦνον, ἀσθενές. παρὰ Κρατίνῳ. Hesych. ex certissima *Alberti* correctione. Hoc ipsum in nostro loco requiritur. Error ex literarum metathesi ortus. — De verbo ἔρρειν, unde ἔρρει, vide. *Valcken.* ad *Herodot.* III. 230. 37. — Rupto fune, situlam in aquam delapsam esse, mentiebatur illa. ἐς νύμφας, εἰς τὸ ὕδωρ. — V. 24. Pro πᾶσιν *Pierson.* ταύτην malebat, improbante Bunckio. Omnibus facilem descensum esse ait; aut ταὐτὸν ἁπτὸν idem valet ac παρὰ πάντων ἁπτὸν. — Marginem sive os putei στόμιον appellat poëta, quod alii περιστόμιον. Vide *Pierson.* l. c. qui v. 25. vulgatum τοι ἂν μετὰ φ. in τότ' ἂν μέγα φ. mutavit, quod nec *Bunckium* fugit. *Per deos te rogo, si in puteum descendens, nec difficilem esse descensum ajunt, situlam inde pueros, omnium mihi ju-*

cundiffimus fores. — V. 26. „Scribe Νηλείδας ἰάματι. „Barbarum eſt, quod ex Galei Parthenio dedi. A Νημλεὺς, Νηλέως, patronymica ſunt, Νηλείδης, Νηληϊάδης, Νημληϊάδης. In ſcriptura patronymicorum mendoſi ſunt „fere ubique libri. Videndus Euſlathius ad primum „Iliadis verſum."*Brunck.* — V. 27. Antheus inſidias ſibi ſtrui non animadvertens, veſtem, matris ſuae opus, depoſuit. Λελεγηΐην, i. e. *veſtem Mileſiam*. Miletus enim, in iis regionibus condita, ubi primum Leleges habitaverant, ipſa Λελεγηὶς dicta, ut ex *Didymi* Sympoſiaco docet *Stephan. Byz.* v. Μίλητος. — Mirum nomen, quod Anthei matri poëta tribuit, Ἑλλαμίνη. Suſpiceris Ἀλλαμένης, quamvis in talibus omnis conjectura lubrica eſt. *Legrand Ἱκεαμίνης* conjicit. — V. 30. λιφά. Uſus eſt hoc vocabulo *Callimach*. Fr. CCXXIX. λιφος ἐγώ· τί δέ τοι τῆνδ᾽ ἐπίθημα τάφου; *Hefych.* λιφά. ἐπωδή. λιφές. ἀπιέζυντες. ἐπωδές. ἄρκοῦς. Vide *Arnald.* Lect. Gr. p. 90. Idem vocabulum mihi perſuadeo olim lectum fuiſſe in *Aeſchyli* Eumen. 169. ubi vulgatur: κάμοί γε λυτηρὸς καὶ τῶν οὐκ ἐκλείπεται. Correxerim: μὲν ᾗ γε λιφός, αὐτὸν οὐκ ἐκλείπεται. Quamvis ſit impudentia et audacia plenus, illum tamen mihi non eripiet. — V. 33. Vulgo ὀγκώσει legitur; neque mutandum erat hoc verbum, ſed potius in praecedente verſu vulneris ſedes quaerenda. Scripſerim equidem:

καὶ τόδε μὲν ξείνων πολλὸν ἀποτμοτάτῳ
ἠρίον ὀγκώσει τὸ μιμαρμένον.

et hunc tumulum illa beſpitum infeliciſſimo exſtruet. *Euphorion* Ep. II. ᾧ ποτὶ χθῶν Ἡγκώδην Δρυόπων ἐνάσεν ἐν βοτάναις. *Eurip.* in Ione 388. ὡς, εἰ μὲν εἴσιτ᾽ ἐστιν, ὀγκωθῇ τάφῳ. — *Legrand* tentavit ἠρίον οἱ χώσει τὸ τεταγμένον. *Heynius*: καὶ τότε μὲν ξείνων πολλὸν ἀποτμότατον Ἠρίον ὀγκώσει μεμαρμένον. *Tum eum tumulus affabre factus premet*.

Infigne *Alexandri Aetoli* fragmentum, fed mire depravatum, exftat ap. *Athenaeum* L. XV. p. 699. C. quod cum omnibus vitiis defcribam:

> Ὡς Ἀγαθοκλέος λάσιαι φρένες ἔλασαν ἔξω
> πατρίδος, ἀρχαίαν ἣν δι' ἀνὴρ πρηγόταν·
> εἰδὼς ἐκ νεότητος καὶ ξείνοισιν ὁμιλεῖν,
> Ξεῖνος, Μιμνέρμου τεῖ τε πέρα προνίαν,
> Παιδομανεῖ σὺν ἔρωτι πότνη ἴσον ἔγραφε δ' ἄν
> Ἡρῶς παρ' Ὁμηρείῃ ἀγλαίῃ ἐπέων,
> Πινσυτόας φορθέαν κνίδας ἥ ἐπα χλοῦσαν
> φίλων ἐθήρη σὸν κακοδαιμαίῃ,
> Τοῖα Συρηκοίσις καὶ ἔχων χάριν, ὡς καὶ Βοιωτίδε
> Ἕλενον Εὐβοίῳ τέρψεται ἀπ' ὀλίγων.

In hoc fragmento quaedam divinitus reftituit *Cafaubonus*, judicante etiam *Valckenario* in Diatr. p. 279. B. C. quaedam probabiliter; nonnulla plane non attigit. Tentavit hic ingenium *Weftonus* in Hermefianacte p. 69. fqq. fed parum feliciter, nifi me fallit memoria; liber enim nunc non ad manus eft. Duo priora diſticha, *Cafauboni* conjecturis adjutus, in hunc modum reſtituenda fufpicor:

> Ἴθι' Ἀγαθοκλέος λάσιαι φρένες ἔλασαν ἔξω
> πατρίδος, ἀρχαίαν ἣν δι' ἀνὴρ πρηγόταν·
> εἰδὼς ἐκ πεύτητος καὶ ξείνοισιν ὁμιλεῖν
> ξεῖνος, Μιμνέρμου δ' εἰς ἔπος ἄκρον ἰών.

In priorum verfuum interpretatione *Cafaubonus* a vero longiſſime aberravit. De exule agitur, quem Agathocles, Siciliae tyrannus, e patria ejecerat, viro cum generis nobilitate, tum ingenio et virtutibus excellente. Recte fcripfimus Ἀγαθοκλέος λάσιαι φρένες. ut ap. *Homer.* Il. β. 851. Πυλαιμένεος λάσιον κῆρ. V. 4. totus ex egregia *Cafauboni* emendatione reſtitutus eſt. In proximis conſtituendis ab *Athenaei* interprete et reſtauratore recedo:

παιδομανὴς, δυσέρως τί ποτ' ἦν· ἔστι ἔγραφε δ' ὁ ἀνὴρ
τοῖς παρ' Ὁμηρείην ἀγλαΐην ἐκέων
παίγμασι στρεφθεῖσι μάλα ἡδέσι — —

Hanc monstrose corrupti loci medicinam nemo facile violentam dixerit. Puerorum amator erat is, de quo hoc loco agitur, (παιδομανὴς, ut Meleagr. Ep. XLVIII. Rufin. Ep. XIV. εἴπατε παιδομανὴς, ὡς πρίν ποτε) et semper amoribus irretitus; id enim est δυσέρως, ut passim monuimus. Quae sequuntur, continent descriptionem parodiarum scriptoris. Verba sic jungenda: ὁ ἀνὴρ ἔγραφεν ἔστι τοῖς παρεστραφθεῖσι ἀγλαΐην Ὁμηρείην παίγμασι μάλα ἡδέσι. In parodiis cum aliorum poëtarum illustrium, tum etiam Homeri, sed Homeri praecipue, versus in alienum sensum detorquebantur, risus captandi causa. Hoc *Alexander Aetolus* vocat παρεστραφθεῖ τὴν Ὁμηρείην ἀγλαΐην ἐκέων, splendorem carminum Homericorum detorquere, et quidem παίγμασι μάλ' ἡδέσι, lusibus valde jucundis. — Horum parodiarum auctorum scribendi genus secutus est Euboeus, ἔστι ἔγραφεν αὐτοῖς. — Proxima fortasse sic corrigi debent:

οἱ τ' ἀπὸ κλωστῆς
φλοῖαν' ἀβόρωσιν — —

Ad οἱ τι ex superioribus repetendum τοῖς. *Ei iis par erat, qui celebrem pblyacem ludunt.* — In reliquis caecutio, nisi forte ultimum distichon sic fere constitui potest:

(τοῖς Συρηκοσίοις καλὰ χέρματα) ὃς δὲ Βοιωτοῦ
ἔκλυε, π' Εὐβοίῳ τέρψεται οὐκ ὀλίγον.

Alexandri Aetoli versum laudat *Gellius* XV. 20. καὶ παίζειν οὐδὲ παρ' οἷον μεμαθηκός. Quem, ubi de verbo παίζειν disputat, protulit *Ruhnkenius* ad Tim. p. 261.

PHALAECI EPIGRAMMATA.

¶. 421.] *I.* Cod. Vat. p. 608. Quatuor priores versus profert *Salmaf.* ad Solin. p. 28. D. ubi ναῷ pro δώμῳ poni evincere studet. In Cod. tamen ωεθ, idque verum. Sic *Callimach.* Ep. XVII. 2. Quid huic Epigrammati occasionem dederit, non satis video. An in quatuor athletarum imagines conscriptum est? Loquuntur certe, si recte video, cursor, luctator, pancratiastes et pugil. In fine tamen tres tantum victoriae commemorantur; quare *Brunckius* illud pro mutilo habuit. Fateor, me hoc carmen non satis intelligere. Κρὴς v. 3. nomen est proprium. Κρηθίδς. Plures hoc nomine occurrunt in fabulis. *Paufan.* IV. 2. p. 283. V. 8. p. 393. *Antimachus* ap. eund. VIII. 25. p. 650, Ἀλχαστος Τελαθους Κρηθηιάδαν. — V. 5. κλισίῃ ἢ ἴσπερ ἄμμιν. Vat. — V. 6. ἰμέτω. Vulgaris significatio, quae tribuitur voculae ἵμερος, ἵμερος et ἱμερα, huc plane non quadrat. Verbum esse videtur, et fortasse scribendum ἵμετα pro ἵμεσσαι, ut ἰνίετα pro ἰνίεσσαι. A verbo νέομαι, possideo, gusto, formatur ἐμπάομαι, cujus compositionis exempla sunt ap. *Hesych.* in ἐμπεπᾶσθαι, ἐμπάσεις et ἐμπαμμή, ubi vide *T. Hemsterhusium*. Hoc autem loco ἐμπάομαι pro γνώομαι videtur positum, adjuncto genitivo. γνώσθαι pro imbui, nancisci, apud poëtas non infrequens. Vide *Gronov.* ad Herodot. p. 93. 31. Plurimum huc facit *Pindar.* Pyth. X. 11. γνώσεται γὰρ κίθλων. et Isthm. L 29. γινώμενοι στεφάνων νικαφόρων. — Pro Ἰσθμοῖ Vat. Ἰσθμὸν et v. ult. Ἥραν legit. — In *Heraeis* illum, qui hic loquitur, victoriam reportasse puta. — In fine nonnulla desunt.

II. Cod. Vat. p. 608. sq. In monimentum, Lyconi comoedo positum, fortasse ei, cui Alexander Macedo εἰς τοιχῶν κωμῳδίαν ἐμβαλόντι στίχον ἀργυροῦ, γελώσης ἴδιον δίαν τάλαντα. *Plutarch.* T. II. p. 334. E. F. — V. 1. περισσὸν ἐκπίασμα, imago humana specie major. καμπυλόγυ-ἧκες, καμφθὲν ὑπομυντὸς, secundum *Brunckium*. Vox Lexi-cis addenda. Post hanc vocem, ante εἰς, haud scio an comma ponendum sit, ut verba εἰς θείαμβον jungantur cum sequentibus: qui ad triumphi pompam hedera et coronis, i. e. corona hederacea cinctus est. — V. 4. ἔστατα Vat. — V. 5. Junge: ἄγκειται μνᾶμα τοῦ χαρίεν-τος· πάντων, ὅσα αὐτὸς (Λαμπρὸς ἀνὴρ) ἔπραξεν ἐν λέσχῃ καὶ ἐν τῷ οἴνῳ. Hus versus autem passim interpolavit *Brunckius.* Nam v. 5. pro κορίτερἕς Cod. habet καθότερθε et v. 7. ἐν τ' οἴνῳ τί ε καί τι τοῖς· —. Ad verba ἐν οἴνῳ καὶ λέσχῃ fa-cit distichon nescio cujus ap. Athen. L. I. p. 32. C. ᾖ γὰρ ἴσος τόδ' ἀληθές, ὅτ' οὐ μόνον ὕδατος αἴσαν, 'Αλλά τι καὶ λέσχης οἶνος ἔχειν ἐθέλει.

III. Cod. Vat. p. 169. sq. Φαλλικὸν. *Kusterus*, qui hoc Epigr. profert ad *Suidam* v. θίασος. auctorem Φιλιππον vocat. *Phalaeci* nomen gerit in Anth. *Reisk.* p. 16. nr. 444. Mulier, quae in Bacchi famulitio consenuerat, ornamenta et instrumenta orgiorum deo consecrat. — V. 1. *Suidas* excitat ad v. θίασος et βόμβον. Instrumenti, quod hoc versu describitur, significatio paulo obscurior. στρεπτὸς βόμβος tympanum rotundum esse videtur, quod Bacchae manibus tenentes crebro rotabant. *Photii* Lex. Msc. βόμβος, ὁ ἔχεται οἱ ἐπιθειάζοντες, ὡς τὸ τύμπανον, οὕτως κῦκλις. Si tamen *Photius* eum *Eupolidis* locum signifi-cavit, quem laudat *Schol. Apoll. Rhod.* IV. 144. comi-cus non de tympano, sed de trochisco magico locutus est. De tympano videndus inprimis *Perizon.* ad *Aelian.* L. IX. 8. — μοῦστα δίλεσιν Βασσαριοῦ illud instrumentum vocat, quod Bacchas incitat et stimulat., *Lucret.* L. II. 619. *Tympana tenta tonans palmis — Et Phrygio stimu-las numero cava tibia mentes. Aeschylus* ap. *Strabon.* X. p. 721. C τίμπαλοι μέλος, μανίας ἐπαγωγὴ ὁμοκλάν. — V. 2. ap. *Suidam* in ἀμφίθυρον et ἐκαλεῖν. — ἀμφίθυρον habet apogr. Lipſ. Noſtrum eſt in Val. et ap. *Suid.* — σκόλες temere in σκόλοπ mutavit *Kuſter.* Tom. I. p. 150. Vide *Salmaſ.* qui hoc diſtichon laudat ad Solin. p. 607. F. et *Toup.* in Cur. Sec. p. 159. *Brunckius* in Lect. p. 99. improbat lectionem, quam, a Cod. fide recedens, in Analectis dedit: καὶ σκότος κ. g. ἐχεινίνης. σκόλος. τὸ ἄγμα. τὸ ἴνδυμα. Schol. ad *Nicandr.* Alex. 270. *Callimach.* ap. Suid. T. II. p. 279. τὸ δὲ σκόλος κυδρὶ καλότερε Γιγνόμινον ὑφιντῶ. Haec *Toupius* laudavit, ubi in noſtro verſu partem vulgatae tuetur, partem temere impugnat. ἀγριδόρου, quod reponendum cenſet, ineptum eſt. ἀμφίδορα. παταχθὲν περιέχουσα, παταχθὲν ἐπλεμένα. *Suid.* pellis tota cum capite pedibusque, *ita ut Baccham totam ambiret*, ut doctiſſimus editor explicuit. ἀχαλὼσ᾽ περὶ ἐλάφου ἱλάμα. *Heſych.* Fuſe de hoc vocabulo diſputavit *Salmaſ.* ad Solin. p. 156. ſq. cujus ſententiam amplexus eſt *Bochartus* in Hieroz. III. 24. Varias eruditorum explicationes recenſet *Geſner.* Hiſtor. An. in *Cervus.* A. De vellere aureo *Apollon. Rhod.* L. IV. 174. ἔσσυ δὲ μίν ῥα βοὸς ἤυσς ἢ ἐλάφοιο Πυγμόν, ἥν τ᾽ ἀγρόται ἀχαίντων καλίουσι, Τόσσον ἔων πάντη χρύσεον ἐφύπερθεν ἔεσσε. De στικτόν, quo maculoſa hinnuli pellis ſignificatur, vide *Schneider.* ad Oppian. Cyn. II. 403. p. 362. — V. 3. *Suid.* in παρεβαντελας et ἰσχύματα. βόττρα. De cymbalis interpretatur *Reiskius.* His Corybantes utebantur, ut et crotalis, de quibus equidem τὰ βόττρα interpretari malim. Poëta ap. *Hephaeſtion.* in Enchir. p. 40. Γαλλαὶ Μητρὸς ὀρείης φιλόθυρσοι δραμάδες, Αἷς ἔντεα παταγεῖται καὶ χάλκεα κρόταλα. *Pindarus* ap. *Strabon.* L. X. p. 719. B. Cujus verba vehementer depravata ſic fere correxerim:

Σοὶ μὲν πατόγημα, μᾶτερ, πάρα
μεγαλοβρόμβων κυμβάλων,
ἐν δὲ καὶ χαλκέδεντα κρόταλα
αἰθομένα τε δαῒς ἀπὸ ξανθὰς πεύκας.

Scripſimus πατόγημα pro κατάχεις, revocata ſyllaba fugitiva et paucis mutatis. κροτάλων χειροτονεῖς πάταγος. *Meleager* Ep. LX. ἰσχίματα βυτηρών. *Noster.* τυμπάνων ἰάχησις. *Euripid.* in Palam. ap. *Strabon.* l. c. p. 720. C. — χαλκόθετα κρόταλα, ut χαλκοθέτου κοτύλαι, id est κύμβαλα, Aeschyli ap. *Athen.* XI. p. 479. C. χαλκόθετα ἔμβαλα in Eurip. Phoen. 115. pro χάλκεα. χαλκεβαφὴς κρόταλον. *Antip. Theff.* Ep. LXX. κρόταλα χαλκᾶ. *Euripid.* Cycl. 204. Vulge *βυτλα* βραδίων κρόταλα legitur. Quomodo alii hoc fragmentum tentaverint, vide ap. *Schneiderum* in Fragm. Pind. p. 51. sq. — V. 4. *Suid.* in κωνοφόρον, unde *Reiskius* κωνοφόρον sumsit pro Cod. lectione κωνοσέρον. Nihil opus est mutatione. Significatur thyrsus cum cono, qui ejus summitati impositus est. Vide *Salmas.* ad Solin. p. 379. A. ubi h. v. laudat, et Homonym. Iatr. p. 4. — Pro χλωρὸν Cod. Vat. χλεερῶν. Hoc jam in Apogr. emendatum fuit. — §. 422.] V. 5. *Kusterus* pravam lectionem κηρύκων, quam dedit T. II. p. 197. ex *Suida* v. βρύων, emendavit T. II. p. 352. Pro τυπάνου Lexicographus τυμπάνου praebet. Vide *Interpp. Catulli* LXIII. §. τὰ βαρὺ tympani strepitu proprie tribuitur. *Dioscorid.* Ep. XI. τύμπανον — οὗ βαρὺ μυκέοντος. — ὅδε φορηθείς. Vat. pro ᾖδε. — V. 6. μιτροδέτου κόμης. Bacchas cum turba sua mitras gerit. μίτρα pro diademate nonnunquam usurpari, monuit *Valcanius* ad *Callim.* H. in Del. 166. Ut ornamentum muliebre cum κεκρυφάλῳ jungitur in *Aristoph.* Thesm. 264. — λίκνος. mystica vannus Iacchi. Vide *Spanhem.* ad Callim. H. in Jov. 48. — V. 7. Cum in apogr. Lips. εὔανθει sit, *Reiskius* scripsit εὔανθης. Servanda Cod. lectio. Ferendis quatiendisque thyrsis minus valens mulier, aetate provectior, in compotationibus tamen satis fortis, thyrsum cum poculis commutavit. — Pro μετημφίεσεν, quod Cod. habet et *Kuster.* apud *Reiskium* μ[.]θημφέεστο reperitur.

IV. Cod. Vat. p. 310. φλάκων ἢ θαλαίων. quod *Salmasius* allevit Planudeae p. 252. St. (365. W.) ubi φαυίλλου. Agriculturam navigationi praeferendam esse iis, qui vitam extendere velint. — V. 1. θαλάττια ἔργα. Vulgo. Sive omnino navigatio intelligitur, sive inprimis navigatio lucri caussa susceptæ. — ἀποβάλλο. Flor. et tres Aldinae. — ἀποβάλλετ' Vat. — V. 4. εἰς omittit Ald. pr. et Ascens. Idem color est in Ep. *Damageti* VIII. χαλεπὸν γὰρ Ἀχαιικὸν ἄνδρα νοῆσαι Ἅλλιμον, εἰς πολιὸν ἔστις ἔμμεν τρίχα. Verbi Ἰδεῖν repetitione offensus *Wakefield* in Sylv. crit. T. III. p. 191. versum secundum sic constituit: οἵ τι τοι ἤδη μαμφὲς πιερᾶθ' ἰπεῖν βιοτὰς. Malim vero equidem putare, Ἰδεῖν in quarto versu depravatum esse, quippe ex priore pentametro huc traductum. Vide, an poëta scripserit:

οἷν ἁλὶ δ' οὗ πως
εὐμαρὲς εἰς πολιὴν ἄνδρας ἰδεῖν κεφαλήν.

Difficile, virum, qui in mari tantum non habitat, vitam usque ad canos producere. Epigr. *ddtet*. DCLIII. οὐ μὴν πολλὸν ἐπὶ χρόνον ἦλασε. In talibus ἰλαύνειν pervenire sonat. Passim hoc verbo de aetate et annis utitur *Herodian*. L. II. 5. 9. οὐδὲν τι μέγα ἢ βαρὺ πρεσβύτῃ εἰς μακρὸν γήρας ἐλάσαντι. L. V. 8. 20. εἰς ἕπτον ἔτος ἐλάσας τῆς βασιλείας.

V. Cod. Vat. p. 613. In Phoci cujusdam naufragi cenotaphium. — V. 1. ξείνῃ Cod. et in fine vers. μελαίνῃ pro μέλαινα. (sic corrige in Edit. Lipf.) — V. 2. νῆς οὐχ ὑπεξέφυγεν οὐδ' ἰσέξατι. Vat. Cum reliqua optime restituta sint a *Brunckio*, vereor tamen, ut in ἰσσέξατε poëtae manum affecutus sit: *Navis undas non persulis, neque intra se retinuit.* At aqua intra nafem retenta eam necessario demergit. Aliud quid latere videtur. — V. 3. πολὺ φαδὸν. Vat. — V. 4. ἰοχεσπότην. Cod. Vat. *Theocris*. Eid. VII. 58. κῦρεν, ὅς ἵξεται φόως κιπῶ. — V. 5. ἐν πατέρων. Vat. Hoc verum videtur; subaudi γῇ. — V. 5. Προμηθία. Vat. — V. 6. γ' om. Cod et pro σίαλα scribit ἰσθλα. *Nicaenus*. VI. 9. αὐτὰ δὲ γυντὰ ὁλολυγόνας οἶτον ἔχουσα.

Fortaſſe Halcyonem ſigniſicavit; quam avem λυγρὴν vocat *Apollon. Rhod.* L. IV. 363. τηλόθι εἷς λυγρῇσι κατὰ πέντεν ἀμ᾽ ἁλκυόνεσσι φερνόμαι. Eadem propter lugubrem cantum paſſim in rebus triſtibus commemoratur. *Euſtath.* in Hyſm. et Hyſm. L. X. p. 449. τὴν γλῶσσαν ἀλκυόνος πολυπενθέστεραι, ἰαλέμως θρηνητικώτεραι. Conf. inprimis *Homer.* Il. i. 559. — V. 7. 8. laudat *Salmaſ.* ad Solin. p. 733. B. et 787. D. — V. 8. *νεὅοψει* Vat.

Ex Tom. II. p. 525.] *VI.* Servavit *Athen.* L. X. p. 440. D. E. Cleo, vinoſa mulier, Baccho veſtimentum dedicat. — V. 1. Pro χρυσωτὸν, *Toupius* in Cur. nov. p. 234. *προσωτὸν* corrigit, probante *Brunckio* in Lectt. p. 235. Veſtis *προσωτὸς* nihil differt a *θυσανωτῇ*, ſecundum *Pollucem* L. VII. 64. θύσανοι δέ οἱ λύγδινοι προσωί· ᾖσαν καὶ τὰ θυσανωτὰ παρὰ Ξενοφῶντι. Idem locum poëtae proferт: — παρθένος δ᾽ εἶχεν ἐπεὶ θυρῶν προσωτοὺς καὶ γυναικείαν στολήν. ubi tamen alios *προσωτοὺς* ſcripſiſſe notat. In ſcena comica juvenes *κτέλεφοι* geſtabant *λευκὸν προσωτόν*. Pollux L. IV. 120. Luсullus ἐπὶ τοὺς πολεμίους ἤγετο, θώρακα μὲν ἔχων σιδηροῦν, φολιδωτὸν, ἀποστίλβοντα, προσωτὸν δὲ ἐπιτεθέντα. *Plutarch.* V. Lucull. c. XXVIII. Hic fortaſſe veſtimentum intelligitur, cujus pars interior *προσωτός* ſive *cirris* inſtructa fuit, ut *ταραντινίδια* ſecundum *Heſychium* v. Vulgo autem veſtis genus notabat, de cujus ora vel limbo dependebant cirri, qualem deſcribit *Phaedrus* L. II. 5. *Cui tunica ab humeris linteo Pelufio Erat deſtricta cirris dependentibus.* Vide *Salmaſ.* ad Scr. Hiſt. Aug. Tom. I. p. 549. ad Solin. p. 131. E. Loca veterum de *προσωτοῖς* collegit *Cuperus* in Obff. I. p. 19. — V. 2. τρὶς Διονύσῳ. *Athen.* quod emendavit *Caſaub.* — V. 4. οὐδ᾽ ἅμά τε. Vulgo. Emendavit *Toup.* οὐδαμά τε.

CALLIMACHI EPIGRAMMATA.

¶. 461.] *L* Cod. Vat. p. 575. Verfus quatuor priores edidit *Salmaf.* in Plin. p. 594. Totum *D. Hein-fius* in Not. ad Horat. p. 18. (*Ernest.* nr. XXX. p. 299.) De puero, formoso illo quidem, sed meritorio. — V. 1. πάντα τὰ κυκλικὰν. Haec verba neque *Salmafius* in Plin. p. 601. F. G. neque *Anna Fabri* recte explicuit. Haec quidem cyclicum carmen esse ait, quod, poëta circa vilem parulumque orbem morante, vel minimas res obscura diligentia persequatur. Ille sensum in hunc modum interpretatur: Fontem, unde omnes aquantur, amicam, quae se omnibus prostituat, viam publicam, quae calcetur ab omnibus, et carmen cyclicum, *quod omnium manibus teratur*, uno eodemque loco habenda esse. Sed hoc non voluit *Callimachus*: poëma, quod *publicus usus terit*, nobile carmen est; poëta autem de re vili loquitur. In *cyclico* carmine hoc quidem loco ad argumentum respicitur, quod e cyclo mythico petitum a plurimis poëtis, iisdem saepenumero verbis, eodemque ornatu tractarum est. Solebant enim illi poëtae cum *Homerum*, tum alios e veteribus spoliare; unde *Pollianus* Ep. I. τοὺς κυκλίους τούτους, τοὺς αὐτὰρ ἔπειτα Ἀἴδοντας Μισῶ, λωποδύτας ἀλλοτρίων ἐπῶν. Sed totum carmen vide. — V. 2. χαίρω ἐ τ. *Heinf.* Sed τίς pro ὅτις positum esse, monuit *Bentlejus*, qui laudat *Schol. Soph.* Oed. Colon. 3. ubi hic loquendi usus ex *Callimacho* exemplis adstruitur. Vide *Reiskium* in Misc. Lipf. IX. p. 312. sq et *Zeune* ad Xenoph. Cyrop. I. 2. 10. p. 22. — κυκλίοψ. Sensu fortasse allegorico, ut *Propert.* III. 1. 14. *Non datur ad Musas currere lata via.* Notum Pythagorae praeceptum, φεύγειν τὰς λεωφόρους, de quo videndus *Bentlejus* et *Ruhnk.* ad Callim. Fr. CCXLIII. p. 541. — V. 3. περίφοιτον, *corpus vulgatum*. Laudat

Bentlej. Ep. XIX. Σταλντο περιφεροντος. *Theogn.* v. 595.
ἐχθαίρω δὲ γυναῖκα περίδρομον, ἄνδρα τε μάργον, Ὃς τὴν ἀλλοτρίην βούλετ' ἄρουραν ἀροῦν. — οὐκ ἀπὸ κρήνης πίνω. Hinc profecit *Propert.* II. 18. 51. *Cui fuit indocti fugienda haec semita vulgi, Ipsa petita lacu nunc mihi dulcis aqua,* quem vulgo non recte accipiunt. *Horat.* I. Epist. III. 10. *Titius — Pindarici fontis qui non expalluit haustus, Fastidire lacus et rivos ausus apertos.* *Theognis* v. 936. ferte μὲν αὐτὸς (i. e. μόνος) ἵπτων ἀπὸ κρήνης μελανύδρου, Ἥδυ τι μοι δόξαις καὶ καλὸν νῦμεν ὕδωρ. Νῦν δ' ἤδη τεθόλωται, ὕδωρ δ' ἀναμίσγεται ὕδει· Ἄλλης δὴ κρήνης πίομαι ἢ ποταμοῦ. — Pro ετηχεῖτο Cod. vitiose ετηχέω. De ipso verbo vide *Inspp.* *Hesych.* v. επιχαζόμενος. *Athenaeus* L. VI. p. 262. A. ὁ δίσαυλος, ἐκ ἐστιν ἀνεπιτίμητος ἡ ἐπιχός. — V. 5. Λυσανία legendum esse, suspicatur *Anna Fabri*; recte, ut mihi quidem videtur. Est enim pueri nomen Λυσανίας. Vide *Wetsten.* ad N. T. I. p. 669. Legitur etiam hoc carmen inter Puerilia. — V. 6. τοῦτο. Vat. Cod. et sic plurima habent apogr. Vide *Philarg. Em.* in *Menandr.* p. 168. In nonnullis apogr. τόδε legitur, unde *Bentlejus* fecit ὅδε. Restituenda est Codicis lectio. Cum poëta clamasset vaιχὶ καλός, echo haec repetens dicere visa est ἔχει καλός. Hinc *Bentlejus* colligit, jam *Callimachi* aevo similem fuisse sonum τοῦ αι et τοῦ ε· nec multum differre poterat οι et ι. — ἔχειν τινὰ in re amatoria, ut *habere mulierem*. Nihil nobilius dicto Aristippi, ἔχω τὴν Λαΐδα, οὐκ ἔχομαι, ad quod vide quae notarit *Menag.* in *Diog. Laert.* L. II. 75.

II. Cod. Vat. p. 576. Prius distichon habet *Schol.* *Theocr.* Eid. II. 147. οἴδασιν γὰρ οἱ ἐρῶντες ὑπὲρ τῶν ἀγαπωμένων πλείστας εὐχὰς ἐπιχεῖσθαι, Καλλίμαχος· Ἔχει . . . . Posterius distichon exhibet Planud. p. 485. St. 629. W. (*Ernest.* XXXI. p. 298.) Poëta a pincerna merum poscit, quod in Dioclis pueri honorem ebibat. Conf. *Meleagr.* Ep. XCVIII. — V. 1. Διοκλέες Cod. Vera lectio est in

Schol. *Theocriti* l. a. Aquam a poculo, tam formoso puero dicato, longe abesse jubet. Ἀχιλλεὺς priore loco aquam, posteriore deum et personam significat. *Ernestus* hic profert correctionem *Casauboni* ex not. mstis, sed procul dubio vitiose descriptam: 'Ἔγχει καὶ τ' ὀνομ᾽ ἐπὶ (voluit εἰπὲ) τοῦδ᾽ Ἀ. Τῶν ἱερῶν τούτων κ. π. *Schol. Theocris.* μελίων omittit. — V. 3. Haec, quasi excusans priora, addit, ne deus se neglectum et contemtum existimet. Quaedam apogr. pessime οὐ δὲ τίς. In genuina lectione conspirant Vat. et Planud. Callimachea cum Tibullo comparavit *Vulpius* L. IV. 13. 5. *Atque utinam possis uni mihi bella videri! Displiceas aliis! Sic ego rarus ero.* Hinc fortasse colorem duxit Auctor Ep. incert. XIV. εἰ δὲ μή τις σὺ φήσεις, μὴ πιθέσθω· ναὶ μά σε, δαίμον, ψεύδετ᾽· ἐγὼ δ᾽ ὁ λέγων τὰτρεκὲς οἶδα μόνος.

III. Cod. Vat. p. 579. (*Ernest.* XXXII. p. 300.) Ad Cleonicum quendam, qui viso Euxitheo amore contabuit. — V. 1. Quaedam apogr. ἐλεινύπω. — V. 2. οὐκ ἦγες Cod. ἤγαγες *Bentl.* qui verba recte distinxit. Pronomen σε, quo sensus carere non potest, restituit *Ernestus*. In fine versus *Anna F.* τί γέγονας citra necessitatem et metro invito corrigit. — V. 3. ὀστέα. Sic ap. nostrum in Hymn. in Cer. 93. Erisichthon fame contabuisse dicitur, μέσφ᾽ ἐπὶ νευρὰς δειλαίφ ἶνές τε καὶ ὀστέα μοῦνον ἔλιφθεν. *Theocrit.* Eid. II. 89. αὐτὰ δὲ λοιπὰ 'Οστέ᾽ ἔτ᾽ ἦς· καὶ δέρμα. Cf. Eid. IV. 15. Ovid. II. Amor. IX. 13. *Quid juvat in nudis hamata retundere tela Ossibus; ossa mihi nuda reliquit Amor.* Nec in his locis nec in aliis similibus *crines* commemorantur, quorum mentio mihi non omnino idonea videtur. Nolim tamen corruptelae suspicionem movere. — V. 4. εὐμὸς Vat. Cod. σὑμὸς apographa quaedam. *Ernesto* arridet conjectura *Anna F.* ὁμὸς, quia nulla sit ratio, cur poëta se admisceat seque amatorem profiteatur. Mihi tamen, ne quid dissimulem, hoc ipsum placet, quod poëta, formosi pueri amore tabescens, cum

v. 461. v. 462. EPIGRAMMATA. 255

Cleonicum pallidum macilentumque videt, eum in eadem Charybdi laborare auguratur. Adde, quod idem color est in Epigr. *Meleagri* XLII. — θινμαρίη. θαῖ μοίρα. *Hefych.* θινμαρίη νῶτος est ap. *Apollon. Rhod.* L. III. 676. ubi Schol.: ἐν θεῶν μεμοιραμένη νόσος. *Philopatris* inter Lucianea T. III. p. 585. ἄχρις ἂν σου οἶδε παρειάς, μὴ σου τρυφέρνος τεθλασαι, ἢ 'Εκάτην ἐξ ῝Αιδου ἐληλυθυῖαν; ἢ καὶ τοὺς θεοὺς ἐκ προνοίας συνήντηκας; — Ceterum hunc versum respexit *Spanhem.* ad Hymn. in Cer. p. 787. — V. 5. με συνήρπασε. Vat. quod cum a nullo editorum notatum sit, a *Salmasio* inter describendum correctum esse videtur. — καὶ τὸ γὰρ παθόν. Vat. Emendatio debetur *Pierfono* Veris. II. 9. p. 245. *Strato* Ep. VII. Εἶδον ἐγώ τινα παῖδα ἐπανθοπλοκοῦντα ἀφρήβην 'Αντιπαρερχόμενος τὸ στιφανόπλοκον. Οὐδ᾽ ἄτρωτα παρῆλθον. — V. 6. ἐμφοτέροις. Plene ἔμμεσιν ἀμφοτέροις *Strato* Ep. XXXV. 4. Ellipsin attigit *Gisb. Koen.* ad Greg. p. 13.

v. 462.] IV. Cod. Vat. p. 579. (*Ernest.* XLIII. p. 208.) Latine hoc Epigramma expressit *Quintus Catulus* ap. *Gellium* N. A. XIX. 9.

Aufugit mi animus: credo ut soles, ad Theotimum
Devenit. Sic est. Perfugium illud habet.
Quid si non interdixem, ne illum fugitivum
Mitteret ad se intro, sed magis ejiceret?
Ibimu' quaesitum. Verum ne ipsi teneamur,
Formido. Quid ago? Da Venu' consilium.

Ad v. 1. confer *Theocris.* Eid. XXIX. 5. τὸ γὰρ ἔμον τᾶς ζωᾶς ἔχω, ζῇ τὰν σὰν ἰδέαν, τὸ δὲ λοιπὸν ἀπόλωλε. Cf. *Asclepiad.* Ep. XIII. — V. 2. Ἔρις. Cod. — ἀφανής. abiit, evanuit. ἀφαντον γίνεσθαι passim ap. *Euripidem* Orest. 1496. Helen. 588. Vide *Wesslen.* ad N. T. I. p. 827. Cadavera fluctibus submersa ἀφανῆ vocat *Achill. Tat.* V. 14. p. 211. ubi Melitta, πενθεῖ, εἶπεν, ἐγὼ μόνη πέπονθα, καὶ οἷον ἐπὶ ταῖς ἀφανέσι ποιοῦσι νεκροῖς, κενοτάφιον μὲν γὰρ εἶπεν, κινούμενον δὲ εἰδ. ubi miror neminem vidiſſe, legendum eſſe: κατὰ ἡμέαν μέσην τίπτεθα. Eadem Melitta L. V. 26. p. 238. κατ' ἐμοῦ γὰρ πάντα κακά. — Poſt ἔχετο ſunt qui interrogandi notam ponant. ἐντεῦθεν apographa nonnulla in ἀπευθεῖν corruperunt. — V. 4. ὑπέχευθε νέοι. Vat. Apographo Rubnkenii adſcriptum: ὑπέχευθε h. καλύττε ἐκαλύθειν. retinere. Praeclara emendatio Bentleji ὑπθλεχθί. — V. 5. οἴκει συνέφυγεν. Vat. Apographa diſcrepant. Bentleji. conjecit τὴν εἰς δὲ τὴν ἔχηβεν, laudato Philoſtrat. Vit. Apoll. I. 6. qui proverbium eſſe docet, τοῖ τρέχεις; ἢ ἐπὶ τὸν ἔχηβον; Verum proprium hic nomen requiri Scaliger vidit, qui in Epiſtola ad Salmaſium τὸν εἰς Κηφισὸν corrigit. — ἐ ἀθέλουντος, ſic Vat. non δ. Vide ad Alexandr. Aetol. V. 12. — V. 6. ὅτι μὲν στρέφεται. Vat. Noſtrum debetur Valckenario, qui comparabat Lucian. T. I. p. 637. ἀνεστρέφοντο γὰρ εἰς τοὐπίσω, ὥστε οἱ διώκοντες.

V. Cod. Vat. p. 586. (Ernest. XLIV. p. 310.) Poëta apud Archinum temeritatem excuſat, quod, vino et amore ſuadente, comiſſationem ad ejus januam egerit. — V. 1. Ἀρχεῖν' Vat. In edit. Lipſ. legitur ἄρχειν. In marg. apogr. Lipſ. ἀρχάν. Nomen pueri reſtituit Bentlejus. Frequenter in Codd. litera ι, ubi producitur, ει ſcribitur. — V. 2. τὴν προπέτειαν ἔχειν. Anna F. Ipſa eſt in Vat. Idque Benslej. reſtituendum cenſebat: Vide, nummeritas quid facias. Tibull. I. 6. 29. Non ego te laeſi prudens: ignoſce fasseſſi. Juſsit Amor: contra quis feras arma deo? Achill. Tat. L. V. 26. p. 237. εἰ δέ τι σοι προσπταίσω ἐθρασυνάμην, σύγγνωθι, φίλτατε. — V. 3. με ἀνάγκασον. Ed. Annae. quae comparat Terentii Adelph. III. 4. Perſuaſit nox, Amor, vinum, adoleſcentia. Hinc Ovid. I. Amor. VI. 59. Nox et Amor vinumque nihil moderabile ſuadent. Terentius ſua, ut plurima, ex Menandro duxiſſe videtur, unde ſumſit Achill. Tat. L. II. 10. p. 59. πολλὰ γὰρ ἦν τὰ τότε ὀπλίζοντά με θαῤῥεῖν· οἶνος, ἔρως, ἐλπίς, ἐρημία. Idem L. II. 3. p. 50. Ἔρως δὲ καὶ Διόνυσος, δύο βίαιοι θεοὶ, ψυχὴν

ψυχὴν κατεσχέντες, ἱμαίνουσιν εἰς ἐπισχουσίαν· ὁ μὲν καίων αὐτὴν τῷ συνήθει πυρί, ὁ δὲ τὸν εἶπον ὑπέκκαυμα φέρων· εἶπες γὰρ ἔρωτος τροφή. *Rubnkenius* in Epift. crit. p. 175. cum v. 3. et 6. comparat *Eurip.* Augen ap. *Stob.* XVII. p. 164. ὣν δ᾽ εἶπες ἤδεσσαί μ᾽· ὁμολογῶ δέ σε Ἀδικεῖν· τὸ δ᾽ ἀδίκημ᾽ ἐγένετ᾽ οὐχ ἑκούσιον. Quibus fenariis characterem Euripideum plane impreffum mihi agnofcere videor, quamvis aliter ftatuebat *Joannes Pierfon.* *Propert.* I. 3. 13. *Et quamvis duplici correptam ardore juberens, Hac Amor, hac Liber, durus uterque deus.* — In fine verfus *Anna aὐτὴν* conjiciebat. Vulgatam tuetur *Bentlejus* ex Epigr. *Menandri* (Tom. I. p. 203.) καίπε Νεοκλείδα, μίμνον γένος, ἂν ὁ μὲν ὑμῶν Πατρίδα δουλοσύνης μύσατο — -. Adde quod perpetuus *Callimachi* imitator fic locutus eft, *Nonnus* in Dion. XVII. p. 470. 30. πάντες ἐθαρσήσαντε μεμηνότες· Ὣν ὁ μὲν αὐτῶν Μέρμας εὐπαλάμῳ βεβριμένος αὐχένα δεσμῷ. Attigit hunc idiotifmum *Brunckius* in Not. ad Sophocl. Philoctet. 316. p. 486. — V. 5. ἰθύνεα. Cod. Vat. Hoc *Bentlejus* in ἰθύνεα mutatum voluit. Noftrum debetur fagacitati *Pierfoni* in Verif. p. 86. *Suidas:* διθύνειν. ἰθύνειν. ἰακῶς παρὰ Καλλιμάχῳ. Ufus eft hac voce in Hecale Fragm. LIII. ἡ δ᾽ ἰθύνετε Ταύμαντ Αἰγιδος ἔσχε. Noftrum carmen fortaffe obverfabatur *Alciphroni* L. III. 67. p. 440. ubi auctor Epiftolae, pulchra puella vifa, οὕτως, ait, ἰξεκαύθην εἰς ἔρωτα, ὥστε με ἐπιλαθόμενον, οἵος εἶμι, προσδραμόντα βιλῆσαι κόσαι τὸ στόμα. — V. 6. τὴν ἰαρὴν. Cod. Vat. quod *Bentlejus* in δειρὴν mutavit. Satis probabiliter. *Theognis* v. 259. ἔνθα μέσην παρὰ παῖδα λαβὼν ἀγαθὸν ἱμίρωσα Δειρῆν, ἡ δὲ τέρεν φθέγγετ᾽ ἀπὸ στόματος. *Philoftrat.* Epift. XXVIII. p. 926. ἐντειλάμην αὐτοῖς καὶ τὴν δειρὴν σου φιλῆσαι. *Alciphron* L. L. 28. p. 114. σὺ δὲ ἐξαπιναίως ἐπαστὰς ἐπειρῶ τὴν ἰίερὴν καταλλάσσι κόσαι. ubi vide *Bergler.* Longe diverfam tamen lectionem olim in hoc verfu obtinuiffe, apparet ex *Plutarcho*, apud quem hoc diftichon legitur Tom. II. p. 455. B. ἀλλ᾽ ἀφίλησε τὴν φι-

αψν. Hinc *Toup.* Em. in Suid. P. III. p. 322. emendavit
τὴν φλιήν. *Salmafio* hanc emendationem tribuit *Wyttembach.* in Not. ad *Plutarch.* T. II. P. II. p. 858. Eandem
unus ex Codd. doctissimi editoris confirmabat. *Theocrit.*
Eid. XXIII. 18. ἀλλ' λάβων ἕλκειν ποτὶ στυγνοῖσι μαλάϑρους
καὶ κύσσα τὰν φλιήν. *Lucret.* IV. 1170. *At lacrymans exclufus amator limina faepe Floribus et fertis operis, poftesque fuperbos Ungait Amaracino, et foribus mifer ofcula figis.*

VI. Cod. Vat. p. 590. Edidit D. *Heinfius* in Not.
ad Horat. p. 35. (*Ernest.* Ep. XLVI. p. 312.) Amoris
flammam, qua olim flagraverit, poëta nondum omnino
exftinctam esse veritus, amicum, ne se amplecti velit,
admonet. — V. 1. Sunt haec verba dubitantis, et, quid
rei sit, cum timore quodam explorantis, ita ut, quo rem
propius spectet, minus minusque sibi confidat. ἀπροφ-
μήναν τῆς. Hinc *Meleager* Ep. LV. μή, πρὸς Διὸς, ὦ φιλό-
βωλε, Κινήσῃς τέφρῃ πῦρ ὑποδαλπόμενον. Horat. II. Carm.
I. 7. *Incedis per ignes Suppofitos cineri dolofo.* *Ovidius* in
Remed. Amor. 243. fanari cupientibus abfentiam fuadens, *Nec fatis effe puta*, ait, *discedere: lentus abefto,
Dum perdat vires fitque fine igne cinis.* Ibid. 731. *Ut
pene exftinctum cinerem fi fulfure tangas, Vivet, et e minimo maximus ignis erit; Sic, nifi vitabis, quidquid renovabis amorem, Flamma redardefcet, quae modo nulla fuit.*
— V. 4. ὑπερφύων. Cod. Vat. Quaedam apogr. ὑπερφύ-
γων. — V. 5. Ἴδιοιαι. Ed. *Annae.* ἀεὶδοιαι est in Cod.
Verf. ult. deturpat vitium Cod. συγθρῆς et μάλῃ. Illud
in apographis varie exhibetur. Lipf. et Scal. ὁ συνταρῆς.
Voff. οὐδ' ὅσις εἰ γὰρ τις. *Anna* dedit οὗτος ὃ δ' εἴ γ' ἔρξις.
Brunckius fagaciffimi *Beusleji* conjecturam in textum recepit, qui haec notavit: »Συγήρτης apud Hefychium Δα-
»ϑρεδόντες: ferpens vel canis clam fubrepens et morfum
»inferens. Idem: Λαϑαργοὶ κύνες, κρύφα δάκνοντες, et alibi
»Λαϑαργὸς κύων· ὁ προτείνων μὲν, λάϑρα δὲ δάκνων. Queri-

atur poëta Menexeno, se a puero quodam amplexibus
"subdole labefactari et in amorem illici." Haec ille.
Menexenus igitur non ipse est puer ille, cujus amplexus
poëta timet, sed amicus quidam, cui rem narrat. οὗτος
ὁ ἐνίησις autem puer est, *Callimachi* deliciae, quibus
tribuit, quae Cupidini sunt propria — *qui subis et tacita
callidus arte noces*. Ovid. I. Amor. I. 2. 6. Quippe *ubi
nec caufas nec opertos cernimus ictus*, *Unde tamen veniant
tot mala, caeca via est*. — *Sic est incautum quidquid ba-
betur Amor*. Propert. II. El. I. 75. 76. et 80. Commentarii instar est *Apollon. Rhod.* L. III. 230. ubi Amor
καρτεξίμενοι λαθὼν τόξον εἵλει ὀμηδίν, 'ὄξτα ἀντιβάλλον'
αὐτῷ ὑπὸ φωὸς λαυθεὶς Αἰσονίδη, — βέλη recte dedit
Heinf. Plurima apogr. βέλοι.

VII. Cod. Vat. p. 592. (*Ernest*. XXXIV. p. 302.)
Ad puerum Menippum, qui poëtae paupertatem expro-
braverat. — V. I. ὅτι μὸν. Cod. μοι Apographa. —
τοὐμὴ ὄνειρον. Proverbium olere scribit doctissima *Anna*.
Recte. Apud *Platonem* de Rep. VIII. p. 563. D. So-
crate quaedam de libertatis abusu exempla proferente,
Glauco, τὸ ἐμόν γε, ait, ἐμοὶ λέγεις ὄναρ· αὐτὸς γὰρ εἷς κρροὶ
πορευόμενος θαμὰ αὐτὸ πάσχω. Suidas v. τὸ σὸν ὄναρ ἐμοὶ διη-
γούμενος· εἰ γὰρ ἐγώ σοι νῦν αὐτὴν γνωρίζω, κέκοιθα τὸ τῆς
παροιμίας· τὸ σὸν ὄναρ ἐμοὶ διηγούμενος. — V. 3. **ἐλεγχό-
μενος** — Bentlejus κεφαλὴν subintelligebat, quod merito
nexplosit *A. Fabri* (?), quae pro τὴν reponebat μὴν. Cl.
Toup, in correctione Addendorum in Theocrit. ἐλεγχο-
μενος. Emendationum omnium pessima est ea, quae τὸν
pro τὴν reponit, quum illud nec expressum uec subaudiendum quid habeat, quocum conjungatur. Verissimum est quod dedi θὲν, ἐνίοτε, sive περιπληρωματικόν
est. Frequens hujus sive adverbii sive particulae Theocrito usus. Saepissime τ et θ permutantur. In Sq. Ep. 4.
Cod. καί σύ με σαθ' ἠμέσθης." *Brunck*. — In vers. ult. Cod.
καί·φιλα τὸν habet. Editiones τῶν. Sensit *Anna*, antithesin

in his verbis minus accuratam esse; quare corrigit: καὶ, φίλαι, καὶ παρὰ σοῦ —. At hoc languet. Fortasse melius: καὶ, φίλε σοῦ, παρά σου τοῦτ' ἐκαρπωσάμην. Haec verba, quam ab aliis accipio, acerba, quum ex te audio, longe acerbissima mihi videntur.

v. 463.] *VIII.* Cod. Vat. p. 604. Primus edidit *Bentlejus* ex Cod. Oxoniensi. (*Ernest.* Ep. LVI. p. 324.) Jovem poëta rogat, ut puero, in amore sibi respondenti, propitius esse velit, si contra, infestus. — V. 1. τὸ καλὸν μελαινοντα. subfuscum, ita tamen, ut fuscus color eum deceat. τὸ καλὸν pro καλῶς positum illustravit *Valcken.* ad *Theocrit.* Eid. III. 2. — In fine vers. ἐμύχθης Cod. Vat. quod probabiliter emendavit *Bentlejus*, ut apparet ex imitatione *Dionysii* Ep. IV. Tom. II. p. 254. et Ep. Misc. XIII. — V. 3. εὐχαίτων. τὸν καλὸν καμήτην Ganymedem vocat *Lucian.* D. D. V. p. 16. — V. 4. καὶ οπωδ' ᾐσθης. Vat. Cod. Sic saltem Gothanum apogr. *Bentlejus* enim nihil de lectionis varietate monuit. Versus in Eidyllio Theocriteo VIII. 59. ὦ πάτερ, ὦ Ζεῦ, οὐ μόνος ᾔρασθης· καὶ τὸ γυναικοφίλας — ex Callimacheis conflatos existimabat *Val. kenar.* in Epist. ad Roever. p. XII. non assentiente *Eichstaedtio* in Quaestion. Philol. Spec. p. 50. — Continent autem illa verba causam, cur poëta Jovis auxilium in re amatoria imploret. Conf. *Asclepiad.* Ep. XIX. Ζεῦ φίλε, σίγησον, καυτὸς ἐρᾶν ἔμαθες.

IX. Cod. Vat. p. 88. Habetur in Anth. Plan. p. 481. St. 624. W. (*Ernestus* XXVI. p. 294.) De Callignoto quodam, qui cum Ionidi puellae perpetuum amorem juravisset, pueri amore incensus, eam reliquerat. — V. 3. 4. sic profert *Moretus* ad Catull. Ep. LXXI. Laudat eosdem *Stobaeus* Tit. XXVIII. p. 194. ἀλλὰ λέγουσιν ἀλλὰ θεάσαι τοὺς ἐν Ἔρωτι ὅρκους μὴ δύνειν ε. τ. λ. His saltem firmatur lectio δύνειν, quam Vat. habet, et *Stephanus* jam receperat pro φαίνειν, quod est in Flor.

tribus Ald. et Afcenf. Quod ad fententiam attinet, haud fcio an reliquis praeiverit *Plato* in Conviv. p. 319. E. λέγουσι οἱ πολλοί, ὅτι τῷ ἐρῶντι μόνῳ συγγνώμη παρὰ θεῶν ἐπιβάντι τῶν ὅρκων· Ἀφροδίσιον γὰρ ὅρκον οὔ φασιν εἶναι. *Ariſtaeus*. II. 20. p. 105. τοὺς δὲ ὅρκους αὐτοὶ φασὶ μὴ προςπελάζειν ταῖς μελῶν θεῶν. Nefcio quis ap. *Stobaeum* l. c. Ἀφροδίσιος ὅρκος οὐκ ἐμποίνιμος. *Tibull.* l. 4. 20. *Nec jurare time; Veneris perjuria venti Irrita per terras et freta ſumma ferunt. Gratia magna Jovi; vanuit pater ipſe valere, Juraſſet cupide quidquid ineptus amor.* Conf. III. 6. 47. fqq. Qui plura cupit de perjoriis amantium, adeat *Cafaubon.* ad Athen. p. 827. 19. *Gataker.* Adv. Miſc. poſth. c. X. p. 527. D. E. *Abreſch.* Lectt. Ariſtaen. p. 316. — V. 5. τὴν δ' ὁ μὲν ἄλλος δὴ θέρεται π. Planudea ex inepta Monachi interpolatione. — θέρεται *Antip. Sidon.* Ep. XXXI. ἵνα μὴ διπσῷ πάντα θέροιτο ποτί. — V. 6. ὡς Μεγαρέως. Locum *Theocriti* ex Eid. XIV. 48. laudare non neglexit *Brodaeus*: ἔμμες δ' ὥτε λέγοντι τοὺς ἄξιοι, οὔτ' ἐρίθμητοι, Δύστανοι Μεγαρῆες, ἐτιμοτάτῃ ἐν μοίρᾳ. ubi vide *Schol.* et *Suidam* v. Ὑμὲς ὁ Μεγαρεῖς T. III. p. 529. Ceterum *Burmannus* Callimachea admovit his *Propertii* III. 18. 15. *At tu, ſtulta, deos, tu fingis inania verba, Forſitan ille alio peſtus amore terit.*

X. Cod. Vat. p. 557. (*Erneſt.* in Auctario Epigr. LXIII. p. 328.) Obſcurum eſt Epigramma et in Cod. valde depravatum. Rem periculi plenam eſſe ait, amicitiam in diſcrimen committere; nec tamen hoc in univerſum videtur pronuntiare, ſed reſpectu habito ad certam aliquam rem, amorem, ut videtur. — V. 1. ἐν τολά. Cod. quod *Erneſtius* in τόλλα mutavit. Feliciter. Sed idem reliquit ὀργαίως, quod an ſincerum ſit, valde dubito. Scribendum videtur:

ὀργαίως Ὀρέσται.

Sed hoc leve eſt prae iis, quae ſequuntur. In Cod. eſt λυπηρότατον μὲν οὐκ ὑμῖν μανίῃς, non, ut Apographa quaedam habent: Ἀνασχέτων μανῶν. *Ernestius* de ἱπποτομενῶν cogitavit, non habens tamen, quomodo versus initio succurreret. Ejus vestigiis insistens *Eldickius* in Sufpic. p. 24. αὐτῆς ἱναιρομενῶν conjicit. Parum commoda h. l. particula αὐτῆς, nec auctor hujus conjecturae sibi satisfecisse videtur, dum codicum medicinam exspectandam putat. *Bruuckius*. μόνον ex ingenio scripsit; sed ne hoc quidem pro certo et genuino habens, tentat: Ἀνασχέτων τογῶν. quod contextus non patitur, et a membranarum ductibus nimis recedit. Non magis probandum, quod proposuit *Zedelius* in Bibl. Crit. T. II. P. I. p. 112. Ἀνασχεθρομένον ὐ. ἰ. μανίαν. quod secundum ipsum auctorem *de infania Leucadio falsa exstinguenda* accipiendum est. Mihi probabile videtur, in primis pentametri syllabis latere nomen proprium ejus, quem poëta alloquitur, ut Ep. VI. 5. XL 1. fortasse Εὐφόρτος. Furor autem, quo Orestem liberum fuisse ait, vix alius esse potest, si contextum consulas, quam is, quo multi laborant, et ipse fortasse *Callimachus* laboraverat, periculi in amicorum sinceritate faciendi. Hujus sententiae ductu corrigendum suspicor:

Εὐφορτες, ἡμετέραι οὐκ ἰμάνη μανίαν — —

Quis ille sit furor, quem *fuum* dicit *Callimachus*, sequentia declarant. — Ἰξέτασις ὅτις διέγχει, quam prosaici ἔλεγχον simpliciter vocant. — V. 3. 4. laudat *Salmaf*. in Solin. p. 858. C. cujus lectionem adoptavit *Brunckius*. Cod. enim v. 4. ἀλλαχ᾽ ἐν δ. exhibet. Dubito, an hic genuinam *Callimachi* manum teneamus. Plane abundat καὶ, nec reliquorum sensus perspicuus est. Unam drama Orestes docuisse dicitur. Hoc de fabularum auctoribus solemne est; quo sensu Oresti conveniat τὸ δεδάχυιν δρᾶμα, non satis video. δρᾶμα de re gesta dici potuit, cujus auctor Agamemnonis filius fuit; hoc igitur sensu fortasse tribuitur ei, quod poëtae proprium est. Ad illam autem actionem respici puto, quam exhibuit *Euri-*

pides in Iphigenia in Tauris, ubi, si qua alibi, Pyladis amicitia in discrimen venit. — V. 6. κέγώ. Ex plurimis amicis, quos meros Pylades esse putavi, nullus mihi superest.

XI. Cod. Vat. p. 585. Edidit *D. Heinsius* in Not. ad Horat. p. 54. ubi Venusinum poëtam hoc carmen expressisse docet I. Sat. 2. 105. *Leporem venator ut alta In nive sectatur, positum sic tangere nolit: Cantat et apponit: Meus est amor huic similis: nam Transvolat in medio posita et fugientia captat.* Haec expressit *Ovid.* Amor. II. 9. 9. et II. 19. 36. Conf. *Vavassor* in Antibarb. p. 504. — V. 1. στὄκα λαγωὸν et versu sequ. λαείης ί. δαμαλίδος corrigi voluit *Mitscharlich.* ad *Horat.* I. Carm. I. 27. ut discimus ex *Heinrichii* Obss. p. 58. Nihil muto. *Homer.* Il. s. 51. ἐθέλει θηρητήρα· ἴθμαξε γὰρ 'Ἀρτέμις αὐτὴ βάλλεις ἄγρια πάντα, τά τε τρέφει οὔρεσιν ὕλη. Sic fortasse olim fuit ap. *Theocrit.* Eid. α. 110. καὶ στὄκας βάλλει καὶ θηρία πάντα (vulgo τέλλα) διώκει. — V. 3. στάξη Cod. Vat. στίβη. (sic emendavit *Anna*) ψύχος. πάχνη. *Hefych.* Ut hic verum vidit doctissima *Anna*, sic perperam pro κεχρημένος conjicit κεχρημένος· nec *Bentlejus* audiendus est, qui κεχραμένος corrigit, hanc correctionem juvari censens loco *Horatii* L. Carm. l. 25. Sinceram esse vulgatam, multis exemplis prolatis edocuit *T. H.* ad Hymn. in Dian. 69. χράσθαι enim nonnunquam significat *versari in aliqua re*, εἶναι. Ad nostrum locum maxime facit *Herodot.* L. IV. 50. p. 304. ὕεται γὰρ ἡ γῆ αὕτη τοῦ χειμῶνος πάμπαν ὀλίγα, ὥστε δὴ πάντα χρᾶται. *Philo Jud.* p. 270. D. νυκτὶ καὶ σκότῳ κεχρῆσθαι βαρεῖ. — V. 4. τῇ *Heinf.* male. Hoc sensu τῷ scribendum. Vide *Schol.* ad *Homer.* Od. s. 346. *Hefych.* v. τῷ. — ἴλαφεν Vat. — V. 5. 6. Iterum, statim post carmen integrum, hoc distichon habetur in Vat. Cod. p. 585. ut ἄρμον. Idem excitavit *Salmaf.* ad Solin. p. 601. E. ubi praeter alia quaedam vitiosa, legitur κεφων' ὑπερετάτω. — σίμος Cod.

loco altero. — μέσῳ κ. Vat. loco pr. μέσῳ κ. προφέρεται. — φεύγοντα διώκειν. Hinc fortasse profecit *Macedon.* XIII. καὶ φεύγεις φιλέοντα καὶ οὐ φιλέοντα διώκεις, Ὄφρα πάλιν κεῖ- νον καὶ φιλέοντα φεύγῃς. *Aristaenet.* II. Ep. XVI. p. 96. ἐκείνην διώκεις, ὅτι σε κόθαθεν ἀποφεύγει· τὰς γὰρ μὴ φιλίῳ ἐφίεσθε. ubi vide *Abresch.* p. 271. *Ovid.* II. Amor. XIX. 35. *Cuilibet evenias; voces indulgentia nobis. Quod sequitur, fugio? quod fugit, ipse sequor.* — διώκειν εἶδε. In talibus εἶδε periphrasi inservit. Vide *Abresch.* Lect. Aristaen. p. 336. Cf. *Reiskium* ad Constantin. Porphyr. Cerem. p. 1.[b]

¶. 464.] XII. Vat. Cod. p. 589. sq. Edidit *Dorvill.* ad Charit. p. 328. (*Eraest.* XLV. p. 312.) In amatorem, qualem *Ovidius* vult esse in A. A. L. I. 737. *Miserabilis esto, Us, qui te videas, dicere possis, amas.* Conf. *Asclepiad.* Ep. X. — V. 1. ἃς δ᾽ adscripserat Vir doct. apographo Ruhnkeniano, et mox εἶθεν pro εἶθες. Merito εἶθες suspectum fuit mulieri eruditissimae *Annae F.* quae tamen male ἰοντὶς conjecit. Scribendum, ni fallor,

— ἃς ἐφορᾷς
πνεῦμα διὰ στηθέων αὖθις ἀνηγάγετε.

αὖθις bene quadrat ad τὸ τρίτον versu sequ. Ceterum idem aliis verbis dicit *Aristaen.* I. 16. p. 42. κνυμφὰ ὁδ' ὑπέχθηκα τὸν πόθον διαξύσαι· ἀντὶ δὲ μόλις τῶν χειλῶν ὑπεστί- νω. — V. 3. τὸ τρίτον ἤγχ᾽ ἴκων. Cod. Vat. — *Bentleji* Apogr. ἦγγυς τίνι. unde ille ἤγγυς τίνι legendum conjecit: tertium poculum, tertia propinatio appropinquat. Tanto viro non satis digna suspicio. Mellus idem ἡῖς ἴκντι. Quaedam apogr. ἡ γὰ ἴπντι habent, procul dubio ex emendatione *Salmasii*, qui locum sic scriptum profert ad Scr. Hist. Aug. Tom. I. p. 660. eumque de pytissandi more interpretatur. Nostra lectio *Dorvillio* debetur, qui mox minus bene τὰ διψῶλα legit. — V. 4. τοιάνδε ὑπὸ στηθέων πᾶσ᾽ ὑγιεινὰ χαμαί. Cod. Vat. *Athenaeus,*

qui partem hujus diſtichi laudat L. XV. p. 669. τὸν λύ-
δρον ὑπὸ στεφάνων —. Prius corruptiſſimum; poſterius
fortaſſe verum. Non tamen in hac lectione acquiefcens
Dorvillius ἀφετέρων corrigit; quod minime recipiendum
erat. *Aſclepiades* Ep. X. χὺ σφιγχθεὶς οὐκ ἔμεινε στέφανος.
Ovidius L. I. Amor. VI. 37. *Ergo amor et modicum cir-*
cum mea tempora vinum Mecum est et madidis lapſa corona
comis. *Propert*. II. 12. 51. *Ac veluti folia arentes liquere*
corollas, Quae paſſim calathis ſtrata natare vides. —
ἐχύνετο veriſſimum eſt. — V. 5. ὄρνυται, ut *Theocrit.*
Eid. VII. 55. ὀρνύμενον ἐξ Ἀφροδίτας. Eid. XXIII. 34.
τὰν μαλίαν ὀρνύμενος. Cf. *Meleagr*. Ep. IV.— Mox Cod.
μεγάλα τι, quod *Brunckius* in μέγα δή τι mutavit. Rectiſſi-
me; et hanc conjecturam *Brunck*. merito in Lect. praetulit ſcripturae μεγάλως τι, quam editi habent. *Callimachi*
locis, ubi μέγα δή τι occurrit, a *Bentlejo* excitatis, adde
Moſchum Eid. II. 142. ἐγὼ μέγα δή τι δυσάμμορος. *Strato*
Ep. XXII. καὶ μή μ' ἔχει μέγα δή τι. *Athen*. L. XIII.
p. 360. C. ἂν δὲ φέρῃς τι, [τοι] μέγα δή τι καὶ φέρεις. Di-
ſtinctionem hujus verſus in editione Lipſienſi emendavimus ad mentem *Brunckii* in Not. ad *Ariſtoph*. Lyſiſtr.
p. 80. ὄρνυται μέγα δή τι· μὰ δαίμονας — —. Formula μὰ
δαίμονας cum negatione neceſſario jungenda eſt: *Non,*
ita me dii ament, falſa conjectura ducor; ipſe fur furis
veſtigia novi. — Verba ὑπὸ ψυεμῶν εἰκάζω *Erneſtus* vertit:
non de ramiſe aberro conjectura. Mihi ſenſus non omnino expeditus eſt. Ὑπεμὸς ſecundum Abderitarum dialectum ἐχύμα ſignificat, docente *Suida*; alii per τέχνη
interpretantur, (vide inprimis *Euſtath*. ad *Dionyſ*. Perieg.
271. et 620.) quod eodem redit. Hinc derivatum verbum ὑμεσκφορμεῖν· ἀλλάσσειν τὴν σύγκρισιν ἢ μεταμορφοῦσθαι.
Heſych. ubi vide *Kuſter*. Eodem ſenſu verbum ψεμῶ
accepit *Menag*. ad Diog. Laërt. p. 415. ubi partem hujus diſtichi profert. Nam igitur dicere voluit *Callimachus*,
ſe non ab externa ſpecie conjecturam facere, ſed rem

certis indiciis tenere? At haec ipsa indicia ab externa
specie ducta. *Wakefield* in Sylva crit. Tom. III. p. 109.
vertit: *non a scopo aberravit arcus meus;* remittens ad
Eustathii commentar. in *Dionys. Perieg.* L c. ubi nihil
ad ejus interpretationem firmandum reperitur. — V. 6.
φήσ. *Achill. Tat.* V, 26. p. 237. οὐκ ἄν τις ἐκπλήξαι δύναι-
το τὰ τεξεύματα (Amoris), μόνοι δὲ οἴδασιν οἱ ἐρῶντες τὰ τῶν
ὁμοίων τραύματα. Hoc est, quod *Tibullus* dicit L El. VIII. 5.
ubi cum suam in dignoscendis amoris indiciis peritiam
jactasset, *Ipsa Venus*, inquit, *magico religatum brachia
nodo Perdocuit, multis non sine verberibus.* Item *Propertius* in loco vitioso L. I. 9. 7. *Me dolor et lacrymae
merito fecere peritum, Atque utinam posito dicar amore
rudis.* Hic probe intellexit *Burmannus*, τὸ *peritum* fulcro indigere; sed quod ipse conjecit, *viri fecere peritum*,
nihil est. Legendum puto:

*Me dolor et lacrymae merito fecere peritum
Varum: utinam posito dicar amore rudis.*

Hujus emendationis veritatem arguunt cum praecedentia:
*Non me Chaoniae vincant in amore columbae Dicere, quos
juvenis quaeque puella domet:* tum inprimis *Ovidius* in
A. A. I. 25. *Non ego, Phoebe, datas a te mihi mentiar
artes: Nec nos aëriae voce monemur avis: Usus opus movet hoc: Vati parete perito: Vera canam: coeptis,
mater Amoris, ades.*

XIII. Cod. Vat. p. 592. (*Ernest.* XLVIII. p. 315.)
Adscribam notam *Bentleji*, quae sensum hujus carminis
optime explicuit. „Epigramma est ἐρωτικὸν, neque quid-
„quam ad usuras vel debitores attinet. — Βοῦς ἑκαταῖος
„ἐπὶ ἄγρων proverbium, de rebus prospere evenienti-
„bus, non nostra industria, sed sponte sua et ut fert
„natura. Inter εἰκάδα Παυάμου et δεκάδα Λώου viginti dies
„intersunt. Poeta Menecratis amore captus, XX Julii
„constituerat occasiones captare, quibus eum ad mutuum

»amorem pelliceret: cum' ecce X Augusti sponte se
»puer obtulit. Gratias igitur Mercurio agit tam inopi-
»nati boni auctori; neque de mora viginti dierum,
»qui interfuerant, conqueritur. Παρὰ τὰς εἴκοσι, *propter*
»*viginti*. Id παρὰ cum accusativo saepe significat." Hanc
tamen interpretationem an *Brunckius* probaverit, dubi-
tet, quando v. 1. non, ut *Beuslejus*, περίφοιτι, sed περὶ
φεύγε cum *Isaaco Vossio* edidit. Jam vero apparet, si
poëta Menecratem amavit, non potuisse fieri, ut ei diceret: Ἀμφιθήρη περί, .φεύγε. Sed cogitaudum foret de
amico quodam poëtae, cui inevitabiles flammas quasi
vaticinatus esset. Tunc verba v. 3. ἧλθεν ὁ βοῦς non de
puero, qui se sponte tradiderit, sed de Menecrate amante, qui sponte jugum subierit, accipienda. (Cf. *Ruhn.*
Ep. XXXIV.) Huic interpretationi nonnihil faverit *Propert.* L El. IX. init. *Dicebam tibi venturos, irrisor, amores,
Nec tibi perpetuo libera verba fore. Ecce jaces, supplexque
venis ad jura puellae, Et tibi nunc quaevis imperat emta
modo.* — Jam lectionis varietatem indicabimus. V. 1.
Ἀμφιθήρη περὶ φεύγε. Vat. Ἀμφιθήρη περίφοιτγε ed. *Annae R.*
Hoc tuendum esse arbitrabatur *Wakefield* in Sylv. crit.
IV. p. 147. — In proximis *Brunckius* interpunctionem
Beuslejii recepit. *Salmasius* conjiciebat καὶ Λάϊον τῇ πενταμ-
διαλέκτῳ. — V. 3. Ἑρμᾶς Cod. — V. 4. τᾶς nonnulli.

XIV. Cod. Vat. p. 592. In editione *Annae Fabri*
primum dentaxat distichon habetur; reliqua *Beaulejus*
addidit. (*Ernest.* XLIX. p. 317.) Poësin et famem effi-
cacissima amoris remedia esse ait; quae utraque cum
ipsi praesto sint, se Amoris impotentiam ne flocci quidem facere. »Venustissimum carmen, ni adeo corruptus
»esset primus pentameter, ut ex eo nullus legitimus
»sensus erui possit. Eum hic fideliter repraesentavi,
»uti scriptus est in optimo Buheriano Cod. ne uno qui-
»dem mutato apice. Emendabat sic Salmasius: τάχα
»νύμφης Αἴτνας, τὶ κατίνασε' ὁ κόλαψ. quod viro magno,

„nedum Callimacho, indignum. In sententia enim nil
„nisi frigidum et inficetum; in verbis autem linguae
„non observata ratio. Κατπνέσαι verbum est transitivum;
„quo sensu hic positum est, dicere debuisset κατπνέσατε.
„Nemo non videt poëtam Theocriti Cyclopem respexis-
„se, cujus finem in hoc pentametro exprimere debuit:
„οὕτω τοι Πολύφαμος ἐποίμανεν τὸν ἔρωτα μουσίσδων. Negle-
„ctis itaque literarum elementis, quae nescio qua sorte
„in verba, quae leguntur, coaluerint, donec melius
„quid proferatur, scribendam censeo: φροντίδα ποιμαίνων
„ντὰν δυσέρωθ' ὁ Κύκλωψ." *Brunck.* Varie hunc versum
emendare conati sunt editores. *Anna F.* τῇ μὲν μένων αἴγας
οὐ καθ' ἡμᾶς' ὁ Κύκλωψ, *uno in loco perstans, non amplius
gregis curam gessit.* Male. Apud *Schol. Theocrit.* XI.
1, 2. quaedam ex hoc Epigrammate laudantur sic: ὡς
ἀγαθὸς Πολύφαμος ἀνέπαυσε τὴν κακὴν Αἱ μοῦσαι τὸν ἔρωτα
κατίσχηναν. Unde colligas, pentametrum jam in *Scholiastae* Codice corruptum fuisse. Mutilum locum sic restituere conatus est *D. Heinsius*: ὡς ἀγαθὸς Πολύφαμος ἀνέπαυσε τῆς Γαλατείας, Αἱ μοῦσαι τὸν ἔρωτα κατίσχηναν. Tanquam
Bentleji correctionem *Graevius* profert haec: τῇδε μένων
αἰγῶν οὐ καθιμᾶσ' ὁ Κύκλωψ. *Illic manens capras non dimisit
Cyclops.* Hanc vero suam esse *Bentlejas* negat in Praef.
ad Diss. Phalar. p. XXXIII. ubi eam cum linguae ratio-
ni, tum metro contrariam esse docet. Post tot doctissi-
morum virorum conjecturas, quarum nulla, ut mihi
quidem videtur, assensu digna est, periculosum videri
debet, nova proferre. Videamus tamen, an, nisi emendationem, viam tamen, quae ad verum inveniendum
ducat, indicare possimus. Primum in Cod. Vat. non sic
legitur, ut *Brunckius* edidit, sed τῇδε μένων αἰγῶν οὐ καθ'
ἡμᾶς ὁ Κύκλωψ. Deinde, an *Callimachus Theocritum* re-
spexerit, mihi minus certum videtur. Ipse enim Syra-
cusanus poëta, quae de amoris remedio a Cyclope adhibito dicit, a *Philoxeno* mutuatus est, ut discimus ex

Scholiis l. c. Φυλάξενος τοῦ τὸν Κύκλωπα παρεμιβαλλόμενον ἰασ-
τὸν ἐπὶ τῷ τῆς Γαλατείας ἔρωτι καὶ ἐντελλόμενον τοῖς δελφῖσιν,
ὅπως ἀγγείλωσιν αὐτῇ, ὡς ταῖς μούσαις τὸν ἔρωτα ἰασίται.
Idem tradit *Plutarch.* T. II. p. 622. C. ὅπου καὶ τὸν Κύκλωπα μούσαις σώφρως ἰᾶσθαί φησι τὸν ἔρωτα Φιλόξενος. Cf.
p. 762. F. Viderint alii, an haec ad *Callimachum* emendandum prolint. Mihi plane persuasum est, poëtam
dixisse, cujus tandem rei remedium invenerit Cyclops;
Idemque sensisse *Brunckium* ex conjectura, quam profert,
manifestum est. Quid multa? Corrigendum suspicor:

'Ὡς ἀγαθὰν Πολύφαμος ἀνεύρατο τὰν ἐπαοιδὰν
σωμαίνων ἐνιᾶν, ὅππα φίλας' ὁ Κύκλωψ.

Junge ἐπαοιδὰν ἐνιᾶν, ut in fine carminis: αἱ γὰρ ἐπῳδαὶ
Οἶνοι τὰ χαλεπὰ τρώματος. Nihil propius ad Codicis scripturam accedit, quam ἐνιᾶν ad αἰγᾶν, ὅππα φίλας' ad οὐκα-
θεμας. Huic conjecturae etiam nonnihil roboris accedit
ex comparatione *Theocriti* Eid. XI. 7. οὕτα γοῦν ῥᾷστα
διᾶγ' ὁ Κύκλωψ ὁ παρ' ἁμῖν 'Ωρχαῖος Πολύφαμος, ὅκ' ἤρατο
τᾶς Γαλατείας. Vocabulum ἐνιᾶ, cujus usus in re
amatoria frequentissimus, penultimam modo producit,
modo corripit. *Callim.* Fr. CXXXI. τὴν δέον, ἣν ἐνίας Σν-
μοςθόρα οὐ πιςθνεῖ. *Panyasis* ap. Athen. L. II p. 37. A.
οὐκας· ἐν κραδίας ἐνίας ἑτέρῳ, κλεπτάζει. Longe tamen diversam viam instituit doctissimus *Eichstaedii*, qui in litteris
ad me datis vocem ὁ Κύκλωψ, hoc loco positam, plane
inficetam sibi videri scribit. Expressisse autem *Callimachum* verba *Theocriti* l. c. v. 11. ἀγεῖτο δὲ πάντα πάρεργα.
Πολλάκι ταὶ διες ποτὶ ταῦλιον αὐταὶ ἀπῆνθον Χλωρᾶς ἐκ βοτάνας·
ὁ δὲ τὰν Γαλατείαν ἀείδων Αὐτῷ ἐπ' ἀιόνος κατετάκετο φυκιοίς-
σας. Hinc ubi emendandum videri:

τόφρα νομὸν αἱ;βι κάλλιπ' ἐπιμιγίλας.

Eandem fere sensum *Callimachi* verbis subesse, suspicatur cl. *Hermannus*, qui in Comm. de metris Pindar.
p. 332. verba in hunc modum constituit:

Ἕως ἀγαθὸν Πολύφαμος ἀνεύρατο τὰν ἐπαοιδὰν,
νόσφ' ἁμαλῶν αἰγῶν εὖα κρίθμας' ὁ Κύκλωψ.

Donec remedium Polyphemus reperiſſet, caprarum negligens non curabat eas. *κρίθμασι*, omiſſo accuſativo, ſic occurrere ap. *Pindar.* Nem. X. 36. Fieri tamen poſſe, ut *αἶγας* ſcribendum ſit. Acuta emendatio, quae a vulgatae ductibus proxime abeſt. Hoc unum me male habet, quod hoc diſtichon, ſic ſcriptum, non ſatis bene cum ſequentibus coire videtur. — V. 3. *κατισχαίνοντι*. *Bentleji* Apogr. Ipſe vir doctus lectionem *Schol. Theocriti* l. c. *κατίσχανον* non improbabat, modo legeretur: *κατίσχανον, ἐπὶ φ.* Mihi ſecus videtur. — V. 4. *ἕκαντος* Vat. Cod. ὁ πᾶν ἴς. Ap. *Rubnk.* Veram lectionem *Bentlejus* reſtituit ex *Clement. Alex.* Strom. L. V. p. 687. 15. Ἡ ποταπὴς πάντων φαρμάκων σοφία, Καλλίμαχος ἐν τοῖς Ἐπιγράμμασι γράφει. — ἡ σοφία, facultas poëtica. Vide *Cuper.* ad Homeri Apoth. p. 114. ſqq. — V. 5. 6. Hoc diſtichon cum ſequente profert *Weſten.* ad Lucam IV. 25. p. 682. — τῶ διαία. Vat. Cod. apogr. Voſſ. quod praeterea *ζὺ χαλῶς ἔχει* legit. Facete poëta: Praeter poëſin fames etiam, ut mihi videtur, hoc boni habet, quod morbum amatorium e pectore eradicat. Auctorem hujus ſententiae Diotimam facit *Max. Tyr.* Diſſ. XXIV. 9. p. 479. ἡ Διοτίμα λέγει, ὅτι θάλλει μὲν Ἔρως εὐπορῶν, ἀποθνῄσκει δὲ ἀπορῶν. Vide not. ad *Cratetis* fr. I. p. 379. — *ἐκλύειν*, exſcindere et elidere, vi ejicere. Vide *Dorville* ad Charit. p. 319. *Lennep.* ad Phalar. p. 223. Fruſtra *Scaliger ἐκλύειν* corrigit. — V. 7. „In cod. ſcriptum: πίες' ἁμῖν ζ' ἕκαστά γ' ἀφυιδία πρὸς τὸν ἔραντα. Recte Salmaſius emendavit τάδ' ἕκαστά γ', i. e. *ſingula haec affatim habeo.* muſica ſtudia et paupertatem. *ἀφυιδία* refertur ad *ἕκαστα*, non ad *ἔρωτα*. Cl. Toupii emendatio in Addend. ad Theocr. p. 406. Bentlejana non melior eſt." *Bruock.* In apographo Goth. *χέκαστὰ κφ.* legitur; plane ut in apogr. *Bentleji*, qui *χά ταυτά;* tentat, minus

tamen confidenter, quam folet. *Ernesti* l. ἀμὼ τ' ἄκαψ
αὐτὸ — cujus veſtigiis inſtitit *Eldickius* in Soſpic. p. 25.
ἐσθ' ἁμῖν γὰρ ὅσος γ' ἐς ἐφυδία πρόσθεν Ἔρωτα. Τοῦτ' ἐπί τοῦ
ωείρει τὸ στιφὸ, παιδέρων. Prioris verſus emendatio hujus
viri elegantia minime digna. Proxime ad membranarum
doctas accedit correctio *Ruhnkenii* in Epiſt. crit. II.
p. 132. ἐσθ' ἁμῖν πλωτττὸς ἐφυδία πρὸς τὸν ἔρωτα — *Callimachum* forma verborum in δὲ gaudere monentis. —
V. 8. τουτί καὶ παιρευτα στερί. Vat. In nonnullis apographis τῷ πείρει τὸ π. quod *Brunckius* pro ipſa Codicis
lectione habuit. *Salmaſ.* τουτί τὸ ναὶ tentavit. Frigere
τῷ cum judicaſſet *Ernestus*, *Brunckius* contra hanc particulam hic vim ſuam exercere monuit; idque recte.
Hinc fortaſſe *Paul. Silent.* Ep. XX. Amor ἱνίζεται οὐδὲ
μετέστη, εἰς Ἰμί συζυγίαν πειρώμενος στερίγων. — V. 9.
Apogr. Bentl. male ἀλλ' ἄρυγοι. *Callimachus* ap. Etym. M.
ἀντάρυγος. περὶ τὸ ἀτέρυγές τις εἶναι. Καλλίμαχος· οὐδὲ τὸν
ἀντάρυγόν τι δέδοικεν. quibus hunc ipſum locum reſpici
monuit *Bentlejus*. Quod ſi verum eſt, *Etymologi* auctor
in ſuo Cod. habuiſſe videtur:

οὐδ' ἕως ἀντάρυγον τὸ δεδοίκαμες.

In Cod. eſt δεδοίκαμες. ut ap. *Theocris.* Eid. L 19. Ad
hunc locum facit *Hefych.* ἀντάρυγος· τὸ ἰλάχιστον. αἱ δὲ
τὰς ἐπὶ τῶν ἄρτων φλυστοίνας. Conſule *Gataker* in Adv.
Miſc. c. XLIII. p. 874. et inprimis T. H. ad Lucian.
Tom. I. p. 416. noſtri loci non immemorem. — V. 10.
οἵῳ Cod. Vat. οἶκοι *Brunl.* corrigit. — τρεύματος. Vat.
Cod. et *Herrmann*.

XV. Cod. Vat. p. 91. *Callimacho* hoc carmen tribuit, quod in Planudes p. 476. St. 618. W. *Rufini* eſt.
In puellam invehitur ſaevam et crudelem, in cujus li-
mine vigilat. — V. 1. οὕτας ὑπνώσαις. Similiter *Asclepiades* Ep. XVIII. ταύτα παθούσα Ζοὶ μέμφοιτ'. ἐφ' ἡμεῖς στάσι
αντε πρόθυρα. *Propert.* L. l. III. 39. O utinam tales pro-

ducas, improbe, noctes, Me miseram quales semper habere jubes. — ¶. 465.] V. 4. οὐδ' ἴναρ. paroemiacum negandi genus. *Philodem.* Ep. XVI. Ἔρως ἀρχὴν οὐδ' ὄναρ οἶδε φόβον. *Leonid. Alex.* XXVII. οὐδ' ὄναρ εὐγενέτηις γνώμαις Ἰταλίδαις. *Rufin.* Ep. XIX. ὣς τὰν πρότερον οὐδ' ὄναρ εἴδομεν ἔχειν. — V. 5. ἃ πολιά. Simili sententia *Propertius* III. El. XXIII. 33. *Vellere tum cupias albos a stirpe capillos, Et (f. Vxrb) speculo rugas increpitante tibi. Exclusa inque vicem fastus patiere superbos: Et quae fecisti, facta quereris anus.*

XVI. Cod. Vat. p. 108. (*Ernest.* LV. p. 324.) Εἰς τὴν γυναῖκα Πτολεμαίου Βερενίκην. — V. 2. ευτ' ἐκλήσθη. Vat. et *Ernest.* — Berenice, ut adderetur Gratiis, formata est deorum manibus, ut videtur, quare adhuc unguentis madet. Deorum autem omnia fragrantia. *Theocrit.* Eid. XVII. 133. Ἐν δὲ Διὸς στόρνοισιν Ἰασοῖν Ζηνὶ καὶ Ἥρῃ Χεῖρας φοιβήσασα μύροις ἔτι παρθένος Ἶρις. — V. 3. ἀρίζηλος. Vat. — V. 4. τ' αἳ X. Vat. Sine ea ipsae Gratiae gratia carent. Epigr. ἀδέσπ. L p. 160. Αἱ Χάριτες τρεῖς εἰσι· εἰ δὲ μία ταῖς τρισὶ ταύταις ποτνιάθη, ἵν' ἔχωσ' αἱ Χάριτες χάριτα.

XVII. Cod. Vat. p. 453. Planud. p. 94. St. 138. W. (*Ernest.* IX. p. 248.) Nihil in hoc carmine viderunt Interpretes ante *Huetium,* qui haec habet p. 12. „Poëta, o Bacche, qui pulchre officio suo fungitur, verbulo „uno rem absolvit: ait enim: Vinco, nec prolixiori vo-„cabulo utitur. Cui autem non sanctus adspiraveris, is „interroganti cuipiam, quomodo tibi res procesſit? re-„spondet: Gravia et molesta sunt, quae evenerunt. Hoc „dictum ei contingat, qui justo longiora meditatur; mihi „vero contingat breviloquentia dictionis hujus: Vinco." — V. 2. νικᾷ. Vide ad *Phalaec.* Ep. I. — τὸ μακρότατον est in Ed. Flor. et tribus Ald. Idem praebent quatuor Planudeae Codd. et Vat. Optimam lectionem primum

mum in Afcenfiana mutatam video, cujus five varietatem five errorem inconfiderate repetivit *Stephan.* — V. 3. ἀς δέ. Editt. veteres, quas vidi, omnes. ῷ δὴ *Steph.* et fic *Scaliger* emendavit. ωνέσης. Adfpirare dicuntur dii, quibus favent. Vide *Heyn.* ad *Tibull.* II. 1. 80. et *Burmann.* ad *Propert.* I. 1. 31. De certaminibus dramaticis, quae in Dionyfii feftis celebrabantur, agi videtur. — V. 4. τᾶς ἔβαλες. Ad talorum jactum refpicitur, quod bene vidit *Vulcanius.* Alii aliter. Nemo autem a vero verborum fenfu longius aberravit, quam *Anna F.* quae etiam ἰοδέξιος in praecedentibus inepte interpretatur. — Is, qui in certaminibus fuperatus eft, pluribus verbis et verborum ambagibus opus habet, quibus contumeliam quodammodo occultet. — V. 6. τὰ μήτιμα. Haec male *Huetius* interpretatur, *jufto longiora*, de illo, ni fallor, *Callimachi* dicto cogitans, quo *magnum librum magnum malum effe* dixiffe fertur. *Erneftus* etiam argutius, qui et hic inimicitiarum inter *Callimachum* et *Apollonium* reperiebat veftigium. In verbis poëtae nihil ejusmodi ineft. Iis, ait, qui injufta cogitant, injuftis, pravis, fceleratis eveniat, ut vincantur; mihi et reliquis bonis victoria contingat. Sic τοῖς δικοῖς, i. e. τοῖς κακοῖς, opponuntur οἱ τὰ δίκαια φιλοῦντες ap. *Theogn.* 377. — V. 6. ἰμα δέ. Var.

XVIII. In Cod. Vat. p. 609. hoc Epigr. in tres verfus diftinctum eft, cum lemmate: καμινδε τετράμετρον, cui affentitur *Beuslejus, Annae* diftinctionem improbans, quae fex verfus Anacreonticos fecit. Edidit hoc carmen *Salmaf.* in Exercit. Plin. p. 264. C. D. Menoetas Cretenfis Sarapidi arcum et pharetram dedicat. Dedicantis nomen in Cod. eft Μοίτας. Λύκτιος *Cretenfis.* Lyctius Idomeneus Virgil. Aen. L. III. 401. — Pro ἱκινδὰν *Anna* cum *Huetio* volebat ἀχριταν. Male. *Pofuit arcum, bis verbis additis.* — V. 3. τῇ κεραστῇ Cod. et *Salm.* ad Simmiae Ovum p. 166. *Anna* τῇ κεραστῇ emendavit. Idem

fic appellari exiſtimans. Quod in apogr. Lipſienſi legitur
ου γέρας τοι, emendatoris manum prodit. Veriſſima eſt
Benſleji correctio. — V. 5. τοδε διεποὺς omiſſo δ' ed.
Erneſt. — Ἑσπερίταις. Hunc locum reſpexit *Stephan. Byz.*
Ἑσπερίς. πόλις Λιβύης· ἡ νῦν Βερενίκη. ὁ πολίτης Ἑσπερίτης·
Καλλίμαχος ἐν τοῖς Ἐπιγράμμασιν. Fuſe de hac urbe diſpu-
tat *Salmaſ.* in Plin. p. 264.

XIX. Cod. Vat. p. 612. Καλλιμάχου ἐπὶ τῇ τοῦ σπά-
γοντος τετραμέτρου ἐσχάτῃ διποδίᾳ ἐνδιασύλλαβον. Metrum
eſt, ut in praecedente. Simone meretrix Veneri imaginem cum mitra dedicat. (*Erneſtus* XL. p. 306.) Epigramma in Cod. mutilum et corruptum. — V. 1. τῆ
Φροδίτῃ emendavit *Erneſtus.* Cod. τῇ ἀφροδίτῃ. — V. 2.
Σιμόνη. Cod. σὺ μένη corrigebat *Scaliger.* Σιμώνη *Rubnk.*
In *Benſleji* apogr. μένη plane omiſſum; unde ille Σιμώνην
ſcripſit. — ¶. 466.] V. 3. Mutilus verſus .... εἰσιν'
αὔτη. Verba unciniis incluſa *Brunckius* de conjectura in-
ſeruit. αὐτῆς correxit *Anna*; et ſic apogr. *Rubnk.* —
V. 4. Ἴδμεν. Vat. — V. 5. „Scriptum in Cod. ἡμᾶς τοὺς
„ἰφθίκεσι, unde legendum cum cl. Toupio in curis poſter.
„in Theocr. p. 41. ἧ μαστοὺς ἰσχύσει.'' *Brunck.* Lectio
altera, quae in textu eſt, *Annae* debetur. — V. 6 – 8.
Hos verſus praetermiſit *Benſlejus* et *Erneſtus.* In Cod.
corruptiſſime leguntur ſic: καὶ τοὺς αὐτοὺς ὀρᾷ τέλους
θέρους. *Benſlejo* ingenium hic nihil ſuppeditabat, in
quo ſibi ſatisfaceret. θέρους tamen ſcribendum cenſebat.
τάρσους eſt ex emendatione *Salmaſii.* Reliqua *Br.* ex ingenio reſtituiſſe videtur. Sed in talibus praeſtat nihil
omnino tentari.

XX. Cod. Vat. p. 612. cum lemmate: Καλλιμάχου.
ἐπὶ διπλασιασθείσῃ τῇ διποδίᾳ ἰαμβὸς ἔμμετρος πλεονάζων μιᾷ
συλλαβῇ τοῦ ἑξαμέτρου. Duos priores verſus *Hepbaeſtion*
laudat in Enchir. p. 57. καὶ τὸ ἐν τῶν ἰαμβικῶν ἐφθημιμερῶν
διατελέκυτον. Καλλίμαχος· Δήμητρι . . . (*Erneſt.* XLI.

p. 306.) *Brunckius* hoc carmen ad *Bentleji* mentem conſtituit. Timodemus Naucratites Cereri Pylaeae et Proſerpinae lucri decimas ex voto dedicat. — V. 1. τῇ ante ταύτῃ omittit Vat. Ceres Pylaea vocatur, quae ad Thermopylas templum habebat, ubi Amphictyones ſacra faciebant. Πύλαι, τόπος Θεσσαλίας, ἐν ᾧ καὶ τὸ τῆς Πυλαίας Δήμητρος ἱερὸν ἵδρυται, *Etoſianus*. Cf. *Strabon.* L. IX. p. 420. C. et *Valckenar.* ad *Herodot.* VII. p. 599. 62. et p. 605. 57. Acriſius Amphictyonum ordinem primus inſtituiſſe dicitur, (*Strabo* l. c. p. 420.) et quidem poſtquam oraculi metu compulſus Argis relictis in Theſſaliam conceſſerat. *Apollodor.* L. II. 4. 4. Eum Cereris Pylaeae templum exſtruxiſſe, nemo praeter *Callimachum* dixit. — V. 2. Junge ὁ Τιμόδημος ὁ Ναυκρατίτης ταῦτα τὰ ἴδρα εἴσατο. Nihil hic *Anna* vidit, quae conjunxit Ἀμφίσης Ναυκρατίτης, et poſteriorem vocem in ναυηέτης, ναυίαν *victor*, mutandam putavit. Inepte. Naucratis urbs Aegypti; ὁ πολίτης Ναυκρατίτης. *Steph. Byz.* Vetus erat Aegypti emporium ſecundum *Herodotum* L. II. c. 179. a Mileſiis conditum. *Strabo* L. XVII. p. 801. — τῶν κεφάλων. Mercator procul dubio Timodemus fuit. Multi mercatores Graeci Naucratin frequentabant, ibique, ut veriſimile eſt, vitae ſedes fixerant. *Athen.* L. XIII. p. 596.

XXI. Bis legitur in membranis p. 167. et 194. Utroque loco adſcriptum καλλιμάχου. In nonnullis apographis, etiam in Buheriano, hoc et quatuor, quae ſequuntur, Epigrammata habent nomen Ἀντιμάχου. Primus protulit *Bentlej.* ex Cod. *Ed. Bernardi.* (*Erneſt.* LVII. p. 324.) Lycaenis, filia felici partu edita, Lucinae donarium conſecrat, majora, ſi puer adoleverit, promittens. — V. 1. Εἰλείθυια. Vat. loco ſec. Vide *Weſſeling.* ad Herodot. IV. p. 296. 4. — V. 2. εὔληχες. Vat. utroque loco. Ἰς λέχος fluxit ex apogr. *Rubnk.* Sed ſervanda erat Codicis lectio, quam praeclare tuetur *Eurip.* in Hipp. 167. τὰν εὔλοχον οὐρανίαν τόξων μεδέουσαν Ἄρτεμιν.

— εὑτηλὴ est loco pr. εὑτυχὶν loco sec. Hoc probabat *Salmaſ.* — V. 3. ἆς τόδε. Vat. loc. sec. Scribendam videtur:

ἆς τόδε, νῦν μὲν, ἄνασσα, κἀρης ὕπερ.

Sic haec melius coëunt cum sequentibus. ἔς ad Λυκαινίδος refer; τόδε ad donarium divae positum. *Hedyl.* Ep. I. 3. ἔς πάρα Κύπριδι ταῦτα — κεῖται. Ep. III. 3. ἔς τόδε σοι, Παφίη, ζωρὸν μετροῦσα θαλία κεῖται.

XXII. Cod. Vat. p. 167. Edidit *Kusterus* ad Suid. T. I. p. 259. (*Erneſt.* LVIII. p. 324.) Tabulae votivae adscriptum in Aesculapii templo appensae. Aceson pro uxore Demodice votum fecerat apud deum; hoc jam persolvit. Quod ne lateret Aesculapium, tabulam se apposuisse dicit. — V. 1. *Suidas*: ἐπέχω. αἰτιατική. ἐπὶ τοῦ ἐπέλαβον. — καὶ αὖθις ἐν Ἐπιγράμματι· Τὸ κρέος ἐπέχεις, Ἀσκληπιέ, τὸ πρὸς γυναικὸς Δημοδίκης. Eodem sensu Ep. XLIII. μαστὸν δὲ ἐπέχει χέρσκε. *Plutarch.* Tom. I. p. 90. F. τίνι μισθὸν ἐπέχει. Exempla hujus verbi sic usurpati collegit *Wetsten.* ad N. T. I. p. 320. — V. 2. In Cod. est εὐξάμενος. Nostrum, quod plura, ut videtur, apographa habent, pro *Salmasii* conjectura habeo. Hanc probavit *Toupius* in Epist. crit. p. 30. qui ἀεξάμενος γυνέεσιν pro neonymphi circumscriptione accepit. Male, si quid video. Vir doctus apogr. *Rubnkenii* adscripserat: ἂν γυνέεσις? Cui conjecturae multum roboris accedit a consensu *Tyrwhitti*, qui εὐξάμενος γυνέεσις — — legendam censet in Notis ad *Toupli Emend. in Suid.* Tom. IV. p. 424. Tum γυνέεσις oppositum τῇ λέθῃ. Mihi olim in mentem venit εὐξάμενος γηράσειν. ut Aceson Aesculapio donum promisisse dicatur, si uxor Demodice ad senectutem pervenisset. — καὶ μὴ ἐναντίς. Vat. Inepte in ed. *Ernesti* μὴ inseritur. ἂν supplevit *Toupius.* *Salmasius*: ἢν δ᾽ ἄρα λέθῃ εστί, καί μιν ἐ. quod mihi etiam elegantius videtur. — V. 4. In apogr. Bentl. παρέξεσθαι παρθενίῃ. Ipſe παρίξεσθαι dedit. — Haec lectio, quam mero deſcribentis errori deberi exiſtimo, denſiſſimas tenebras objecit perſpicaciſſimo *Bentlejo*, qui quantum a vero hujus carminis ſenſu aberraverit, vix dici poteſt.

XXIII. Cod. Vat. p. 167. Primus edidit *Bentlej*. (*Erneſt*. LIX. p. 326.) Calliſtion Critiae filia Sarapidi lucernam ex voto dedicat. — V. 1. 2. laudat *Suidas* v. μύξα. ubi Κανωπίτης, θεὸς Κανωπίτης Sarapis, monente *Brunckio*. Vide *Jablonski* Panth. L. V. 4. p. 135. Erat illa lucerna viginti ellychniis inſtructa, *polymyxos lucerna*, ut eſt ap. *Martial.* XIV. 41. λύχνον ἄμυξον ex *Platone comico* laudat *Athen.* L. XV. p. 700. ubi ex *Euphorione* narrat, Dionyſium tyrannum Ταραντίνοις εἰς τὸ πρυτανεῖον ἀναθεῖναι λυχνεῶν ἱκανόμενον καλεῖν τοσούτους λύχνους, ὅσος ἡ τῶν ἡμερῶν ἐστιν ἀριθμὸς εἰς τὸν ἐνιαυτόν. — V. 2. Κριτίης. Apogr. Bentl. et Lipſ. Critias, qui hic commemoratur, incertum pater an conjux Calliſtii fuerit. — V. 3. περὶ νούσης. morbo laborantis ſcil. Celeberrimum Sarapidis templum propter plurimos aegrotos ſanitati ibi reſtitutos. *Strabo* L. XVII. p. 801. — V. 4. Ἕσπερε. *Heſpere, dices, ſplendor tuus exſtinctus eſt*. *Ariſtoph*. Eccl. 5. lucernam mulier allocuta, μυκτῆρσι, inquit, λαμπρᾶς ἡλίου τιμὰς ἔχεις. Apud *Aeſopum* Fab. CCXLI. lucerna gloriatur, ὡς ὑπὲρ ἥλιον πλεῖον λάμπω. Eidem exſtinctae cum quis oleum affudiſſet, φαῖνε, inquit, λύχνε, καὶ σίγα, τῶν ἀστέρων φέγγος· οὔποτε λαλεῖται. in qua fabula choliamborum veſtigia praeclare detexit *Bentl*. in Diſſ. de Aeſop. p. 103. quem tamen unus ibi verſiculus fugit: ἐν δευτέρου δ' ἄστρων τις εἴπεν αὐτῷ ... — ἕπεται. In hunc modum *Philoſtr*. Ep. XXXIII. p. 928. οὕτω καὶ λύχνος πίπτει πυρὸς ἐγγυθαλὲς μίζαντε. Idem Ep. L. p. 938. τὸν μὲν ἥλιον ἡγούμαι συστέλλειν.

¶. 467.] XXIV. Cod. Vat. p. 167. Primus *Bentlejus* edidit. (*Erneſt*. LX. p. 326.) In gallum gallinaceum ex aere, quem Euaenetus, Phaedri filius, Philoxeni nepos, Tyndaridis pro palma, quam adeptus fuerat, posuit. In hoc donario respicitur ad galli fortitudinem. Erat hujus avis simulacrum in galea Minervae, ἵνα ὅτοι προχειρότατα ἵενται εἰς τὰς μάχας. *Pausan.* VI. 26. p. 518. — V. 3. ἀγινεῖσθαι, Apogr. Bentl. ἀγινεῖσθαι est in Vat.

XXV. Cod. Vat. p. 167. Etiam hoc *Bentlejus* primus edidit. (*Ernest.* LXI. p. 326.) In imaginem Aeschylidis, Thalis et Irenes filiae, ex voto in Isidis templo positam. ἱστᾶσιν non est *posuit*, ut vulgo vertitur, sed *stat*. Nota res. De statua agitur.

XXVI. Cod. Vat. p. 199. Edidit *Bentlej.* in Diss. in Phal. Praef. p. XXXIV. et *Kusterus* ad Suid. T. I. p. 795. ubi Lexicographus prius distichon, omisso ἑνικὸν, laudat. (*Ernest.* LI. p. 320.) Sensum carminis, qui *Arntam* penitus fugit, aperuit *Bentlejus*, cujus haec sunt: "Acumen hujus Epigrammatis est in ambiguitate ver-"borum ἁλῶν et Ἅλω et in similitudine verborum ἐνιζῆσαι "et ἰνιζῆσαι et nominum ἑνικὸν et λιμῶν. Totum parodia "est. Eudemus magno aere alieno obrutus, ea se libera-"vit, parce admodum, pane et sale, victu pauperum, "vivens; cujus rei ut exstaret memoria, salinum suam "diis Samothracibus dicarit." Diis Samothracibus autem, ut constat, qui e maris periculis enataverant, gratias agere solebant. *Suidas* v. Σαμοθρᾴκη. — ἐν, καθόσεις γνώ-μονει ἐπικαλοῦντο τούτους τοὺς δαίμονας ἐπιφανῆναι καὶ ἀλλέξ-σαι. Ἴδονσιν δὲ οἱ μεμνημένοι ταῦτα ἐκ τῶν δεινῶν σώζεσθαι καὶ ἐκ χειμώνων. quae magnam partem ducta sunt ex *Schol. Aristoph.* in Pac. 246. Eadem dicit *Schol. Apollon. Rhod.* I. 917. *Orpheus* Hymn. XXXVII. ἀδείην σωτῆρες ἀγαυοί Οἵ τ' Σαμοθράκην ἱερὰν χθόνα ναιετάοντες Κινδύνους θνητῶν ἀπερύκετε συντελοῦντας. Vide *T. H.* ad *Lucian.* T. II. p. 338. sq. ed. Bip. — Ut hic Eudemus, qui ex acris alieni fluctibus enataverat, salinum Samothracibus, sic, qui amoris undis effugerat *Horatius*, se *uvida vestimenta potenti maris deo* suspendisse dicit. I. Od. V. 14. — V. 1. ἐπιθεῖναι. Vat. et *Suid.* nec aliter haec verba laudat T. H. qui ἐπιθεῖναι et ἐπιθεῖσιν illustrat ad *Aristoph. Plut.* p. 359. *Anna* ἐπιθῶν dedit. — V. 3. τήνδε refer ad δαίμων. — ἐξ ἁλός. non *ex undis*, ut vulgo, accipi debet; sed *per sal, salis ope*, i. e. tenui illo victu, quo usus sum.

XXVII. Cod. Vat. p. 201. (*Ernest.* LII. p. 320.) Sensus carminis paulo est obscurior, etiam post ea, quae *Bentlejus* ad eum aperiendum attulit. Dionysus loquitur, cujus personam, ni fallor, Simus, Micri filius, dum literis operam dabat, dedicaverat Musis. Illae in hujus donarii gratiam puero doctrinam impertiverant. — V. 1. ἴθου ἡδὶ τεμβέ. Vat. Unde *Scaliger* Ἐμεντὰς fecit, quod in apogr. Lips. legitur. Mox idem τὰς Μοίσας corrigebat; frustra; non enim cum φρενὸς haec conjungi voluit poëta, sed cum ἰδοῦς. — V. 2. In apogr. Bentl. γυιῶκες. Respicitur ad notum proverbium χάλκεα χρυσείων, cui permutatio armorum Glauci et Diomedis occasionem dedit. Vide *Erasm.* in Adag. L. II. I. — V. 3. ἐχνιὰς ὁ τραγικὸς Διόνυσος. Haec verba efficiunt, ut non de simulacro, quod *Bentlejus* putabat, sed de persona tragica in hoc carmine agi existimem. τὸ χαίρειν enim de ejusmodi personis solemne. *Lucian.* in Nigr. §. 11. histriones saepe μέγα κεχηνότες ἰσχυρὸν φθέγγονται καὶ μηρόν. Idem de Saltat. §. 27. histrio πρόσωπον ὑπὲρ κεφαλῆς ἀνατετεμένον ἐπικείμενος καὶ στόμα κεχηνὸς πάμμεγα, ὡς κατατελμένος τοὺς θεατάς. *Clemens Alex.* Paed. II. p. 204. 22. σχηματιζόμενοι κοσμίως τῷ στόματι, οὐχὶ δὲ τραγικῶς δίκην προσωπείων διαλκομένῳ καὶ κεχηνότι. — Hic Bacchus positus erat, secundum *Bentlejum*, e regione literae T, quae prope ludum literarium posita bivium virtutum et vitiorum indicabat. Est autem ἡ ἐπνλὴς τοῦ Σαμίου litera Pythagorae Samii in duplicem ramum surgens. *Persius* III. 56. *Et tibi, quae Samios deduxit litera ramos, Surgentem dextro monstravit limite callem.* Anthol. Lat. T. II. p. 416. *Littera Pythagorae discrimine secta bicorni,* ubi vide *Burmannum*. — Mihi Bacchi persona in bivio collocata esse videtur, haud procul a ludo literario, ubi tragoediae *Euripidis* explicabantur et recitabantur. Ibi igitur saepenumero audiebat illa verba ex Bacchis v. 494. ἴτε δὲ ὁ πλόκαμος. quae cum ipse in illa Tragoedia pronunciet, sibi notissima esse ait. Hunc verum horum verborum sensum esse puto, quae perperam accepit summus *Bentlejus*, cujus interpretatio et contorta et obscura est. Quod si nos rerum vidimus, non male ex his verbis collegeris, personam tragicam, de qua hic agitur, eam ipsam fuisse, qua Dionysus in *Euripidis* Bacchis solebat conspici. Certe haec suppositio postremis Epigrammatis nostri verbis novam aliquam lucem affunderet. — In fine Vat. habet τοῦ μόνος εἴας ἐμοί, ut apogr. Lips. et Scalig. — ἔνεκα positum pro ὄνειρον, ut in Ep. ἴδεσν. DLXV. ἃ μέγα Βαττιάδαι ἱερὸν περίπυστον ὄνειαρ. Vocabuli forma, quam ap. ipsum *Callimachum* repererat incertus hujus Epigr. auctor, usus esse videtur. — De ipsa formula vide ad Ep. VII. 2.

XXVIII. Cod. Vat. p. 201. Primus edidit *Jungerm.* ex *Salmasii* Epist. ad Polluc. VI. 82. p. 614. (*Ernest.* LIII. p. 322.) Nec hoc Epigramma de statua, sed de persona comica accipiendum est. Agoranax Rhodius, victoria parta in certaminibus dramaticis, Pamphili personam dedicat. — V. 1. κωμικὸν μάρτυρα, quia Pamphilus persona est comica. Vide notata ad *Asclepiad.* Ep. XXXI. — V. 3. δεδηγμένου Cod. Vat. *Salmasius* ap. *Jungerm.* l. c. δεδαγμένον· ἡμισυ δ᾽ ὄντα, (Sort. ὀπτᾷ) ut probet emendationem in *Polluce* ἰσχάδα ἐπτήν. Male. Unice vera est docta et elegans *Bentleji* correctio — δεδαυμένον. quam vocem explicat *Hesych.* περιπεφλιγμένον. *Callim.* H. in Apoll. 49. ἠιθέου ὑπ᾽ ἔρωτι δεδαυμένος Ἀδμήτοιο. *Alciphron* L. III. 8. p. 295. ἡδέαν ἐπὶ ἔρωτα ἐκκεκαυμένου τοῦ μειρακίου. Idem L. III. 67. p. 440. οὕτως ἐξεκαύθην εἰς ἔρωτα. Cum ex sqq. appareat, hanc personam ex dimidia parte nigram et rugosam fuisse, lusus esse possit in his verbis, poëta monente, hunc nigrum colorem Pamphilum non amoris flammis, sed alia quadam causa contraxisse. Lucian. T. III. p. 82. 6. δεδιακαυμένον εἰς τὸ μελάντατον, οἷοί εἰσιν οἱ θαλαττουργοὶ γέροντες. Sed talis lusus pro meo quidem sensu frigidissimus foret. Putabam, *Callimachum* scripsisse:

Πάμφιλον, αἰὲν ἔρωτι δεδαυμένον —

Amantis enim partes in comoedia agit *Pamphilus*; unde nomen quoque accepit. Hinc bene *Callimachus*: Pamphilus, qui nunquam non amoris igne calet. — Ea, quae sequuntur, interpretes ne attigerunt quidem. Dimidia pars illius personae similis erat ἰσχάδι, rugosa, ut carica. Sic Bacchus ap. Naxios, bui rugosa facies, πρόσωπον εἰκαῖον habere dicitur ap. *Athen.* L. III. p. 78. C. σὺ ὁ πᾶσα rugosior vetula in Anth. Lat. T. I. p. 506. — λύχνος ἰσθλος εἰθισμένος *fuliginosa facies*, haud aliter atque lūdis lucernae. Haec autem descriptio duplicem ob causam mirationem facere debet; primum, quod dimidia pars personae rugosa et fuliginosa dicitur; deinde, quod eiusmodi quid in Pamphili, juvenis, facie conspiciebatur. Jam vero scimus ex *Polluce* IV. 141. et *Quintil.* Inst. Or. L. XI. 3. 74. in scena veterum bipartitas personas in usu fuisse, quae in diversis partibus diversam sive animi sive vitae conditionem ostenderent. Illis locis praeclare usus est *Lessingius* in Vita Soph. p. 104. sqq. et nuper *Boettigerus* in Prolus. de Personis scenicis (an. 1794.) p. 13. not. ubi et nostrum Epigramma attigit. Fallitur autem vir doctissimus, cum alteram illius personae partem in fornace figuli nimis percoctam et igne infuscatam fuisse contendit, eoque verbum ἰυτας trahit, quasi ab ὀπτῶ derivatum. *Hesych.* ὀπταῖς. 19ν3η. *Aeschyl.* Prometh. 997. ὀπτὰς πέτρας δὲ καὶ βιβλωθέντας τάλ. Refpexit poëta procul dubio ad certam quandam comoediam, qua Pamphilus rugoſi et ſole combuſti hominis partes egerat, Aethiopis fortaſſe et Eunuchi, et quidem, ut ex verbis — αἶθε ἔροιτε δολαομένων colligi poteſt, eam ob cauſam, ut hujus veſtitus ope calidum quoddam et amatorium conſilium exſequeretur. Has partes cum ageret, ejusmodi perſonam gerebat, cujus altera pars juvenilem vultum, altera turpem et ſenilem faciem repraeſentabat.

V. 468.] XXIX. Cod. Vat. p. 205. (*Erneſt.* XXXV. p. 302.) Phileratis Dianae ſimulacrum dedicat. — V. 1. Ἀ. τήν, Vat. — V. 2, τήνδε, Ed. *Erneſt.* — Pro εἶεν *Anna eἶα* malit, ex Hymn. in Lav. Pall. 142.

XXX. Cod. Vat. p. 206. (*Erneſt.* XXXVI. p. 302.) In clavam Herculi ab Archino Cretenſi dedicatam. — V. 1. μοντέγχεα monſtrum verbi, judice *Erneſto*, qui amplectitur conjecturam *Valckenarii* μοντενχ', ὅδε — corrigentis.

XXXI. Servavit, ſed depravatum, *Athenaeus* L. VII. p. 318. B. C. unde relatum in Append. Anth. Planud. p. 514. St. ″18. W. (*Erneſt.* V. p. 278.) Illuſtravit *Lennep.* ad Coluth. p. 20. ſqq. Scriptum in nautilum, ad Iulidis litus captum, quem Selenaea, Cliniae filia, in templo Arſinoës Zephyritidis dedicavit. — V. 1. Ad hunc verſum ſpectare videntur verba *Stephani Byz.* v. Ζεφύριον. ἔστι καὶ ἄκρα τῆς Αἰγύπτου· ἐφ᾽ ἧς ἡ Ἀφροδίτη καὶ Ἀρσινόη Ζεφυρῖτις· ὡς Καλλίμαχος. *Hedylus* Ep. VIII. φιλοζεφύρου Ἀρσινόης. Vide Interpp. *Catulli* LXVI. 57. *Ipſa ſuum Zephyritis eo famulum legarat, Graia Canopaeis in loca litoribus.* Hoc fortaſſe Arſinoës templum ſpectant verba *Plinii* H. N. XXXIV. 42. Tom. V. p. 150. *Auſon.* Eid. X. 310. — παλαίτερον eſt ex emendatione *Bentleji* pro παλαίτερος. *Eram olim concha.* Calculum huic conjecturae adjicit *Lennepius.* Fieri tamen poteſt, ut *Callimachus* ſcripſerit:

Ἔγχει ἐμοὶ, Ζωπυρίτι, τέλαν τέρυς.
Hoc Cyrenaici noſtri poëtae ingenio dignum. Τέρυ-
λωθίντις λοντίν. Τέρυας ἱππους· οὕτω λέγονται, ὅσοι ἐλλειφόμενοι
εἰσὶ ἵπου, τοῖς ὠθίναις. Heſych. Jam conſtat, nautili
teſtam tenuiſſimam eſſe. Veterum loca de nautilo collegit *Beckmann.* ad Antig. Cary ſt. c. LVI. p. 100. ſq.
— V. 3. εἰ μὲν ἀέται. Nautilum tenuem membranam,
tanquam velum, inter duo brachia ventis obtendere,
omnes qui hanc concham deſcribunt veteres tradunt.
Inter recentiores ſunt, qui de veritate hajus traditionis
dubitent. Cf. inprimis *Ariſtotelem,* ab *Athenaeo* quoque
laudatum L. VII. p. 317. F. — V. 5. γαλυσαίη pro γαλήνη. Vide *Ritterhuſ.* ad Oppiani Hal. I. 460. *Theocrit.*
Eid. XXII. 19. αἶψα δ' ἀπελήγοντ' ἄνεμοι, λιπαρὴ δὲ γαλήνη
ἀμπέλασχε. — Ap. *Athen.* legitur — λιπαρὴ δέτε, εὔλος
ἰρέσειν. Varia *Anna* tentavit, ut ſe ex his ſalebris ex-
pediret, ſed omnino fruſtra. ἀδρὶς emendavit *Caſaubonus,*
de vitio, quod in δέτε eſt, ſecurus. *Lennep.* contra, εὔλος
ſincerum putans, δέον εὔλος ἰρέσειν ſcripſit. In eandem
conjecturam incidit *Weſton.* in Hermeſ. p. 24. ubi εὔλος
de forma conchae, cymbam referentis, interpretatur.
Idem mox πόσιν ἀπ' ὄπιρ conjicit; ſive ἰρέσειν πόσ' ἐδι-
κῆς ἄκυτρ — . Neutra harum conjecturarum in cenſum
venire meretur. Vulgo v. 6. ſic legitur: πόσιν ὑπ' ὄπιρ
τύπτομα σ. *Caſaubonus:* τοῖς πόσιν ἄκυτρ καὶ — ſive πόσιν
ἴοις. Noſtra lectio patri *Annae F.* debetur. Sed dubito,
an hoc diſtichon perſanatum videri queat. Videant alii.
— V. 7. Ἰουλίδας. *Athen.* Ἰουλίδας plures emendaverunt.
Iulis urbs eſt inſulae Ceae. Vide *Strabon.* L. X. p. 480.
quem exſcripſit *Stepban. Byz. v.* — *Lennepius* ultra in-
quirendum ratus — παρὰ δίν' ἱς Ἰουλίδας emendavit; ut
nautilus ſe in Ἰουλίδας incidiſſe affirmet, quod genus eſt
piſcium venenatum, quod in alios piſces et urinatores
irruens, ſaepe iis lethale vulnus inſert. Haec minus
conſiderate poſuit vir doctiſſimus, qui ceteroquin recte

vidit, aliquid in hoc verfu ad fenfus integritatem defiderari. Scribendum videtur:

Ἐκ τ' ἔπεσον παρὰ θῖνας Ἰουλίδος —

Ejectus fum ad Iulidis litus. — Mox ϲοὶ τὸ π. legitur. Laudatur hic verſ. in Etym. M. v. περιπλίττω. in cujus Edit. pr. qua utor, τὸ penitus omittitur. ϲοὶ τι correxit *Erneſtus*. — Ἀρεσίνης. *Athen.* Ἀρεσίνης. *Etym. M.* Hunc locum expreſſit *Theodorid*. Ep. II. σκολιὸς δ' ἐξέρπυσε περίμδς, "Οφρ' εἴσω Λικαρδν ταίγισιν Ἀντριάδων. Huc facit fragmentum ex *Hedyles* Scylla ap. *Athen*. L. VII. p. 297. B. ubi Glaucus, Scyllae amore incenſus, ad ejus antrum veniſſe dicitur:

ἢ μύγχου δάγμα φέροντ' ἐρυθρᾶς ἀπὸ πέτρης,
ἢ τῶδε 'Αλκυόνων παῖδας ἔτ' ἐπτερύγους,
τῇ νύμφῃ δόσπηρος ἐδόρμητο· μάνρο δ' ἐκείνου
καὶ Σειρὴν γείτων παρθένος οἰκτίσατο·
ἀκτὴν γὰρ κείνην κατινήχετο, καὶ τὸ σύνεγγυς
Αἴτνης. —

V. 3. ſcripſi δόσπηρος pro vulgato δόσπωρος, quod ſenſu caret. Miſerabilis autem erat Glaucus, cujus lacrymas vel Sirenes non ſine miſericordia audirent. V. 5. κείνην accipe de litore, ubi Sirenes habitant; niſi forte legendum eſt — ἀκτὴν γὰρ Σικελὴν παρινήχετο. Haec obiter. — V. 10. ad *Bentleji* mentem a *Bruckhio* conſtitutus eſt. Ap. *Athen.* legitur: τίκτες δ' ἀλκυόνης ἔσσι ἀλκυόνης. πότερα Halcyon illi eſt, quae in locis humidioribus verſatur: *neque mihi in cubilibus, ut antea, ova parerent halcyones; mortua enim ſum*. i. e. neque amplius viſitarem ovis halcyonum. Recte monuit *Erneſtus*, indicativum deſiderari; et hinc legit: τίκτεται ἀλκυόνης ἅ. λ. non mihi jam paritur ovum Halcyones, ſ. Halcyone non mihi jam parit ova, quibus veſcar. At quis unquam dixit, Halcyonum ovis nautilum veſci? Reſpicitur potius ad dies Halcyonios, nautilo propter maris tranquillitatem gratiſſimos. Illos autem poëta per ova Halcyonum ſignificat; quandoquidem Halcyonibus ovis incubantibus exſiſtere putabantur. Verba ἐν θαλάμῃσιν de templi penetralibus acceperim, ubi nautilus, periculorum, quae mare habet, ſecurus, jacebat. Dioscurorum θαλάμας commemorat *Euſtath.* ad Il. p. 906. Rheae θαλάμαι celeberrimae. Vide *Schneiderum* ad Nicandr. Alex. p. 79. ſq. Totum autem diſtichon in hunc modum diſtinxerim et emendaverim:

μηδ' ἐμοὶ, ἐν θαλάμῃσιν, ἔσ', ὡς πάρος, εἰμὶ γὰρ ἄπνους,
τηρεῖται γραφὶς ἦσον ἀλκυόνος.

Quum hic in Arſinoës templo jaceam, vita privatus, non amplius, ut olim feci, Halcyonis, luctuoſae avis, ova, i. e. aedificationem, obſervo. In bis ſaltem γραφὶς ἀλκυόνος verum puto. *Homer.* Il. IX. 559. Ἀλκυόνην καλέεσκον ἐπώνυμον, οὕνεκ' ἄρ' αὐτῆς μήτηρ' Ἀλκυόνος πολυπενθέος οἶτον ἔχουσα κλαῖε. unde *Eurip.* Iph. Taur. 1089. ὄρνις, ἃ παρὰ τὰς πετρίνας πόντου δειράδας, Ἀλκυών, Ἔλεγον οἶτον κελάδεις. *Moſchus* Eid. III. 40. Ἀλκυόνες τὸ πρῶτον ἐπ' ἀλγεσιν ἴαχε κῆυξ, Οὐδὲ πρῶτον γλαυκοῖς ἐνὶ κύμασι Κηρύλος ᾄδει. Alia vide collecta a *Bocharto* in Hieroz. Tom. II. p. 219. — V. 11. Nautilus a Cliniae filia Arſinoae dedicatus, illam laudat propter probitatem. — Σμέρνης Ἀλκίδος. *Homer.* Hymn. XXXVII. 6. Ἀλκίδα Σμύρνης ἀλεγεινήν. Sic quoque *Mimnermus* ap. *Strabon.* L. XIV. p. 634. Vide *Weſſeling.* ad *Herodot.* I. 150. p. 73.

XXXII. Cod. Vat. p. 412. ἐπὶ ἀγαλμάτιον μικρὸν ἐπὶ τραπέζῳ ἱστάμενον. Planud. p. 315. St. 455. W. (*Erneſt.* XXV. p. 294.) Nihil certi de ſenſu hujus carminis, ultimi inprimis verſus, pronuntiari poſſe puto, cum vix appareat, in cujus rei occaſionem factum ſit. Hoc maniſeſtum eſt, agi de ſtatua pedeſtri ignoti heroïs in veſtibulo aedium Eëtionis Amphipolitae poſita. Vide *Heynium* in Comment. Soc. Reg. X. p. 96. — V. 1. αἰετίανις Vat. Cod. ex quo *τείτταϑμις* in textum venit. Vulgo *ἐπὶ σταϑμόν*. *Brodaeus* conjecit Ἑστίαν ἓς. — V. 3. λιξὸν, i. e. *σωλῆν*. Serpentem et ensem manu tenebat ille heros nobis ignotus. *μεσῆν* depravatum videtur. Scribe:

καὶ γυμνὸν ἔχει ξίφος.

Sic *Brunckius* quoque emendavit. — Mox *ἀνδρὶ ἱπίῳ* Cod. *ἐφ' ἱππῶ* suspicatur *Bentl.* Vereor, ut genuinam hujus loci lectionem teneamus.

V. 469.] XXXIII. Cod. Vat. p. 163. sq. *Callimacho* tribuit; in Planud. p. 436. St. 569. W. *ἄξιον* est. (*Ernest*. LXXIII. p. 392.) Echemma Cretensis arcum Dianae dedicat; quo facto poëta capris, quibus ille olim insidias struxerat, securitatem gratulatur. — V. I. 2. laudat *Suid.* in *Κυνθιάδες*. Hinc nostra lectio derivata. Vulgo *Κυνθίδες*. Hymn. in Apoll. 61. "Ἄρτεμις ἀγρώσσειν σε μᾶλιστα συνεχὲς αἰγῶν Κυνθιάδων ἐφίεσαν. Ut hic poëta capras bono animo esse jubet, sic Daphnis venator moriturus ap. *Theocrit*. Eid. I. 116. feras *χαίρειν* jubet. — Ἐξίμμου Vat. a man. sec. — Ἐν Ὀρτυγίῳ, in Delo, vide not. ad *Noffid*. Ep. III. et *Spanhem*. ad Hymn. in Del. 255. p. 543. — V. 3. *πίπανται* Vat. a manu sec. — *Jof. Scaliger* in notis mstis conjecit: *σπευσθε.* Mutatione nihil opus est. — *ἰται, postquam deus vobiscum inducias fecit.* Fortasse legendum:

αἶγες, καὶ σπονδὰς ἡ θεὸς εἰργάσατο.

XXXIV. Ex *Strabone* L. XIV. p. 638. sive ex *Eustathio* ad Il. β. p. 250. relatum est in Append. Planud. p. 515. St. *18. W. Habetur etiam ap. *Sextum Empir.* adv. Gramm. I. 2. p. 225, ubi vide *Fabricium*, qui hoc carmen etiam illustravit in Bibl. Gr. Tom. I. p. 17. ed. Harl. Creophylus, Homeri aequalis, a quibusdam poëtae magister dictus, pro auctore poëmatis, Οἰχαλίας ἅλωσις inscripti, habebatur, quod alii Panyasidi assignabant. vid. *Clemens. Al.* Strom. L. VI. p. 751. 21. ubi Κλεοφύλου τοῦ Σαμίου male legitur pro Κρεωφύλου. Hoc carmen cum Creophylus ab Homero accepisse et pro suo vendita[ss]e diceretur, *Callimachus* eum plagii crimine liberare conatus est. De Creophylo ejusque carmine disputavit *Bentlej.* in Epist. ad Mill. p. 61. sq. — V. 1. τοῦ Σαμίου ὄντος. *Eustath.* et *Strabo.* In fine versus Ὁμήρου iidem: καὶ δὴ *Sextus* praebuit. — V. 2. αλαλα *Casaub.* notavit ad marg. αλαλα *Ernestus* merito efficacius judicat. — V. 3. Ἰόλειαν. quam Iolen vulgo appellant. Nota historia vel ex *Sophoclis* Trachiniis. — Ὁμήρου ὧν M. *Sextus* ante *Fabricium.* Nostram lectionem cum reliqui habent, tum Schol. inedita *Dionysii Thracis* et *Etymol. M.* in γράμμα, ubi partem praecedentis versus laudat. Κρεωφύλου vett. *Sexti* editi. male. Magnum Creophylo honorem haberi, ait, quod homines ejus poëma pro Homeri opere haberent.

XXXV. Cod. Vat. p. 444. (*Ernest.* XXIX. p. 296.) Exstat, sed corruptissimum, in Vita Arati ed. *Petri Victorii* Venet. 1567. Eodem anno editum est a *Fulvio Ursino* in Virg. c. Graec. coll. p. 14. Corruptelas ejus primi tollere conati sunt *Is. Casaub.* in Lect. Theocr. c. IV. et *Salmas.* in Plin. p. 525. Postea tanquam ineditum prolatum est a *L. Holstenio* ad *Steph. Byz.* p. 301. adjecto disticho ex Epigr. *Antipatri Thess.* XV. 5. 6. Salmasiana crisi non contentus *Is. Vossius* aliter Epigrammatis lectionem constituere tentavit ad Pompon. Melam I, 13. Exhibetur cum aliqua lect. diversitate in capite Arati a *Jo. Frille* editi. Tractavit denique *Clericus* in Silv. phil. c. VI. p. 237. sqq. et *T. Hemsterh.* ad Polluc. IX. p. 1117. Fuse de eo disputavit *Ernestus* in Programmate ann. 1757. repetito in edit. *Callimachi* p. 333. sqq. et in ejus Opusculis varii argumenti anno 1797. editis p. 112. Ejus disputationem de vero carminis sensu in compendium redactam hic cum lectoribus communicabimus, ubi primum varietatem lectionis indixuerimus. — V. 1. Ἡσιόδου δ᾽ ἄεισμα. *Victor.* τόδ᾽ ἄεισμα. *Ursin, Holsten, Vat.* alii. — οὐ τὸν ἀοιδὸν. *Victor. Ursin.* Vat. Cod. αὐτὸν ἀοιδὸν. *Holst.* *Casaubonus* correxit οὗτος ἀοιδόν. *Salmas.* οὗτος ἀοιδοῦ ἐσχάτου. *Scaliger* ad Manil. L. II. p. 67. οὐ τὸν ἀοιδὸν, cum quo facit *Bentlejus.* — V. 2. ἀλλ᾽ ἀνασσωρυτο μελιχρότατον. *Victor. Ursin.* ἀλλ᾽ ὁπόσα μὴ τὸ μ. Vat. Cod. Hoc amplexus est *Salmasius*, mutato μελιχρότατον in μελιχρότατον. *Scaliger, Bentlejus* et *Casaubon.* in lectione Vat. Cod. acquieverunt. *Pantagathus* ap. *Ursinum* corruptissimam Cod. Florent. lectionem sic tentabat: ἀλλ᾽ ὃ Ζεὺ φέρε μελ. — V. 4. Ἀρήτου σύγγονος ἀγρυπνίης. *Victor.* σύγγονος ἀγρ. *Ursin. Salmas. Casaub. Scaliger.* ἀδηνου σύντονος ἀγρυπνίη. Vat. Cod. In marg. γρ. Ἀρήτου ἀντὶ Ἀρήτου. — ἀδηνου σύγγονοι. *Petav,* qui hoc carmen repetivit in Uranologio. *Salmasius* putabat, respici ad Hesiodi ἀστρικὴν βίβλον, ad cujus operis exemplar *Arati* carmen compositum sit. Vertit autem carmen a se, ut diximus, constitutum, sic: *Hic modus est, hoc genus carminis Hesiodici. Non equidem ultimum aut pessimum poetarum est imitatus; sed verror, ne maxime laboriosam et difficilem carminum ejus partem vara hic Solensis afflictaveris. Quare valeant minutae illae et argutae Arati de sideribus commentationes, vigiliarum cognatae et somnum adimere natae.* *Salmasii* correctiones impugnat *Is. Vossius,* qui prius distichon sic corrigendum dixit: — ὁ τρίτος οὗτος ἀοιδοῦ ῾Ἔσχατος, ἀλλ᾽ ὅχα σοι μὴ τὸ μελιχρότατον Τῶν —. Carmen non in Aratum, sed in Hesiodum scriptum esse censet. Dixisse autem *Callimachum*, difficilia illa, minimeque florida, quae *Hesiodus* omisisset, *Aratum* perfecisse; ideoque eum tetricas illas et injucundas vigilias valere jubere. *Casaubonus* in altero disticho constituendo nihil discrepat a *Salmasio*; prius autem sic corrigit, non satis feliciter: ὁ τρίτος οὗτος ἀοιδὸν ῾Ἔσχα τὸν· ἀλλ᾽ ὁπόσα μὴ τὸ μελιχρ. Τῶν —. *Hemsterhusii* correctio nec ipsa tanto viro digna: οὐ τὸν ἀοιδὸν ῾Ἔσχατον, ἀλλ᾽ οὐ τὸ σῆμα μελιχρ.

NON

non certe potiate ultimum, sed cujus etiam ipsum versuum corpus mollitissimum est, Solensis ille expressit. In extremo versu idem malebat ἔσχατος ὑγρότητι. Scaliger, ut Villoison nos docuit in Epist. Vinar. p. 79. in margine Arati correxit: — καὶ ὁ τρόπος οὗτος κωλοῖ· 'Ἔσχατος, ἀλλ' οὔτω, μὴ τὸ μαλαχρ. τῶν λ. —. Idem quomodo hoc carmen in Comm. ad Manil. exhibeat, supra indicavimus. Putat autem, hoc Epigrammate diserte innui, Aratum ex Hesiodi Astronomico τὰ μαλαχρότατα delibasse, reliqua ἐσχατὰ reliquisse. Clericus: οὐ τοῦ λωβοῦ ἔσχατον non illud Hesiodi carmen, quod postremo loco censeri possit, cum sit egregium. Brunckius in omnibus presse sequitur Cod. Vat. nisi quod v. 1. λωβὸν, ultimo βῆσσε (ἰδέσσι Holsten.) exhibet. Hesiodum non postremum quidem, sed potius suavissimum poëtarum imitatum esse Aratum Solensem. Brunckius in primo distichio constituendo secutus est Ernestum; in ultimo versu σύμβολον ὑγρότητι Ruhnkenio debetur. Epigr. in Mon. Byz. I. Tom. III. p. 132. στῆσαι τεχνασὶν ἰδε σύμβολον ὑγρότητος. Leonid. Alex. Ep. XIII. λάμβανε βιβλίον, Καῖσαρ, ἰσαρίθμων σύμβολον ὑγρότητος. Nostri versum expressit C. Helvius Cinna in Anthol. Lat. T. I. p. 440. CCLI. Haec tibi Aratæis multum vigilata lucernis Carmina, queis ignes movimus aetrios. — Jam Ernestum audiamus: »Viri docti, qui hoc Epigramma »emendare instituerunt, primum in sensu ejus universo »non consentiunt; aliis in laudem Arati accipientibus, »aliis ad contemtum et reprehensionem operis Aratei »trahentibus. Itaque ultima Epigrammatis huic inter- »pretationi sic accommodant, ut Callimachum dicant »valere jubere tetricas illas et injucundas tricas ac nugas. »Haec vero interpretatio primum universae eruditae »antiquitatis judicio refragatur, quae Arati carmen ita »admirata est, ut eo nihil praestantius in illo erudito »et subtili genere dicendi putaret. (Ptolem. Ep. F. T. II. »p. 66. Antip. Sidon. Ep. XIX. p. 19.) Quin auctore

„illo ipso Vitae Arateae scriptore, Callimachus Aratum
„in Epigrammatum libro et in iis, quae ad Praxiphanem
„scripserat, valde laudarat, ut συνμαθῆ καὶ ταυτὸν ἑγ-
„οντα; tantum abest, ut hoc Epigrammate perstringere
„voluerit. Auctor autem vitae Arateae, quae Phae-
„nomenis praeponitur in vulgatis libris, eum, ait, a
„Callimacho hoc Epigrammate (neque enim de alio lo-
„quitur) honoratum esse: παρὰ τοῦ Κυρηναίου καὶ περιγρά-
„ματος ἠξιώθη. Nam quod ejus carmen λεπτὰς ῥήσεις ap-
„pellat, id nullo modo in contemtum accipi debet, cum
„λεπτὰ etiam in optimam partem dicantur, non modo
„de oratione, sed etiam aliis rebus. (Cf. Epigrammata
„Ptolemaei et Antipatri l. l. Tenui deducta poemata filo:
„Horat. II. Epist. L 225.) Itaque χαίρετε λεπταὶ ῥήσεις
„non est valete jejuna carmina, sed salvete argata carmi-
„na. Illud autem quam abhorrens est, quod Salmasius
„σύγχρους ἀγρυπνίας intelligit cognata vigiliis et somnum
„adimere nata? Neque enim ἀγρυπνία scriptoribus ali-
„ter quam in bonam partem tribuitur, estque evidens,
„Callimachum respexisse ad Homeri Od. s. 271. Quae
„cum ita sint, sequamur potius eos, qui ad laudem Arati
„pertinere Callimachi Epigramma verissime judicant.
„Laudatur Aratus, ut imitator felix Hesiodi, qui pri-
„mus de rebus tenuibus et subtilibus probabiliter scri-
„pserat. Neque aliud Hesiodi opus intelligere necesse
„est, quam ἔργα καὶ ἡμέραν: ad quod imitandum olim
„omnes studium suum contulerant, qui in subtili car-
„minis genere aliquid efficere vellent. Vocat enim
„μελιχρότατον τῶν ἐπῶν, dulcissimum carminum; quod pla-
„ne in opera et dies convenit, dulcedinis et lenitatis
„nomine a veteribus celebrata. — Quod ad lectionem
„carminis attinet, tutissimum sane est, manere in eo,
„quod post Casaubonum Bentlejus probavit: ἀλλ' ἑκαλώς,
„μὴν τὸ μ. Sed non negem, mihi durum videri ἑκαλώς, μὴ
„ἀπομάξατο, haud scio an (quod vim affirmandi apud Lati-

„nos habet) *expresserit*; nec quisquam exemplis ad eam
„rationem firmandam usus est. Itaque aliquando venit
„in mentem, sic hos versos e vestigiis corruptae scriptu-
„rae (ἐπιτευγμάτα) constituere — οὐ τὸν κοιδὴν ἔσχατον, ἀλλ'
„ἦξ' ἅμα, καὶ τὸ μ. Accurata ratio scribendi videtur
„postulare, ut post ἀλλὰ sequatur contrarium superioris,
„τοῦ ἐσχάτου κοιδῶν. Hoc plane est, ἀλλ' ἔξ' ἅμα. sed
„*longe principem*. Sed praestantissimi poëtae etiam dul-
„*cissimum* carmen expressit: καὶ τὸ μ. In libris scriptis
„quam saepe μὴ et μὲν pro καὶ irrepserit per similitudi-
„dem compendiorum, vix nescire potest non expers
„harum literarum. — Restat difficilis nodus in ultimis
„verbis. Ex tribus librorum lectionibus, σύγγονος ἐγρη-
„γορίας, σύγγονος ἐγρ. et σύντονος ἐγρηγορία, tertiam probavit
„Bentlejus; nec incommodus ex ea sensus exsistit: *acris*,
„*non remissa vigilia*. Enimvero fuit pronus librariis
„lapsus a σύντονος ad σύγγονος, sed non minus ab hoc ad
„illud. Itaque etsi σύντονος haud dubie melius est, quam
„σύγγονος, tamen consensus reliquorum librorum facit,
„ut σύντονος correctori potius deberi, quam a Callimacho
„esse videatur: malueruntque viri docti aliud e σύγγονος
„eruere, quam Holstenii σύντονος probare." Haec *Erne-*
stus, qui valde inclinat ad adoptandam correctionem
Hemsterhusii ἴαγονος, quae etiam *Bentlejo* in mentem venerat. Hierum vero, qui Britannum offendebat, non
tantum momentum habere existimat, ut propterea haec
correctio repudietur. Mihi, quamvis et *Rubnkenii* correctio valde arridet, Vaticani tamen Cod. lectio σύντονος
ἐγρηγορία, quae et elegans est et sensum optimum facit,
non temere repudianda videtur. Idem sensit *Jo. Tou-*
pius ad Longinum p. 312. qui etiam v. 2. Vaticani
Cod. lectioni inhaeret, sic ut legat: ἀλλ' ἴσκε, μὴ οὐ τὸ μ.
Sensum esse: Hesiodum, non postremum poëtarum imitatum esse Aratum, sed se vereri, ut suavissimos ejus
versus expresserit. Crasis in μὴ οὐ poëtis familiaris est.

XXXVI. Cod. Vat. p. 453. Planud. p. 94. St. 137. W. (*Ernesti* VIII. p. 282.) — V. 1. Pro ηδ' *Salmaf.* in not. mfstis ἅ' corrigebat, et sic est in ed. *Graevii.* — ηεειν, Vat. — V. 3. ἄλλων. *Meursius* et *Casaubonus* malebant ἔθλων, quia apud veteres mos fuerit, certaminum victores per praecones renuntiandi. Vulgatam scripturam huic conjecturae propter manifestam oppositionem, quae est in ἄλλων et κείνου, praeferendam esse censebat *Ernestus*. Quod ad sensum hujus carminis attinet, variae sunt eruditorum opiniones. *Opsopoeus*, Scholiastae nota deceptus, de Theaeteto, Socratis discipulo, cogitavit, obscurum carminis sensum interpretatione sua etiam obscuriorem reddens. In *Brodaei* explicatione vera falsis commista sunt. Verba εἰ δὴ — sic reddit: „Si ad poëticum nomen promerendum non eadem est via; nam „eorum, qui in certaminibus poëticis ac gymnicis victo„res a praeconibus denuntiantur, gloria plerumque „vestigio deperit: doctorum vero hominum et Phoebo „digna locutorum, quorum in numero est Theaetetus, „laudis et doctrinae monumenta nunquam intermoriun„tur et excidant." Haec ille. Qui, quod gloriam eorum, qui victoriam e certaminibus reportarunt, statim, ubi parta sit, interire ait, quo id jure faciat, ipse viderit, cum satis constet, ejusmodi victoriam immortalitati parem fuisse habitam. Quod si tamen hanc ei interpretationem concesseris, qua tandem ratione probari potest, ἄλλων ad poëtas et athletas pertinere, illos autem sapientibus et pedestris sermonis scriptoribus opponi? Verbum σοφῶν quidem poëtis non minus ac philosophis convenire, omnes norunt, et passim a nobis notatum est. Recte igitur *Bentlejus* aliam interpretandi viam ingressus, Theaetetum fabulam docuisse, sive carmen in poëtarum concertatione, quae in Dionysiis haberetur, recitasse suspicatur, ita ut prava judicum sententia vinceretur. Hujus contumeliae dolorem ut leniret Callimachus, eum hoc Epigrammate victum folari teſtarique, Theaetetum veram viam ad victoriam inſtituiſſe; quod ſi propter judices vel indoctos vel corruptos ea via ad Bacchi hederam ſive victoriam non duceret, a fera tamen poſteritate Theaetetum laudem confecuturam eſſe; cum eorum, qui vitioſis ſuffragiis laudem adepti eſſent, honos et memoria brevi intercidere foleret. Quae interpretatio plura, quam par eſt, extrinſecus aſſumit. Videamus, quid in ipſis verbis inſit. Primum ἡ καθαρὴ ὁδὸς, quam Theaetetus ambulaſſe dicitur, neque de integritate vitae, quod Scholiaſtes voluit, (ἴσως ἐν φιλοσοφίᾳ βίον καθαρὸν) neque de ſimplicitate Theaeteti accipienda eſt. καθαρὴ ὁδὸς, pura via, ea eſt, quam quis primus ingreditur, ab aliis nondum occupata nec trita. Hunc ſenſum recte perſpexit *Toupius* Em. in Suid. P. III. p. 565. et *Huſchke* in Epiſt. crit. p. 4. ubi *Propertium* confert L. III. 1. 17. *Sed quod pace ligas, opus hoc de monte fororum Detulis intacta pagina noſtra via.* Idem v. 3. ſe *puro de fonte*, id eſt aliis intacto et integro, elegos in Latium intuliſſe gloriatur. Expoſuit hoc dicendi genus *Broukhuſ.* ad *Tibull.* II. 1. 14. Hinc emendandus *Valerius Flaccus* in Argon. L. III. 512. *Phrygiis ultro concurrere monſtris Nempe virum et pulchro reſtrantem Pergama ponto Vidimus.* De Hercule agitur. Iueprum eſt *pulchro ponto* et ſcribendum: *puro referentem Pergama ponto.* Mare, quod Hercules a marina bellua, quae locum illum infeſtabat, liberavit, per prolepſin *purum* vocatur. Sic *puro campo* dixit *Virgil.* Aen. XII. 771. ubi vide *Heyn.* *Horat.* II. Epiſt. II. 271. *puras fatis plateas*, nibil ut *mediocribus obſtet.* *Livius* XXIV. 14. *dimicaturum puro et patenti campo.* Gloriantur autem poëtae, cum novis callibus ad Immortalitatem graſſantur. *Lucret.* L. IV. 1. *Avia Pieridum peragro loca nullius ante Trita ſolo, juvat integros accedere fontes, Atque haurire: juvatque novos decerpere* flores insignemque suo capiti petere inde coronam, Unde prius nulli velarint tempora Musae. Cf. Horat. III. Carm. XXX. 6. et *Plinian* ad *Nemesian.* Cyneg. v. 8. Oppianus Κυνηγ. α. 20. Musa clamat: ἴγρεο, καὶ τρηχεῶν ἀποστείβωμεν ἀταρπὸν, Τὴν μερόπων οὔπω τις ἑῆς ἐπάτησεν κονίαις. — οὐχ αὕτη. Si haec via, quam Theaetetus ingressus est, non ad victoriam in certaminibus ducit – quandoquidem novo huic et a nullis adhuc tentato scribendi generi nulla praemia in Dionysiis constituta sunt – hoc tamen affirmare ausim, longe majus et amplius praemium manere eum, quam ceteros. Ceterorum enim nomina praecones ad exigui temporis memoriam pronuntiant, hujus autem ingenium universa Graecia ad omnem posteritatem propagabit. — Sic haec satis expedita videri possunt. Ceterum, quo poëseos genere Theaetetus tam insignem laudem meruerit, ignoramus. Eum ex dramaticis poëtis fuisse, satis probabiliter conjicias.

XXXVII. In Vat. Cod. p. 220. sine auctoris nomine prostat. In Scholio marginali autem legitur: τοῦτο Ἀλκαῖος ἐποίησεν εἰς Πιττακὸν τὸν Μιτυληναῖον. *Callimacho* tribuitur indicio *Diogen. Laërt.* I. 83. p. 49. In veteribus Planudeae editionibus inscribitur Εἰς Πιττακόν. *Callimachi* nomen addidit *Stephanus* p. 285ᵇ. W. 422. (*Ernest.* I. p. 272.) Historiam, quam auctor versibus enarrat, tradit *Schol. Aeschyl.* in Prometh. 886. Τὸν Πιττακὸν λέγει, ὃν κατά τις βιαζόμενος ὑπὸ γυναικῶν, τῆς μὲν μιᾶς οὕσης πλουσίας, τῆς δὲ ἑτέρας πενεστέρας καὶ τοῦ γένους αὐτοῦ ἀξίας, καὶ ἀπορῶν, ποίας κλαῦσιν ὁ ἀνήρ, ἡσύχησε, τοῖς χρήσιμα γενναῖα· τοῦ δὲ ἐλθόντος, μέταξι πρὸς τοὺς παῖδας τοὺς πλησίον ἡμῶν τοῖς βέμβηξι παίζοντας, ὃ ἐστι ταῖς στρόμβαις, καὶ ἐπ᾽ αὐτῶν μαθεῖν, πᾶλε ἂν χρήσειν γυναικί· ἐπελθὼν ἰκαστε ἐπρίασατο τῶν παίδων λεγόντων πρὸς τὴν οἰκείαν στρόμβαν, τὴν κατὰ σαυτὸν ἕλασσε, καὶ μὴν αἰσθόμενος τοῦ λόγου τῶν παίδων, τὴν μὲν πλουσιωτέραν ἀφῆκε, τῇ δὲ πενεστέρῳ ἐχρήσατο γυναικί, τῇ καὶ τοῦ γένους αὐτοῦ ἀξίᾳ. — Passim hoc carmen laudat *Sui-*

das In ἄττα. βιμβξ. γρίματα. — V. 1. ἀνέφετε. Vat. Cod. Editt. Planud. praeter Florent. ἀνίφετε. Diog. — In fine verſus οὗτος Diog. — V. 2. Ἰτραδίον. Pittaci patrem unus *Diogenes* vocat *Hyrradium*, hoc ipſo *Callimachi* loco in errorem inductus. *Hyrradius* eſt nomen patronymicum ipſius *Pittaci*, ut docet *Suidas* in Ἰτρα. Idem *Hyrras* et *Hyrrades*. Hinc optime monuit doctiſſimus *Viſconti* In Muſeo Pio-Clem. Tom. VI. p. 36. not. e. apud noſtrum corrigendum eſſe Ἰτραδα. — V. 4. κατεμᾷ. Vat. — ℣. 470.] V. 5. Cod. *Rittersbuſii* τε λέιν. — τόν μοι habet Diog. et Vat. μοι οἱ. Plan. — V. 7. γηύσατε. Vat. — V. 9. βίμβηκες. Flor. et *Suid*. Mſc. Ritterſh. μιμβηκες. Attigit hunc luſum *Rigalt*. ad Artemid. Onir. p. 24. *Menag*. ad Laërt. L. 80. Interpp. *Heſychii* v. βίμβιξ. *Heyne* ad Tibull. p. 43. — V. 11. ἰφ᾽ ἐστι. Cod. Vat. In editt. Callimachi perperam ἰντεσι. — V. 12. τὸν κατά. Vat. a man. pr. *Plutarch*. T. II. p. 13. F. ἐγγυᾶσθαι δὲ διὰ τοῖς οἰκὶς γυναῖκας μήτε ἰδγνωστήσας πολλῷ, μήτε πλουσιωτέρας· τὸ γὰρ τὴν κατὰ ἑαυτὴν ἴσα σοφὴν, ubi ſunt qui ἐλαῶ legant; male. Non uni hoc dictum tribuebat antiquitas. Vide *Suidam* v. τὴν κατὰ ἑαυτὴν ἴλα T. III. p. 463. Ovid. Heroid. IX. 32. *Si qua voles apte nubere, nube pari*. — V. 15. ὀρέξαισθαι. Ut hic, ſenſu translato verbo ὀρέγεσθαι uſus eſt *Demodoc*. Ep. III. ἣν μεγάλης ὀρέξαντες ἀρχῆς, ſi *magiſtratum adspiri fueritis*. Auctor Ep. Incert. T. III. p. 22. XXI. τοφθε ὑέρεξαι τέχνης. Epigr. Inedit. Cod. Vat. p. 493. ἴσιαν ὀρέστω χειρὸν ἴλαις. — κλῃδόνι. (Cod. Vat. κλυδόνα.) Eſt hoc loco vox humana, unde, quid agendum ſit, colligitur. Qui diligenter loquuntur, diſtinguunt inter φήμην, humanam vocem, ſive conjecturam ex dicto fortuito, et κληδόνα, *divinam vocem ex occulto miſſam*. Vide, quae de his vocibus diſputavit *Wyttenb*. in Bibl. Crit. Vol. III. P. I. p. 61. ſqq. De ominibus e puerorum vocibus fortuitis dixit, quem *Erneſtus* quoque laudat, T. H. ad Xenoph. Epheſ. in Miſc. Obſſ.

VI. p. 342. — V. 16. ἐπ' ἤγετο. Vat. Cod. — Apud Diogn. τὴν δ' ὀλίγην, ὡς πᾶσις, ἐς οἶσιν ἤγαγε νόμφεν, ὁῦτω καὶ σύ, Διων, τ. κ. σ. λ. Lectionem Planudeae reſti-
tuendam eſſe, judicavit *Bruslejus.*

XXXVIII. Cod. Vat. p. 253. Planud. p. 218. St. 318. W. — ἰχθρήν. Subaudi μᾶλλον, quod ſaepe omitti-
tur ante particulam comparandi. Timon roganti, utrum vivorum an mortuorum ſedes vehementius oderit, plane ἰδίαις reſpondet, mortuorum, quippe ubi longe major pars hominum habitet. — V. 2. ὑμῶν γάς. Planud. ὑμῶν γάς. Vat. Cod.

XXXIX. Cod. Vat. ibid. *Callimachi* nomen prae-
fixum habet. In Planud. p. 218. St. 318. W. ἔθηκεν eſt. — V. 1. ἄἴας *Br.* dedit ex Vat. pro vulgato κάρα. — Senſum pentametri ſic interpretatur *Brodaeus*: ſatis ſu-
perque ſalvus ſum, ſi tu jugeas. At ſic verſus poſterior nullam habet cum priore relationem. Dixerat Timon — ἄλλα τάρασθε. nihil aliud deſidero, niſi ut abeas. Haec poſtulare videntur, ut legatur:

ἄσον ἡμῖν χαίρειν ἐστι, τὸ μή σ᾽ ἰδ᾽ ὁρᾶν.

XL. Cod. Vat. p. 247. Primus *Bruslejus* edidit. (*Ernest.* LXII. p. 326.) Leontichus quidam, nauta, naufragi cadaver in litore inventum humavit. — Initium hujus carminis mihi valde abſurdum eſſe videtur. *Qui-
nam es hoſpes, o naufrage?* vertit *Ernestus.* Sed quis, quaeſo, ſic loquitur? In ſequentibus autem non naufragus reſpondet quaerenti, ſed Leontichus loquitur. Hinc efficitur, ut ſcribendum exiſtimem:

Τοῖς ἔρματι, ναυτή, Λεόντιχος ἐνθάδε ναφὸν
σ᾽ εὗρεν ἐπ᾽ αἰγιαλοῖς, χῶσεν δὲ τῷδε τάφῳ.

Leontichus, quem ſemper in undis erraſſe ſequentia produnt, non in patria, ſed in peregrino litore naufragi cadaver invenit. Codicis lectionem αἰγιαλοῖς *Bruslejus* in αἰγιαλοῖς mutavit; quod necessarium esse negat *Brunckius.* — V. 4. ἴυχρι Cod. ἴυχμι est ex emendatione *Hemsterhusii* ad Fr. *Callim.* CXI. p. 483. — αἰθύις. Vide not. ad *Leonid. Tar.* Ep. XCI.

XLI. Vat. Cod. p. 290. Edidit *Dorville* ad Charit. p. 253. *Jensius* nr. 97. (*Ernest.* LXIV. p. 328.) — V. 1. λαίου. Cod. 'Αλαίου correxit *Heringa* in Obss. p. 282. et *Dorvill.* l. c. Idem viderat *Salmasius*. Quum in reliquis nullum sit dorismi vestigium, *Ernestus* 'Ηλαίου corrigit.

§. 471.] XLII. Cod. Vat. p. 278. Pro inedito vendidit *Jensius* nr. 738. Sed exstat, sine auctoris nomine, ap. *Athen.* L. X. p. 436. — V. 1. οὐ ῥᾳδίν. *Athen.* quod *Dalecamp.* correxit. Erasixenum, strenuum alias potatorem, calix fortasse paulo grandior, meri plenus, qui bis exhauriendus erat, suffocavit. Pro προπόσεων *Athenaei* libri habent φανερῶν, quod *Ernestus* operarum vitium pro φανερῶς esse putat.

XLIII. Vat. Cod. p. 279. εἰς Ἀΐσχρην ὑπὸ γυναῖκα αὐτῷ καλουμένην, τὴν Μίκκου τροφόν. Edidit *Jensius* nr. 89. *Reisk.* nr. 740. p. 151. (*Ernest.* LIV. p. 322.) Conf. in nutricem Epigr. *Theocriti* XVII. — V. 1. In verbis ἀγαθὸν γάλα, bonum lac, i. e. bonam nutricem, singularem quandam elegantiam quaerebat *Brunkejus*, cui fidem denegabat *Reiskius*, corrigens, ἀγαθὲ τλάμων ἐν ἐσθλαῖς. *Valckenarius* quoque in Adoniaz. p. 351. correxit: ἀγαθοῦ γάλα, subaudito ἵνεκα vel χάριν. *Eustath.* Od. λ. p. 352. 38. ὅτι δὲ καὶ ἰσοσυλλάβως ἐκλίθη τὸ γάλα, τοῦ γάλα, ἐν τοῖς τοῦ γραμματικοῦ Ἀριστοφάνους κεῖται. Sed *Brunckius*, exemplum, ait, genitivi γάλα e poëta petitum desidero, unde constet de quantitate ultimae syllabae. Mihi in mentem venerat ἀγαθὴ γάλα, quae bonum lac praebebat; ut quis dicitur ἀγαθὴ οἶνου τὸ πωλῶν. Vide *Wesseling*. ad Herodot. L. III. p. 195. *Abresch.* Diluc. Thucyd. p. 196.— Mox

Cod. ταύτη ἐν λεθλοῖς habet, quod emendavit *Bentlejus*: ταύτῃ ἐν λεθλοῖς, in omnibus copiis et lapicidiis. Hoc unice verum. *Salmasius* verba ταύτη ἐν l. pro ταῖς λεθλοῖς polita volebat. *Guietus* tentabat, τὴν παῖς λεθλοῖς. — V. 3. συντεθέντων edidit *Reiskius*: *morsum compofuit*. Fruſtra. Micret Aeſchrae nutricis imaginem alicubi poſuiſſe et dedicaſſe videtur, ut poſteri quoque intelligerent, quantum nutrici tribuiſſet. Ἰν' ἐσεσιθρίων divifim Vat. quod praetulit *Erneſtus*. — V. 4. Ante μαστῶν lineae ſuperſcriptum ὀς. μαστῶν vulgo. — ἀντέχει χάριν. Notatis ad Epigr. XXII. adde *Thom. M.* ἀντέχω τὴν χάριν ἀλλήλων ἢ λαμβάνω. Σουΐδας ἐν ἐπιστολῇ· ἀντέχω τὴν χάριν, Κυρίας ἰσότης: μοι γέγονε.

XLIV. Cod. Vat. p. 321. ſq. Edidit *Jenſius* nr. 122. *Reiſk.* nr. 773. p. 163. (*Erneſt.* p. 329. LXV.) In Menecratem, qui nimio vino confectus dicebatur. Corruptiſſimum carmen, quod exercuit *Erneſtum* et *Rubnkenium* in Epiſt. crit. I. p. 78. ed. pr. — V. 1. *Jenſ.* ιου omiſit; unde *Rubnk.* primum - εἴδεσι πεπλὸς Ἡ. correxerat; capiens Αἶνε de patria Menecratis, Aeno Thraciae. *Reiskius* hic mira comminiſcitur: ἁνδ' καί τὸ γὰρ ἔτι – Μίτυιρ. Ἀσυυπαλανῦ. Οἶδα, τίς, ὃ Φᾶς, ἐν, ἐς ου ματ. — V. 2. Cod. habet τί ου ξείνων δυτε π. ut *Jenſius* edidit. *Rubnkm.* τίς ἀξείνου ὥς ου. *Brunckius* in Analectis ſecutus eſt *Erneſti* emendationem: Αἶνε καί – – –. In lectionibus tamen Αἶνε reponendum cenſet, reliqua ſic conſtitui poſſe putans:

Αἶνε, καί τὸ γὰρ ἔτλα, Μενέκρατες, οἰνοτυπλζεν
δυπλῶς, τίς ὁ οἶκες ᾗ σὲ κατεργάσατο.

Senſum poëtae praeclare aſſecutus, verba non item. Pentametri finceram ſcripturam debemus *Zedelio*, qui Cod. lectionem, τί ου ξείνων δυτε, ſic emendavit in Bibl. crit. Part. V. p. 112. τί ου, ξείνων λέγετε, π. Paulo ante σὸα ἐπὶ ποιῶλ corrigit. In λέγετε etiam *Eldickius* inciderat. His conjecturis adjutus totum hoc distichon in hunc modum restituendum suspicor:

Πίνων καὶ Σατέρων σε, Μενέκρατες, οὐκ ἐπὶ πολλῷ
  ἔσσεσθι, τί, ξεῖνον λῶστε, κατειργάσατο;
Ἦ ἴα τὸ καὶ Κέντουρον; —

Haec et proxime absunt a membranarum ductibus, et sensum efficiunt, quem *Brunckius* quaerebat. Quaerit poëta a Menecrate defuncto: O tu, qui in potando vix a Satyris superaharis, quid, quaeso, amicorum optime, te perdidit? Num id, quod Centauris perniciem intulit? — Qui multum vini bibunt, Satyris bibacibus comparantur. *Leonidas Tar.* Ep. XVIII. Σατέρων πλείονα τιθμέδα. Cf. *Philostr.* Vit. Apollon. VI. 27. p. 267. Quam forte literis transpositis scriptum esset ΣΥΤΑΡΑΝΙΣ, hinc facile fieri potuit, ut nunc in membranis habetur, ΣΥΤΑΡΝΑΣ. In primis autem Epigrammatum vocibus Vat. Cod. saepe vitiosissimus est. — ἦσσον Σατέρων, qui a Satyris superatur. Bacchus ἦσσον ἀλλοτε θεῶν ὄφο, ap. *Eurip.* in Bacch. 776. Bacchae νηλίας ἀκότατ' οὐκ ἔσεσθαι, ibid. 1088. — Verborum, quae v. 3. incipiant, correctionem iterum debes *Zedelio* l. c. Ducta sunt haec ex *Homeri* Od. φ. 295.:

ἀ δεῖλε ξείνων, ἔνι τοι φρένες οὐδ' ἠβαιαί — —
  οἶνός σε τρώει μελιηδής, ὅστε καὶ ἄλλους
βλάπτει, ὃς ἂν μὴ χανδὸν ἕλῃ, μηδ' αἴσιμα πίνῃ,
οἶνος καὶ Κένταυρον ἀγακλυτὸν Εὐρυτίωνα
  ἄασεν. —

Quae sequuntur, Menecratis verba sunt: Fatalem somnum dormio, vinum morti nonnisi praetextum dedit. Vinum causam pereundi fuisse, non negat; excusare vero conatur laticem sibi etiam post fata dulcissimum: neminem fatum effugere, et quodvis mortis genus egere praetextu. — In v. 3. Cod. habet στεφωμένης ὕπνος· ᾽Πλήτυ. Elegantior est verborum positio, quam

Br. dedit; fed hoc ad excufandam immutationem vix fuffecerit.

XLV. Cod. Vat. p. 322. (*Erneft.* XLII. p. 308. cum lemmate: εἰς ἱέρειάν τινα Δήμητρος γραῦν αἰσίαις τελευτήσασαν, ἐπὶ τετραμέτρῳ ἰαμβικωτάτῳ.) Mulier, cujus cippo haec infculpta fuerunt, non Cereris tantum, fed etiam Cabirorum et Bonae Matris facerdos fuit. Tam multis diis unam mulierem operatam effe, memorabile. Num huc trahendum eft id, quod, qui Cabirorum myfteriis iniriari erant, diverfa nomina fub uno Cabirorum nomine coluiffe dicuntur? (Vide *Heyn.* Exc. IX. in Aen. II. p. 310.) Vix puto. — V. 1. τέλει. Vat. Mox ὅπη fruftra fufpectum fuit *Ausaei*. Viatorem defuncta alloquitur. — ἀντιπᾶσαι. Cod. — V. 3. In Analectis τρε... exhibetur; in Cod. τρε... eft; quod iis, qui ingenium in lacuna explenda experiri volent, fortaffe profuerit. *Brunkius* cenfet, illud τρε... notare, ἀγομένην eam fuiffe ἐν χερνιψίαις καὶ ἱερουργίαις, i. e. ἀρχηγὸν τῶν γυναικῶν. — V. 4. fenfu carere puto. Fortaffe legendum:

πολλὰς ἀρεστασίαν ἔχειν γυναικῶν.

— V. 5. 6. fic, ut *Br.* edidit, legitur in Vat. Cod. — In edit. *Ausaei* hic locus corruptiffimus. αὐτόπετρα. Cum aetate provecta effem, eorum in manibus lumina mea funt condita, ut Paula loquitur ap. *Propert.* L. IV. 11. 64. *Condita funt veftro lumina noftra finu.* — De facerdotibus maritatis vide ad *Pancrat.* Ep. I.

XLVI. Cod. Vat. p. 289. Planud. p. 283. St. 409. W. (*Erneft.* XXIII. p. 292.) In Aftaciden quendam Cretenfem, quem poëta in montibus a Nympha raptum effe ait. Novimus Aftaciden Melanippum ex *Aefch.* VII. c. Theb. 413. fed Cretenfem hujus nominis, cui hoc fatum contigerit, ignoro. — f. 472.] V. 3. εἰκεῖ Δ. Vulgo et Cod. Vat. αὐτῆ. debetur *Salmafio.* —

Astaciden ut heroëm inter pastores, qualis Daphnis fuit, in posterum celebrabimus. — Scriptum videtur hoc Epigr. in formosum puerum, morte immatura exstinctum; quem poëta propterea, ut alterum Hylam, propter venustatem, non ab Orco, sed a Nympha, ejus amore incensa, raptum dicit.

XLVII. Cod. Vat. p. 219. Planud. p. 288ᵇ. St. 425. W. Ubi plures Heraclitos recenset *Diogen. Laert.* L. IX. 17. p. 557. etiam eum commemorat, quem *Callimachus* hoc Epigr. ut egregium poëtam virumque jucundum praedicat. Idem inter doctos Halicarnassenses commemoratur ap. *Strabon.* XIV. p. 656. qui etiam ejus cum poëta nostro familiaritatem meminit. — V. 3. ἤλιον ἐν λ. Vat. ἥλιον ἐν λ. *Diog.* et ed. Plan. Asc. et Steph. Antiquiores, ut Cod. Vat. *Br. Bentleji* judicium sequitur, qui bene monuit, λέσχην hoc loco esse ipsam confabulationem, non locum, ubi confabularentur. — ἥλιον de die accipiendum plures illustrarunt. Vide *Triller.* ad Thom. M. p. 419. De λέσχῃ autem praeter ea, quae Viri docti ad hunc locum dederunt, (*Ernest.* II. p. 274. sqq.) conf. *Casaubon.* ad Theophr. Char. c. III. p. 41. *Kuhn.* ad Aelian. V. H. II. 34. *Callimachi* verba obversata esse *Aeliano* H. A. VI. 58. οἱ δὲ Θᾶσιοι ἀνάγκην αὐτοῖς καὶ ὁμολογίαν, ὅτι τὸν μὲν ἥλιον ἐν ταῖς λέσχαις καταδύειν ἔγουσι σχολῇ, οὐχ ἕωσι δὲ ἕως οἱ ἀρχέται — monuit *Pers.* ad Synes. p. 18. et *Schneider* ad Aelian. p. 212. At ex hoc loco apparet, *Aelianum* in sua Cod. reperisse lectionem *Stephani*: ἥλιον ἐν λέσχαις κατέδυ. Ceterum hoc dicendi genus expressit *Virgil.* Ecl. IX. 51. *Saepe ego longos Cassando puerum memini me condere soles. Persius* Sat. V. 41. *Tecum etenim longos memini consumere soles.* — V. 4. τετράπαλαι, quod *Anna* tuetur et *Menagius* p. 399. minus sincerum videbatur *Brodaeo*, qui τέττρα πάλαι conjecit. *Wakefield* in Silv. crit. T. II. p. 156. τέτρρα τε καὶ ἐννέα legendum contendit; quam suam conjecturam *Menagius* quidem vulgatae non praetulit. *Minucius Felix* in Oct. XI. *Renasci se ferunt post mortem et cineres et favillas.* — Paulo ante Ἁλικαρνησοῦ Vat. tres Aldinae et Asc. Ἁλικαρνασεῦ. Flor. — V. 5. ἀηδόνες. Sed adhuc vivunt carmina tua: elegi, ut discimus ex *Diogene Laërtio.* — Ipsi poëtae saepenumero ἀηδόνες vocantur; vide ad *Nossid.* Ep. XII. Hic carmina, ut in Ep. aliorr. DXIX. πολυμελεῖς Ἀλκμᾶνος ἀηδόνες. — V. 6. ἁρπακτής. Planud. ἁρπακτὴρ ex *Diogene* praetulit *Brunckius.* Sententia est, ut ap. *Horat.* L. III. Carm. XXX. 6. *Non omnis moriar: multaque pars mei Vitabit Libitinam: usque ego postera Crescam laude recens.* Anthol. Lat. Tom. I. p. 449. CCLXII. *Ingenio mors nulla nocet; vacat undique tutum: Inlaesum semper carmina nomen habent.*

XLVIII. Cod. Vat. p. 246. sq. Planud. p. 245. St. 356. W. (*Ernest.* XIX. p. 291.) In Lyci Naxii mercatoris, qui ab Aegina profectus naufragium fecerat, cenotaphium. — V. 1. γῆς δόντε. Vat. ἔδοντε. Plan. — V. 2. ναῶν καὶ ψυχήν. Simili zeugmate *Euripid.* in Hec. 21. ἐπεὶ δὲ Τροία 'Εκτόρός τ' ἀνώλετο ψυχή, ψυχὴν ὀλέσαντες *Homerus* dixit Il. v. 763. — ἀπ' ἐλλομένην. Vat. — V. 3. ἔκλυεν. Vat. — ἐν ὑγρῇ. Homerica locutio. Il. α. 27. πουλὺν ἐφ' ὑγρὴν Ἡλλθεν ἐς Τροίην. *Aristoph.* Vesp. 646. πολλὰ μὲν ἐν γῇ, Πολλὰ δὲ ἐφ' ὑγρῇ πεπλάνηκε. — V. 4. ἄλλως, l. e. κενῶς ἔχων, nihil nisi nomen sepulcri habeo, cum mortuum intra me non receperim. Exquisitis exemplis hanc adverbii ἄλλως potestatem illustravit *Ruhnken.* ad Tim. p. 199. et *Toup.* ad Longin. p. 167. — V. 5. 6. Vat. Cod. sejunctim exhibet cum lemmate: ἄδηλον. εἰς ναυαγὸν Σαυμάσιον. Novam in Cod. paginam hoc distichon incipit, ubi plerumque nova lemmata apponuntur. — V. 5. Σαλάσσης. Ed Flor. — ἐρίφων. *Nicaenus.* Ep. V. καλόν ὅτι τὸν μῆνον αὐτῷ Στρέφων, ἦ τ' ἐρίφων ἄλασε πανδυσίη. *Crinag.* Ep. XLIX. ἐγγύθι ναύταις ἐρίφων δύσις.

XLIX. Cod. Vat. p. 278. Planud. p. 193. St. 281. W. (*Ernest.* X. p. 284.) — V. 1. ὁ Ἀκανθ. Vat. Ex eodem Σνάεσσιν pro vulgato Σνίεσσιν receptum est. ἱερὸν ὕπνον male de longo et perpetuo somno explicari, docet *Heynius* ad Tibull. IL. 6. 31. Sanctus vocatur somnus, quia piorum manes sancti sunt. Contulit *Ruhnk.* Epigr. ap. Spon. Miscell. p. 369. καὶ λέγε Παντελίγη ἰδίαν, ἄντερ οὐ θεμιτὸν γὰρ θνήσκειν τοὺς ἀγαθοὺς, ἀλλ᾽ ὕπνον ἡδὺν ἔχειν. inter Μίσπ. DCCXV. Conf. quae collegit cum *Goens* de Cenotaph. p. 164.

L. Cod. Vat. p. 289. Planud. p. 195. St. 284. W. — Vulgata lectio τῆς λοντε, quam *Br.* e Cod. Vat. emendavit, *Annam* comm-ovit, ut hoc carmen de Pythagorea interpretaretur. *Opsopoeus* idem in Epicureum, diu de animae natura ambigentem, scriptum existimabat. Hoc unum mihi cum probabilitate quadam suspicari videor, Timarchum, philosophum, dum viveret, de natura animae ejusque post mortem conditione scripsisse. Hinc fit, ut, eodem defuncto, poëta eos, qui de his rebus aliquid certius accipere vellent, ad inferos ablegat. Haeremus autem in verbis: δίζισθαι φωτὸς Πτολεμαΐδος. Haec vix commode ita accipi possunt, ut sensus sit: Quaere virum ex tribu Ptolemaide, filium Pausaniae — pro ἐν δίζῃ Τίμαρχον, ἐν φυλῇ Πτ. quod tum demum locum haberet, si prius distichon generalem enuntiationem contineret; fere sic: Si forte certius quidquam de animae natura audire et discere volueris, ad inferos tibi descendendum est; ibi enim Timarchum invenies Atheniensem, Pausaniae filium, harum rerum peritissimum. Nunc vero parum abest, quin posterius distichon depravatum existimem. δίζισθαι a librario in locum omissi vocabuli insertum videtur. Nihil obscuritatis habiturus esset hic locus, si Cod. praeberet:

Ἢν δίζῃ Τίμαρχον — —
Καερινθην, φωτὸς Πτολεμαΐδος, υἷθα πατρὸς
Παυσανίεω, ὃστις αὐτὸν ἐν ἀκτηδίων.

Sic protasis continuatur usque ad Πανσανίαν, reliqua apodosin constituunt. φιλῶ Πτολεμαΐς una ex tribubus Atticis. Pollux VIII. 110.

¶. 473.] *LI.* Cod. Vat. p. 278. Planud. p. 196. St. 285. W. (*Ernest.* XII. p. 286.) *στίχος* habent Vat. "Cod. et Planudei plures: in duobus superscriptum erat *πρέπει*. Tum Vat. Cod. *λέγων*. Iidem omnes habent v. 2. *ἡ δαλύχη*, quod rectum est, et ad *στίχος* refertur." *Brunck.* In Planud. vulgo: *ὁ ἐπὶ τάφον, τῷ παπρὶ λέγων,* et in pentametro: *Κρὶς ὑπ'* (*ἐπ'* Vat.) *ἡμεῖ δαλύχη.* Solet hoc distichon de homine brevis staturae, sub exiguo sepulcro condito, accipi. Vix recte. *σύντομος* dici videtur homo paucorum verborum. (*σύντομα λέγων*, *Sophocl.* Antig. 446. rem breviter eloqui *σύντομοςτιν λέγων* est; vide exempla a *Wastenio* collecta ad N. T. II. p. 69.) Quum igitur Theris, dum viveret, breviloquentiae studiosissimus fuisset, poëta brevissimum elogium ejus cippo inscribendum esse censet. *δαλύχη* sive *δαλύχη Brunckius* defuncto primus tribuit, quasi ille conqueratur, vel sic nimis longam esse illam inscriptionem. Aliter statuit *Rubnkenius*, qui in Ep. Crit. p. 174. haec habet: "Est imitatio Simoni- "dis Anth. III. 8. p. 234. *εἰπὸν, τίς, τίνος ἐστί, τίνος πατρίδος*; *τί δὲ νέαξε*; *Κάσμυλος, Εὐαγέρον, Πιδία, πὺξ, Ῥόδιος.* Quo "minus dubitari debet, quin in *δαλύχη* supplendum sit *συνιέναι*, ut victor in curriculo longo intelligatur. Lapis "ap. Murat. p. 649. *Σάμιχος Ἐξενίτου, Λαγουμὸς, ταλὰν "πτῶν πρεσβυτέρων δαλύχη.* Vide Dorvill. ad Charit. p. 310. "Bene autem N. Heinsius hoc Epigr. comparavit cum "Ovidianis hinc ductis II. Amor. 6. 59. *Ossa tegit tum- "ulus: tumulus pro corpore parvus: Quo lapis exiguus par "sibi carmen habes.*" Haec *Rubnkenius*. Viderint doctiores, utra interpretatio praeferenda sit.

LII. Vat. Cod. p. 289. Planud. p. 209. St. 304. W. (*Ernest.* XIII. p. 286.) Critias Cyzicenus, in peregrina terra sepultus, viatorem, si forte Cyzicum venerit, rogat, ut parentibus mortem suam, et quo loco sepultus sit, indicare velit. Cf. simile Ep. *Asclepiad.* XXXIX. *Nicaenori* Ep. V. — V. 1. ἐν ἰθάγη. Vat. — V. 4. ὑδὶ om. Vat. In marg. ὑδ' ἐνίχη. Hoc vulgata non deterius esse, judicat *Brunckius*. ὑδν eleganter suppressum *Planudes* forte inseruit.

LIII. Cod. Vat. p. 290. Planud. p. 209. St. 304. W. (*Ernest.* XLV. p. 288.) Ex v. 5. suspicor, Charidam illum, quicum poëta loquitur, vitam post mortem negasse. Poëta eum itaque post fata in eadem sententia manentem fingit. — V. 1. ἀνεπεύσται. Frequens de defunctis, qui a vitae molestiis et aerumnis quiescunt. Illustravit *Alberti* in Obss. phil. p. 492. sq. — Εἰ τὸν — ὑν' ἐμοί. Cippus loquitur. Eleganter poëta hac ratione patris nomen et patriam indicat. Posteriora duo disticha Vat. Cod. tanquam novum Epigramma exhibet. — V. 3. πολὺς εκότος. Vat. Nihil interest, utro modo legas. Ceterum Charidae verba sunt, quibus γ. praefixum. Per ἀνάνν *Anna* palingenesiam intelligit. — μῦθος. *Basil. Caesar.* p. 349. B. Quo abierunt, ait, illi illustres imperatores et tyranni: οὐ πάντα κόνις; οὐ πάντα μῦθος; οὐκ ἐν ὀλίγοις ὀστέοις τὰ μνημόσυνα τῆς ζωῆς αὐτῶν; *Et cinis et manes et fabula fies*. *Persius* Sat. V. 153. ex *Horatio* l. 4. 16. *Jam te premet nox fabulaeque manes.* cui loco inter alia similia nostrum quoque Epigr. admovit *Mitscherlich*, in Specim. p. 21. nec ejus obliti sunt *Juvenalis* interpp. II. 149. *Esse aliquod manes et subterranea regna, Et pontum, et stygio ranas in gurgite nigras — Nec pueri credunt.* nec *Barthius* ad *Claudian.* de Laud. Stil. L. III. 71. p. 285. — V. 5. λόγος. Referendum sive ad omnia, quae Charidas de inferis praedicaverat, sive ad unum verbum ἀνεπεύσται. — Pro ὑμῶν Flor. ed. ἡμῖν. — Ad sequentia verba, quae obscurissima sunt, longum est, Interpretum somnia adscribere. *J. Scaliger* in Not msuis Παλλαίη corrigit. *Salmasius* ad Tertull. de Pall. p. 334.

putat, Pellaeum fuiſſe ἀλαζόνα, hominem inflatum, gloriofum, quia Graecis dicatur homo vaniloquus et nimis magnifice de ſe ſentiens et praedicans φῶς. Antitheſis eſſe videtur in verbis μέγας κιχθεὶς et ᾄδει. Id quod dixi, defunctos perire, verus eſt ſermo, quamvis forraſſe parum jucundus. Quod ſi jucundiora audire voles — —.' Aliter tamen ſenſiſſe videtur P. Foʃʃſinius, cujus conjecturam profert Burmannus in Dorvillii Sicul. T. II. p. 449. οὐδὲ, τὸν ᾄδην, Πωλεῖται χαλκοῦ φῶς μέγας εἰν ᾍδῃ. Interpretationem non addidit; nec ipſe, quid ſenſerit, exputo. — Pro εἰν Ἅιδῃ, quod in Vat. eſt, vulgo habetur εἰς Ἅιδην.

LIV. Cod. Vat. p. 289. Planud. p. 216. St. 314. W. (Erneſt. XV. p. 288.) In Charmidem ſubita morte oppreſſum. — V. I. Recte Anna comparavit Theocrit. Eid. XIII. 4. οἱ θνατοὶ πελόμεσθα, τὸ δ᾽ αὔριον οὐκ ἐσορῶμες. Nemo tam Divos habuit faventes, Craſtinum ut poſſit ſibi polliceri. Seneca Thyeſt. 619. Similia collegit Wyttſten. ad N. T. II. p. 676. — V. 2. Χαρμιστὸν tres Aldinae. Ab edit. Flor. τὸν abeſt. — V. 3. κλαύσ. ἴδεττ. Propert. L. II. 1. 79. Ambulat, ut ſubitum miramur funus amici. — Ceterum, quae hic ſunt doriſmi veſtigia, ea Vat. Cod. ſervavit. Planud. ὁ ἴλαος, ἡμετέροις, τῇ ἱερῇ.

LV. Cod. Vat. p. 289. Plan. p. 229. St. 333. W. (Erneſt. XVI. p. 288.) In Timonoam, Methymnaeam, Timothei filiam, Euthymenis conjugem. — V. 1. Τιμονόη. Vat. Ex prioribus his verbis me non commode expedio. Suſpicor, contineri in iis inſcriptionem cippi:

Τιμονόης τόδε σῆμα. —

Nomine Timonoës lecto, poëta addubitat, quaenam illa fuerit; idque non prius intelligit, quam patris quoque nomen legit. Corruptela oriri potuit ex omiſſa ſyllaba poſteriore vocabuli σῆμα, quam ſequens ſyllaba abſorpſit: Τιμονόης τόδε — . Hinc iter factum. — μύθευμα. De

L 473. ϙ. 474.   ΕΡΙGRAMMATA.   307.

orthographia hujus nominis vide *Waſſe* ad Thucyd. L. III.
p. 517. ed. Bip.

ϙ. 474.] *LVI.* Vat. Cod. p. 279. Planud. p. 234. St.
339. W. (*Erneſt.* XVII. p. 290.) In Crethidem Samiam
mulierem, aequalibus ſuis, dum viveret, valde gratam.
— V. 1. τὴν πολύμυθον. Non in reprehenſionem dictam;
facundam mulierem ſignificat, ut λαλή. Vide *Ruhnk.* ad
Hermeſ. 78. p. 297. — V. 2. Σαμίην Vat. a pr. man.
— V. 3. εὺν ἐρίθοι. Vat. Idem mox ἀπὸ βρίζει. Compoſitum ἐπιβρίζειν habet *Homer.* Od. ι. 151. Cf. *Theocris.*
Ep. XX. 4.

LVII. Cod. Vat. p. 246. Planud. p. 245. St. 356. W.
(*Erneſt.* XVIII. p. 290.) In cenotaphium Sopolis, Dio-
clidae filii, naufragi. Poſterius diſtichon expreſſum ex
Ep. *Simonid.* XCII. ςῶ δ' ὁ μὲν ἐν πόντῳ κρυερὸς πλανᾶτ' εἰ δὲ
βαρείαν Ναυτιλίην κατεὼ τῇδε βοᾶσι τάφοι. — Ad initium
carminis fortaſſe obverſabatur poëtae Prolog. Medeae
Euripideae : ΕΙΘ᾽ ὤφελ᾽ Ἀργοῦς μὴ διαπτᾶσθαι σκάφος Κόλχων
ἐς αἶαν κυανέας συμπληγάδας — τὸ γὰρ ἂν δέσποιν᾽ ἐμή, Μήδεια,
πύργους γῆς ἔπλευσ᾽ Ἰωλκίας. — V. 4. σᾶμα. Vat. Cod. et
Plan.

LVIII. Cod. Vat. p. 278. Plan. p. 258. St. 372. W.
(*Erneſt.* XX. p. 290.) — In primo verſ. δεδοκότα cor-
rexit man. rec. in Vat. Cod. — Vulgo δεδόχθω. — Seq.
verſ. *Joſ. Scaliger* in Not. mſtis corrigit: τὴν πολλῆς ἐλπίθα.
Mutatione non eſt opus. πολλὴν ἐλπίδα dixit *Eurip.* in
In. Fr. XII. 2. ἐλπίδα μεγάλην Troad. 857.

LIX. Cod. Vat. p. 289. Planud. p. 261. St. 377. W.
(*Erneſt.* XXII. p. 292.) In Melanippum et Baſilo ejus
ſororem, quae, fratre defuncto, ipſa ſibi manus intule-
rat. — V. 2. δυσμόρου. Vulg. — V. 4. κατήφησεν. Vat.
Antip. Sidon. Ep. XCIX. ὁ μεγάλα δ' λέγοντες ἔαν ὀλίψστο
χαίταν, Καὶ πλατὺς Εὐρώπας ἐστενάχησε δόμος. — V. 6. νε-
τέκνων. Vulgo. Noſtrum praeter Vat. Cod. habet etiam

Planudeor. regius optimus. Idem *Hultius* in Cod. Scaligeri notatum invenit.

LX. Cod Vat. p. 281. Planud. p. 289. St. 428. W. ubi *Callimachi* nomen defideratur in antiquis editionibus. Sed huic poëtae tribuitur antiquiſſima auctoritate *Ciceronis* in Tuſc. Quaeſt. l. 34. *Callimachi quidem epigramma in Ambraciotam Cleombrotum eſt, quem ait, cum ei nihil accidiſſet adverſi, e muro ſe in mare abjeciſſe, lecto Platonis libro.* ad quem locum vide *Davifium*. Habetur ap. *Sextum Empir.* adv. Gramm. l. 2. p. 227. et *Ammonium* in Porphyr. Isagog. p. 3. Κλεόμβροτός τις ὀνόματι ἐγένετο (*Baſil.* conj. *ἐγχέρας*, improbante *Bernardo* ad Theophan. Non. c. 39. p. 178.) τῷ Πλάτωνος Φαίδωνι, καὶ, ὅτι μὲν διὰ τὸν φιλόσοφον θάνατον μελετᾷν, γνοὺς, ὅτῳ δὲ τρόπῳ δεῖ, μὴ γνοὺς, ἐπειδὰν ἐπὶ τοῦ τείχους ἑαυτὸν κατεκρήμνισε· τοῦτου μαρτύρων ὁ εἰς αὐτὸ τὸ 'Αμβρακιωτικὸν μεισάκιον ἰαμβιστὴς ἐπίγραμμα ποιητής' φησί γὰρ, Εἶπας, ἕλιε - -. Ad hanc hiſtoriam reſpicit *Agathias* Ep. LXX. 17. εἰ δ' Ἀΐδαος, τὸν παῖδα Κλεόμβροτου 'Αμβρακιώτην Μίμου καὶ τυγίαν εὗν δέμας ἐυχάλκων. Et is, qui *Luciani* nomen mentitur, in Philopatr. T. III. p. 586. εἰ μὴ ἐπιπηξᾶς μοι, ὦ τὰν, καὶ τὸ τοῦ Κλεομβρότου πήδημα τοῦ 'Αμβρακιώτου ἁμιλθείη ὑπ' ἐμοῦ. —

V. 1. εἶπας. Schol. inedita Dionyſii Thracis habent ἡμᾶς χωρὶ φωνί. vitioſe pro ἥλιε, quod praefert *Valcken.* ad Ammon. p. 58. Eandem lectionem ex *Choerobosco* Mſc. eruit *Bernard.* ad Thom. M. p. 54. ἥλιε per ſenſum abeſſe poſſe dubitat *Erneſtus*. — 'Αμβρακιώτας. Vat. a pr. man. 'Αμβρακιώτης. Sext. et Schol. Dion. Thracis. —

V. 2. ἥλατ' Vat. ex correct. et In fine εἰς ἀΐδην. Opſoporus εἰς ἐλαδὶ conjiciebat, quia eſt in *Cicerone*: *e muro ſe in mare abjeciſſe. Buherius* ad *Ciceronem* monet e *Scylace*, non murum urbis Ambraciae, quae octoginta ſtadiis a mari diſtabat, ſed portus moenia intelligi; laudans ad refellendam conjecturam *Opſopoei Ovid.* in Ibid. 495. *Vel de praecipiti venias in Tartara ſaxo.* — V. 3. ἐδίδα ιιὁν. Plan. Vat. Cod. ut Ep. LIX. τὴν τύτεκων χάρον ὑιοῦτα δέμαν. XLVIII. ταῦτ ἄμα καὶ ψυχὴν οἱον ἀπολλυμένην. — *Brunckius* tamen praetulit lectionem *Scholiastae Dion. Thr.* secutus judicium *Valckenarii* ad Ammon. l. c. Cf. *Bernard.* ad Thom. M. l. c. Ap. *Sextum Sanctus τίλος* perperam legitur. — ἡ τὸ πλατ. Vat. Cod. qui et v. 4. ἐν τῷ inepte legit. γράμμα de *libro* illustrat *Valcken.* l. c. et *Maussacus* in Diss. crit. de Harpocr. p. 382. — ἀναλεξάμενος, i. e. ἀναγνούσαν. Laudat *Ernestus Abreschium* in Misc. Obss. Tom. VI. 2. p. 399. sq. Adde *Hemsterh.* ad Lucian. T. II. p. 362. ed. Bip.

V. 475.] *LXI.* Cod. Vat. p. 279. Planud. p. 284. Sr. 411. W. (*Ernest.* XXVIII. p. 296.) In Micylum, virum pauperem, sed bonum et integrum. — V. 1. ἀπὸ σμικρῶν. Ab exiguo patrimonio egenum victum habui. βίος pro βίοτος, ut saepe. — V. 2. μέξας emendavit *Valckenar.* ad Theocr. p. 350. B. qui etiam distinctionem mutavit, puncto post οθλίου posito, et distinctionis nota, quae est post Μίκυλος, deleta. Nomen viri, a μικκός derivandum, idem Μίκκυλος scribit; improbante *Brunckio.* In *Leonidas Tar.* Ep. XV. nomen est Μίκυθος ejusdem originis priore producta. Vat. Cod. Μίκυλος. nam ι longum ει scribebant. Vide *Brunck.* ad Apollon. Rhod. I. 53. — V. 4. Ad verba ἄλλοι δαίμονες repetendum ex superioribus κοῦφοι, sed sensu diverso. Deos sibi *placidos, jucundos* precatur. In ἄλλοι vide ne naevus haereat. Forsasse *Callimachus* scripserat:

— — μοῖτ' ἄλλου δαίμονες, οἵ μ' ἴχετε. .

LXII. Cod. Vat. p. 290. Planud. p. 278. St. 402. W. (*Ernest.* XXII. p. 292.) Patris laudem cum laude avi et sua conjungit. — V. 3. φησίς. Vat. et inox ὁ μὲν κοτυν π. Hinc intelligimus, *Callimachi* nostri avum bello clarum et Cyrenaeorum ducem fuisse. — V. 4. Vulgo κρίσεσω. Superavit invidiam carminibus — V. 5. ιδ νέμνσις.

Idque ei merito contigit, cum Mufae ei inde a pueritia faverint. — Verfu ult. vulgo legebatur ἄχρι βίου, et fic eſt in Planud. *Scholiaſt.* Heſiod. Theog. init. Ὅντινα τιμήσουσι Διὸς κοῦραι μεγάλοιο, Γεινόμενόν τ᾿ ἐσίδωσι διοτρεφέων βασιλήων. Ἐντεῦθεν καὶ Καλλίμαχος ἔφη· Μοῦσαι γὰρ ὅσους βλέμματι παῖδας Μὴ λοξῷ, πολιοὺς οὐκ ἐπέθεντο φίλους. Unde *Bentlejus* praeclare vidit, epitheton, quod deſiderabatur ad ὄμματι, eſſe λοξῷ. Huic conjecturae, ſi conjectura dicenda eſt ejusmodi emendatio, calculum adjecit *Ruhnk.* Ep. crit. p. 146. comparans *Apollon. Rhod.* L. IV. 476. ὀξὺ δὲ παπταίνοντος Λοξῷ ἴδεν, οἷον ἐρέξεν, Ὄμματι. Nonnus XXX. p. 766. ὄμματα λοξὰ τίταινε χόλῳ κύρσας συνετῇ. Quaedam huc pertinentia dedit *Kloſs.* ad Tyrt. p. 37. ſq. Sententia eſt, ut ap. *Theocrit.* Eid. IX. 35. Μῶσαι φίλαι, οὓς γὰρ ὁρεῦντι γαθεῦσαι, τὼς οὔτι ποτῷ δαλήσατο Κίρκα. et Horat. IV. Carm. III. 1. *Quem tu, Melpomene, ſemel Naſcentem placido lumine videris*, cui Callimachea admovit *Muretus* in Var. Lect. IV. 20. Noſtri loci memor *Valckenarius* ad Eurip. Hipp. 1339. p. 310. C. cum in aliis libris diverſa ſit lectio, ſcribi poſſe autumas: — ὄμματι παῖδας Μειλιχίῳ —. *Alciphron* L. I. 36. p. 162. μακαρία φιλότης, ταῖς ἱδρυνοτέροις ὄμμασιν εἶδεν Ἐκάτην αἱ χάριτες. alii vide *Berglerum*.

LXIII. Cod. Vat. p. 269. Εἰς τινα βέττον υἱὸν ἢ Βατιάδου ποιητήν. (ſic eſt in apogr. Gothano. In Bentl. apogr. ποιητὴν habebatur.) In ipſum *Callimachum* eſſe monuit, auctore incerto, *Bentlejus.* *Callimachi* nomen adſcriptum habet Var. Cod.

MENECRATIS SMYRNAEI
EPIGRAMMATA.

¶. 476.] *I.* Vat. Cod. p. 425. Planud. p. 120. St. 173. W. Mulier quaedam, cum tres liberos morte immatura amisisset, quartum infantem simulatque enixa esset, rogo imposuit. — V. 2. ἐπλήστῳ Δαίμονι. Plutoni insatiabili. ἐπλήστῳ 'Αΐδα. Ep. ktkton. DCCXIII. — V. 3. τοτε, ἄλγος. i. e. βρέφος, novum ipsi luctum allaturum. ἀδήλοις ἰἀν. Non exspectavit incertum rei eventum, sed infantem suum statim flammis tradidit. — V. 6. περδέσω. Educationis saltem labore superfedebo, et sic luctum habebo minori curarum dispendio. — *Wakefield.* in Sylv. crit. T. II. p. 153. offensus repetitione ejusdem vocabuli, θνήσκω et ἔθνηκε, verso 4. corrigebat: ζωὸν ἵνα βρέ. Mihi vulgata probatur. Idem v. 5. distinguit sic: οὐ θρέψω, Δέξασα· τί γὰρ πλέον; 'Αΐδι μ.

II. Vat. Cod. p. 365. Planud. p. 21. St. 33. W. Argutum distichon. — ἐφιλόμινον. Senectutis, quamvis ab omnibus desideratae, exspectatio longe melior tamen et jucundior, quam ejusdem praesentia. Eam nobis a natura deberi cupimus, persolvi non volumus.

ERATOSTHENIS CYRENAEI
FRAGMENTA QUAEDAM.

¶. 477.] *I.* „Eratosthenis poëmatium erat, Erigone, „διὰ πάντων ἀμώμητον, ut ait Longinus. Hujus argumen„tum Erigones fabula, quae ob moerorem amissi patris „suspendio vitam finivit. Ex eo versiculum profert Ma„crobius Sat. VII. 15. καὶ βαθὺν ἐκρύτῃ πυθμένα τεγγόμε„νος. Aliam Stephanus in ἄστυ ἱλεῖται ἢ Θορικοῦ καλὸν πίωσιν ἄστυ.« *Brunck.* Locus *Longini* de Erigone est π. ῡ. 33. Fabulam, a tragicis quoque tractatam, narrat *Apollod.* L. III. 7. p. 270. ubi vide not. Versus a *Brunckio* ex *Macrobio* prolatus an in Erigone lectus fuerit, ignoratur. Hoc scimus, *Eratosthenem, Alcaei* vestigia pressisse, qui dixerat: οἶνο ντόματα τέγγε, τὸ γὰρ ἄστρον περιτέλλεται, quae verba vulgo cani suisse solita narrat *Macrobius* l. c. ex *Plutarcho* T. II. p. 698. A. Hanc cantilenam *Paronio* restitui volebat *Munckerus* c. XXXIV. pro *ευγοκυκεται sociamus*; sed incerta emendatio. Illud certius, quod *Philodemus* Ep. XXII. ad *Alcaei* versum respexit: καὶ Μιτυλαναίᾳ τὸν στόματα τέγξατε. Βάκχη. — Alter *Eratosthenis* versiculus, ex *Stephano Byz.* sumtus, sic ap. hunc scriptorem legitur: λέγεται ἄστυ καὶ ὁ δῆμος, ὡς *Ἐρατοσθένης* ἐν Ἠριγόνῃ (l. Ἠριγόνῃ) ὡς οτ Θορικοῦ καλὸν ἵκανον ἴσος. ἔτι δὲ δῆμος Θορικός, βῆλον ἄστυ. ubi pro ἴσος legendum esse ἄστυ *Pierso* vidit. Hac conjectura recepta, *Rubnken.* in H. in Cerer. 126. p. 24. scribendum censet praeterea: εἰσίκε δὴ Θορικοῦ καλὸν ἵκεν ἐς ἄστυ. eumque versum sic scriptum ad Bacchum refert cum Cerere ad Thoricum appellentem. Conf. *Apollodor.* L. III. 13. p. 277. — Duo illa disticha, quae hic primo loco in Analectis leguntur, servavit *Athen.* L. II. p. 36. F. et *Stob.* Flor. XVIII. p. 159. Gesn. 97. Gros. Tres priores autem versus habet etiam *Clemens Alex.* Paedag. L. II. p. 183. 17. ubi doctissimus *Sylburg.* se in errorem abripi passus est. — V. I. οἶνός τε π. *Stob.* τῷ correxit *Gros.* οἶός δ᾽ ἴς. *Clem.* Utrique lectioni praeferendum τοι ap. *Athen.* — ἄνδρα. *Stob.* ἄνδρας. *Athen.* et *Clem.* — V. 3. ῥεῖθες ᾗ v. τὰ δὲ τοι —. *Athen.* ῥεφαι᾽ ᾗ v. τὰ δὲ καὶ π. πάντα θαλπεῖ. — Quum apud *Athenaeum* hi versus τῷ *Κυρηναίῳ* tribuantur, nomine proprio non addito, sunt qui eos *Callimacho* vindicaret. Hanc opinionem refellit testimonium cum *Stobaei* l. c. tum *Hesychii* v. παρθενοπλήρωτοι· — θερμός ἐστι φάσιν ὁ οἶνος ᾗ παρόθες. οἶνος τῷ πυρὶ ἴσον ἔχει μένος. Ἐρατοσθένης.

II. Hoc fragmentum exſtat inde a v. 3. in *Fulvii Urſini* coll. Virgil. ad Georg. l. 233. p. 114. ed. *Valck.* ex Achill. Tat. Iſagoge in Arati Phaen. p. 153. et ap. *Scaliger.* in Manil. L. IV. p. 240. Duobus verſibus ab initio auctum edidit hoc fr. ex eodem Achille T. *Fellus* in Arateis p. 46. Verſus 3 – 10. leguntur in *Heraclidis* Alleg. Hom. p. 165. ed. *Schow.* Ἑρμῆν Eratoſthenis, hexametris conſcriptum, diſciplinarum origines tradidiſſe, ſuſpicatur *Heynius* in Opuſc. Acad. Tom. I. p. 97. not. Ex hoc carmine ſuperſunt etiam alia fragmenta. Duo ap. *Athenaeum.* Alterum L. V. p. 189. D.:

Βάλδε διαφέρεται αὐλῶν.

Alterum L. VII. p. 284. D. E.:

Ἄγρας μαίρων ἔλειπον ἔτι ζώοντας ἰσθλους,
Ἠὲ γε νεήπει τρίγλην ὃ περκδίη εἴχλην,
Ἢ ὀρσίων χρυσέην ἐν ὀφθαλμὸν ἱερὸν ἰχθυν.

Pollux L. VII. 90. Μέμνηται δὲ καὶ φοινικίου ἐν τῷ Ἑρμῇ Ἐρατοσθένης·

Γύλμα ποτὶ μάντεσιν ἐλαφροῦ φοινικίοιο.

Confer *Toup.* in Em. in Suid. P. III. p. 539. — Ut ad noſtrum fragmentum redeamus, duo verſus, qui ejus initium conſtituunt, ſic leguntur ap. *Fellum:*

αὐτὴν μὲν μιν ἔτευξε μοιρηΐα παντὶ ἰλόμετον
κέντρον ἀπὸ ςφαίρας· διὰ δ᾽ ἄξονος ἐρήρειςται.

Zonarum, quas coelum ambire fingit *Eratoſthenes*, deſcriptionem hinc ſumſit *Virgilius* Georg. L. 233. ſqq. *Quinque tenens coelum zonae: quarum una coruſco Semper ſole rubens, et torrida ſemper ab igni; Quam circum extremae dextra laevaque trahuntur, Caerulea glacie concretae atque imbribus atris. Has inter mediamque duae mortalibus aegris Munere conceſſae Divom; via ſecta per ambas, Obliquus qua ſe ſignorum verteret ordo.* — V. 3. Pro νεφελάδος *Heraclides* legit νεφηγέος. — V. 5. Ἰςμπης. *Heracl.* — V. 6. ἐν᾽ ἀθρόυ. *Heracl.* et mox αεκλυμέ

ᵬᵳᵲ. — V. 9. περιπεπτηγυῖαι. *Heracl.* — V. 10. Hic *Brunck.* exhibuit lectiones *Heraclidis*, cum ap. *Achillem Tat.* legatur φριμαλέαι et μαίοισι. Hoc praetuliſſe videtur *Scaliger* ad Manil. l. c. — V. 12. περίψυκτις δὲ τέτυκτο. *Fell.* et *Scalig.* Conf. *Rubnken.* Ep. crit. II. p. 215. — 𝛗. 478.]
V. 17. 'Αλυσείης. *Fell.* et *Scal.*

II*ᵇ. Schol. Apoll. Rhod.* L. I. 972. 'Ἴουλος δὲ καλεῖται ἡ πρώτη ἐξάνθησις καὶ ἐκφυσις τῶν ἐν τῷ γενείῳ τριχῶν· ὁ μέντοι Ἐρατοσθένης ὄνομα φησὶν ἱεῖδον ἐπίδωκεν ἐν τῷ Ἑρμῇ, λέγων οὕτω·

ἢ χερνῆτις ἔριθος, ἐφ᾽ ὑψηλοῦ πυλαῶνος
ἐνδαλίδας τεύχουσα, καλὰς ἥτιδεν ἰούλους·

οὐκ ἔστι δὲ, φησὶ Δίδυμος, ἀλλ᾽ ὅμως εἰς Δάμητρα, ὡς ὁ σύνηγγος παρὰ Τραιζηνίοις εἰς 'Ἀρτεμιν· ἔστι γὰρ ὕλος καὶ ἴουλος ὁ ἐκ τῶν δραγμάτων συναγομένη δέσμη· καὶ Οὐλὼ ἡ Δαμήτηρ. Vehementer depravati leguntur hi verſus ap. *Etymol. M.* v. Ἴουλος, ubi in Edit. princ. — alia enim nunc non ad manus eſt — ſic ſcripti exſtant: 'Η χερνῆτις θεὸς ἐφ᾽ ὑψηλοῦ ἐλιθους Δανδαλίτις στείχουσα καλὰς δ᾽ ἠΐδ᾽ ἰούλους. Paulo integriores eaſdem protulit *Tzetzes* in Lycophr. 23. p. 8. qui tamen etiam δανδαλίτις στείχουσα legit. Priorem verſum *Brunckius* ex Codice, ſive *Tzetzae*, ſive *Schol. Apollonii*, non enim diſerte indicavit, ſic emendavit:

ἢν δ᾽ ἄρα χερνῆτις τις, ἐφ᾽ ὑψηλοῦ π.

ubi vocem ἔριθος praeteriri vides; vix bene. Scribendum leniſſima mutatione:

ἢν χερνῆτις ἔριθος — —

Vox ἔριθος mediam producit. Fortaſſe tamen ne haec quidem emendatio neceſſaria eſt. *Valckenarius* certe in Not. ad Adon. p. 373. B. in lectione *Scholiaſtae Apollonii* acquievit. Attigit hoc fragmentum *Spanhem.* ad *Callim.* H. in Cerer. p. 733. — Δανδαλίδες placentae genus eſt, ut apparet ex loco *Nicocharis* ap. *Athen.* L. XIV. p. 645. C.

III. Ex *Eutocio* in Archimedis Sphaeram et Cylindrum p. 22. ed. Basil. an. 1544. ad calcem Epistolae Eratosthenis ad Ptolemaeum, quam *Fellus* repetivit in Arateis p. 35. Hinc discimus, problematis de cubo duplicando mentionem primum injectam esse in Tragoedia; ubi cum Minos Glauco filio sepulcrum exstrui vellet, isque, cui hoc negotium imposuerat, dixisset, monimentum centum quaquaversus pedum fore, Minos respondit:

μικρόν γ' ἔλεξας βασιλικοῦ σηκὸν τάφου·
διπλάσιος ἔστω· τοῦ κύβου δὲ μὴ σφαλῇς.

quos versus, sic a se emendatos, *Valckenarius* in *Euripidis* Polyido lectos fuisse docet in Diatr. p. 203. B. Postea idem problema denuo propositum est Deliis, oraculo eos Apollinis aram duplicare jubente. Tum plures ejus solutionem quaesivisse, *Eratosthenes* narrat: τῶν δὲ ζητούντων, δύο διδυμοῦν δύο μέσας λαβεῖν, Ἀρχύτας μὲν ὁ Ταραντῖνος λέγεται διὰ τῶν ἡμικυλίνδρων εὑρηκέναι, Εὔδοξος δὲ διὰ τῶν καλουμένων καμπύλων γραμμῶν· συμβέβηκε δὲ πᾶσιν αὐτοῖς ἀποδεικτικῶς γεγραφέναι· χειρουργῆσαι δὲ καὶ εἰς χρείαν πεσεῖν μὴ δύνασθαι, πλὴν ἐπὶ βραχύ τι τοῦ Μενέχμου, καὶ ταῦτα δυσχερῶς. Historiam hujus problematis, quod plures veterum mathematicorum exercuit, nuper docte enarravit *Nicol. Theodorus Reimer* in libro peculiari de *Cubi Duplicatione.* Gottingae 1798. 8. ubi ipsum *Eratosthenis* carmen exhibuit, notis illustratum, p. 146. sqq. Describit poëta hoc carmine, difficilioribus aliorum solutionibus rejectis, simplicissimam, quam ipse excogitaverat, problematis illius solvendi rationem. Utebatur ad eam rem instrumento quodam, ita concinnato, ut ejus ope inter duas datas lineas duae mediae proportionales facillimo negotio reperiri possent. Hoc instrumentum publice in templo suspendit, inscriptione addita, qua ejus usum breviter declararet. — V. 1–4. Tria sunt, ni fallor, quae *Eratosthenes* problematis loco proponit. Primum cubi duplicatio, κύβον διπλάσιον τυχεῖν; alterum, dati corporis formam in aliam (εἰς ἄλλο, σχῆμα scil.) mutare; tertium denique, corporis cavitatem metiri (μάνδρην — μετρεῖν). Haec omnia effici posse ait, duabus lineis mediis inter duas datas inventis. In hunc sensum *Eratosthenis* verba accipienda esse, apparet ex iis, quae in Epistola praemisit: 'Ἐπινενόηται δέ τις ὑφ' ἡμῶν ὀργανικὴ λῆψις, δι' ἧς εὑρήσομεν διὰ τῶν δοθεισῶν οὐ μόνον δύο μέσας, ἀλλ' ὅσας ἄν τις ἐπιτάξῃ· τούτου δὲ εὑρισκομένου ἐσπησόμεθα καθόλου τὸ δοθὲν στερεόν, παραλληλογράμμοις τυσχημένον εἰς κύβον καθιστάναι, ἢ ἐξ ἑτέρου εἰς ἕτερον σχηματίζειν, καὶ ὅμοιον ποιεῖν, καὶ ἐπαύξειν διατηροῦντας τὴν ὁμοιότητα, ὥστε καὶ βωμοὺς καὶ ναούς· ἐυπομεθα δὲ καὶ τὰ τῶν ὑγρῶν μέτρα καὶ ξηρῶν, λέγω δὲ οἷον μετρητὴν μεδίμνων, εἰς κύβον καθιστάναι, καὶ διὰ τῆς τούτου πλευρᾶς ἐπιμετρεῖν τὰ τούτων δεκτικὰ ἀγγεῖα, πόσον χωρεῖ. His verbis autem ut poëmatis verba respondeant, corrigendum videtur:

φράζειν, ὁ στερεὸν πᾶσαν ἐν ἄλλο φέρειν
οὗ μεταμορφάδεαι.

Qua emendatione simul oratio hand parum juvatur, quae in vulgata lectione vehementer contorta est. Nec opus est, in verbo φράζειν synizesin statuere, ad quod novissimum editorem confugisse video, ut metri rationem tueretur. Idem haesit in διπλάσιον, quod medium corripit ap. *Theocris.* XII. 26. Cod. Flor. διπλάσιον praebet, formam alibi non obviam. Nec quicquam mutandum. In longioribus enim vocabulis poëtae sibi saepenumero licere putarunt, ut syllabam, vel natura sua brevem, in arsi producerent; cujus licentiae multa exempla collegit *Hermann.* de metris p. 69. sqq. — εὑμεταμόρφωσαι junctim *Fell.* — V. 3. μάνδρην. Cujuscunque generis septum significat, ὅμως, ἐπκάνω. Vide *Hesychium.* tum pecudum inprimis caulas. Vide *Schol. Theocr.* Eid. IV. 61. — σηρὴν, alii σειρὴν, alii σιρόν. Vetam lectionem *Eratosthenis* restituit *Fallas.* σιροὶ Speluncae

funt granis fub terra condendis. Vide *T. H.* ad *Polluc.*
L IX. 49. *Valcken.* in Diatr. p. 217. fq. ubi duo priora
haec difticha excitat; et *Schneiderum* in Ind. Script. R.
Ruft. p. 331. — V. 5. τῇ᾽. *hac ratione;* five, quod *Reimerus* maluit, τῆδε ὀργανικῇ εὑρέσει, ut *Eratofthenes* ipfum
inftrumentum, in columna pendens, demonftrare videatur. Prius mihi praeferendum videtur. Junge τῆδε τὰ
πέρα, πέρασι, ἔτι —. Verba fequentia fic ftruenda docuit *Reimerus:* ἔτι ἔλαχε ἐντὸς διισσῶν κανόνων μέσας συνδρο-
μάλας ἐν τέρμασιν ἄκροις. *fi fumferis intra duas regulas medias concurrentes in extremis terminis,* i. e. punctis. Rem,
quantum ejus ad verborum interpretationem requiritur, paucis expediamus; uberior enim folutionis ex-
pofitio et probatio noftri muneris non eft. Eam qui
defideret, a *Reimero* petat p. 134. fqq. Duabus lineis
A B et C D datis, *Eratofthenes* parallelogrammum conftitui
jubet rectangulum, cui bafis fit major ex datis lineis
A B. Deinde in linea B D tria deinceps parallelogram-
ma ejusdem magnitudinis collocanda, lineaeque dia-
gonales in unoquoque eorum ducendae funt. Jam figuram habebis hanc:

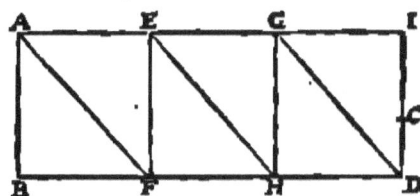

Jam ut inter lineas A B et C D mediae duae proportionales reperiantur, neceffe eft, parallelogrammum A B E F
fupra medium (E F G H), alterum autem G H I D fubter
idem medium parallelogrammum (quod immotum manet)
ita agatur, ut puncta A K L C in directo jaceant. Quo
facto per haec puncta linea ducenda eft, quae cum

linea BD concurrat in puncto M. Exsistit jam haec figura:

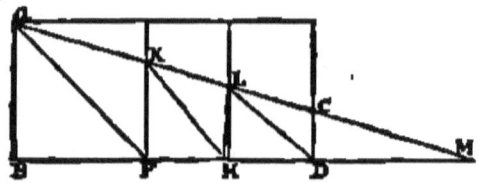

In hac figura igitur lineae KF et LH duae mediae proportionales sunt inter datas AB et CD. Jam quos *Eratosthenes* ἱστοὺς vocat κανόνας, videntur esse lineae AC et BD; ἐνδοφαλλῶς autem τίμηματα ἄπορα *Reimerus* ipsas illas medias proportionales dici existimat, quod in punctis K et H concurrant. Hoc verum videtur. — V. 7 - 10. Hac mechanica problematis solutione adhibita, *Eratosthenes* pergit, difficiliori Archytae, sive Menaechmi, sive Eudoxi denique ratione facile carere poteris. — Ἀρχύτου. Archytas problema illud curvis quibusdam lineis, in semicylindri superficie descriptis, solvebat. Rem accurate exposuit cl. *Reimer* c. VIII. p. 48. sqq. unde apparet, ejus operationem merito ἐυμήχανον a poëta vocari. — Pro Μεναιχμείους ap. *Proclum* in Euclid. p. 31. ubi hic versus adfertur, Μεναιχμίους. Ubique apud *Proclum* Μέναιχμος scribitur. — τριάδας tres illas coni sectiones vocat, quarum inventio Menaechmo tribuitur. Vide *Reimer* c. VI. et X. ubi, quomodo his ad duas medias proportionales inveniendas usus sit, docetur. — V. 9. Εὐδόξου. De *Eudoxi* solutione haec habet vir doctus modo laudatus p. 53.: »Ad nostrum proble-
»ma solvendum usus est Eudoxus quibusdam lineis
»curvis, ab ipso maxime eum in finem excogitatis, et
»singulari libello explicatis; quarum vero qui fuerit
»ortus, quae peculiaris natura et indoles, prorsus igno-
»ratur.« — Ceterum quaedam edd. Θευδίου. et ἡγραμμα-

μαῖς. — V. 11. ταῦδε εὖ ἑν. Fell. τοῖς δὲ τι ἑν. Vitta, qui hoc carmen edidit in *Opp. mathematicis*. Lugd. Bat. 1646. p. 349. *Brunckius* secutus est editionem Basil. et Oxon. *Reimerus* scripsit: ταῦδε δὲ ε' ἑν. — μεσόγραφα μέρεα. innumerabiles medias proportionales harum tabellarum ope invenerie. Licebat enim tabellarum numerum in infinitum augere. — ἐκ ταύτου πυθμένος, a parva origine profectus, a tribus nimirum tabellis, quae quasi fundamentum totius solutionis sunt. *Reimerus* sic accepit: Datis tantum duabus rectis, nostro instrumento usus, infinitas medias proportionales invenire poteris. — V. 13. ὦ εἰν ετ. π. ὅτι ταυτὶ ετη πι. editt. vett. *Fellus* suo more scripsit. Ex codd: ευηβῶν emendatum est. Vide *Valcken.* Diatr. p. 285. B. C. — Scriptum est hoc carmen ad Ptolemaeum Euergetam, Philopatoris parentem. Hunc felicem praedicat, quod cum filio florente florens (ταυτὶ ευηβῶν) ei omnia, quae Musis et regibus grata essent, impertiverit, i. e. eum iis artibus, quae reges ornent, erudiverit. — V. 15. ἐς ὕστερον. in posterum praeter ea, quae vivus in eum cumulasti, etiam regium sceptrum a te accipiat. — V. 17. Recte *Reimerus* post τελέσειε majorem distinctionem posuit: Haec quidem ita, ut precor, exitum habeant. δέδμα, i. e. ἀνάθημα. Instrumentum illud puta, quod Eratosthenes in templo dedicaverat.

RHIANI CARMINA.

§. 479.] *I.* Servavit *Stobaeus* Flor. T. IV. p. 54. Gesn. p. 31. Grot. ex longiore procul dubio poëmate, qualia plura conscripsit *Rhianus*. Orationis cujusdam particulam esse suspicor. — V. 2. Μοῖρα Θεῶν, sortem divinitus datam. Illustravit *Ruhnken.* ad H. in Cerer. 147. p. 26. Mox ἀργαλέη ed. Trincav. Gesn. et Grotii; corrupte

omnes. *Brunckius* ἀφελῶς corrigit; verius, ut mihi videtur, quam *Valckenarius* ad Phoeniff. p. 60. ἀφελῶς φα-
μέν. Diverſus deorum muneribus non ita, ut ſapientes
decet, ſed ſtulte fruimur. Pauperes paupertatem ſuam
exprobrant diis, neque virtutis ſuae memores nimis abjecto et ignavo ſunt animo; divites contra in alteram
partem peccant, altius quam pro humana ſorte ſpirantes. Quare Ate, Jovis et Juſtitiae miniſtra, eorum veſtigia perſecuta, quae ſtulte fecerint, punire ſolet. —
V. 5. ἐχόμενος. ut *Theocritus* Eid. XVI. 33. ἐχὴν ἐν πατέρων πενίην ἀχτήμενα κλαίων. — V. 6. ϑαῤῥαλέος. Vulgo.
Sed ſic pendebat infinitivus μένων. ὡδί τι ϑαῤῥαλέος, ἐστιν
ſc. pro ὡδὶ ϑαῤῥεῖ. Ad ſenſum facit locus *Theognid.* 179.
ἀνὴρ τοῖς δεδμημένος οὔτι τι εἰπεῖν Οὔτ' ἔρξαι δύναται, γλῶσσα
δέ οἱ δέδεται. quae quomodo *Bion* irriſerit, narrat *Plutarch.* T. II. p. 22. A. — V. 7. ἴδε δ' ἀνδρός. Vulgo. —
Mox vulgatum ἀῤῥωδίη correxit *Gron.* — V. 9. ἐπάζει
sp. *Stobaeum* legitur. *Wintertonus* ὑπάζει dedit, idque
praetulit *Brunck*. in Gnom. p. 131. Idem reſtituendum
judicavit *Wakefield* in Del. Trag. T. II. p. 114. —
V. 12. ὑπεροπλίη τε καὶ ἡ *Gron.* — ἵνα Διὶ βροτοῖσι. Exornavit poëta vulgare τὸ θυὰς ἴσον εἶναι θεοῖσι, (vide *Elmer.*
Obſſ. Sacr. T. II. p. 245.) reſpectu fortaſſe habito ad
Salmoneum, qui Jovis tonitru imitatus periiſſe dicitur.
— κεφαλὴν ὑπὲρ αὐχένος. Cervicem altam et erectam,
qualis eſt ſuperbientium, deſcribit. In Achillis charactèriſmo *Philoſtratus* Heroic. p. 733. τὸ δὲ λῆμα τοῦ Ἀχιλλέως δηλοῦσθαί φησι καὶ παρὰ τοῦ αὐχένος· εἶναι γὰρ δὴ ὀρθὸν
καὶ ἀνεστηκότα. — V. 14. ὀλίγος. Ad ſtaturam refer.
quamvis puſillus. δλίγη εἱμας Epigr. *alter*. DCCIV.
Vide *Valckn.* ad Ammon. p. 179. et ad Hippol. p. 226.
— ῥοῦσαι Ἀθήνης. intactae virginis nuptias affectat. Hinc
fortaſſe Nonnus in Dion. L p. 36. ubi Typhoeus paſtori
canenti multa praemia promittens, οὐ γάμον αἰτέω, ἦν ἐθέλῃς,
ἀμφιέσομαι ἀγνὸν Ἀθήνην — V. 15. τιμαιώρειαι. aditum in
coelum

coelum quaeris. Ex noſtro loco profeciſſe videtur ſutilis poëta *Tzetza* in Poſthom. v. 78. de Penthefileae equo: οὐδὲ γὰρ τοῖς ἰθύνουσιν ἐπιχθόνιοι ἀτρεμίζουν, ἀλλ᾽ ἄρ᾽ ἐπ᾽ ἀλ-λοτρίην ἐβάζετο εἵαν ἐρωήν. *Alcaeus Meſſen.* Ep. XIII. καὶ γὰρ χλόην καὶ πότες ὑπὸ σκάπτροισι Φιλίππου Δάμανται, κεντὰ δ᾽ ἀ πρὸς Ὀλυμπον ὁδός. — Mox vulgo legitur: μετ᾽ εὐα-νέμοισιν ἀϊθμοῖς εἰλισσομέζει. ubi εἰλισσομέζει *Grotius* corri-git, reliqua non tangens. *Brunckii* lectio eſt ex emen-datione *Sylburgii*, cui calculum adjicit *Albertii* in Obſſ. philol. p. 218. ubi confert Eid. *Theocriti* VII. 86. ζωοῖς ἰαπθμοῖς. Cogitavit *Rhianus* de Tantali cum diis epulis. Deorum epulis autem intereſſe dicuntur, qui in deorum numerum recepti ſunt. *Theocrit.* Eid. XVII. 22. ſq. Cſ. *Interpp. Epicleti* Ench. c. XV. — V. 17. ἀπαλοῖσι. Haec ducta ſunt ex *Homer.* Il. v. 92. ἄτη οὐλο-μένη, τῆς μὲν θ᾽ ἀπαλοὶ πόδες· οὐ γὰρ ἐπ᾽ οὐδει πίλναται, ἀλλ᾽ ἄρα ἥγε κατ᾽ ἀνδρῶν κράατα βαίνει, βλάπτουσ᾽ ἀνθρώπους. — V. 21. 9. κρέοντι, διας v. *Gern.* θεῷ κρέοντι Δ. v. l. *Gros.* „Scriba: *Alαs* τ᾽ ἐπὶ ἥρα φέρουσα. — ἐπίηρα vox „graeca non eſt. Ubi ſic legitur, praepoſitio a verbo „per tmeſin divulſa male ſubſtantivo ἦρα adhaeſit, ad „quod non pertinet. Graeca locutio eſt ἐπιφέρειν ἦρα, non „φέρειν ἐπίηρα. *Homerus* Od. γ. 164. v. 375. ε. 56. Ita-„que peccatum eſt, ubi Il. α. 572. et 578. ἐπίηρα ſcri-„bunt. Diviſim ſcribendum eſt ἐπὶ ἦρα φέρειν et ἐπὶ ἦρα „φέρειν. Vide Heſychii interpretes ad ἢ ἦα poſt ἦρι." *Brunck.* θεῷ κρέοντι emendatum a *Valckenario* in Hipp. 1162. p. 287. E. Poſteriores verſus non intellexit In-terpres latinus, qui *ἀμαλαυδροὺς* pro adverbio habuit. Recte *Grotius: Et vel anum ſimulans culpis juvenilibus inflas, Vel culpas ſequitur vetires, unnita puellam.*

§. 480.] *II.* Cod. Vat. p. 474. — V. 1. ὥρα. Notus *Theocriti* locus Eid. I. 150. ubi caprarius pocu-lum, quod Thyrſidi daturus eſt, commendans, ὥρας, ait, κεκλάσθαι νυ ἐπὶ κράτεσσι δεικυσίᾳ. cui ſimilis eſt locus

Alexidis Comici ap. *Athen.* L. II. p. 61. A. παρετίθη ὑπερηζάσης ἔχουσα τῶν ὡρῶν ἀκμάς. ubi vide *Casaub.* p. 123. Venerem ad Anchisem ituram Χάριτες λοῦσαν καὶ χρῖσαν ἐλαίῳ Ἀμβρότῳ. Conf. not. ad *Callimachi* Ep. XVI. — V. 2. ἀνθέων δ᾽ οὐδί. Vat. Hoc fortasse ductum ex *Archilochi* Fr. XXXV. ἐσμυρισμένας κόμας καὶ στήθη, ὡς ἂν καὶ γέρων ἠράσατο. *Ovidius* III. Amor. VII. 41. *Illius ad tactum Pylius juvenescere possit Tithonoique annis fortior esse suis.* Idem II. IV. 31. *Ut taceam de me, qui causa tangor ab omni, Illic Hippolytum pone, Priapus erit.* Hinc fortasse Auctor Carm. inter Priap. XIX. et *Martial.* XIV. 203.

III. Cod. Vat. p. 577. Edidit *Wolfius* in fragm. Sapphus p. 251. In Empedoclem reliquos pueros sic superantem, ut rosa flores. Hoc carmen *Meleagro* obversatum esse puto ad Ep. XXXV. — V. 1. ἀγαθὰ κουροτέρας. Ludibundus respicit *Homeri* Il. 1. 27. τρηχεῖ᾽, ἀλλ᾽ ἀγαθὴ κουροτρόφος. — V. 2. „In apogr. Buheriano ἀνθέας; „quod dedi, e Salmasii emendatione est. In alio apo„grapho ἀνθέας, quod forte ex αἰθέας, ob frequentem „permutationem literarum A et Δ. At mihi probabilius „est depravatum esse ex ῥοδέας, quod reponendum cen„seo." *Brunck.* In apogr. Gothano, quod ceteris omnibus longe accuratius est, δονέας habetur. In ea lectione quid lateat, alii viderint: *Brunckii* certe emendationem vix probaverim. Sensus esse debet, quem *Salmasii* correctio praebet: Non peccabis, si vel ultimum puerorum Troezene florentium laudaveris. — V. 3. τόσσων. sic Cod. — In quibusdam apogr. τῶν δὲ μήν. — In fine vers. apogr. Lips. ἐν εὐχῇ.

IV. Cod. Vat. p. 583. Edidit *Klotz.* ad Tyrt. p. 24. Formosorum puerorum recensum instituit, qualem dedit *Meleager* Ep. V. quod ex nostro carmine expressum puto. — V. 1. Apogr. Lips. ἦ γὰρ et v. 2. cum Vat. ὡς ἥλιος᾽ ὣς, sensu et metro laborantibus. Parum feliciter

Klotzius: εἰ γὰρ ἃ, ἴ. βίου, ἃς ἴξῷ. Metri vitium tollebat Salmasius scribendo: βίωστι ἰξῷ sive βίψω' ἃς ἰξῷ. Quod Brunckius dedit, etiam sensum salvum praestat. Idem Reiskius suo codici adscripserat. — ἃς ἰξῷ. Vide ad Meleagr. Ep. IV. — V. 4. laudat Alberti ad Hesych. v. ἄστυ. — V. 5. χρόνιοι. Cod. — ἔστι est in apogr. Goth. unde dubito, an vere scripserit Br. in Cod. legi ἃς τὸ καθ'. Salmasius emendabat ἃς τὸ καθ' ὅ+ος, ut in ap. Lips. reperitur. Amplectenda Brunckii emendatio Ἴς γε κ, qui quidem puer statura parvus, coelesti autem gratia conspicuus. — V. 6. εὐφυίας. Cod. — ἀμφιτ. χέρας. ut ap. Theocris. Eid. XX. 21. καὶ γὰρ ἐμεὶ τὸ πέρυσι- θεν ἐπάνθετε ἰδύ τι κάλλος. Marc. Argent. XXVII. πολλὰ δ' ἀμφιτίθηλε χέρας. — V. 7. In Cod. ἂς δ' ἔτι scriptam esse monet Br. — Idem λεπτίνεω legit. λεπτίνω apogr. Lips. — κλότῳ. Callimach. H. in Pall. 83. ἐσθλὸν δ' ἄφθογγος· διδάσκουσι γὰρ κυίαι τάλαντα. Paul. Silent. Ep. XXIII. ἔστυγεν ἔϊνι, Οἷά τε χαλκείῃ σφιγκτὸς κλυσταλίης. Epigr. ἄλλου. XVIII. Ἰαφυαίας τραχεῖαν ὑπὸ σπλάγχνοισι κινῆσι Οἶμα, καὶ καλυκῆς ἱερῶν κλυσταλίης. — V. 9. αἴθει. tam insignem splendorem in oculis incendit, i. e. gerit. Theocris. Eid. II. 134. ἴρος δ' ἄρα καὶ λιπαροῖσιν Ἀφαίστοιο εἴλας φλογερῷ στερνί αἴθει. — V. 10. καὶ πότυες. Vat. et apogr. Lips. αἷς Reisk. correxit in marg. αἷς Klotz. — ἐς ὄυγαις. Asclepiad. Ep. XVII. ἀλλ' ὁ πότες ὄστοι εἰς ὄυγα. — V. 12. ἀμφίσσωθι. Vat.

V. Cod. Vat. p. 587. Primum distichon profert Warton. in Theocr. II. p. 148. Idem versf. 3. laudat p. 212. In Cleonicum, cum quo Gratias venustatem amplexibus suis communicasse ait. Cf. Meleagr. XXIII. — V. 1. ἢ μὰ νωπε. Vat. τυ πε apogr. Lips. ἀτ πλεττει habet Warton. in marg. tamen apogr. Bodlej. ἀτρωνεύει. — V. 2. στείπαῖς. Wart. — ✠. 481.] V. 3. βίδουσιν. Vat. et apogr. Lips. in cujus margine βαλοῦσιν notatur, ut et in marg. ap. Bodl. Theocris. Eid. XVII. 37. Venus Berenices ἕλκων ἰς εὐοδὴν ἰαδινὴς ἱερμάξατο χείρας. *Wakefield* in Sylv. crit. Tom. I. p. 11. ἰσθέρων verum putat. *Suid.* περιπεχθνόντως. περιπλαβόμενοι. *Callimach.* Hymn. in Jov. 46. εἰ δὲ Κορβάντων ἔτερον περιπτχθνόντω. at haec legenda esse vidit *Ernestus*, probante *Valcken.* ad Eurip. Hippol. 1432. *Alciphron* L. I. 38. p. 180. ἅπαντα ἐκείνη γε τὸν αὐτὸν ὑπεζώσατο, ὅλαις ταῖς Χάρισι τὴν Ἀφροδίτην ἐξιμωσαμένη. — V. 4. In apogr. Buber. et Lipf. ἥλιος ἰστὶ χάρις. In alio Br. apogr. ἰστί. Hoc probat clarissimus editor, qui tamen χάρις, quae est optima Vat. lectio, in χάριν mutavit, *Schneider*ó merito improbante. In marg. ep. Lipf. notatum περιέργωσι. — V. 5. τηλόθι. E longinquo venuſtum puerum veneratur. *Meleager* Ep. XIII. τηλόθι μοι πλάζετο. — αὐτρὶν — ἀθερίζων. Vat. et ap. Lipf. *Brunckius* omnia apogr. ἀνθερίων exhibere ait. Vulgaris forma est ἀνθέριξ. Vide *Intrpp.* *Hefychii* v. ἀνθέρικας, nec altera ἀνθερίαν alibi occurrit. Et fortasse *Rhianus* ἀνθέρινα ſcripſit.

VI. Cod. Vat. p. 591. Primus edidit *Pierſon.* ad Moer. p. 211. et poſt eum *Kloss.* in Muſa puer. nr. XI. *Warton.* ad Theocr. T. II. p. 45. pro inedito venditum. Conf. *Schneider.* in Per. crit. p. 65. Poëta cum Dexionicum merulas captantem videt, in harum avium loco esse cupit, ut in formoſi illius pueri manus incidat. — V. 3. ἀντιάνειρα. Vat. et *Wart.* ἀντιάκουσι *Pierſon*. In quodam *Br.* apographo ἀντιάκουσι. — ἱμπὲς vocatur propter cantum. *Antip. Sid.* Ep. LXII. βροχὶς — ἱπταίμ ἀντινφι εἶλε πάγη — Ἀ δ᾽ αἰθη μελίγηρυ τὸν ἱμρὸν᾽ ἕνε γὰρ ἱμλθὸν Θεμλᾶ κὰν εὐφαίς, ξεῖνε, ληρινταίαις. — *Warton.* λπταντινάχαν. — V. 4. ἐγὼ ὁ φίλερως. Vat. quod in apographis emendatum est.

VII. Cod. Vat. p. 591. Latina hujus carminis verſio exſtat in Opuſc. Fratrum Gujonerum p. 100. Graecum exemplar primus in lucem protraxit *Dorvill*, ad Charit. p. 30. Poëta puerum, quem non ſine multo labore fibi conciliaverit, alieno dolo fibi ereptum effe queritur. Hanc *imaginem* allegorice extulit, venatori fe ipfum comparans, puerum hinnuleo. Eadem allegoria plures funt ufi. Cf. Interpp. *Horatii* L Carm. XXIII. 1. et *Fifcher.* ad *Anacr.* Fr. XXI. p. 352. Auctor carminis inter Anacreontica LXII. p. 229. Μέγαιε τὴν νεδίτιν, δέρκεο, κούρε. Ἔγρει, μή σε φύγῃ κέρδαλεος ἐγρεμ. — V. 2. στήσας δίκτυα. Ovid. I. A. A. I. 263. *Hactenus, unde legas, quod ames, ubi retia ponas, Praecipit imparibus vecta Thalia rotis.* et v. 269. *Prima tuae menti veniat fiducia, cunctas Poffe capi; capies; tu modo tende plagas.* II. A. A. 2. *Decidit in caffes praeda petita meos.* — V. 3. ἀμεγγνεῖ. Vitiofe Vat. et ap. Lipf. Similiter irafcitur ap. *Charit.* L p. 4. unus ex Callirhoës procis Chaereae infeftis: εἰ μὲν τις ἐξ ἡμῶν ἐγημεν, οὐκ ἂν ὠργίσθην — ἐπεὶ δὲ παρεσκευάμεσθα ὑμᾶς ὁ μηδὲν ὑπὲρ γάμου συντίσας, οὐ φέρω τὴν ὕβριν. *Omnia perfolvi, fruitur nunc alter amore. Tibull.* L. 8. 17. — V. 4. μέτοικι. *Dorvill.*

VIII. Cod. Vat. p. 146. fq. Edidit *Majus* in Bibl. Uffenb. p. 533. *Alberti* ad Hefych. v. ἐπισφύρια. *Reiske* Anthol. nr. 399. p. 2. Polyaenus venator Pani donaria quaedam affert cum precibus. — V. 1. τὴν ἴον. apogr. Lipf. — V. 2. τούσδε. Vat. et *Reisk.* Recte: non totum aprum Polyaenos affixerat, fed pedes tantum; ad hos igitur digitum intendit, τούσδε πόδας. — V. 3. 4. leguntur in Cod. poft verf. 5. 6. fed literis appofitis error emendatur. γυρυτὸν *Alberti.* Vat. membranae, quae hic recte habent γυρυτὸν, mox κινυρτὸν praebent. Apogr. Lipf. κυνάγεταν. *Majus* κυνέγετραν mallet. Veram lectionem affecutus eft *Alberti* κυνάγχαν, quod *Reiskius* quoque probavit, nec tamen in contextum recipere dignatus eft. Notavit quaedam de hac voce, quae etiam genere mafculino effertur, κύναγχος, *Vleslus* ad Gratii Cyneg. 213. p. 177. fq. — V. 4. κριάφρα. apogr. Lipf. Pro συηγγριαίης, quod in membranis eft, *Br.* apographa συντρισίας. — V. 6. Σιμύλων. Vat. quod recte emendavit *Guyetus*, teste *Alberto*. Idem nomen occurrit ap. *Alexandr.* Aet. Ep. VL *Nicarch.* Ep. I. *Schol. Theocriti* Eid. III. 7. ἐροτύλοι — παρεξιόντται δὲ τὰ τοιαῦτα — οἷον ἐροτύλος, Ἀλεχόλος, Ἑρμόλος, Σιμύλος. Idem olim fortaſſe fuit in Fr. *Anacreontis* ap. *Hephaeſt.* p. 57. ubi nunc Σίμαλος legitur. Apud *Terentium* eſt *Simulus* In Adelph. III. 2. 54. Conf. *Korn.* ad Greg. D. D. p. 133. Novimus *Simylum* hiſtrionem, de quo *Mauſſacus* ad Harpocr. p. 263. De aliis ejusdem nominis vide T. *Hemſterh.* ad Polluc. X. p. 1191.

IX. Cod. Vat. p. 171. Edidit L. *Holſten.* ad Steph. Dyz. v. Κυθηλεῖα p. 166. V. 1. 2. laudat *Salmaſ.* ad Scr. Hiſt. Aug. T. II. p. 823. Bis dedit *Kuſter.* ad *Suidam* Tom. II. p. 388. et p. 710. Achrylis Cybeles ſacerdos comam deae dedicat. — V. 1. 2. *Suidas* in Θαλαμηπόλος (ἡ περὶ τὸν θάλαμον ἀναστρεφομένη, ἡ νεακόρος) laudans hos verſus Ἀχρυλὶς exhibet. Sic hoc nomen ſcriptum eſt ap. *Kuſterum* loco altero; priore enim Ἀγρυλὶς edidit, ut eſt In Vat. Cod. Ἀρχυλὶς. *Salmaſ. Holſtq. Reirk.* Nota eſt *Archillis* ex *Terentii* Andria. — Θαλαμηπόλος. Proprie de ſacerdote Cybeles. *Dioscorides* XI. Ἄρυς Κυβέλης θαλαμηπόλος. Id. Ep. XV. Ἰδαίης ἀμφίπολος θαλάμης. *Nicander* Alexiph. 8. ὑπὶ τε Ῥείης λαβρίνης θαλάμαι τε καὶ ὀργυαστήριον Ἄττεω. ubi vide *Schneiderum* p. 79. Quid interſit inter θάλαμος et θαλάμη, docuit *Salmaſ.* ad Solin. p. 312. F. — §. 482.] V. 3 - 6. laudat *Suidas* in Γαλλαίη T. I. p. 465. Partem tertii idem in Κυβήλειον et v. 5. in ὀρείη. Hic Vat. Cod. τᾶς δὴ pro τᾷδε praebet. ἔχει *Suidas* altero loco. Comas Cybelae Gallus dedicat ap. *Simonid.* Ep. CXII. *Eryc.* Cyz. Ep. II. — V. 6. λόσης. Vat. Apographa quaedam λόσσας.

X. Cod. Vat p. 194. *Holſten.* ad Stephan. Byz. p. 95. *Majus* in Catal. Bibl. Uſſenb. p. 585. *Ruhnken.* Epiſt. crit. II. p. 162. *Reiske* in Anthol. nr. 496. p. 43. Gor-

gus Asclepiadis filius Phoebo crines recens detonsos cum
precibus dedicat. Vide *Euphorionis* Ep. I. p. 256. —
V. 2. γοργός. Vat. — V. 3. δελφίνιν. De hujus nominis
origine vide *Tzetzem* ad Lycophr. v. 208. Apollinis
Delphinii templum Athenis fuit. *Paufan.* L. I. 19.
p. 44. — Μέτις Vat. a pr. man.

Tom. II. p. 526.] *XI.* Servavit *Athen.* L. XI. p. 499. D.
Ἀριστοτέλης δ' ἐν τῇ Θετταλῶν πολιτείᾳ θηλυκῶς λέγεσθαί φησιν
ὑπὸ Θετταλῶν τὴν λάγυνον. καὶ Ῥιανὸς δ ἐπιποιῶν ἐν ἐπιγράμ-
μασιν· Ἥμισυ μὲν πίσσης..... Pro κωνίτιδος Toupius in
Cur. nov. p. 244. corrigit κωνίτιδος, picis ex cono five
fructu pini expressae. Hinc κωνίας οἶνος, *vinum picatum*.
Galen. in Lex. Hipp. κωνίαν οἶνον, τὸν πισσίτην. Cf. *Dioscorid.* V. 48. Toupii emendationem probat *Brunckius*
Lectt. p. 235. ubi v. 3. corrigit, qui vulgo ap. *Athenaeum* legitur fic: λεπτότερον — ἰρίφου κέρας. Senfum
totius carminis hunc esse vult: *Lagena, quam mihi af-
fers, adeo exigua est, ut, quantum vini contineat, tanta
pice opus fuerit ad illam oblinendam: nihil novi tenuius,
ne haeduli quidem cornu.* Equidem vinum tam valde picatum deſcribi exiſtimaverim, ut dimidia ejus pars pro
pice habenda fit. V. tertium nondum ſatis expedio.
Tenuitas lagenae ad artem facere videtur. *Nicoſtratus*
ap. *Athen.* L. VI. p. 230. D. λαστή (ſcr. λεστή cum *Pierfono* ad Moer. p. 281.) τις ὀξὺς ἐστι καὶ ψυστήριον τῆς ἐσ-
παρόψου λεστότερη. Ἐξήλασσεν γάρ τινας τὸν ἄργυρον καὶ τέτα
εἰς ὑμίνας ἰδέαν.

HEDYLI EPIGRAMMATA.

Tom. II. p. 526.] *I.* Ex *Athenaeo* L. XI. p. 472. F.
Ad bibendum amicos invitat. — V. 1. τι νέον. Novos,
jucundos et ſubtiles ſermones expromamus inter biben-

dum. λεπτὸν. Vide ad *Callimachi* Ep. XXXV. 3. — In fine vulgatam μενάζειν optime emendavit *Casaubonus* p. 792. hoc sensu: Riget me aliquis vini Chii cadis, et hoc mihi accinat: Lude, Hedyle. Odi vivere frustra, non ebrius. εἰς κενὸν. *frustra*. Vide *Eisner*. in Obss. Sacr. II. p. 176.

Tom. II. p. 526.] *II.* Ibidem L. XI. p. 473. A. In Pasisoclem quendam et strenuum potatorem et suavem poëtam. — V. 2. εἰς ᾄδω π. τετραπόσιν. *Athen*. Utrumque emendavit *Dalechampius*. Bibit cadis quatuor congiorum. In v. 3. verba sunt perspicua, sensus non item. Difficile fuerit divinare, quo Pasisocles bene potus abire sit solitus. — Σικελίδην. *Theocritum* intelligit *Dalechampius*; sed est Sicelides, Siceli filius, *Asclepiades*. Vide ad *Meleagr.* I. 45. p. 12. Hunc a Pasisocle cantando superari dicit *Hedylus*. — V. 5. ευιβαρότερος. Ad ingenii virtutem et orationis nervos referendum videtur. *Hesych*. ευιβαρὸν. βαρύ. εὔτονον. ἰσχυρόν. Vide *Ernesti* in Lexico Technol. Rhet. p. 316. Cum isto autem robore non mediocris conjuncta erat amoenitas, ἐπιλάμπει ἡ χάρις. — Hiat in hoc disticho oratio, fortasse describentium culpa.

Tom. II. p. 526.] *III.* Ap. *Athenaeum* L. VIII. p. 344. F. Ἥδυλος ἐν ἐπιγράμμασιν ὀψοφάγοις καταλέγων, μέμνηται Ἀγίδος ἐν τούτοις· Ἔσθε .... Pisce apposito poëta cum convivis januam claudi jubet, ne Agis, piscium vorago, irrumpat, vel sic tamen timens, ne ipsis dulces epulas eripiat. — V. 1. ὁ καλλιχθυς. *Numenius* ap. Athen. L. VII. p. 328. A. ἕλκει ὁ καλλίχθυν ἢ χρόμιν, ἄλλοτε δ' ὀρφόν. — Ἔμβαλε τὴν βαλον. quod fieri solebat ad fores claudendas. Jungit *Pollux* X. 22. κληΐδας καὶ βαλάνους καὶ βαλανάγρας. *Schol.* *Aristoph.* Vesp. 155. βέλανος, τὴν μοχλόν. κυρίως δὲ τὸ εἰς τὴν μοχλὴν ἐνιέμενον, ὃ καλοῦμεν μάγγανον. — καὶ βαλανάγρα ἡ κλεὶς παρὰ τὸ ἐγγίνειν τὴν βέλανον.

Haec inde descripsit *Suidas* v. μαικούγγα. Dedit quaedam huc pertinentia *Salmas.* ad Scr. Hist. Aug. T. II. p. 549. Diſertius rem explicavit ad Solin. p. 649. E. — V. 2. Πρωτὸς τῶν λυκίων. quandoquidem Agis ad coenam captandam totidem diverſas formas ſumſerit, quot Proteum ſumſiſſe ait *Homerus*. — 1. 527.] V. 3. ἐπιλελιπτι vulgo, quod *Caſaub.* emendavit. Pentameter, qui ſequi debebat, in Codd. *Athenaei* deſideratur. — V. 4. Fortaſſe ut Jupiter olim in aeneam Acriſii turrem ad Danaën penetravit, ſic Agis quoque vel firmiſſima clauſtra perruperit. 'Ακρισίου λυτάλα. ad hanc piſcem, cujus cupiditas illum non minus exſtimulat, quam Jovem Acriſii filia. Fortaſſe etiam is, apud quem epulae habebantur, appellabatur Acriſius. Quod ſi tamen hoc non admiſeris, locus non minus perſpicuus erit.

Tom. II. p. 527.] *IV.* Ap. *Athen.* L. VIII. p. 345. A. B. Depravatum hoc Epigramma praeclare reſtituit *Deſiderius Heraldus* ad Arnob. p. 19. cum quo in plurimis conſpirat *Toup.* in Cur. nov. p. 235. In iis, quae ipſi ſunt propria, *Heraldo* minus feliciter rem adminiſtravit, judice *Brunckio.* Indicabimus primum vitioſas *Athenaei* lectionem. — V. 1. ὀψοφαγεῖ κ. καταμομφέτην δὲ Θαλάσσᾳ τ᾽ Ἰνθυπιν ὁ δρ. Nihil hic vidit *Spanhem.* qui hoc diſtichon tentavit ad *Callimach.* H. in Dian. 95. p. 241. — V. 3. Θέρμον ἐν ᾧ. *Caſaubon.* θερμὸν ὃν parum feliciter corrigit. — V. 5. μυθοφαγ᾽ ἄτνστα πάλαι του. Hic veram lectionem indagavit *Caſaubonus.* Jam adſcribam interpretationem *Heraldi,* ad cujus mentem *Brunkius* hoc Epigr. conſtituit: „Videntur eſſe verba quorundam ſalſamentariorum, a quibus Clio mulier ὀψοφαγιστάτη congros emebat: quos quam ibi vorare vellet, ſalſamentarii oculos „claudunt, ne nimia voracitate in ſtuporem dentur. „Dicunt igitur: *Jam, Clio, devora ſis congros tuos: „oculos clauſimus. Quod ſi tibi etiam lubentia eſt, eos „ſolitaria apud te comedire: drachma tibi conſtabunt. De-*

„pone hic modo et relinque nobis pignus aliquod, cingulum
„ſcilicet vel inaures vel quid ejusmodi. Videre te autem,
„πρὸ ἐρᾶν, ne pronunciare quidem audemus. Tu enim Me-
„duſae noſtrae es: in lapides jam diu mutamur: non qui-
„dem Gorgus capite, ſed congri patina. Tanta autem
„erat mulieris ἀυπαντία, ut in ipſo foro piſcario opſonia
„ſua voraret; quod a ſordidiſſimis quibusdam et ὀυφα-
„γιστάτοις factitatum. ἐνέχυρον honeſte dicunt pignus,
„quaſi debiti ſignum aliquod." ἐνέχυρον nihil aliud eſſe,
quam σημεῖον, docet *Salmaſius*, probata *Heraldi* emendatione de Modo Uſurar. p. 584. Hujus carminis ſcenam,
ut ita loquar, in ſalſamentariorum eſſe foro nonnunquam dubitavi. In coena inter viros collocatam mihi
fingebam voracem illam mulierem, cujus fames et ἀυ-
φαγία convivas in ſtuporem rapit. Verba, ἐν δὲ δελέαγε,
ἴσθε μόνη, ſic potius acceperim: Si libet, tu ſola hos congros comedito, nihil nobis relinquens. Convivantur autem de ſymbolis; quod cum fiebat, coenatori σημεῖον
ponere ſolebant. Cf. *Terent*. Eunoch. III. 4, 1. *Heri
aliquos adoleſcentuli coiimus in Piraeeo*, *In hunc diem ut
de ſymbolis eſſemus: Chaeream ei rei Praefecimus: dati
annuli: locus, tempus conſtitutum eſt.* — Ceterum mulierem hujus nominis, quae viros in compotationibus
ſuperaverit, commemorat *Aelian*. V. H. II. 41. — Verſum quartum nondum ſatis emendatum puto. *Toupius*
tentabat: τοῦ ὁρᾶν μὴ μόνον οὐ μόνωμεν — quod, cum interpretationem addere neglexerit, ne intelligo quidem.
Forſaſſe ſcribendum:

— τὸ δ᾽ ἐρᾶν, καὶ μὰ τὸν — οὐ εἴδωμεν.

Te piſces deglutientem videre, *per Jovem*, *non valemus*.
Vocula καὶ μὰ τὸν eadem ratione, dei nomine non addito, uſurpavit *Callimach.* in Hecale, teſte *Suida*. Vide
Fr. CCCCXXX. — Verſu ſq. *Toupius* vulgatam tuetur:
λιθώματα πάντα τέλει — eſſe poteſt: jamdudum te videntes toti quanti contrectabamur in lapidem. Sed hoc

poëtae menti minus confentaneum videtur, quam alie-
rum, quod *Cafaubonus* invenit. — Melanthium cum
fratre Ἰχθυαλόμας et Γοργόνας ὀψοφάγους dixit *Ariſtophan.*
Pac. 810. ubi vide not. *Flor. Chriſtiani* p. 177. Huc
faciunt fenarii *Antiphanis* ap. *Athen.* L. VI. p. 224. D.
fortaſſe ſic ſcribendi:

> Τίνας μὲν ὄψῃς [τὰς ἀδρὰς] τὰς Γοργόνας
> ἴσαί τι λοιποίαμεν· πρὸς ἀγορὰν δ᾽ ὅταν
> ἔλθω, πεποίηκ᾽ εὐθὺς· ἐμβλέπων γὰρ ἂν
> τοῖς ἰχθυοπώλαις, λίθινος εὐθὺ γίνομαι.

Bernardus ad Thom. Mag. p. 584. probata *Cafauboni*
emendatione, praeterea emendari velit: ἀγγῶν δειμαλέαι
ἀκραλῇ. Ingeniofe. Sed δ᾽ abeſſe non poteſt.

¶. 483.] *V.* (I.) Cod. Vat. p. 117. Primus edidit
Rubnken. in Ep. crit. I. p. 73. *Pierfon.* ad Moer. p. 413.
Reiskius in Miſc. Lipſ. IX. p. 460. nr. 355. qui in
Schedis Lacroz. pro ἰλιάων reperiebat Παίδων. Aglaonice
puella, cui, ſi recte video, poſt epulas a Nicagora quodam flos virginitatis ereptus fuerat, Veneri quaedam
donaria ponit. Similes dedicationes vide in Epigr. *Moer.*
CXI. et CXII. utroque optimi poëtae. — V. I. καθ᾽
ἱερωμάτων. Vat. Vino et amore fopita puella rei ignara
nec ſponte in Nicagorae amplexus venit. Hanc ob cauſam προσθέτας vocantur ἱλιάσι. Aliam interpretationem
dedit *Reiskius*, ſed non probandam. — V. 3. 4. profert *Suidas* ad μισθωτές. ubi οἷς, quam lectionem Lipſienſis editor perperam praetulit lectioni Vat. Cod. ἧς πέρα.
Epigr. *Moer.* CXII. ἧς πέρα Χίμαρῦ τοῦτο τὸ σὺν Μύσκῳος
μαλεθὸν βέβριτεν. Ipſe *Hedylus* Ep. VII. (III.) ἧς τόδε σοί.
Παφίη. — V. 4. πάντας Vat. et Sched. Lacroz. In apogr.
Lipſ. πάντες. πάντας praebet *Suidas.* — μίθεν *Reiskius* mutavit in μίθαν, *virginalium pugnarum delicata ſpolia;* codicis lectionem tamen non penitus damnans, quae profecto idem dicit et longe delicatius. ὑγρὰ ſenſu proprio

accipiendum reor; erant illa Aglaonicae a cupido amante derepta fpolia unguentis et vino madida, μυδῶντα καὶ ὑγρά. De priore verbo, quod in utramque partem ufurpatur de bonis malisque odoribus, vide *Rubnken.* ad Tim. p. 184. et *G. Korn.* ad Gregor. p. 264. — V. 5. ἐκλέματα. mitrae mammis detractae. μίτραν μαστοῖς ἐφιγκτὸ περιλεμένων. Auctor Ep. ἀδεσπ. CXIV. Vide ad *Leonid. Tar.* Ep.V. Idem eſt, quod στρόφος. zona, qua fuperior pars veſtis infra papillas cincta erat. Vide *Spanhem.* ad *Callim.* p. 172. — V. 6. ἐκνίσματα. vellicationum in venereo illo proelio reſtes. Hoc loco ἐκνίσματα non folum *capillos plus quam fomno turbatos* (Ovid. III. Amor. XIV. 93.), fed etiam zonam cum veſte dereptam indicant. Ovid. I. Amor. V. 12. *Deripui tunicam; nec multum rara nocebat: Pugnabat tunica fed tamen illa tegi.*

VI. (III.) Cod. Vat. p. 197. Planud. p. 425. St. 559. W. Scriptum videtur in meretricem bibaculam, quae, cum nihil ſibi relictum eſſet, Bacchi et Comi inſtrumenta Priapo dedicat. — V. 1. laudat *Suidas* in ἀσυργή. Eundem cum parte verſus tertii in μίτρα. Finem verſus 1. cum initio 2. in Λακωνικαί. Vulgatam lectionem *ἁ μίτρα* et *ὑπέδεμα Br.* ex Cod. Vat. et *Suidas* emendavit. In ὑπόδημα etiam *Jof. Scaliger* in not. mſtis et *Huetius* p. 40. inciderant. ἀσυργὰ Suidas interpretatur Θαλασσοτεθραμμένα. ἀσυργοτραφεῖς dixit *Clemens Alex.* II. p. 87. 17. Idem eſt ἀνίβαντος, ἀλιευτὴς et ἁλιοτρόφορος. — Λάκαιναι σάνδαλαι. *Hefych.* Λακωνικὸς χιτών, λοετρὶ ἐσθής. ubi Interpp. laudant ex *Efaia* c. III. διαφανῆ Λακωνικά. De veſtibus Laconica purpura tinctis interpretatur *Brodaeus*. Vide Interpp. *Horatii* II. Carm. XVIII. 7. *Nec Laconicas mihi Trahunt honeſtae purpuras clientae.* Minus recte idem de tunicis non confutis cogitavit, quales puellae Spartanae geſtabant, φαινομηρίδες propterea vocatae. — V. 2. *Suidas* ὑπτώλαις legit. — οἱ χρ. καλ. Hoc ordine verba ponit Planud. et Vat. invito metro. Juſtum ordinem reftituit *Dorvill.* in Vann. crit. p. 189. λιγρὸς *Hefychius* interpretatur τὸ περὶ τὰς γυναικείας κτένας πιχρούμενον. *Feſtus: Levia. ornamenta tunicarum aurea.* Vide *Scaliger.* ad Varron. p. 136. et *Taubmann.* ad Plaut. Aul. IV. 5. 51. p. 175. Alieno loco *Hedyli* verba laudat *Suidas* in λιπρὸς ἔχων. — καλάμους de virgis interpretatur *Salmaſius*, quae in circuitum veſtis eunt, ad oram infimam currentes, quas veteres etiam μέρδους appellaverunt et καθέτους et σωτάλιας, ad Scr. Hift. Aug. T. II. p. 571. ubi res diverſas confundere videtur. De eo ornamenti genere, quod ἄκανθις vocabatur, exquiſita nuper dedit *Boettigerus in den Vaſengemählden* Faſc. I. p. 80. ſq. — *Brodaeus* in vulgata lectione haerebat, quam de *calathis ex arundinibus contextis* interpretatur, ſimul ſuſpicatus, legendum eſſe θάλαμοι ſive καλαθοι ſive denique τάλαροι. — V. 3. ευτάκτα. Vat. ἰκτίνων de prodigis, qui patrimonium deglutiunt. οὐδ' ἔστις αὐτὸς ἰκτίνεται τὰ χρήματα. *Plato Com.* ap. *Athen.* L. X. p. 446. C. *Aeſchin.* c. Tim. 13. 38. τὸν πατρῴαν οὐσίαν οὐ μόνον κατέφαγεν, ἀλλὰ — καὶ κατέπιεν. — V. 4. θάλας. *Poſidippus* Ep. VII. τὸν ἀπαλὸν Εἰρήνιον — Ἐκ τριχὸς ἄχρι πόδων ἱερὸν θάλας. Vide not. ad *Meleagr.* Ep. LXXXVIII. — V. 5. Πρίηπῳ. Vat. Veriſimile eſt, Niconoën noſtram in Veneris et Priapi orgiis ſaepenumero libidinis praemia tuliſſe. Hanc ob cauſam Priapo τὰ καλλιστεῖα κρίναντι, qui de ejusmodi rebus veriſſimum judicium habet, donaria ponit. — V. 7. νυμφία editt. veteres, crebro errore. *Suidas* hunc et praeced. verſum laudat in καλλιστεῖα T. II. p. 233. et v. 6. iterum in τρίχα T. III. p. 215. νυμφία et τρίχα θέτο legit. *Pierſon.* ad Moer. p. 296. quia. *Suidas* haec verba profert ad τρίχα, ſuſpicatur, ſcribendum eſſe τρίχιον. Cui ſuſpicioni *Brunckius* cum calculum adjeciſſet in Lectionibus, ſententiam revocat in Notis ad *Apollon. Rhod.* I. 456. p. 23. Idem eſt τριχία et τρίχωμα. Vide *Bergler.* ad *Alciphr.* p. 379.

σφραγίδα figuram, nomine adscripto, exhiberi in gemma ap. *Caylum* Recueil d'Antiq. Tom. III. Pl. 34. nr. 1. notavit *Schneiderus*.

VII. (III.) Ex *Athenaeo* L. XI. p. 486. B. relatum est in Append. Anth. Plan. p. 521. St. *22 W. *Brunckius* hoc carmen edidit ad mentem *Piersoni* ad Moer. p. 413. ubi *Casauboni* errores correxit. Callistium, quae vel viros potando superabat, Veneri poculum ex vitro dedicat. — V. 1. διατίνεσθαι κυλίκεσσι, potu cum viris contendere, viros potando provocare vertit *Brunckius*, usus observatione *Salmasii* in Solin. p. 27. A. De vi praepositionis διὰ, qua contentionem significat, post *Salmasium* egit *Kusterus* ad *Aristoph*. Eqq. 1400. T. *Hemsterh*. in Miscell. Obss. V. p. 53. et alii. Commentarii instar sunt verba *Aeliani*. V. H. II. 41. Κλειώ φασιν εἰς ἅμιλλαν ἰοῦσαν οἱ γυναιξὶ μόναις, ἀλλὰ καὶ τοῖς ἀνδράσι τοῖς συμπόταις, ἑκατότερα πᾶσιν ἦν καὶ ὑπέρτι πάντων. — χόα. mensura attica octo cotylas continens. Vide *Suid.* χα̃. — V. 3. ἔστε δὲ οἱ *Athen.* qua lectione inductus *Casaubonus* sq. versu μύρου mutat in ἁλὶ. Non melius *Huetius* p. 81. χίττο corrigit. ϑυωδεν emendavit *Casaubonus*, qui Παφίην pro ancillae nomine habebat, quae merum vinum odoratum Lesbium ex purpureo vitro subinde admetiretur. Quae interpretatio magno viro minime digna est. Παφίη, secundum *Piersonum*, Arsinoë est, Venus Zephyritis, in cujus templo suspensa donaria *Hedylus* descripsit. Λέσβιον hoc loco non vinum Lesbium esse, sed poculi genus, apparet ex verbis *Athenaei*, huic carmini praemissis: Λέσβιον ἔστι ποτηρίου εἶδος, 'Ηδύλος παρίστησιν ἐν 'Επιγράμμασι οὑτωσὶ λέγων' 'Η διαπινομένη ... Praeclaram *Piersoni* correctionem ignorabat, qui *Casauboni* explicationem pro parte recoxit, *Weston* in Hermesian. p. 41. ubi haec sic scribenda esse pronuntiat: ἔστε δὲ οἱ Παφίη, ζ. μ. 9. Χοᾶτας συφφ. Λ. ἐξ οἴλου. hoc sensu: *Capit poculum Lesbium sex calices vitreos purpureos:*. laudans *Homer*. Od. ε, 17.

Inepta omnino conjectura, qua admissa, omnis orationis contextus penitus tollitur. In Brunckiana lectione tamen, ne quid dissimulem, manet difficultas in verbis ζωρὸν μετρούσα Βαλων, ια, quae *fragrans mairis merum*, quae de Venere dicta vix commodam sensum habent. — παρφορίνα. Aptum τῆς ὅλων epitheton; colorem enim caeruleum et maris colori similem habebat antiquorum vitrum. — V. 5. πάντων ἀπ' ὅ. Vulgo. — In fine *Stephanus* πόθων exhibuit.

VIII. (IV.) Hoc quoque carmen *Athenaeus* servavit L. XI. p. 497. D. E. Ἤδελος ἐν ἐπιγράμμασιν περὶ τοῦ κατασκευασθέντος ὑπὸ Κτησιβίου τοῦ μηχανικοῦ ἱστοῦ μηχανώντος φησί·

Ζωρεύεται καὶ τοῦτο φίλον Ζεφύρου κατὰ νηὸν
ὃ λιγὺν ἤχην σαλπίζει κρουνοῦ πρὸς ῥάσιν.
ὑττομένου καὶ πωλίμου εὔσθεμα καὶ θαλίης
Νείλος ἱκαιὸς ἄναξ μύσταις φίλον ἱερογραφεῖς
εὗρε μέλος Βεῖον πατρῴων ἐξ ὑδάτων
ἀλλὰ Κτησιβίου καλὸν εὕρεμα τίετο τοῦτο
δεῦτε νέοι τῷ τῷδε καρ᾽ Ἀρσινόης.

Hoc tam lacerum et corruptum carmen, quod paucis quibusdam et pusillis mendis sublatis in Planudeae Append. assumsit *Stephanus* p. 521. *Casaubonus* ex integrioribus libris in hunc modum restituere conatus est:

Ζωρεύεται καὶ τοῦτο φιλοζεφύρου κατὰ νηὸν
τὸ ἱστόν· (εἰδυίης ἱδοῦ· Ἴσετ' emend. Scaliger.) αἰδοίης
δ' αὖ τι δὲ τ' Ἀρσινόης
ὀρχηστὴν βῶσαν Λιγύστιον, ὃς λιγὺν ἤχην
σαλπίζει κρουνοῦ πρὸς ῥάσιν (ἱεμένου Casaub. ἐττομένου
Scal.) ἠττομένου
καὶ πολίμου εὔσθεμα· διὰ χρυσέου δὲ γέγωνεν
κώθωνος νόμου εὔσθεμα καὶ θαλίης.
Νείλος ἱκαιὸς ἄναξ μύσταις φίλον ἱερογραφεῖς
εὗρε μέλος τῶν πάτρων ἐξ (ἱδότων Scaliger.) ὑδάτων.
ἀλλὰ κ. τ. λ.

„Compotores suos affatur poëta et ad rhytii contemplationem vocat, quod arte subtili elaboratum a Ctesibio hydraulicorum inventore Arsinoae Veneri fuerat consecratum. V. 3. ait, poculum hoc, quod Graeci alii βομβύ appellant, Aegyptium esse βῆσαν. Ita vocabatur Alexandriae genus potorii vasis, quod in fragmento capitis quarti ita describitur: βῆσα (fort. βῆσας) ποτήριον παρ' Ἀλεξανδρεῦσι, πλατύτερον ἐκ τῶν κάτω μερῶν, ἐστενωμένον ἄνωθεν. Haec figura est convenientissima poculo isti, quod ad instar hydraulicos fecerat Ctesibius. Cur ὀρχηστὴν appellet, nescio, et fortasse locus est corruptus. V. 4. dicit, effluente liquore edi aliquando acutum sonum et quodammodo bellicum: ideo comparat tubae classicum canenti: aliquando vero mollem edi sonum et conviviis et comessationibus convenientem. Quarto distichо comparat sistro dulcisonum hoc poculum; et est locus insignis de inventione sistri, imitatione susurri, quem Nilus edit per confragosa quaedam fluens. Si quis malit ad hydraulica respici, per me licet. Sistrum tamen Aegyptiorum sacrorum mystis familiare fuisse, omnes mihi concedent." Haec sunt, quae *Casaubonus* de hoc carmine disputat p. 817. In plurimis cum *Casaubono* et *Scaligero* conspirat *Salmasius*, qui hoc carmen profert et corrigit in Plinianis p. 449. G. In quibus vero ab illis duumviris recedat, mox indicabimus. *Ctesibii* nomen inter mechanicos artifices minime obscurum. Hydraulica organa ab eo reperta commemorat *Plinius* L. VII. 37. p. 396. ubi vide *Harduinum*. *Athen.* L. IV. p. 174. C. ex *Aristoch* narrat, eum ὕδραυλιν, organum musicum, invenisse; idque in taberna patris sui, tonsoris, cujus artem et ipse exercebat. Vide de ejus inventis *Vitruvium* L. IX. 6. et L. X. 13. — Ceterum τὸ βομβὺ quid sit, intelligitur ex locis veterum ab *Athenaeo* laudatis p. 496. Inter hos *Dorotheus Sidonius* tradit, τὸ βομβὺ κέρασιν ἔμοιον εἶναι, διεστραμμένα δ' εἶναι, ἢ ὡς κρεοπώλιον λεπτὸς κάτωθεν εἴσωθεν.

αἴνεσιν, ἀπομαχθὲν δὲ ἀπὸ τῆς μέσης. Ptolemaeus Philadelphus Arsinoës statuae ejusmodi *ῥυτὸν* in manus dari jussit, πάντων τῶν ὡραίων πλῆρες, ὡς καὶ τοῦ τῆς Ἀμαλθείας εἶναι ὀλβιώτερον τὸ κέρας τοῦτο. Etiam Clinus, quae Ptolemaeo a poculis steterat, imagines cernebantur μονόχρωσαι καὶ ῥυτὸν ἔχουσαι ἐν ταῖς χερσὶν. Athen. L. XIII. p. 576. F. Cum his conveniunt illa ap. *Martialem* L. II. 36. *Cum* *sint crura tibi, simulent quae cornua lunae, In rhytio pote-* *ras, Phoebe, lavare pedes.* Hoc poculi genus obvium in Picturis Herculan. Tab. XIV. ubi habes virum ex rhytio bibentem, cui vinum ex inferiore parte poculi, quae perforata est, in os decurrit. Pro είδυιας v. secundo *Valckener*. in Adoniaz. p. 355. Ἰουλίας corrigit, probante *Brunckio. Hefych.* Ἰουλία. Ἀρσινόη, ἡ τοῦ Φιλαδέλφου γυνή. — ⁋. 484.] V. 3. ἀρχετὸν, cujus vocabuli interpretationem *Cafaubonus* non reperiebat, *Weston* in Hermes. p. 43. mutat in ἀρχέττην ex *Ariftoph.* 674. δέχας, κεράμινα ἐγγὺς δύο ὄντα ἔχοντα. *Schol.* cujusmodi forma huic instrumento minime convenit. Adde, quod ἀρχετὸς nulla omnino auctoritate nititur. — Verf. quartum *Brunckius* constituit ad mentem *Salmasii*: ἀρσινοῦ πρὸς ἰοσὶν ὀλγομένω. Huic conjecturae fulcrum accedit ab loco *Epinici* ap. *Athenaeum* l. c. p. 497. A. B. quem, cum vulgo depravatissimus sit, pro virili emendare conabor:

Καὶ τῶν ῥυτῶν τὰ μέγιστα τῶν ὄντων τρία,
αὐτῶν ἑκάστῳ τέμαρον, πρὸς πλήνθηραν
προσπζομένων· τὰ μικρότερα δ᾽ ἰσωνίζ᾽ ὑμῖ.
ἔστι δὲ, κέρας ἐλέφαντος ὅσπερεί, ῥυτὸν,
χωρεῖν τε δύο χόας, ὃ γ᾽ οὐκ ἂν λωῖοι
ἐλέφας· ὑμῖ δὲ τοῦτο σίνεσκε πολλάκις.

Vulgo verf. tertio legitur: προσπζομεν ἀμφότερα δ᾽ αἰνίζομαι, et v. seq. ἔστι δ᾽ ἐλέφας ἐλέφαντος στρίγχει, quae sensu omnino carent. Secundum nostram emendationem is, qui loquitur, se minora, ait, pocula vilipendere; habere autem rhytum, nihil dissimile elephantis cornu, duo congios capiens, quod nec elephantus ebiberit. αἴφατα elephantis dentes vocant veteres. Vide *Oppian. Kynny.* L. II. 495. ubi consule quos laudat *Ritterhusius* p. 72. V. 5. levi mutatione restitui. Vulgo: χρυσοῦν τα — ἃς οἶα ἂν ἐλέφας ἐκπίοι. Veteres τὸ ἐντὸς neutro genere efferunt: — In viam redeo. V. 5. sensus est, ut ap. *Tymn.* Ep. l. αὐλὸν — δ᾽, οὗ ποτε πολλ᾽ ἐβλάσεν Ὠνὴς εἰρήνης σύμβολα καὶ πολέμου. At hoc de tuba dictum verissimum, de rhytio, instrumento nonnisi epulis adhibito, vix verum est. Nec placet repetitio ejusdem vocabuli σύνθημα et σύνθημα in tam exiguo intervallo. Haec efficiunt, ut corrigendum suspicer:

οὗ πολέμου σύνθημα, διὰ χρυσέου δὲ γεγωνεῖ
κώδωνος κώμου σύμβολα καὶ θαλίης.

Non pugnat signum, sed epularum et comissationum quasi classicum canis. Sed etiam in κώδωνος naevus haeret. κώδων est poculi genus. Vide not. ad *Archilochi* Fr. V. Hic autem pars rhytii desideratur, qua vinum effunditur. Scribendum procul dubio:

διὰ χρυσέου δὲ γεγωνεῖ
κώδωνος — —

κώδων καλεῖται τὸ πλατὺ τῆς σάλπιγγος· ἀπὸ μέρους δὲ τὴν σάλπιγγά φησι. *Schol. Sophocl.* in Aj. 17. Vocabulum, quod de tubae orificio proprie usurpatur, *Hedylus* praeclare transtulit ad eam poculi partem significandam, unde vinum cum suavi strepitu prorumpebat. Apud Atticos est ἡ κώδων, apud reliquos ὁ κώδων. Vide *Suidam*. — V. 7. ὀπυίων est ex emend. *Salmasii*. Haec de sistri invento interpretatur *Casaubonus*; vix apte. Hoc apparet, fluminis cum dulci strepitu ripas praeterlabentis murmur describi; in eo autem murmure quid sit, quod ad mystas pertineat, equidem ignoro. — Postremum distichon adhuc exspectat Galenum suum. Nulla causa est, cur ὕπνος poëta praecipue alloquatur. Sed hoc leve est. Verum hoc minime ferendum, quod enuntiationes, quae duobus his verfibus continentur, nullo inter fe vinculo junguntur, fed turpiffime hiant.

IX. (V.) Cod. Vat. p. 525. Ἠιόλων. In Ed. Flor. Planudeae ἄγλων. et fic in Ald. pr. in cujus tamen Lectionibus Ἠιόλων corrigitur, quod in fequentes editiones receptum eft. Ludicrum Epigramma in Agidum medicum, quo confpecto Ariftagoras quidam aegrotus ftatim exftinctus eft. Comparanda inprimis Epigrammata Nicarchi XXVI. fq. — V. 2. ἀκόνιτον, Vat. — V. 3. ἀκόνιτον in hac conftructione vim adjectivi induiffe videtur; naturam veneficam, five a veneni natura nihil diverfam. Poffis etiam jungere: τοῦ ἀκόνιτον τοίην φύσιν ἔχει. Num quod eft aconitum, quod tantam vim habeat? — Vat. Cod. ἀκόνιτος. Veterum et recentiorum de aconito opiniones recenfet *Schneiderus* ad *Nicandri* Alexiph. p. 85. et p. 94. Plurima congeffit *Bernard.* ad *Theoph.* Non. T. II. p. 355. — V. 4. μίτραις βάλλετε. Quod victoribus contingebat, ut corollis et taeniis peterentur a populo, idem Agidi a libitinariis fieri optat. De illo more veterum quaedam loca laudavit *Brodaeus* ad h. L. Sed vide inprimis *Wefseling.* ad Diodor. Sic. XVII. 101. et *Rubnken* ad Tim. p. 246.

X. (VI.) In Planud. p. 190. St. 277. W. ἄγλων eft. Hedylo vindicatur a Vat. Cod. p. 566. — Ἀντιμελοῦς Βάκχου. De hoc et fimilibus Bacchi epithetis vide *Fifcher.* ad Anacr. p. 103.

XI. (VII.) Servavit *Athenaeus*; fed valde depravatum L. IV. p. 176. C. ὅτι δὲ ὁ μόναυλος ἦν ὁ νῦν καλούμενος καλαμαύλης, σαφῶς παρίστησιν Ἡδύλος ἐν ταῖς ἐπιγράμμασιν οὑτωσὶ λέγων· Ταῦτα Θέων... Sine mutatione hoc Epigramma in Planud. Appendicem retulit *Stephan.* p. 521. Wech. *22. *Bruckius* dedit emendationes *Toupii*, qui in Epift. crit. p. 20. hanc interpretationem appofuit:

„Est in Theonem tibicinem, qui μίμων χάριν, flos νεανίσκων, dicitur. Notandum autem illud ἄνθος νεανίσκων ἰδεῖν,
„the delight of young men. Nam Scirpalus, tibicen non
„malus, optime canebat; quod juventuti perquam ju-
„cundum. Vulgo inepte legitur ἴδυμα σημαίνων. Nos, ne
„litera mutata, veram lectionem restituimus. Vocem
„μάσγμα, quae rarior est, agnoscunt Suidas et Hesychius.
„Usurpat et Antiphan. ap. Athen. L. L. p. 8. Celebra-
„bat autem Scirpalus τὰ γενέθλια, sive diem natalem pa-
„tris sui Theonis; quod pium et solemne. Deinde recte
„νέων σημαίνων. Theocrit. VII. 21. Callim. H. in Cerer.
„101. Denique vide illud γλεύκους μεμεθυσμένα κάρηνα,
„carmina longe suavissima, quod exquisitum est.“ Haec
ille. Jam lectionis varietatem indicabimus. — V. 2. μίμων κὴν –. — V. 3. post νἴχε distinguitur. Deinde habetur:
νέησιν τ' ἐκέλει. Σκ. εὐπαλάμου. — V. 6. τὸν μαρτῶν ἔδυμα
σημαίνων. — V. 7. γύλει δὲ γλεύκης μ. — V. 8. τὰ τὰν ἐν
ἀκρέτοις. — V. 9. ἡ καὶ Κ. ἡ καὶ Π. — Longe diversa
ratione, sed, Schneidero judice, longe felicius, quam
Toupius, hoc carmen emendare conatus est Casaubonus,
in hunc modum:

    Τοῦτο Θέων ὁ μόναυλος ὑπ' ἠρίον ὁ γλυκὺς οἰκεῖ
        αὐλητὴς, μίμων μὲν θυμέλῃσι χάριν,
    τυφλὸς ὑπαὶ γήρως· εἶχεν τὸν Σκίρπαλος υἱὸν
        τηγίσχεῖν τ' ἐκέλει Σκίρπαλος Εὐπάλαμον,
    δαίδων αὐτοῦ τὰ γενέθλια· τοῦτο γὰρ εἶεν
        τοὔνομα, τὸν μαλκῶν ἔδυμα σημαίνων·
    γύλει δὲ γλεύκεσι μεμεθυσμένα . . . . . .

reliqua sic, ut in Athenaei contextu. Huic autem carminis recensioni Casaubonus interpretationem subjecit
hanc: „Theonem μόναυλον appellat, qui monaulo sciret
„canere. Metri lex vetabat dicere μονούλης, ut συμφωνής,
„vel μοναυλήτης, ut in ultimo versu καλαμαυλήτης. Ex pri-
„mi et ultimi versus comparatione apparet, monaulum et
„calamaulum idem esse; quod erat probandum. Versu

„tertio poëta dicit, Theonem fuiſſe Scirpali filium
„(quem Scirpalus filium habuit) eique recens nato Scir-
„palum indidiſſe nomen Eupalami, cum ejus natales
„celebraret. Animo enim praeſagiebat futuram illius
„τῆς εὐλυγμῆς peritiam. Εὐπάλαμος proprie manu ſollers,
„digitis eruditis praeditus. V. 5. τοῦτο. Hoc ipſi nomen
„indidit (σημαίνων τὸ τῶν μελῶν ἥδυσμα· ἥδυσμα, ut 9αυματὸ
„pro 9αυμαστά.) futuram cantus dulcedinem ſignificatu-
„rus. Poſtea dicit, nomen Eupalami omen habuiſſe et
„evaſiſſe illum tibicinem ſuaviſſimum. V. 7. γλυκύνοντ.
„Ille igitur tibia canebat muſto ebria ludicra Muſarum.
„Bartalus, Cotalus et Pancalus nomina ſunt ſodalium
„Theonis ſive Eupalami: qui ſoliti dies condere cum
„eo potantes. Merito igitur poëta illos teſtes ciet dul-
„cium Theonis modulationum.“ Haec Caſauboni mihi
quoque veriora videntur illis, quae Toupius prodidit,
ſpecioſa magis quam vera. Sic, ut unum laudem, verſu
ſexto illud ἥδυ μάσημα νέον, ſi literarum doctus ſpectes,
egregium eſt; idem tamen, ſi ad ſenſum attenderis,
vix verum. μάσημα, a verbo μασάσθαι, manducare, man-
ſum, cibum ſignificans, (Graev. Lect. Heſiod. c. XIX.
p. 99.) nusquam eo ſenſu occurrit, quo Toupius hoc
loco dictum voluit; quin nec ſimile quidquam facile
inveneris. Civis ſui veſtigia premens Weſton. in Her-
meſianacte corrigit: τοῦτο γὰρ εἶχε Πᾶν μέγιστον ἥδὺ μάσημα
νέον. hoc ſenſu, ut ipſe vertit: *Illum enim corripiens
juvenem delicias* (manibus genibusque puta) *torum tenebat*; laudato verſu Phocylidis: νηπίχους ἁπαλοῖς μὴ μίσγου
χείρα βιαίως. Inepte, ut plurima ejusdem auctoris. Huetius p. 81. corrigit: τοῦτο γὰρ εἶχε Πᾶν μελῶν ἥδὺ τοὔνομα
σημαίνων. Vir doctus in Cod. Scaligeri ap. eundem: τὰ
πάντων μέρισον ἥδὺ μάσημα νέον. ſine interpretatione. Facile apparet, etiam poſt ingenioſam Caſauboni correctionem nonnulla hic relicta eſſe emendanda. Primum mihi
v. 3. valde diſplicent verba, εἶχεν τὸν Σκίρπαλος οἷον, quod

Y 3

et elumbem reddit orationem et hiantem. In vulgata
lectione εἶχε καὶ aliquid latere videtur. Fortasse scribendum et distinguendum:

— μίμων ἀτὴν θυμέληςι χάρις;
(τυφλὸς ὑπαὶ γήςως ἄχικες) Σκιρπάλου υἱός.

ubi jungendum Θέων ὁ μίναυλος, Σκιρπάλου υἱός. — Mox
versu quinto ἄιλον fortasse depravatum est; nisi forte
indicare voluit *Hedylus*, Scirpalum illud Eupalami nomen filio in carmine quodam, ad ejus natales celebrandos composito, boni ominis causa indidisse. Cogitabam
de ἔσιων. ut ἴσιεν γέρων, ὑμέναιον, sic ἴσιεν γενέθλια. Sed
sic plura etiam in versus gratiam commutanda forent. —
In versu sexto, qui omnium corruptissimus est, nominis
Theoni a patre suo impositi etymologiam contineri
suspicor. Vide, an probabiliter conjecerim:

— τοῦτο δ᾽ ἔθηκε
τὴν παλάμην ἀρετὴν τοὔνομα σημαίνων.

Illud autem nomen puero imposuit, digitorum ejus peritiam indicaturus. Junge τοῦτο τοὔνομα. Fortasse tamen
in ἔθηκε aliud quid latet; certe ἔθηκε in hac constructione praetermitti potuit, ut in *Euripid*. Phoeniss. 12.
καλοῦςι δ᾽ Ἰοκάστην με τοῦτο γὰρ πατὴρ ἔθετο. ubi vide
Valckenar. Verbi παλάμην vestigia sunt in ταν μ; de ἀρετὴν autem vix dubitandum, quin lateat in αρταν. Ut hic
παλάμην ἀρετὴ de manibus ad artem eruditis, sic de luctatore et cursore *Pindar*. Pyth. X. 34. ὑπατὴς αὐτὸς ἀνὴρ
γίνεται σφαλεῖς, Ὃς ἂν χερσὶν ἢ ποδῶν ἀρετᾷ κρατήσας — —. —
V. 7. Elegans quidem est, quod duumviris, primariis
Critices antistitibus, placuit, γλώσσης μεμαθυσμένα παίγνια,
pro γλώσσης. Sed quominus hanc emendationem unice
probemus, impedit *Theocris*. Eid. IV. 31. καὶ μὲν τὰ
γλωσσας ἐγκροτόμεν, εὖ δὲ τὰ πόξλα. ubi *Scholiast*. Ἡ γλῶσσα
εἶπα τὸ γένος ερμηνεύοντος, γέγονε δὲ ἐπὶ Πτολεμαίου τοῦ
Φιλαδέλφου. Glaucam citharoedam praestantissimam lau-

dat *Plutarch.* T. II. p. 397. A. Hujus mulieris igitur carmina compotatoria cecinisse videtur Theon, dum viveret. Etiam ii viri, qui in seqq. commemorantur, ex tibicinum, citharoedorum et poëtarum numero fuisse videntur. — V. 8. autem non ἡ, sed ἢ five καὶ cum *Stephano* legas. βάταλον tibicinem laudat *Lucian.* Tom. III. p. 119. ubi vide *Solanum.*

SAMII EPIGRAMMATA.

T. 485.] I. Cod. Vat. p. 162. ἀνάθημα τῷ Ἡρακλεῖ παρὰ Φιλίππου τοῦ Ἀμύντου. ΦΙΛΙΠΠΟΥ ΘΕΣΣΑΛ. In Planud. p. 435. St. 568. W. Σιμμίου nomen adscriptum est. Unde ergo *Bruckius* habeat, hoc carmen *Samii* esse, ignoro equidem. Mihi pro imitatione sequentis carminis habendum et cum Vaticanis membranis *Philippo Thessalonicensi* tribuendum videtur. Scriptum est in exuvias tauri a Philippo rege, Demetrii filio, Herculi dedicatas. In idem donarium est Ep. *Antip. Sidon.* XVIII. — V. 1. ὀργυιαῖα κέρα. magna fimpliciter. καὶ ἰχναίως ὁ μέγας. *Suidas.* Erant autem illa cornua τεσσερακαιδεκάδωρα. quatuordecim palmorum. Noti funt in Paeonum agro βόες ἄγριοι, ὧν τὰ κέρεα ὑπερμεγέθεά ἐστιν. *Herodot.* L. VII. 126. p. 560. 29. De iisdem *Pausan.* IX. 21. p. 750. οὗτοι δὲ οἱ Παίονων ἵς τε τὸ ἄλλο σῶμα ἐοικότες, καὶ ἀμφὶ τὰ στέρνα μάλιστά εἰσιν καὶ τὴν γένυν. Ex eorum cornibus pocula fiebant; de quibus dicemus ad *Addaei* Ep. II. — V. 2. Ἀμφιπρωτίβη Vat. Tertius cafus locum habet. — V. 5. Ὀρβηλοῦ. Duo hujus nominis montes in Thracia; vide *Gasserer* de Thracia Thucyd. P. I. p. 99. fq. Abundabat autem illa regio feris, tefte *Pausania* L. VI. 5. p. 464. — Ultimum diftichon nonnihil languidum fic legendum puto, ut oratio vividior evadat:

ἁ παλαίφατος
Ἠμαθὶς, ἁ τοῖς κραίνεται ἄγομένη.

Quam beata est Hæmathia, quæ tam forti principe utitur? Sic *Antiphilus* Ep. IX. ἁ καλὸν ἔγχος, ʼω πάντες καὶ χθόνα ἅμα κραίνοντες καμέῳ.

II. In Planud. p. 435. St. 569. W. hoc quoque carmen *Simmiæ* nomen in fronte gerit. In Cod. Vat. p. 163. adſcriptum τόμου. Veriſimile igitur, illud *Samii* eſſe. Ejusdem eſt argumenti cum praecedente carmine. — V. 1. Μινυαμάχε, qui Minyas domuiſti. Vide *Brod.* et *Barnes.* ad Hercul. Fur. 50. — V. 3. τὸν βριχμῷ
                                                                                         υ
μιθόντα. Planud. In Vat. eſt ſic: τὸν ὑβριχμῷ καὶ, unde fortaſſe *Brunckii* emendatio profluxit. At v ante βριχμῷ niſi merus calami luſus fuit, ex praecedente ν ortum videtur. Taurus βριχμῷ (ut eſt in Edd. ante *Stephanum*) ſive βριχμῷ μυθῶν, fronte minaci ſive cornubus ſuperbiens, ab hoc loco minime alienus. Nec aliter hic legit, qui hoc Epigr. imitando expreſſit, *Antip. Sidon.* XVIII. ὁ κερατίνος ἅλς Φίλασπος Πληξὰς αἰγανέῳ βρύχμα συναγχρίθη. *Suidas.* βρύχμα καὶ βρυχμὸς τὸ ὑπερμετώπιον μέρος. Non inepte tamen *Jos. Scaliger* βρυχμῷ conjicit. — Non omittendum, quod *Brodaeus* pro τανακμόνα conjicit τανακμάλον; infeliciter ſane. — V. 5. ἀδαλωτε. Vat. et in fine λήξει a pr. man. *Suidas* in ἀδαλωτο· ἐγραίνετο· ἐν ἐπιγράμματι· ὁ φθόνος ἀδαλωτο· τὸν δέ τοι ξύλος λήξει. *Rumpere livor edax;* jam magnum nomen habemus. Ovid. Remed. Amor. 392. *Rumpantur iniqui;* viximus. Properz. I. 8. 28. Vide *Gatacker.* in M. Anton. p. 339.

ALCAEI MESSENII
EPIGRAMMATA.

I. 486.] *L* Vat. Cod. p. 573. Editum in Misc. Obss. Tom. V. P. III. p. 18. *Klotz.* Musa Pueril. nr. XXXIII. p. 66. In Protarchum, pulcrum puerum, sed amanti morem gerere nolentem. — Διαίρει. Auguratur poëta, fore, ut Protarcho idem contingat, quod Ligurino suo vaticinatur *Horatius* IV. Carm. X. 6. *Dices, heu, quoties se in speculâ videris alterum, Quae mens est hodie, cur eadem non puero fuit?* — Verba, ἡ δ᾽ ἄρα λαμπὰς ἔχουσα τρέχει, brevitatem celeremque pulcritudinis fugam significant. Ut in certamine τῶν λαμπαδοφόρων alius alii tradebat facem, sic venustatis lumen ab alio ad alium transmittitur. Similiter ad illud certamen alludit auctor Epigr. *alter.* DCCXXXIV. in juvenis tumulum conscripti: λαμπάδα γὰρ ζωᾶς με δραμεῖν μόνον ἤθελε δαίμων, τὴν δὲ μακρὸν γήρως οὐκ ἐτέλει διαυλόν. — τρέχει. De Laide vetula *Epicrates* ap. *Athen.* L. XIII. p. 570. D. ἡντὶ δὲ δολιχὸν ταῖς ἔτεσιν ἤδη τρέχει Τᾶς ἁρμονίας τε διαχαλᾷ τοῦ σώματος. *Horat.* II. Carm. V. 13. *currit enim ferox aetas.* *Juvenal.* Sat. IX. 126. *Festinat enim decurrere velox Flosculus, angustae miseraeque brevissima vitae Portio.*

II. Vat. Cod. p. 573. Ad Nicandrum formosum puerum, ut aetatis flore, nimis brevi et caduco, fruatur.— V. 2. *μή ες ετα.* Apogr. Lips. Schedae Tryllitschianae in fine vers. λαθρίως λέγω. — V. 4. ἀμεταβλήτου. Hac lectione nihil ineptius. Legendum ἀμετάκλητον. Nunc etiam adhuc, ubi jam fere sero est, memineris, floridam aetatem, ubi semel aufugerit, irrevocabilem esse. In eandem conjecturam incidit *Buherius,* teste *Bruuckio* in Lectt. p. 315.

III. Cod. Vat. p. 578. Edidit *Warton* ad Theocr. T. II. p. 208. Postremum distichon excitavit *Alberti* ad Hesych. v. ὀμφορτὴν. Jovem poëta precatur, ut Pithenori puero victoriam in Olympicis anhuat, ipsique poëtae hujus pueri amorem conciliet. — V. 1. Διός. Vat. et *Wart.* qui tamen p. 210. ubi hunc versum iterum laudat, Ζεῦ legit. — V. 2. αἰετινῇ ὑπωρόφια. Vat. ὑπωρόφιγξ *Wart.* In apogr. Parif. ubi ὑπὸ χρονίῳ habetur, Vir doctus correxit ὑπὸ χρονίῳ. Lectio Brunckiana, quam in Analectis dedit Vir. clar. *Salmasio* debetur: αἰετινῇ στ. ὑπὸ Κρονίῳ. Sed scribendum Κρονίῳ, subaudito τίτρε, ut *Brunckius* monuit in Lect. p. 315. Notus est Μῆνος Κρόνιος, sub quo Olympica celebrabantur. Puerorum ibi certamina instituta erant Ol. XXXVII. teste *Paufan.* V. 8. p. 394. sq. Inter hos de palma certaturo Pithenori *Alcaeus* victoriam precatur. — V. 3. ἀετός. Vat. μέμνοις tuetur *Brunckius.* Ne in aquilam conversus hunc puerum rapias. Dictum, ut ap. *Theocrit.* Eid. XX. 41. ὁ Κρονίδα, διὰ παῖδα βουτίμον ἔρως ἐπλάγχθης. *Propert.* L. II. 23. =Ον. *Denique ut ad Trojae secla volaris avis.* — V. 5. εἰ δ' ἵτα. Vat. Nostram lectionem *Warton.* notatam vidit in marg. apogr. Parif. — V. 6. γίθεαις. *Alberti.*

IV. Mire corruptum auctoris nomen in Planud. p. 481. St. 624. W. Σιπαλόν. In Vat. p. 89. perspicue scriptum Ἀλκαῖον. — V. 1. ππὶ γὰρ βαρὺς ὄρνυται ἰοβολεῖν, ποθῶ ὑπὶ θῆρας, ἀλλ' ἐπ' ἐμὰν κραδίαν. In membranis scriptum ἰοβολεῖν a pr. manu." *Brunck.* Vulgo ἰοβολεῖ. et sic Vat. Cod. βαρὺς ἰοβολεῖν dictum, ut *impiger vexare* ap. *Horat.* IV. Carm. 12. et quae similia laudavit *Bentlejus* ad *Horat.* p. 3. — ἐπὶ θῆρας. Amorem allocutus *Oppian.* Hal. IV. 35. οἱ θῆρες ἔραντοι, οὐδ' ὅσοι βένθεσι Ἄλη ἀτρύγετος, νίφεται δ' ὑπὸ πεύθεσι Μίμνης Ἀθαις, ἐπλίζε δὲ καὶ ἐν νεφέλαισι καλινιοὺς Ἀτρέκτους. *Sophocles* in Antig. 781. Ἔρως ἀνίκατ' ἀμίχαν' Ἔρως, ὃς ἐν κτήμασι πίπτεις, ut hunc locum ex *Hemsterhufii* emendatione restituit *Brunckius.*

— V. 3. Plurimum huc facit. *Tibullus* L 6. 3. *Quid tibi, saeve puer, mecum est? an gloria magna, Insidias homini composuisse dolum?* Opsopoeus confert *Virgil.* Aen. IV. 93. *Egregiam vero laudem et spolia ampla refertis, Tuque puerque tuus: magnum et memorabile numen, Una dolo divum si femina victa duorum est.*

§. 487.] *V.* Anthol. Plan. p. 14. St. 24. W. In Dorotheum tibicinem et citharoedum, Soficlis filium, Thebanum, tibias et citharam in Bacchi templo suspendentem. — V. 1. σύμφωνον. Ad tibiam cecinit. Quaedam carminum argumenta poëta indicat, fortasse ea, in quibus Dorotheus excelluit. Illustre fuit, Timothei citharoedi carmen, Ωδῖνας vocarum, de Semeles puerperio; de quo est facete dictum Stratonici ap. *Athen.* L. VIII. p. 352. A. — V. 2. Vulgo ἱππων. Hoc si ex codice emendatum est, indicari debuit; si ex conjectura, illa minime videtur admittenda. Cum gravitate quadam idem verbum repetitur. πνέων vero de eo, qui tibias inflat, et de canente pariter dicitur. Sappho cum Musis comparans *Dioscorides* Ep. XXV. ἴσα πνείουσαν Μούσαις αὐτοῖς. Noster Ep. XVII. Hesiodus τοῖσιν γήρυν ἀείουσι. — V. 3. ἵππων ἔργματα. equi duratei facinora, i. e. Trojae excidium. ὅρμον' conjecit *Stephanus*; frustra, ut mihi quidem videtur. — ἀείδων. Carmina sua immortali gratia et venustate ornavit. — V. 5. Διοντύσοιο προφήταις. Recte *Brodaeus* comparavit *Alciphron.* L. II. 4. p. 256, ubi Glycera ad Menandrum, ἄξω δὲ σε, scribit, ἵνα μύθοι (L μύσται cum *Bergler*o) Ἀφίδνης εἰς Ἀίγυπτον, ἀλλὰ Διονύσου θεράποντα καὶ προφήτην. Poëtae, deorum interpretes, προφῆται et ὑποφῆται, ut ap. *Theocrit.* Eid. XVI. 29. Μουσάων δὲ μάλιστα τίων ἱεροὺς ὑποφήτας. XVII. 115. Μουσάων ὑποφῆται ἀείδοντι Πτολεμαῖον. et XXII. 116. ἐγὼ δ' ἑτέρων (forte θεῶν) ὑποφήτας φθέγξομαι. *Homerum Antip. Sidon.* Ep. LXVIII. vocat ἡρώων κάρυκ' ἀρετᾶς μακάρων τε προφάταν. Rhetores *Himerius* Or. XIV. 6. p. 614. τοὺς Ἑρμοῦ καὶ

Μουσῶν προφήτας appellat. Citharoedus, qui in certaminibus musicis Bacchique festis gloriam consecutus erat, annumeratur τοῖς Διονύσου τροφίμοις. — Hunc vel Momi alas effugisse ait. *Simonides* Ep. LXXXIII. παντὶ δ᾽ ἐπ᾽ ἔργῳ Μῶμος, ἐν οἶσ᾽ ὥρη Δαίδαλος Ἥφαιστος. Recte monuit *Brodaeus*, alas Momo tribui, quod nihil tam volucre sit, quam maledictum ac reprehensio. — V. 8. φόρμιγγα. Hinc intelligitur, Dorotheum simul citharoedum fuisse et tibicinem; quod notandum. Conf. *Athen.* L. XIV. p. 617. F. sq.

VI. Cod. Vat. p. 208. ἄδηλον. οἱ δέ φασιν Ἀλκαίου Μιτυληναίου. Gentile ab imperito librario additum videtur. In Planud. p. 269. St. 387. W. auctoris nomen non adscriptum est. Recte igitur *Leo Allatius* de Patria Homeri p. 252. *Brodaei* errorem notavit, qui hoc Epigramma cum praecedente ad *Paulum Silentiarium* retulit. Idem tamen non magis vere, sed praeoccupatae opinionis amore ductus, priscum illum *Alcaeum*, Pittaci aequalem, pro auctore nostri Epigrammatis habere maluit, quam *Messenium* nostrum. Contendit poëta, Homerum non fuisse Salaminium, sed Chium. Ipse Homerus loquitur. — V. 1. et 2. laudat *Suidas* in *Ἰωνική* Tom. III. p. 255. ubi ἐρέεσσαι legitur. Cod. Vat. ἐρέοντα. Idem βουλήμασσιν. Sensus est obscurior. *Brodaeus* de aurea statua *atque ac radii fulguris splendente* interpretatur; vix recte. χρύσεος ὑπὸ βαιστῆρος, Homerus aureus, parvo malleo ductus. Suspicor, ap. Salaminios, ejusmodi Homeri statuam fuisse. Jam pergit: Hanc statuam si Jovis fulminibus exposueritis feriendam, nunquam tamen me Salaminium esse confitebor. Ait itaque, se nullis minis, nullis cruciatibus adduci posse, ut illam insulam patriam suam esse dicat. Hanc interpretationem flagitare videtur verbum βασανίζετε v. 5. unde apparet, de βασανισμῷ agi. Jam vero ignis cruciatibus adhiberi solebat. Clitophon ap. Achillem Tat. L. L 11. p. 31.

inter Amoris tormenta, βασκίζει, clamat, ἴσσμαι μετὰ βελέων, ὀρίνεται μετὰ καρδίη· ἐν ἀκαθεκτῷ ᾧ (sic optime Mitscherlich. Vulgo ἀκατασχέτῳ.) αὐτῷ, animus τῷ περὶ. — V. 3. οὐδ᾽ ὁ Μέλητος Δημαγόρου. Plan. et Cod. Vat. hoc sensu, ni fallor: neque, Meletis filius cum sim, unquam me Demagorae filium dicam. Aegyptii enim Homerum Dmasagora et Aethra natum dicebant. Vide *Allatium* L. c. p. 45. — V. 4. τοῦτ᾽ Ed. princ. Sequentes τοῦτ᾽. — V. 5. φανάκιζε Vat. — V. 6. πᾶσι λαϊστ᾽ ἔτη. Vat. λαϊστ᾽ Plan. — *Χᾶς.* Respicitur ad familiam Homeridarum, qui Homeri carmina servasse dicuntur.

VII. Cod. Vat. p. 207. Planud. p. 263. St. 386. W. In Homerum a Nereidibus in insula Io sepultum. V. 1. et 2. laudat *Suidas* in ἴαμβοι. V. 2. et partem primi idem in γρῖφος. V. 3. et 4. in χρίσις. — Homerum moerore consumtum esse, quod aenigma ipsi propositum solvere non posset, nota fabula, de qua vide *Pseudo-Herodot.* p. 760. — V. 4. καταίη ὑπὸ σκιάδι. Idem ait *Antipat. Sid.* LXIX. κορυφὴν Μιμαντίδος ἔξ᾽ ἔλαχον νείατοι Ἰου σκιάδι. Vide *Gellium* L. III. 14. — Pro ἐχρίσαντο Ed. Flor. ἐχρίσαντο. Duae Ald. et Asc. ἐχρίσαντο. — V. 5. μέθεν. Vat. — V. 7. νέκυς. Plan. ταντοῖος Editt. ante *Stephan.* — *part. Paul. Sil.* Ep. LXXX. ἔλλυτο γε γεσία τόσου χλἔει λαψε νέκυς. Ios — Homeri sepulcro veneranda, longitudinis XXV. mill. annea Phoenice appellata. *Plin.* H. N. IV. 12. *Varro* in Anth. Lat. L. II. CCVII. Capella Homeri conditis hanc tumulum indicat, Quod hoc Musae mortuo faciunt sacra. Ad quos versus vide *Burmann.* in Addend. p. 738. et in Sicul. T. II. p. 493. Veterum loca de sepulcro Homeri collegit *Leo Allat.* in Vit. Homer. p. 169. sqq.

§. 488.] *VIII.* Cod. Vat. p. 180. Ἀδήλον Μιτυληναίου. (Vide ad Ep. VI.) Planud. p. 48. St. 70. W. Quod ad argumentum attinet, cf. *Simonidis* Ep. CVI. (CXII.) — V. 1. laudat *Suidas* in ἀγόρης, Tom. I. p. 42. ubi scri-

ptum — καὶ γάλλος καὶ μάντις, ὡς Ἀτίαν ἐν ἐπιγράμματι
Κυιρήμυνος...... *Apionem* Epigrammatariorum non novimus. Distinguendum itaque cum *Toupio* Ep. crit. p. 11.
ἰς Ἀτίαν ἐν ἐπιγρ. *Hefych.* ἀγυρτικὸς· συναθροιστικὸς,
μάντεις, ὡς Ἀτίαν. — In hoc versu ὑπὸ jungendum cum
κυιρήμυνος; nam praepositio saepe per tmesin verbo postponitur, etiam pluribus vocibus interjectis, observante
Ruhnken. in Ep. crit. p. 133. Atys ap. *Catullum* LXIII. 5.
Demeris vilis acuta sibi pondera silice. ut mihi legendum
videtur. *Ovidius* IV. Fastor. 241. *omne inguinis aufert;
Nullaque sunt subito signa relicta viri. Venit in exemplum furor hinc, mollesque ministri Caedunt jactatis vilia
membra comis. Minus. Fel.* c. XXIV. *cui obscoena testa
fuens demessa.* — φάρξα. Vide ad *Leonid. Tar.* Ep. XXVI.
— V. 2. laudat *Suid.* in πρῶνος T. III. p. 217. prima
voce omissa, sic: ὀλολόζουσι πρ. ἐξουνοβάτει. Vulgo φωνίεντας ἐπὶ πρ. *l.* In Vat. Cod. ὕλης habetur, sed est in correctione, nec *Salmasius* discernere potuit, quid prius
fuerit scriptum. *Schneiderus* ἴλης corrigendum suspicatur; et profecto valde probabile est, proprium loci nomen excidisse. — ἐξευνοβάται invenit *Aldus* in Cod. aliquo, unde haec lectio venit in Ascens. ed. — V. 3. 4.
excitat *Suid.* in *ϑοίνη* T. II. p. 209. et in *ταλίφρος* T. III.
p. 73. ubi ὡς δὲ λέων et *ϑοίνην* legitur. Posterius habet
etiam Planud. et Vat. — V. 4. κιταλέων. Vat. — φάρυγγος. Aldina pr. et sec. φάρυγγος. Ed. fil. Aldi. — V. 5.
6. *Suidas* in *ὠμηστίαν* T. II. p. 755. ubi ὡς ἂν ὕξα in
fine versus ὡς ἄνταξε Aldus invenit in Cod. Hoc recepit
Ald. sec. et ed. fil. Aldi. ὠάλεξαι. Vat. Cod. Versus est
parum numerosus et obscurus, in quo insigne mendum
latere suspicor. Verba ὡς ἄνταξε *Kusterus* ad *Suidam* l. c.
vertit: *postquam rugiit. Brodaeus* contra eadem ad Gallum retulit: *clamavit sacerdos.* Saltem pro admirantis
voce habuerim: *quantopere exclamavit!* Sed depravata
sunt haec verba, quae nec per se sensum habent ido-

neum, et cohtextum turbant. Quid *Grotius* in mente habuerit, non facile dixeris. Vertit: *Vidit ut exitium Gallus prope, tympana quassat.* Mihi haec sic videntur corrigenda:

Δίσας δ' ἀμητεῖα θηρὸς μόρον αὐτὸν ἀλέξαι.

Fatum, quod ipsi a crudeli bestia imminebat, effugere cu- piens, tympanium pulsavit. Forma rarior δίσας facile in δείσας depravari potuit; quo facto reliquorum depravatio consecuta est. Est autem a δίζω, φροντίζω, ἰσχυρῶς ζητῶ. Suid. Ἰξίλισιν. Ἰξεζήτησεν. In τοῦ δίζα τὸ ζητῶ. Homer. II. XVI. 713. δίζε γὰρ, ᾧ μάχοιτο κατὰ κλόνον αὐτῆς ὁμίλου. Oraculum Lycurgo datum ap. *Herodot.* I. p. 31. 27. δίζω, ἤ σε θεὸν μαντεύσομαι ἢ ἄνθρωπον. *Simonias* Ovum 5. τὸ μὲν θιὰν ἱεμένας Ἑρμῆς ἔδιξε κέλευξ. Dedit quaedam de hac forma *Dorvill.* in Vann. crit. p. 62. *Menag.* ad *Diog.* Laërt. IX. 5. Fortasse tamen magis probabitur altera conjectura:

Δεινὸν δ' ἀμητεῖα θηρὸς μόρον ὡς ἂν ἀλέξῃ.

Hadrian. Ep. III. ἀλλ' οὐδ' ὣς ἤλυξε κακὸν μόρον. *Oppian.* Hal. III. 103. φιλίων Ῥηΐλαας ὑποφλέγω καὶ ἐξήλυξε μόρον. IV. 64. τοιούςδε νοήμασι πότμον ἀλύξαι. — V. 7. 8. Suid. in γέντοι Tom. I. p. 475. et in τίνοντα T. III. p. 447. cujus vett. edist. ὑπάλυξεν exhibent. Vulgo ὑπάλυξεν. — V. 8. δογρεμαύξι. Suid. et Plan. Pro φέβην Opsopoeus ἀέρην corrigit; inepte. φόβη est juba leonis. — V. 9. δ' ἐν 'πιφυγεῖν. Vat. et in fine 'πείν. — V. 10. ἐγκυμίν. Cod. Vat.

IX. Cod. Vat. p. 457. Planud. p. 295. St. 435. W. Scriptum est in Clitomachi athletae statuam. Ad hoc carmen inprimis facit *Pausan.* L. VI. 15. p. 489. Κλει- τομάχου δὲ Θηβαίου τὴν μὲν εἰκόνα ἀνέθηκεν Ἑρμοκράτης ὁ τοῦ Κλειτομάχου πατήρ. τὰ δὲ εἰς δόξαν ἦν τοιάδε· ἐν Ἰσθμῷ παλαιστὰς ἀνινικέλαισεν ἄνδρας, καὶ ἐν ἡμέρᾳ τῇ αὐτῇ; τίσι τε τῶν πυγμὴν, καὶ τοὺς ἐς τὸ παγκράτιον ἐσιλθόντας ἐκράτησε τῷ μέτρ. Hunc locum exfcripfit *Suidas* in κλινοπαχεῖ. De hujus viri continentia quaedam narrat *Plutarch.* T. II. p. 710. D. *Aelian.* V. H. III. 30. ubi vide *Perizon.* — V. 1. τὴν χελ. Vat. — In fine verſ. αἷμα legunt veteres editt. Nihil frequentius permutatione horum verborum, de qua vide *Valcken.* ad Ammon. p. 141. ſqq. *Dorvill.* ad Charit. p. 87. — In Vat. αἷμα habetur. Hoc vocabulum olim ap. *Eurip.* in Hec. 661. *Scholiaſtes* legit, et recte legit: τί δ' αὖ τὸ αἷμα τῆς κακογλώσσου βοῆς. Vulgo ὁ τάλανς, ſtructura vacillante. Nec huic lectioni convenit *Schol.* interpretatio: τί ἔστι τὸ βούλημα τῆς τῆς κακοτρόπου βοῆς. *Heſych.* λήματα. λέγματα. βουλεύματα. Hoc neminem *Euripidis* editorum animadvertiſſe, eſt quod miretur. — V. 3. ἔρις ναρ'. Vulgo et in Vat. — Vir doctus in ſchedis Bibl. Bodlej. νες conjecit. Pro χερῶν Ed. pr. χερὸς. — V. 5. τὸ τρίτον. Poſtquam in pugilatu et pancratio adverſarios vicerat, in lucta etiam victor evaſit. τὸ τρίτον, duobus certaminibus peractis. Non itaque cum *Salmaſio* in Plin. p. 206. A. eo reſpici putaverim, quod is demum victus exiſtimabatur, qui ter ceciderat. — παλαίσας Vat. Cod. — V. 7. μώνας. Vulgo et Vat. Nec mutanda erat haec lectio, quamvis dorica dialecto conſcriptum eſt carmen. Recentiores enim poëtae, qui hac dialecto uſi ſunt, non dubitaverunt μώνας ſcribere. Vide *Theocrit.* Eid. II. 64. — V. 8. γονέων. quandoquidem hieronicarum patria parentesque victoriae participes exiſtimabantur. *Epigr. ἄδηλ.* CXXVI. Λύκος — φειδωλῶ δευτέραποτε δήμους. Fuit autem Lycus Phidolae filius. Eſt igitur στεφανοῦν in talibus ornari; reſpectu habito ad coronam, qua victoris cingebantur tempora.

X. Anth. Plan. p. 14. St. 24. W. Marſyam poëta alloquitur ab Apolline in certamine ſuperatum. Si verum eſt lemma in Planudea, ſtatua Marſyae vincti huic carmini occaſionem dedit. Conf. Ep. *Archiae* XXII. — V. 2.

V. 2. διὰ πρητῶν ab Aldo in Cod. quodam repertum in plures editt. venit. Ed. pr. et Ald. pr. δι' ἐντρητῶν legunt, non, ut *Stephanus* scribit, δι' ἐντμήτων. Recte hoc a *Brunckio* in ἐντρήτων mutatum est. Sed quid est, quaeso, φθέγγεσθαι πρεῦμα διὰ δονάκων? Nemo veterum sic locutus est. Valde diversum, quod dixit *Antip. Thess.* Ep. XXIX. αὐλήσαντι πολυτρήτων διὰ λωτῶν. Quare vide, an scribendum sit:

πρεύματι εὐτρήτων θελγόμενοι δονάκων.

sive —τερπόμενος δονάκων. ut Epigr. XII. πνευσίῳ τερπόμενος δόνακι. *Dionysius* II. 20. φαιδρῶν τερπόμενος λύρῃ. *Oppian.* Hal. V. 455. καὶ μελαδεττῇ τερπόμενος σύριγγι. — Propius tamen ad vulgatae vestigia accedit θελγόμενοι. et sic locutus est *Philipp. Thess.* Ep. XXXII. τὸν ἐκατὸν ναύταν τῇ στομάτων θέλγον ὑπαὶ κιθάρῃ. — πρεῦμα de tibiae sono haud infrequens. *Pollux* IV. 83. μέλη αὐλημάτων πνεύματα, συρίγματα. *Suidas* in Ὀλυμπος· Μυσὸς αὐλητής, ἡγεμὼν γενόμενος τῆς κρουματικῆς μουσικῆς διὰ τῶν αὐλῶν. *Achilles Tat.* VIII. 6. p. 323. de Syringe: μετατρέψει δὲ ἄλλοτε εἰς ἄλλον, ὅπου ποτ' ἂν εἴη τοῦ κρούματος ἡ ἁρμονία καλή. *Clemens Alex.* Strom. I. p. 363. 15. φασὶ δὲ καὶ τὴν πλαγίαν σύριγγα Σάτυροι εὑρεῖν τὴν Φρύγα· τρίχορδον δὲ ὁμοίως καὶ τὴν διάτονον ἁρμονίαν Ὕαγνιν (sic recte *Palmer.* pro Ἅγνιν) τὸν καὶ αὐτὸν Φρύγα· κρούματα δὲ Ὀλύμπου. Tibicina κρουμάτιον hinc appellata occurrit ap. *Alciphr.* L. I. 12. p. 50. — V. 3. ἔργον Ἀθάνας. Minervae inventum. Sic *Dioscorid.* Ep. XV. αὐλοὶ τοῦ Φρυγὸς ἔργον. Minervam ad lacum Tritonem tibias invenisse, quibus flebilem Gorgonum, cum a Perseo interficerentur, vocem imitaretur, *Pindarus* narrat in Pyth. XII. 34. sqq. Vide, quae de hoc invento docte disputavit *Boettigerus* in Museo Attico Tom. I. Fasc. II. p. 349. sqq. Tibiam cum ahjecisset dea, in Marsyae manus venit, quem *Alcaeus* νυμφαγενῆ vocat, ut *Telestes*, qui hanc fabulam impugnat in fragm. ap. *Athen.* L. XIV. p. 616. F. Hoc fragmen-

tum verfibus tetrametris trochaicis confcriptum effe,
praeclare monuit *Bourigerus* l. c. qua obfervatione adjutus, verfus depravatos et interpolatos in hunc modum
correxerim:

> Ὃν σοφὸν σοφὰν λαβοῦσαν οὐκ ἐπίλπομαι νόῳ
> [Παλλάδ'] ἐν ὀρυμοῖς ὀρείοις ἔργανον, ἐνεθφθαλμον
> αὐχει ἐκφυγοῦσαν [εἴδους], αὐδις ἐν χερῶν βαλεῖν
> νυμφογενεῖ χορεντέρῳ τε φηγῳ Μαρσύα κλάος.

Hic nihil fere mutavi, nifi quod v. 2. verba διαν Ἀθάναν
ejeci, Παλλάδα in eorum locum fubflituens. ἐκφυγοῦσαν
dedi pro ἐκφοβηθεῖσαν, quod metrum non patitur. νυμφο-
γενεῖ χειροντόνω denique fic, ut vides, emendavi. Quod
autem v. tertio εἴδους interpofui, recte me fecifle apparet ex iis, quae commentarii inftar fubjecit *Athenaeus*
p. 617. Λ. ἢ γὰρ παρθένων ἄγαμον καὶ ἄπαιδ' ἐκτίναμα κλαθὰ
— ὃς εἶδε ἂν ἐυλαβηθέντες τὴν αἰσχρότητα τοῦ εἴδους. Sic haec
fcribenda funt cum *Cafaubono* et *Bourdelotio*, qui hoc
Athenaei caput paffim emendavit ad *Heliodori* Aeth.
L. II p. 106. ed. Lipf. — In Epigrammate noftro y. 4.
Stephan. dedit ἐπανθέσει cum Flor. et Ald. pr. In Lectt.
Aldinae notatum ἐπανθέσει venit in Ald. fec. et filior.
Aldi. *Sonnsagius* V. cl. in Hiftor. poëf. brev. p. 20.
emendavit: οὐκ ἔτι ταῖς π. — δὲ πρὶν ἐπαυλήσει, hoc fenfu,
ni fallor; neque tuis digitis amplius accinet tibia. Mihi
Brunckii lectio vera videtur. — V. 489.] V. 7. λωτός.
Hinc apparet, λωτὸς et λωτὸξ nihil diverfum fuiffe. Cf.
Antip. Sidon. XXXV. 1. et 4. et *Brodaeum* in Mifcell.
L. II. 25. p. 75.

XI. Non habetur in Vat. Cod. non magis quam fequens. Planud. p. 329. St. 468. W. In imaginem
Amoris vincti, armisque privati. In eodem argumento
plures luferunt. Conf. *Antip. Sid.* Ep. XLI. *Satyrius*
Ep. IV. *Quintus Macc.* Ep. IX. *Crinagoras* Ep. I. Amores vincti paffim occurrunt in gemmis veterum. —
V. 1. οὐχ ὁσίως. Nefas enim, mortales deum captivum

tenere. — V. 3. ενταρλν ίψιν. faciem lacrymis foedam, ut ex imitationibus apparet. *Quintus Martius* l. c. παλαιᾶ δυσαρέστως σφιγχθεὶς χέρας, ἄνερτα δαίμον, κλαῖε μάλα, στάζων δάκρυα ψυχοταφῆ. — V. 5. Vanus eft fculptoris labor, qui te, imperium in deos exercentem, vinculis conftrinxit. *Satyr. Thyill.* l. c. ψυχρὰ τᾶδ' ἀνθρώποις παραμύθια. — τὸν οἴστρῳ κομήσαντα 3. infolentius dictum. Qui fpiculis fuis infixis deorum hominumque pectora perturbat, eos κωμᾶντας dicitur. Solet autem animus curis et cupiditatibus agitatus cum mari tempeftuofo comparari. κῦμα Κύπριδος dixit *Meleag.* Ep. XIX. κυμαίνει ὁ βαρὺ πνεύσας Πάθος. Idem Ep. XXIX. et XLV.

XII. Anthol. Plan. p. 395. St. 475. W. In Pana tibiis canentem. Expreffum carmen ex Platon. Ep. XIV. — V. 1. *Ιμερτὸν μοῦσαν, flando carmen edas.* — λαροῖσι φιλήσει, ut ap. *Platon.* XXIX. μελίσσαι — λαροῖς ἐπὶ φιλήσει βαίνων, ubi tamen lectio non omnino certa. — V. 3. τόλα μὲν δὲ συριγδοῦ. *ex confono cantu:* per vices enim canebat „Pan, ut et hodie folent in Italia plebeji fidicines." *Brodaeus.* Junge πλάζει ἁρμονίην, i. e. μέλος, κατεθέντων αὐτὴν ἐκ συριγδοῦ βήματος. Fiftulae cantus ad verborum, quae accinuntur, menfuram temperandus eft. Senfus eft igitur, ut in Ep. V. σύμφωνον μαλακαῖσι κερασσάμενος θρόον αὐλοῖς. — πλάζειν de canentibus ufurpavit *Orpheus Argon.* 1274. ἤεισεν δὲ λιγὺ πλάζων διὰ Θέσκελον ὕμνον. *Oppian.* Hal. II. 413. οὐ μάλα πηδάλιον πλάζων μέλος. — V. 5. νύμφαι μεθυδριάδες. Eaedem funt, quae ὑφριάδες, ἐφυδριάδες, καθυδριάδες. Lexicis addenda vox μεθυδρίας. „Divifim fcribendum μεθ' ὑδριάδων cenfebat H. Stephanus: „fed praepofitionem μετὰ nec fenfus nec conftructio ad„mittit. Idem eft enim, ac fi fcriptum effet Νύμφαι αἵδε „καθυδριάδες ἱκετεύουσιν ὑμᾶς ἐπὶ ἵνδυν ἴχνος. Nec de Methydrio Arcadiae urbe hic cogitandum." *Brunck.* Ejusmodi imaginem nobis fubjicit *Anton. Liber.* Met. XXII. p. 140. de Terambo, five Cerambo, viro in re musica excellente, qui dicebatur λύρᾳ πρῶτος ἀνθρώπων μιζηπεθαι, πλεῖστά τε καὶ κάλλιστα μέλη ποιῆσαι· τοῦτον οὖν χᾶσιν λέγουσιν ὀρθῆναι αὐτῷ ἄντε Νύμφαις καὶ χαρίσαι πρὸς τὰ πρόβατα τοῦ Τερόμβρου.

XIII. Bis legitur in Vaticano p. 445. Planud. p. 8. St. 15. Wech. Scriptum est in expugnationem Macyni urbis, tam difficilem et periculosam, ut Philippo jam nihil insuperabile videri poſſit. — V. 1. Μακύνων Aldina rett. Μακύνων καὶ Μάκυνον, ὄνομα κύριον, οὗ μέμνηται Στράβων. Schol. Locus *Strabonis* est L. X. p. 692. A. unde diſcimus, Macynium ſive Macynum oppidum fuiſſe Aetolorum, Talphiaſſo, alto monti, impoſitum. Hoc cum expugnaverit Philippus, Demetrii fil., rex Macedoniae, Jovem poëta hortatur, ut Olympi portas claudat. *Opſopoei* errorem, qui Μακύνου a verbo μηκύνεσθαι derivabat, notavit *Joſ. Scaliger* in Not. mſtis et *L. Holſten.* qui hoc diſtichon excitavit ad *Stephan.* p. 197. — τείχη et πάντα Φιλίππῳ. Vat. Cod. Hoc vulgatae fortaſſe praeferendum: Macyni moenia, nec haec ſolam, ſed omnino omnia Philippus exſuperat. — Ζεῦ ſimiliter correptum ante ᾿Ολύμπια occurrit in Epigr. ap. *Pauſan.* V. 24. p. 439. et VIII. 42. p. 687. quae loca *Schneiderus* mihi indicavit. — Notandum, eorum, qui de Philippi bellis narraverunt, neminem oppugnationis Macyni meminiſſe.—
V. 3. χθὼν μὲν δὴ καὶ π. Cod. Vat. quod, ut concinnius, reponendum, etiam *Brunckio* auctore. — σὺν τεύχεσι. Vat. et mox δέδμηται. Ad ſenſum comparandum inprimis Ep. *Alphei Mityl.* VII. quod ex noſtro expreſſum. Nec inepte contuleris *Ennium* de Africano in Anth. Lat. T. I. p. 213. *Si fas caedendo coeleſtia ſcandere quoiquam eſt, Mi ſoli coeli maxima porta patet.*

XIV. Cod. Vat. p. 445. Εἰς τὸν αὐτόν. (non apparet, in quem) ὅτε ὑπεχάζετο τινῶν κάντων. (l. κύντων.) Iterum legitur p. 508. In Planud. p. 177. St. 251. W. Carmen obſcurius etiam poſt egregias *Dorvillii* notas in

Chárit. p. 621. Poëta videtur loqui, ira in Philippum incensus, qui convivas inter epulas veneno peremerat. Fingit autem Alcaeus, se inter potandum crudelis illius meminiisse facinoris; quare statim initio, ad Bacchum conversus, πίομαι, inquit, ὦ Λυναῖε, πολὺ πλέον —. Sic haec vulgo leguntur. In Vat. tamen Cod. loco priore π. Ἕλληνες, πολὺ πλ. quod equidem librariis deberi existimo. *Dorvillius* autem duplicem a poëta recensionem hujus carminis editam esse censebat; in quarum priore Ἕλληνες πουλὺ πλ. fuerit. Hanc in lucem prodiisse ante Epicratem et Calliam (cf. ad Ep. XV.) interemtos, nec in ea lectum fuisse ultimum distichon, quod Cod. Vat. loco priore omittit. — Verba ἥ τις χόλωψ cum sequentibus respiciunt *Homer.* Odyß. ι. 373. — φάρυγος δ' ἐξέσσυτο οἶνος ψωμοί τ' ἀνδρόμεοι· ὃ δ' ἐρεύγετο οἰνοβαρείων. Apud *Achillem Tat.* L. II. 23. p. 82. fortasse olim lectum fuit: αὑτὰρ ἐπεὶ κατέδυσεν ὁ Κύκλωψ· τὸ δ' ἔπος 'Οδυσσεὺς ἐγκαθὶς γέτη. Vulgo ὁ κύκλωψ, quo orationis acumen perit. *Alcaeus* autem noster, cum Polyphemum nominat, Philippum regem significat, (vide ad Ep. seq. 3.) qui, cum inter vinum amicos necasset, haud aliter ac Polyphemus ventrem humana carne implevisse videbatur. — §. 490.] V. 3. Iram et vindictam hoc distichon spirat. Obversabatur *Alcaeo* Tydeus, qui Melanippi διασχίσας τὴν κεφαλὴν κατέβρωσεν τὸν ἐγκέφαλον. Conf. *Hyginus* ad *Apollodor.* T. II. p. 630. sq. *Valkenar.* in Diatr. p. 142. A. et *Sophoclis* Fragm. in *Villois.* Anecd. T. II. p. 94. — Pro ἐγκαρσὶ in Vat. Cod. Ἐν supra et in marg. γρ. καὶ ἐγκαρσὶ. Hunc locum respexit *Schol. Homeri* Leidensis ap. *Valckn.* in Differt. p. 97. ad verba *Homeri* ἐν καρὸς αἴσῃ. Ἀλκαῖος μὲν ὁ ἐπιγραμματοποιὸς ἐγκέφαλον ἔφευσεν. — V. 5. 6. omittit Vat. Cod. loco pr. Philippum inter pocula amicos veneno interfecisse, his versibus diserte traditur. *Pausan.* L. VII. 7. p. 539. utriusque Philippi mores adumbrans, πεποίηκε δὲ, inquit, καρὶ τὸ εμπεσεῖν ἐπὶ λέξαντος

καὶ φιλίᾳ πόλεως οὐκ οἴνῳ, φαρμάκῳ δὲ, ἐς ὄλεθρον ἀνθρώποις
ἃ μὲν δὴ ὁ τοῦ Ἀμύντου Φίλιππος οὐδ᾽ ἑωρακὼς ἔρχει· Φίλιππος
δὲ τῷ Δημητρίου τὸ φάρμακον τέλαμμα ἦν ἐπιφοίτατον. Qui
infignis eft locus. De ejus crudelitate *Diodorus* in Eclog.
p. 573. 2. οὗτος, ait ὑπερήφανος ἦν ἐν εὐτυχίαις, ὥστε τοὺς
μὲν φίλους ἀκρίτως ἀνοσιέξαι. Ad ejusmodi confilia exfe-
quenda eum maxime incitabat Heraclides Tarentinus,
de quo locus eft infigniter depravatus ap. *Livium*
L. XXXII. 5. *Et cum Achaeis quidem per haec amicitiam
firmabat. Macedonum* [quoque] *animos fibi conciliavit.
Nam Heracliden amicum cum maximae invidiae fibi effe
cerneret, multis criminibus onuratum in vincula conjecit,
ingenti popularium gaudio.* Sic hunc locum corrigendum
fufpicor, paulo leniori remedio, quam quod propofui in
Animadv. in Eurip. p. 198. *Diodorus* l. c. p. 573. 41.
Ὅτι Φίλιππος θαμπὲρ τῶν Μακεδόνων τοὺς πλείστους ἑαυτῷ χα-
λαχῶς ἔχοντας, ἐπὶ τῷ τὸν Ἡρακλείδην ἔχειν φίλον, παρέδωκε
αὐτὸν εἰς τὴν φυλακήν. Cf. *Polybium* L. XIII. 4. 4.

XV. Cod. Vat. p. 508. Εἰς Φίλιππον. Planud. p. 83.
6t. 122. W. Ad Epicratem, quem Philippus cum Callia
veneno necaverat. Optat poëta, ut ille Philippo fimile
poculum propinet. *Epicratem* poëtam comoediae mediae
paffim laudat *Athenaeus*. Hunc tamen Philippi temporibus vixiffe, haud putaverim. *Callias* Tragicus commemoratur ap. *Athen.* L. VII. p. 276. A. Unde *Dorvillius*
habeat, quod fcribit ad Charit. p. 621. Epicratem,
comicum poëtam, variis dicteriis laceffiffe regem, Calliam autem tragicum Philippo eadem de caufa invifum
fuiffe, equidem ignoro. — Prima carminis verba, οἶνος
καὶ κένταυροι, ducta funt ex *Homer.* Il. φ. 295. Conf.
Callim. Ep. XLIV. *Propert.* L. II. 24. 31, *Tu quoque,
o Eurytion, vino, Centaure, periſti; Nec non Iſmario
te, Polypheme, mero.* — V. 3. μνήμματος Cyclopis nomine defignat regem, et quidem, ut *Dorvillius* exiftimat, quod apertis verbis et ipfo nomine eum inceffere

non auderet poëta, eum vitio et defectu defignavit, quo *Philippus Amyntae* fil. laboraverat. Hoc fortaffe argutius quam verius. Veteres, ut Cyclopas ipfos, fic illos quoque, qui Cyclopum mores et indolem referrent, monoculos, μονομμάτους, appellabant. Hoc epitheto primus ufus effe videtur *Cratinus*, fecundum *Phrynichum* p. 22. μονοφθαλ-μον οδ᾽ ηρίοι, ἐτερόφθαλμον δέ. Κρατῖνος γὰρ μονόμματον εἶπε τὸν Κύκλωπα. Ad defectum oculi et mores fimul refpexit Theocritus ille Sophifta, cum Antigoni, Macedonum regis, coquo diceret: εὖ οἶδα, ὅτι ὁμήν με θέλεις τῷ Κύκλωπι παραθεῖναι, quod dictum capite luit, fecundum *Plutarch.* T. II. p. 11. C. Conf. *Aelian.* V. H. XII. 43. — Pro οἰνοχόροι vulgo οἰνοχόοι legitur, quod fenfu caret. Illud Cod. Vat. praebuit. *Philippus eft Charon in vino*, qui non per ftygiam aquam et fragili cymba, ut Charon, homines ad inferos: tranfvectat; fed toxicato vino et poculis medicatis in Tartara mittit miferos convivas. *Dorvillii* verba funt. Vocabulum οἰνοχόρων fictum ad fimilitudinem v. λιθοτομάρων, quo ufus eft *Crecides* jambographus, tefte *Athen.* L. VIII. p. 347. E. quem vix recte interpretatur magnus *Cafaubonus* p. 603. 47. — ᾖ σύ. ad Epicratis Manes converfus. φρόνησιν. Haec Theramenem nobis in mentem revocant, ap. *Xenophon.* Hift. Gr. L. II. p. 367. ἐπεὶ γε ἀναθνήσκειν ἀναγκαζόμενος τὸ κώνειον ὅτιε, τὸ λειπόμενον ἐπεκρατηρίσαντα εἰπεῖν αὐτὸν, Κριτίᾳ τοῦτ᾽ ἔστω τῷ καλῷ. *Propino hoc pulcro Critiae*, interprete *Cicerone* in Tufcul. Quaeft. L. 40. Vide, an in φρόνησιν refpiciatur ad vocabulum φάρμακον, quo medicamenta, venena inprimis, in potu fumta fignificabant, docente *Cafaubono* ad Athen. L. II. 17. p. 118. fq.

XVI. Anthol. Plan. p. 10. St. 17. W. Elegans Epigramma, in quo Titus Flaminius, Graeciae liberator, cum Xerxe comparatur. Scriptum videtur circa Olymp. CXLVI. 1. A. V. C. 558. poftquam imperator Romanus in ludis Ifthmicis Graecos liberos immunesque effe

juſſerat; quo praeconio audito *majus hominum gaudium
fuiſſe, quam quod univerſum caperemus*, Livius narrat
L. XXXIII. 32. Conf. *Plutarch.* in Vit. Flamin. c. X. —
V. 2. ιδριας. Idem Italiae tribuitur epitheton Ep. XXII.
XVII. Cod. Vat. p. 216. Planud. p. 271. St. 390. W.
De honoribus Heſiodo poſt mortem habitis. — V. 1.
Λοκρῶος ἐν νῳῷ. in luco Jovi ſacro, qui in Locride ſub
Nemei nomine colebatur. Ibi enim loci Heſiodum inter-
fectum eſſe, narrat *Thucyd.* L. III. 96. τοῦ Διὸς τοῦ Νε-
μαίου τῷ ἱερῷ, ἐν ᾧ 'Ηεἰοδος ὁ ποιητὴς λέγεται ὑπὸ τῶν ταύτῃ
ἐνοθανεῖν, χρησθὲν αὐτῷ ἐν Νεμέᾳ τοῦτο παθεῖν. Idem περὶ
τὸ Λοκρικὸν Νέμειον contigiſſe, poëtamque πρὸς τῷ Νεμείῳ
ſepultum eſſe, tradit *Plutarch.* T. II. p. 162. D. E.
Conf. *Teutzem* in Praef. ad Heſiod. p. 3. ed. *Heinſ.*
Quod vero Nymphae Heſiodi cadaver abluiſſe dicuntur,
ad id referendum eſt, quod *Plutarchus* narrat, poëtae
cadaver in mare devolutum eſſe. — Seq. verſ. pro κρηνίδων, quod adjective de Nymphis uſurpatum paſſim
occurrit, ſubſtantive de fontibus nusquam, niſi in hoc
loco, *Schneiderus* κρηνίδων ſcribendum ſuſpicabatur; idem
Scaligero in mentem veniſſe, apparet ex Schedis Bibl.
Bodlej. Propius ad vulgatae ductus accedit conjectura
Gilberti Wakefield, quam veram puto — κρηνίδων. Hac
forma uſus eſt *Eurip.* in Hipp. 208. ἑρπυσμοὺς διὰ κρηνίδων.
— V. 3. γάλακτι — μέλιτι. Vino et melle inferias faciebant veteres. Conf. *Leonid. Tar.* Ep. XCVIII. 9. Hoc
Alcaeus refert ad cantus ſuavitatem, qua Heſiodus ex-
celluerit: τοίην γήρυν, μελίταν puta. — *Μουσέων* Cod.
Vat. Guſtaverat Heſiodus aquam e Muſarum fontibus,
quae Λοτοδιμένω τέρενα χρόα Περμησσοῖο 'Η 'Ιπποκρήνης ἢ
'Ολμειοῦ ζαθέου, 'Ακροτάτῳ 'Ελικῶνι χοροὺς ἐνεποιήσαντο.
Heſiod. Theog. 5. ſqq.

XVIII Cod. Vat. p. 291. ſq. Planud. p. 272. St.
392. W. ubi plura vide. in Hipponacten jambographum
carmina. Conſ. ad *Leonid. Tar.* Ep. XCVII. — V. 1,

In Hipponactis tumulo spinas et carduos nasci dicens, ad asperos illius hominis mores genusque scribendi fellis plenum respicit. Comp. Ep. *Hegesippi* VIII. in Timonem; et in eundem *Zenodoti Eph.* Ep. II. — V. 1. ἐπιτέτροφε. Plan. ἐπὶ τέτροφε. Vat. — βίτρον ἐπ' εἰσίδῃς, mites uvas in fativis vitibus. Vide ad *Meleagr.* Carm. I. 8. p. 4. ἐπὶ in hac ῥήσει abundat, ut faepe. — Vitis ut nafcatur in *Sophoclis* tumulo, optat *Simm.* Theb. Ep. II. — 9. 491.] V. 3. ἐπιγόσσαν ἄχερδον. Secundum nonnullos spinae genus, quod in Gyaro insula provenire ait *Antigon. Caryst.* C. XXI. θανάσιμός ἐστιν ὁ ἄχερδος, κἄν τις ἄλλο μηδὲν ἱμπλέξῃς (fort. ἐμπλέξῃς), ἀποκαίνει. At hanc interpretationem reliqua non admittunt, quae de fructu quodam agi satis declarant. Est igitur ὁ ἄχερδος b. l. *pyrus sylvestris*, cui proprium est τὸ τρίγον et τὸ ἀποστίφον τὰ χείλεα. Vide *Beckmann* ad *Ariflot.* de Mir. Ausc. c. 155. p. 321. sq. Pro βότρυν, quae verissima est lectio, in margine Cod. Vat. γρ. βότρυα. In Ep. βότρυν. CCCLXXXVI. immaturam uram aliquis χείλεα στυφθεὶς ἐκβάλλει, ὡς ἂν ὄντας εἴη νεσιμπτοὺς ἠμπελὶς ἐκβάλοι. — φάρυγγα editt. nonnullae Planud. quod vitium a *Stephano* propagari non debebat. ἄψει καρφαλέον. *Biener* Ep. IV.

XIX. Cod. Vat. p. 269. Anth. Plan. p. 283. St. 408. W. Scriptum hoc carmen in Pyladem, Megalopolitanum, citharoedum, cujus mortem Musas et Bacchum vehementer afflixisse poëta ait. De hoc Pylade, qui Philippo Demetrii fil. regnante floruit, quaedam commemorat *Plutarch.* in Vita Philopoem. XI. Tom. I. p. 365. cum quo conferendus *Pausan.* L. VIII. 50. p. 701. Πυλάδου Μεγαλοπολίτου, ωδαρφὸν τῶν ἐφ' αὑτῷ λαμπροτάτων καὶ ἐνγενομένων Πυθικὴν νίκην. Opsopoei errorem, qui de Pylade, pantomimo, Italicae faltationis inventore celeberrimo, sed longe recentiore (vide *Sueton.* in Vit. Aug. c. 45. *Suidam* v. Πυλάδης, et *Athen.* L. I. p. 20. E.)

Z 5

cogitabat, et *Brunckium* secum in errorem abduxit, ita ut hoc Epigr. nostrum *Alphco Mitylenaeo* tribuendum esse, perperam statueret, primus praeclare detexit et refutavit *Schneiderus* in Anal. crit. I. p. 11. — V. 1. ex Cod. Vat. qui verf. fq. ἐν omittit. — ἐν χερὶ ἀνεμώλως. Describitur quae vulgo ἐν χερῷ ἢ κουρὰ vocatur. — V. 3. Ipfe Phoebus in Pyladis honorem lauri coronam de intonfa depofuit coma. Coronae enim, quarum ufus tantum in facrificiis feftisque (vide *Perizon.* ad Aelian. V. H. III. 3.), luctu nuntiato, deponi folebant. Nota funt, quae de Xenophonte narrantur, cum facra facienti filium in pugna periiffe nuntiatum effet. *Diogen. Laert.* L. II. 54. p. 113. ibique *Menag.* p. 101. fq. Thefeus coronatus Delphis domum redux, cum Phaedram vidiffet mortuam, Τί δῆτα, ait, τοὺς ἀνεστεμμένος κάρα Πλοκάμοις φόβαις δυστυχὲς θεωρὸς ἄν. in Eurip. Hippol. 806. Conf. *Valcken.* p. 250. D. E. — V. 5. Mufae plorabant; quarum lugubrem vocem Afopus audiens, undas cohibuit. Afopus, Arcadiae fluvius; Pylades enim Megalopolitanus. Flumina curfum dicuntur fiftere, cantu egregio audito. *Horat.* I. Carm. XII. 9. *Arte materna rapidos morantem Fluminum lapfus.* Sed in hoc *Horatii* loco et fimilibus admiratio fignificatur; in noftro carmine luctus fignificandus erat, ut ap. *Mefcham* Eid. III. 72. τοῦτο, μᾶλα, υἱὸν ἀλγος· ἀπόλετο πρός τις Ὁμηρος, τῆνο τὸ καλλίστος γλωσσῶν στόμα· καὶ ες λίγοντι Μύρεσθαι καλῶ νῖν παλιμφᾶστοισι μέλεσσι. Simile quid fi dicere voluit *Alcaeus* nofter, non fatis diferte locutus eft. — V. 8. ἀιδηρείην οἴμων. *duram et invisabilem.* Defcribens Orcum *Propertius* L. IV. XI. 4. *Non exorato ftant adamante viae.* IL. 9. 15. ile Τήγαρον — Ἔνθα σιδήρειαί τε πύλαι καὶ χάλκεος οὐδός.

XX. Cod. Vat. p. 285. fq. Planud. p. 254. St. 368. W. In Afpafium quendam, qui in mari Aegaeo naufragium feceret. — V. 1. poft πλόος vulgo colon

L. 491.   EPIGRAMMATA.   363

ponitur. Deinde *ἡ δὲ βαρεῖα* λ. Sic etiam Vat. Cod. niſi
quod *βαρεῖας* exhibet. — V. 2. Λευκαίνων πορὸν στοιβῇ μ.
Vat. quae lectio non temere ſpernenda. In *στοιβᾷ* aliud
verbum latere videtur. — V. 4. η|ωνόμενον, Sic emenda-
vi. In membranis etiam ſcriptum *ἰανόμενον*, quod ineptum eſt. *Brunck.* In Cod. Vat. *ἰαινόμενος*. Probabilis
emendatio. *ἰαίνεσθαι*, quod proprie rumpere, rumpendo
deſtruere ſignificat, h. l. de cadavere fluctibus lacerato
ponitur. Lemniades *ὡδὶς ἰψίαισαν ἀκαῖτας. Apollon. Rhod.*
L. I. 617. *ἰστὸν ἰψίαισθη*. Idem L. L 1034. Pro *obilis*
uſurpatur ap. *Theodorid.* Ep. XIII. — Fieri tamen poteſt,
ut pro *ἰανόμενον*, una litera mutata, corrigendum ſit,

— σῶμα δὲ πόντος
Ἰαρυὶ' λίγαίῳ ξαινόμενον πελάγει.

Quod in hac re etiam magis proprium eſt quam prius.
Oppian. Hal. L. III. 23. *φρίξ' ἱκετὸν πέτρης - ξαινόμενον.*
Sophocl. in Ajac. v. 727. ὡς οὐκ ἀρκέσει Τὶ μὴ οὐ πέτροις
τὰς καταξανθεὶς θανεῖν. Vide ad *Diodor.* Zon. Ep. IX. —
V. 5. 6. Si ſanum eſt hoc diſtichon, poëtae ſubtilitatem
deſidero. Antitheſis enim, quam inchoavit verbis *τίθεν*
λ. ἀνα; μέρος, vix juſta et perfecta eſt.

XXI. Cod. Vat. p. 273. Planud. p. 227. St. 331. W.
In cippum, tumulo mulieris, quae Phidis appellabatur,
impoſitum. Inſcriptionem hujus cippi aenigmaticam

poëta hoc carmine interpretatur. — V. 1. *ὁ παρελθὼν*
Vat. Cod. *ὁ παρελθὼν* — αἶθες Planud. Etiam in Vat.
membranis vocabulo *πέτρος* ſuperſcriptum αἶθες. Cippo,
de quo agitur, bis inſculpta ſyllaba *θι*, neque quidquam
praeterea. Pro *ςπίλαις* Ed. Flor. et Aldina pr. *σπίλαις*.
σπίλαι h. L caelum eſt. Heſych. *ςπιλάτα. ἡ κατακευκρεμέ-*
να ἀπὸ τῆς ἀνυπερθε σπίλας. Pro *ſtilo* uſurpavit *Ariſtoph.*
in Theſm. 789. μάτην ἄξανθε σπίλας ἐλυσθ. — V. 3.
ἡμ γυν. Cod. Vat. — V. 4. τὸν χ. Plan. τῷ habetur

tamen in Lect. Aldinae pr. et in Ald. fec. — χιλιάς, quia inter numeros graecorum φ quingentos valet. — **Ϛ. 492.**] V. 5. κογυφούμενος. numerus doplicatus. — V. 6. Hac via an verum fenfum inveftigaturus fit, dubitat. Conf. ad *Meleagr.* Ep. CXXIII. 11. — V. 7. ἐξ

vulgo. — ἐφρασάμην Vat. Cod. Oedipi, doctae Sphingis carmina interpretantis, nomen in proverbium abiit. *Plaut.* Poen. l. 3. 34. *ifti quidem, hercle, orationi Oedipo Opus eft conjectore, qui Sphingi interpres fuit.* — V. 10. φθέγγες — ξυνετοῖς. Prudentioribus diferta, ftolidioribus obfcura. *Pindar.* Ol. II. 132. carmina fua, haud raro aenigmatica, appellat φωνᾶντα συνετοῖσι. Ap. *Eurip.* Iphig. Taur. 1092. cantus Halcyonis ἀξύνετος ξυνετοῖσι βοά. In Epigr. ἀλκεν, DXVII. Heracliti opera indoctis ὄρφνη καὶ σκότος ἐστὶν ἀλαμπέστερ· ἢν δέ σε μύστης εἰσαγάγη, φανερὸῦ λαμπρότερ' ἠελίου. Quaedam huc pertinentia dedit *Valcken.* ad Phoeniff. p. 510.

XXII. Cod. Vat. p. 244. Planud. p. 200. St. 291. W. ubi medium deeft diftichon, quod acceffit ex *Plutarch.* Vit. Flamin. c. IX. T. II. p. 478. ed. Tubing. unde intelligitur, hoc carmen ab *Alcaeo* fcriptum effe poft pugnam ap. Cynoscephalas pugnatam, cujus gloriam Aetoli, qui tum a Romanorum partibus ftabant, temere arrogabant fibi: ὥστε καὶ γράφεσθαι καὶ ᾄδεσθαι προτέρους διαθέντας ὑπὸ ποιητῶν καὶ ἰδιωτῶν, ὑμνούντων τὸ ἔργον· ἂν μάλιστα διὰ στόματος ἦν τουτὶ τὸ ἐπίγραμμα· "Ἄκλαυστοι . . . . νῶϊν" ἐκεῖνος μὲν 'Αλκαῖος, ἐφυβρίζων Φιλίππῳ, καὶ τὸν ἀριθμὸν τῶν ἀποθανόντων ἐπιψευδόμενος. λεγόμενον δὲ (hoc Epigramma) πολλαχοῦ καὶ ὑπὸ πολλῶν, μᾶλλον ηὗτα τὸν Τίτον ἢ τὸν Φίλιππον. ὁ μὲν γὰρ κττισαμψίδου τῶν 'Αλκαῖον τῷ ἐλεγείῳ παρέβαλλεν· "Ἄφλοιος . . . . *Livius* L. XXXIII. 11. *Quinctius fuccenfebat non immerito Aetolis ob infatiabilem aviditatem praedae et arrogantiam eorum, victoriae gloriam in fe rapientium, quae vanitate fua omnium aures offendebat*. — V. 1. ἔλλαυται tres Aldinae. Pro Ἔχαντα ed. Flor. et Ald. pr. ἔταφον. — Cum *tumulus* in proximis commemoretur, *Pierius* in LL. Atticis p. 673. vulgatam lectionem emendatione egere putavit, ἔταπτα corrigens. Contra quem Vir Doct. in Misc. Obss. V. p. 22. monuit, *Alcaeum* aemulari *Homerum*, ἔλλαυτον et Ἔταπτον jungentem, IL. χ. 386. Odyss. λ. 54. 72. Revera autem illi, de quibus h. l. agitur, diu insepulti relicti sunt. *Livius* L. XXXVI. 8. *Rex — Philippum Megalopolitanum cum duobus millibus hominum ad legenda ossa Macedonum circa Cynoscephalas, ubi debellatum erat cum Philippo, misit; sive ab ipso, quaerente sibi commendationem ad Macedonum gentem ex invidiam regi, quod insepultos milites reliquisset, monitus; sive ab insua regibus vanitate ad consilium specie amplum, re inane, animo adjecto. Tumulus est, in unum ossibus, quae passim strata erant, coacervatis, factus.* *Alcaei* Epigramma igitur videtur fuisse compositum, antequam tumulus ille exstructus esset. Quod vero tumulus commemoratur, id, *Wesselingio* monente ad *Pierium* l. c., non proprie de sepulcro, sed de ipso Thessaliae campo, in quo occisi contra Graecorum morem insepulti manserant, accipiendum est. — V. 2. Ἠμαθίης τε. Plan. — V. 5. Ἠμαθίη. in Aldina pr. et terr. et Ascens. — V. 6. Θοὴν ἐ. ἄατ' Cod. Vat. — Θοὴν Ἰλάφοιο. fortasse ex *Homero* expressum Il. XIII. 101. Trojani, οἱ τετάρτοι περ φυζακινῆς ἐλάφοισιν ἐοίκεσαν. De leone *Dioscorides* Ep. XI. ὁ θαρσαλεώτερος ἄλλων Τετρατόθαν, ἐλάφων ἴδμενεν ἐξότερον. Homo timidus et fugax ἐλάφοιο vocabatur. Vide *Suid*. in ἐλάφοιο. — Hoc Epigrammate *Alcaeus* Philippi Macedonis animum adeo exasperavit, ut distichon in eum conscriberet, quo significabat, quomodo, si potestas ei facta esset, in Alcaeum consulturus esset. Hoc distichon ab iis, qui Wechelianam curaverunt, receptum est, cum a Stephaniana et antiquioribus abesset. Additum Scholion: ἔστι Λατίν, ὅτι ἐν στίχῳ τῷ προτέρῳ ἐπὶ τοῦ ἄφλοιος καὶ ἄφυλλος εὑρίσκεται ἐν ἄλλῳ τινὶ βιβλίῳ ἄτλιος καὶ ἄφυλλος. Deinde legitur: τῷδ' ἐπὶ βουνῷ Σταυρὸς ἐκ' Ἀλπείῳ ἵσταται αὐτόματος. In his βουνῷ, collo, fortasse sincerum est.

DIOSCORIDIS EPIGRAMMATA.

 V. 493.] I. Cod. Vat. p. 574. Vitiis inquinatum edidit *Klotz.* ad Tyrt. p. 115. — V. 1. Ἀμφιπολίτεω. Cod. Vat. et Tryll. apogr. In eodem apogr. μυελίνην legitur, Carnem teneram et delicatam significat τὸ μυέλινον, ut in Lusibus LXIV. *Quidam mollior anseris medulla.* ubi vide Intrpp. — Ἔρως ἐκλύων. Vide ad *Meleagr.* I. 10. p. 5. Similis lusus est ap. *Rhian.* Ep. II. — παίζων. Saevi pueri petulantia cum crudelitate conjuncta indicatur. Conf. ad *Asclepiad.* Ep. VIII. — V. 3. ἠρεθίεων. Sic „Buherian. Cod. Aliud apographum e Gaulmini Cod. „derivatum ἐρεθίζῃς. Scribendum ἐρεθίεων, ut constet „metrum." *Brunck.* ἐρεθίζει est in membranis et in ap. Lips. — Jovem irritare cupiens, quod Sosarchi femora Ganymedis femoribus longe pulchriora sint. ἐρεθίζειν in re venerea proprium. *Achilles Tat.* L. V. p. 347. οὐδὲν ἂν ἠρέθισεν εἰς τὴν Ἀφροδίτην. *Aristaen.* I. Ep. XXVII. p. 66. ἕτερα δὲ τοῦ σώματος ἐγύμνωσε μέρη, τὰ δυνατά, ὅπως ἂν πολλαχόθεν τὸ μειράκιον ἐρεθίσῃ. — Γανυμήδεω μηροῖν. *Sophocles* ἐν Κολχίσι περὶ Γανυμήδους τινὰ λέγων πεποίηκεν· Μηροῖς ὑπαίθων τὴν Διὸς τυραννίδα. ap. *Athen.* XIII. p. 602. E. *Aeschylus* ap. *Plutarchum* T. II. p. 751. C. σέβας δὲ μηρῶν οὐ κατῄδεσα. *Solon:* ἐς δ' ἥβης ἱερατοῖσιν ἐπ' ἄνθεσι παιδοφιλήσεις, Μηρῶν ἱμείρων καὶ γλυκεροῦ στόματος. ut hos versſ. exhibuit *Brunck.* in Gnom. p. 73.

 II. Cod. Vat. p. 571. Edidit *Klotz.* ad Tyrt. p. 112. De Demophili pueri osculis divinatio. — V. 2. κόσρη.

L. 493.   EPIGRAMMATA.   367

Cod. Vat. — V. 4. μίνει. Cod. Vat. Hoc Klotz. mutavit in μενῖ. Similiter *Horatius* ad Lydiam, anum factam: *amat Janua limen; Quae prius multum faciles movebat Cardines.* l. Carm. XXV. 3.

III. Cod. Vat. p. 575. Edidit *Toup.* ad *Longin.* p. 386. De puero avaro, cujus severitas, nisi argento dato, leniri non poterat. — V. I. πλήρη. Vat. Plenis ad Hermogenem accede manibus, et nihil prohibebit, quominus libidini tuae plene satis facias. — παιδοπίπαξ ὢν συ. Vat. παιδοπιράζων apogr. Lipf. et in marg. παιδοπίπης ὢν. Probabiliter haec emendata sunt a *Brunckio*; melius tamen scripseris cum *Toupio* - ὢν καὶ ὅ. — παιδοπίπαξ, *puerorum appetens*. Corvis lupisque comparantur paedicones propter illorum animalium rapacitatem. *Suidas* v. Λογγίνος. — Ἀσπαὶ γὰρ οἱ γυναικοδίωκται εὐφερτεῖς αἴτιας ἰστορίασιν εἰς ἄγγαν τῶν Θηλειῶν. ὀνειροπολεῖν dicuntur, qui calida vota concipiunt, optantes sibi, qualia per somnum nobis fingere solemus. *Theocrit.* Eid. IX. 16. *ἴχω δὴ τοι, ἴσω' ἐν ὀνείρῳ φαίνονται, καλὰς μὲν ὄις, καλὰς δὲ χιμαίρας.* — V. 3. στυγνῆς. Superbum illud supercilium et contractum ut remittatur, efficies. *Diphilus* ap. *Athen.* L. II. p. 35. C. τὸν τῆς ὀφρῦς αἴροντα συμπείθεις γελᾶν. λύειν τὰς ὀφρῦς dixit *Aelian.* in Epist. XV. χαλάσας ὀλίγον τὸ μέτωπον. *Aristoph.* Vesp. 653. Similiter *Alciphron* L. III. Ep. III. p. 278. ὁ κατεσταλμένος τὰς ὀφρῦς — χαλάσας τὸ βαρὺ καὶ ἐμβριθές, ἀνεὶς τὰς ὄψεις ὑπομειδία πρός με. — στυγνὸν δ. τέμας. ut *Eurip.* in Hipp. 173. στυγνὸν ὀφρύων νέφας. et 290. στυγνὴν ὀφρύν. — Pro ἁλιεύς in fine versus in apogr. Spallett. invenio ἀληθὴς. in apogr. Lipf. ἁλιεύς. *Toupius* l. c. ἀλὶ ἴσην emendavit. — ἀγκιστρον hoc loco pecuniam et munera significat, quibus pueri amplexus emendi essent. Frequenter ad rem amatoriam verba transferuntur a re piscatoria. *Aristaenet.* L. I. 5. p. 14. γυναῖκα, ἣν Χαρίδημος ἐν ἀγορᾷ προιοῦσαν ἀλὼν ἠγκιστρεύσατο. Cf. *Abresch.* Lectt. p. 286. *T. H.* ad *Lucian.* D. Mort. VIII.

— V. 5. *ητολλὴν ἄγρην* quid hoc fit, nefcio. Ni mea me fallit opinio, corrupta haec funt, ut et quod praecedit *λιμένος*. Repono: *Ἰχθῦς ἐκ λίμνης πολλὴν μύλον.* " *Br.* In ejusmodi locis lubrica eſt critica. *λίμνης* fortaſſe verum eſt; an *ἄγρην* rejiciendum ſit, dubito. *ἄγρη* exquiſite pro *aqua* ponitur ap. *Eurip.* Iph. Aul. 182. *Ariſtoph.* Ran. 1377. Nec ineptus exoritur ſenſus. Piſcator, qui fruſtra praedas inhiavit, dici poterat, non piſces, ſed meram aquam hauſiſſe, et quidem *πολλὴν*, ut inutilis aquae copia opponeretur exſpectatae piſcium copiae. Pro *λίμνης* tamen deſidero vocabulum generalioris ſigniﬁcationis; forraſſo

Ἰχθῦς ἐκ ΛΙΒΑΔΟΣ πολλὴν ἄγρην.

qua minima mutatione ſenſus efficitur haud paulo argutior. *Λιβὰς, σταγόνα, κρήνην. Suidas.* Eadem ratione h. v. interpretatur *Heſychius*, qui addit vocem *θερένιον*, in *φρεατία*, ni fallor, mutandam. *Antip. Sidon.* LIX. — *ἱκτοπας πίσμμα ἐκ λιβάδος,* qui locus inprimis notandus. Ut hic *πολλὰ ἄγρας*, fic ap. *Callim.* H. in Apoll. 112. *φιδακες δὲ ἱερῆς ὀλίγη λιβάς.* — V. 6. *δαπάνῳ ἀλλάπει.* cinaedo prodigo. Lenones, qui nec ſuae ipſorum pudicitiae parcunt, *μαστρωποὶ ἀλλάπτες* vocantur a *Diphilo* ap. *Athen.* L. VII. p. 292. B. Vide *Cafaub.* p. 519. 48. Vulgarem vocabuli *ἀλλάσσω* ſignificationem multis illuſtrarunt *Inturpp. Thomas Mag.* p. 542. ſqq. Eam, quae h. l. ponitur, attigit *Heſych.:* καὶ τοὺς εἰλικρινεῖς καὶ παρηβηκότας παίδας ἐπιστῆθι ἀλλάσσειν φασίν. Grammat. Bibl. Sangerm. ap. *Ruhnk.* ad Tim. p. 161. Κόλλιπας, φασι, δεῖ κυρίως λέγειν τοὺς τὰς ἐργάνας, οὓς καλοῦσι κολλάβους, ἢ τοὺς ἐπεργοσίους. Εὔβουλος ἐν 'Αντιόπῃ ἐπὶ τοῦ ἐπεργοσίου. — Pro *συντρίφεται* ap. Lipſ. *ἀντρίφεται.*

IV. Cod. Vat. p. 595. Edidit *Warton* ad Theocrit. T. II. p. 181. et *Schneider* in Per. crit. p. 95. qui ſibi hujus carminis ſenſum expeditum eſſe negat. In univerſum

verſum quidem ſatis apparet, poëtam conqueri de conditione ſua in pejus mutata, cum ſe in meliorem perventurum eſſe ſperaſſet; ſed in ſingulis haeremus. — V. 1. ἀλλ' ὃ ἐστ᾽ εἶχε ἐξέφυγεν. Cod. Hoc Salmaſ. mutavit in ἀλλ' ἃ σύνοιδας, οὐκ ἔφυγον. Hujus conjecturae partem recepit Br. qui tamen in Lect. corrigendum cenſet: ἀλλ' ἴσον εἰπεῖν, 'Εξέφυγον — —. ἴσον εἰπεῖν, dicis cauſa rerſum. Servanda lectio cod. ἀλλ' ἴσον εἶπα. Hoc vixdum dixeram, cum ſorti longe graviori obnoxius ſum factus. ἴσον tantummodo, ut ap. Theocris. XXV. 73. ἐπὶ χθονὸς ὅσον ἴοιμεν. Ap. eund. Eid. I. 45. τυτθὸν ὅσον ἀπωθεν. Sequentia, 'Εξέφυγον τὸν ἰμὸν — poëtae de libertate vixdum paria gloriantis verba. Similis locus eſt Philippi Theſſ. Ep. II. τὸν καλὸν ὃς Ἰθύμαν 'Αρχέστρατον, οὐ μὰ τὸν 'Ερμῆν, Οὐ καλὸν αὐτὸν ἴδων — Εἶπα, καὶ ὁ Νέμεσις με συνάρπασε. Delenda igitur in fine verſus interrogandi nota, et verſ. ſequ. pro colo comma ponendum. Cum proximis comparandus Ariſtaen. L. I. 22. p. 57. περὶ τὴν ἐρωμένην ἐπωδὴ, καὶ διστέραν ἥττον ὑσομένοι καὶ χαίροντα τῆς προτέρας. — Paulo inſolentius dictum μόρια λαγχάνειν; ſed elegans eſt vocabuli μόριος uſus, ubi de numero ad magnitudinem transfertur. Sic μόρια κλαίειν. M. Argent. Ep. XXXI. μόριον μῦθος. Ep. ἄλλος. DCCL. μόρια τεγχομένη. Crinagor. Ep. XVII. — Mox non video, quomodo Ariſtocrates τρίτος ἑπωθεύμης vocari poſſit, nec dubito, quin haec verba vitium traxerint. Quare tamen olim propoſui conjecturam, χείρονα, eam nunc repudio, ut jejunam. Duriorem eſſe conditionem ſuam quam antea, in ſuperioribus dixerat; quid attinebat idem repetere? Gravius quid deſideratur. Multis tentatis, nihil plane ſatisfacit. Quare hunc locum acutioribus emendandum trado.

V. 494.] V. Cod. Var. p. 595. Prius diſtichon edidit Klotz. ad Tyrt. p. 80. poſterius Warton. ad Theocrit. T. II. p. 113. Deos ὁρκίους poëta teſtes facit foederis cum Athenaeo in convivio juncti. Cum foedera libando et sacrificando jungantur, σπονδὴ et λιβάνωτὸν ut testes invocat. Male v. 1. in Cod. σπονδῇ καὶ λιβάνῳ τε. λιβανωτὸς recte et ex grammaticorum praeceptis dicitur. Conf. *Bod. a Stap.* ad Theophr. IX. p. 976. *Alberti* in Obſſ. Phil. p. 9. sq. et *Wetsten.* in N. T. I. p. 249. Deos, ab utroque inter potandum invocatos, crateri quasi immixtos fuisse fingit. Sic *Meleager* puellae nomen inter pocula, pronuntiaturus, σὺν κυρίῳ τὸ γλυκὺ μίσγ' ὄνομα. Ep. XCVIII. et Ep. XCIX. ἐ; τὸ πρόσθεν Ὀίνομ' ἐν κυρίῳ συγκεράσας πίομαι. — εἰ φιλίης τέρμα· l. ἔχεις. foederis testes gravissimi. Sic plane *Euripid.* in Or. 1343. ubi Electra filiis precibus accedens Hermionen, εἴκτειρον ἡμᾶς, ait, κἀπινεύσιον κακῶν, Ἑκτηρίας γὰρ τέρμ' ἔχεις ἡμῶν μόνη. ἐν σοὶ ἔστιν ἡ σωτηρία ἡμῶν. Schol. In Suppl. 615. καπῶν δ' ἀνεψυχὰς θεοὶ βροτοῖς νέμουσιν, Ἁπάντων τέρμ' ἔχοντες αὐτοί. — V. 3. ἃς *Kloss.* — Si quis hoc carmen in fine truncatum existimaverit, me sibi consentientem habiturus sit.

VI. Cod. Vat. p. 595. Edidit *Kloss.* ad Tyrt. p. 71. *Warton.* ad Theocrit. T. II. p. 131. Zephyrum poeta precatur, ut Euphragoram, qui ad oraculum consulendum profectus erat, salvum et incolumem referat. — V. 1. ὅς Ζεφύρε, τιβὶ creditum puerum finibus nostris reddas incolumem. *Horat.* I. Carm. III. *Klossius*, quem verus sensus non latebat, corrigere tamen conatus est ὃς Ζεφύρε. — πρεύτατε. Cf. *Bacchyl.* Ep. XX. — V. 3. ὀλίγον τί. ας. Cod. Prius praeferendum videtur, ut elegantius. Sensus est: τελέσας τὸ μέτρον τῆς σοφίας εἰς μέτρον ὀλίγων μηνῶν. Fac, ut paucis mensibus peractis in patriam redeat. Cum sequentibus comparandus *Theocrit.* Eid. XII. 2. οἱ δὲ ποθεῦντες ἐν ἤματι γηράσκουσιν. *Virgilius* Ecl. VII. 43. *Immo ego Sardois videar tibi amarior herbis — Si mihi non haec lux toto jam longior anno est.* — *Klossius* in suo apogr. πόνος invenerat, quod lectioni χρόνος, ab ingenio ipsi oblatae, temere praetulit.

VII. Cod. Vat. p. 96. Διοσκορίδου τις 'Αρσινόης ἑταίρας Σωσιπάτρου. Hoc et sequens Epigramma fortaffe *Sofipatro* auctori tribuendum eſt. Quod ſi autem noſtrum carmen *Dioscoridi* recte inſcribitur, duo illa Epigrammata, quae ut *Sofipatri* leguntur p. 504. noſtro vindicari debent. Omnibus enim in Cod. Vat. adſcripta verba τοῦ αὐτοῦ. (Διοσκορίδου.) — Hoc noſtrum Ep. edidit *Reisk.* in Miſc. Lipſ. IX. p. 118. nr. 295. qui primum diſtichon exhibuit, ut eſt in Cod. Ὅρκος ὁ τ. 'Α. Σιμύνας Σ. Jusjurandum erat, quo Soſipatro Arſinoës amor ſpondebatur. Teretes *Brunckii* aures procul dubio hiulca oratione offendebantur, quae emendationem ſuadet, ſed minus violentam. Hanc aliquando repertum iri, vix dubito. — V. 3. ἐφυλάχθη apogr. Lipſ. unde *Reisk.* fecit ἰφυλαντῷ, hanc autem allatrat *fterilis cupido*; infelici conjectura Arſinoë datam fidem feſellit, alii viro nubens; Soſipater autem priſtinum amorem adhuc ſervabat. — V. 4. οὐ φαινεῖ. quandoquidem nulla juris *pejerati poena* Arſinoae *nocuit*, ut *Horatius* loquitur in re ſimili II. Carm. VIII. *Ovidius* III. Amor. III. 1. 2. *Eſſe deos, i crede, Fidem jurata fefellit : Et facies illi, quae fuit ante, manet.* Tibull. I. El. VI. 21. *Snat numina amanti. Servit et injuſta lege relicta Venus.* Rebus nimirum ex voto fluentibus, deos eſſe et humana curare, clamabant veteres; ſin contra, negabant. Quaedam huc facientia collegit *Burmann.* in Propert. p. 96. et *Muretus* in Oratt. Tom. I. p. 227. ſqq. ed. *Rubnk.* — V. 5. Inauſpicatas Arſinoae nuptias poëta precatur: Lacrymae et gemitus ad Arſinoës thalamum exaudiantur, quae puellae perjurae exprobrent perfidiam. ἀντίθες. *foris*, interprete *Reiskio.* Sed ſcribendum videtur:

παρὰ κλισίησι θυράων.

Conf. Epigr. *Meleagri* CIII. 4. CXX. 7. — V. 6. Vitium apogr. Lipſ. μεμνέμενος *Reiskius* ſuſtulit.

VIII. Cod. Vat. p. 96. τοῦ αὐτοῦ. εἰς Ἀριστοδίκην. Edidit *Reiske* in Misc. LipC. IX. p. 119. nr. 296. Aristonoen poëta viderat Adonidem plangentem; quo fit, ut in Adonidis loco esse cupiat. — V. 1. μ' ἱστρωσεν *Reisk.* ex ap. Lipf. ἵστρωσιν, quae Cod. Vat. lectio est, emendavit *Wessling.* in literis ad *Reiskium* datis. — V. 2. κεψαμίνη. luctu et planctu prosequens. Vide Intrpp. *Herodoti* L. II. p. 132. 19. *Wesslen.* ad N. T. I. p. 384. — κακίβη. in pergula, ubi Adonidis pulvinar et simulacrum. Vide *Seldenum* de Diis Syr. Synt. II. 11. De καὶ λύβαις fuse disputavit *Salmas.* ad Script. Hist. Aug. T. II. p. 813. — V. 4. συμιαστρῶν ἄπαγε Cod. Vat. Posterius vocabulum in ἀπαιδε depravatum exhibet ap. Lipf. Hoc in ἐπάγει, five ὑπάγει, live denique ἄπαγε mutandum censebat *Reiskius*, qui poëtam his verbis Charontem alloqui temere statuebat.

IX. Cod. Vat. p. 116. *Reiske* in Misc. LipC. IX. p. 457. nr. 352. Nonnisi diversa prioris Epigrammatis editio, in qua praeter pauca quaedam vocabula, et puellae nomen, nihil fere mutatum est. — V. 1. 2. protulit *Warton* ad Theocr. T. II. p. 190. Cod. Vat. κλινὶ ἐγκλάντες Ἀ. quod *Reiskius* emendavit. μαζοὶ γλαγόεντες *Sosipater* Ep. III. — ꝗ. 495.] V. 3. ἀπὸ στιβάω. Cod. Vat. — V. 4. προφέρεις. Cod. et in fine verf. ἐγένα. Utramque exhibuit *Reiskius*.

X. Cod. Vat. p. 107. *Reisk.* Misc. LipC. p. 299. nr. 326. In puellam Atheniam, quae Trojae incendium canens, poëtae animum amore incenderat. — V. 1. Ἰνὸν ἔσεν. equum Trojanum. ἐμοὶ κακόν. non Trojanis, sed mihi perniciem afferens. Ἵππον ἔδωκ, ut ἔδωκ' Ἰτάλκας ap. *Athen.* I. p. 15. F. ubi *Sitalcas* carmen est a Thracibus hoste derieto cantatum. *Theocrit.* Eid. XV. 98. ἄτις τὸν Σπέρχιν τὸν ἰάλεμον ἀείσευσες. ubi vide *Valcken.* p. 390. — Ἄδυνε. et Ἰν ε. ἔτιεν dedit *Reisk.* — V. 2. αψ'μ. Cod. —

Ego simul cum urbe conflagravi, *et Ilienes*, quamvis mihi nihil a decenni Graecorum oppugnatione timendum erat, i. e. quamvis ipfe non, ut Ilium, decem annorum expugnationem expertus. Quo fenfu quid frigidius, quid ineptius? Humanum pectus non exercito nec machinis expugnari, quid, quaefo, dictu opus erat? Nec poëtae hoc tribuendum exiftimo, sed librariis. Fortaffe legendum:

αἰδεῖσθ', ὦ Δαναοί, δεκέτη πέκαν· εἷς ἐπὶ φλέγει,
τῷ τότε, καὶ Τρῶες κἀγὼ ἀπωλλύμεθα.

Pudeat vos, o Danai, belli per decem annos protracti! Uno enim die illo, quo Αὐσωνἰum Ilii incendium cecinit, et Troja et ego periimus. — V. 4. τότε. apogr. Lipf.

XI. Cod. Vat. p. 181. Edidit Reisk. in Anthol. p. 29. nr. 471. ante eum *Kufterus* ad *Suidam* v. Θαλάμη T. II. p. 161. Hiftoria de Gallo, leonem tympani fono fugante, quam fupra vidimus in Ep. *Simonid.* CXII. *Alcaei Meffen.* VIII. Cf. *Antip. Sidon.* XXVII. Gallus, de quo nofter agit, Atys vocatur, quod nomen inter facerdotes Cybeles frequentatum fuiffe, apparet ex loco *Polybii* ap. *Suidam* v. Γάλλοι Tom. I. p. 466. Cum Cnejus, conful Romanorum, caftra ad Sangarium pofuiffet, παρεγένοντο Γάλλοι παρὰ Ἄττιδος καὶ Βαττάκου, τῶν ἐκ Πισσινοῦντος ἱερέων τῆς μητρὸς τῶν θεῶν. In urbe Galatiae, Peffinunte, quam a Gallo quodam nomen accepiffe tradit *Stephan. Byz.* templum erat Cybeles, σεβασμοῦ μεγάλου τυγχάνον, καλοῦσι δὲ αὐτὸν Ἀγδίστιν. *Strabo* L. XII. p. 567. Conf. *Livium* L. XXIX. 10. *Sedem domiciliumque matris deorum Peffinuntem.* Cicero de Arufp. Refp. 28. — V. 1. Παιδεύοντες. Vat. Cod. et Reisk. qui hoc diftichon, quo apogr. Lipf. carebat, ex *Kufteri* edit. fupplevit. — θρυγὶς. Galatia olim pars Phrygiae. Quare Peffinus Phrygia urbs vocatur ap. *Herodian.* L. I. 11. 3. ubi simulacrum matris deum narrat πάλαι μὲν ἐξ οὐρανοῦ κατενεχθῆναι εἰς τινα τῆς Φρυγίας χῶρον· Πεσσινοῦς δὲ ὄνομα αὐτῷ. et paulo post: ἐπὶ δὲ τῷ προειρημένῳ Πεσσινοῦντι πάλαι μὲν Φρύγες ἀγγίαζον. — V. 2. κτήμασι τρίχα. Vat. Cod. πλάστι Kuster. Reisk. — λυσσομανεῖς πλακόμενος vocat Antip. Sid. l. c. — V. 3. et 4. laudat Suid. in ἰύχθη. et in Στοφορία T. II. p. 181. Edidit *D. Heinf.* in Exercit. ad Nonn. p. 203. — "Ατις. Cod. In marg. "Ατυς. 9αλαμηπόλος. Vide ad Rhian. Ep. IX. — V. 4. ἰύχθη χ. στόματα 9. Vat. Cod. et Suid. utroque loco. ἱστώσθη, quod Br. dedit, est ex emend. *Salmaſii.* Eidem στνῦμ' ὑπο deberi videtur, quod jam *Kusterus* in apogr. suo invenit. *Salmafius* sibi finxisse videtur imaginem Galli, qualis est ap. *Catull.* LXIII. 31. *Furibunda simul, anhelans, vaga vadit, animi egens, Comitata tympano Atys, per opaca nemora dux.* Reiskius autem, qui h. l. nihil a Codicis lectione recessit, Gallum sibi potius a furore quiescentem, et per hoc intervallum in antrum concedentem finxit; idque haud scio an verius sit. ἄγρια στόματα θυφορίης non est ipsius hominis gravis anhelitus, sed aura furoris, divinitus ipsi immissa, gravesque in ejus pectore procellas excitans. De θυφορία vide *Fabric.* ad Sext. Emp. L. I. p. 27. — στόματα de spiritu divino, ut στοί in *Eurip.* Bacch. 1083. ἰπάνω Θεοῦ στοπάσιν ἐμμανείς. *Aeschyl.* Prom. 889. ἔξω δὲ δρόμου Φέρομαι, λύσσης πνεύματι μάργῳ. — ἰύχθη. ἐκτιαισθη. ἰρέμισε. *Suidas*. Proprie *refrigeratus est*. Aura divina enim *Sappho*, et ipse furor θερμαίνει τὸν θυμόν. *Rhian.* Ep. IX. θυμὸν ἐπὶ λύσσης ἀθ' ἀνίπαυσε τόλα. *Aeschyl*. in Prom. 884. οὐδ' με φροντοπληγείς Μανίας θάλπουσι. Opponuntur sibi θερμαίνειν et ψύχειν. *Pallad.* Ep. XXIV. ἀψ καθέρμαίνων ψυχομένην μελίην. — Quod si igitur hunc sensum efficere voluit poëta, Gallum, calido illo furore nonnihil sedato, antrum subiisse, scribendum, una litera mutata:

ἄγρια δ' αὐτῷ
ἰύχθη χαλεπῆς πνεύματα θυφορίης.

— V. 7. 8. profert *Suidas* in ἐπιμαστῆ T. II. p. 698. πυλός.

ὁ μὴ ἰχθὺν ἐνδύμενος. τῷ δὲ *Kuster.* τοῦτο Cod. Vat. et *Suid.* — Leo ei obviam factus, qui vel fortes et integros viros perterrere potuerit. — Pro οἶδ' apogr. Lipf. οἶα. — V. 9. Inſtinctu quodam divino Gallus manum admovit tympano. — αὔρη δαίμονος. Vide, quae notavimus in Exercitt. crit. T. I. p. 72. ſq. — Mox Cod. Vat. τὸν ἱν τύμπανον. et ſic *Suidas* legit, qui hoc diſtichon excitans ad v. Τύμπανον T. III. p. 516. vocabulum τύμπανος ἀρσενικῶς efferri ex hoc verſu docere conatus eſt. Hoc *Salmaſium* non impedivit, quo minus τὸ ἱν corrigeret; quae correctio nec *Reiskio* displicuit, qui recentiores Graeculos multa masculino genere efferre solere monet, quae veteres in neutro extulerint. — V. 12. Ἰλέφων. Vide ad *Alcaei Meſſ.* Ep. XXII. — V. 13. ἀκοῆς ψόφον. Pro depravato habens *Salmaſ.* emendavit ἀκοῇ vel ἀνάγει vel ἰχῆς. *Brunckius* ſibi in Cod. lectione acquiescendum putabat: *gravem per aures acceptum ſonum non ferens.* Equidem ſcripſerim:

οὐ μαίνας ἀκοαῖς ψόφον.

In fine verſus ἐκ δὲ βο...ῆς Cod. Vat. Hoc recte videtur emendatum. — V. 15. 16. laudat *Suid.* in Θαλάμῃ T. II. p. 161. In ultimo verſu Θηροφυγῆς Cod. Vat. τὸ Θηρίον φυγῆς. *Suid.* quod *Reiskio* ſuggerebat emendationem, a *Brunckio* in contextu poſitum. In idem incidit *Toup.* in Em. in Heſych. T. IV. p. 200. — λαλάγημα pro tympano, ſive alio quavis inſtrumento, quod ſtrepitum edit, nove dictum. Vide, an *Dioscorides* ſcripſerit πλατάγημα. *Alcaeus Meſſen.* Ep. VIII. τύμπανον ἐξ ἱερᾶς ἐκπατάγησε νάπης. *Antip. Sid.* XXVII. ἀνακλόμενος μέγα τύμπανον ἐκπατάγησε. In exitu hujus carminis haerebat *Brunckius,* cujus haec ſunt: „In hoc carmine poëta „loquitur, et modum, quo Cybeles ſacerdos grave ex „leonis occurſu periculum effugerit, narrat, usque ad „finem v. 13. Non video, qua ratione ipſe deinde ſacer„dos ſic ex abrupto loquens induci poſſit. An finis aliud

„in idem argumentum carminis cum hujusce coaluit
„initio? Duae enim hae partes non bene cohaerere
„videntur: aut scribendumne est? ἄρρα ψέρων ὃς δὲ
„καθαρῶς, Μήτις, Σαγγαρίου — αὐτὸν ἀντίθεται." Praeter
hanc difficultatem hoc quoque memorabile, quod Gallus Cybelae θαλάμῳ dedicasse dicitur. Equidem putaverim, eum nihil praeter tympanum in Cybeles θαλάμῳ
dedicasse. Fortasse igitur scribendum:

> ἓς δ' ἱβέντεϊ·
> Μήτις, Σαγγαρίου χείλεσι παρ ποταμοῦ
> ἱρὴν εἰς θαλάμην ζαυγρά σοι, πλωτόν τυμ
> τοῦτο, τὸ θηρὶ φυγᾶς αἴτιον, ἀντίθεμαι.

Gallus cum se e periculo servatum videret, deae, quae
ipsi auxilium tulerat, e vestigio donum vovet, clamans:
Hoc tibi tympanum dedicaturus affero in templum,
quod ad Sangarii oras habes.

XII. Cod. Vat. p. 196. sq. Reisk. in Anth. nr. 523.
p. 55. Parmenis Uraniae flabellum dedicat. — V. 1.
laudat *Suidas* in 'Ριπὶς T. III. p. 261. ἦν h. l. flabellum est ad aestatis ardorem mitigandum; qualia, cum
e tenuibus conficerentur tabellis, ipsa a Romanis *tabellae* vocata sunt. Ovid. III. Amor. II. 37. *Vir tamen interea faciles arcessere ventos, Quos facias nostra mota tabella manu.* Vide *Heinsium* ad A. A. I. 161. et *T. H.*
ad *Pollucem* X. 127. p. 1307. Hanc *vielka Dioscorides*
ἐπὶ πραεῖαν vocat, quia non graves et calore molestos,
sed lenes placidusque ventos movet. — V. 2. βλέπε
ϑεᾶ. Vat. — ϑ. 496.] V. 3. ἐξ τινός ἦν. Meretrix questus partem Veneri dedicat. *Ιπάντευμα*, quaeris pars lucri
diis delibata. Quod Parmenis *Uraniae* Veneri donum
offerre dicitur, *Reiskius* illam pro meretrice habendam
esse negans, ἐξ ύχῆς corrigit, et mox ἐκ ταύτης pro ἢ
ταύτης. At quod vir doctissimus statuebat, Venerem Uraniam nonnisi a matronis, a meretricibus autem Vene-

rem Pandemum fuisse cultam, id non tam certum est.
Uraniae nomen antiquius esse videtur, quam eorum subtilitas, qui amorem, ab omni cupiditate purum, ab altero, qui voluptati conjunctus est, distinxerunt. Conf. *Pausan.* l. 14. p. 36. Certe apud *Lucianum* in Dial. Meretr. V. T. III. p. 292. meretrix Venerem Uraniam invocare non dubitat; aliaque p. 295. non τῇ Πανδήμῳ solum, et τῇ ἐν κήποις, sed etiam τῇ Οὐρανίᾳ se dona et sacra allaturam esse promittit. — V. 4. ἥταιρ μαλ. Cod. Vat. et apogr. Lipf. unde *Reisk.* ἐκ ταύτης sive τοῖς ταύτης scribendum censebat; utrumque jejunum. Fateor tamen, Brunckianam lectionem, ὦ ἑταίρα, mihi quoque vix commodam videri. An sensus est: Nunc, flabello tibi posito, Parmenis meretrix ad aestum depellendum Zephyro utitur? Sed hoc, nescio quomodo, subabsurdi aliquid habere videtur. An Ζέφυρος de ventulo, qui flabellis efficitur, accipi debet? Hoc magis placet. *Archias* Epigr. V. *fmile*, τὴν μαλερὴν θάλπος ἀμυνομέναν. At sic posterior hujus carminis pars vehementer languet. Quid enim? Parmenis Veneri flabellum dedicat; eadem que flabello sibi ventulum facit ad mitigandum calorem. Nihil vidi ineptius. Quid multa? Scribendum:

τὸ δ' ᾐθίλιον παρὺ θάλπος

Ἡ ΔΑΙΜΩΝ μαλακαῖς ἐκτρέπεται Ζεφύροις.

Causam poëta reddit, cur Parmenis Uraniae flabellum dedicaverit. Ut hoc instrumentum lenibus ventis ardorem mitigat, sic diva quoque miti Zephyro aestum temperat. Dignum itaque Venere munus. — Jam vides, illam dedicationem factam esse in templo Arsinoës, quae sub Veneris Zephyritidis nomine colebatur. Eam ad munia sua peragunda Zephyro usum fuisse, apparet ex *Catullo* LXVI. 57: *Ipsa suum Zephyritis eo famulum legarat, Graia Canopeis in loca litoribus.* ubi vide *Doeringium.* — Ortum scripturae vitium ex omissa syllaba ην in ἐκτρέπ, unde factum ἐλαιμ et ἥτερ'. Nihil hoc errore in membranis frequentius. Pro ἐκτρέπεται Cod. Vat. ἐκτρέπεται legit.

XIII. Cod. Vat. p. 273. αἰνιγματώδες ἐν ἐκείνοις νεκρῶν, ἄγνωστ πάντη καὶ λόγχῃ. Edidit *L. Holften.* in Steph. Byz. p. 141. et *Reisk.* in Anth. nr. 621. p. 99. Scriptum in praeclarum illud Othryadae facinus, qui tropaeum de Argivis fuo ipfius fanguine infcripferat. Loquuntur duo Argivi, qui, cum Othryaden exftinctum putaffent, pugnae loco relifto, civibus fuis nuntium de victoria attulerant. Nunc redeuntes, tropaeum, non fine magna admiratione, pofitum vident. De Othryade vide quae collegit *T. H.* ad *Lucian.* p 524. In eodem argumento, fed diverfa ratione lufit *Nicander* Ep. 11. — V. 1. τῇδε

ἀθαψῶν. Cod. Vat. — V. 2. „Mallem τὸ πάντα Δωρίς ἀναγράφεται; τῷ in patrio cafu, fubaudiendo ὀνόματι. — „Duo hic loquuntur fuperftites e trecentis Argivis, qui „e longinquo infcriptum clypeum videntes, quaerunt, „cujusnam nomine infcriptus eft Doricus clypeus? quod „poftea propius accedentes vident. ἀναγράφεται, licet „minus proprium, ferrari poteft; fed, meo judicio, „omnino reponendum τῷ.ª *Br.* τὸ Cod. Vat. quod *Br.* conjecturam firmat. — V. 3. Θυρεῷ τις fejunctim. *Holft.* γᾷ ὁ. et βλέπουσιν edidit *Reisk.* — V. 4. ὅμως *Reisk.* — V. 5. 6. omifit *Holften.* — Mox πόδες omittitur in apogr. Lipf. quod abeffe fufpicatus *R.* vertit, ac fi legiffet πόδος ἕκαστα. *Toupius* in Ep. Crit. p. 75. φὰς ἐκλάμψας νέθεν legendum effe pronuntiat. Genuina eft codicis lectio, quam recte commendavit *Tyrwhitt* in Notis ad *Toupii* Opera T. IV. p. 425. πόδας νέθεν, non verum, nec genuinum, fed fraude et dolo partum. ἐλάμψε vi tranfitiva, ut paffim. *Ariston* Ep. II. puer, ὃ καλὸν ἐπὶ 3ος ἐλάμψεν Ἔρως. *Antipater Theff.* XIII. λέμψω φέγγος ἀπωλέθην. — V. 7. βία L. Cod. et *Reisk.* — νίκα. Hic in fcuto Othryadis fanguine facta infcriptio, victoriam Spartanorum esse pronuntiat. — Θρόμβοι. h. l. guttae sanguinis. Vide *Wetstn.* ad N. T. I. p. 808. sq. In apogr. Lips. Θρύμβους legitur. *Lucian.* in Char. §. 24. καὶ τὸν ἡμιθνῆτα κοίνον στρατηγὸν Ὀθρυάδην, τὴν ἐπιγράψαντα τὸ τρόπαιον τῷ αὐτοῦ αἵματι. — V. 9. τεῖχα. ap. Lips. ὁ μαχθόεις, is, qui hoc tropaeum erexit. — στεστάτηρ Cod. Vat. — ὁ στατατηρ. *Reisk.* — Rogant Argivi illi, qui loquuntur, Jovem, ut hoc tropaeum aversetur; evertere enim tropaeum religio vetabat. σύμβ. ἡμισύων φυλόπιδ. tropaeum de iis positum, qui in pugna superati non erant. Othryades illud quidem pro σύμβολον νίκης haberi voluit; at Argivi hoc non concedentes, ἡμισύην μάχης e. esse dicant, pugnae, in qua victoria non parta erat ab iis, qui eam sibi, tropaeo posito, arrogabant.

XIV. Cod. Vat. p. 164. *Reisk.* in Anthol. p. 10. nr. 418. In clypeum, in quo Medusae caput cum trinis cruribus conspiciebatur. — V. 1. ὁ Πελόττων. Cod. Vat. quod *Salmas.* in Πελίττων mutandum censebat. In apogr. Lips. Πελόγνων; idque ex Πολυγνων contractum putabat *Toup.* in Ep. crit. p. 74. Probanda *Salmasii* emendatio. Πελίτης Ceramensis commemoratur ap. *Paufan.* VI. 13. p. 482. Alius Πελίτης fuit inter Ulyssis socios Od. x. 224. — Recte intellexit *Reiskius*, in ἄλλος proprium nomen latere; cui suspicioni calculum adjiciens *Heynius* in Commentat. X. p. 117. Ὕλας corrigit. *Tyrwhittus.* in Notis ad *Toupii* Emendatt. in Suid. T. IV. p. 425. Γέλλος tentat; uterque probabiliter. ἄλλος habet etiam *Suidas*, qui v. 2. laudat in Θούρι. ubi ἐπὶ πρώτης pro κρίτης. — V. 3. Γοργόνα pendet a σᾶμα. Caput Medusae, cujus adspectus in lapidem mutabat homines, λιθοέργον vocat poëta, ut *Oppian.* Κυν. III. 222. Μεδούσης λιθοεργέος. — In Cod. non γυῖα, sed γυῖα legitur; idque non spernendum esse monet *Toup.* in Curis sec. p. 187. Nulla profecto mutandi causa fuit. In Analectis male distincta sunt haec duo disticha. Minor distinctio

ponenda post ἴδητο, major post γραψάμενος, ut factum est
in Edit. Lipf. — ὅπως κ. δ. ζ. λ. Hoc hemistich. protulit
Suid. in.δυσπ. αἱρέσεις. Heynius interpretatur: *Quaeris,
quid hoc fibi velit?* Brunckius legi velit cum V. Docto
ap. Toup. Cur. fec. p. 187. ἐδύως ταῦτα ἆ. Hanc correctionem, in quam etiam *Tyrwhittus* incidit l. c., vehementer probat *Schneiderus* ad Oppian. p. 367. — V. 6.
ωστε. Cod. Vat. Si figni in clypeo revera fenfus fuit,
quem poëta indicat, allegoria non admodum ingeniofa
dicenda eſt. Sed *Heynius* de hoc carmine ita judicat,
ut illud pro exemplo indoctae interpretationis ſymboli
Siciliae, in nummis obvii, habendum exiſtimet.

XV. Cod. Vat. p. 413. Duo priora difticha protulit
Salmaſius in Plin. p. 87. A. ultimum p. 84. C. Totum
carmen *L. Holſten.* ad Steph. p. 176. *Reiske* in Anth.
p. 113. nr. 655. cujus lectiones *Brunckius* expreſſit.
Tibiae inventum poëta Hyagnidi tribuit eamque in Cybeles facris primum adhibitam offe ait; Marfyam vero
hujus inventi laudem temere fibi arrogaſſe. — V. 1.
Cum *Dioscoride* conſpirat *Alexander* quidam ap. *Plutarch.*
de Muſic. T. II. p. 1132. E. F. Ἀλέξανδρος ἐν τῇ συναγω-
γῇ τῶν περὶ Φρυγίας, πρώματα Ὄλυμπον ἐφη πρῶτον εἰς τοὺς
Ἕλληνας κομίσαι, ἔτι δὲ καὶ τοὺς Ἰδαίους δακτύλους· Ἄγνιν δὲ
πρῶτον αὐλῆσαι· εἶτα τὸν τούτου υἱὸν Μαρσύαν, εἶτα Ὄλυμπον.
Idem de Marſya p. 1133. D. εἶναι δὲ αὐτὸν Τέχνιδά φησι
τοῦ πρῶτος εὑρόντες τὴν αὐλητικὴν τέχνην. At p. 1135. F.
tibia nec Marfyae, nec Olympi, nec Hyagnidis denique,
fed Apollinis εὔρημα dicitur. De Hyagnide vide Intpp.
Marmor. Oxon. Epoch. X. et *Burette* Mémoir. de l'Acad.
des Infcr. Tom. XIV. p. 405. — V. 2. ἐν Κυβέλεις.
Ἔστι δὲ Κυβέλα Φρυγίας καὶ Κύβελον ὅρος. ἀφ' οὗ Κυβέλη ἡ Ῥέα
λέγεται. Steph. Byz. p. 392. — V. 3. ἐνέθετο. Cod.
Vat Heringa in Obſſ. p. 185. conjecit ἀνέθετο, brátre
revincitbar. *Salmaſius* dedit: ἐνοσεύεστε. Noſtrum eſt ex

conjectura *Reiskii*, quae proxime abest a lectione Cod. Supra Ep. XI. ἔκφρον μανυομένην δῶδε κοίμασαι ἐδμην. Inepte *Bernardus* in Epist. ad *Reisk.* p. 506. διδύκατε βαίταν conjecit. — V. 5. In Cod. Vat. ταμος οὗτος (apogr. quaedam ὅπατος) κτίσας 'Εγνάθη Φ. καίον ἰ. ἰ. quod alii aliter tentaverunt. *Salmasius*: ἡ δὲ Κ. τάρος οἴσκεν καίκας, nulla interpretatione addita, qua tamen haec conjectura non minus indigebat, quam Cod. lectio. *Heringa*: ἡ δὲ Κ. π. τάρος οὗ, πρὶν ἄεισαι, ἐγνώσθη. Si vero *Marsyas*, antequam caneret, ignotus fuit, certamen cum Phoebo susceptum satis eum nobilitavit. Haec ne graeca qu idem. *Bernardus* l. c. sive ἴδυξε, sive, si illud probum sit, ἀλεινὸν pro κδὲν legendum censebat. Lectio Brunckiana *Reiskio* debetur, qui eam sic interpretatur: καρμέων est τακὰ τὰ μέλη; ἄθυν, in carminis et artis Musicae leges peccare. Per pastorem Celaenitem intelligitur Hyagnis; in ἴδυξεν subint. ταρξίαντα, quod a communi repetendum est. Postea *Brunckium* receptae lectionis poenituit, et in Lect. p. 117. conjecturam proposuit hanc:

ἀλ ἑὰ Κελαινίτης ποιμὴν πάρος οἷος ἀοιδαῖς
ἐγνώσθη, Φοίβου τοῦτον ἔλεξεν ἔριν.

„Si vero *Celaenites pastor* (Marsyas) *solus poetarum carminibus decantatus pro tibiarum inventore habitus est, „id acceptum refert contensioni, qua cum Apolline certa- „vit, quae eum famosum fecit.* Hyagnis tibias invenit „geminas seu Phrygias. At poëtarum fabulae de iis „alia tradebant, quae nota sunt vulgo, quibus fidem „abrogat hoc carmine Dioscorides. Factum videtur in „tibias, quas quondam in templo appensas vidit, quibus „inscriptum nomen Ὑάγνιδος, quasque hoc carmine de- „coravit.“ Haec *Bruckius*. Jam vidimus, veteres tibia- rum inventum Hyagnidi passim vindicare; unde *Brun- ckii* emendatio erroris arguitur. Mihi hoc distichon sic refin— — —m videbatur:

εἰ δὲ Κελαινίτης παιμὴν πατρὸς οὔρημ' Ἀθάνης
ἔργον ἴδη, Φοίβου κεῖνον ἔλεγξον ἔρις.

Si Marſyas patris, Hyagnidis, inventum Minervae tribuit,
i. e. tibias a patre acceptas a Minerva ſe accepiſſe gloriatus
eſt, Phoebi cum eo certamen hoc mendacium patefecit. Nam
divae tibiis canentem Apollo non ſuperaſſet. Nam ſecundum vulgarem fabulam Marſyas cum tibias a Minerva
abjectas invenisſet, iis in certamine cum Apolline uſus
erat. Vide Apollodor. I. 4. 2. p. 13. Cf. Heynium p. 46.
Hoc verum eſſe, negat poëta. Marſyae pater Hyagnis
ſecundum nonnullos, ut apparet ex Plutarchi verbis,
quae ad v. 1. poſuimus. Adde Nonnum in Dion. X.
p. 282. Emendationi noſtrae multum accedit roboris
ex imitatione Antipatri Theſſ. Ep. XXIX. qui Apollinem
ad Glaphyrum tibicinem ſic loquentem fecit:

Μαρσύη, Ἰδαίου τὰν σύριγκα, τοὺς γὰρ Ἀθάνης
αὐλοὺς ἐν τρωγίης οὗτος ἐλαύνατο·
εἰ δὲ σὺ τοιούτοις εστ' ἐπίπνοος, οὐκ ἂν ἐν Ταγέας
τὴν ἐπὶ Μαιάνδρῳ κλαῦσα ἰσεαυλον ἔριν.

Verbo ἐλέγχειν in hac fabula uſus eſt Nonnus in Dionyſ.
l. p. 10. ubi Apollinem tibiam odio habere ait, ὡς ἵνα
Μαρσύαο δέδμηκεν αὐλοὺς ἐλέγξας Δίζημα παρρόφρων φυτῷ και-
νούμενον ἐξαίς. Philoſtr. Jun. II. p. 865. in imagine
Marſyae ab Apolline devicti: ἐῤῥιπται δὲ αὐτῷ ὁ αὐλὸς ἔτε-
μος, μὴ αὐλεῖν ὅτι, ὡς καὶ νῦν ὁπωσδὰν ἐλέγχεται. ubi ſcribendum videtur: — ἔτιμος, ἐπαυλέντι μὴ αὐλεῖν ὅτι, ὡς
καὶ νῦν ἐκ. — Ἀθάνης ἔργον, quod dedi, firmatur ex
Alcaei Meſſen. Ep. X. qui tibiam Τριτωνίδος ἔργον Ἀθάνας
appellavit.

¶. 497.] XVI. Cod. Vat. p. 268. Edidit D. Heinſius in not. ad Horat. p. 194. Bentlej. in Diſſ. de Phal.
p. 127. unde idem repetivit Fabricius in Bibl. Gr.
T. II. p. 163. ed. Harl. Reiske in Anth. p. 91. nr. 610.
Theſpis, tragoediae inventor, hoc carmine loquitur. —

V. 1. Θ. ἴν. Vat. Cod. et *others*. Utrumque omnes
fervarunt. Sed Thefpin ipfum loqui, apparet ex ultimis
verbis — τάλλα δ' ἰμά. Non tamen propterea ἴδε in ἡμὶ
mutandum erat: θέσκις ἴδε, Ecce me Thefpin! ut ap.
Pindar. Ol. 3. 37. δίτος ἰγώ. ecce me! Sophocl. Oedip.
Col. 138. ὅδ' ἐκεῖνος ἐγώ. — ἀμμέτραμ, agreftes homines
novo beans munere. καινοτομῶν, ut Ovidius de heroicis
epiftolis III. A. A. 346. Ignoraım hoc aliis ille novavit
opus. Novum illud opus a Thefpide inventum tragoedia fuit, non drama fatyricum, ut Heinfıus nobis per-
fuadere conatur, qui proxima verba τρίτον χορὸν de trilo-
giis interpretatur, ad quas cum fatyricum drama accef-
fiffet, tetralogia abfoluta eft. — V. 3. Cod. habet: ἵνα
τριδὶν. in apogr. Heinf. τρίτοιν. Lipf. τρίτων. Noftra
lectio Brunlejo debetur, qui per triplicem chorum trina
Dionyfia intelligit, quae antiquitus ἐν Ἄςνοις, κατ' ἄστυ
et κατ' ἀγρούς celebrabantur. — Vereor, ne haec interpretatio aeque vana fit ac Heiufiana. Graeca enim verba non id dicunt, quod Brunlejus voluit, fed aliud quid.
Thefpidem tragoediam docuiffe, cum Bacchus tertiam
chorum, i. e. Brunlejo interprete, tertium feftum ageret.
Sed cur tertio potius quam primo et fecundo? In lectione Codicis, quam nos primi finceram dedimus, fortaffe
aliud quid latet, quam quod editores dederunt. Fortaffe
fcribendum :

Βάκχος ὅτι τρυγικὸν κατάγοι χορόν.

Ariftophan. in Acharn. 628. Ἐξ οὗ γε χορῶσι ἐφέστηκεν
τρυγικοῖς ὁ διδάσκαλος ἡμῶν. Ibid. 886. ἥλθες ποθεινὴ μὲν
τρυγωδικοῖς χοροῖς. Alia fimilia praetereo. Ceterum Heın-
fius τρίτατον, Reiskius ἐν' ὑγρότατι conjecit. — Reperitio
vocabuli ἰδλον in eodem diftichо offenfioni fuit Brunlejo,
qui legit — ἄλλος, ἰδλα ὅτι. ut adhuc fabula eft. in
qua conjectura fummi viri felicitatem defidero. Reiskius
vitium quaerebat in v. 3. ᾧ τρυγὸς ἀσκὸς legens. Huic

suspicioni nonnihil praesidii in verbis Marm. Oxon. καὶ
ἆθλον ἐτέθη πρῶτον λεχθέν ων ἄρειχος καὶ οἴνου ἀμφορεύς. at
Bentlejus quidem probabilitet legit. In Cod. Vat. τεάγος
ἆθλων habetur, et seq. vers. ἆθλοι.— V. 5. μεταπλάσσουσι.
Vat. Cod. Ap. *Bensleji* vitiose αἱ ἃι μι πλάσσουσι. Optimam Codicis lectionem, quam *Heins.* et *Reisk.* sequuti
sunt, cur *Brunckius* in μετεπλάσαντο mutaverit, non exputo. Thespis de re futura loquitur: Posteri hoc meam
inventum elaborabunt; et tempus progrediens aliis alia
affinget; mihi tamen inventionis laus manet. — V. 6.
Codex vitiose πρὸ τοῦ φάουι, quod *Bentlejum* ferre potuisse miror. προσευρήσει palmaria est *Reiskii* emendatio, cui
tamen pretium statuere nesciebat ipse ejus auctor, cum
etiam προσεμφερέσιν legi posse censeret.— τέλλα. ea, quae
'a recentioribus non afficta sunt. ἔμα pro ἐμὰ suspicatus
est *Heinsius*; male. — Non praetereundum, quod *Reiskius* in v. 5. edidit: τάς᾽ ἱμέρας αἰών.

XVII. Cod. Vat. p. 268. Practer eos, qui praecedens carmen ediderunt, hoc nostrum exhibuit *Stanlejus*
ad Aeschyl. post Praefat. Scriptum est in Aeschylum,
qui propter novum ornatum, Thespidis invento additum,
laudatur. *Horatius* ad Pison. 2-9. *Post hunc (Thespin)
personae pallaeque repertor honestae Aeschylus, et modicis
instravit pulpita tignis, Et docuit magnumque loqui niti-
que cothurno.* *Athenaeus* L. I. p. 21. F. καὶ Αἰσχύλος οὐ
μόνον ἐξεῦρε τὴν τῆς στολῆς εὐπρέπειαν καὶ σεμνότητα — — ἀλλὰ
καὶ πολλὰ σχήματα ὀρχηστικὰ αὐτὸς ἐξευρίσκων ἀνεδίδου τοῖς
χορευταῖς. — V. 1. σύρμα τοῦτο. Tragoedia; non, ut
Heinsius putavit, drama satyricum; qua interpretatione admissa in salebras incidimus. — Pro τὰ δ᾽ Cod.
τὰ δ᾽. male. — V. 2. τοὺς δὲ τελειοτέρους. Cod. Vat. Hoc
servavit *Bensleji.* *Heinsius* ad Horat. p. 195. Falsa hujus
carminis interpretatione nixus, τοτέλε γελοιοτέρους legit,
quia Satyri risum captarent. Longe melius *Reisk.*: τοῦ δ᾽
ὅτι λετελέοντο, adhuc *simplices et ornatius experens.* Eidem
et

et alia quaedam exciderunt, minus bona. — V. 3. ἐξέσμασμένα ἅμα ντὰ χ. Sic Codex, cujus lectio vehementer depravata est in apographis, quae exhibent: νοέσιμα ετὰ. *Brunlejus* prope ad veritatem accedens *νοεμίλωτα* correxit. *Tragoediam quasi in altum evexis verborum novorum et quasi arte politorum grandisata.* Non erat quod hanc conjecturam contemneret *Cornelius de Pauw* ad Aeschylum, νοέσει ἱσντὰ χαρ. proponens, in quo invento libi mirifice placet. At *Bentlejanae* emendationi obstat, quod verborum expoliendorum artificium (τὸ δισομιλεύειν) ab *Aeschylo* alienum est. *Euripidi* illud convenirer, quem orationem tragicam summo cum studio laevigasse constat, non ei, qui, ut *Aristophanes* dixit, verbis usus est grandiloquis, hirsutis et formidabilibus: in Ranis 955. ῥήματα βόεια· Ὀφρῦς ἔχοντα καὶ λόφους, δεινʼ ἄττα μορμορωπὰ Ἀγνῶτα τοῖς θεωμένοις. et v. 960. ῥῆμαϑ᾽ ἱππόκρημνα, ἃ ξυμβαλεῖν οὐ ῥᾴδιον ἦν. Quae cum ita sint, ne dubites, quin *Salmasius* verum viderit, qui hoc distichon protulit in Exercit. Plin p. 735. B. C. sic scriptum: Αἰσχύλος ἐξέσμασεν, ὁ μὴ ἐμιλωτὸν χαράξας Γράμματα. quae lectio a lectione codicis nonnisi una litera (Α et Λ) discrepat. τὸ ἐμιλοῦσϑαι, quod sculptoribus proprium, ad orationis artifices transfertur. *Alexis* poeta ap. *Athen.* L. IV. p. 161. B. καὶ λόγοι λεπτοί, διεσμιλευμέναι τε φροντίδες. *Synesius* p. 47. C. καὶ τὸ λέξιν καϑᾶραί τε καὶ ἀνασμιλεύσαι. *Julian.* Orat. IV. p. 77. ἐργάτης γάρ ἐστι καὶ τούτων ἀγαϑὸς, οὐκ ἀνασμιλεύων, οὐδὲ κατοκνίζων ῥήματα. *Themistius* Orat. XXI. p. 251. A. ἐξακριβῶν διὰ βίου σύγκανες τε ὀνομάτων καὶ ἀναϑλίψεις, καὶ ῥήματα ἀνασμιλεύειν. Similiter alia quoque verba ex fabrorum arte ad hoc dicendi scribendique artificium transferuntur. *Aristoph.* Ran. 930. τὴν μὲν (Euripidem) λεπτήν τι λέξει καὶ κατερρικνωμένην. *Plutarch.* T. II. p. 350. D. Isocrates λυτίζετα καὶ νάρκισα καὶ ὁμοιοτετρατα κάλλη καὶ συντεϑεὶς, μυκωκὸ κολαστήρει καὶ ξυστήροι τὴς περιόδους ἀπελαίων καὶ ῥυϑμίζων. — V. 4. κατʼ ἀριϑμοὺς.

Vat. Aeschyleum dicendi genus defcribitur, copiofum, non autem leni tractu, ut amnis, fed praecipiti curfu, torrentis fimile, fluens. De Demofthene *Dionyf. Halic.* p. 175. ἡ δὲ λέξις ἐστὶν ὑγρὰ καὶ ὁμαλή, καὶ ὥσπερ ἔλαιον ἀψοφητὶ διὰ τῆς ἀκοῆς ῥέουσα. quod ductum eſt ex *Platonis* Theaet. p. 144. B. οἶον ἐλαίου ῥεῦμα ἀψοφητὶ ῥέοντος. — V. 5. μετ' ἐκείνων. Cod. Vat. Aefchylum veterum heroum dignitatem optime repraefentaffe ait *Dio Chryfoft.* LII. p. 549. ἥ τε γὰρ τοῦ Αἰσχύλου μεγαλοφροσύνη καὶ τὸ ἀρχαῖον, ἔτι δὲ καὶ αὐθάδες τῆς διανοίας καὶ φράσεως πρέποντα ἐφαίνετο τραγῳδίᾳ καὶ τοῖς παλαιοῖς ἤθεσι τῶν ἡρώων, οὐδὲν περιβεβουλευμένον, οὐδὲ τανιαῖον. — Diftinctione mutata, fcribendum puto: ὃ στόμα πάντων δεξιὸν, ἀρχ. at ap. *Bafilejum* eſt. Ne quem offendant ἀρχαίαν ἤμθυναν, non aliter locutus eſt *Antipater Theff.* Ep: XXIV. ετίχει ἔξων ἀρχαῖαν ἀρετὰς ἤμυθεν. quod speciem conciliat conjecturae *Reiſkii*, qui in noftro carmine ἐξίων pro δεξιὸν legi malit. Diverfa tamen utriusque loci ratio. δεξιότητα Aefchylo tribuit *Philoftratus* in Vit. Apoll. VI. 11. p. 244. ἡ τῆς τῶν ὑποκριτῶν ἀντιλέξεις εὗρε (fic lege pro εὑρεῖν) παρατυχάσαντες τὸ τῶν μονῳδιῶν μῆκος. — δοκεῖτω δὲ μὴν ἕτέρῳ παρεσχηκὼς ἔσασαν, ἥττον δεξιῷ τὴν ποίησιν.

XVIII. Cod. Vat. p. 477. Anth. Plan. p. 304. St. 444. W. De Myronis vacca, in quam taurum poëta fingit irruere. — V. 1. Pro δεδυίας, quod eft in Vat. in ed. Flor. λυσίμας legitur, quam lectionem *Br.* non fpernendam effe judicat.

XLIX. Vat. Cod. p. 477. ἄλλα. Planud. l. c. εἰς τὸ αὐτό. Non fatis igitur certum, an *Diofcoridis* fit hoc diftichon, in quo vitulus juxta Myronis vaccam fame fitique enectus effe fingitur. Frigida ἴσως. — Cod. Vat. διόσδοις habet.

XX. Bis legitur in membranis, p. 534. et 557. Planud. p. 152. St. 220. W. Hiftrio conqueritur, fe, cum Temenidas et Hymetho faltaffet, explofum effe, dum Aristagoras quidam, Gallum saltans, plausu exceptus sit. — V. 2. Τημνίδας vulgo. et sic Vat. loco pr. Τημενίδας loco sec. et sic *Jos. Scaliger* emendavit. Temenus, Aristomachi filius, Hyrnetho filiam Deïphonti in matrimonium collocaverat; quam, cum fratres, ira in Deïphontem incensi, marito vi et armis eripere conarentur, inter pugnam necaverunt. *Pausan.* L. II. 28. p. 175. sq. Conf. L. II. 19. p. 152. II. 23. p. 163. ubi vulgo ταρνήθεντε legitur pro Τρνήθεντε. Vide *Facium* Tom. I. p. 264. Hanc fabulam tractavit *Euripides* in Τημενίδαις, cujus tragoediae fragmenta quaedam supersunt, unum insigniter depravatum ap. *Aelian.* H. A. VII. 39. μεγάλων ἄθλων ἵνα δεινὸν ὑποστὰς κατ' ἐνόπλους ὁρῶν. quae frustra tentavit *Valcken.* in Diatr. p. 168. Scribe: μεγάλων ἄθλων κίνδυνον ὑποστάς. — διαβῆναι, i. e. ὀρχήσασθαι, quod in hac re proprium. *Aristoph.* Lysistr. 389. γυνή τις τὸν Ἄδωνιν ὀρχουμένη. Vide *Valcken.* ad Theocr. Adon. p. 390. — πολλὰ κάμπτει. Vide ad *Philetae* fragm. IV. 3. — ¶. 498.] V. 3. τημένεις. Cod. Vat. loco sec. — εἰς ψόφος (ψόβος Vat. loco sec.) tumultus spectatorum sibilantium pedesque supplodentium me, Hyrnetho saltantem, ejecit. ἐκβάλλεσθαι dicuntur comoedi, quos spectatores videre recusant. Eos, qui ad reipubl. gubernaculum sedent, beatos esse negans *Aeschines* Dial. III. 12. p. 100. ed. *Cler.* τίς γὰρ ἄν, inquit, εὐδαιμονήσειε, πρὸς ὄχλον ζῶν, εἰ τεττωρδεῖ καὶ ὀρτυγθείη, δήμου καλύπτοι ἐκβαλλόμενον, (sic ex *Stobaeo* restituit T. H. ad Lucian. T. I. p. 242.) συριττόμενον, ζημιούμενον. — V. 5. ὁ πολὺς πόνος est in Vat. Cod. loco sec. ἵνα πράξεις in Plan. et Vat. loco pr. — V. 6. φθίγγει' Vat. loco pr. φθίξεται' Planud. Futurum in talibus eleganter usurpatur ad continuationem significandam. Vide *Graevium* in Lect. Hesiod. c. V. p. 24. — Paroemiam αἔγνδος κόσμος illustravit *Brodaeus* et *Bergler.* ad Alciphr. p. 364. Auctor Ep. aliter. CDLXVIII. εἰ κόσμῳ δέχεται κόρυδος παρακλησίαν ἥξειν. Ad verſum Euripideum, *εἰ γὰρ ἦν σοφοῖς φαῦλοι παρ' ἰχλῶ μω-σωάτεροι λέγειν*, in Hipp. 988. ſimilia collegit *Valckn.* p. 269. A. R.

XXI. Cod. Vat. p. 219. Διοσκόρου. In Planudes bis exſtat, p. 206. et 252. St. 299. et 365. W. Altero loco ἄδηλον eſt. Philocritus ex mercatore agricola factus, cum diem obiiſſet, prope Memphin ſepultus erat. Ibi Nilus ejus tumulum evertit, ut igitur, qui vivus undas effugerat, mortuus nauſragium feciſſe videretur. — V. 1. ἀρότρῳ ed. Flor. — V. 2. ξείνω. Plan. loco alt. — V. 3. Νείλοιο πολύς. Planud. — V. 4. ἐπ' ἀμφίασι. Vat. Recte deletum ν etiam in Plan. loco ſec. *Heſych.* ἀναμ-φιάσαντες. ἐκδύσαντες. *Bianor* Ep. XIII. γαίαν ἀνημφίασε. *Themiſt.* Or. XXI. p. 249. D. ἀναμφιάσαντες ᾡσπερεί γυμνήν τὴν ψυχὴν τῶν ἐπιθέτων ἀμφιασμάτων.

XXII. Cod. Vat. p. 453. Planud. p. 106. St. 156. W. Hiſtoria de Ariſtagora, quem Nilus ſimul cum caſa abſtulit. — V. 2. Amnis *εἰκαῖος* ſive *εἰκαίῃ ἰδῇ* fertur, qui ripis relictis per campum vagatur. — V. 4. πάσης ἱλαρί-δος. omni re familiari ſua amiſſa. — V. 5. ἐσαθλήν junctim omnes edim. vett. — V. 6. τῶν. Cod. Vat. cum Planud. editt. vett. *πάντα Stephanus* primus videtur recepiſſe. — In fine verſ. Cod. Vat. γεωγῷ. — Nili aqua foecundiſſima, agricolisque jucundiſſima, uni Ariſtagorae triſtis fuit.

XXIII. Cod. Vat. p. 258. In Planudes p. 227. St. 330. W. hoc Epigr. male in duo divolſum, quorum poſterius a quarto diſticho incipit. — Lycambis filiae, ſtupri ab Archilocho inſimulatae, ſe ab ejus calumniis purgant, deorum numina, teſtes pudicitiae ſuae, invocantes. Hoc Epigr. ante oculos habuiſſe videtur *Meleager* Ep. CXIX. — V. 1. εἴβας ἱερῶν. periphraſis τοῦ ἱερῶν. Per illud jusjurandum, quo defuncti uruutur. Quod quid ſit, ex *Meleagri* carmine apparet, ubi eaedem puellae per Plutonis dextram et Proſerpinae torum jurant. —

V. 2. ἀλλάχουσι. Vat. — V. 4. ἵρον. Idem. — V. 6.
ἔφαινεν. Id. Vide de hoc verbo ad *Meleagr.* L c. p. 131.
— ꝟ. 499.] V. 7. Haec verba respiciunt maledicta,
quibus *Archilochus* puellas Lycambis petiverat. οὔτ᾽ ἐν
ἀγυιαῖς. Dixerat poëta, se cum illis rem habuisse *in triviis
et angiportiis*, et in sacro Junonis luco. — V. 9. Quae
sequuntur, ingeniosa sunt. Archilochi factis illae uruntur ad ipsius verba refutanda. μάχλω. Poëta Neobulen
appellaverat παχεῖαν, δήμιον, ἐργάτιν, μυσάχνην. Vide *Eustath.* ad Il. p. 1453. 45. quorum prius habetur in senario incerti auctoris ap. *Schol. Aristoph.* Av. 1619.
sed quem *Archilochi* esse, nullus equidem dubito: περὶ
σφυρὸν (haec depravata videntur) παχεῖα, μυσίτη γυνή.
Conf. *Suidam* T. II. p. 591. — γνήσια τέκνα. Archilochus Neobulen in matrimonium petiverat.

XXIV. In Cod. Vat. p. 213. Διοσκορίδου. Ad versum
quartum autem adscriptum lemma: Μελεάγρου εἰς τὸν αὐτὸν
Ἀνακρέοντα. Mirus error, quem nec *Heinsius* animadvertit in Carm. Gr. p. 145. nec *Wolfius* in Fr. Poëtr. p. 102.
et p. 31. cuique patrocinatus est V. D. qui schedas Dorvillianas notulis suis illustravit, damnans nimirum eas
schedas, quae posteriores sex versus quatuor prioribus
continua serie adjungerent. Quid verum esset, praeclare
intellexit *Reiskius* in Not. p. 118. qui in textu p. 71.
Codicis sui auctoritate relicta, quinque haec disticha
junctim dedit. — Elegans carmen, in quo poëta Anacreonti etiam apud Inferos vini et amoris fructum precatur. — Comparandum *Simonid.* Ep. LIV. LV. et *Antip.
Sidon.* Ep. LXXII. LXXIII. — V. 1. Σμερδίηιρ. Vat.
Reiskius vertit, ac si legerit Σμερδίης ὁ ἐπὶ —. Aut hoc rerum, aut:

Σμερδίες ὁ ἐπὶ Θρ. — —

a nominativo Σμέρδις, quae vulgaris est hujus nominis
forma: alia est Σμερδίης, unde fit Σμερδίεω, qua genitivi

forma ufus eſt *Simonides* Ep. LIV. et dativus χμερδίη, non
Σμερίδῳ. — Pro ὀστῶν *Wolf.* ὀστῶν. Similia attulit
Valcken. ad *Euripid.* Hipp. 255. καὶ μὴ πρὸς ἄκρον μυελὸν
ψυχᾶς. Proxime ad noſtrum accedit *Theocrit.* VII. 102.
ὥς ἐν παιδὸς Ἄρατος ὑπ' ὀστίον αἴθετ' ἔρωτι. et Eid. III. 17.
Amor, ὅς μευ κατασμύχων καὶ ἐς ὀστίον ἄχρις ἰάπτει. — V. 2.
Wolf. et *Reiske* πανδοχίης, quod hic interpretatur in hunc
modum: Tabernae omnis tyrannum eſſe eum, cui nulla taberna quidquam neget, quem nimirum omnes tabernae ut carum et utilem ſibi amicum colant. In Cod.
Vaticani contextu legitur πανδοχίης. in marg. γρ. παννυχί-
δος. quod igitur non eſt ex *Salmaſii* conjectura, ut ſibi
perſuaſum habebat auctor apogr. Lipſienſis. Expreſſa
ſunt haec ex Simonideis: εὐτράπελος, φιλόκωμος, παννύχιος
κρότων τὰν φιλόπαιδα χέλυν. — κοίρανος πᾶν. rex eſt convivii. Color eſt, ut ap. *Hermeſian.* in Eleg. 22. Ἡσίοδον
πάσης ἤρανον ἱστορίης. — V. 3. Quaedam apogr. et edit.
ἀ'εί. — V. 4. ὀνέιρ omnes praeter Lipſ. quod καὶ exhibet, probante *Reiskio.* — χλωρὸν δάκρυ. amoris calidiſſi-
mi index. Sed cur, bone, Ligurine, cur Manat rara
meas lacryma per genas? *Horat.* IV. 1. 34. — V. 5. ἐν
Vat. Cod. — V. 6. ἀμβροσίην *Reiskius* dedit ex ingenio.
Si hoc diſtichon mutatione indiget, ſcripſerim — κρήναι
ἀναβλύζουσι ἀμβρότον, quibus verbis reſpondent τρυχραὶ νέκταρος ἀμβροσίου. Haec expreſſit *Antipater* LXXII. 3. 4. ὑγραὶ
δ' ἀργυρέοντες ἀναλίβροντι γάλακτος, εὐώδες δ' ἀπὸ γῆς ἄδύ
χέοντο μέθυ. — V. 7. Paſſim hoc in epitaphiis occurrit.
Epigr. aliter. DCXCV. ἀλλὰ σύ, γαῖα, εἴλοις ἐγαθὰ κούρῃ
τ' Ἀκυλίνᾳ, καὶ δὴ παρὰ πλευρὰς ἄνθεα καλὰ φύοις. et Ep.
DCCV. ἄνθεα καλλὰ γένοιτο τοιμύτῃ ἐπὶ τύμβῳ. — V. 8.
μαλακὰ μ. τρίφοντι. Vat. Cod. *Heinſius* τρίφοισθε dedit.
Reiskius τρεφθέντα. — V. 9. ἐν Δηοῖς. Apud Cererem
χθονίαν, quo nomine Ceres apud Hermionenſes colebatur. *Pauſan.* II. 35. p. 194. ſqq. — V. 10. Eurypyle

fuit ex mulieribus, quas Anacreon carminibus celebravit. *Ansip. Sid.* LXXIII. ἡ πρὸς Εὐρυπύλην τετιμημένος, ἡ Μεγιστῆ. Ejusdem fit mentio in *Anacreontis* Fragm. ap. *Athen.* L. XII. p. 533. ἐπειδὴ δ' Εὐρυπύλης μέλει Ὁ συμφορώτατος Ἀρτέμων — in cujus fragmenti fine fcribendum videtur: καὶ σκιαδίσκην ἐλεφαντίνην φορεῖ γυνὰ ἐπ' αὐτῷ, pro vulgato φορεῖ γυναιξὶν αὐτως. Homo mollis et delicatulus defcribitur, cui inquilina mulier, non aliter ac matronae cuidam, umbellam geftabat. Vide *Valcken.* in Adoniaz. p. 343. C. — Pro αἰνόμενος Cod. Vat. vitiofe αἰνόμωγε.

XXV. Cod. Vat. p. 267. Edidit *Reisk.* p. 91. nr. 609. — Sappho poëtriam, ut deam aliquam, celebrat et colit. — V. 1. Cod. Vat. πρὸς ἀνέλκων. *Reisk.* πρὸς ἀνιῶν. quod fecundum ipfum auctorem fignificat, ad accendendos in amorem juvenes. *Toup.* in Epift. crit. p. 77. προσέλκωθεν ἐρώτων corrigit, *amoris ministram*, comparans *Nonni* Dion. VII. 109. ἀλλὰ σὺ δαλὸν ἀειρε Διὸς προσέλκουθεν ἐρώτων. At quod *Nonnus* de face dixit, quae viam ad amores monftrat, puellae vix convenit. Brunckiana lectio *Salmafio* debetur: *amoris levamentum et folatium* vertit celeb. editor. Lenis mutatio, sed verbum προσανέλκιμα auctoritate caret. Mihi in mentem venit:

ἥδιστον φιλέουσι νέοις νύμφες ἄλκαρ ἐρώτων.

five:

— — — — νύμφες ἄλκαρ ἰαῆς.

Fieri enim poteft, ut, depravata hujus hemistichii fcriptura, ἐρώτων ad verfum explendum fit additum, five etiam ex gloffemate irrepferit. *Nonnus* Dion. XI. p. 316. ἀδωνίφατον ἄλκαρ ἀνίης. Ad fenfum praeclare facit *Plutarch.* T. II. p. 762. de Sappho: διὰ τῶν μελῶν ἀναφέρει τὴν ἀπὸ τῆς καρδίας θερμότητα, μούσαις εὐφώνοις ἰωμένη τὸν ἔρωτα. — V. 2. non Πιμφόν, quod in omnibus apogr. effe videtur, fed Πιμφὴ legitur in Cod. quae lectio emendatione non eget. — Cum pro ᾗ μὲ εἰ in apogr. Lipf. ἄξιοι legeret

Reiskius, d' τε τε dedit. — Te, Mufam ex Erefo, five
Pieria five Helicon novem illis Mufis annumerat. Sappho Mufarum decimam jam *Plato* dixerat Ep. XII. —
ἴσα τελέουσαν ἐκείναις, eadem ac illae canendi facultate
pollentem. τινῶν de poëtis et cantoribus. *Alcaeus Mitff.*
Ep. XVII. Heliodus τόπον γέρον ἐνδοτέρω. Ep. ἄλλως. DCC.
ἴσσνα τερπνὰ Ἡδυμελαφθέγγου μοῦσα Σμυνθίδα. — V. 5. ὁμῖν
Cod. Vat. *Reiskius* lectionem in Schedis Lacroz. reper-
tam ὑμῖν in textu pofuit. Hoc diftichon referendum videtur ad carmina nuptialia Sapphus. Quam *Dioscorides*
paulo ante Mufarum πάρεδρον fecit, eandem nunc cum
Hymenaeo, mox etiam cum Venere conjungit. —
V. 7. Sufpicari licet, fuiffe inter Sapphus carmina quaedam in Adonidis honorem, quae refpiciens poëta eam
in deorum luco verfari ait, una cum Venere Cinyrae
filium plorantem: εὐέδρους Ἀφροδίτης ἰσομοιρέη νέον ὄρπος
κινύρεω. — V. 9. θεάζ. Horum verborum cum praecedentibus nexus non apparet: Salve veneranda! Habemus enim adhuc carmina tua, cum diis comparanda.
Quid haec fibi volunt? Cujus rei ratio redditur? Non
video. Pro ὅλις verfu ultimo in Cod. τῶν legitur, quod
fervandum. Deinde cum *Reiskio* fcribendum: θεαῖς ἴσα
ὅλις γὰρ καλᾶς &. quam emendationem *Toupius* corrupit,
inferendo τ' post ἀθανάτων. Sic ut R. hoc diftichon con-
ftituendum duxit *Tyrwhitt.* in Not. ad Toup. Em. T. IV.
p. 426. Senfus perfpicuus: Nam etiam nunc carmina
tua, immortales tuas five ingenii tui filias, eodem quo
deos honore colimus. καλᾶς θυγατέρας. *Pindar.* Nem. l. 4.
αἱ δὲ σοφαὶ Μοισᾶν θυγατέρες καλέαι. *Antiphil.* Ep. XI. Homeri carmina Μαιονίδου θυγατέρες. Vide *Cuperum* in Apoth.
Hom. p. 47. fq. Huc inprimis facit *Plato* in Conviv.
Tom. X. p. 244. ed. Bip. καὶ εἰς Ὅμηρον ἀποβλέψας καὶ
Ἡσίοδον, καὶ τοὺς ἄλλους ποιητὰς τοὺς ἀγαθοὺς ζηλῶν, οἷα
ἔκγονα ἑαυτῶν καταλείπουσιν, ἃ ἐκείνοις ἀθάνατον κλέος καὶ
μνήμην παρέχεται. *Hyperides* ap. Stob. CXXIV. p. 616.

bonorum immortalem gloriam esse dicens, ἴσοι γὰρ αὐτῶν, inquit, ἀπαιδὲς τετελευτήκασιν, οἱ παρὰ τῶν Ἑλλήνων ἔπαινοι παῖδες αὐτῶν ἀθάνατοι ἔσονται.

¶. 500.] XXVI. Cod. Vat. p. 257. et iterum in marg. p. 278. Edidit *Spanhem.* de Usu et Praeft. Num. II. XIII. p. 523. unde fumfit *Fleetwood* in Sylloge Infcr. p. 338. *Olear.* de poëtr. nr. LX. *Reiske* in Anth. p. 150. nr. 737. Philaenis Samia, propter librum de Figuris ipfi tributum infamis, fe a crimine, temere in eam conflato, defendit. De Philaenide vide ad *Aefchrionis* Ep. p. 189. — V. 1. Ἐμψῆς. Vat. utroque loco. μνᾶμα idem loco pr. — Verba, ἀλλὰ προσωπεῖν πάςδὶ με, male vertit *Spanhem.*: *fed te alloqui patere me.* Rogat potius viatorem, ut ne ipfam alloqui dedignetur. — V. 2. ἀνδρὶ *Spanh. Olear.* — προσέντη ἔργα. turpia et odiofa. *Hefych.* προσέντης· - ἐχθρὸς κνιδὴς. — V. 4. Ἀλεχθὼν ut deam commemorat *Aefchyl.* in VII. c. Th. 411. καὶ τὸν Ἀλεχθνης ἐχθρὸν Τιμῶντα. — V. 5. φιλ' αἰθέρων. Cod. utroque loco. — ἠμῶν *Spanh. Olear.* — Si quis in meam contumeliam turpe ejusmodi opus confcripfit, ejus nomen tempus aliquando patefaciet. — *Ισιορίη*, quaevis commentatio. Vide *Wyttembachium* in Select. Hift. p. 339. —

Λαμψάκη, (Λαμψάκην Vat. Cod. loco pr. Λαμψύραν loco poft.) impudentem et procacem. *Hefych.* Λαιδρές· λαμψερές, ἀναιδὴς. — V. 7. ἀνατρέξαι. Cod. quod verum videtur. Hoc etiam fua fponte reperit *Reiske*, cum ap. *Jenfium* effet ἀνατρέξας. Alia apographa aliter. — In fine verf. Λυγρὰ Vat. loco fec. — V. 8. ἀνασκάπτης genuina eft Cod. lectio. (ἀνασκάπτοις *Spanh. Olear.*) Offa mea, illa infamia depulfa, gaudeant. Senario Sophocleo ap. *Ciceron.* ad Attic. XIV. 22. ἄλλοις ἐν ἰσθλοῖς τοῦθ' ὑπαρχόντων ὕβρην, praeclare ufus eft *Valcken.* in Comm. ad Adon p. 260. A. ad corrigendam epiftolam Laconicam ap. *Plutarch.* T. II. p. 241. D. κακά τοι φάμα κατείχρηται. ἡ ταῦτα ἀπᾶθεν ἢ μὴ ἴσα.

XXVII. Cod. Vat. p. 284. Edirum eft in Mifcell. Obff. Nov. 1. Tom. III. p. 147. Ex Jenfianis (nr. 52.) repetivit *Heringa* in Obff. p. 266. *Reisk.* in Anth. p. 134. nr. 702. In mulierem, poft decem liberos, quos fruftra pepererat, defunctam. — V. 1. et 4. βίῳ Vat. was emendavit *Heringa.* *Reiskius* nomen ufitatius αυτά in textu pofuit. — V. 2. ἄλλά. nec filii, nec filiae. — εἴδεατο. Cod. quam lectionem, ab hoc loco alieniffimam, *Heringa* tamen fervavit. *Reiskius* infelici conjectura, ὀδυρμάς, ὀδυνὰς ὅτε ἅτε. — Noftram lectionem, unice veram, *Br.* reperit in Mifcell. Obfervationibus. — V. 3. ἀφίστη οἶσα. Cod. μάγ' ἂ, οἶσα. *Reisk.* ἀφιστίσσεα dedit V. D. in Mifc. Obff. — Pro εὔτεκος, quae R. eft emendatio, Cod. εὔτοκος. εὔτοκος *Heringae* in mentem venerat. Sed recte monuit R. mulierem, cujus liberi omnes ante ipfius fatum periiffent, minime εὔτοκον appellari potuiffe. Eadem tamen erat εὔτεκος, quippe quae faepe uterum geftaffet.

XXVIII. Cod. Vat. p. 213. Planudes p. 274. St. 397. W. Illuftravit hoc carmen *Salmafius* ad Script. Hift. Aug. T. II. p. 834. cujus haec funt: "Tumulo Sophoclis impofita erat Bacchi ftatua, quae manu perfonam "five larvam, κωμικὸν παρθένου, fuftinebat. Bacchus igitur "in hoc Epigrammate viatorem alloquitur et dicit: Tu"mulus hic Sophoclis eft, o homo, quem Mufae mihi "facrae virgines facro ipfi ac divo (legit nimirum *Salm.* "ἱερῶν παρθενίαν ἱερὸν ἄν) cuftodiendum mandarunt. Ille me "Phliunte profectum, adhuc fentes et rubos inambulan"tem, et ex acerno ftipite properanti falce edolatum, "in aureum habitum reformavit, et delicata purpurea "vefte induit. Sed poftquam morti datus eft, faltatio"num oblitus, agilem et falium pedem quieti dedi et "hic fuper ejus fepulcro repofui. — Refpondet viator: "O felicem te, qui talem ftationem fortitus fis! Sed

„unde haec σπόργανα, quam manibus retines; aut ex quo
„dramate sumta est? Ad haec Bacchus viatori: Sive tibi
„eam Antigonen accipere placeat, sive Electram, non
„erraveris; utraque enim summam inter ejus tragoedias
„obtinet." Haec *Salmasius*, qui fere *Opsopoei* interpretationem secutus est. Quod Bacchi statuam (modo Bacchus sit, qui hoc carmine loquitur) *Dioscorides* Sophoclis tumulo impositam esse dicit, id ingeniose finxisse videtur. *Biographus* Tragici p. XI. ed. *Brunck*. Sirenem in illo tumulo stetisse narrat, cum quo conspirat *Pausan.* L. I. 21. p. 48. alii hirundinem ex aere. — V. 1. ἢν ετ mox ἴλαχεν ex Cod. Vat. in textum venit. Vulgo δὲ — ἔλαχεν. In verbis ἱερὴν παρθενίην, sic enim legitur in Vat. et Planud., interpretandis vehementer fluctuavit *Brodaeus*. Vir doctus in Cod. Scaligeri παντοίην legendam esse notavit, eique assentitur *Huetius* p. 27. Utinam interpretationem addidisset doctissimus Praesul, ut intelligeremus, quo sensu acceperit vocem in Graecis scriptoribus vix obviam! Forsasse typographorum culpa depravatum est vocabulum, ut multa in his *Huetii* notis. Nec Bunckianae emendationis sensus satis perspicuus. παρθενίην, pro παραθέσιν sive παράθεσις, id est, quod apponitur, saepe pro ferculis epulisque usurpatur. An igitur Bacchus, so Sophoclem, ait, ut sacrum aliquod accepisse donum, sive ut deum aliquem ipsi τέρπειν? Vulgaris sermo sic tulisset: ικραλλους, παρὰ τὸν Μοσσέσι ἡμὸ παρετίθετος, sive ἐντεθέντος, ἀνάθημά τι τῶν Μ. — V. 3. τὸν ἐν Φλιοῦντος. (Φλιοῦντος. Flor. et tres Ald.) Phliunte tragoediam inventam esse, nonnulli prodiderunt; quare Ep. seq. Φλιαστον Σατύρων. Referendum hoc inprimis ad *Pratinam* Phliasium, qui, cum in satyrico dramate excelluisset, a nonnullis pro inventore hujus generis habitus est. Hinc fortasse factum est, ut tragoedia quoque, quam antiquissimis temporibus a satyrico dramate parum diversam fuisse constat, pro Phliasio invento ha-

beretur. *Ister* Historicus, qui *Dioscoridi* aetate aequalis
fuisse videtur, (vide *Vossium* de Hist. Gr. IV. 12.) Sophoclem οὐκ ᾿Αθηναῖον, ἀλλὰ Φλιάσιον εἶναι dixerat; quibus
haec adjicit Biographus p. IX. πλὴν 'Ιστρος γαρ᾽ οὐδενὶ ἑτέρῳ
τοῦτό ἐστιν οἴμαι. Conf. *Lessingii* Opera Tom. XIV.
p. 274. sqq. An *Istrum* hoc nostrum carmen, male intellectum, in errorem induxit? — τρίβολον πατοῦντα.
Baccho tribuuntur, quae histrionum erant. Hi ante scenam exstructam pedibus horridam calcabant aream.
τρίβολοι, spinae genus. — τρίτωνα. Recte *Br.* hanc vocem distinctione separavit a praecedentibus. Bacchus se
olim rudem, durum et agrestem fuisse significat. Hic sensus, non is, quem *Salmas*. dedit. Apud *Aristophanem* in
Acharn. 179. Acharnarum cives vocantur στιπτοὶ γέροντες, πρίνινοι, ἀτεράμονες. Schol. στιπτοὶ καὶ σκληροί. ἰσχυρὸν
γὰρ τὸ τοῦ πρίνου ξύλον. Huc respexit *Julian*. in Misopog.
p. 350. D. — εἰς χρόν. σχῆμα. (süpm. Cod. Vat.) Ad majorem scenae ornatum, pretiosioresque vestes, quibus *Sophoclis* temporibus histriones ornabantur, referendum.
σχῆμα totus est habitus. Vide *Bergl.* ad *Alciphr.* l. Ep.
34. p. 140. — V. 5. τοῦ δὲ δ᾽ Sophocle, tragicae artis principe, defuncto, ipsam artem cessisse poëta ait,
sic hanc sententiam efferens, ut Bacchum saltationi scenicae renuntiasse dicat. Jam igitur Baccho chori partes
tribuit. Sic *Alcaeus Mess.* Ep. XIX. Pylade mortuo, ait,
ἄλλαξε μελεδῶνα διονύσου χορείης. — V. 7. ἵαχεν est ex
emend. *Salmasii*. Vulgo et in Vat. Cod. ἴασχε. — ἡ
κόρυμβος. persona tragica puellae tonsis crinibus, ut in
luctu fieri solebat. *Aeschyl.* Choëph. 178. χαίτην κουρίμην
χάριν πατρί. *Pollux* IV. 139. inter personas tragicas recenset κορύμβον παρθένον. et 140. ἡ δὲ κορύμβος παρθένος
ἀντὶ ὄγκου ἔχει τριχῶν κατηλημμένον διάδεσιν. — V. 9. εἴτε
οὖν. Plan. et Vat. *οὖν* emendavit *Salmas*. et *Huszinsp*. 27.
— ᾿Αντιγόνην. Hanc tragoediam coronatam esse, constat
ex fabula ap. Biograph. p. XL qui poëtam, nuntio de

victoria audito, exanimatum fuiſſe narrat; alii, eundem
a populo imperatorem creatum eſſe αὐϑυμέραντα ἐν τῇ
διλασπαλίᾳ τῆς Ἀντιγόνης. Auctor Argumenti Antigonae
T. II. p. 4.

§. 501.] XXIX. Cod. Vat. p. 318. Σοφοκλῆς τὸ
ἐπίγραμμα· ζήτει κατώτερον. Inter carmina Jenſiana (nr.
127.) edidit Reiſk. p. 165. nr. 778. Satyrus (ſive
omnino perſona dramatis ſatyrici) Soſithei poëtae tumulo impoſitus, laudat poëtam propter innovationes,
quibus drama ſatyricum ſplendidius et exornatius red-
diderit. Fuit Soſitheus Alexandrinus unus ex Pleiade,
qui floruit circa Ol. CLXIV. Suida auctore T. III. p. 355.
alius Athenienſis, quem circa Ol. CXXX. Comoediis
ſcribendis operam dediſſe, docet Eichſtaedt de Dr. Satyr.
p. 13. Hunc in praeclara illa de Soſitheo diſputatione
noſtram Epigramma non attigiſſe, vehementer doleo.
Uter horum poëtarum cognominum a Dioscoride cele-
bretur, non ſatis conſtat; ſunt tamen rationes quaedam,
quae ad Alexandrinum Soſitheum inclinent animum.
Primum, Dioscoridem, qui Alexandriae floruiſſe videtur,
poëtam inter Alexandrinos celeberrimum laudaſſe, probabile eſt; deinde cum Soſitheus ſatyricum drama ad
priſtinam ſuam formam revocaſſe, Satyrosque dorice
loqui docuiſſe dicatur, agnoſcere indolem poëtae Alexandrini nobis videmur, vetuſtiſſima quaeque et jamdudum
ex hominum conſuetudine ſublata renovantis. Levia
ſunt haec; fateor; ſed in obſcuris rebus vel leviſſima
quaeque argumenta aliquid momenti habent. — V. 1.
ἐν μετῇ Vat. Coil. qui verſ. ſq. ἄλλον — Σοφοκλῆς, et ſic
Jenſius. Reiskius ἄλλον — Σοφοκλῆς ex ingenio dedit: tantum curo, quantum alterum in urbe noſtra indigenamque
Sophoclem. Sed quis unquam civem et indigenam αὐϑαί-
μων appellavit? — Si vera eſt Brunckii lectio, ſuſpiceris,
poëtam ad praecedens carmen reſpicere: αὐτὸ — ἐγὼ.

quoque Sofithei tumulum ornat, ut Sophoclis tumulum alius quidam ex fratribus meis ornat. Cum hac autem conjectura consistere nequit interpretatio *Salmasii*, qui Sophoclis tumulo Bacchum impositum fuisse existimabat; sed in illo quoque Satyrus quidam, sive alia persona tragica, stetisse putanda esset. — V. 3. ηΣαίγρου. Hac voce denotatur persona tragica, quae tamen in Polluce non occurrit; forte latet vera lectio." *Brunck.* Idem notavit *Reiskius*, qui Σαίγρου derivat ἀπὸ τοῦ σαιρειν. Satyris in illis dramatis, quae nomen a Satyrorum choro acceperunt, varia fuisse nomina, apparet ex *Polluce* IV. 142, ubi recensitis ceterorum nominibus habituque descripto, τὰ δ' ἄλλα, ait, ὅμοια τὰ πρόσωπα, πλὴν ὅσαις ἐκ τῶν ὀνομάτων αἱ παραλλαγαὶ δηλοῦνται. τὸ σαιρειν Satyris proprie tribuitur. Vide *Exercit. crit.* T. I. p. 9. σαιρειτὴς Σάτυρος vocatur Bacchus in Hymno T. II. p. 517. vers. 19. Illum, qui in Sofithei conspiciebatur tumulo, rufa barba insignem fuisse, apparet ex epitheto πυῤῥοτριχος. (in Cod. est πυῤῥοτριχους.) — δασωσφ. Merito Sofitheus hedera, dramaticorum poëtarum praemio, ornatus est. Hoc per choros Phliasiorum Satyrorum jurans confirmat. Apud Phliasios fuit Ἀρατείου μνῆμα τοῦ Πρατίνου· τούτῳ τῷ Ἀρατίῳ Σάτυροι καὶ Πρατίνῃ τῷ πατρὶ ἐπὶ σεσεισμένοι πλὴν τῶν Διονύσου δεδιδάκτοτα. *Pausan.* L. II. 13. p. 141. — V. 5. τετραμμένον *Jens.* quod R. recte emendavit. Scirtos eam se ad novos mores formatum esse dicit, satyricam poësin a pristina sua specie aberrasse indicat. *Verus enim Satyrice, quam Atticam dixeris, illa aetate, qua Athenis nova Comoedia celebrari coepisset, aut sua consenuisse vetustate, aut novis dramatum generibus sublata fuisse videtur*, quae verba sunt *Eichstadtii* l. c. p. 26. Jam igitur Sofitheus eam ad patrios mores reduxit. στάγιν εἰς με, cujus jam penitus obliti erant homines, in memoriam mortalium revocavit. Haeremus in verbis σαύρῃ ἀπεχθανης, quae *Br.* a praecedentibus separavit.

Reiskius, qui nullam diſtinctionis notam poſuit, ſenſum
ſic explicat: ἤγαγεν ἰμὲ εἰς μνήμην πατρίδος: poëta, converſo
ſermone, ἤγαγε τὴν πατρίδα δε μνήμην, ait, nempe ἐμοὶ,
διερχειτας ἰμε, me rurſus ad vetuſtatis mores compoſita.
Hoc quam durum ſit, monere nihil opus eſt. Fortaſſe
ſcribendum:

ἤγεγ' ἰς ἡμετέρην πατρίδ', διερχεινας.
*me in patriam meam reduxis, patrioſque os veteres mores
mihi reddidis*. Lenis mutatio; cui tamen ipſe vix multum tribuerim. — V. 7. πλὴν Vat. Cod. inepte. Soſitheus doricum ſermonem, ex hoc dramatum genere jam
exulantem, reſtituit, in chori procul dubio canticis.
Hinc intelligimus, quod an aliunde conſtet, dubito, in
Satyrorum choris recentiores poëtas dialecto doricae
atticam ſive omnino poeticam dialectum ſubſtituiſſe.
Δωρίδι Μοῦσᾳ eleganter pro patrio caſu poſitum, ſchemate,
quod vocant, Colophonio. — τρὶς ἁδὺν μεγάλων. Haec
verba de graviore ſono dorici idiomatis accipias licet;
fortaſſe tamen poëta dignitatem quandam orationis,
quam Soſitheus in hoc genere ſecutus ſit, indicare voluit. ἡ μεγαλοφωνία tragicis propria eſt; ejus etiam
quaedam ſunt veſtigia in vetere Satyrice; haec igitur
Soſitheum legiſſe probabile eſt. Nam poſt Alexandri M.
tempora, Satyris tragicorum tantum non e ſcena ejectis,
nonniſi Comica Satyrice floruit, (*Eichſtaedt* p. 39. ſq.).
quae nullum habebat orationis ſplendorem et magnifi-
centiam. — V. 9. 10. „Diſtichon quintum ſic, ut il-
„lud exhibui, in codice ſcriptum legitur: *Placuis heroum
„forma non manu factis ornamentis renovata, ſed audaci
„Soſibei ingenio.“ Brunck.* Quam lectionem *Br.* ſe in
Codice reperiſſe ait, ea ex interpolato fluxit Apographo, nam Cod. Vat. habet: εὐαδὲ μοι ἥρων. Ap. *Jenſium*
etiam corruptior: ἔντα δὲ μοι ἥρων. Nihil hic, quod mireris, tentavit *Reiskius*. In Brunckiana lectione ſenſus
nec bonus eſt, nec integer. Ineptum enim, heroum

tragicorum speciem *non manibus*, sed *ingenio* Sosithei elaboratam esse dici; deinde in altero membro desideratur ἀλλὰ, *it*. Nihil ejusmodi desiderabis in nostra conjectura, quam tamen haesitabundi proponimus:

εἰ εἶ μὴ ΘΥΡΣΩΝ κτύπος εὗρεν κατατομηθεὶς
τῇ φιλοκώδωνι φροντίδι Σωσιθέου.

Haec quam prope absunt a Cod. lectione, videt. θύρσων κτύπος pro ἱερὸν τόπος verum puto. Per *thyrsorum strepitum* poëta Bacchici festi solemnitatem indicat; hanc renovasse videbatur Sositheus, et quidem ἐν εὗρεν, ubi Bacchi asseclae versari solebant. *Euripid.* Bacch. 240. πάντα κινοῦντα θύρσον. Si cui displicuerit εὗρεν, is per me legat ἐν χορῷ; etsi hoc quoque languet.

XXX. Cod. Vat. p. 319. ζητεῖ καὶ ἐνταῦθα τὴν ἕννοιαν διὰ τὰ σφάλματα. *Reiskius* in Jensianis p. 166. nr. 779. Emendatius habetur ap. *Athenaeum* L. VI. p. 241. F. ubi haec de Machone praemittit: μνημονεύει δὲ αὐτοῦ καὶ Μάχων ὁ κωμῳδοποιὸς, ὁ Κορίνθιος μὲν ἢ Σικυώνιος γενόμενος. Ἐν Ἀλεξανδρείᾳ δὲ τῇ ἐμῇ κατεβίως καὶ διδάσκαλος γενόμενος τῶν κατὰ κωμῳδίαν μερῶν Ἀριστοφάνους τοῦ γραμματικοῦ, ὃς καὶ ἀπέθανεν ἐν τῇ Ἀλεξανδρείᾳ, καὶ ἐπιγέγραπται αὐτοῦ τῷ μνήματι· Τῷ κωμῳδογράφῳ. . . . Quae vulgo sequuntur, ἐν τούτοις δηλοῖ σαφῶς, ὅτι Ἀλεξανδρεὺς ἦν γένος, a mala manu videntur addita. — V. 1. φιλάγωνα est in Vat. Cod. Sic hedera vocatur, qua poëtae coronantur in certaminibus. Ap. *Athenaeum* φιλάδιον legitur. *Dioscoridi* haec scribenti haud scio an obversatum sit Ep. *Simmiae* II. ἤτε᾽ ὑπὲρ τύμβον Σοφοκλέος, ἤτια, κισσὸς, Ἐγνόζως χλοερὸς ἱκεροχίων πλοκάμοις. — V. 2. Μαχάτα Vat. — V. 3. ἔχει σφῆνα γε παλίμπλυτον, (πάλι πλύτον ap. *Jens.*) Nostrum est ap. *Athen.* qui mox ἀλλ᾽ ἄρα τέχνης (ἀλλά τι τέχνῃ Vat. Cod.) legit. Verba κυφῆνα καὶ. *Casaubonus* sic explicat: Proprie παλίμπλυτον vestimentum dicitur saepius a fullonibus lotum et proinde nullius pretii. Plagiarii vero, hos enim

κυφῆνας,

στρέφειν, *fucos*, appellabat vetustas, veterum dicta et inventa quasi recoquunt, et plerumque in pejus mutata pro suis vendunt. *Plutarch.* T. II. p. 42. A. postquam eos, qui ubique utilia consectantur, apibus comparavit, addit: οὕτω δὴ ἐπὶ τὸν φιλότεχνον καὶ καλαμάτων τὰ μὲν ἄνθη καὶ τροφὴν τῶν ὀσμάτων καὶ τὰς ἐπαγγίας τὰ δραμματικὰ καὶ συγγραφικὰ ἐκφύειν ἐστόρω ταφυτεύοντα ἀγαθὰ τινι ἀρῖ. *Cyrus* Ep. L. ἐλκοὶ στρόφας Μωμένους μελίσσας. — ἐκεί τι. Intra te contines (tumulum *Dioscor.* alloquitur) virum, in cujus operibus multa priscae artis vestigia conspiciebantur. Pro ἐμφίσεις ap. *Atben.* ἐμφίσαι, ap. *Reisk.* ἐμφίδων legitur. Voluit Vir doctissimus ἐμφίδων dare, 'ut est ap. *Brunor.* Ep. XIII. γαῖαν ἐπεμφιάσαι. Sed locus mutatione non eget. Tumulus, qui Machonis reliquias condit, eas ἐμφίεσι, non ἐμφιάσετι. Mulierem rogo e stramine exstructo impositam aequales ἐμφίεσαν ἐπέμψαντι ἐν γαῖαι, ap. *Philipp.* Ep. LXXX. Undae cadaver retegentes τὴν ὀλίγην βῶλον ἐπεμφιόσαν, ap. Nostr. Ep. XXI. Contra, qui terram subeunt, in terra sunt conditi, ἀμφιέννυσθαι, ἐνδύνεσθαι γῆν dicuntur. Epigr. *Aeschyli* T. I. p. 148. Ὀσσαίαν ἀμφιέσαντο κόνιν. *Nicomed.* T. II. p. 283. σάρξ ἀρετὴν πέτρην εἰλκαθ' ἐφεσσάμενος. *Chaeremoni* Ep. II. γᾶν ἐπιεσάμενος. *Agathias* Ep. LXXXIX. ἐοντὶ ἀμφιβάλοντο αἶαν. — τέχνες ἑξαν. Vide ad Ep. XVII. 6. *Sostyll. Place.* Ep. IX. de *Sophoclis* tragoediis: ἁξω τῆς ἱερίων βίβλων χερωνίσχε. — V. 5. ἐμοὶ *Jensius* dedit. Ap. *Atben.* et in Vat. Cod. ἐμοὶ legitur. Ille praeterea δ' ὁ πρέσβυς habet; et vers. sq. ἀγμὸ πέτρον αὐτόν. *Brunckius* quomodo h. l. acceperit, ignoro equidem; hoc video, distinguendum esse cum *Casaubono* et *Reiskio*:

ταῦτα δ' ὁ πρέσβυς ἐφη· Κέκροπες πόλι, καὶ παρὰ Ν.

Sic legendum: Senex, Machon, hoc dicere videtur: O urbs Cecropia, non in tuis tantum agris, sed ad Nili quoque litora nonnunquam thymus reperitur Musarum. θύμος ἁγνός, qui plurimus in Attica proveniebat, mordaces illos fales fignificat, quibus Attica inprimis comoedia redundabat. Facit huc *Quintil.* Inft. Or. XII. 10. 25. *Quid eft igitur, cur in iis demum, qui renui venula per calculos fluens, Atticum saporem putens? ibi demum thymum redolere dicens?* — In Vat. Cod. Θυμός legitur, accentu male pofito. Herba illa, qua apes delectantur, θύμος appellatur et θύμον, ut et apud Latinos *thymus* et *thymum*.

XXXI. Cod. Vat. p. 231. Διοσκορίδου, οἱ δὲ Νικάρχου. Sic quoque eft in Plan. p. 223. St. 325. W. ubi verba οἱ δὲ Νικάρχου ex Lect. Aldinae prioris accefferunt. In Ald. pr. enim defunt. Eft in Lamifcam, Samiam, fed in Aegypto degentem, quae gemellos enixa obierat. —

V. 3. αἱ πρὶν ἱλαρ. Cod. Vat. — V. 5. 6. laudat *Suidas* v. λιχεῖα T. II. p. 435. Mos videtur obtinuiffe puerperis dona offerendi. Ex noftro loco ἵερα λεχεῖα attigit *Spanhem.* ad Callim. H. in Jov. 14. p. 35. — θυμέ. Haec fortaffe ducta funt ex *Sophocl.* Antig. 88. θυμὸν ἐπὶ ψυχροῖσι καρδίαν ἔχεις. quam antithefin nonnulli, ut frigidam, reprehenderunt.

¶. 502.] XXXII. In Vat. Cod. hoc carmen proximum a praecedente locum occupat p. 231. cum lemmate: Τοῦ αὐτοῦ, (utrum *Dioscoridis*, an *Nicarchi*?) οἱ δὲ Ἑκάτου (Ἑκαταίου) θασίου. Eadem eft ratio in Plan. p. 224. St. 325. W. ubi verba οἱ δὲ Ἑκατ. Θ. omiffa funt in ed. Flor. et in contexta Ald. pr. Scriptum eft in Polyxenam, duodeviginti annorum mulierem, quae puerum, nec ipfum vitalem, enixa perierat. — V. 1. θανούσαν Vat. Cod. — V. 3. ἰσον. matris dolores perpeffa, non item matris gaudiis fructa. — ταῦτά τε Cod. Vat. et Plan. *Brunckius* diftinctionem emendavit, quae vulgo poft αἰτίαν ponitur. Interpretes tamen, quid fenfus poftularet, recte perfpexerant. — V. 4. αὐτόν. Cod. Vat. et fic tres Aldinae. αὐτόν eft in Afcenf. (puto etiam in Flor.

pr.) — V. 6. laudat *Suidas* in παντελγνοζόμινος T. III. p. 23. Vulgo et in Vat. Cod. πάντ' ἐλίγιζε. quod *Kusterus* praefert.

XXXIII. Bis legitur in membranis Vat. p. 241. et 321. Planud. p. 198. St. 299. W. *Brunckius* hoc carmen dedit secundum *Plutarch.* T. II. p. 235. A. Latine illud vertit *Auson.* Ep. XXIV.:

Excipit adverso quod pectore vulnera septem,
  Arma super veheris quod, Thrasybule, tua:
Non dolor hic patris; Pisanae sed gloria major.
  Rarum iam pulchro funere posse frui.
Quem postquam moesto socii posuere feretro,
  Talia magnanimus edidit orsa parens:
Flete alios: lacrymis natus non indiget ullis,
  Et meus, et talis, et Lacedaemonius.

— V. 1. τᾷ Πιτάνᾳ Vat. loc. pr. et Plan. Loco altero membr. οἷα ἐνταπιας, unde *Dioscoridem* scripsisse suspicor: Ἐκ Πιτάνας – – – Ex pugna prope Pitanam cum Argivis. — V. 3. λ. στροφαια. Vat. loco pr. ut ap. *Loll. Baff.* Ep. VII. Ἐκάςτας ὁ στόλος εἶπεν· Ἰδ' ὡς πάλι πρόςθια πάντα Τραύματα. *Adversa* et *bonesta vulnera* appellant Latini. Vide *Cortium* ad *Salluft.* B. C. LXI. 3. p. 391. sq. *Aelian.* V. H. XII. 21. — V. 4. Vulgo in Planud. καπ' ἐπὶ συρπαίης T. εἶπε τᾶδε, et sic est in Vat. loco pr. nisi quod συρπαίαν legit; et Vat. loco sec. ubi pro τᾷδε habetur φέρων. Nostrum est ap. *Plutarchum.* — V. 6. τὸν καὶ ἰμὸν, *Plutarch.* T. II. p. 242. A. ἀλλὰ (Lacedaemonia) ἀπεύσατα, ἔτι ὁ υἱὸς αὐτῆς ἐν συρπατάξει ἐκσραγατήσας ἐπίθανεν· ἐμὸς γὰρ, εἶπεν, ἦν.

XXXIV. Cod. Vat. p. 274. Planud. p. 202. St. 294. W. De mirabili Lacedaemoniae mulieris constantia, quae octo filiorum mortem pertulit. — V. 2. ἔβαντε. Plan. et Vat. — V. 3. ικα ἰλιξε. Epigr. ἄλλος. CDLXXXII.

ὅπηξαν Μοῦσαι δάκρυα Πιερίδις. CCCCLV. ἔβεσαν ἰκβαυθέν φθόγγον ἐπὶ φθιμένῳ. — V. 4. μοῦνον δ. sic Vat. Planud. ed. Flor. et Ald. pr. In reliquis μοῦνον ἰδ. Stephanus etiam aliam lectionem commemorat: καὶ μόνον δ. — Br. suam lectionem in quatuor Planudeae codd. invenit. — Cum hujus mulieris dicto convenit illud item Lacaenae matris, ad quam, filium sepelientem, cum vetula accessisset, dicens, ὦ τέκνα, τὰς τέχνας! τὰ τοῦ Σιά, inquit, τὰς παῖδές γο· οὐ γὰρ αὐτὸν ὅπως ἔτεκον, ἵνα ὑπὲρ τᾶς Σπάρτας ἀποθάνοι, τοῦτό μοι εὑρέθη. Comparandum Ep. Anthologiae Lat. T. II. p. 201. CCLXIII.

XXXV. Cod. Vat. p. 233. Plan. p. 235. St. 341. W. Servus Timanthes hero etiam post mortem fidem suam pollicetur. — V. 1. Αὐθὶς ἐγὼ καὶ Αὐθίς. Sic est in Vat. Cod. et in optimo Planudeae cod. sed superscriptum bis δούλος. Hanc lectionem, ex glossa profectam, Planudes secutus est. — V. 3. φαίνετ' ἐσσι. Vulgo. Hoc Br. correxit ex Vat. τοῦτον φέρει. Aeschyl. Prom. 536. ἥδε τις θαρσαλέαις τὴν μακρὰν τείνειν βίον ἐλπίσι. Euripid. ap. Porphyr. de Abstin. IV. 19. ἀγαθὸν δὲ βίον τείνωμεν. Ion. 624. ἔστι δεδιακίς — αἰῶνα τείνει. — V. 4. subs. Vat.

V. 503.] XXXVI. Cod. Vat. p. 230. Planud. p. 235. St. 341. W. Servus Persa dominum rogat, ne eum defunctum igne concremet, neque aqua abluat. Utrumque enim Persis nefas. Inepte Opsopoeus has preces ad servilis conditionis humilitatem refert. Quanta religione ignem Persae coluerint, nemo ignorat. De aqua docet Herodot. L. I. 138. p. 69. ἐς ποταμὸν δὲ οὔτε ἐνουροῦσι, οὔτε ἐμπτύουσι, οὐ χεῖρας ἐναπονίζονται, οὐδὲ ἄλλον οὐδένα περιορῶσι, ἀλλὰ σέβονται ποταμοὺς μάλιστα. — V. 2. οἰμὶ καὶ ἐν π. Plan. πέπαυμαι. Ed. Flor. γὰρ est in Vat. superscripto καὶ. — V. 3. 4. 5. laudat Suidas in πυθαγρίσιε. Tom. I. p. 379. — V. 6. λουτρά. Hoc fortasse ad cadaverum ablutionem referendum; fortasse etiam de Inferiis accipi debet. ἔθιμα λουτρά. τὰ τοῖς νεκροῖς ἐπιφερόμενα.

ἐπιμάζειν γὰρ ἐπὶ τοῖς τάφοις λουτρά. *Hesych.* Eadem habet
Zenobius VI. 45. p. 167. ubi vide *Schottum.* Ejusmodi
λουτρά allata fuisse monimentis eorum, qui coelibes essent mortui, narrat *Harpocration* in λουτροφόρος p. 233.
ubi vide *Valesium* p. 49.

XXXVII. Cod. Vat. p. 279. Planud. p. 243. St.
354. W. In Silenidem, vinosam mulierem, non procul
a torculari sepultam. — V. 1. σιληνίδα Plan. et Vat. —
V. 2. σίληνος Vat. — διαβρόχην· nunquam oppressam
ac ebriam interpretatur *Brod.* Mihi significari videbatur mulier, quae nullum, ne amplissimum quidem poculum, expavesceret. — V. 4. λινὸν et ἴχνη. Vat. Ἀηδῶ,
Plan. — Similia vide in notis ad *Meleagr.* Ep. CXX.

XXXVIII. Cod. Vat. p. 284. cum lemmate: εἰς
'Αλεξιμένην ὀργιοφάντην. «Vera nominis scriptura servata
etiam in optimo Cod. reg. Plan. ubi v. 2. legitur 'Ἀλεξι-
μιένους.“ *Br.* Planud. p. 215. St. 314. W. Musicus fuisse
videtur Aleximenes, Bacchicis festis adhibitus. — V. 2. τύμ-
πανα. quibus Bacchae utebantur. — 'Αλεξιμένους Vat. Cod.
'Αναξιμένους Plan. — V. 3. περὶ ἐντέσεσθε. Vat. Verborum ordinem *Br.* hunc esse statuit : ἄφετοι Θυιάδες ἐντέσεσθε ἀνα-
λύματα μακρῆς χαίτης περὶ Στρυμονίην Ἀμφίπ. ὁ πολλ. διαίρεσις
πρὸς μελαινᾶς ὑγροῖς τοῦδε ὑπόσαντας γλ. κφ. ὑπ. b. Mihi vero
sejunctis verbis περὶ ἐντέσεσθε constructio sic melius videtur procedere: ἐντέσεσθε κκλ. χαίτης ἄφετοι περὶ Στρ. 'A-
rotate longas comas cincinnos, o *Thyiades,* circa Amphi-
polin errantes. — V. 4. Vulgo ἀμφὶ πόλιν. quod tamen
interpp. recte ceperunt de Amphipoli ad Strymonem fl.
posita. Vide *Wasse* ad Thucyd. L. V. Tom. III. p. 522.
ed. Bip. — V. 5. *Br.* hoc distichon sic edidit, ut vulgo
legitur. In Vat. Cod. ὑπόσαντας δὲ ὀρῶν. et verbo διβρέσεις
superscriptum γγ. ἐύτασις. Utramque sensu cassum. ὑπό-
σαντες Aldus quoque in Codd. invenit, receptumque est
in Aldin. sec. Ibidem v. 6. τοῦδ' legitur. Pro ἰκέσιος
Vat. Cod. ἰχέμου praebet. *Scaliger* ad marg. Aldinae

emendavit ἀ γλυπρὰ et in verſ. ſq. ὀχεμωκα. qua coni
jectura ulcus hujus loci minime ſanatur. In ἀλλοντας
Bruckius vocem quandam Thracibus peculiarem latere
ſuſpicatur, (quod mihi parum videtur probabile.) Alias
pronom eſſe reſcribere: ἰφ' ὑμετέρων Θαλιίας. Hunc
ſenſum ſi efficere voluit poëta, eum potius ſcripſiſſe
dixerim:

> ἰφ' ἡμετέραις πυτὶ Θαλίαις.

quod a Cod. ſcriptura proxime abeſt. *Brodaeus* hic quaedam tentavit, viri doctiſſimi ingenio minime digna.

SOSIPATRI EPIGRAMMATA.

¶. 504.] I. Vat. Cod. p. 96. τοῦ αὐτοῦ (*Dioscoridis*,
cujus praeceſſit Ep. VIII. ubi vide not.) φωκρία πρὸς
ὁμιλίας αὐτοῦ, πῶς ἐν μετὰ γυναικὸς ἡγούμενος συγκαθεύδειν.
In Lipſ. Miſc. T. IX. nr. 297. p. 120. *Dioscoridi* tribuit *Reiskius*. In Duberiano Cod. *Soſipatri* nomen praefixum. — V. 1. ἀντιτρέποντες legit *Reisk.* et *Toup.* in
Epiſt. crit. p. 48. Idem tamen in Addendis ad Theocrit.
T. II. p. 403. Codicis lectionem tuetur. Ad ſenſum
nihil plane intereſt, utram lectionem ſequaris; nec du-
plex epitheton vocis Μίχας cauſa eſt idonea textus mutandi. Μίχας γαστροβαρής, εξήμα καλοκοφάντις, ſimilibus quibusdam allatis, emollire conatur *Toupius*. Non video,
quid impediat, quominus γαστροβαρής corrigamus. Fortaſſe et plura in hoc diſticho depravata ſunt. κλίτος videtur in κυρί; mutandum; quo facto verba πρὸς οὖν locum ſuum non amplius tueri poterunt. Vide, an corrigendum ſit:

> Μήποτε γαστροβαρής στωργὰς Μίχας ἀντιτρέποντι·
> καιογόνῳ μυρίῃ Κύπριδι τερπόμενος.

Poëta *libidine ſurgentem, στωργάντα*, (vide *Ruhnk.* ad

Tim. p. 244. fqq.) hortatur, ne uxorem gravidam, antica Venere ufus, fubagitet. παιδογόνος Κύπρις, Venus, quae liberis procreandis dat operam, opponitur praediconum Veneri. — Jam video, virum acutiſſimum, *Gilbertum Wakefield* in Sylv. crit. IV. p. 89. fufpicari, hoc carmen laborare ulcere, quod niſi in hoc diſticho eſſe non poteſt. — V. 3. μέγα in Vat. Cod. fuperſcriptum, — κύμα, ſuber. Vide Intrpp. Hefych. v. Hinc ἀκύμων ἀντίπος, μὴ ἴχνοσα κύμα. Idem. Cf. *Valcken.* in Phoeniſſ. p. 81. κυμαίνεσθαι uterus dicitur gravidarum. *Nonnus* Dion. l. p. 28. καὶ διδύμῃ ἐφρίγωσα γονῇ κυμαίνετο γαστήρ. — Pro ἐλίγος Cod. Vat. ἐλίγους. — Pro πάνος in marg. Cod. Lipſ. corrigitur πλέος, quod fpeciem habet, fed in hoc contextu minime admittendum eſt. — V. 4. ἀρτιτοκούσης. Vide ad Ep. *Philippi* XXVIII. — V. 5. „In »optimo Buheriano codice, ut et in aliis quos habeo, »perfpicue fcriptum eſt πάλιν στρέψας, quod bonum et »minime follicitandum." *Branck.* At in Cod. Vat. πρὶν legitur, ut in apogr. Lipſ. Hoc in περιστρέψας mutavit *Toupius.* Quae emendatio, quamvis auctori fuo valde arrident, minime tamen praeferenda ei, quam *Br.* in apographis fuis invenit, et *Reiskius* quoque ex Schedis Lacroz. in textum recepit.

II. Cod. Vat. p. 96. τοῦ αὐτοῦ. (Vide ad praecedens Epigr.) εἰς Δαφνὶν τὸν νέφρων. Duo priora diſticha protulit *Alberti* ad Hefych. v. ἐῤῥινεὺς. κλινῆς. T. I. p. 550. Totum carmen egregie illuſtravit *Ruhnk.* in Ep. crit. I. p. 71. *Reiske* Mifc. Lipſ. T. IX. p. 121. nr. 298. — V. 2. ἔνθεεν. Hoc non fenfu proprio accipiendum, in toro enim res agitur; fed referendum ad μεθύοντος corporis rofarum compos factus, deos fibi eſſe videbatur. — V. 3. 4. Deſcribitur fchema, quod κλίνης appellatur. Vide *Ruhnken.* ad Rutil. Lup. p. 160. *Appulej.* Metam. II. p. 32. *Infcenfo grabatulo, fuper me coxim refidens* (cinaedus) *ac crebra fubfilens, lubricisque gefti-*

bus mobilem spinam quassiras, pendulae Veneris fractu vix
fatiavit. — V. 4. ἵππον - Κύπριδος δίαυλον. Hinc Paul.
Silent. Ep. XII. μαστίθων ἵμαπα Κυπριδίης ἵππον λεπαπίπας.
Rubnken. comparavit Lucret. L. IV. 1194. Et communia
quaerens Gaudia, folliciter spatium decurrere amoris.
δίαυλος igitur est stadium, non, ut Reiskius vertit, longus
cursus. Ap. Macbonem in Athen. L. XIII. p. 581. E meretrix πάντως schemate usa καθιππάζων dicitur. — In
verbo καθιππῶν haereo. Hesych. interpretatur διθαρθῶ.
Esset igitur in neutram partem inclinato; quo fortasse
firmiter eqno inhaerens puella describitur. Haud tamen
scio, an melius scribatur:

ἵππ᾿ ἐκδύοντος τὸν Κύπριδος δίαυλον.

quae insignis laus est equi πάντως. Vide not. ad Asclepiad. Ep. XXX. ἢ γὰρ ἐκδύοντος τελεσίφορος — quod idem
de puella κληππίζουσα accipiendum est. — V. 5. ἵππους
νωθρὰ βλέποντα. Comparavit Rubnk. Tertullianum de
Anima c. 27. In illo ipso ultimo voluptatis aestu, quo
genitale virus expellitur, nonne aliquid de anima quoque
sentimus exire, atque adeo marcescimus atque devi-
gescimus, cum lucis detrimento. Ovidius A. A. I. 720.
Aspicies oculos tremulo fulgore micantes, Ut sol a liquida
saepe refulget aqua. — vb 3c. Puellae ὄμματα, marcescen-
tia et natantia, (τυγχάνω, ut est ap. Theocrit. Eid. I. 91.)
haud aliter tremunt ac folia, leni vento commota. πορφύρεα, nigri oculi. Fortasse tamen melius junxeris ὑπὸ
φύλλα πορφύρεα, veluti florae purpurei. Tibull. L. El. 4. 29.
purpureos deperdit terra colores. φύλλα de floribus passim.
— V. 6. ἐπφὶ ππλιπμάτως. Vat. Cod. et Reisk. Junxit
Rubnk. — V. 7. ἐπισυνθεῖς. Vat. Cod. — λιπαὸν μένος.
Sudoris guttas interpretatur Reisk. — V. 8. Cum in
nonnullis Codd. esset παρειαῖς et παρειαῖς, Rubnken. olim
legebat: καὶ δ᾿ ὑγραῖς πλοκαμοῖς ἐξ. p. Agathias Ep. I.
Ἡγάπη πλοκαμῶν ἐκφοίητα κόμα. Ipse tamen postea ingeniosam hanc lectionem posthabuit lectioni Codicis παρα-

τοῖς, comparato *Appulej.* Metam. II. p. 26. *Usque dum lassis animis ex marcidis artubus defatigati, simul ambo corruimus, inter mutuos amplexus animos anhelantes.* *Arnob.* L. III. p. 105. *Cupiditatibus rabidis ire in mutuas complexiones, et ad postremum fractis dissoluiisque corporibus, voluptatis enervatione languescere.*

III. Cod. Vat. p. 96. τοῦ αὐτοῦ. Sine auctoris nomine exstat in Plan. p. 487. St. 632. W. Quae sibi in puella placeant, poëta recenset. — V. 2. πρόθυμα. *Aristaenet.* L. II. 7. p. 83. ἐγγὺς μὲν τοῦ στόματος ἡ παρειά, ἡ ψυχὴ τῶν θυρῶν. ubi cave cum *Pauwio* χειλῶν corrigas. — V. 3. Miror in puella formosa ὀφρῦς λασίας, quas Polyphemum decent Theocriteam Eid. XI. 31. λασία μὲν ὀφρὺς ἐπὶ παντὶ μετώπῳ ἐξ ὠτὸς τέταται. et Glaucum marinum ap. *Philostrat.* Imag. II. 15. p. 833. ὀφρῦς λάσιαι, συνάπτουσαι πρὸς ἀλλήλας, οἷον μία. Depravatum videtur vocabulum ex forma paulo reconditiore:

καὶ γλήνας μελαναυγέας ὑπ᾽ ὀφρύσι.

Scripsi μελαναυγῆ, quia in cod. est λασίαυσν. Hanc formam pro μελαίνας nobis servavit *Hesych.* μελαυγαί. βαθεῖαι. Cf. *Maittaire* D. D. p. 311. B. Sic scriptus versus similimus est Theocriteo Eid. XX. 24. καὶ λευκὸν τὸ μέτωπον ἐπ᾽ ὀφρύσι λάμπε μελαίναις. *Aristaenet.* L. II. 21. p. 105. φύσεις αὐτόκλητοι ἐμπίπτει κατηφεῖα ταῖς παρειαῖς· ὀφρῦς μέλαινα κατὰ λευκοῦ τοῦ μετώπου. Vide etiam, quae collegit *Junius* de Pict. Vet. p. 245. — V. 4. παγίδες. Vide not. ad Epigr. alter. VIII. 6. Meretriculas παγίδας τοῦ βίου appellat *Amphis* ap. *Athen.* L. XIII. p. 567. F. — V. 5. ὁμόζυγες. sororiantes. *Anthol. Lat.* L. III. 219. p. 653. *Conde papillas, conde gemipomas, Compresso lacte quas modo pullulant.* i. e. φυομένοισι. Conf. ad *Anacr. Theff.* Ep. XXXII. 6. — V. 7. εἰ μηδέν. Ductum ex Ep. *Platon.* III. — Cod. Vat. vitiose ἄντις. et mox al *Milon.* ut Planud. Notae sunt arundines tremulae, Midam aures humanis longiores habere prodentes.

TYMNIS EPIGRAMMATA.

¶. 505.] *I.* Cod. Vat. p. 167. Edidit *L. Holsten.* ad Steph. Byz. p. 145. Prius distichon cum parte versus tertii laudat *Valcken.* in Adon. p. 351. B. *Reisk.* Anth. p. 15. nr. 440. Miccos, tubicen, tubam Minervae dedicat, Hinc expressum Ep *Archiae* IV. ubi cum Cod. Vat. Παλληναῖος exhibeat, *Valcken.* hoc quoque loco sic scribendum censet. Non enim Achaeum ex Peloponneso *Pellenensem,* sed *Pellenaeum* ex Thracica Chersoneso Miccum videri fuisse. — V. 1. *Holsten. Νίκαες.* et v. 2. Ἀθηναίας. In Cod. est Ἀθηναιης. — V. 3. ,,Corruptam μελίζημα conniventibus oculis praeterii, recte a *Salmansio* emendatum reponente μελίσημα, *instrumento, quo inflando Tyrrheni se exercuerunt.* Tyrrhenorum Inventorum tuba. Minus probabiliter vir doctissimus ad ,,Theocr. Adon. p. 351. κελαδημα reponit e Crinagorae ,,Ep. X. ubi diversa est phrasis." *Brunck.* Facit huc *Pollux* IV. 87. παρηλθε μὲν εἰς τοὺς ἀγῶνας ἡ σάλπιγξ ἐκ τῆς ὁμωλειμίου μελέτης. *Clemens Alex.* Strom. I. p. 361. 28. Τυλληνοὶ σάλπιγγα ἐπενόησαν καὶ ὀρθίας αὐλόν. Paedagog. II. p. 193. 25. χρῶνται γοῦν παρὰ τοὺς πολέμους αὐτοῖς Τυλληνοὶ τῇ σάλπιγγι. Vide *Wesseling.* ad *Diodor. Sic.* T. I. p. 362. *Valcken.* ad Schol. in Phoen. p. 766. Tyrrheno, Herculis filio, tubae inventum *Hyginus* tribuit Fab. CCLXXIV. — βαρὺν αὐλὸν, *Nonn.* Dion. XVII. p. 468. Τυρσηνῆς βαρύθροοι ἔχων σάλπιγγα θαλάσσης. — V. 3. ἰφθίμου. Cod. Vat. — εἰφίμας. In gymnicis enim certaminibus tubae frequens usus.

II. Cod. Vat. p. 236. Εἰς ὄρνεον ἀλκυτωκτον, ὠμαὶ δὲ Λέρει. Auctor lemmatis itaque v. 3. vocem Λέρει in suo codice non perspicue scriptam invenit; ex felicissima autem ejus conjectura deinde scriptum est λέρι; ut nunc quidem legitur in Vat. In Planudea habetur φιλέλαιος, quod ridiculis interpretationibus locum dedit. — Plan. p. 267. St. 385. W. — V. 1. Χάριτων μεμελημένον. Alciphron. L. L. 38. p. 180. κεῖται δὲ ἡ εὐσεβὴς Χάρις. μέλουσα, παρὰ Λίθος καὶ σκευή. Quae insignioris funt venustatis, Χαρίτων appellantur μελήματα. T. Hemsterh. ad Lucian. T. I. p. 272. Conf. Solanum ad Ejusd. T. III. p. 15. Nonnus Dion. XXXVII. 623. Παλλάδι Νικαίη μεμελημένος. Similia collegit Dorville ad Charit. p. 580. Musgrave ad Eurip. Iphig in T. 644. — παρ' ἡμῖν. Cod. — V. 3. λέρι. De gavia, quam quis domi suae nutriverat, accipiendum. De hujus avicolae cantu nihil legi, quod ad ejus commendationem pertineat. Querulum esse, intelligitur ex comparatione cum cantu halcyonis. Conf. Bochart. Hieroz. T. II. p. 219. — V. 2. deleto inutili fulcro, scribe: ἐλκύσαι τὸν σὺν —. — V. 4. νυκτὸς ἰδεῖ. Qui nunc is per iter tenebricosum, Illuc, unde negant redire quemquam. Catull. III. 10.

III. Planud. p. 337. St. 477. W. Priapus furibus cujuslibet aetatis eandem poenam minatur. Expressum carmen ex *Leonidae Tar.* Ep. XXXVI. — V. 1. In Wechel. vitiose ζεῦγος. Priapus in Lusibus LXXVIII. de se gloriatur: *Deprensos ego perforare possum, Tithonum, Priamumque Nestoremque.* — V. 2. Vulgo φάς, quod *Scaliger* emendavit. — V. 3. Dixerit aliquis, turpe esse, furto paucorum olerum tam flagitiosam poenam statuere; et recte eum dicere fateor; nec tamen minus statuo. — μολοκοσθόν vulgo. μαλακόστην scribunt Attici; reliqui μαλακοσύνη. Vide *Atben.* L. II. p. 59. C. Est cucurbita, de cujus variis generibus consule disputantem *Bodaeum a Staep.* ad Theophr. VII. p. 783.

IV. In Vat. Cod. p. 274. et in Planud. p. 201. St. 29). W. tria hujus carminis leguntur disticha. Quartum inserendum esse, post v. quartum, intellexit *Brunckius* ex loco *Plutarchi* T. II. p. 240. qui, memoria lapfus, difcerpta difticha, tanquam e diverfis carminibus, affert: Ἀκμαντρίδα τὸν υἱὸν δοκῶν καὶ κράξιον ἑαυτῆς κατέκτανε, παραγεκόμενον ἀνοπλὶα. τὸ δ' ἐπίγραμμα ἐπ' αὐτῆς τόδε· Τὴν παραβλάπτω ..... Ἀκιδαμένων, ἑτέρα Λάκαινα τὸν υἱὸν λιποτακτήσαντα, ὡς κράξιον τῆς πατρίδος ἀνεῖλεν, εἰποῦσα· Οὐκ ἔστιν ἐμὸν φύτευμα· ἔφ' ἧς ἐπίγραμμα τόδε·

Ἔφθι παιδὶ φύτευμα κὰδ σκότος, ᾧ διὰ μῖσος
Εὐρώτας δειλαῖς οὐδ' ἐλάφοισι ῥέει·
ἀχρεῖον σκυλάκευμα, κακὰ μερίς κ. τ. λ.

Hoc igitur diftichon *Tymni* reftituendum eft. Exprefiit hoc carmen *Antipater Theff.* Ep. XXVI. — V. 1. παραβ. νόμους. Spartae leges migrantem, ignavia puta. Vide *Weskim.* ad N. T. I. p. 420. — V. 3. ἐν προβολῇ, ftatu *pugilis in procinctu ftantis*, ut *Brodaeus* interpretatur. Ξίφος ἐν προβολῇ θέσθαι, *gladium intentare*, Toup. in Em. ad Suid. T. I. p. 192. comparat cum *Appian.* in Hifp. p. 552. ἱππέας ἐν προβολῇ τὰ δόρατα θεμένους. Attigit *Valefius* ad Harpocr. p. 65. *Dorville* ad Char. p. 602. Sylvam exemplorum ejusdem locutionis congeffit *Ruhnken.* Ep. crit. I. p. 70. fq. ubi tamen vulgatam lectionem non fine gravi caufa impugnat. Prorfus enim frigidum effe, athleticum Lacaenae commemorari ftatum, ubi loci, quo gladium defixerit, exfpectetur commemoratio. Laudat hoc difticbon *Suid.* in θυρέν T. II. p. 194. ubi non ἐν προβολῇ, fed ἐν προβάλῳ. Hinc *Ruhnkenius* correxit:

θυρέν δ' ἐν προβάλῳ θεμένη ξίφος.

Virgilius Aen. XII. 357. *dextros mucronem exiorquet ex alto Fulgentem ringuis jugulo.* Horat. II. Serm. III. 136. *In matris jugulo ferrum repeficis acutum.* Ovid. Ep. XIV. 5. *Quod manus eximuit jugulo demittere ferram.* — V. 4. Idem V. D. οἷα λίαινα tentat; nec aliter lectum fuiffe exiftimat in Ep. *Antip. Theff.* XXVI. ubi vulgo: ἀγροτέραν λάγεις, οἷα λάκαινα, κέρας. Vide ibi notas. —

ἐπιφρίσσων' (ἐπὶ φρίσσων' Vat. Cod.) habetur in ed. Flor. Ald. pr. et tert. In Ald. sec. et Ascens. ἐπιφρίσσων'. φρίσσων pro Attica, φρίσκων pro vulgari forma haberur. Vide Intrpp. *Thomae Mag.* p. 173. Conf. not. ad *Leonid. Tar.* Ep. LI. Hoc verbum, quod de leonibus proprie usurpatur, *Rubnkenii* conjecturam haud male firmat. Vide *Eustath.* ad Il. p. 912. 42. Leonis iram βρυχητὴν χίλων vocat *Paul. Silent.* Ep. XLVII. — In districho a *Plutarcho* servato notandum vocabulum. φίτυμα, i. e. φυτόν, φύτευμα. Vide *Hesych.* v. ubi laudatur *Aeschyl.* Agam. 1290. — ὑκμὰς ὑλόφοιτος. ne in posterum Eurotas, per te quidem, non fortibus viris, sed timidis cervis fluat. Vim dativi illustravit *Caper.* in Obss. II. 20. p. 257. —
§. 506.] V. 5. In ultimo districho vulgo ὅπη κατὰ συλ, et sic legit *Suid.* in ὅπη T. I. p. 851. *Plutarchus* ὅπη ῥεν συνλέγοισα. Voce συνλέγοισα sic usus est Auctor Epigr. quod edidimus in Exercitt. crit. T. II. p. 169. μα συναπήματα ὀίγγος. — κατὰ μοῖρα. *Damagti.* Ep. XII. ἐν δ' οὕτη Μουσῶν ἰκανῇ μοίρῃ. Color est, ut ap. *Homer.* Il. 9. 164. ὅπη κατὰ γαλῆνα. — In fine Planud. ἔξιοι ἐρήμωσι quam lectionem ita fortasse juvandam existimat Br. ut αἱ τρίφορσι legatur. Sed praeferenda lectio *Plutarchi*, cum quo fere conspirat Vat. Cod. αἱ ἔρημαι. et *Suidae* δι' ἔρημαι.

V. fix habetur in membranis Vat. p. 257. in marg. et p. 283. Planud. p. 229. St. 332. W. In mulierem Aegyptiam, a fato in Creta oppressam. Poëta eam consolatur, quod non in patria sepulturam nacta sit. — V. 1. ἐπικαίρων. Vatic. utroque loco. Sic etiam legitur in Flor. pr. duabus Aldinis et Ascens. In Ald. sec. ἄντρα καίρων. Vera est *Brunckii* emendatio. — V. 2. ἐνιαίης Vat. — V. 3. Ἐλευθέρη urbs est Cretae. Vulgo et in Vat. Ἐλευθερίη. *Brunckio* emendanti praeivit *Reisk.* in Notit. Poët. p. 266. — Ἰσην Μοῖς. Junge ὅδε τῷ εἰς Ἄδαν ἀγομένοισιν πάντεσσιν ἴσν. *Wakefield* in Sylv. crit. I. p. 55.

ἀχριάνθων emendavit. Sententia est Aristippi ap. *Tele-*
tem de Exilio in *Stobaei* Flor. XXXVIII. p. 233. 39.
τί γὰρ τὸ διάφερον ἢ οὐ συντηχθῆτι, φησὶν ὁ Ἀρίστιππος, ἅτε
καὶ ὁμοία ἡ εἰς Ἅιδου ὁδός. Ep. *Arcesilai* II. T. II. p. 62.
ἀλλὰ γὰρ εἰς Ἀχέροντα, τὴν τὸ φατὶν, ἴσαι κέλευθοι, ἧς δεσμὸς
ὁοῆσθι, πάντοθεν μετρούμενα. Conf. inprimis Epigr. *Idem.*
CCCCXLIII.

VI. Cod. Vat. p. 322. Planud. p. 234. St. 339. W.
In Cod. lemma: εἰς κριτόκον τινὰ γυναῖκα τελευτήσασαν
Εὐόδη. In Plan. est δῆλον. In Cod. Bibl. Matritensis
p. 89. *Callimacho* tribuitur. — V. 1. εὐόδη Vat. et in
fine vers. ἐλαχεύθην. — Vulgo οὐκ ἐν', quod *Joseph. Scaliger* emendavit: Τρυτωνὶς ἐν' οὐκ ἡ. l. — Euethe Tryto-
nis filia non bonis avibus peperit. κριθέντε h. l. quodris
omen significat. — V. 2. ἐν om. Vat. — V. 3. κατήγε
ἐν βρ. ἔδην. Vat. Cod. κατήγαγεν ἐν βρ. ἔδην. Plan. Vir
doctus in Schedis Bibl. Bodl. ἔδην corrigit, quod non
intelligo. Scribendum puto:

τὸ δὲ Μοῖρα κατῆγε νέον βρέφος ἔδην
εἰν κενῇ. —

νέον βρέφος, ut ap. *Euripid.* in Bacch. 289. Partem hujus emendationis occupavit *Gilbertus Wakefield* in Sylv.
Crit. T. I. p. 54. τὸ δὲ Μοῖρα κατήγαγεν ἐν βρέφος ἔδη —
quae verba cum praecedentibus jungenda existimat:
μήτηρ farum ad Orcum demisisses hunc unicum suum infantem. — V. 4. εἰν κενῇ. Cod. Vat.

Tymnae in Cod. Vat. tribuitur Ep. inter *idem.*
DCCLVI.

SELEUCI SCOLION.

II. p. 527.] Ap. *Athen.* L. XV. p. 697. D. Ἐκάστοτε Δημήτριος ἐν τῷ ἑνδεκαιδεκάτῳ Τρώων καταλόγων — Μνησεπιδήμων φησὶ μετὰ τοῦ ἱστοριογράφου, τοῦ παρὰ Ἀντιόχῳ τῷ προςαγορευθέντι Μεγάλῳ πλεῖστον ἰσχύσαντος, ὡδὴ γενέσθαι Σελευκον, τὴν τῶν ἱλαρῶν ᾀσμάτων ποιητήν, ἧσπερ εὐτυχὴς ἔδειν διάθεσιν. Κἀγὼ . . . . Non in quatuor, sed in duos versus hoc carmen distribuendum est. Sunt versus choriambici cum basi. Vide *Herm.* de Metr. p. 319.

Finis Voluminis Primi.

Errata et Corrigenda in Anthologia Graeca.

Tom. I.

Pag. 1. v. 7. lege Μελαινιάδεω.
— 2. v. 15. l. δ'.
— 5. VII. 6. συρβηνεϊδος.
— 22. XCIV. 3. μελλοντι γαλλον.
— 203. v. 12. Τρινακίης. pro Τρινακίης.

Tom. II.

Pag. 30. v. 1. αἴσιμα.
— 139. lin. 3. a fin. abesdem.
— 187. in marg. lege T. II. p. 104. pro 240.

Tom. III.

Pag. 26. XXVII. 3. τέρψη pro τέρψη.
— 33. lin. ult. ἄλλ'.
— 62. XV. 5. inſere ἴσην poſt ἔρεε.
— 105. in marg. 197. pro 297.
— 120. lin. 4. καινότων.
— 130. LXXV. 3. ὅντε.
— 176. II. 6. colon in verſus fine ponendum.
— 245. lin. pf lege III. pro II.
— 299. IV. 2. comma poſt τελλοῖς delendum.
— — — 4. lege ἔντι.
— 334. lin. 1. ἔντι.
— 348. ult. comma poſt νόγοιο ponendum.
— 351. lin. ult. dele verba: Cod. Plan, ἔχει τε Σ.

Tom. IV.

Pag. 10. XVIII. 3. ἔντι.
— 17. lin. 1. ponendum β. ante αἷθε.
— 55. lin. 4. a fin. κιτοφ. et lin. ult. bis κ pro ζ.
— 83. l. 2. ἠνιᾶ pro ψιᾶ.
— 89. l. ult. δέπας.
— 95. l. penult. inſer. Vat. Cod.
— 106. l. ult. lege εἰς ὑπάτων πίσγγ.
— 165. l. 4. a fin. ἔρρε.
— 193. l. ult. δ' iuſt', mutandum δ' in τ'.
— 197. L. 3. a fin. leg. 1 at ex Epigr. DCXII. legendum, pro in lapide veterε Οτου, legitur;

Pag.

Pag. 223. lin. 12. εὐξαμὶς.
— 262. leg. in marg. Lefts. p. 302. pro 301.
— 267. in marg. Lefts. p. 303. pro 331.
— 295. col. 2. L. 6. a fine lege: IV. pro III.
— 297. l. 3. lege 230. pro 203.
— — l. 6. lege 244. pro 194.
— — colum. 2. L. 11. lege 260. pro 285.
— 299. lin. 5. lege: II. 169. pro I. 169.

Tom. V. Indices.

Praef. p. VI. 4. *poſſes* pro *posteris*.
Pag. 4. lin. 3. lege II. 477. Ἀ κύψαι τὸν Ἔρωτα κατεψ.
— 6. lin. 6. lege: 398. 535. et linea sequ. 403. 539.
— 8. lin. 19. defunt numeri 21. 33.
    lin. ult. — — 302. 443.
— 20. lin. 19. lege: 192. pro 193.
— 22. lin. 3. a fin. lege: 479. pro 449.
— 30. lin. 10. lege: 235. pro 334.
— 31. lin. 11. lege 458. et sq. lin. 457.
— 33. post l. 2. insere: II. 372. Δὲς μοι καὶ λῆψι.
— 36. lin. 13. lege ἰο' pro ἰω'.
— 37. lin. 16. lege: 237b. pro 237b.
— 41. lin. 19. sub column. A. R. deest: 687. nr. 389.
— 43. lin. 8. lege: 590 pro 190.
— 47. l. 11. a fine leg.: II. 235. pro III. 235.
— 50. lin. 7. lege: 333 pro 33.
— 52. post lin. 6. insere: I. 152. Ἕτερος δ' ἐξ ἑτέρου.
— 57. lin. 4. lege: 351. pro 357.
— 60. lin. 10. lege: II. 433. pro I. 433.
— 62. lin. a fin. 4. lege: II. 104.
— — — omiss. sub colum. M. L. 477. nr. 389.
— 74. lin. 9. lege: εἶα νῦν καὶ. alii: καὶ εἶα καὶ.
— 75. lin. 3. lege: II. 345. pro III. 277.
— 83. lin. 14. lege: 26. 41. pro 46.
    lin. 18. Λόγοι.
— 85. lin. 13. sub colum. A. R. dele: 315.
— 87. lin. 16. defunt numeri: 116. 168. sub col. A. St. et A. W.
— 93. l. 6. στόθαν.
— 94. lin. 6. a fin. sub column. A. W. deest: 37.
— 97. lin. 9. lege: 455. pro 155.
    lin. 23. lege: 435. pro 345.

Dd

Pag. 98. lin. 18. Ὄνδ μο, pro δ'γε.
— 99. lin. 21. Ὅιστον ἐμοῦ.
— 102. lin. 13. lege: 351. pro 357.
       lin. 16. βασιλεῖ.
— 103. lin. 1. sub A. W. lege: 318. II. 504.
       lin. 9, a fine deest: 629. sub col. A. W.
— 112. lin. 2. lege: II. 361.
— 113. l. 5. desunt numeri: 24. 42.
       lin. 19. lege 101. pro 110.
       lin. 20. lege 475. pro 476.
— 114. lin. 2. omissi sunt numeri: 166, 242.
— 115. lin. 3. a fin. lege: II. 329. pro 402.
— 120. lin. 5. lege: 146. pro 46.
— 123. lin. 3. a fin. 306. pro 386.
— 124. lin. 7. πᾶς τις ἀνὴρ.
       lin. 9. lege: 232. pro 233.
— 125. lin. 5. lege: II. 321. pro III. 321.
— 130. lin. 1. σώζε.
— 135. lin. 11. lege: II. 110.
— 142. lin. 10. lege: τὸν πάρος pro τὸν πέρας.
— 146. L. 1. sub column. Anal. deest: III. 14.
— 152. lin. 4. a fin. lege: 28. pro 38.
— 153. lin. 3. infere sub A. St. 273.
— 177. lin. 2. sub A. R. lege: 763. pro 673.
— 187. L. 3. a fin. lege: II. 433. pro III. 433.
— 222. L. 20. lege: II. 348. pro III. 277.
— 277. col. 1. lin. 6. a fin. dele: II. 174. *)
— 278. col. 1. post l. 2. infere: Ἀναξαρβοῦ. III. 278.
— 279. col. 2. lin. 6. dele Ἀττικός. III. 101.
— 282. post lin. 12. infere Κύπριδος. III. 284.
       lin. 6. a fin. dele Εὐφράτην. I. 503.
— 285. post lin. 12. infere Ἴσμα II. 511.
       post lin. 15. infere: Καισαρείας ταυτ. III. 117.
— 289. lin. 17. dele Μαυσίνος. III. 120. et post Μήδων infere Μηδίας Τύρανν. III. 95.
— 290. lin. 10. dele III. 292.

*) Quum schedulae, quibus hominum et locorum nomina erant inscripta, casu quodam confusae essent, factum, ut nonnulla, in indice V. ponenda, in indicem VI. referrentur, et vice versa.

Pag. 291. lin. 19. post Πανόρμων insere Παραπποτάμια. II. 356. et post lin. 24. insere Παρράσιος. III. 186.
— 292. post Πιτθεῖδαι insere Πιττέαν Πιερικήν. III. 95. et post Πρινῶντ ponte Πτελέβ. III. 184.
— 293. post Σπάτης insere Σίπτην. III. 187.
— 295. post Τρυχίνος corr. II. 341. et post Τιρυνθίῳ insere Τιτανία Μυθίας. III. 95.
— 296. post lin. 2. insere Φιλαδελφείας. II. 450.
— 300. post Ἀθηναίᾳ insere Ἀθηναίας. II. 174.
— 302. post Ἀκητεύς inf. Ἀκεστε. II. 354.
— 303. lin. 6. dele Ἀναζαρβοῦ.
— 307. lin. 12. dele Ἀσδμανύς. et Ἀσκαπίω.
— 308. post Ἀττικῇ insere Ἀττικός. III. 101. Ἀττικῦ. III. 179.
— 313. post lin. 31. insere Διονύσιος. III. 204.
— 319. lin. 17. dele Εὐσεβίη.
— 320. post Εὐφράτη Inf. Εὐφράτην. I. 503.
— 324. post Θυμέλης inf. Θύμον. III. 228.
— 325. lin. 13. a fin. dele Ἴρις.
— 327. lin. 9. dele Καπιστραίους κανεί.
— 332. lin. 11. dele Λιθύβρων.
— 334. post lin. 5. insere Μακεδόνες. III. 130.
— 335. lin. 9. a fin. dele Μηλίας Τιτανία.
— 338. lin. 9. dele Νάξιος Βύζεα ναίς.
— 340. post Νιππεών inf. Νιμέσιον. III. 298.
— 344. lin. 9. dele Παραιπνίων.
— 346. lin. 20. dele Πιττέαν Πιερικύ.
— 354. lin. 10. a fin. dele Τψιμέθον μάκαρ.
— 357. lin. 3. a fin. lege: II. 51. pro III. 5L.
        lin. 2. a fin. insere Χαρίθος. I. 473.
— 358. lin. 11. insere Ὠκεανός. III. 306.
— 362. lin. 7. lege: Aesculapio puero imago a Nicomede medico —.
— 367. lin. 11. lege: fulmen pro arcum.
— 368. lin. 16. lege: crines pro canes.
— 370. col. 2. lin. 8. a fin. II. 215. pro III.
— 371. l. 16. lege: cum equis frumentum terrestre.
— 373. col. 1. lin. 5. lege II. 138. pro II. 38.
        lin. 3. a fin. Vinosus pro Ninosius.
— 375. lin. 4. a fin. insere Aesculapii post imaginem.
— 377. lin. 15. a fin. Celtarum.
        lin. 2. a fin. dele verba: in templi dedicatione.

Pag. 383. column. a. lin. 11. lege: II. 173. pro III. 173.
— 393. lin. 2. a fin. lege: II. 80. pro I. 80.
— 394. lin. 9. lege: *in Hypatii cenotaphium.* deinde infere: Ad Hypasiam mulierem philosopham. II. 430. CXV.
— 408. lin. 6. col. a. lege: LXXV. ad *Smyrnam.* III. 889, CCCLXX.
— 407. lin. 6. lege: *in Mopsuestiam* pro *Mopsium.*
— 411. lin. 9. a fin. lege: *medicum et musicum pessimum.*
— 416. lin. 6. a fin. dele verba: *de Patriae Amore.*
— 418. lin. 8. a fin. *habentem* pro *habens.*
— 424. lin. 14. *opicam* pro *opicam.*
— 429. lin. 10. dele verba *in parvi — factam.*
— 435. lin. 7. dele *Askewiensis.*
— 440. lin. ult. lege: *filentium imponitur.*

Animadversionum

Volum. I. Pars I.

Praef. pag. XXVI. lin. 7. infere *incredibilem ante quaedam.*
Pag. 249. lin. 8. lege: πέλονται pro πέπονται. Fortasse tamen emendandum: ᾗ παίονται.
— 311. lin. 11. haec adde. V. 4. Pro ναρίζουσ᾽ alii habent σπαίζουσ᾽. Bentlejus in Emend. in Menandri et Phil. Reliq. p. 135. emendavit: νεαίζουσ᾽, ᾗ φθόνῳ a. i. quod verum.

www.ingramcontent.com/pod-product-compliance
Lightning Source LLC
Chambersburg PA
CBHW030553300426
44111CB00009B/963